（2013）

四川省电力公司年鉴

四川省电力公司年鉴编纂委员会　编

方志出版社

图书在版编目（CIP）数据

四川省电力公司年鉴.2013/《四川省电力公司年鉴》编纂委员会编.—北京：方志出版社，2013.11

ISBN 978－7－5144－1050－1

Ⅰ.①四… Ⅱ.①四… Ⅲ.①电力工业－工业企业－四川省－2013－年鉴Ⅳ.①F426.61－54

中国版本图书馆 CIP 数据核字（2013）第 258935 号

四川省电力公司年鉴（2013）

编　　者：《四川省电力公司年鉴》编纂委员会

责任编辑：何明忠

出 版 者：方志出版社

（北京市东城区夕照寺 14 号院富瑞苑公寓 6 层）

邮编　100061

网址　http://www.fzph.org

发　　行：方志出版社发行中心

（010）67110500

经　　销：各地新华书店

法律顾问：北京市大禹律师事务所

印　　刷：四川明源印务有限责任公司

开　　本：889×1194　　1/16

印　　张：26.75

字　　数：947 千字

版　　次：2013 年 11 月第 1 版　　2013 年 11 月第 1 次印刷

印　　数：0001～1300 册

ISBN　978－7－5144－1050－1/F・119　　定价：190.00 元

四川省电力公司年鉴编纂委员会

主　任： 王抒祥　刘　勤

副主任： 胡柏初　王　平　李　华　张　伟　董京营　丁燕生　潘贤芝　周　群　刘　勇　陈云辉　石俊杰

委　员： 凌廷亮　朱白桦　吕道斌　黄　忠　左宇龙　罗永铭　赵　勤　林　敏　刘　洋　郑卫东　李　俭　胡　刚　涂心畅　李镇义　王　林　何远刚　龙　洲　唐茂林　侯太明　余嘉庆　杜树兴　严光升　卢昌华　向　宇　田立峰　王　虹　王　旭　陈永举　邬小端　龙志明　卿　松　雷江海　涂　辉　袁红专　刘　进　赵世培

主　编： 王文周　黄兴勇

副主编： 梁　建　程彦韬

四川省电力公司年鉴编辑部

主　任： 王文周　黄兴勇

副主任： 梁　建　程彦韬

编　辑： 魏秀云　何　飞　贺立芳

《四川省电力公司年鉴（2013）》主要特约撰稿人

罗亘　佘建新	四川省电力公司办公室
鲜其军　罗涛	四川省电力公司发展策划部
贺星棋　青松	四川省电力公司发展策划部
罗　羿	四川省电力公司财务资产部
宋暾昉	四川省电力公司运维检修部
杨成龙	四川省电力公司安全监察部
鲁　健	四川省电力公司营销部
唐　宇	四川省电力公司基建部
冯　晋	四川省电力公司农电工作部
钟甜甜	四川电力调度控制中心
潘旭东	四川省电力公司审计部
陈冬梅	四川省电力公司经济法律部
万　燕	四川省电力公司人事董事部
赵　坤	四川省电力公司人力资源部
何艳春	四川电网电力交易中心
杨克华	四川省电力公司物资部
侯国彦	四川省电力公司科技信息部
陆　娟	四川省电力公司离退休工作部
左炬　尤立文	四川省电力公司思想政治工作部
王玉梅　彭秋杰	四川省电力公司思想政治工作部
何万桢	四川省电力公司纪检监察部（纪委办公室）
张如平	四川省电力公司对外联络部
王　晋	四川省电力公司工会
彭　杰	国网公司企业管理协会四川分会
张维平	国网公司成都援藏办
谭文强	四川省公安厅直属二分局
王玉婷	四川省电力公司社保中心
高　瑞	成都电业局
周建佳　曾翊君	乐山电业局
鲁丽玲	攀枝花电业局
李　磊	德阳电业局
税秀花	四川省电力公司眉山公司
江　山	绵阳电业局
卢更生	宜宾电业局
邹　燕	内江电业局
向　虹	广元电业局
罗艳芳	达州电业局
黄　衍	自贡电业局
叶久德	西昌电业局
冯玉立	泸州电业局
王　金	南充电业局
罗　宁	广安电业局
魏艳平	四川省电力公司资阳公司
兰　英	四川省电力公司阿坝公司
陈云伟	四川省电力公司遂宁公司
刘柄宏	巴中电业局
韩　君	四川省电力公司雅安公司
张显兴	四川省电力公司甘孜公司
黄　丽	映秀湾发电总厂
王　彬	四川省电力公司电力应急中心
董　雪	四川省电力公司综合服务中心
孟　婧	四川省电力公司经济技术研究院
吴　迪　刘　皖	四川省电力公司建设管理中心
胥运生	四川电力建设监理有限责任公司
彭　灿	四川电力科学研究院
李　博	四川省电力公司供电服务中心
蒋珺洁	四川省电力公司营销运行监控中心
王　超	四川电力送变电建设公司
余小闯	四川省电力公司检修公司
解丽君	四川省电力公司信息通信公司
罗宗诗	四川电力物资公司
刘　阳	四川省电力公司管理培训中心
李　静	四川电力职业技术学院(培训中心)
王　亮	四川电力调整试验所
邵振军	四川电力医院
张　旭	四川电力进出口公司
林抒予	四川启明星物业管理有限公司
胡　兵	四川科锐得实业有限公司
梁　建	四川省电力公司年鉴编辑部
程彦韬	四川省电力公司年鉴编辑部
魏秀云	四川省电力公司年鉴编辑部

编 辑 说 明

一、《四川省电力公司年鉴》是由四川省电力公司年鉴编纂委员会组织编纂的一部企业年鉴。每年出版一册，国内公开发行。

二、《四川省电力公司年鉴》以马克思列宁主义、毛泽东思想和邓小平理论、“三个代表”重要思想为指导，遵循科学发展观，以辩证唯物主义和历史唯物主义的立场、观点、方法，实事求是、客观真实地进行编纂记叙。

三、《四川省电力公司年鉴》的编纂宗旨是:翔实、系统地记述公司一年中的发展进程和运行轨迹。全面反映公司在改革中不断取得的新成就和先进事迹、优秀人物；为各级领导决策和制定发展规划提供参考依据；满足广大电力职工、社会各届人士了解和研究四川电力改革、建设、发展的需求；为编史修志打下基础；为开展四川省电力行业与全国各省市(区)电力行业乃至国际之间的信息交流提供信息平台，推动四川电力工业持续发展。

四、《四川省电力公司年鉴(2013)》记述的是：2012 年 1 月 1 日至 12 月 31 日期间四川省电力公司系统的基本情况。

五、《四川省电力公司年鉴(2013)》采用条目式框架结构，即按类目、分目、条目方式进行编排，本年鉴共计设置有 20 个类目、91 个分目、701 个条目。全书约 947 千字。

六、本年鉴所用资料、数据，主要由公司本部各业务主管部门和公司各基层单位提供。如各单位提供数据与统计部门提供数据不一致时，以统计部门数据为准。

目 录

四川省电力公司年鉴编纂委员会
四川省电力公司年鉴编辑部
《四川省电力公司年鉴（2013）》主要特约撰稿人
编辑说明
特载……………………………………………（1）
领导批示与讲话………………………………（2）
中共四川省委书记、省人大常委会主任刘奇葆的批示……………………………………………（2）
中共四川省委常委、省总工会主席李登菊的批示………………………………………………（3）
四川省副省长刘捷的批示……………………………………………………（3）
四川省副省长刘捷在四川省电力公司五届二次职代会暨2013年工作会上的讲话 …………（3）
电力论坛……………………………………………（5）
持续深化“两个转变” 扎实推进“五个发展” 为全面建成“一强三优”现代公司而努力奋斗……………………………………王抒祥（5）
树立“大能源观” 优化配置四川电力资源……………………………………王抒祥（13）
电网建设服务藏区跨越发展……………………………………王抒祥（15）
深化“两个转变”坚持“四个发展”全面服务小康目标……………………王抒祥 刘 勤（16）
深入学习贯彻党的十八大精神 为推动公司和电网科学发展提供坚强保证…………刘 勤（18）
茁壮成长不负无悔青春………………………刘 勤（23）
强化服务 提升水平 为公司科学和谐发展奠定坚实群众基础……………………………………胡柏初（24）
要事特辑……………………………………………（28）
安全、优质、高效完成“新—甘—石”联网工程………………………………………………（28）
公司完成“三集五大”体系建设……………………………………………………（33）
大事记……………………………………………（37）
公司十大新闻……………………………………（38）
大事记…………………………………………（41）
公司概况……………………………………………（53）
公司业绩……………………………………………（54）
公司领导及机构设置…………………………………（58）
公司本部建设……………………………………（61）
基层单位及领导……………………………………（63）
电网规划与建设…………………………………（69）
“大规划”体系建设………………………………（70）
电网规划……………………………………………（71）
电网建设……………………………………………（73）
重点工程……………………………………………（78）
电网调度与通信…………………………………（81）
电网调度……………………………………………（82）
通信自动化…………………………………………（88）
市场营销……………………………………………（93）
“大营销”体系建设………………………………（94）
增供扩销……………………………………………（95）
川电外送和外购电…………………………………（96）
电费回收……………………………………………（98）
电力需求侧管理……………………………………（100）
电动汽车智能充换电服务…………………………（101）
业务扩充 …………………………………………（102）
用电检查……………………………………………（103）
电能计量……………………………………………（103）
稽查工作和营销运行监控…………………………（104）
优质服务……………………………………………（105）
安全生产……………………………………………（109）
安全概况……………………………………………（110）
安全举措……………………………………………（110）
应急体系建设和应急救援…………………………（113）
生产管理……………………………………………（115）
生产设备……………………………………………（116）
设备检修……………………………………………（116）
抢险救灾……………………………………………（119）
经营管理……………………………………………（121）
综合计划管理和环保工作…………………………（122）
资产与财务管理……………………………………（124）

审计管理…………………………………………（126）
农电管理…………………………………………（127）
进出口管理………………………………………（128）
同业对标与统计工作……………………………（129）
物资及招投标管理………………………………（131）
援藏工作管理……………………………………（132）
法治管理…………………………………………（133）
公安消防管理……………………………………（135）
社会保障工作管理………………………………（136）
企协工作管理 ……………………………………（137）
人资管理 ……………………………………………（139）
规范化管理 ………………………………………（140）
人才与人力资源管理 ……………………………（145）
人员培训与学校管理 ……………………………（146）
离退休人员管理 …………………………………（148）
科技创新 ……………………………………………（151）
科技投入与成果 …………………………………（152）
信息化管理 ………………………………………（154）
通信管理 …………………………………………（155）
四川电力科学研究院 ……………………………（157）
四川电力工业调整试验所 ………………………（162）
党的建设和精神文明建设 …………………………（167）
党的建设和思想政治工作 ………………………（168）
干部管理与团青工作 ……………………………（169）
反腐倡廉建设 ……………………………………（171）
企业民主建设 ……………………………………（173）
品牌建设与维护……………………………………（175）
后勤保障 ……………………………………………（177）
四川电力物资公司 ………………………………（178）
四川启明星物业管理公司 ………………………（180）
供电企业 ……………………………………………（185）
成都电业局 ………………………………………（186）
乐山电业局 ………………………………………（202）
攀枝花电业局 ……………………………………（207）
德阳电业局 ………………………………………（210）
四川省电力公司眉山公司 ………………………（220）
四川省电力公司雅安公司　四川雅安电力（集团）股份有限公司 ……………………………（225）
达州电业局 ………………………………………（230）
绵阳电业局 ………………………………………（236）
宜宾电业局 ………………………………………（240）
四川省电力公司阿坝公司　四川阿坝州电力有限责任公司 ………………………………………（246）
西昌电业局 ………………………………………（250）
内江电业局 ………………………………………（254）
广元电业局 ………………………………………（258）
泸州电业局 ………………………………………（263）
南充电业局 ………………………………………（269）
四川省电力公司资阳公司 ………………………（273）
自贡电业局 ………………………………………（279）
广安电业局 ………………………………………（284）
四川省电力公司遂宁公司 ………………………（288）
巴中电业局 ………………………………………（295）
四川省电力公司甘孜公司 ………………………（301）
发电与超（特）高压运检企业 ……………………（305）
映秀湾水力发电总厂 ……………………………（306）
四川省电力公司检修公司 ………………………（308）
施工管理单位 ………………………………………（317）
四川省电力公司建设管理中心 …………………（318）
四川电力送变电建设公司 ………………………（320）
四川电力工程建设监理有限责任公司 …………（323）
教育与医疗单位 ……………………………………（325）
四川省电力公司技术技能培训中心 ……………（326）
四川省电力公司管理培训中心 …………………（329）
四川电力医院 ……………………………………（332）
省公司层面集体企业 ………………………………（335）
四川科锐得实业集团有限公司 …………………（336）
附录 …………………………………………………（343）
附录一：新颁规章制度 …………………………（344）
附录二：统计资料 ………………………………（394）

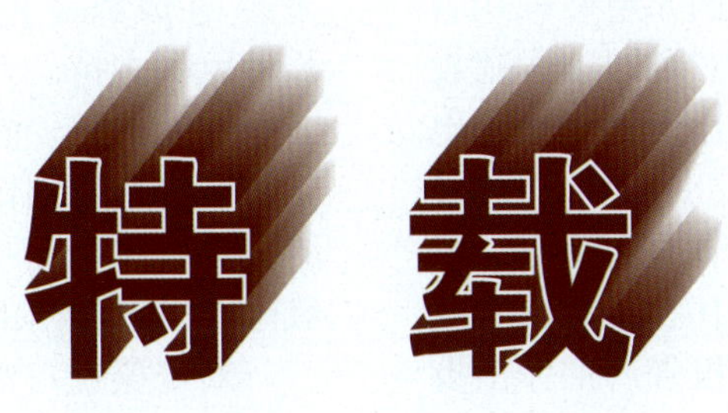

责任编辑：梁　建

领导批示与讲话

中共四川省委书记、省人大常委会主任刘奇葆的批示

电力关系到经济社会发展全局，关系到人民群众切身利益，四川省委、省政府领导对电力供应保障和电网建设十分关心，特别是对四川藏区电网建设高度重视，省委书记、省人大常委会主任刘奇葆2012年以来曾多次对省电力公司工作作出指示。

2012年3月23日，刘奇葆在国家电网四川省电力公司报送的《关于“新—甘—石”联网工程建设和迎峰度冬电力保障情况的报告》上批示：“感谢电力公司付出的努力和作出的贡献！”

2012年7月11日，刘奇葆在省电力公司总经理王抒祥报送的《关于“新都桥—甘孜—石渠”联网工程进展情况及近期供电形势的报告》上作出批示：“感谢你们付出的努力，向奋战在攻坚克难工作一线的广大职工致以问候！”

中共四川省委办公厅办文通知

川委厅秘〔2012〕245号

省电力公司：

刘奇葆同志7月11日在省电力公司王抒祥同志报送的《关于“新都桥-甘孜-石渠”联网工程进展情况及近期供电形势的报告》上批示：感谢你们付出的努力，向奋战在攻坚克难工作一线的广大职工致以问候！

现将批示及相关材料一并送上，请阅办。

中共四川省委办公厅

2012年7月11日

“刘奇葆2012年7月11日批示”通知原件

2012年9月4日，四川省委书记、省人大常委会主任刘奇葆在2012年8月4日《中国青年报》刊登的“万名青年为‘电力孤岛’送光明”上批示：

“电力青年表现好样的！”

刘奇葆高度肯定公司“新—甘—石”联网工程及相关工作

2012年9月20日，“四川省创先争优总结表彰大会”在成都隆重召开，会议由四川省委副书记、省长蒋巨峰主持。

省委书记，省人大常委会主任刘奇葆在会上作了重要讲话。刘奇葆用了十多分钟的时间浓墨重彩的充分肯定了四川省电力公司“新甘石”联网工程为藏区的发展做出的巨大贡献。

刘奇葆说：“创先争优活动要结合民生工程,切实解决好老百姓最迫切、最关心的需求开展。在四川藏区一系列民生工程中，‘新甘石’联网工程为藏区城乡居民用电和工农业生产用电奠定了坚实基础，对推动四川藏区跨越发展和长治久安具有重要意义。”

在讲话中，刘奇葆深情地举例说：“几年前，我从玉树途经石渠返回成都。刚进石渠县境天已经全黑了，一路上无论是乡村,还是县城全是漆黑一片。感受着这一片寂静，我的心情非常沉重。老百姓没有电又何来经济发展？又何来社会的稳定和长治久安？创先争优活动开展以来，国家电网公司、四川省电力公司结合我省的藏区民生工程开展了‘新甘石’联网工程建设。全长1015公里的高压线路已经建成通电，从根本上改写了甘孜藏区的缺电历史。前不久，我陪同中央领导同志到藏区。在牧民家庭里我们了解到牧民们已经把厕所搬回了家，因为高寒冻土的影响，这在以前是不可想象的。现在他们是怎么做的呢，室外供水管线深埋在1.2米的冻土层之下，管线外面包裹保温层并且还要通上电，保证一定的温度。这真是‘一步跨千年’啊！正是因为‘新甘石’联网工程让藏区通上了电，才解决了藏区牧民的民生问题。”

中共四川省委常委、省总工会主席李登菊的批示

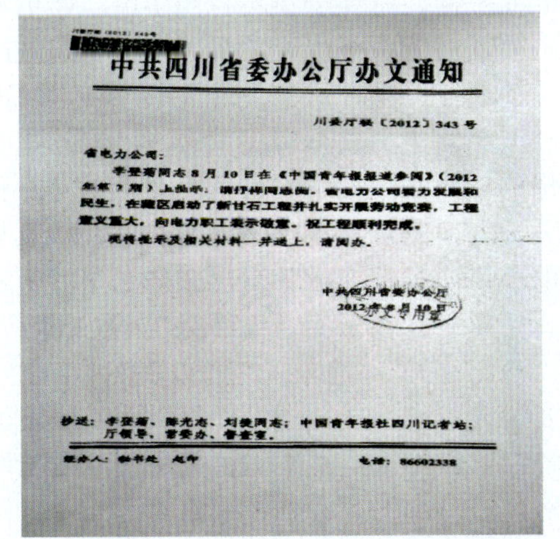

中共四川省委办公厅办文通知

川委厅联〔2012〕343号

省电力公司：

李登菊同志8月10日在《中国青年报报道参阅》（2012年第2期）上批示：请抒祥同志阅。省电力公司着力发展和民生，在藏区启动了新甘石工程并扎实开展劳动竞赛，工程意义重大，向电力职工表示敬意。祝工程顺利完成。

现将批示及相关材料一并送上，请阅办。

中共四川省委办公厅
2012年8月10日

抄送：李登菊、陈光志、刘捷同志；中国青年报社四川记者站；厅领导、省委办、督查室。

经办人：秘书处　赵邦　　电话：86602338

“李登菊2012年8月10日批示”通知原件

2012年8月10日，四川省委常委、省总工会主席李登菊在《中国青年报报道参阅》（2012年第2期）上作出批示：“请抒祥同志阅。省电力公司着力发展和民生，在藏区启动了新甘石工程并扎实开展劳动竞赛，工程意义重大，向电力职工表示敬意。祝工程顺利完成。”

四川省副省长刘捷的批示

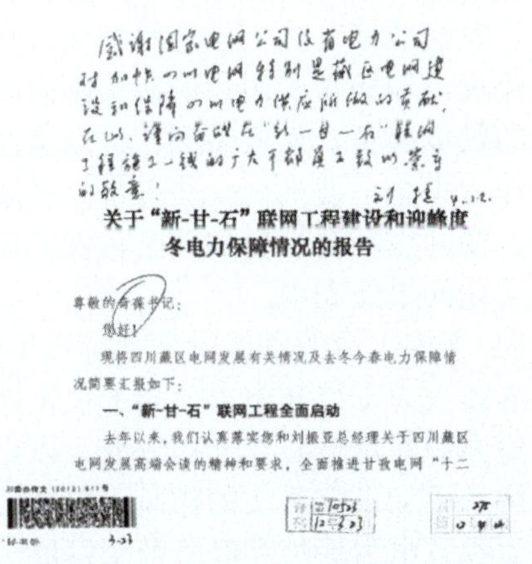

感谢国家电网公司及省电力公司对加快四川电网特别是藏区电网建设和保障四川电力供应所做的贡献，在此，谨向奋战在“新一甘一石”联网工程施工一线的广大干部员工致以崇高的敬意！　刘捷 4.12.

关于“新-甘-石”联网工程建设和迎峰度冬电力保障情况的报告

您好！

现将四川藏区电网发展有关情况及去冬今春电力保障情况简要汇报如下：

一、“新-甘-石”联网工程全面启动

去年以来，我们认真落实您和刘振亚总经理关于四川藏区电网发展高端会谈的精神和要求，全面推进甘孜电网“十二

刘捷2012年4月12日批示原件

2012年4月12日，四川省副省长刘捷在公司报送的《关于“新—甘—石”联网工程建设和迎峰度冬电力保障情况的报告》上批示：“感谢国家电网公司及省电力公司对加快四川电网特别是藏区电网建设和保障四川电力供应所做的贡献，在此，谨向奋战在‘新—甘—石’联网工程施工一线的广大干部员工致以崇高的敬意！”

四川省副省长刘捷在公司五届二次职代会暨2013年工作会上的讲话

（2013年1月16日）

省电力公司对四川省经济社会发展作出了巨大贡献，省委、省政府为省电力公司交办了很多大事、争事、难事，省电力公司全部完成。从行业发展的角度来讲，成绩非常显著。这些成绩是来之不易的。在工作方面，不管是机关、市州、基层，社会群众，对省电力公司的工作服务评价很高，口碑很好。我代表省政府向省电力公司作出的贡献表示感谢。

今天，省电力公司召开年度工作会议，安排部

署今年公司各项工作。首先，我代表省政府向会议的成功召开，表示热烈的祝贺！向全省电力系统干部职工，表示新春的问候并致以良好的祝愿！

电力是基础性、战略性、先导性产业，在全省经济社会发展中具有重要的支撑和保障作用。2012年，省电力公司紧紧围绕省委、省政府确定的“投资拉动、产业支撑、‘两化’互动、统筹城乡”四个着力重点，坚持以服务、保障、带动地方发展为己任，全面抓好电网建设、电力运营等各项工作。一是全力保障了水电外送和电力供应。积极做好电力电量平衡，连续四年实现了枯水期不拉闸限电，确保了全省电力可靠供应。针对丰水期水电大量富余情况，采取有效政策支持重点企业加大生产，推动我省工业经济在全国率先回升（6-10月丰水期，使用富余电量66.5亿千瓦时，降低企业用电成本11.3亿元，带动实现工业增加值约近400亿元。二是坚强智能电网建设加快推进。特高压电网、城市配网建设和农网改造升级顺利实施，“疆电入川”项目成为与新疆合作的“一号项目”，电网建设全年完成投资284亿元，投产规模占国家电网的12%以上。三是促进了民生改善和社会和谐发展。作为在川央企，积极履行社会责任，扎实推动我省少数民族地区、贫困地区和革命老区电网加快建设，仅用半年时间提前建成“新—甘—石”联网工程，把甘孜藏区长期孤网运行的问题彻底解决了，结束了甘孜藏区孤网运行的历史。同时，在支援抗灾抢险、推动新能源发展以及开展电力扶贫等方面做了大量卓有成效的工作，为四川经济社会发展做出了重要贡献。省委、省政府对你们工作成绩充分肯定、高度赞扬。

2013年是深入贯彻党的十八大精神的开局之年，是实施“十二五”规划承前启后的关键一年，是为全面建成小康社会奠定坚实基础的重要一年。当前，我国经济企稳回升趋势明显，西部快速发展态势已经显现。四川追赶跨越发展面临着不少有利条件和发展机遇，希望大家发扬成绩、再接再厉，始终坚持围绕中心、服务大局，进一步增强使命感，高标准、高质量做好今年各项工作。

一要全力以赴，保障电力供应。要科学安排电网运行方式，统筹电力电量资源，协调好省内发电与外购电的平衡，确保全年不拉闸限电。要更加主动跟踪国家、省市重点建设项目以及重点园区产业建设，主动对接、超前服务，最大限度满足用电需求。要高度重视电力安全可靠供应，严格落实安全生产责任制，切实维护电网安全。在电力保障和供应上花大力气，高度重视，做好超前谋划。春节前后是用电高峰，省政府准备拿出2亿元支持企业加快发展。一年之计在于春，需要提供电力保障，确保经济“开门红”。

二要加大力度，加快电网建设。要进一步加大电网投资，推进跨区电网、省内主网和城市配网、农村电网建设，加快建设好在川特高压工程，构筑水电外送通道，确保今年丰水期富余电量高效送出。要着力打造绿色能源配置平台，使清洁水电、分布式可再生能源在更大范围内优化配置和高效利用。要继续做好少数民族地区、贫困地区和革命老区的电网建设工作。

三要坚持不懈，提升服务水平。省电力公司的服务得到了社会各界的高度认可。在今后的工作中，希望进一步发扬成绩，扎实推进精细化管理，着力优化服务流程，积极帮助用户解决实际问题，提供优质规范的供电服务，切实做到让群众满意，让政府放心。作为央企，要多做一些善事，多履行一些社会责任。要回报社会，更加关心百姓、民生。这也是企业文化的重要表现。

同志们，支持电力的发展就是支持四川的发展，省政府将继续大力支持省电力公司加快发展、科学发展。希望你们坚定信心、开拓进取，以更加积极进取的精神，更加求真务实的作风，更加奋发有为的状态，为我省电力保障和经济社会发展做出新的更大贡献。

（根据录音整理，有删节）

电 力 论 坛

持续深化“两个转变” 扎实推进“五个发展” 为全面建成“一强三优”现代公司而努力奋斗

王 抒 祥

2012年工作回顾

2012年是公司创新奋进、科学发展的一年，也是电网发展方式转变、公司发展方式转变取得重大进展的一年。面对复杂严峻的形势和艰巨繁重的改革发展任务，公司上下以科学发展观为指导，坚决贯彻国网公司和省委、省政府各项决策部署，转变观念，强化执行，开拓创新，各方面工作取得显著成绩。完成电网投资284.21亿元。投产110千伏及以上变电容量3935万千伏安、线路7524公里，占国网公司12%以上。省内售电量1543.85亿千瓦时，同比增长1.15%；全口径售电收入827亿元，同比增长11%。资产负债率74.74%；流动资产周转率9.82次。全面完成了国网公司下达的各项考核指标。

一、安全生产局面保持平稳，水电外送创历史新高

扎实开展“安全年”活动，全面排查治理安全风险隐患。完成17条500千伏线路抗冰差异化改造。生产、基建现场安装监控设备1.2万台。开展变电站带电水冲洗、500千伏直流线路以及电缆带电作业，完成带电作业1.8万次。与设备厂家建立工厂化检修合作关系。应用无人机巡线、机器人巡站技术。映电总厂灾后重建顺利完成，发电能力达到震前水平。开展平安乡镇创建活动，破坏电力设施案件同比减少58%。举行“5.12”电网大面积停电应急演练，成功应对冰灾、洪灾、泥石流等各类突发自然灾害。完成十八大、国庆等保电任务。水电外送电力突破千万千瓦，电量达262亿千瓦时，同比净增139亿千瓦时，创历史新高。

二、电网发展成效显著，特高压和藏区电网建设实现重大突破

电网规划、项目前期等工作有序推进，与有关市州签订战略合作协议。完成“十二五”规划滚动修编和2020～2030年中长期规划编制。促成政府出台了简化220千伏及以下输电线路用地手续等政策。争取到国网公司高海拔地区电网工程建设费用调整标准，编制发布14个四川区域性通用设计增补模块。锦屏-苏南特高压直流工程建成投运，溪洛渡-浙西特高压直流工程开工建设，雅安-武汉特高压交流工程获得路条，“疆电入川”确立为川疆两省（区）合作头号项目。锦屏、向家坝等大型电站送出及特高压配套的500千伏输变电工程按期建成。完成农村电网改造投资56亿元，整治小方杆45.6万根。“新甘石”联网工程提前投运，藏区电网建设改写历史。智能电网综合建设工程有序推进，各级电网保持协调发展的良好态势。

三、建成“三集五大”体系，体制改革和机制创新取得重大进展

深化“三集”管理，整合“五大”业务，完善业务支撑体系，纵向管控能力明显增强。建立核心业务新型组织架构，完成新旧管理模式的平稳过渡和安全转换，基本实现“两年任务，一年完成”目标。机构精简43.6%，用工效率提升16.4%。运营监控中心率先在国网公司系统建成投运。完成甘孜州电力体制改革。理顺36家县供电企业管理关系。试点组建市县两级三新公司，供电所业务委托稳妥推进。重组整合集体企业，强化监督管理和业务指导，集体企业规范管理进一步加强。主多分开全面完成并通过验收。体制机制的变革突破，为公司发展能力和运营效率提升奠定了坚实基础。

四、坚持依法从严治企，公司经营管理持续加强

扎实开展管理提升活动，加强诊断分析。深化人力资源管理，用工总量连续5年下降，降幅10.75%，劳动生产率年均增长32.42%。加强财务管控，压缩会计主体131个，产权级次压缩到4级；实行大额资金集中在线支付；争取同价资金的增补、城市附加费返还和西部大开发税收优惠等政策，拓宽了电网建设资金来源。建成物资调配中心和省级中心仓库，现代化区域仓储物流体系逐步成型。落实风险管控制度，运用审计成果监督考核，推进风险管控关口前移。开展工程建设、车辆清理等专项治理，逐项整改存在的问题。围绕专项成本、工程分包、废旧物资管理等开展协同监督。强化企业年金管控，实现投资收益1.04亿元，超年度目标1.2个百分点。

五、保障民生促进社会和谐，服务品质持续提升

推进“一型五化”营销体系建设，110千伏业扩和95598业务实现省级集中；省计量中心实现计量检定全省整体授权；节能服务体系建设和业务推进取得“双突破”。实施“电亮藏区、服务惠民”工程。拓展新型缴费方式，收费网点达2万个。整合抢修资源，加强实时管控，故障抢修时间缩短14.6分钟，减少8.3%。整治“低电压”台区3.9万个，完成农村“低电压”三年治理目标。开辟保障性住房用电绿色通道，实现“零投诉”。累计安装740万只智能电表，完成阶梯电价推广，启用智能电表应急用电功能。开展明察暗访，建立95598与12398联动监督机制，行风建设得到国务院纠风办、中纪委纠风室的高度肯定。

六、加大创新力度，科技信息和管理创新成果丰硕

建立6个公司级重点实验室和4个科技攻关团队，科技创新体系初步建立。获得省部级和国网公司科技进步奖17项，申请专利510项，授权专利297项，创历史最高。其中“四川智能电网示范工程关键技术研究”成为全省科技重点支撑项目，“六氟化硫在线湿度仪校验装置及其校验方法”填补了公司国际专利空白。建成全国首家电力司法鉴定中心。命名“劳模（职工）创新工作室”14个，46项群众创新成果投入应用。通信网架进一步优化，建成省市两级通信容灾系统，通信保障能力和容灾能力明显增强。通过3A级信用评价认证。荣获全国、全省和国网公司管理创新优秀成果33项。连续两年获得国家级管理创新大奖，创造了行业新纪录。

七、实施“人才强企”战略，员工队伍素质进一步提升

创新选人用人机制，9个处级领导岗位和44个本部岗位实行公开竞聘；101名员工到本部锻炼，交流469人。建立岗位层级和价值统一体系，薪酬福利管控不断强化。建成国网技术学院成都分院，带电作业培训基地通过验收，全职业培训教育体系和企业大学建设迈上新台阶。与国内五所著名高校签署校企合作协议，高端人才培养渠道进一步拓展。1.2万余名员工实现了学历、职称或技能等级的提升。实施人才分级分类规范管理，初步建成立体选拔、高校培训、长效培养相结合的人才培养模式，为公司可持续发展增添了新的活力。

八、加强党建和企业文化建设，公司软实力进一步增强

深化为民服务创先争优活动。共产党员服务队荣获“全国优秀志愿服务组织”；在“新甘石”工程建设、抗洪抢险、抗冰改造等急难险重任务中，涌现出一大批先进集体和个人；公司党委荣获“全国优秀基层党组织”称号，并在中央企业创先争优交流会上发言。加强思想政治工作，荣获“中央企业思想政治工作先进单位”。推进反腐倡廉建设，近9000人次参观廉洁教育基地。加强统战工作，荣获“全省统战工作先进单位”。加强信访和维护稳定工作，荣获“国网公司信访稳定工作先进单位”、“全省信访系统创先争优”和“十八大期间全省维稳综治”信访工作先进集体。推广企业文化示范基地建设经验，开展“五统一”企业文化进班组活动。累计建成国网公司达标班组714个和公司“五星级”班组556个、供电所36个。开展社会责任管理试点，首次发布社会责任实践报告。开展“领导挂点、部门包村、干部帮户”工作，建设藏区青少年活动中心及志愿服务示范点，荣获全省“对口定点扶贫工作”和“关爱留守学生（儿童）”先进单位。发挥工会群团作用，深化民主管理，开展劳动竞赛，7个集体荣获全国和四川省五一劳动奖状，9人获劳动奖章；5人获国网公司劳模，其中1人获特等劳模。加强离退休“两项建设”，落实“两项待遇”，企业和谐氛围更加浓厚。

回顾一年来的工作，取得了很大的成绩，也积累了弥足珍贵的经验：转变观念是前提，改革创新是出路，强化执行是关键，“三个建设”是保障。成绩的取得是国网公司和省委、省政府领导的结果，更是干部员工艰苦奋斗、共同努力的结果。借此机会，我代表四川省电力公司，向关心支持公司发展的各级党委、政府和社会各界表示衷心的感谢！向各位代表，并通过你们向全体职工、离退休老同志，以及职工家属表示亲切的慰问，并致以崇高的敬意！

扎实推进“五个发展”

党的十七大召开以来的五年，公司工作面临少有的遭遇和处境、少有的困难和考验、少有的压力和责任、少有的关注和关心、少有的坚强和奋起。五年来，在国网公司和省委省政府的坚强领导下，全体干部员工承担起历史的责任和使命，承担起党和人民的重托，深化对电网功能和公司定位的认识，确立了“大电网、大枢纽、大平台”的电网发展战略和“12751”公司发展目标，明确了建设西部电力高地的战略定位。

五年奋进历程，我们战胜灾难、崛起危难，夺取了电网抗震救灾和恢复重建的伟大胜利，书写了从悲壮走向豪迈的恢弘篇章。我们前瞻布局、主动作为，投资超千亿元建设覆盖全省的500千伏主干网络，通过特高压、交直流输电工程实现与西北、华中和华东区域联网，奠定了构建西部电力高地的坚实基础。我们化危为机、跳起摸高，经营效率和效益持续提升。2012年的售电量、收入、利税和资产总额分别是2007年的1.85倍、1.93倍、1.28倍和2.1倍，实现了规模与速度双高的跨越发展、总量和质量并重的优化发展、当前与长远兼顾的蓄势发展，正向中西部地区发展速度快、竞争实力强、成长潜力大的大公司大步迈进。我们创先争优、强基固本，加强“三个建设”，在履行社会责任、服务民生改善、抢险救灾保电、服务新农村建设和藏区跨越发展等方面做出了卓越贡献，共产党员服务队得到习总书记的充分肯定和高度评价，充分彰显了国网责任央企的良好形象。

五年来的发展进步，是国网公司和四川科学发展的一个缩影，是对科学发展观认识不断深化、实践不断深入的结果。实践证明，公司提出的“大电网、大枢纽、大平台”的电网发展战略和“12751”公司发展目标，符合科学发展观的精神，符合四川经济社会发展要求，符合四川电力发展规律，是对深化“两个转变”战略理论体系的实践、发展和创新，对于凝聚智慧和力量发挥了重要作用，进一步加深了对科学发展观重大战略思想的理解，更加坚定了用科学发展观指导一切工作的自觉性和紧迫感。

党的十八大提出到2020年全面建成小康社会，到建国100周年建成富强民主文明和谐的社会主义现代化国家。中央把扩大内需作为战略基点，把城镇化作为扩大内需的最大潜力，在基础设施领域加大投资力度，电网发展将迎来新的机遇。国家实施创新驱动发展战略，为公司发挥创新主体作用，加快创新体系建设，提供了有利条件。四川深入实施“两化互动、统筹城乡”发展战略，加快推进西部大开发，为公司和电网提供了新的成长空间。国网公司深入推进“两个转变”，确立了到2020年全面建成“一强三优”现代公司，同时建成“五纵五横”特高压“三华”同步网架，为公司提供了新的发展机会。从现在起到2020年，我们仍处于必须牢牢抓住的重要战略机遇期，必须持续深化“两个转变”，扎实推进“五个发展”，即安全发展、协调发展、绿色发展、创新发展、和谐发展。把电网建成网架坚强、安全高效、绿色低碳、友好互动的现代化大电网，把公司全面建成管理卓越、业绩优秀、队伍一流、文化先进的现代化大公司，实现2020年全面建成“一强三优”现代公司，为全面建成小康社会做出积极贡献。

一、以防范大面积停电为核心，扎实推进电网安全发展

安全发展是科学发展的重要内容，也是科学发展的重要保证。“发展是硬道理，安全就是发展的硬道理”，没有安全保障的发展是不可持续的发展。公司和电网的全面发展，需要安全的良好环境和条件。目前，四川电网已发展成为联接西北、华中、华东电网的重要枢纽，呈现特高压、交直流并列运行，大水电、远距离、大直流集中送出的显著特征，在当前电网建设点多面广、规模快速扩大的情况下，安全责任尤其重大，根本出路在于坚持安全发展。

从安全生产到安全发展，就是要从安全生产事后管理逐步向事前管理发展，事故管理逐步向隐患管理发展，结果管理逐步向预警管理发展。要实现安全发展，关键是要将安全发展理念融入电网发展的全领域、全过程、全环节。以推行资产全寿命周期管理为载体，建立健全涵盖规划、设计、建设、运行、检修全过程安全管控体系和各环节的反馈机制，筑牢安全的各道防线。要强化设备全过程技术监督，加强采购、运输、储存、安装、调试、验收、监理等环节质量监控，严格执行工作程序和工艺要求，确保设备入网质量和基建“零缺陷”移交。要正确处理速度、质量、安全、效益的关系，全面提高电网发展质量。要开展特高压交直流混联电网运行机理、内在规律和控制策略研究，推进调控一体化和各级调度协同，提高大电网驾驭能力。要完善风险预警预控机制，提升故障快速处置能力。要坚持预防为主，推进隐患排查治理体系建设，提高设备健康水平。要强化科技支撑，把事故预防作为安全科技的主攻方向，加快研发和推广应用先进适用的安全科技成果，提高本质安全。要塑造卓越的安全文化，倡导安全文化理念，提升安全执行力，促进员工由“要我安全”到“我要安全”，实现安全生产向以安全文化引领的安全发展转变。

二、以提高资源配置能力为中心，扎实推进电

网协调发展

电网协调发展是事关可持续发展的长远战略，具有全局性、根本性、长期性。这既是全面建成小康社会的必然要求，也是贯彻落实科学发展观的重要实践。近年来，电网建设虽取得令人瞩目的成就，但与能源资源开发不相匹配，与经济社会发展不相适应，挑战十分艰巨。

从电网的基础和发展所处的阶段看，目前“大电网、大枢纽、大平台”已初步成型，但“两头薄弱”仍然是制约电网发展方式转变的突出问题。一方面，特高压骨干电网尚未形成，与水电项目建设进度不匹配，严重制约了四川清洁水电在更大范围的优化配置。特别是水电密集投产，四川电力“丰余枯缺”的结构性矛盾将进一步加剧。另一方面，四川仍处于工业化中期和城镇化加速的关键时期，省委省政府提出“三个翻番，五个提升”发展目标，今后八年四川经济年均增速将保持在10%左右，高于全国平均水平，这对配网供电能力提出了严峻考验。由于历史原因，配电网建设滞后，特别是随着分布式电源的发展，电动汽车、储能装置等大量接入，配电网由无源网成为有源网，潮流由单向转为双向，加快配网升级改造日益紧迫。要以全新的目标、思路、标准来规划、建设和管理配电网，坚持统一规划、统一标准、远近结合、适度超前，统筹配网与上一级电网协调发展，逐步建成结构完善、技术领先、高效互动、灵活可靠的现代配电网，使重点城市供电可靠率和电压合格率逐步达到国际先进水平。

从协调发展的内涵看，电网协调发展就是电源与电网、特高压交流电网与特高压直流电网、特高压电网与各电压等级电网、电网与用户、一次与二次系统的发展，在建设上匹配、规模上均衡、技术上适应、政策上配套。这就要求：一是充分发挥四川水电资源优势，准确把握四川能源结构“丰余枯缺”的特性，立足“三华”电网，与周边省市电力资源统筹发展；二是以满足四川总体发展战略对电力需求为目标，与经济社会协调发展；三是加快配网和农村电网建设，促进城乡电网协调发展；四是大力推广新能源和可再生能源发电技术，适度发展分布式电源，与电源多元化协调发展。为此，首先，要加强网源协调发展规划研究，特别是加强水电大规模开发和集中投产带来的外送消纳问题、四川电力发展结构问题的研究。建立健全与政府联动工作机制，共同推动特高压前期和建设工作实现新突破。第二，坚持“加快发展特高压电网、优化发展输电网、侧重发展配电网、同步发展二次系统、各级电网协调发展”的指导思想，进一步优化各级电网结构和布局，促进建设与改造同步、标准化设计与差异化建设相统一，构建一张安全和谐、经济合理和技术先进的坚强电网，满足各级各层次负荷发展的需要，满足城镇化快速发展、客户多元化用电需求。第三，坚持发展速度、质量与效益相统一。要改变“重项目、轻规划，重投入、轻效益”的观念，探索建立电网发展投资效益评价考核机制，强化投入产出和效益分析，合理把握项目建设规模和时序。既要按实际需求发展电网，避免过度投资，又要注意前瞻性，避免重复建设，全面提高电网发展质量，提升投资综合价值。尤其要充分认识三区电网建设的长期性和艰巨性，公司各级要加强向地方政府的沟通汇报，争取政策扶持力度，营造电网发展良好政策环境。

三、以服务生态文明建设为己任，扎实推进电网绿色发展

党的十八大提出加强生态文明建设和建设美丽中国的目标任务，充分体现了我党执政理念新发展。电网是电力工业的核心环节，是推进电力工业绿色发展、促进能源结构调整转型的重要载体，对于贯彻落实中央绿色发展新战略，建设资源节约型、环境友好型社会具有极其重大的影响。电网企业有责任、有义务实施绿色发展战略，通过建设美好川电，推进自身、产业和社会绿色发展，服务经济社会可持续发展。

一要构建绿色平台。打造绿色能源配置平台，推动清洁水电、新能源和分布式可再生能源在更大范围内优化配置和高效利用，促进能源结构调整，维护国家能源安全。推进水力发电流域管理，加强厂网协调，提高绿色能源利用效率。推动低谷水电弃水电价出台，提高低谷水电外送竞争力。畅通水电外送通道，通过技改和技术措施提高水电通道外送能力。加大向国网与华东、华中电网的协调力度，推进受端电网建设与改造，提高受电能力。

二要实施绿色生产。建立健全“绿色”运行机制，实施全员、全过程、全方位绿色管理，最大限度节约使用资源。按照节约化、再利用、资源化的原则，加大工艺、工法创新力度，推广应用高能效、环保型、节约型设备和技术，大力推进节能节水节地节材。强化资源节约、循环和综合利用，降低投入和消耗，提高设备利用效率。健全线损管理组织体系，完善线损管理措施，以信息平台为支撑，以科技进步为手段，以精益化管理为目标，强化线损管理创新，上下联动、协同合作，形成多维度的管理网络，促进电网节能减排增效。

三要共建绿色产业。发挥电网市场功能和对其他产业的带动力，建立绿色发展共识，凝聚绿色发展合力。强化电网配套建设与新能源开发协同联动，研究促进风电、太阳能等新能源并入电网运行的综合解决策略，尤其是在规划、并网技术准则、调度运行、上网电价等管理和政策方面相适应的机制和措施，推进清洁能源、可再生能源集中集约发展。支持电动汽车产业发展和智能建筑、智能家电等新技术实用化研究，助推低碳经济转型。发展合同能源管理等新业务，拓展绿色产业链，促进公司绿色发展，服务生态文明建设。

四、以完善创新体系、提升创新能力为重点，扎实推进创新发展

创新是企业永葆生机与活力的源泉，是提高企业核心竞争力的根本途径，也是落实十八大创新驱动发展战略、实现转型发展的重大选择。为此，必须把创新摆在公司发展全局的核心位置，致力提高原始创新、集成创新和引进消化吸收再创新能力，注重协同创新，实施好创新发展战略，有效发挥科技、管理创新的支撑作用，力争在创新发展上实现新的突破。

加大科技创新力度。一是要加快创新体系建设。构建产学研相结合的技术创新体系，建设以市场为导向的技术研发创新机制。完善知识创新体系，加强应用研究、技术创新和应用推广的有机衔接，促进公司科技资源开放共享，提高创新体系整体效能。二是提升科技创新能力。加强重点实验室、博士后工作站等重大基础研究平台建设，优化学科和领域布局，努力在特高压交直流大电网发展的基础领域、前沿方向、关键技术等方面取得重大创新成果，增强科研院所创新和服务能力。三是完善创新环境。坚持目标导向和自由探索相结合，建立健全竞争择优和稳定支持相结合的投入机制，完善评价导向，鼓励专家持续积累，不断提高研究水平和成果转化能力。坚持以用为本、培养和引进相结合，统筹各类创新人才发展，完善人才激励制度，激发科研人员创造活力，建设高水平创新人才队伍，以人才强促进科技强、带动公司强。实施知识产权战略，加强知识产权保护，健全有利于创新的良好环境。

加大管理创新力度。近年来，通过深化集团化运作、集约化发展，初步实现了由松散粗放到集约高效的转变，特别是“三集五大”体系的建成，引领公司发展由外延式增长进入到内涵式发展的新模式。目前，人财物等核心资源以及“五大”专业领域的纵向集约化管控程度较高，但横向一体化协同亟待完善和加强，这为我们实施管理创新提供了平台，也提出了更高的要求。一要持续深化“三集五大”体系建设，进一步巩固“三集”成果，着力抓好“五大”体系的磨合、改进和提升；以资源整合、信息共享、业务横向集成优化以及协同工作机制建设为重点，构建“工作联动，矛盾联调，平台联建，绩效联考”的“一体化协同”工作模式。二要实施精益转型战略。以“价值最大、效益最优”为导向，以构建精益能力为核心，以标准化为基础，以提升对标短板为重点，对 “三集五大”各领域实施精益优化提升，统筹规划、系统推进公司精益转型，力争用 3-5 年全面建成业绩一流、运营卓越、能力内筑、文化自觉的精益型电力企业。

五、坚持统筹兼顾、以人为本的原则，扎实推进和谐发展

社会和谐是中国特色社会主义的根本属性，是国家富强、民族振兴、人民幸福的重要保证。电力关系国计民生，关系社会各方和广大群众的利益，电网企业承担着确保电网安全、维护社会公共安全的重要使命，责无旁贷地要构建和谐企业，服务社会主义和谐社会建设。

一要处理好企业效益与社会效益的关系。坚持电力发展与经济社会相适应的方针，积极服务地方经济和社会发展，切实履行社会责任，努力使公司成为一个人格饱满的企业公民。要建设一张充满爱心、充满人性关爱的电网，通过电网奉献爱心、传递温暖、服务社会，用更多的爱心回报社会。特别是关心支持“三区”电网发展，加大对藏区县级供电企业管理、技术上对口援建、对口支持的力度。要建设一张和老百姓感情亲密的电网，用心做事、用心服务、用心沟通，建立起与老百姓之间更加亲密的沟通交流平台。

二要处理好整体利益与局部利益、长期利益与短期利益的关系。强化“一张网”、“一盘棋”的大局意识，当局部利益与全局利益、个体利益与整体利益发生冲突时，必须自觉地服从全局利益、整体利益，克服“自转”，坚持“公转”。要善于统筹兼顾发展速度、质量和效益，把握好短期利益与长期利益的关系，使自身生产、经营和发展目标有效结合，以提升资本、技术、素质、管理实力来增强发展后劲，推动公司全面协调可持续发展。

三要处理好员工发展与企业发展的关系。建设和谐企业文化，用“爱心、平安、发展”理念把企业培育成为利益共同体和文化共同体，将员工的愿景融入企业的发展战略中，实现个人价值和企业价值的和谐。营造员工自觉钻研新知识、新技术的学习环境，更新知识结构，丰富知识储备，提升员工能力和队伍整体素质。建立稳定有序、公平竞争的良好机制，既有利于人才脱颖而出，又体现人文关怀，使员工职业生涯随着企业的发展得到改善。坚持人才强企战略，营造鼓励人才干事业、支持人才干成事业、帮助人才干好事业的环境，不断增强员工的创造力和企业持续发展能力，实现企业发展与员工发展相协调。

四要全面加强和改进党的建设。坚持以改革创新精神，加强党的思想、组织、作风、反腐倡廉和制度建设。切实落实中央改进工作作风、密切联系群众八项规定，倡导求真务实的作风，改进文风会风，一切从实际出发，力戒形式主义、官僚主义。牢固树立艰苦奋斗、勤俭节约的思想，杜绝奢侈浪费，坚决与一切腐败行为作斗争。抓好干部队伍建设，坚持德才兼备、以德为先，注重实绩、崇尚实干，从选拔、任用、考核、培训等方面加以落实，树立正确的用人导向。加强对重大决策的风险评估和过程控制，提高领导干部决策水平。排查化解内外矛盾和不稳定因素，从源头上预防和减少新的矛盾产生。加强思想道德建设，引导员工加强自我修养，遵守社会公德，恪守职业道德，提升个人品德，增强文明素质。深入细致做好思想政治工作，维护队伍团结稳定，营造支持改革、有利发展的和谐环境。

同志们，从确立“大电网、大枢纽、大平台”的发展战略和“12751”公司发展目标，到提出“五个发展”总布局，是在贯彻科学发展观、落实国网战略的过程中，与时俱进、不断创新所取得的重大成果。“五个发展”总布局进一步拓展和丰富了公司和电网发展的内涵，为发展内涵增添了新元素，为发展品质赋予了新标准，为发展路径确立了新坐标，使得公司和电网发展战略更加完善、更加科学。“五个发展”总布局是一个相互联系、相互协调、相互促进的有机整体。安全发展是基础，协调发展是保障，绿色发展是根本，创新发展是灵魂，和谐发展是前提。各者之间，相辅相成，缺一不可。希望大家务必坚持把安全发展作为立足之本，把协调发展作为兴企之要，把绿色发展作为必由之路，把创新发展作为动力之源，把和谐发展作为永续之基，戮力同心，攻坚克难，力争早日全面建成“一强三优”现代公司，推动电网和公司实现“崛起盆地，构筑高地”的发展新跨越！

2013 年重点工作

2013 年是全面贯彻落实党的十八大精神的开局之年，是为全面建成“一强三优”现代公司奠定坚实基础的重要一年。工作目标是：

安全生产：不发生较大及以上电网、设备、火灾事故；不发生人身死亡、恶性误操作、重特大交通事故；不发生有重大影响的不安全生产事件。

电网发展：完成电网投资 192 亿元以上。新开工 110 千伏及以上线路 2336 公里，变电容量 579 万千伏安，投产 110 千伏及以上线路 3817 公里，变电容量 1142 万千伏安。

经营管理：完成省内售电量 1693 亿千瓦时（并表口径），市场占有率 95.78%以上；力争外送电量超过 202 亿千瓦时；流动资产周转率 7.34 次；资产负债率 75.87%；线损率 8.9%。

廉政稳定：全面完成年度党风廉政建设责任目标，不发生损害公司形象的重大事件。

一、确保电力安全可靠供应

强化安全基础管理。开展基建防群伤群亡、农电反违章、电力设施防外力破坏、集体企业安全管理专项整治，强化现场标准化作业和监督管理，加大现场隐患整改和责任考核，针对性解决违章问题。实施差异化运维管理，加强各重要断面、骨干输电线路、枢纽变电站以及藏区电网隐患治理。周密安排停电计划和综合检修，深入开展带电作业，带电作业率达 70%。稳步推进变电运维一体化工作，推广智能机器人、无人机、移动作业平台等应用。积极推进信息通信调度监控体系建设，实现信息通信的深度融合和运维管理精益化。

确保电网运行安全。建立大电网运行与管理体系，研究特高压交直流混联运行特性，优化复奉、锦苏直流近区电网控制策略。健全电网风险档案，发布风险预警，落实预控措施。完善智能电网调度支持系统，深化调度核心功能应用。严格调度运行管理和电网运行监控，完善事故处置预案。全面建成地区电网备调体系，构建互联互通的省、市、县三级应急指挥体系，建立区域与属地管理相结合的应急救援队伍。开展重点城市供电企业应急能力评估，规范停电应急处置流程。搭建高效协调联动的军企协作平台，实现应急资源共享。推进政企协作、警企协作，构建电力设施保护长效机制。

统筹平衡电力供应。关注经济形势、电力供需、水库来水、电煤供应等情况，确保枯期电力可靠供应。做好电力电量平衡，积极向国网公司、政府相关部门汇报，加强与发电企业沟通，多方挖潜掘力，确保丰期富余水电高效送出，将弃水减少到最低程度。

二、加快推进坚强智能电网建设

加强电网规划前期工作。建设一体化电网规划设计信息平台。制定公司配网规划，明确发展方向、标准和时序。建立电网发展投资效益评价考核机制，科学安排项目建设规模和时序。梳理各大流域电源开发进度，强化流域开发送出规划管理，协调推进水电送出工程建设，统筹水电外送通道资源利用。开展电网建设社会稳定风险评估，加强可研、评审、核准等前期工作全过程管控，确保2014年新开工项目具备核准条件。

高效推进电网建设。进一步理顺省、市层面基建管理职责。加快溪洛渡-浙西、雅安-武汉等特高压工程建设，按期完成锦屏、溪洛渡左岸电站配套送出工程。加快推动“疆电入川”立项进程并力争年底开工。确保 110 千伏及以上建设项目开工 53 项、续建73项、投产76项。推进乐山智能电网综合建设工程。加强基建队伍和分包管理，以九江、新都等项目创优为契机，带动工程质量和工艺水平提升。加强施工工具及其工艺研究攻关力度，大力推广新工艺、新技术和新材料运用。开展全过程设计质量管控，强化设计市场竞争和责任追究，促进设计质量提升。

加快推进配网改造升级。推广典型供电模式，实现配网建设标准化、模块化；优化城市配网结构，提高互供能力；加快重点城市核心区配网建设改造，解决“卡脖子”问题；加强县域电网、中心城镇和产业园区配网建设，提高供电质量。扎实推进新一轮农网改造升级工程，大力支持“三区”和无电地区电力建设，完成农网投资33亿元，提高农村电气化水平。进一步规范新能源接入系统的评审工作，建立分布式光伏发电评审绿色通道，积极服务风电、光伏发电等新能源发展。

三、确保公司经营效益稳定

深挖用电市场潜力。加强售电市场分析，着力抓好营销数据清理，夯实营销基础。用两年时间全面建成集抄系统并达到实用化水平。建立市场分析预测模型，提升市场预测把控能力。提升重点工程的业扩报装速度，争取直购电试点和自备电厂统购统销政策，努力拓展市场空间。充分利用稽查监控系统，加强线损过程管控和跟踪分析，深入开展反窃电专项行动，确保公司效益不流失。深化电费电价管理，提高预付电费和分次结算比例，改革电费回收考核模式。将窃电和违约用电纳入用户征信评价范围，加大代收机构账务管理，切实加强电费回收风险控制。

加强综合计划和财务管控。强化综合计划刚性管理，完善项目计划预安排机制，增强综合计划的调控能力。强化同业对标指标诊断分析，实现管理水平和指标排名的持续提升。深入推进财务与业务信息系统集成应用；深化财务及资金管理，加强冗余账户整合，降低风险提升效益。全面完成股权投资清理整合。配合做好输配电价改革和测算工作；依托电价管理信息平台，优化管控流程，严格电价政策执行；加大财税政策研究和争取力度。加强对年金、社保管理的分析研究，及时调整管理策略，维护企业和职工权益。

强化依法治企管理。稳妥推进集体企业重组整合，减少数量、压缩层级、提高效率；进一步完善集体企业“三重一大”决策程序，构建产权归属明晰、管理层次精简、组织机构精干的集体资产经营平台，建立归口管理和专业管理相结合的监管模式，提高集体企业治企能力。依法支持上市公司，提高其经营效益和可持续发展能力。落实“六五”普法中期检查要求，引导藏区供电企业学法普法；开展“合同管理年”活动，规范和加强合同管理；推动《四川省电力设施保护和供用电秩序维护条例》、《四川省电网建设管理条例》纳入立法计划，实现电力地方立法新突破。进一步加强内部审计监督，深入开展依法治企综合检查“回头看”，全面规范整改问题；认真清理历史遗留问题，积极寻求妥善解决方案。深化运用协同监督机制，加大专题分析和跟踪整改力度，强化重点领域、关键岗位风险排查，完善过程监控、结果考核的闭环管理体系。

四、深化“三集五大”体系建设

强化横向协同。深化“三集”管理，抓好“五大”体系磨合提升。以“纵向管理贯通，横向业务协同”为目标，打破部门之间、专业之间壁垒，构建“三集五大”一体化协同工作模式。绘制企业流程全景图，重点梳理优化业务流程协同点。固化运营监控机制，开展运营监控系统二期建设，提升采集频度，实现实时采集、在线分析，切实发挥监测、分析、协调、建设、评估等职能。加强“二十四节气表”常规重点工作督察督办，建立跨部门、跨专业协同机制。

完善体制机制。完善与“三集五大”体系相配套的制度标准，建立健全导向正确的监督考核体系。做好33家控股县公司国有产权上划；开展“一县两公司”整合试点；规范非省公司渠道农网资产管理，进一步理顺农电管理关系；梳理全资县公司管理架构，加强全资县公司运营研究；稳妥开展供电所业务委托，强化供电所管理；完善藏区对口帮扶机制，持续改进藏区县级供电企业管理。优化调整劳动用工策略，加强控股、代管单位、集体企业和各类用工统一管理。强化工资总额预算管理，开展收入分配规范管理专项检查，提高薪酬福利规范化管理水平。推进后勤发展方式转变，建立公司层面后勤一体化工作体系。

五、落实创新驱动战略部署

实施精益转型。落实精益转型规划，制定实施各专业精益提升方案。以流程为载体，以岗位为核心，以绩效为杠杆，通过工作流程、工作标准、全员绩效管理三个体系相互融合、相互匹配、相互协同，构建精益化管理的“明责、尽责、考责、问责”机制。以先行先试为原则，重点开展大营销、供电可靠性与电压质量、成本管控、线损管理等 7 个项目精益提升。深入总结并推广试点经验，年底前启动所有领域精益优化提升。

突出管理创新。发挥管理创新重点研究室作用，加强战略性、前瞻性、创新性管理课题研究。实施管理创新“111”工程，抓好 10 个重大项目、100 个重点项目、10 个省级及以上获奖项目。建立优秀研究成果转化为管理创新实践的工作机制，加强管理创新成果的交流、推广与应用。建设“电力行业信息智能整合服务平台”，构建管理创新开放式交流机制。

加强技术创新。建立科技咨询专家库，选树科技领军人物。开展专利评估，探索专利成果的实用化、市场化转化。依托重点实验室、科技攻关团队和劳模（职工）创新工作室，分层次推进技术创新活动。开展大电网理论研究，重点抓好输变电设备智能巡检、防灾减灾、大电网分析与控制、水电能源基地网源协调应用技术、特殊区域特高压施工技术等重点课题研究。开展“创新在班组”系列活动，树立创新中减负的观念，推动班组创新能力建设。

六、塑造供电优质服务品牌

强化服务措施。整合城乡配网抢修资源，改革抢修时限考核方式，最大限度缩短停电时间。深入贯彻《物业管理条例》，规范居民小区供配电设施建设管理。理顺业扩服务协同机制，充分发挥供电服务中心集约优势，提高业务办理速度和效率。加强和各级政府、监管部门的工作联动，提升高危和重要客户安全用电管理的有效性。

拓展服务方式。继续推广网上支付等新型便捷的缴费方式，实现客户轻松缴费的全新体验。构建智能互动平台，实现智能电表余额告警、阶梯电价提醒、充值网点查询等服务，实现客户被动接受服务到双向互动的转变。依托配网 GIS 系统，丰富完善停送电信息发布手段和方式，提升信息发布的针对性和及时性。

深化服务监督。完善内部流程管控和外部客户评价相结合的供电服务品质评价体系，实现服务品质评价的量化管理。开展供电服务效率诊断分析，及时发现、整改问题，提高服务风险防控能力。规范客户投诉举报管理，开展第三方满意度调查，主动接受政府和社会监督。

七、进一步加强人才队伍建设

加强人才队伍发展规划和配套机制建设。滚动修订《“十二五”人力资源规划》、《2011-2020 人才发展规划》，高起点科学编制《2013-2015 年干部队伍建设规划》，促进人才队伍规划与公司战略规划、专业规划的对接。推进内部人才交流平台信息化建设，完善人才流动激励机制，促进员工跨专业、跨单位、跨地区合理流动。稳妥推进岗位绩效工资制度改革，建立岗位、业绩、优秀人才多通道薪酬晋升激励机制。完成供电企业员工职业生涯规划和人员通道导入，优化职业生涯信息化管理，提升全员职业生涯管理成效。

加强领导干部队伍建设。完善领导班子综合评价体系，打造“三强三优”干部队伍。加强领导班子搭配和个性特征分析研究，做好领导班子配备调整，提高班子整体合力与效率。加大年轻干部选拔培养力度，完成新一轮处级后备干部选拔，提高 35 岁左右年轻干部在后备干部中的比重。启动新一轮处级干部履职能力轮训，加大引导式、体验式、研讨式培训比重，把生产一线、大型县公司、集体企业等作为干部成长锻炼的重要平台，提高干部业务水平和综合能力。

进一步加强全员教育培训。启动国家级博士后工作站申报工作，发挥研究生工作站在引进高端人才、深化校企合作、实施重点科技攻关、提升创新能力等方面的作用。创新培训方式，建设企业大学，建立公司级大师工作室。加强高层次人才引进和培养，做好“双千人才”部署，培养科技领军人才、优秀专家人才，加强人才梯队建设。制定实施各类人才定向培养计划，严把新进人员入口关，实施“三无”人员专项培训计划，提升员工业务技能和综合素质。

八、全面加强党建和精神文明建设

切实加强党的建设。深入学习贯彻党的十八大精神，建立健全党员承诺践诺、基层党组织晋位升级等创先争优长效机制。深化共产党员服务队品牌建设，优化运行模式，开展结对共建。加强基层党组织建设，建立完善适应“三集五大”体系新模式的党建工作考评体系。全面推进惩治和预防腐败体系建设，狠抓党风廉政建设责任制落实，强化领导干部的教育和监督。抓好工程建设、集体企业管理等重点领域效能监察。加大自办案件力度，严肃查处违规违纪问题。

加强企业文化建设。弘扬“诚信、责任、创新、奉献”的核心价值观，推进“五统一”企业文化深入落地。深入开展“新甘石”联网精神学习活动，选树一批引领电网建设、创新企业管理的先进典型和爱岗敬业、无私奉献的劳动模范。完善企业文化环境建设，建设具有影响力的企业文化示范基地。深化精神文明创建，加强“文明供电所”建设，坚持季评“文明新风”，开展“善小”活动，夯实精神文明建设基础。

建设团结和谐氛围。整合资源，强化协同，加强新闻应急和处置流程建设。加大主题策划传播力度，建立“第三方话语团队”，增进社会各界对公司品牌价值认同。开展厂务公开、工人先锋突击队、“青年大讲堂”、志愿者服务等活动。加强维护稳定工作，畅通诉求渠道，排查、化解稳定风险，做好信访工作。强化保密宣传和责任落实，确保不发生失泄密事件。落实离退休“两项待遇”，确保离退休人员共享经济社会发展成果。

各位代表、同志们，在深化“两个转变”的道路上，建成“一强三优”现代公司是国家电网人的夙愿。需要坚定信念，求真务实；需要万众一心，团结奋斗；需要一年又一年的接续努力。让我们在国网公司和省委省政府的正确领导下，以科学发展观为指导，为全面建成“一强三优”现代公司而奋斗，不断夺取“五个发展”新胜利，共同创造幸福美好的川电！

（作者：王抒祥，四川省电力公司总经理、中共四川省电力公司委员会副书记，本文系根据王抒祥2013年1月15日《在公司五届二次职代会暨2013年工作会议上的报告》整理，有删节，文中小标题为编者所加）

树立“大能源观”　优化配置四川电力资源

王抒祥

《中国电力与能源》一书，首次提出了“大能源观”的概念，阐释了电力在能源战略中的中心地位，对解决我国能源问题的基本思路和实现能源发展方式转变的路径作了系统论述。以电力为中心推动我国能源发展方式转变，实施“一特四大”战略是当前重要而紧迫的任务。

国家电网公司总经理、党组书记刘振亚所著的《中国电力与能源》一书，立足国际能源格局深刻调整变化、我国能源发展面临复杂挑战和战略转型机遇的时代背景，首次提出了“大能源观”的概念，阐释了电力在能源战略中的中心地位，对解决我国能源问题的基本思路和实现能源发展方式转变的路径作了系统论述。基于“大能源观”，该书从电力的视角来研究分析我国能源问题和能源战略，分析了解决我国能源问题的基本思路和能源发展方式转变路径，阐述了能源战略应坚持“一强四大”战略的观点。

转换能源发展方式　加快实施“一特四大”战略

专著中所论述的转变能源发展方式的思路及观点，是基于作者刘振亚同志40年的能源行业工作实践和对我国能源战略问题的深入思考。充分体现了作者独特的视角、广阔的视野、深刻的思考，展现了一名资深能源工作者对我国能源事业发展脉搏的准确把握，对电力和能源发展规律的深刻认识，对行业发展趋势的洞察力。

近年来，全球能源安全和气候变化问题日益突出，我国国内煤、电、油、气、运紧张局面反复出现，生态环保形势日趋严峻，以新能源和智能电网为标志的新一轮能源技术革命不断孕育发展，电力在能源发展中的中心地位更加凸显。我国能源资源总量丰富，但人均占有量和优质能源相对较少。改革开放以来，能源产业发展迅速，生产和消费规模大幅增长，基本满足了经济社会发展的需要。近年来，我国能源事业发展取得了举世瞩目的成就，同时也面临着诸多问题和挑战。经济社会的发展带动能源需求持续增长，资源环境的约束日益突出，能源对外依存度持续升高，保障能源稳定供应的压力越来越大。能源资源与能源需求分布不均衡的现实国情，对进一步增强能源远距离输送和大范围优化配置能力提出了迫切要求。我国能源开发利用效率总体较低，能源结构有待优化，城乡能源发展不协调，能源发展质量亟待提高。

解决我国的能源问题，需要以中国特色社会主义理论体系为指导，从经济社会发展全局出发，树立“大能源观”，确立科学的解决思路，选择合适的实施路径。要着力转变能源发展方式，推动能源战略转型，走中国特色能源发展道路。转变能源发展方式，必须坚持以电力为中心。将电力摆在能源战略的中心地位，客观上是由电力特性、资源禀赋和能源发展规律所决定的。无论从电力与其他能源品种之间的关系看，还是从保障能源安全、优化能源结构、促进节能减排及和谐社会建设等方面来看，电力的作用都十分重要。以电力为中心推动我国能源发展方式转变，实施“一特四大”战略是当前重要而紧迫的任务。目前我国需要加快实施“一特四大”战略，即建设以特高压电网为骨干网架，各级电网协调发展的坚强智能电网，加快空中能源通道建设，实施输煤输电并举，促进大煤炭、大水电、大核电、大型可再生资源发电基地的集约高效开发，实行大规模、远距离输电和全国范围优化配置能源资源。

树立大能源观
保障四川电力可靠供应

《中国电力与能源》提到，我国能源资源与能源需求逆向分布的国情，决定了能源大规模、远距离运输和大范围优化配置不可避免。未来，要消除我国能源运输瓶颈，提高能源配置效率，优化能源配置格局，实现经济、社会、环境综合价值最大化，必须要下决心转变能源配置方式，充分发挥各类运输方式的比较优势，构建分工协作、优势互补、连续贯通的一体化现代能源综合运输体系。要通过输煤输电并举、加快发展输电，优化煤炭运输方式，转变过度依赖铁路输煤的局面；大力推进以特高压为骨干网架的坚强智能电网建设，建设网架结构合理、资源配置能力强大的能源资源配置平台；加强油气管网建设，优化布局结构，实现输配网络化和上下游协调发展。

当前，四川能源结构的特点是“富水缺煤、丰气少油”，而水电资源则“丰余枯缺”，即丰水期因为电用不完而要弃水，枯水期则因缺电要拉闸。四川“十二五”期间GDP总量将达到3万亿元，全社会用电量将达到3000亿千瓦时左右，用电负荷将超6000万千瓦。四川省电力公司将投资1000亿元将四川电网打造成为“东接三华、西纳新藏、北联西北”的西部电力交换大枢纽。到2015年末，四川电网500千伏变电站将达到54座，线路超过1.67万千米，覆盖四川人口总数的85%以上。但即便是按照目前的相关发展规划，“十二五”末四川全省电力供应也将有1100万～1400万千瓦的电力缺口。要满足全省电力供应，需要大量的火电或外购电来补充。然而，受制于电煤难落实和交通运力紧张等因素，“十二五”时期，即使四川省加快火电建设步伐，弥补了装机容量缺额，也将出现电厂建成后无煤可用的局面。因此，继续依靠单一输煤的传统能源输送方式，将难以保障四川省电力的安全可靠供应。

随着特高压输电技术的突破，转变传统的能源输送方式，变输煤为输电已日益成为我国能源开发利用的发展方向。新疆是我国最大的煤炭资源地之一，预测储量2.19万亿吨，占全国预测储量的40%以上，开发潜力巨大。建设新疆至四川的±1100千伏特高压直流输电工程，输送功率1000万千瓦，相当于为四川提供了同等容量的火电装机。这不仅能有效解决四川枯水期电力供应不足的问题，减轻交通运输压力，缓解日益突出的环保问题，同时也有助于新疆资源的就地转化，是一项造福川疆两省区人民、实现共赢的重要工程。

正如专著中所述，解决我国能源问题，必须树立“大能源观”，立足国内、放眼国际、总揽全局。《中国电力与能源》的出版，为理清我国能源发展思路，深化能源战略研究，推动能源可持续发展提供了参考与借鉴。

（作者：王抒祥，四川省电力公司总经理、中共四川省电力公司委员会副书记，本文载于2012年6月5日《国家电网报》）

电网建设服务藏区跨越发展

王抒祥

历时半年的国家电网四川省电力公司 2012 年“一号工程”即新都桥—甘孜—石渠联网工程（简称“新甘石”联网工程）在9月19日正式通电投运。作为四川电网建设史上施工难度最大的输电线路工程，它承载的是党和政府的嘱托、国家电网公司的重任，更是藏区群众的期盼。

电力基础设施的建设让藏区生产生活迈向现代化；投资发展环境的改善使招商引资项目实现突破；水电资源的送出促进经济发展优势的提升。四川藏区意气风发的新生活，正在掀开新的一页。

告别历史遗憾

四川藏区在我国是仅次于西藏的第二大藏区，包括甘孜州、阿坝州和凉山州木里县，幅员面积 25 万平方公里，占全省总面积的 52%。这里 75%的区域在海拔 3000 米以上，地质环境复杂，但水电资源丰富。经过多年发展，藏区百姓生活水平有了明显提高，但日益增长的物质文化需求同落后的社会生产之间仍然存在矛盾。由于历史原因，四川藏区电力发展滞后，无电地区比例较大。

在国家深入推进西部大开发、大力促进民族地区跨越发展的新历史机遇下，藏区经济社会发展获得了巨大的推力。四川省委、省政府和国家电网公司在去年11月4日共同启动了“十二五”四川藏区电网建设项目集中开工仪式，计划投资 192.5 亿元，规划建设五大 500 千伏水电送出通道，着力突破制约藏区电网发展的水电送出、孤网运行、无电用户、供电薄弱、石渠电网联网、香格里拉旅游区供电等六大瓶颈问题，进一步加强电网结构，提高供电能力和可靠性。今年 3 月 20 日，“新甘石”联网工程作为支持四川藏区电力发展之一的重大民生工程正式开工。这是“十二五”期间加快四川藏区电网跨越发展的重要一步，是破解制约甘孜州电网发展瓶颈的关键，也是确保“电亮藏区”的关键。

工程总投资 32.15 亿元，线路全长 1015 千米，以甘孜州新都桥镇为起点，途经康定、道孚、炉霍等 5 县，最终抵达川青藏交界的石渠县，将甘孜州北部与四川电网主网相联系，消除色达、石渠等县用电盲点，最终解决 40 多万人的长期稳定用电问题。工程的建成，是确保“十二五”末基本解决藏区无电人口供电问题的关键。同时，甘孜作为藏区电网建设的重点区域，未来 5 年里，“电亮藏区”计划将在甘孜投资过百亿元，为甘孜架设出一条连接全国的电力“高速通道”，从此彻底告别电力“孤网”。

“输电”不忘“输智”

2008 年以来，我们以电力助推四川“富民安康”工程的实施，大力推进“电亮藏区”计划，以电网延伸供电方式，解决了藏区移民搬迁点、牧民定居点无电户的用电问题。对于电网难以达到的地方，通过安装太阳能光伏发电装置，让边远山区农牧民告别无电历史。2009 年，又初步构建了加快四川藏区电网和供电企业发展的思路。“十一五”期间，我们在四川藏区已累计投入资金 73.3 亿元，建成了康定、九龙、茂县 500 千伏输变电工程等一大批项目，为藏区经济发展与社会和谐稳定提供了有力保障。

人才与智力，才是藏区电网建设灵魂。在藏区发展中，我们不仅重视“输电”，也重视“输智”。针对藏区经济发展、民生改善及资源开发，制定藏区电力事业发展规划；结合藏区全面发展，开展人才援藏、项目援藏、技术援藏和管理援藏。在加强四川藏区电网规划与建设、建立公司系统结对帮扶、对口指导和发展监督机制、建立完善藏区供电企业管理制度等方面，我们正在加快推进。为破解藏区电网人才瓶颈，为藏区经济发展与社会和谐稳定提供有力保障，省电力公司所属 16 个先进供电单位与甘孜公司、阿坝公司和凉山州木里县电力公司结成对口帮扶单位，通过多种形式为藏区电力发展提供生产技能后备人才支持，使藏区县级供电企业的整体管理水平达到内地县级供电企业的平均水平。

再绘发展蓝图

在四川“大电网”建设中，藏区电网建设是重要组成部分。四川藏区水电资源可开发容量超过5500万千瓦。以甘孜州为例，金沙江、雅砻江、大渡河纵贯全境，全州水电理论蕴藏量达4200万千瓦，实际可开发量超过3600万千瓦。目前全州发电装机容量仅有313万千瓦，预计“十二五”末，全州水电装机容量将超过1000万千瓦。

“十二五”是四川省委、省政府努力实现“三个翻番”、“五个提升”奋斗目标的重要时期，也是四川电网高速发展的重要机遇期。通过建设跨省跨区域输电大通道，形成“二交四直”与全国联网格局，建成东接三华（华中、华东、华北）、西纳新藏（新疆、西藏）、北联西北的电力输送大枢纽。到2015年，四川电网的建设投资将超过1000亿元，完成1000多个输配电项目建设，在省内建成以500千伏电网为骨架，220千伏电网为支撑，110千伏及以下网络为基础，布局优化、结构合理、联系紧密、城乡协调、安全可靠的输配电体系。相当于在2010年基础上“再造一个四川电网”，成为全国最大的省级电网之一。

根据发展规划预测，到2015年，四川藏区将实现电力送出通道东西贯通、南北互联，水电“送得出、落得下”，负荷集中区城镇及工业企业“用得上、发展好”，无电地区电网基本覆盖、农村电网状况明显改善、“县县联网”“户户通电”，做到农牧民生活 “点得亮、步步高”。

“新甘石”联网工程的建设者们克服了高海拔地区地质条件复杂、气候环境恶劣、交通运输不便等诸多不利条件，在平均海拔3500米，最高海拔4600米的高原上，为“电亮藏区”经受了生理和心理上的双重考验，付出了常人难以想象的艰苦努力。在建设的同时，为了不破坏自然保护区，我们更改线路设计；为了减少树木砍伐，我们加高铁塔高度；为了保护草甸，我们将其切割成块异地保护，工程完成后物归原址；为了保护森林，我们放弃开挖道路的机械运输，采用骡马驮运……在技术上，为攻克这个四川电网建设史上最艰难的工程，我们在施工中采用了关键施工点全程摄像，生命保障系统和基建指挥系统实行工程建设质量终身制。还首次在高海拔地区使用钢建构的室内GIS配电装置，以及预制装配式围墙、预制装配式电缆沟等获得国家专利的技术。

通过建设者们的日夜奋战和顽强拼搏，“新甘石”联网工程仅用6个月全部完工。虽施工条件艰难，但进展快、效果好，成为四川电力建设史上的奇迹，成为民族相亲的纽带，成为干部员工成长的课堂，成为四川电力精神的丰碑。

省电力公司将继续贯彻落实党中央、国务院、四川省委、省政府和国家电网公司的相关决策部署，从促发展、保稳定的政治高度，全力加快藏区电网发展，解决藏区无电户通电问题，提升藏区供电服务水平，把党的关怀与温暖送到每个农牧民家中，为藏区经济发展、社会和谐稳定贡献力量。

（作者：王抒祥，四川省电力公司总经理、中共四川省电力公司委员会副书记，本文载于2012年9月21日《四川日报》）

深化“两个转变” 坚持“四个发展” 全面服务小康目标

王抒祥 刘 勤

四川省电力公司以党的十八大精神为指导，认真贯彻落实国家电网公司和四川省委省政府决策部署，站在新的起点上，把握重要战略机遇期，以加快电网发展为第一要务，继续深化“两个转变”不放松，坚持“两个一流”不动摇，为全面建成小康社会提供优质清洁、安全可靠的电力保障。

坚持安全发展为立足之本

目前，四川电网已进入到实施远距离、大容量西电东送，特高压交、直流并联运行的新阶段。我们将进一步加快坚强智能电网建设，大力推进在川特高压工程建设，进一步完善和增强电网结构，提升资源优化配置能力、供电能力和电网抵御自然灾害能力。深入研究掌握大电网安全运行规律，加强电网运行管理，优化协调跨区电网、省内电网运行方式及电网风险防控措施，确保不发生大面积停电事故。以资产全寿命管理为抓手，推进全面质量监督管理，特别是加强对设备选型、订货、验收到投运的全过程管理，确保设备零缺陷投产送电，优化提升设备安全运行管理水平和健康水平。坚持精益管理理念，以电网设备状态检测为重点，深入开展隐患排查治理，及时消除设备隐患。大力推进电力生产技术改造，开展实用、有效的技改项目，提高设备自身抵御自然灾害的能力。切实落实安全生产责任制，严密防控人身安全风险。

坚持创新发展为动力之源

党的十八大要求大力实施创新驱动发展战略。四川公司全体干部员工全面创新，加快改革步伐。

四川电网立足于科技、体制、管理和文化创新。要着力推进技术创新，必须充分发挥科技和信息化的支撑作用。强化重点科技攻关。在优势技术和电网安全领域，集中人才，加大投入，着重解决电网和企业发展中共性的、突出的技术问题，积极开展智能电网、特高压等重大关键性和前瞻性技术研究，为智能大电网建设做好技术准备。强化群众创新。认真总结项目管理经验，统筹利用“五小”“金点子”“QC 活动”等载体做精群创活动，切实解决生产经营中的问题，充分发挥员工的主体作用，广泛凝聚群众智慧。强化成果运用。坚持以需求为导向，选择适用的新技术与基建、大修、技改项目相结合，加快新技术、新材料、新工艺的推广应用，提升科技成果实用转化水平。强化信息化支撑。重点利用定量化的信息管理方法，运用监控、预测、计划、优化、调节和控制等手段，全面采集业务关键指标数据，为建设统一的管理平台提供信息技术支撑。

要坚持“三集五大”体系建设，对组织架构、管理模式和业务流程进行全方位、全覆盖，进一步理顺体制机制，彻底根除长期制约发展的深层次矛盾，把企业横向纵向紧密联系，加强企业一体化融合，通过流程再造改变体制机制，进一步提高企业效率和效益。大力加强精益化管理，强化运营监控中心监测功能，不断提高企业效率和效益。

要持续推进企业文化建设，大力弘扬公司核心价值观和企业精神，发挥文化驱动作用，不断统一思想、激发潜力，全面提升企业素质。

坚持绿色发展为必由之路

党的十八大提出要推进绿色发展、循环发展、低碳发展，建设“美丽中国”。对电网企业来讲，建设生态文明就是要思考如何节约资源，如何发挥电网的优势来综合平衡资源，积极推进节能减排、节能降耗。四川水电资源丰富，把绿色环保的水电资源从西部运送到东部，在全国进行资源的平衡配制，发挥电网的市场配置资源的作用，服务国家生态文明建设。

四川水电“丰余枯缺”结构性矛盾突出，为避免四川外送电力受限造成大量弃水，实现四川清洁能源外送，就要充分利用跨区优化配置电力资源功能，发挥特高压优势，加大川电外送规模和力度，充分消纳富余水电，减少弃水浪费。以突出大电网水火互济、促进节能减排的优势。

最近，我们成立了四川电力节能服务公司，为客户提供用能诊断、节能规划等专业服务。下一步，四川公司将进一步通过科学规划、开展节能调度、深化线损管理、发挥大电网优化配置能力、促进资源合理利用，坚持四川电网绿色和谐发展。在线损管理上，构建技术手段先进、指标体系完整、管控有力的线损管理机制，有效提升线损管理精益化水平。同时通过及时调整运行负荷，缩短供电半径，提升供电电压，以减少二氧化碳、二氧化硫排放量，践行国家节能减排政策，落实科学发展观。

坚持和谐发展为永续之基

党的十八大提出，要加强和创新社会管理，推动和谐社会建设。我们将继续履行社会责任，牢牢把握服务社会、服务民生这条主线，继续加快革命老区、民族地区和贫困地区电网建设与改造，切实解决人民群众用电难的问题。国家电网四川电力共产党员服务队将继续发挥“连心桥”作用，“有呼必应、有难必帮”；加快电网建设、改善用电条件，大力实施“点亮藏区”等无电地区电网建设规划，让供区内告别无电历史。在抢险救灾保供电、服务新农村建设、扶贫帮困等方面再接再厉，全面提升“国家电网”品牌价值和社会形象。继续加强“三个建设”，建设坚强的党组织、统一优秀的企业文化和高素质的干部员工队伍，提升凝聚力，增强执行力，打造软实力，为深化“两个转变”、建设“一强三优”现代公司提供坚强保障。

（作者：王抒祥，四川省电力公司总经理、中共四川省电力公司委员会副书记；作者刘勤，中共四川省电力公司委员会书记、四川省电力公司副总经理，本文载于 2012 年 12 月 4 日《国家电网报》）

深入学习贯彻党的十八大精神 为推动公司和电网科学发展提供坚强保证

刘　勤

2012 年工作回顾

2012 年，在国家电网公司党组和省委、省政府的坚强领导下，公司党委紧紧围绕企业改革发展中心任务，扎实推进党的建设、企业文化建设和队伍建设，全面开展创先争优取得显著成绩，有力地推动了公司和电网科学发展。公司党委喜获全国“创先争优先进基层党组织”和国务院国资委“中央企业思想政治工作先进单位”荣誉。

一、创先争优活动取得丰硕成果

创先争优系列活动深入开展。突出为民服务主题，大力实施“95598 光明服务”工程，积极创建“为民服务满意窗口”，开展“我身边的为民服务创先争优典范”征文演讲比赛，扎实抓好公开承诺、定点联系和群众评议等环节工作，取得显著成效。公司作为全国电力行业唯一单位在中央企业创先争优经验交流总结会上发言，四川电力（成都高新）共产党员服务队党支部荣获全省“创先争优先进基层党组织”称号，公司系统 3 个基层党组织、2 名党员荣获省“国有企业创先争优先进基层党组织”、“优秀共产党员”称号。

先进典型选树卓有成效。大力宣传共产党员服务队、“新甘石”联网工程等先进群体，积极选树朱白桦、刘源等先进人物，建立创先争优先进典型库。“新甘石”联网工程先进事迹受到省委省政府充分肯定，省委宣传部、省国资委党委先后举行先进事迹报告会，参与工程建设的 10 个党支部、30 名党员受到省国资委党委表彰。积极推荐公司各条战线涌现出的先进典型，公司系统荣获全国“五一”劳动奖状 3 个、奖章 4 个，国家电网公司先进集体 4 个、先进班组 6 个、特等劳模和劳模 5 名。

共产党员服务队建设持续深化。按照“五统一”要求，进一步提升共产党员服务队建设水平，新成立服务队 7 支。结合“三集五大”调整优化服务队定位，进一步完善长效运行机制。开展共产党员服务队成立 10 周年系列活动，评选表彰为民服务明星队员。扎实做好为民服务十件实事，进一步发挥先进示范作用，受到社会各界高度赞誉，被中央文明办授予“全国优秀志愿服务组织”称号。

二、党的建设得到全面加强

领导班子建设进一步加强。坚持以德为先、以绩为重的用人导向，优化干部年龄、专业、性格特点的结构搭配，先后完成“三集五大”改革期间 8 批次班子配置和干部调整，涉及领导干部 175 人次。加大藏区供电企业领导干部、上市公司高管聘任委派力度，对控股公司管控力进一步增强。9 个处级领导岗位实施了公开竞聘，10 名干部在竞争中脱颖而出。开展对基层单位领导班子及成员的季度风险评估，加强对领导班子运行机制、“三重一大”决策、干部重大事项请示报告、干部选拔任用工作有关事项报告等制度执行情况的检查考核，不断强化领导干部监督管理。

基层党组织建设全面加强。切实做好党的十八代表推荐选举工作，王抒祥同志当选党的十八大代表和第十届省委委员。以“抓基层、打基础、增活力”为重点，扎实开展基层组织建设年系列活动，公司系统 13.68%的基层党组织由 B 级晋升为 A 级，18.47%的基层党组织由 C 级晋升为 B 级，D 级党组织实现 100%转化，基层党组织建设水平明显提升。适应“三集五大”新模式，加强新建重组机构党组织建设，及时调整优化基层党组织设置，进一步理顺了基层党组织隶属和管理关系。

反腐倡廉建设深入推进。开展“学法规、守廉洁、保安全”活动，充分发挥公司廉洁教育基地功能，营造学廉倡廉浓厚氛围。深化协同监督机制建设，突出监督联席会议平台作用，切实化解工程分包等环节廉洁风险。加强重要决策部署落实情况督查，深化工程建设领域突出问题、车辆清理整顿等专项治理，取得阶段性成效。开展信息系统建设应用、工程管理、清产理财等效能监察，取得明显的经济和管理效益。加大查信办案力度，实施信访举报“阳光办理”。推进廉政风险防控，形成《廉政风险防控手册》等六项成果。行风建设取得新成效，公司作为省内唯一企业代表在国务院纠风办、中纪委纠风室来川调研座谈会上作交流发言。

三、企业文化建设进一步深化

企业文化保障作用充分发挥。深入开展企业文化宣讲，引导干部员工积极践行国家电网公司核心价值观。推广企业文化示范基地建设经验，深入开展“五统一”企业文化进班组和在控股县级供电企业落地实践活动，推出电视音乐片《光芒》等一批企业文化精品力作。在“新甘石”联网工程中实施文化传播，打造企业文化服务重点工程典型案例。加强企业文化环境建设和氛围营造，强化企业文化建设责任，全面提升了企业文化建设水平。

和谐企业建设扎实推进。围绕“三集五大”、主多分开等重点任务和党的十八大等重要时段，切实做好队伍稳定工作，及时化解矛盾纠纷和不稳定苗头，确保了改革顺利推进和企业稳定和谐。深化企业民主管理，广泛开展“面对面、心贴心、实打实，服务职工在基层”活动，推进和谐劳动关系和厂务公开民主管理示范单位创建，10 个基层单位分别荣获省“厂务公开民主管理先进（示范）单位”、“模范劳动关系和谐企业”称号。切实加强离退休工作，公司被评为省老干部工作系统“创先争优活动先进单位”。

企业品牌形象进一步提升。建立常态沟通联络机制，深化与社会各级媒体的沟通协调。精心策划组织“新甘石”联网工程、“喜迎十八大”等系列主题传播，得到省委宣传部、中央驻川媒体及川内主流媒体的鼎力支持，形成《人民日报》通讯、《新闻联播》头条、《中国青年报》头条、《中国新闻周刊》特刊、人民网“强国论坛”访谈、微博直播和海外报道等多个传播亮点。继续加强全面社会责任管理工作，发布公司第一份社会责任实践报告，公司荣获省“留守学生（儿童）关爱行动先进单位”。

四、队伍建设取得新实效

干部人才队伍建设进一步加强。深化干部梯次培训，全面完成领导干部三年轮训任务。选派优秀干部赴省内管理先进单位、藏区供电企业和国网总部进行挂职锻炼，控股上市公司后备干部推荐选拔模式不断规范，干部培养锻炼机制进一步完善。规范公司人才分级分类管理，形成专业领军人才、优秀专家人才、关键紧缺人才、“521”人才、后备人才等人才体系。加快高层次研究管理人才的引进与培养，建设国家级博士后工作站，形成立体选拔、“五高”培训、长效培养三结合的高层次人才培养新模式，培养选拔“三集五大”等专业“双千人才”419 名，23 人入选国家电网公司“十大”专业领军人才培养对象。

员工思想教育引导形式多样。围绕“三集五大”、主多分开等重点改革任务，通过开展员工思想动态调研分析、落实领导干部“三联系一沟通”、编发宣传教育资料、组织形势任务网络答题等措施，在改革中积极开展员工思想引导。举行形势任务报告会和省第十次党代会精神报告会，深入开展思想政治工作有形化、班组员工思想教育有效性等课题研究，推进员工思想教育基地建设，积极创新思想教育方法载体。以共产党员服务队为先导，在青年员工中广泛开展“学雷锋”志愿服务行动，进一步强化了员工公民道德意识。

青年成长成才工作快速推进。加强团青工作领导，专题制定加强和改进公司共青团和青年工作的指导意见。开展公司领导和青年“面对面”主题交流，举办青年综合素质提升大赛，组织“青春光明行”十周年主题活动，通过多种形式引导青年成长成才。公司团委当选团省委委员单位，荣获省“五四红旗团委”，1 个集体荣获“中央企业青年文明号”，1 人荣获全国“优秀青年志愿者”称号。承办全省青工技能大赛，2 人夺得第一、二名，其中 1 人进入全国前 20 名受到团中央表彰，30 人被授予省“青年岗位能手”称号。

2012 年是公司上下攻坚克难、奋力拼搏、创新超越的一年，是公司各级党组织和广大干部员工围绕中心、服务大局、成效彰显的一年。回顾过去一年的工作，我们深切地认识到，必须坚持思想引导先行，在社会发展不断加快、公司内外环境加速变化中，最大限度达成各方共识、凝聚队伍合力，才能平稳有序推进公司改革发展。必须坚持统筹谋划超前，科学预判形势，准确把握方向，保持党的工作的前瞻性和主动性，才能更有针对性为企业中心工作服务。必须坚持追求精品原则，大力在抓典型、树品牌上做文章，着力形成干必成、成必精的精品意识，才能实现工作推陈出新、亮点纷呈。必须坚持人本责任落实，关注改革攻坚的各种矛盾，切实贴近基层实际，解决员工困难，层层传递落实好稳定职责，才能根本确保公司和谐发展大局。一年来的工作成绩，承载着上级党组织的坚强领导和亲切关怀，饱含着各级领导班子和党政工团的团结协作，凝聚着全体党员和广大干部员工的心血汗水。在此，我代表公司党委，向公司全体党员、干部员工及家属、离退休老同志表示衷心的感谢！

我们在肯定成绩的同时，还应清醒地认识到，在公司持续深化“两个转变”、大力变革创新的新形势下，党的工作还存在不足：一些基层党组织的整体功能还不匹配，服务企业中心工作、发挥政治核心作用和组织优势的能力不强，在内部机制建设、流程再造、人员配置等方面，没有高效协同、形成合力，与“三集五大”后党的工作要求还有差距。一些领导干部的工作作风还不适应，心态浮躁、工作漂浮、执行力不强，组织观念和廉洁从业意识淡薄，深入基层化解矛盾的主动性不足，带领队伍创造性解决问题的办法不多。一些党员员工的思想观念、精神状态、能力素质与“两个转变”要求还不协调，对企业改革发展向心力不够、自信心不足，主动适应变革与提升自身能力素质的意识不强。

针对这些问题，我们唯有保持清醒，保持斗志，紧紧围绕公司改革发展新要求，及时顺应形势任务新变化，把提高党的工作科学化水平作为一项系统工程来抓，持续推进“四化”提升：一是以一体化整合工作资源。要实现与企业生产经营的一体化运作，确保党的组织和党的工作在电网建设、安全生产、经营管理、优质服务等工作中全覆盖、全参与、全保障。要实现党群工作自身的一体化发展，适应“三集五大”对党群工作机构、人员设置的调整，进一步健全完善党群部门相互配合、相互支持、集中力量办大事的工作机制。二是以精益化提升工作质效。要实现党的工作主体和对象的精益化管理，区别不同类型的单位、不同类型的员工群体，有针对性地开展工作。要实现工作方式方法的精益化改进，加强调查研究和探索创新，积极应对工作中出现的新情况新问题。要实现工作过程和效果的精益化控制，改进党的工作考核评价方式。三是以特色化创新工作载体。要突出电网企业特色，积极服务公司科学发展战略，及时反映公司改革发展最新成就。要突出科技支撑，全面对接公司信息化建设，积极运用新媒介拓展党建工作阵地。要突出精品打造，集中力量推出充分体现公司党的建设成果、极大彰显公司形象的优秀品牌。四是以人文化彰显工作活力。要强化人本意识，坚持尊重人、理解人、关心人的原则，积极引导员工在服务企业和社会发展中实现个人价值。要立足人性管理，建立健全激励机制，让员工的积极性、能动性和自身潜能得到充分发挥。要注重人文关怀，在服务党员和群众、维护企业稳定、促进社会和谐中体现工作成效，提高党的工作影响力。

2013年重点工作

党的十八大报告勾画了新的历史条件下全面建成小康社会的宏伟蓝图，明确了新形势下加强和改进党的建设的正确方向。国家电网公司2013年“两会”进一步明确了2020年全面建成“一强三优”现代公司的奋斗目标。四川公司从确保电网安全、确保全省电力可靠供应、确保四川水电高效送出的战略高度，提出了安全发展、协调发展、绿色发展、创新发展、和谐发展的新要求。适应新形势新要求，2013年公司党委工作的指导思想是：以党的十八大精神为指引，全面落实国家电网公司党组部署和省委工作要求，积极适应“三集五大”体系新格局，坚持围绕中心、服务大局，坚持解放思想、改革创新，着力转作风、树典型、选载体、推善举、强队伍、求突破，全面提升党的工作科学化水平，为公司推进“五个发展”提供坚强保证。

一、更加突出作风建设抓好党建，为“五个发展”强化组织保证

大力转变工作作风。认真学习贯彻中央关于改进工作作风、密切联系群众的八项规定，大力倡导开短会、发短文、讲短话，改进调查研究，简化接待，厉行勤俭节约，着力把工作出实招、办实事、求实效固化为公司的优良工作传统。大力推进服务型党组织建设，切实加强本部作风建设，加强横向协同、打破专业壁垒，针对“三集五大”新模式改进服务基层、服务群众的方式方法。领导干部要做好表率，勇于“三吃一担”，知难而进、迎难而上，敢抓敢管、敢于碰硬，坚决防止形式主义、官僚主义和庸懒散奢等不良作风，坚决反对和克服好人主义，以模范行动赢得职工群众的信任和支持。

全面加强基层组织建设。结合“三集五大”新机制运行，完善基层党组织体系，加强集体企业和控股代管单位党组织建设，规范农电党组织的设置和管理。加强党支部规范化、标准化建设，巩固党支部分类定级、晋位升级成效。建立健全创先争优长效机制，落实“三亮三比三评”制度，开展“红旗党委”、“电网先锋党支部”等评选表彰。推广应用政工管理系统，完善基层党建工作考核评价体系，加大党建工作责任考核力度。加强学习型党组织建设，积极发挥党校作用，强化以党委中心组为龙头的理论学习系统，逐步建立两级中心组网络学习平台，完善由内外部专家组成的理论学习专家库。

着力强化党员员工教育引导。深入开展党的十八大精神学习宣传，引导广大干部员工全面理解、深刻领会、准确把握党的十八大精神，不断增强干部员工的政治坚定性。抓好新《党章》学习，严格党内组织生活，认真开展党员党性定期分析和民主评议，确保党员队伍的先进性、纯洁性。改进对劳务派遣工党员、农电工党员的教育、管理和服务，

指导基层单位进一步完善党员学习、教育培训、党内民主、党内激励、关怀帮扶等制度。围绕“三集五大”加强员工思想引导，推广运用电子杂志、手机报等平台，畅通沟通交流渠道，扩大宣传教育覆盖面。开展员工思想动态协同调研分析，逐步形成职责共担、信息共享、问题共解的联动机制。

二、全面提升干部员工队伍素质，为“五个发展”夯实人才基础

着力建设高素质干部队伍。精心做好领导班子配备调整，形成年龄层次合理、专业类型齐全、能力特点互补、性格气质相容的合理搭配。科学编制干部队伍建设规划，优化干部资源配置，积极推进本部与基层、边远贫困地区与发达地区、直属单位与供电企业、党群与行政、上市公司与非上市公司之间的干部交流。完善领导干部考评体系，开展新一轮“四好”班子考核和选人用人工作检查。加大年轻干部在后备干部中的比重，注重在重大工程、艰苦地区和复杂环境中培养锻炼干部，切实为年轻干部成长搭建平台。

全面加速各类人才培养开发。加强公司人才队伍能力结构、专业结构、年龄结构的需求分析，加快培养不同领域的专业人才，促进各类人才充分协调发展。深入推进“双千人才”计划，加强对特高压、智能电网、新能源、现代信息、企业管理等四川电力关键紧缺人才的培养，不断完善优秀人才、专家人才培养平台，加强人才选拔、培训、考核、使用和激励机制建设。进一步实施“521”人才援藏计划，健全帮扶机制，强化四川藏区单位人才造血功能。全面推进企业大学建设，充分发挥专业职能部门作用，进一步夯实人才培养的基础。

进一步提升员工队伍整体素质。加强员工思想作风和职业道德建设，进一步强化员工的主人翁责任感和爱岗敬业意识。大力实施全员培训规划，建立健全经营、管理、技术和技能人员全方位学习培训体系。加强员工岗位履职能力培训，抓好“三集五大”转岗人员培训，开展“三无”人员“1+1”专项培训，全面提升员工业务技能和综合素质。加强公司9大实训基地和网络学习平台建设，优化整合培训资源，切实增强培训的针对性和实效性。完善职业生涯管理体系，打通员工成才通道，促进员工与企业共同发展。

三、大力推进优秀企业文化落地实践，为“五个发展”打造文化支撑

加强企业文化传播。组织学习《企业文化手册》，加强企业文化管理人员培训和企业文化理念普及培训，着力抓好企业文化在控股单位的传播，不断提高全体员工对国家电网公司基本价值理念的知晓度和认同度。以学习宣传“新甘石”联网精神为重要实践载体，引导干部员工深入践行国家电网公司核心价值观。全面开展企业文化环境建设和完善工作，明确管理标准。推进企业文化示范基地建设，命名第二批“企业文化示范基地”。

推进企业文化落地。深入开展学习型团队创建工作。总结推广企业文化落地先进经验，全面开展企业文化进班组和控股县级供电企业文化落地实践活动，加强企业文化在边远地区和四川藏区县级供电企业的落地工作。以精品化思路推进企业文化重点项目建设，着力打造一批企业文化“五统一”示范点，促进企业文化管理实践水平不断提升。建立跨部门、跨专业的企业文化沟通与协作机制，开展企业文化动态评价和企业文化同业对标工作，进一步完善企业文化建设责任体系。

深化精神文明创建。加强文明单位管理，建立完善公司文明单位管理办法和测评体系。加强“文明供电所”建设，坚持开展季度文明新风评选活动，夯实精神文明建设基础。加强社会主义核心价值体系宣传教育，力争建成一个省级爱国主义教育基地。以四川电力共产党员服务队为主导、以青年员工为主体，大力推进志愿服务活动，组织开展以公民道德建设为主要内容的“善小而为”主题活动，从基层抓起、从小事抓起、从身边抓起，进一步提升广大员工的公民意识和道德修养。

四、持续完善惩治和预防腐败体系，为“五个发展”构筑健康环境

深化反腐倡廉教育。加强领导干部教育管理，组织党纪条规学习，及时发现和纠正苗头性问题。充分发挥“一基地五片区”教育网络功能，大力开展示范教育、警示教育和岗位廉洁教育，完善分层分岗全员廉洁教育体系，切实增强教育的针对性和实效性。深化“五廉四进”活动，严格执行“五项谈话”制度，大力宣传“勤廉兼优好干部”先进事迹，进一步增强干部员工廉洁从业意识，营造“干事、干净”的良好氛围。

提升监督工作实效。坚持监督联席会议制度，加大专题分析、跟踪整改及情况通报力度，积极运用“一书两报告”载体，增强协同监督综合效能。推动招标监督标准化，建立健全反腐倡廉各项制度，继续开展制度执行情况、车辆清理整顿等专项监督检查，进一步规范经营管理。围绕工程建设、集体企业管理等加强效能监察，促进管理绩效提升。修订廉政风险防控手册，加强廉政风险识别、评估、防控和监督改进，实现重大廉政风险可控、能控和在控。

加大查信办案力度。严肃查处重点领域和关键环节的腐败案件，坚决惩治滥用职权、贪污贿赂、失职渎职等违纪违法行为，着力整治违反作风建设规定的不良风气，加大典型案件的剖析研究和通报力度。推广信访举报“阳光办理”，减少重复信访和不实举报。深化省市县检企联动机制，加大共同打击和预防职务犯罪力度。运用信息化手段实施行风建设动态评估，推动行风建设在公共服务领域始终保持领先水平。

五、切实加强先进典型选树和品牌建设，为“五个发展”营造有利氛围

加大典型选树力度。加强典型选树培育策划，统一实施先进宣传推广，重点选树宣传殷显树等弘扬公司核心价值观的先进典型，大力发掘和培育在推进公司“五个发展”中涌现的先进集体和典型人物，力争树起富有川电特色、在全国产生较大影响的先进典型，在公司系统形成先进典型全领域覆盖、全方位选拔的良好导向。实施共产党员服务队提升工程，持续推进服务队工作机制创新，不断完善服务内容和方式，全面提升服务水平，开展与国内其他先进典型的结对共建，进一步发挥先进示范作用。

创新品牌建设方式。加强品牌建设培训，从整体上强化公司员工品牌意识。围绕疆电入川、特高压建设、电磁环境科普等公司重点工作，精心组织、大力开展主题传播和宣传活动。组织“媒体看电网”、“重走新甘石”等体验活动，增进媒体对公司的价值认同和情感认同。加强品牌维护，完善舆情应对机制，分层建立与新闻主管部门和重要媒体的常态联络机制，加快建立第三方话语团队。探索运用微博、微电影、微信等新型传播媒介，推进电视剧、电视纪录片等多种形式的艺术传播，提升地市公司的传播策划能力。

深化社会责任管理。与高校合作形成一批高质量的社会责任管理案例，推动案例进入高校课堂。充分发挥“国家电网公益基金会”功能，紧密结合政府、社会各界开展公益活动。继续发布公司年度社会责任实践报告，力争将乐山电业局建成国家电网公司首批全面社会责任管理示范单位。

六、充分发挥群团组织作用，为“五个发展”凝聚智慧力量

发挥工会桥梁纽带作用。坚持全心全意依靠职工办企业的方针，保证职工参与管理和监督的民主权力，加强集体企业民主管理工作。建立健全各级职工代表考核评价机制，落实职工代表巡视督查、总经理联络员制度。深入开展“当好主力军、建功十二五”劳动竞赛，推广“工人先锋突击队”活动。加强职工创新管理，促进创新成果推广应用，举办首届群众性技术创新成果发布展示活动。

发挥团青生力军作用。结合公司改革加强团的组织建设，按照“一团一品”的思路构建各具特色的团青工作格局。推进青年创新创效，探索建立“青年技能适时咨询学习平台”，继续开展“青年综合素质提升”系列活动，组织“书香川电”青年读书活动，加快建设适应企业发展需要的青工队伍。依托“川电留守学生之家”，在资金、项目、品牌打造等方面进一步整合内外部资源，探索建立青年志愿服务长效机制。

营造和谐发展氛围。落实领导干部、管理部门挂点联系班组制度，开展“走基层、进班组、访一线”活动，做好“送温暖、送清凉”慰问工作，推进“职工书屋”建设，开展丰富多彩的职工活动。落实离退休老同志政治和生活待遇，充实离退休老同志精神文化生活，帮助解决具体困难，把党组织对离退休老同志的关爱落到实处。强化稳定风险评估和预警，做好信访维稳工作。

同时，要适应公司“五个发展”的新形势新要求，进一步加强政工队伍建设。各单位党委要着眼于提高素质、优化结构，加强政工干部培养、选拔，定期开展政工干部轮训，着力建设一支政治强、业务精、作风好、肯奉献、执行力强的政工队伍。要坚持把政工岗位作为干部培养的“熔炉”，将政工干部作为人力资源开发的重要组成部分，积极为企业培育复合型人才。要确保政工干部与同一层次经营管理干部同考核、同待遇、同奖惩，让政工干部有作为、有地位。广大政工干部要坚定信心、振奋精神，加强学习、提升能力，强化责任、转变作风，勇担重任、开拓进取，认真贯彻落实公司党委的各项决策部署，紧紧围绕公司改革发展中心任务开展工作，为推进公司和电网科学发展争做贡献。

（作者：刘勤，中共四川省电力公司委员会书记、四川省电力公司副总经理，本文系根据刘勤2013年1月14日《在四川省电力公司党委2013年工作会议上的报告》整理，有删节，文中小标题为编者所加）。

茁壮成长不负无悔青春

刘　勤

国家电网四川省电力公司4万多青年员工，是一个富有朝气的群体，是一支举足轻重的队伍，是一篇必须做好的“大文章”。和老一代电力人比起来，年轻人懂得多、学得快、想法新、冲劲足，这些都是公司发展不可或缺的宝贵元素，也是企业改革创新的不竭动力，特别是在近年来的抗冰抢险、抗震救灾、特高压建设、新甘石联网工程等重点难点工作中，公司青年队伍切实担起了责任、扛起了旗帜、干出了成绩，充分彰显了生力军作用，为公司跨越发展作出了应有的贡献。虽然社会上对当代青年的认识评价褒贬不一，但我们始终坚信，公司青年队伍是一支极富朝气、大有希望的队伍。知识结构新、接受能力强、眼界宽广、有所担当、富有上进心和荣誉感，是公司对青年队伍的基本评价；脚踏实地、加快成长、早日成才、服务川电是公司对青年同志们的最大期盼。我们相信在四川公司的沃土上，青年同志一定能够青出于蓝而胜于蓝，一代更比一代强。

公司青年的成长也面临着不少的烦恼和困惑。在当前社会转型、经济转轨的大环境下，生活、住房、出行的高成本是青年无法回避的现实困难，社交、婚恋、个人发展的高压力是青年必须承受的重大考验。当代青年虽然拥有远优于父辈的物质条件，但从小学到大学，从择业到职场，在高难度的竞争环境下，也承受着远重于父辈的精神压力。不少青年员工都会面对复杂社会的多种诱惑，听到网络舆论的不同声音，感受事业家庭的各种压力，免不了会对自身的精神理想、价值认同、发展追求产生怀疑。国有企业在改革发展中存在的职业生涯指导不够到位、成长通道不够宽畅等问题，也带来了一些困惑。这些现实问题客观存在，有社会发展进步中的共性问题，也有企业改革发展中的普遍阵痛，只要青年同志们始终保持正确的价值观、人生观和积极向上的心态，相信社会在不断进步，企业在不断发展，问题在不断化解。

公司对青年一代寄予了很高的期望，对培育青年成长、成才采取了很多的措施。积极创造条件，在“大电网、大枢纽、大平台”电网建设、“三集五大”管理体系变革等重大工作中，千方百计为广大青年提供锻炼成长机会。科学搭建平台，通过实施“双千人才”战略、拓展职业生涯通道、建立公平竞争机制等有效手段，不断拓展青年员工的舞台展示空间。充分信任包容，坚持以人为本培养青年，在老一代电力人的激励鞭策和悉心培养下，一批青年同志已经成为公司核心业务和关键岗位的骨干力量，致力于培养青年润物无声。强化组织关怀，公司各级团组织通过报刊、网络等载体，不断拓宽与青年员工的交流渠道，针对解决实际问题，积极开展文体娱乐、志愿行动、心理疏导等方面工作，让青年在遇到困难时想得起、找得到、靠得住。同时，公司还在不断研究更多新的有力举措，努力让青年同志们在成长中少走弯路，顺利成才。

青年的成长关系到公司的兴衰存亡，受到公司上下的高度重视，但对成长起决定性作用的，还是青年自身的努力。青年同志们要在成长中牢牢把握好“挫折、学习、历练、协作”这几个关键，越过重重的考验，才能切实做到扎好根、走好路、接好班。

要敢于在挫折中进步。遭遇挫折是青年成长的必修课，能否百折不挠是检验成长的试金石。必须要从脚踏实地、任劳任怨干工作做起，在公司大发展中牢牢把握住宝贵的实践锻炼机遇，不怕做多做错，不惧吃亏受气，把每一个失误都变成经验，把每一次挫折都化为财富。

要勤于在学习中提高。只有持续的学习才能保障持续健康的成长。要保持高涨的学习热情、旺盛的求知欲望，把“干什么，学什么；缺什么，补什么”的实用精神融入到知识更新、技能提升和业务钻研中，不断增强工作创新能力，积极参加技能比武、课题攻关、青年QC等活动，切实提高掌握新技能、驾驭大电网、解决实际问题的能力。

要勇于在历练中成熟，青年人最需要历练的是阅历、眼界和胆魄。要积极参加团组织的活动，到艰苦环境中去经受考验，在急难险重任务中承担重任，特别是正在建设的新甘石工程、抢险救灾的第一线，都是能全面展现青年同志意志、品格、工作能力的大舞台。

要善于在协作中成长，不融入团队，个人单打独斗能力再强，也形不成合力。青年同志有激情、也有个性，要沉得下心境、听得进批评、容得下他人，在与同事、与企业的磨合中，找准个性与共性的结合点。要正视自我、善待他人、满怀爱心，善于在工作中找战友、在同事中觅老师、在团结拼搏中结友谊，尽快成长为业务突出、带动一片的青年骨干。

征程万里风正劲，重任千钧当前行。希望公司广大青年同志把握机遇，珍惜青春，破浪前行，用扎实的工作业绩托起自己的未来，用无悔的青春岁月抒写四川电力明天的绚丽华章。

（作者：刘勤，中共四川省电力公司委员会书记、四川省电力公司副总经理，本文载于2012年5月4日《公司网站》）

强化服务　提升水平
为公司科学和谐发展奠定坚实群众基础

胡柏初

2012年主要工作回顾

2012年，在公司党委的正确领导下，广大干部职工团结奋斗，努力工作，圆满完成了公司年度工作任务和国网公司下达的各项考核指标。公司各级职代会和工会组织认真履行职能，在加强企业民主管理、服务公司发展大局、强化职工技术创新、提升班组管理水平、推动企业和谐发展等方面做了大量卓有成效的工作，为企业改革发展、和谐稳定奠定了坚实的群众基础。

一、强化措施，民主管理厂务公开全面落实

科学谋划、民主决策，履行职代会职能。公司职代会审议通过了公司“三集五大”体系建设实施方案，落实完成提案、建议10项，召开职代会联席会4次，审议通过行政提交议案7项；各级职代会召开联席会182次，审议议案292个，处理提案227件，办结率100%；全年开展各级职工代表巡视督查66次，对261个基层单位和班组开展督查，提出整改意见394条，落实办结率95%。

充分发动、广泛参与，融入“三集五大”体系建设。通过动员大会、座谈会、问卷调查等多种形式让职工以关心、放心、用心的精神状态投入“三集五大”体系建设。召开座谈会497场次，发放问卷23967份，征集职工意见1194条，处理答复1115条；组织工会干部深入1241个一线班组，开展面对面的思想动员工作，认真听取职工意见、建议，职工参与“三集五大”体系建设综合满意率达99.78%。

强化职能、畅通路径，落实厂务公开要求。遵循厂务公开“提出、审查、公开、检查、整改”五个程序，全年公开重大事项1796项；落实公司党委关于推进供电所事务公开的要求，开展供电所事务公开调研督查，加强供电所民主管理工作；广泛开展创建厂务公开民主管理示范单位活动，命名厂务公开民主管理示范单位10个，成都、自贡、德阳、泸州、资阳等5个单位荣获四川省厂务公开民主管理“先进单位”和“示范单位”称号。

二、服务中心，建功立业活动蓬勃开展

搭建职工建功立业大舞台。贯彻全总和国网公司“当好主力军、建功十二五”劳动竞赛要求，开展“六赛六促创一流”电亮新藏区劳动竞赛活动，20个项目分工会、13000多名建设者在“新甘石”工程中创造了“艰苦不怕吃苦，缺氧不缺斗志，海拔高追求更高，永不退缩、誓不服输、绝不屈服、从不叫苦”的新甘石电网联网精神，在促进藏区经济社会繁荣发展、稳定和谐中发挥了积极作用，受到中央、省级媒体多次专题报道。公司“电亮新藏区”劳动竞赛列为四川省“十二五”专项活动。

彰显主力军突击队形象。围绕公司重点工程、科技攻关、抢险救灾、援助藏区等急难险重任务，创新开展“工人先锋突击队”创建活动，制定《四川省电力公司工人先锋突击队管理办法》，48支“工人先锋突击队”在新甘石工程、锦苏特高压工程、抗冰改造及抢险救灾、藏区援建等任务中发挥了生力军作用。

先进引领树立典型。大力弘扬中国工人阶级伟大品格和劳模精神，广泛开展“劳模关爱周”和“劳模宣传月”活动，组织开展劳模慰问和疗休养活动。选树全国“五一”劳动奖状 3 个、劳动奖章 4 名，四川省“五一”劳动奖状 4 个、劳动奖章 5 名，国网公司劳动模范 5 名，公司劳动模范 20 名；基层各单位选树先进 374 个，走访慰问各级劳模 281 人次。

三、提升素质，推动班组建设新发展

宣贯《国家电网公司班组建设管理标准》。在 1920 个班组推行国网公司班组建设信息化管理系统。坚持班组挂点制度，全年各级领导干部和部门走访班组 1840 个，帮助班组解决实际问题。组织 323 个“五星级班组”对控股、代管公司班组按照专业对口进行“一对一”式帮扶。完善“五星级供电所”创建命名标准，命名“五星级供电所”36 个；累计建成公司“五星级班组”556 个，占公司班组总数的 16.69%；建成国网公司达标班组 714 个。举办班组长培训班 15 期，培训班组长 1905 人。3 个班组荣获全国工人先锋号、8 个班组荣获四川省工人先锋号、6 个班组荣获国网公司“先进班组”称号。

开展职工技术创新活动。制定《劳模创新工作室管理办法》、《职工技术创新活动实施方案》，命名公司劳模工作室 8 个、劳模示范岗 6 个、职工创新工作室 6 个；全年产生“五小”成果 477 项、技术革新 216 项、职工发明创造 67 项，推广先进操作法 27 项。征集合理化建议 9363 条，采纳实施 3066 条，国网公司采纳 10 条。

组织职工技术技能竞赛。举办供电服务之星、变电设备状态检修、继电保护、220 千伏输电线路带电作业等 9 项技能竞赛，组织参加国家电网公司、四川省技术技能竞赛 7 项，产生公司“优秀技能人才”12 名。基层各单位全年组织劳动竞赛 300 项，参与职工 46024 人次；举办技术比武 207 次，参与职工 14944 人次，选树技术技能标兵 810 名。

四、服务职工，促进和谐企业建设

认真开展职工维权活动。结合“三集五大”体系建设，开展“4.15”维权咨询服务日活动，通过现场咨询、座谈会、集中宣讲等多种形式，关注、解答和协助处理职工关心的热点、难点问题，维护职工的合法权益，增强职工归属感。组织开展“安全年”专项活动，组织 3188 个班组、4 万名职工参加全国“安康杯”竞赛活动，公司荣获全国竞赛优胜企业，10 个基层单位获全国和四川省竞赛优胜企业。深入开展创建劳动关系和谐企业活动，授予 39 个基层单位为公司“创建和谐劳动关系先进集体”。5 个基层单位获得“四川省模范劳动关系和谐企业”荣誉称号，公司 85%以上的单位达到劳动关系和谐企业标准。

落实职工关爱行动。广泛组织开展“走基层、进班组、访一线”活动，针对工程建设施工现场、边远山区和藏区援建等艰苦、复杂的实际环境，积极开展专项慰问关爱活动。通过组建项目临时分工会，开展劳动保护、安全教育、文体活动，努力改善员工生产生活条件。关心帮助困难家庭职工，全年慰问困难职工 1957 人次，发放慰问金 749 万元。走访慰问 2135 个班组，发放防暑降温物品 695 万元。

丰富职工文化生活。开展优秀企业文化传播和成果创作活动，组织开展职工文艺演出、书画摄影展、体育竞赛等活动，建成公司“职工书屋”示范点 30 个、国网公司“优秀书屋示范点”2 个、全国总工会“职工书屋示范点”4 个。基层各单位开展文体活动 538 项，参与职工达 47832 人次，营造了健康、和谐的文化氛围。

各位代表、同志们，2012 年公司职代会履职尽责、工会工作取得各项成绩，是公司党委正确领导、行政大力支持、职工代表努力工作，广大职工广泛参与、辛勤耕耘的成果。在此，我谨代表大会主席团和公司工会，向公司各级领导、全体干部职工、离退休老同志表示衷心的感谢，并致以崇高的敬意！

认真总结回顾一年工作，我们的一些工作还需改进和完善：日常民主管理工作有待进一步规范；班组减负观念有待进一步转变；建功立业活动覆盖面有待进一步扩大；集体企业职代会和民主管理工作有待进一步加强；工会干部队伍素质能力有待进一步提升。这些问题，我们将在今后的工作中高度重视，采取有效措施加以解决。

2013 年的重点工作任务

2013 年是全面贯彻党的“十八大”精神，在“三集五大”体系新模式下，围绕公司“安全发展、协调发展、绿色发展、创新发展、和谐发展”总体部署，加快建设“一强三优”现代公司，开创科学发展新局面的重要一年。党的十八指出：“全心全意依靠工人阶级，健全以职工代表大会为基本形式的企事业单位民主管理制度，保障职工参与管理和监督的民主权力”，“支持工会、共青团、妇联等人民团体充分发挥桥梁纽带作用，更好反映群众呼声，维护群众合法权益”，这些都体现了党对工会工作的高度重视。王抒祥总经理在公司职代会暨工作会上的工作报告和刘勤书记在党委扩大会上的报告中，对

2013年各项工作进行了全面的部署，对公司科学发展提出了新的更高的要求。面对新形势、新要求，我们要把握当前工作所面临的新挑战、新任务，努力提高服务公司、服务基层、服务职工的意识，不断创新工作思路，改进工作方法，持续提升工会工作的能力和水平，充分发挥工会桥梁纽带作用，团结动员广大职工为实现公司发展目标贡献新智慧、创造新业绩。

2013年工作的总体要求是：学习贯彻党的十八大精神，全面落实国网公司“两会”和省公司“三会”的各项部署，坚持依靠方针，围绕公司2013年工作目标，以“两服务、三推广、四深化”为重点开展工作。服务于企业中心工作，服务于职工成长成才；完善职工创新管理方式、推广职工创新成果应用，巩固班组建设基础、推广班组建设新标准，促进“主力军”劳动竞赛、推广“工人先锋突击队”活动；营造和谐劳动关系、深化企业民主管理，开展岗位技能比赛、深化素质能力提升，组织“走、进、访”活动、深化职工关爱行动，举办丰富文化活动、深化健康生活导向，实现工作“服务企业有作为、服务职工有形象”。

一、积极探索，勇于创新，不断提升民主管理水平

落实职代会职能。积极探索职工参与企业民主管理、民主监督的各种有效方式和途径，落实职代会各项议案，做好职工代表提案办理工作。组织开展好各级职工代表巡视督查活动，加大督查深度、扩大督查范围，促进公司和各级职代会决议的贯彻落实。建立健全各级职工代表考核评价机制，落实职工代表述职评议制度。组织开展好基层各单位职代会对领导干部的述职评议工作。

贯彻《国网公司职工民主管理纲要》。落实公司《民主管理提升活动细化工作方案》，进一步规范、健全、落实企业民主管理制度，做好公司集体合同和三个专项集体合同续签工作；认真贯彻《国家电网公司厂务公开管理办法》，开展厂务公开民主管理示范单位、和谐劳动关系创建活动；积极探索集体企业民主管理、民主监督的途径和方式，指导集体企业健全工会组织、建立职工代表大会制度，规范民主管理工作。

落实《国网公司班组自主管理制度》。进一步落实公司党委关于加强供电所事务公开、民主管理的要求，推动民主管理向基层班组延伸，积极推进班务公开，增强班组管理民主意识，从源头上保证民主管理工作落实到位。

二、融入中心，服务大局，积极引领职工岗位建功

贯彻全总“当好主力军、建功十二五”劳动竞赛要求。开展形式多样的建功立业活动，组织职工积极参与溪洛渡-浙西、雅安-武汉特高压工程建设。开展500千伏变电运行、带电作业、电能计量、配电抢修、农电工岗位技能等竞赛。按照四川省劳动竞赛委员会和省总关于开展“电亮新藏区，建功十二五”专项活动的要求，组织开展藏区供电企业职工安全知识普及教育、营销服务岗位练兵等活动；组织援建藏区技术人员结合年度帮扶任务，开展“赛安全、赛质量、赛管理、赛进度、赛技能”劳动竞赛活动，推荐、表彰一批“电亮藏区”工作中涌现出的先进集体和个人。

开展生力军突击队活动。进一步完善“工人先锋突击队”管理办法，围绕公司生产、建设、管理重点工作，以工程项目、攻关课题、急难险重任务为依托，以各级劳模、技术技能人才为骨干，以“标准化作业、精益化管理，查安全思想、查安全措施、查安全工器具”为重点，发挥生力军突击队作用。

认真履行安全生产工作职责。围绕公司年度安全生产目标，动员和组织职工积极投身安全生产专项治理活动，加强集体企业安全教育、安全督查和劳动保护工作。坚持开展“安康杯”竞赛活动，举办劳动保护监督检查员取证培训，营造安全氛围、强化安全责任、提升安全能力；关注、反映职工在安全健康方面的愿望和需求，开展职工野外作业、高海拔作业劳动保护专项检查，维护职工生命健康权益。

三、完善标准，强化建设，促进班组管理水平新提高

加强“五星级班组”建设。结合国网公司班组建设管理标准和“三集五大”新模式，修编班组管理A/1、A/2标准，完善班组建设对标指标，优化业务流程、强化过程管控，促进班组管理创新。加强星级班组动态管理，全面启动国网公司班组建设信息化管理系统上线工作，清理、复查达标星级班组，创建“五星级班组”300个、国网公司达标班组500个，不断深化班组“创先争优”活动。

推动群众性技术创新活动。开展群众性技术创新成果发布、评选、展示活动，重点推广10项实用性创新成果，评选职工创新“能工巧匠”100名；树立“实践中创新，创新中减负”的班组科学减负理念，通过班组信息化建设、技术创新，达到“劳动效率提升、劳动强度降低、劳动保护加强”的目的。

积极选树、宣传先进典型。加强先进典型事迹的宣传工作，充分发挥先进、模范的引领和导向作用，评选表彰公司劳动模范10名，推选一批全国和四川省“五一”劳动奖状、奖章，命名一批“劳模创新工作室”、“劳模示范岗”和“职工创新工作室”；深入开展“标杆班组”、“星带星”师徒结对、党建带班建等活动，营造学先进、赶先进、争当先进的氛围。

四、丰富载体，增强活力，服务和谐企业建设

加强文化阵地建设。落实国家电网公司《关于进一步加强先进职工文化建设的意见》，发挥工会组织在推进企业文化建设中的作用，抓好职工文化阵地建设。有序推进职工书屋、全民健身示范点建设，总结推广典型经验，打造示范窗口。结合实际，因地制宜开展“多样化、小型化、常态化、普及化”的职工文体活动，不断用新的载体和手段丰富职工文化生活，打造具有企业特色的职工精神文化家园。

深化“面对面、心贴心、实打实服务职工在基层”活动。坚持“走基层、进班组、访一线”，继续深化领导干部、管理部门挂点联系班组活动，掌握职工思想动态，维护企业稳定发展。丰富帮扶方式，推进慰问帮扶工作常态化。关心在藏区等边远地区工作的职工生产、生活，确保服务慰问工作及时全面、深入到位。关注特殊群体，开展“5.12”特大地震伤残职工现状专项调查，协助各单位制定完善帮扶措施，积极解决特困职工的实际困难。

推进“职工之家”建设。坚持“全心全意依靠职工办企业”的方针，做到思想上尊重职工、感情上贴近职工、行动上深入职工、工作上依靠职工，与职工面对面、心贴心，满腔热情为职工办好事、办实事，赢得职工信赖，及时有效地把公司党政对广大职工的关心关爱体现在细微之处、落到实在之处。抓好工会干部队伍建设，切实增强服务职工的能力，开展“三先三模”评选表彰，加强对基层工会工作的指导，为基层工会工作的开展创造更加和谐的条件。

（作者：胡柏初，四川省电力公司副总经理兼工会主席，本文系根据胡柏初2013年1月15日《四川省电力公司五届二次职工代表大会工作报告》整理，有删节，文中小标题为编者所加）

要事特辑

安全、优质、高效完成“新—甘—石”联网工程

工程概况

四川省电力公司为落实四川省委、省政府、国家电网公司落实中央关于推进藏区“跨越发展和长治久安”的重大举措，进行了“新—甘—石”联网工程建设。

该工程是一项重大的扶贫工程和关爱工程，更是“一步跨千年”的重大民生工程。工程的加快建设实现了国家电网供区“县县联网”目标，使甘孜北部电力“孤岛”与四川主网联系起来，消除了甘孜、石渠等县电网孤网运行状态，打破了甘孜州电网发展瓶颈，进一步改善和提高甘孜州北部保障电力能力和供电的可靠性，改善了甘孜州经济社会发展和当地居民生产生活条件；对于凝聚民心，带动甘孜州北部片区资源开发，保护长江上游生态环境，维护民族团结和社会和谐稳定，发挥了特别重要的作用。

3月20日上午，四川电网2012年“一号工程”和“十二五”四川藏区电网建设的重点项目—新都桥—甘孜—石渠联网工程(以下简称“新甘石”联网工程)在甘孜州康定县新城正式开工，石渠县、甘孜县分会场通过卫星同步举行了开工仪式。图为主会场甘孜州委副书记、州长益西达瓦(右二)，甘孜州政协常务副主席刘昌泽(左一)，四川省电力公司总经理、党委副书记王抒祥(左二)，公司党委书记、副总经理刘勤(右一)共同触摸启动装置。

（四川日报记者：田为　摄）

“新—甘—石”联网工程包括甘孜220千伏输变电工程和石渠110千伏输变电工程以及相应的系统通信工程。甘孜220千伏输变电工程由西地至榆林220千伏线路临时T接工程、新都桥至甘孜变电站220千伏双回线路工程、甘孜220千伏变电站工程组成；石渠110千伏输变电工程由甘孜变电站至石渠变电站110千伏输电线路工程、石渠110千伏变电站工程组成。工程新建线路全长1015千米，新增变电容量240万千伏安，工程总投资32.15亿元，于2012年3月20日开工。

“新—甘—石”联网工程位于甘孜州康定县、道孚县、炉霍县、甘孜县和石渠县境内，大部分地区处于低气压、缺氧、严寒、大风、强辐射等区域，含氧量只有内地的50%左右，极端温差最大接近70℃，区域最大风力等级9～12级，大风多发生在每年1～6月份，自然环境恶劣，如此施工环境极易诱发各类高原综合病症，如鼠疫、包虫病等，对人员健康的危害严重。

“新—甘—石”联网工程沿线平均海拔近4000米，最高海拔达4537米（位于海子山），沿线地形主要为高山、大岭及山地，沿途交通气候条件十分恶劣，保障极其困难。甘孜州西北部地区从11月至第二年3月冰雪天气较多、气温低，6月至7月雨季持续时间长，使得工程建设的有效施工时间大大缩短。

工程沿线地形主要为高山大岭及部分高原草原，山地大型施工机械难以使用，高原地区空气稀薄，人员降效明显，造成施工工效降低。

工程沿线部分地区地处偏远，远离中心城市，

同时主要交通主干道均在进行整修改造，交通路况较差，导致工程物资材料运输保障困难。

工程计划建设工期仅6个月，需完成线路全长约807千米，变电站内均采用户内GIS布置，站内建筑物、挡墙施工工作量大，任务重。

工程沿线原始生态环境脆弱，高原植被生长缓慢，一旦植被破坏后，恢复极其困难。

工程沿线地处藏族聚集区，宗教文化、语言、生活习惯等与汉族有较大差异，民族及宗教关系敏感，工程相关协调工作任务重。

工程建设经验及成果

“新—甘—石”联网工程是在四川省电力公司大建设体系试运行期间开工建设并实现投产的工程，影响工程建设的前期工作、队伍管理、物资管理、建设管理、资源投入、地方协调、工程宣传、生命保障等方面的运转直接体现大建设体系建设的成果，为大建设体系中的工程建设探索得到了一种统一的实践模式。该模式通过全面精细化管理，环环相扣的运转，安全、优质、高效地完成了“新—甘—石”联网工程建设。工程建设期间形成的管理典型经验，对今后工程建设的指引有着重要意义。

主要做法：省公司层面，公司总经理王抒祥亲自担任工程建设领导小组组长，分管副总经理具体负责指导，及时协调解决工程建设过程中影响工程顺利推进的难题，建立和甘孜州协调办沟通机制，定期召开协调会，创造出和谐的建设环境，保证工程“零阻工、零偷盗、零斗殴”。省公司领导班子高度重视和关注工程建设，根据工程建设进展情况，时常到工地上慰问指导一线参建队伍和施工现场，鼓舞了士气，增强了参建队伍务期必成的信心。前线建设指挥部在工程现场设置办公场地，确定“安全可靠、优质高效、绿色环保、拼搏奉献、平安和谐”建设方针，并贯穿工程建设始终。前线建设指挥部总指挥朱白桦带领各专业办公室常驻现场，贯彻执行建设领导小组各项决策，积极推动现场管理规范，及时发现并解决问题，有效实现从省公司到一线施工之间的无缝衔接。前线建设指挥部还每周编印《“新甘石”建设工作周报》并在每周公司早调会上向公司领导提报，工作周报中反映了工程进展情况、人员配置情况、物资供应情况、工程存在的问题、工程大事记以及下周工作计划，为公司领导对工程建设情况的各项决策提供实时资料。同时，把工作周报中反映的数据和里程碑计划进行对比，及时督促调整施工资源配置，有力保证工程里程碑计划的刚性执行。公司新闻宣传工作以新甘石联网工程为契机，将四川省委、省政府和国家电网公司支援四川藏区经济社会发展的政策和举措，体现党和政府对藏族同胞的关心关爱，利用各种渠道进行了广泛而深入的宣传，突出了党和政府关注民生、以人为本的大政方针和支援藏区发展的政策，突出了国家电网公司的社会责任，收到了良好的宣传效果。“新—甘—石”电网联网工程自开工至完工通电，一直受到中央级主流媒体的高度关注。人民日报、新华社、中央人民广播电台、光明日报、经济日报、中国青年报、中央电视台、中新社等国内顶级媒体对工程及四川藏区电网建设均进行了大量报道。

工程建设管理单位方面，(1) 开展前期协调工作。四川电力超高压建设管理公司系统安排对可能影响工程建设的因素详细调查，安排设计复核冰区划分，核实施工降效、冻土换填等费用，争取合理施工费用；确定详细施工图出版时间节点；确定变电站施工电源、水源和征地工作和线路复测工作完成时间，要求复测过程中就小运距离和道路修整、索道架设、线路跨越、房屋拆迁、与神山神水距离等问题提供书面报告；协调大件运输道路的现场勘查。及时安排林勘、现场查验、报告评审及压覆矿调查工作，积极推进林业、压覆矿、征地、线路复测、房屋拆迁等前期工作。⑵严格施工图审查。召开深化设计指导意见协调会议，组织运行、设计、施工、监理等单位，明确变电站及线路设计具体要求，在设计图纸中落实强制性条文执行、质量通病防治、标准工艺应用等内容，在设计中对重大跨越、高边坡、铁塔高低腿级差大等项目和变电工程中钢结构建筑物、构支架组立等项目进行危险点辨识，增加安全及防护设施内容设计，从设计源头降低工程建设安全质量管理风险。(3) 精心作好工程前期策划。全面贯彻国家电网公司、省公司工程标准化管理要求，统一工程各参建单位的思想认识，结合工程现场实际情况，业主项目部从工程的前期、安全、质量、设计、物资、进度管理等全方面策划，用时70余天编写并多次修订工程的主要管理文件，指导各参建单位开展各项工作，将最新的管理思路和要求融入日常工作中，有效减少管理失误，确保管理文件的可操作性。重点做好安全、质量、进度管理策划，危险点辨识及预控。由于“新—甘—石”联网工程处于高海拔地区，严寒时间长，工程有效工期短。各参建项目部结合工程战线长、工期紧的实际情况和高海拔、严寒、缺氧、强辐射等的环境气候特点，编制了相应的冻土、人员降效、机械增耗、施工用电保障、防风、防雷、防高原地方病等高原施工安全、质量实施方案，并在工程建设中严格落实执行。做好工程建设管理文件交底，向工程各参建单位明确进度、安全、质量、施工工艺、档案、信息报送、协调机制等各项管理目标和要求；分解工程建设进度计划至各节点目标；明确制定相应预案和纠偏措施，要求跟踪各节点目标完成情况，闭环检查纠偏效果；调整下一步重点工作内容；通报过程考核制度，严格执行工程过程考核办法。(4)强化工程进度管理。根据工程总体建设进度计划，编制工程一、二网络进度计划，合理组织人员和机具的投入。及时根据现场建设情况，调整资源投入。建立常态的工作协调机制，定期或不定期召开工程建设协调会，及时解决线路临近神山神水、物资运输、停电带电跨越施工、设计方案变更等影响工程建设进度的重大问题，确保工程建设全面处于受控状态。每周检查计划实施情况，建立良好的计划检查、监督、反馈机制。对冻土、大风、无人区、气候变化等不定因素制定相应措施，每周检查计划执行情况并及时调整，并消化在总工期之内。对进度不满足总体工期要求且未采取相应措施的施工项目部，采取考核、约谈和通报等手段，加强重视、增加投入，确保工程总体建设进度目标的实现。分析预测工程可能存在的不确定因素，针对信息通信、地方线路迁改、线路停电交叉跨越、大件物资运输等问题提前组织政府相关部门、单位进行协调，确保不影响工程建设进度。通过施工监理日报、周报、月报和现场交叉建管人员驻场等信息传输渠道，准确掌握现场安全、质量、进度、建设协调等最新进展和存在问题，并及时协调、汇报、组织召开专题会解决存在问题，保证工程的顺利建设。在工程建设后期，协调运行验收单位提前介入，检查并汇总工程中存在的各项问题和缺陷，与运行、物供、设计、监理、施工密切沟通，使问题和缺陷得到了及时处理，为工程安全顺利投运提供了必要保障。⑸加强物资设备管理。加强物资设备的监督管控。依靠设计三阶段提供的资料情况详细梳理物资招标订货情况(初设清理、施设确认和到货复核)，建立物资管理台账，在工程周报中清理物资招标情况并跟踪督促，避免物资漏订。根据供货计划，建设管理单位实时跟踪物资设备的到货情况，并对没有按照供货计划到位的物资设备加大力度催促。及时协调解决物资运输难题。“新—甘—石”联网工程建设期间，从雅安－康定－新都桥－甘孜－石渠道路正在修筑，业主项目部主动联系甘孜州电网建设协调办，组织召开专题协调会议，请地方政府牵头负责大件运输道路的修整、采取临时交通管制，确保工程物资安全顺利运输。⑹严格执行环保措施。“新—甘—石”联网工程地处藏族聚居区和生态脆弱区，加强能源资源节约和生态环境保护，严格执行环保和水保的要求，优化设计，建设绿色环保工程。开工前组织环保管理交底，明确项目环保目标、环境评价报告及批复意见内容要求，明确建设过程中环保控制重点要求，认真履行交底手续。施工方案要重点考虑环保措施，如采用马帮小运、临时堆土进行铺垫、生熟土分离、施工机械进入草原进行铺垫、合理处置弃土等措施，减少施工作业对环境的不利影响。⑺外部沟通协调及社会公益活动。建立三级常态工作协调机制，及时解决内外部各项问题。建立了甘孜州电网建设协调办公室-工程前线建设指挥部、各县电网建设协调领导小组-甘孜业主项目部、各乡协调办公室-施工项目部分级协调机制，保证协调工作无缝对接。坚持实行工程建设周报制度，重大问题及时汇报，确保工程信息清晰准确，定期或不定期地召开工程建设协调会，及时有效地解决工程建设中存在的困难和问题，按计划推进工程建设进度。学习理解少数民族风俗知识，充分尊重当地的民族宗教习惯，紧紧依靠政府加大向当地居民宣传电力工程建设的重要意义。印发《藏区工作手册》，安排进行民风民族教育培训，充分了解地区认知差异，及早发现可能导致民族稳定问题的隐患，避免因工程建设导致民族矛盾激化，维护电网建设外部环境的和谐稳定。全力实现“和谐”工程。参建单位做好撤场善后工作，撤场前同地方协调办取得联系并完成无遗留问题手续，与地方政府和居民建立长期的和谐良好关系，维护工程建设地区的和谐稳定。

6月5日，“新—甘—石”联网工程220千伏新甘线1标段高空组塔作业（王鑫　摄）

生命医疗保障方面，“新—甘—石”联网工程面临所在地区高寒、高海拔、缺氧、包虫病和鼠疫等特点和难点，除建立了各项目部的应急救援组织体系，还特别建立了生命保障系统。生命保障系统现场设立一级医疗站共18个，二级医疗站共5个，三级医疗站共1个，在场医护人员共71人。现场配备救护车辆5台，为全体参建人员提供了有力的生命保障。同时加强高原地方病防治的宣传工作，组织专家对参建人员进行预防高原地方病讲座，科学开展预防工作。

从3月5日生命医疗保障系统进场以来，截至9月22日，各级医疗站共计测氧饱和度7222人次、测血压4852人次、测体温3246人次、测心电图18人次、吸氧治疗2539人次、咨询4974人次、就诊14574人次、转诊111人次、住院125人次。其中，上呼吸道感染7674人、急性高原反应1905人、急性高原肺水肿45人、急性高原脑水肿2人、血压异常565人、腹泻627人、外伤973人、一氧化碳中毒6人、胃肠炎433人、甲型肝炎1人、阑尾炎3人、肠梗阻5人、胸椎骨折1人、盆腔炎1人、肺部感染29人、痔疮12人，另有中耳炎、结膜炎、牙龈炎、鼻炎、鼻衄、泌尿道结石、肺结核、淋巴炎、皮肤感染、泌尿道感染、胆囊炎、胆囊结石、关节炎、腰肌劳损等其他病种共1535人，均得到及时、有效治疗，确保了高原病“零死亡”。

物资供应保障方面，四川省电力公司物资公司承担“新—甘—石”联网工程所有甲供物资的供应保障工作，组织签订物资采购合同近6亿元，配送铁塔2.5万吨、绝缘子30多万片、导线7000多吨；装卸物资5万吨，配送1662车次，车辆安全行驶144.27万公里。涉及全国各类设备供应商72家。

为了确保工程所需物资及时到场，物资公司专门成立了“新甘石”联网工程物资保障领导小组，科学谋划、全面统筹协调物资供应工作；领导小组下设物资供应、宣传报道、后勤保障三个专业组，从物资的合同签订、履约催交、质量监督、运输配送、后勤保障到宣传动员，相互配合，无缝衔接，及时解决处理物资供应难题，全力确保物资工作无“瓶颈”、不“梗阻”。开通了“新甘石”联网工程物资保障快速通道，在合同签订、领取等各个环节为供应商们提供快捷、高效、优质的服务；多次组织召开履约协调会，向各供应厂商宣贯新甘石联网工程的重要性，要求厂家签订承诺书，全面清理合同履约情况，搜集掌控铁塔的生产、发运等时间节点，准确每一基铁塔到货时间。开展“大履约”服务，制定详细的催交方案，抽调各个部门人员，奔赴位于全国各地的十余家铁塔生产前线，开展了长达两个多月的驻厂催交工作，实时掌控生产进度，及时反馈、协调各种问题。对交货特别困难的铁塔供应商，增派人员并协调各方，全力督促供应商及时产成发运，保证了5月底铁塔全部送达现场。充分发挥直属区域库铁路专用线及场地、人员优势，在洪安乡仓库转运物资。仓储配送中心连续两个月，全员上阵，采取即到即卸、即时清零的策略，不分上下班、不分节假日，不辞劳苦地奋战在炎炎烈日下转运物资。在不到2个月的时间内，不仅创造了单日出入库量2890吨的最高历史纪录，还创造了物资中转量、装卸量、配送量最大和投入人力、机具最多等多项历史纪录。

设计单位方面，设计单位领导高度重视工程设计工作，加大工程设计人力、物力的投入，确保设计图纸按计划出版、存在问题及时协调解决。针对工程施工周期短，高寒缺氧，沿途交通、气候条件恶劣等具体困难，设计单位按照前线建设指挥部和业主项目部要求，专门成立了现场常驻工代组及技术支持组，使工程中设计相关问题得到了及时解决。为减少对高原脆弱生态环境的影响，根据工程建设“绿色”和“环保”的目标，线路设计通过多次路径方案优化，对沿线的自然保护区、风景区及牧场部分区域进行了避让，减少了建设过程中房屋拆迁等协调工作难度，建设了“藏区和谐民生工程”。

工程监理方面，各监理单位高度重视工程监理任务，监理项目部配备了符合资质和数量要求的监理人员，并按相关文件要求配备了常用检测工具和摄影、摄像器材，保证了工程监理工作认真、顺利开展。在工程开工前，按《建设管理大纲》要求，编制《监理规划》和《专业监理实施细则》，明确监理工作目标，明确质量控制措施和工作要点，确定文件审查、见证、巡视、旁站、平行检验等手段在本工程的应用范围，明确监理工作程序，明确应达到的工作效果。重视施工进度的记录、信息收集、统计、分析预测和报告工作，分析并提出解决措施和合理建议，在日报、周报、月报中及时向业主反映工程进度及影响进度的因素。

施工方面，施工单位领导高度重视“新—甘—石”联网工程施工建设，配备了符合条件的施工管理人员，并安排了足够的人力、机具等，确保工程建设的安全、质量、进度的实现。借鉴了青藏直流线路工程施工经验，对高海拔缺氧和寒冷环境具有相应的措施。在各种施工方案和安全措施中将充分考虑这些因素并在方案和措施中进行了细化。在铁塔组立的牵引系统中，使用“专用夹具”避免钢丝绳和塔材直接接触，从而保护塔材镀锌层，且规避了钢丝绳受剪切力断裂的安全风险。为保证放线施工的进度和减少在放线过程中对林木的砍伐，施工单位针对高原环境下的施工进行了试飞和参数收集，调整了飞艇的相关技术参数，合理增大了发动机的功率，改进了艇身设计，克服了高原气压低，风大，飞艇起飞后稳定性差等困难，安全实现了高原飞艇放线作业。针对本工程高原生态脆弱的特殊性，结合工程建设实际，在生产过程中严格执行环境保护有关规定，减少对高原生态的破坏，做到了环境影响最小化。如：在材料运输过程中采用索道或骡马运输，减少了小运道路修筑；在开挖前取出原草皮并进行养护，草皮、熟土、生土分类堆放于铺设好的彩条布上，施工完毕后移植恢复开挖区域等。在进行岩层地质结构的基础开挖时，用“无声破碎剂”（膨胀炸药）替代了传统的火药爆破方式。和传统炸药爆破技术相比，基坑开挖成型的可控性大幅度提高，而且无飞石、无震动、更安全，无噪音、无污染、更加环保。对于冬期冻土基础施工，参考青藏直流工程施工的一些先进经验，在基础施工阶段编制特殊专项施工方案《冬期冻土基础施工方案》，有效地指导了基础施工，基础养护方式采取了暖棚覆盖法，有效地保证了工程的质量。变电站施工采用多项新工艺、新技术，保证了工程建设质量，缩短了建设工期。

1.3万建设者历时6个月的努力，9月19日，四川藏区电网“新—甘—石”联网工程正式通电。四川省委书记、省人大常委会主任刘奇葆，省委副书记、省长蒋巨峰，国家电网公司党组书记、总经理刘振亚一同出席在成都举行的通电仪式。

9月19日，四川藏区电网“新都桥—甘孜—石渠”联网工程（简称“新甘石”联网工程）正式通电。四川省委书记、省人大常委会主任刘奇葆（中），省委副书记、省长蒋巨峰（左），国家电网公司党组书记、总经理刘振亚（右）共同推动通电启动杆 （王鑫 摄）

表彰先进

2012年10月17日，四川省电力公司举行“新甘石”联网工程总结表彰大会，省委常委、省总工会主席李登菊，省总工会党组书记、常务副主席罗茂乡，省国资委党委副书记雷建，四川电监办专员张健，国家电网公司工会副主席翟民，省委组织部、省委宣传部、省经信委、团省委、省能源局等相关领导和省公司领导王抒祥、刘勤、胡柏初、王平、陈修言、甘和全、张伟、董京营、丁燕生、潘贤芝、刘勇等出席表彰大会。

一批先进集体和先进个人受到表彰。

受到表彰的为：

★四川省五一劳动奖状

四川电力建设公司

四川电力送变电建设公司一分公司

★四川省五一劳动奖章

张兴友　蒋敦伟　李杰　曹洪飞　吴　祥

★四川省工人先锋号

四川电力建设公司石渠110千伏变电站新建工程工人先锋突击队

四川电力送变电建设公司甘孜220千伏变电站新建工程施工项目部

四川电力医院“新甘石”联网工程医疗保障组

四川电力物资公司仓储配送中心

四川电力送变电建设公司220千伏新甘线Ⅲ标段施工项目部

四川电力工程建设监理有限责任公司甘孜220千伏变电站新建工程监理工程部

★四川省重点工程劳动竞赛先进集体

四川电力送变电建设公司220千伏新甘线Ⅱ标段项目部

国家电网四川电力（成都都江堰）共产党员服务队

成都电业局供用电工程公司110千伏甘石线新建工程Ⅲ标段项目部

四川电力超高压建设管理公司“新甘石”联网

工程业主项目部

四川电力工程建设监理有限责任公司110千伏甘石线工程Ⅱ标段

四川省电力公司信息通信公司通信运维中心

★四川省重点工程劳动竞赛优秀建设者

陈钢、邹广武、黄鹏、杨周、荀强、林建华、冯华、丁理杰

★省公司劳动模范

周宝健、张兴友、蒋敦伟、罗洪明、李杰

曹洪飞、甘洪、吴祥、袁永国、曾吉银

★“新甘石”联网工程建设标兵

陈钢、邹广武、梁石、黄鹏、谢崇宇、冉启华、陈果、黄建康、赵宗波、李阳仲、林媞媞、李芃、马江怒、江宇、胡朝辉、刘勇、许多祥、刘贵塘、王世彬、杨周、徐波、汪世国、李晓华、付佾修、荀强、李许光、杜小飞、青碧珍、牟兴中、熊卫东、曾臻、徐斌、邓天富、徐崇、林建华、冯华、刘劲松、黄维东、丁理杰、王鑫

★“新甘石”联网工程建设先进集体

四川电力建设公司石渠110千伏变电站新建工程工人先锋突击队

成都供用电工程公司110千伏甘石线新建工程Ⅲ标段项目部

国家电网四川电力（成都都江堰）共产党员服务队

四川电力医院“新甘石”联网工程医疗保障组

四川电力送变电建设公司甘孜220千伏变电站新建工程施工项目部

四川电力送变电建设公司220千伏新甘线Ⅱ标段项目部

四川电力送变电建设公司220千伏新甘线Ⅲ标段施工项目部

四川电力送变电建设公司110千伏甘石线Ⅰ标段施工项目部

四川科锐得文化传播有限公司

四川省电力公司信息通信公司通信运维中心

四川电力物资公司仓储配送中心

四川省电力公司甘孜公司办公室

四川电力超高压建设管理公司“新甘石”联网工程业主项目部

四川电力工程建设监理有限责任公司110千伏甘石线工程Ⅱ标段

四川电力工程建设监理有限责任公司甘孜220千伏变电站新建工程监理工程部

2012年10月25日上午，四川省国资委党委表彰“新甘石”联网工程先进基层党组织和优秀共产党员。省国资委党委书记、主任赵爱明，省国资委党委副书记雷建，省委党建办副主任黄林，省国资委党委委员、机关党委书记吴晓曦等出席。会议由雷建主持，吴晓曦宣读省国资委党委表彰决定。

先进基层党组织名单：

成都电业局党委

四川电力送变电建设公司党委

成都电业局“新甘石”联网工程党总支

四川电力送变电建设公司送电工程第一分公司党支部

四川电力医院行政党支部

四川省电力公司信息通信公司通信运维中心党支部

四川电力物资公司仓储配送中心党支部

四川省电力公司甘孜公司本部党支部

四川电力超高压建设管理公司甘孜片区业主项目党支部

四川电力工程建设监理有限责任公司“新甘石”联网工程党支部

优秀共产党员名单：

朱白桦　周宝健　谢崇宇　周　坚　周　苏

陈　刚　张兴友　罗洪明　徐　丕　刘贵塘

邓天富　李红梅　陈　峰　鄢长根　肖保国

吴志云　付佾修　李　杰　陈少卿　王文周

（唐宇等）

公司完成“三集五大”体系建设

2012年1月，国家电网公司正式批复公司“三集五大”体系建设实施方案，经公司五届一次职代会审议通过后，公司“三集五大”体系建设全面推进。经过充分的实施准备和有序的新模式导入，10月转入磨合改进阶段。12月全面完成磨合改进和自验收工作，实现“一年基本建成‘三集五大’体系”的既定目标。

超前谋划、深入研究，顺利完成方案报批。公

司认真学习国家电网公司关于开展“三集五大”体系建设的相关精神和要求，超前谋划，全面推进各项工作。2011年5月，邀请国家电网公司体改办专家领导到公司授课，讲解“五大”体系建设总体思路和战略意图；2011年8月由公司副总师带队，分五大专业组到江苏省电力公司开展调研，全面了解江苏公司“五大”体系建设方案、推进和运行情况；2011年10月8日，在公司月度工作例会上，王抒祥总经理宣布全面启动公司“三集五大”体系建设，2012年1月12日，公司向国家电网公司正式上报四川省电力公司“三集五大”体系建设实施方案（以下简称实施方案）；1月13日，国家电网公司正式批复同意；2月3日，四川公司五届一次职代会履行民主程序，审议通过公司实施方案，并正式行文下发。

6月21日，四川省电力公司召开“三集五大”体系建设工作推进会，公司总经理、党委副书记王抒祥（左一），公司党委书记、副总经理刘勤（左二）等向省公司层面业务支撑和实施机构集中授牌 （王鑫 摄）

充分组织、周密部署，全面完成动员准备。进入“三集五大”体系建设动员准备阶段以来，公司先后完成了思想动员准备、组织机构准备、实施方案准备、技术支持准备、管理基础准备、人员到岗准备、支撑保障准备、风险防控准备等阶段性工作。2012年5月24日，公司总经理办公会审议通过了调整后的“三集五大”体系建设总体进度安排，明确“两年任务，一年完成”的工作目标。6月12-14日，公司采取综合部分远程电视电话培训，各专业现场培训的方式，对地（市）公司开展了“三集五大”体系建设实施方案的全面培训；6月21日，公司召开“三集五大”体系建设工作推进电视电话会议，集中对运营监控中心等七个新组建的省公司层面业务支撑和实施机构进行了授牌，标志着四川公司“三集五大”体系建设进入了全面实施的新阶段；6月26—28日，公司召集各电业局（公司）逐一听取各单位推进“三集五大”体系建设工作的情况，以及存在的困难和问题，并及时答疑解惑；6月29日，公司编印下发6000余册宣传手册到基层各组，同步开通了“三集五大”体系建设专题网站，使每位员工都能及时、全面了解公司“三集五大”体系建设工作情况；7月-8月，公司开展了系列方案审查工作，在全公司系统开展新模式专业模拟和综合模拟。8月27日，公司正式对各单位“三集五大”体系建设机构岗位设置及人员配置操作方案进行批复；8月29-31日，完成了对18个基层供电企业新模式导入阶段转段集中审查工作。9月1日，公司正式转入“三集五大”体系建设新模式导入阶段。

精心组织、平稳高效，实现新旧模式转换。公司积极谋划，周密部署、精心组织，全力以赴，确保新旧模式平稳高效转换。一是科学设计、稳步推进，机构人员调整成效显著；二是精心组织、措施得力，顺利完成设备资产移交；三是充分准备、高效运作，安全实施信息系统调整；四是周密部署、强化执行，实现“五大”新模式试运行；五是提前谋划、精益求精，开展制度梳理流程优化；六是加强监控、预防风险，确保安全稳定优质服务。9月20日，公司完成了各层级、各业务的机构调整和人员调配，业务、资产、设备、安全责任等移交，以及信息系统适应性调整等工作。同时全程组织开展了电网安全、队伍稳定和优质服务检查，纪检监察、审计监督、新闻宣传、思想动态跟踪等相关工作，确保业务模式的平稳切换和安全过渡。9月30日，36个信息系统适应性调整全部同步调整到位。至此，公司已全面完成“三集五大”体系建设新模式导入阶段各项工作。10月1日四川公司正式转入磨合改进阶段。

诊断提升、总结升华，扎实开展磨合改进。公司加紧自查督导，总结提炼，扎实开展磨合改进工作。通过开展各专业自评估，对照评估标准条款，逐条报告完成情况，查漏补缺，总结归纳工作成果，提炼特色亮点和典型经验。公司各部门制定地市公司验收评估标准并下发基层单位进行学习和自查，采用资料审查、现场督查等方式，对各单位“三集五大”体系建设情况开展了督导检查，针对督导检查出的主要问题，提出工作要求，并组织整改。11月中旬，公司组织开展了中期评估诊断，“五大”专业牵头、相关专业部门配合，开展检查，评估范围涵盖公司本部、省级业务支撑机构、市县供电企业。通过中期评估，公司共发现问题500余项，所有问题整改均实现闭环管理，责任落实到人，达到了中期评估诊断“发现问题、落实整改、完善提升”的预期效果。

充分自查、高标高效，顺利完成总结验收。11月30日，公司印发《四川省电力公司“三集五大”体系建设验收方案》和《四川省电力公司“三集五大”体系建设省公司层面支撑机构验收标准（试行）》。组织纳入体系建设范围的27家单位开展自评估、自验收和工作总结。12月7日，各单位完成体系建设自验收；12月15-21日，公司统一组织专业和综合验收队伍对各单位开展整体验收，及时发现问题、整改问题。12月25日，公司完成整体自验收工作。12月29日，公司向国家电网公司提交自验收报告及验收申请，“三集五大”体系建设具备国网公司验收条件。

全面推进“大运行”体系建设，10月13日，四川省电力公司眉山公司在220千伏福盛变电站开展一体化检修作业 （眉山公司提供）

2013年3月18日—4月2日，由国家电网公司党组成员、副总经理曹志安任组长的“三集五大”体系建设验收组，先后到陕西、山西、吉林、四川、湖南、湖北、河南公司等七家单位，对“三集五大”体系建设工作进行了综合验收。七家单位坚决贯彻落实国家电网公司党组决策，领导班子真抓实干、以身作则，干部员工努力拼搏、无私奉献，扎实稳健推进各项工作，高质量完成了各项建设任务，取得了丰硕的成果，受到了验收组的好评。

（董 强）

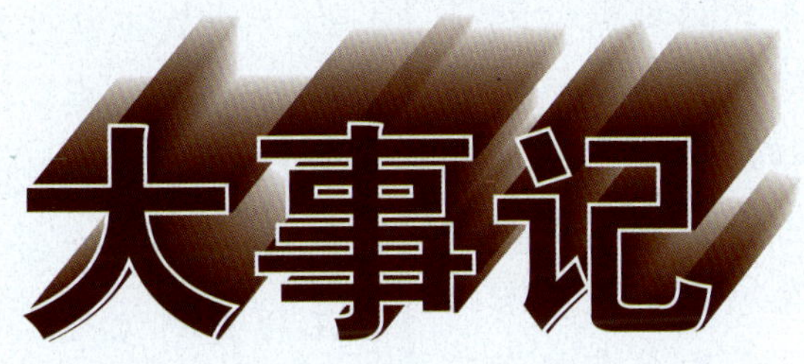

责任编辑：程彦韬

公司2012年十大新闻

防灾救灾能力受到回良玉高度评价

2012年5月11日，在四川省2012年“5·12”防灾救灾综合实战演练结束后，中共中央政治局委员、国务院副总理、国家减灾委员会主任回良玉接见了省公司参演队伍，并高度评价：“电力很重要，如果缺了电，什么都不好办。”

历经多次自然灾害的锤炼，省公司的应急能力、队伍建设、科技装备等方面都提升到了新的高度。2012年，攀枝花、西昌、泸州等地旱情严重；7月至8月，四川持续高温，电网负荷大增、安全压力突出；8月中下旬，成都、绵阳、德阳、遂宁等市及凉山彝族自治州等地遭受暴雨袭击，部分地区发生严重洪涝灾害，省公司科学防灾抗灾和应急救援能力受到各方好评。

“新甘石”联网工程半年建成投产 2012年9月19日“新甘石”联网工程正式通电，四川省委书记、省人大常委会主任刘奇葆，省委副书记、省长蒋巨峰和国家电网公司总经理刘振亚共同出席通电合闸仪式。“新甘石”联网工程于3月20日开工，历时半年，完成了定额计算18个月的工程建设任务。国家电网公司系统13000余名建设者以“缺氧不缺斗志，海拔高追求更高”的精神攻坚克难，完成了这一看似不可能完成的任务，为改善民生、服务四川藏区经济社会发展作出了贡献。“新甘石”联网工程受到《人民日报》、新华社、中央电视台等高端媒体的广泛关注，中宣部、四川省委宣传部发文要求做好相关宣传工作。

人民网“强国论坛”关注四川电网发展 2012年5月19日，在中共四川省第十次党代会上，省公司总经理王抒祥当选第十届省委委员和四川省出席中国共产党第十八次全国代表大会的代表。王抒祥是在川央企中唯一当选省委委员的企业负责人。11月7日，王抒祥在北京参加人民网强国论坛的“十八大代表系列访谈”，围绕“电网企业的责任、发展与创新”这一主题与网友进行了一个多小时的在线互动交流。

创先争优经验全国推广 2012年9月20日下午，在中央企业创先争优活动交流总结会上，省公司党委书记刘勤代表公司作了题为《高扬争先旗帜，勇担央企责任》的经验总结发言。在全国125家中央企业中，省公司是电力行业系统和国家电网系统内唯一一家参加经验交流总结会的代表单位。刘勤在经验总结发言中介绍了省公司党委认真贯彻落实国家电网公司党组决策部署，围绕“人民群众满意、党和政府满意”目标深入开展创先争优活动所取得成绩和主要做法。本次会议上，省公司还荣获了“中央企业思想政治工作先进单位”荣誉称号。

“三集五大”体系建设一年完成 2012年6月21日，省公司电力经济技术研究院、检修公司、信通公司、物资供应公司、电力调控中心、运营监控中心、综合服务中心等省公司层面业务支撑和实施机构成立，“三集五大”体系建设进入全面实施阶段。8月15日，省公司启动“三集五大”体系建设综合模拟运行。8月底，省公司“三集五大”体系建设进入新模式导入阶段。按照国家电网公司部署，省公司于2011年启动“三集五大”体系建设工作。按“两年计划、一年完成”的计划，省公司在2012年基本完成了建设任务并确保具备国家电网公司验收条件。

电网建设又好又快 2012年2月12日到6月30日，省公司先后建成甘谷地、什邡、木里、平武、米易、甘泉等8项500千伏输变电工程；7月28日，溪洛渡左岸-浙江金华±800千伏特高压直流输电工程开工；12月12日，四川锦屏-江苏苏南±800千伏特高压直流输电工程正式投入运行。目前，四川电网已发展成为联结西北、华中、华东电网的重要枢纽。未来，四川电网将基本建成以特高压电网为骨干，各级电网协调发展，安全可靠、经济高效、清洁环保的坚强智能大电网，四川也将成为特高压建设的主战场和西部电力高地。

抗冰改造提高输电通道抗灾能力 2012年11月25日23时27分，四川电网500千伏输电线路抗冰改造再传捷报，500千伏布坡一、二线抗冰改造工作全部结束，由检修转入运行，标志着四川电网500千伏输电线路抗冰改造工作圆满完成。四川电网500千伏主网架庞大，技术条件复杂，运行难度大。为彻底解决电网在抗击冰雪灾害方面存在的薄弱环节，确保四川电网安全运行，2012年2月至11月，省公司对超特高压电网81个覆冰区段的19条500千伏输电线路进行了抗冰改造工作，大大加强了四川电网水电大通道抗击雨雪冰冻灾害的能力，为电网安全稳定运行打下了坚实基础。

消纳水电贡献突出 针对“十二五”中后期四川水电外送受限的问题，省公司提前谋划，形成了《关于及时采取措施解决四川水电消纳问题的报告》上报国网公司。9月28日，国家电网公司总经理刘振亚主持召开党组会议，专题研究四川水电消纳问题。10月29日，国家电监会、华中电监局、国家电网公司交易中心领导到四川专题调研四川水电开发与消纳情况。四川电网电力交易中心积极沟通汇报国家电网公司总部和华中分部，首次在平水期启动大规模川电外送，并增加送华东30万千瓦临时合约。在国家电网公司的统一组织下，华中分部启动水电减弃增发应急交易，加强区内调剂，川渝断面基本保持满送，极大缓解了川内水电发电压力，为川内富余水电增加了出路。

共产党员服务队成立10周年 2012年5月25日，省公司在庆祝四川电力共产党员服务队成立十周年暨“为民服务办实事”活动启动仪式上，隆重表彰了省公司系统十年来涌现出的20名“为民服务明星”队员，公布了“为民服务办实事”活动的10件实事，并为新成立的7支党员服务队授旗。至此，四川电力共产党员服务队的数量增至27支。十年来，四川电力共产党员服务队活跃在全省21个市州的街头巷尾，从“服务进社区、惠民千万家”到“学雷锋、践承诺”，一路走来，成为国家电网公司系统为民服务创先争优标杆，受到习近平同志的亲切接见。

国家广电总局组团慰问“新甘石” 2012年7月16日至17日，国家广电总局慰问团“走转改”暨慰问国家电网“新甘石”联网工程建设者大型演出“吉祥之光·点亮甘孜”在甘孜藏族自治州隆重举行。中国广播艺术团冯巩、殷秀梅、屠洪刚、贾玲等著名演员、歌唱家为藏区群众和“新甘石”联网工程建设者及其家属献上了精彩的节目。

大 事 记

1 月

2 日 国家电网四川省电力公司(以下简称公司)党委书记、副总经理刘勤前往武汉大学，看望在该校学习的公司特高压运行和管理人才培训班学员。

5 日 公司信息系统客服呼叫中心开始上线试运行，客服号码“36186”正式启用。

6 日 国家电网公司(以下简称国网公司)“两会”文艺晚会在北京会议中心隆重上演，由公司创作并演出的交响舞蹈诗剧《穿越唐古拉》，得到了国网公司领导和与会代表的一致好评。

8 日 500 千伏月普线经过公司抢险队连续 28 天不间断抢修，顺利恢复投运。西昌市供电中断用户全部恢复供电。

500 千伏月普线是西昌地区的重要水电输出通道，也是“西电东送”的重要组成部分。线路起于西昌 500 千伏月城变电站，止于昭觉 500 千伏普提变电站，穿越多处斜坡、山脊及重覆冰地段。

是日 四川阿坝县贾洛乡 1000 余名藏族同胞欢聚一堂，庆祝贾洛 35 千伏输变电工程投运，贾洛 8000 余农牧民从此开始用上放心电。

9 日 公司召开党委常委（扩大）会。公司总经理、党委副书记王抒祥传达了国网公司“两会”精神，与会领导讨论审议公司“三会”议程安排以及“三会”会议文件等。公司领导及总经理助理、副总师、安全总监、首席法律顾问及公司本部各部门主要负责人参加。

是日 公司完成 20 家自备电厂 39 台机组在线监测系统的安装、调试工作，岐山和五桐生物质电厂的 16 个监控点视频信号也全部成功接入营销运行监控中心监控平台。大大增强了公司对并网电厂和自备电厂的实时、在线、立体监控管理，进一步提升营销运营管控能力。

10 日 王抒祥、刘勤在成都会见到访的广安市委书记王建军一行。双方就如何加强广安电力发展、电网建设等问题交换意见。

是日 刘勤先后到四川电力工程建设监理有限责任公司、四川电力物流集团公司和四川电力送变电建设公司，看望慰问干部员工，给困难员工、困难党员、劳模、离退休员工送去公司的温暖和新春祝福。

是日 公司 2012 年新春客户恳谈会在本部举行，公司虚心听取用电客户意见和建议，力求在新的年里进一步提升优质服务水平。成都军区、中国工程物理研究院、四川大学、攀枝花钢铁集团公司、东方汽轮机有限公司、达州钢铁集团有限责任公司、四川省川威集团有限公司等 20 多家单位负责人以及成都市、阿坝藏族羌族自治州的居民客户代表，公司领导和相关部门以及参会客户所在地电业局(公司）分管经营的副局长（副总经理）参加了会议。

11 日 公司信息系统调度运行监控中心(简称信息调控中心）完成工程主体建设并投入试运行。信息调控中心建筑面积近 200 平方米，总体分为调控大厅、设备区和备班区三个功能区域，将对公司 32 个 SG186 信息系统进行集中监控，并对公司生产经营活动中的一百多个核心数据进行集中展示，同时承担公司信息系统调度运行工作的核心职能。

是日 参加四川省第十一届人大五次会议资阳代表团会议的王抒祥接受了中新社、《四川日报》和《成都商报》记者采访，并就电力发展、电网建设以及 2011 年四川电力工作的亮点等相关问题回答了记者提问。

是日 持续 3 个半小时的四川首次 220 千伏移动式直流融冰工作正式宣告结束。为完成本次任务，乐山电业局和四川电力科学院一起精心编制了直流融冰方案，成立了输电线路直流融冰小组，并在现场设立了直流融冰指挥中心。通过在 220 千伏清音变电站采用可移动的车载直流融冰装置对该线路进行直流融冰，为下一步更好地研究和防范输电线路抵御雨雪冰冻灾害打下了良好的基础，以提高四川电网线路抵御覆冰灾害的能力。

12 日 资阳市委书记李佳，市长邓全忠率四川省第十一届人大五次会议资阳代表团莅临公司考察。资阳代表团在王抒祥、刘勤等公司领导和相关部门主要负责人的陪同下先后参观了公司应急中心、调度中心和四川电网展示厅。

13 日 公司召开安委会(扩大)2012 年“安全日”专题学习会议。认真贯彻落实国网公司 1 月 11 日安全稳定优质服务电视电话会议精神，专题研究如何开展好公司“安全年”活动。

是日 公司提前完成电网 GIS 平台试点实施各项工作任务，成功实现平台上线试运行。电网 GIS

空间信息服务平台是构建在“SG186”一体化信息化平台之内的企业级公共空间平台，为各类业务应用提供空间信息图形和分析服务，实现各类电网资源的统一结构化管理。

16 **日** 公司召开“安全年”活动电视电话会议。王抒祥、刘勤，副总经理胡柏初、王平、陈修言，纪委书记甘和全，总会计师潘贤芝，总工程师张伟，总经理助理、副总师及各部门主要负责人在公司本部主会场参加会议。系统各单位通过视频系统参加会议。公司成立活动领导小组，切实加强“安全年”活动的组织实施，确保不发生大面积停电事故、重大设备质量事故和人身伤亡事故，不发生影响社会和谐的不稳定事件，不发生严重影响公司形象的事件。

是日 四川省副省长刘捷莅临公司考察，参观了公司应急中心、调度中心和四川电网展示厅。对四川电力发展给予了高度评价。

是日 四川省电力行业协会理事长王抒祥参加了四川省电力行业协会第二届理事会理事长、副理事长联系会议。

17 **日** 公司与甘孜州政府在蓉举行“新甘石”联网工程建设第三次协调会。陈修言及相关参建单位参加了协调会。

甘孜州政府感谢公司站在藏区稳定和发展的高度主动帮助民族地区解决民生问题。作为甘孜州的最大民生工程，甘孜州政府将全力支持该工程建设，尽最大努力做好相关问题的协调配合工作，确保顺利进场、顺利施工，为该工程建设营造良好的施工环境。

是日 公司新闻中心官方微博（腾讯）——“川电新闻”发布启动仪式在成都举行。《人民日报》、新华社、中央电视台、中央人民广播电台、中新社、《中国青年报》、《经济日报》、《四川日报》、四川电视台、四川人民广播电台、《华西都市报》、《成都商报》等20多家媒体参加了启动仪式。

是日 王抒祥在公司副总经理、成都电业局局长张福轩，成都电业局党委书记、副总经理周群及相关部门主要负责人陪同下，走访了四川陆军预备役高炮师。

23 **日** 大年初一，王抒祥到乐山电业局调度中心、客户服务中心、共产党员服务队看望慰问当值一线员工，向奋战在春节保供电一线的公司系统广大员工拜年，并对他们致以节日的祝福。

是日 大年初一，刘勤一行在应急指挥中心、调度中心、营销监控中心等地，亲切慰问值班人员。

30 **日** 龙年春节后上班伊始，公司在家领导王抒祥、刘勤、胡柏初、王平、陈修言、甘和全、潘贤芝、张伟率办公室及机关工作部负责人看望本部员工，赠送健康礼品，并视察各部门“5S”管理情况。

2月

1 **日** 下午，公司党委2012年工作会议在公司管理培训中心（党校）召开。刘勤向大会作了题为《强化思想引领 着力文化支撑 为加快建设世界一流电网、国际一流企业提供坚强保证》的工作报告。公司代上级组织向公司有关单位颁发了全国文明单位奖牌、全国五四红旗团委、全国青年文明号、中央企业青年文明号、国家电网公司五四红旗团委、四川省五四红旗团委奖牌和四川省青年岗位能手证书。

2 **日** 四川省委、省人民政府在成都娇子国际会议中心召开了2012年中央在川单位、企业新春座谈会。省委书记、省人大常委会主任刘奇葆发表了重要讲话，省委副书记、省长蒋巨峰主持会议。

王抒祥参加会议并代表在川电力企业发言，刘奇葆插话说：“感谢国家电网公司及省电力公司在迎峰度冬期间多个省市拉闸限电的情况下，连续三年实现不拉闸限电，有力保障了四川电力正常供应，为四川经济社会发展做出了贡献。”

是日 公司五届一次职工代表大会暨2012年工作会议在管理培训中心召开。会议宣读了省委书记、省人大常委会主任刘奇葆，省委副书记、省长蒋巨峰的批示，宣读了国网公司贺信，书面传达了国网公司“两会”精神。王抒祥作了题为《转变观念 强化执行 创新发展为加快建设世界一流电网、国际一流企业不懈努力》的工作报告。会议于3日下午闭幕。

是日 下午，中共四川省电力公司纪律检查委员会第十八次全体会议在公司管理培训中心召开。甘和全、潘贤芝出席会议。甘和全作了题为《强化执行 力求实效 为公司发展实现新跨越提供纪律保障》的工作报告。

是日 晚，公司五届一次职代会暨2012年工作会议以“我们走在大路上”为主题的晚会拉开序幕。晚会上，公司员工用一个个饱含真情的文艺节目展现了公司2011年收获的累累硕果。

3 **日** 上午，中央第四企业金融巡视组组长张中伟莅临公司检查指导工作。王抒祥、张福轩、潘贤芝及相关部门主要负责人陪同考察。

是日 下午，四川省副省长王宁一行莅临公司考察，省政府研究室主任、副秘书长万鹏龙，省发改委副主任邵小龙，省能源局副局长梁武湖，省电监办专员张健，王抒祥等陪同考察。

是日 公司召开四川电网冰灾调研会，国网公司四川电网输电线路冰灾调研工作专家组，王平及相关部门负责人参加了会议。

4—5 日 国网公司在北京召开《2012 年营销工作会议》。陈修言带队参加会议，并作为全国十家经验交流单位，代表四川公司在会上作了《创新管理扎实推进 打造智能用电服务体系》的典型经验交流发言。公司在市场开拓、电费回收、计量管理、用电信息采集系统建设、营销稽查监控体系建设、供电服务提升工作等方面取得的成绩受到国家电网公司高度肯定和与会代表的好评。被授予“国家电网公司 2011 年优质服务工作先进单位”和“国家电网公司 2011 年计量管理工作先进单位”。公司报送的《供电服务品质评价》和《着力构建营销“1+1”稽查监控体系》入围 2011 年国网公司营销同业对标典型经验。

6 日 公司宣布成立抗冰改造组织机构，按照国网公司调研工作组、专家组拟定的《四川电网输电线路抗冰改造指导意见》，全力推进抗冰改造工作。

7 日 王抒祥、刘勤会见到访的重庆市电力公司总经理孟庆强，党组书记甘德一一行。表示一如既往支持重庆公司发展，加大川电入渝力度，缓解重庆电网供需矛盾，进一步加强合作，取得共赢。

9 日 公司申报的《以卓越运营为目标的电网企业标准化建设》获得第十八届国家级企业管理创新成果一等奖，是本届评审中唯一一家获此殊荣的电力企业。

是日 国网公司在北京组织召开 500 千伏布坡一二线路抗冰改造工程可行性研究报告评审会议，公司 500 千伏布坡一二线抗冰改造方案顺利通过评审。

13 日 王抒祥在蓉会见到访的 IBM 能源与公用事业全球副总裁 Brad Gammons，双方就智能电网建设，信息系统建设等相关问题交换了意见。

14 日 下午，刘勤会见华电国际电力股份有限公司党委书记钟统林、副总经理罗小黔一行，双方就重点工程建设等相关问题交换了意见。

15 日 四川大学校长、中国工程院院士谢和平莅临公司考察调研。王抒祥、胡柏初、王平、陈修言、张福轩及相关部门主要负责人陪同谢和平一行参观了公司应急中心、调度中心和四川电网展示厅。

17 日 国网公司总经理助理孙佩京、农电工作部主任孙吉昌一行，在陈修言和有关人员陪同下，顶风冒雪、长途跋涉，深入甘孜州内康定、丹巴等地，实地调研藏区电网建设和电力企业发展。

19 日 国网公司农电工作会在成都召开。公司被授予“国家电网公司 2011 年农网升级改造工作先进单位”称号，公司农电工作部被评为国网 2011 年农电工作明显进步部门。

20 日 上午，国网公司党组成员、副总经理杨庆莅临公司营销运行监控中心检查指导工作。对公司营销运行监控系统建设表示充分肯定。要求进一步提升服务质量和水平，为公司“大营销”建设、“两个转变”以及创建“两个一流”作出新的更大贡献。

21 日 公司反腐倡廉建设工作会议在管理培训中心召开。会议结束后，公司领导王抒祥、刘勤、王平、张福轩、甘和全、潘贤芝、张伟来到位于管理培训中心的公司廉洁教育基地参观。

是日 公司团青工作会议在管理培训中心召开。贯彻落实公司“三会”以及团省委十二届六次会议精神，研究部署新时期、新形势下公司党建带团建工作，切实推动团青工作再上新台阶。

22 日 “新甘石”联网工程开工前期协调会在公司本部召开。

23 日 十一届全国人大农业与农村委员会副主任委员、原四川省省长张中伟在公司应急中心（国网公司应急培训基地）检查指导工作时说，四川是一个自然灾害频发的地区，抢险救援必须专业化，一定要充分利用好这支队伍，确保灾难时拉得出、用得上。

24 日 刘勤代表公司在国网公司“深化创先争优活动实施 95598 光明服务工程”推进会上发言。介绍了公司 2011 年深入开展为民服务创先争优所取得的成效和 2012 年公司实施 95598 光明服务工程举措。

27 日 公司召开全面风险管理委员会全体会议。通报了《四川省电力公司 2012 年度全面风险管理报告》的主要内容。2012 年，公司层面风险为 32 个，其中重大风险为 13 个，中等风险 12 个，一般风险 7 个。

29 日 公司组织领导干部集中进行“安全年”安全规程制度考试。涵盖公司系统各单位 149 名厂处级领导干部，152 名基层单位的安监、生产、基建、产业等部门负责人以及部分县级供电企业、车间的领导干部，是公司 2012 年来领导干部和管理人员最为集中、规模最大的一次安全规程制度考试。

29 日 公司召开四川电网 2012 年“5·12”大面积停电暨防灾救灾综合实战联合应急演练方案通报会。

3 月

5 日 10 时，公司隆重举行四川电网建设的“一号工程”、“十二五”四川藏区电网建设重点项目：新都桥—甘孜县—石渠（简称“新甘石”）联网工程出征仪式，为即将奔赴甘孜藏区高原建设“电力天路”的参建队伍鼓劲壮行。

“新甘石”联网工程起于500千伏新都桥变电站，经220千伏新都桥—甘孜线路、220千伏甘孜变电站和110千伏甘孜—石渠线路，到达石渠110千伏变电站。总投资32.15亿元，线路全长1017公里。工程建成后，将从根本上解决甘孜州色达、石渠等无电地区的用电问题，结束石渠等县孤网运行的局面，对促进四川藏区经济社会发展、提升人民生活水平、增进民族团结和谐发挥积极的作用，具有重大的政治意义和社会意义。“新甘石”联网工程线路走廊平均海拔4000米，最低气温达到零下45摄氏度，工程施工周期短，沿途交通、气候条件十分恶劣，该工程也将是四川电力建设史上最为艰苦、最具挑战的一项历史性工程。

5—6 **日** 公司启动“弘扬雷锋精神，爱心光明服务”活动，拉开“青春光明行”十周年活动的大幕。组织15个单位共3000余名志愿者参与，其中党员志愿者1000余名，开展了130多次活动，送出物品1000余份，发放宣传资料5万余份，接受用电咨询1300余次。

6 **日** 王抒祥在蓉会见到访的中国工程院院士王子才和国防科技大学教授、中将黄柯棣一行。双方就公司应急基地拟建设仿真模拟灾难体验中心交换了意见和建议。

12 **日** 公司与甘孜州电力开发有限责任公司举行出资协议签字仪式，共同组建四川甘孜州电力有限责任公司。

14 **日** 四川省国资委系统召开深入开展学雷锋活动暨“真情暖心，共建和谐”行动工作会。刘勤代表公司发言。

15 **日** 成都电业局获“全国职工体育示范单位”称号。是公司范围第一家、也是唯一一个获此殊荣的单位。

16 **日** 公司“标准化知识培训送教上门”启动仪式在技术技能培训中心举行。

20 **日** “新甘石”联网工程在甘孜州康定县、石渠县、甘孜县三地同时举行了隆重的开工仪式。在国网公司的统一安排部署下，四川公司提前开展了查勘论证和后勤保障工作，并在工程设计、组织管理、医疗保障、技术方案、施工方案等方面都进行了周密安排。施工高峰期将有近7000人参与建设。

是日 四川甘孜州电力有限责任公司授牌仪式在康定甘孜公司新办公大楼举行，甘孜州电力改革发展迈入了历史新阶段。

21 **日** 王抒祥在公司会见到访的人民日报社四川分社社长张忠一行。双方就藏区电网建设、共产党员服务队、疆电入川等公司工作交换了意见建议。

23 **日** 四川省委书记、省人大常委会主任刘奇葆在国家电网四川省电力公司报送的《关于“新甘石”联网工程建设和迎峰度冬电力保障情况的报告》（以下简称《报告》）上批示：“感谢电力公司付出的努力和作出的贡献！”省委副书记、省长蒋巨峰在《报告》上批示：“非常感谢国家电网公司特别是振亚同志的高度重视和全力支持，感谢省公司卓有成效的工作为全省经济社会发展和民生改善作出的重大贡献！”

24 **日** 由武汉大学主办的第六届电力樱花论坛在武汉大学创隆学术报告厅举行。来自国内电力行业的专家、学者和武汉大学师生三百余人参加了论坛，国网电科院名誉院长薛禹胜院士、王抒祥分别作了主题演讲。

31 **日** 王抒祥、张福轩和成都电业局及相关部门主要负责人实地走访了成都空军某部，查看其灾后恢复重建工程电力设施建设情况。

4月

6 **日** 公司“5·12”应急演练方案汇报会在应急培训基地召开。此次演练将采用现场实战形式，“水、陆、空”多种应急救援力量协同参与，多方位、多视角展现公司地震灾害应急处置全过程。进一步加强公司应急体系建设，提升各级领导干部应对处置各类自然灾害的指挥决策和统筹协调能力，检验公司处置特大灾害下电力中断、大面积停电时的综合联动实战能力。

10 **日** 公司召开2012年集中调研工作报告分析会，对9个调研组的调研报告中有关电网建设、安全生产、经营管理、人力资源、企业改革、三个建设等方面的内容进行了汇总分析研究。

是日 刘勤在公司本部接受《国家电网报》“书记专访”栏目记者的采访，就四川电力共产党员服务队的基本情况、成功经验以及下一步新的举措等问题与记者进行了深入的交流。

10—11 **日** 国网公司2012年调度自动化专业会议暨国调系统自动化运行会议在成都召开。强调着力提升调度技术支持系统的运行水平和应用水平，为大电网安全调度运行和大运行体系建设提供坚强的技术支撑。

11 **日** 公司为期半年的首批电网建设工程技术人员交流培养任务圆满结束。

17 日 公司召开党委中心组学习（扩大）电视电话会议。王抒祥作形势任务报告，公司本部全体员工参加会议，基层各单位通过视频系统收看收听了此次会议。

19 日 国家电监会主席吴新雄莅临公司检查指导工作。四川省政府副秘书长蔡竞，成都电监办专员张健，王抒祥及相关领导陪同调研。

26 日 国网公司 2012 年后勤工作会议在成都召开。提出大力推动后勤发展方式转变，加快建立统一的后勤管理体系，实现后勤工作集约化、专业化、标准化、信息化，全面提高后勤工作水平、服务质量和保障能力，为深化“两个转变”、创建“两个一流”提供强有力保障。

27 日 国网公司党组成员、副总经理、工会主席王敏在公司检查指导工作。对公司工作给予充分肯定，并提出希望和要求。

是日 国家电网英大传媒集团 2012 年记者工作会在公司管理培训中心召开。要求全面加强记者站及记者队伍建设，创新体制，推进资源整合，全面提升国网公司新闻宣传工作能力和水平，为深化“两个转变”，创建世界一流电网、国际一流企业作出更大贡献。

是日 公司召开劳动模范表彰暨座谈会，公司系统有 4 名员工和 6 个集体分别获得全国五一劳动奖章、全国五一劳动奖状、全国工人先锋号和四川省五一劳动奖状。

29 日 公司举行四川电网 2012 年“5·12”大面积停电应急演练第三次预演，为计划在 5 月 12 日举行的正式演练做准备。

5 月

2 日 国务院国有资产委员会派驻国网公司监事会主席刘怡一行到公司调研指导工作，对公司积极履行社会责任、强化企业管理、推进电网建设和开展优质服务等方面工作表示肯定。

4 日 国网公司决定：丁燕生任公司党委常委、副总经理，刘勇任公司总工程师。

是日 公司 32 名青年团员代表公司 4 万多名青年员工，参观了公司应急中心、调度中心等地，与公司领导王抒祥、甘和全及公司本部相关部门负责人进行“面对面”交流，庆祝建团 90 周年这个特别的节日。

7 日 国网公司副总经理郑宝森等赴四川西昌 ±800 千伏特高压裕隆换流站工地检查指导工作。对工程给予了充分肯定。对四川公司所做的大量工作和贡献给予了高度评价。

8 日 上午，四川电网建设专题协调会在西昌举行。国网公司副总经理郑宝森等领导出席会议。陈修言就“十二五”期间四川电网的建设任务、存在的困难和问题以及下一阶段拟采取的措施进行了详细的汇报。

11 日 在四川省 2012 年“5·12”防灾救灾综合实战演练结束后，中共中央政治局委员、国务院副总理、国家减灾委员会主任回良玉在四川省委书记、省人大常委会主任刘奇葆等陪同下接见了电力参演队伍，并评价道，电力很重要，如果缺了电，什么都不好办。国家电网公司副总经理帅军庆出席并观摩了此次演练。

“5·12”防灾救灾综合实战演练是四川省乃至全国规模最大、范围最宽、实战性最强的一次防灾救灾综合实战演练。电力保障是整个演练的重要组成部分。公司高度重视此次演练工作，选派人员 570 名，设备 78 台参演，并精心组织、周密安排，确保电力演练工作安全有序。

12 日 国网公司“十大”领军人才选拔四川公司考点的考试在公司技术技能培训中心举行。全国共设置 11 个考点，四川考点考生来自重庆、西藏、四川三家单位，共计 421 名，分布在 15 个考室进行。

是日 在“5·12”汶川特大地震四周年和“全国防灾减灾日”之际，为全面检验四川电网应对突发自然灾害和大面积停电的应急指挥和处置能力，进一步健全完善电力应急体系建设，“四川电网 2012 年‘5·12’大面积停电应急演练”正式举行并取得成功。

14 日 王抒祥在公司本部会见甘孜州委书记胡昌升一行，双方就加快甘孜水电开发、加快甘孜电网建设、做好“新甘石”联网工程建设、促进藏区社会经济发展等问题进行了会谈。

是日 国家能源委员会专家咨询委员会主任、原国家能源局局长张国宝先后到映秀湾水力发电总厂和阿坝公司二台山 220 千伏变电站视察、指导工作。

17 日 乐山市与公司成功签订乐电股份托管协议。

19 日 在中共四川省第十次党代会上，王抒祥当选第十届省委委员和四川省出席中国共产党第十八次全国代表大会的代表，是在川央企唯一当选省委委员的企业负责人。

21 日 财政部驻四川省财政监察副专员袁成林一行到公司，对公司及其下属子公司进行会计信息质量专项检查。

25 日 公司庆祝四川电力共产党员服务队成立十周年暨“为民服务办实事”活动启动仪式在蓉举

行。启动仪式上，表彰了公司系统十年来涌现出的20名共产党员服务队“明星队员”，公布了“为民服务办实事”活动的10件实事，并为新成立的7支党员服务队授旗。公司共产党员服务队的数量增至27支。

是日 四川蜀能电力有限公司股权转让协议签字仪式在蜀能公司会议室举行。科锐得公司整体收购蜀能公司股权，公司直属单位多经企业整合迈出了重要的一步。

28 **日** 2012年四川送重庆电能交易合同成功在蓉签订。华中分部、重庆市电力公司、四川省电力公司三方代表共同签订2012年四川送重庆电能交易合同，2012年四川送重庆电量将突破100亿千瓦时。

30 **日** 国网公司决定：经国网公司党组研究并征得四川省委同意，决定董京营任中共四川省电力公司党委委员、常委、副总经理，免去张福轩中共四川省电力公司委员会常委、委员、副总经理，调宁夏电力公司任总经理、党委副书记。

是日 成都电业局召开干部大会。国网公司决定董京营任成都电业局局长、党委副书记。

6月

1 **日** 公司召开“三集五大”体系建设操作方案工作布置会，公司系统“三集五大”体系建设工作将于六月开始全面启动，计划在年内基本完成各项建设任务。6月中下旬省公司本部机构和人员调配将基本到位，省公司层面新组建的各支撑机构将统一挂牌。

5 **日** 四川省第一套变电站电磁环境实时监测系统在位于成都市锦江区的220千伏安顺桥变电站完成了数字对比，正式进入试运行阶段。该系统是公司按照省环保厅要求，为了让成都市民更直观更便捷地了解变电站电磁环境而安装的。

是日 公司副总经理丁燕生在公司本部会见成都铁路局成昆铁路公司副总经理李麟一行，双方就电铁供电项目、电铁建设情况及铁路跨越等问题进行了会谈。

是日 是第41个世界环境日，公司组织开展电力环保宣传活动，共接受客户咨询100余人次，发放各种宣传材料500余份。

是日 凌晨，参与“5.19”金山变电站入室抢劫案的3名犯罪嫌疑人在新疆被抓捕回川，至此，7名犯罪嫌疑人已全部抓获归案，该案宣告成功侦破。

7 **日** 在四川省科学技术奖励大会上，由公司主持的“智能变电站研究及工程应用”项目获2011年四川省科技进步一等奖，四川省委书记、省人大常委会主任刘奇葆亲自颁奖。此外，公司共有七个项目获奖，在驻川央企中，获奖等级和数量排名第一。

11 **日** 四川省委常委、成都市委书记黄新初率队到位于成都龙泉湖的国网公司应急培训基地，在王抒祥等公司领导陪同下检查指导应急培训基地建设情况。

12 **日** 四川省委常委、成都市委书记黄新初，市委副书记、市长葛红林，市委常委、统战部长刘超，市委常委、秘书长黄建发，市委常委、副市长白刚等领导到公司参观调研。对公司电网建设、电网调度、应急体系建设等工作给予了充分肯定和高度评价，并对近年来公司在成都电网建设、民生改善、应急保障等方面所做的大量卓有成效的工作，代表市委、市政府衷心感谢公司给予成都经济社会发展的大力支持。

14 **日** 四川电力发展座谈会在成都召开，四川省副省长刘捷，省政府副秘书长蔡竞，四川电力行业协会理事长王抒祥，王平，张伟及省级有关部门领导、在川电力企业负责人及公司相关部门主要负责人参加会议。

王抒祥就四川电网建设、跨区电力外送、“三州”地区电网建设、疆电入川、城乡电网建设等问题作发言。

18 **日** 王抒祥会见到访的埃森哲公司大中华区副总裁王辉，双方就进一步推进公司标准化建设，提升企业管理水平进行了交流。

19 **日** 公司与四川大学、武汉大学、华北电力大学、西南财经大学、上海电力学院等五所高校签订校企战略合作协议，双方在课题研究、项目开发、科技交流、人才培养等领域开展全方位的合作。

21 **日** 公司召开“三集五大”体系建设工作推进电视电话会议，并为四川省电力经济技术研究院、检修公司、信通公司、物资供应公司、电力调控中心、运营监控中心、综合服务中心集中授牌。上述省公司层面业务支撑和实施机构是公司构建“三集五大”体系建设的重要前提和基础支撑，其成立标志着公司“三集五大”体系建设进入全面实施阶段。

25 **日** 中电投集团党组书记、总经理陆启洲莅临公司考察，感谢四川公司长期以来对中电投及其在川业务的支持和帮助，希望今后双方进一步加强合作交流，实现共赢。

是日 中国电力投资集团公司四川电力有限公司成立，王抒祥出席揭牌仪式。

26 **日** 四川省电力公司技术技能培训资阳分部成立，资阳公司实训基地正式成为公司六个技术技能培训分部之一。

26 **日** 公司“我身边的为民服务创先争优典范”

演讲决赛举行。来自公司系统的17名参赛选手为现场观众献上了一场鼓舞人心、催人奋进的精神盛宴。经过激烈角逐，来自成都电业局的毕鹏、潘芷菲演讲的《雪域国网绿，高原爱无疆》和曾艳丽演讲的《5公分的坚守》获得一等奖。

27日 ±800千伏锦（屏）—苏（南）特高压直流输电工程开始双极带电运行。锦苏工程线路途经四川、云南、重庆、湖南、湖北、安徽、浙江和江苏8省（市）全长2059公里。每年可向华东地区输送电量360亿千瓦时。

28日 全国创先争优表彰大会在北京人民大会堂召开，公司党委获"全国创先争优先进基层党组织"称号，是四川省国有企业唯一一家荣获此项殊荣的单位。

是日 凉山州宁南县白鹤滩镇、倮格乡境内降雨量达77.1毫米，造成白鹤滩水电站施工区范围发生特大泥石流灾害。灾害造成3人死亡，38人失踪，宁南县地方电网全网停电。灾害发生后，公司领导在第一时间做出明确指示，要求公司有关部门了解实际情况，指挥西昌电业局支援宁南县电力公司开展抗灾救灾工作，要求必须全力确保对宁南电网的安全可靠供电。

宁南县位于凉山州南部东侧，与云南省巧家县隔江相望，中国第二大水电站—白鹤滩水电站将建在宁南境内金沙江干流上的白鹤滩。

29日 公司新建成的运营监测（控）中心监测（控）平台正式上线运行。中心基本实现对公司核心资源和主要经营活动的监测和展示功能，成为公司的业绩管控中心、分析预警中心、决策支撑中心、信息汇集中心和成果展示中心。

是日 西昌电业局派出8名员工携带应急发电车，抢险车、发电机、配电变压器等抢险应急物资紧急赶赴宁南，支援宁南抗击泥石流灾害。

7月

1日 四川省居民阶梯电价新方案在四川电网直供区"一户一表"城乡居民用电户正式执行。

3日 公司500千伏输变电工程建设加快推进，上半年投运了6座500千伏变电站和800多公里500千伏输电线路，为"十二五"四川建成"二交三直"特高压大通道奠定了坚实基础。

4日 公司在本部召开党建专项述职和基层组织建设年专项督查会议。省国资委主任、党委书记赵爱明一行参加会议。公司领导、部分离退休老同志代表，各级党代表，省、市人大代表、政协委员，公司本部和来自成都、德阳、眉山、绵阳等基层单位的干部、普通党员和群众代表参加会议。

5日 四川省能源局在成都主持审查了乐山、雅安、攀枝花、阿坝"十二五"电网规划。

6日 公司检修公司举行各分部、中心授牌仪式。检修公司"三集五大"体系建设全面进入实施阶段。

是日 公司启动农电业务委托工作，成都局、德阳局、眉山公司被列为首批实施单位。积极稳妥推进农电业务委托工作，实现农电管理规范化、集约化，更好服务于农村社会经济发展，促进社会和谐发展。

7日 四川电网外送电力和电量再创历史新高，分别达到869.2万千瓦和19760.8万千瓦时。1—6月公司完成外送电量37.65亿千瓦时，同比增长37.59%。

8日 21时16分，映秀湾水力发电总厂最后一台灾后恢复重建机组——渔子溪电站2号机正式并网进入72小时试运行。映电总厂2010年"8.13"特大山洪泥石流灾后恢复重建工作取得全面胜利。

10日 《国家电网四川省电力公司2011年度社会责任实践报告》在成都正式发布，这是公司发布的第一份年度社会责任实践报告，也是四川省电力行业发布的首份社会责任实践报告，公司将在积极履行社会责任方面迈出坚实一步。

11日 中共四川省委办公厅向公司转达了中共四川省委书记、省人大常委会主任刘奇葆对"新甘石"联网工程进展及近期供电形势作出的重要批示："感谢你们付出的努力，向奋战在攻坚克难工作一线的广大职工致以问候！"

13日 在四川省"留守学生（儿童）关爱行动"电视电话会上，公司荣获四川省2007至2012年度关爱留守学生（儿童）工作先进单位。攀枝花电业局等6个基层单位、李中华等6名先进个人及3个"川电留守学生之家"同获表彰。

5年来，公司系统共计投入835.32万元，结对1861名留守学生，捐赠物品70491件/套，全省200所"国家电网川电留守学生之家"使近13万儿童受益。公司拥有志愿者5200多人，5年来参加志愿服务达到4万人次。

16日 "新甘石"联网工程15名预备党员入党宣誓仪式在甘孜州新都桥镇瓦泽乡施工现场举行。公司纪委书记甘和全出席仪式并主持。

17日 22时许，国家广电总局慰问团赴甘孜"走转改"暨慰问国家电网"新甘石"工程建设者大型演出"吉祥之光、点亮甘孜"成都会场在四川电力职业技术学院草堂校区礼堂落下帷幕，这是继慰问团在康定县城、新都桥后的第三场演出。

19 **日** 公司召开创先争优总结表彰会，15 个创先争优基层党委、60 个基层党支部（党总支、党委）、150 名优秀共产党员、65 名优秀党务工作者获得省公司表彰。

20 **日** 在四川省深入实施“两化”互动、统筹城乡发展战略工作会议上，公司荣获“四川省 2011 年度上（跨）百亿元台阶奖”，省委书记、省人大常委会主任刘奇葆亲自为公司代表王抒祥颁奖。

28 **日** 国家公司溪洛渡左岸—浙江金华±800 千伏特高压直流输电工程开工动员大会在四川成都和浙江金华同时举行，这是继向家坝—上海特高压工程投运，锦屏—苏南特高压工程开工建设后，在四川建设的第三项特高压直流输电工程。

溪洛渡左岸—浙江金华±800 千伏特高压直流输电工程是金沙江下游水电开发的配套外送工程,起于四川宜宾双龙换流站，止于浙江金华换流站，途经四川、贵州、江西、湖南、浙江 5 省，线路全长约 1680 公里，工程总投资 238.55 亿元，额定输送功率 800 万千瓦，计划 2014 年全部建成投运。

8 月

2 **日** 公司召开“三集五大”新成立和机构调整单位党委书记（负责人）座谈会，听取对改革中出现的新情况、新问题的意见和建议，以促进工作顺利推进。

9 **日** 公司先后召开年中安全生产工作会和吸取印度大停电事故教训主题“安全日”活动电视电话会，对安全生产工作进行再强调、再部署。会议传达了国网公司党组（扩大）会议精神和刘振亚总经理的重要指示要求，通报了印度大面积停电事故有关情况，分析了四川电网安全情况，成都电业局、检修公司汇报了本单位电网安全工作。

10 **日**　四川省委常委、省总工会主席李登菊在《中国青年报报道参阅》（2012 年第 2 期）上批示：请抒祥同志阅。省电力公司着力发展和民生，在藏区启动了新甘石工程并扎实开展劳动竞赛，工程意义重大，向电力职工表示敬意。祝工程顺利完成。

10 **日** 公司在南充电业局举行“大检修”、“大运行”模拟演练，经过两个多小时的协同配合，完成了 110 千伏主变计划停电检修流程和 10 千伏城区配网设备故障抢修流程两个模拟场景的演练。

13 **日** 受高温天气影响，四川电网用电负荷和日用电量均创历史新高，分别达到 2438.5 万千瓦和 4.81 亿千瓦时。针对迎峰度夏的严峻形势，公司全面排查电网隐患，本着“边检查、边整改”的原则，对发现的问题及时进行整改和消除，提高电网稳定高效运行水平。在保证电网安全稳定运行的前提下，最大限度提高电网供电能力

14 **日** 四川省政府和新疆维吾尔自治区政府在乌鲁木齐共同签署战略合作协议。将准东—成都±1100 千伏特高压直流输电线路建设列为两省区合作之首。

17 **日** 国家电监会副主席王野平到公司检查指导工作，要求确保稳定电力供应，为用电客户做好供电服务工作。

20 **日** 下午，公司召开电网建设领导小组暨新甘石联网工程领导小组工作会。会议首先通报了公司 1 至 7 月份电网建设基本情况和新甘石联网工程建设情况。

21 **日** 四川省总工会决定，在“十二五”期间开展“电亮新藏区·建功十二五”劳动竞赛活动，活动从 2012 年 7 月起，至“电亮藏区”工程竣工时止。要求认真组织广大职工积极投身“赛安全、赛质量、赛管理、赛效益、赛进度、赛技能”为主要内容的“六赛六促创一流”劳动竞赛活动，为促进“电亮藏区”工程的顺利完成，推动藏区经济社会的跨越式发展，实现藏区的长治久安作出贡献。

22 **日** 公司与四川大学、西安交通大学、重庆大学、华北电力大学四所高校在成都签订研究生工作站合作协议。

23 **日** 中国电力企业联合会信用企业评价专家组对公司进行信用企业评价现场访谈，认为公司管理观念新、思路清、方法多、力度大、效果好，信用体系建设卓有成效，现场通过四川公司获得电力行业信用企业 AAA 等级。

是日 溪洛渡左岸—浙江金华±800 千伏特高压直流输电线路工程，四川段首基基础浇制试点暨开工仪式在四川省宜宾市高县蕉村举行，溪浙线路工程建设四川段全面开工建设。

工程起于四川省宜宾双龙换流站，止于浙江金华浙西换流站，全长 1670.8 千米，途经四川省宜宾市和泸州市。在四川境内约 184 千米，分别由四川、湖北、黑龙江送变电公司承担施工。工程计划 2013 年 9 月全面竣工，2013 年底具备带电条件，是公司第一次全面负责建设管理的特高压线路工程。

27 **日** 下午，国网公司召开创先争优活动经验交流电视电话会议，刘勤代表公司在会上作题为《三争先三突出　实现“双满意”》的经验交流发言。

29 **日** 下午 18 时许，四川省攀枝花市西区正金工贸公司肖家湾煤矿发生瓦斯爆炸。王抒祥在得知事故情况后，第一时间作出重要指示：要不惜一切

代价，全力做好煤矿救援应急保电工作。

攀枝花电业局多批应急保电人员已分赴各保电现场，对配电房进行全面巡视，应急发电车开赴煤矿事故现场，一批发电机等设备运抵市内各大伤员救治医院。调度、运行等部门做好电网运行监测，线路中心加强对事故煤矿的重要供电电源 10 千伏宋河等线路沿线进行线路巡查，各方力量通力合作全力保障各保电现场照明、排水、抽风等应急救援用电。

31 日 凌晨，凉山州地区遭受特大暴雨袭击，洪灾造成喜德电网 110 千伏越喜一、二线等 3 条线路停运，3 条 35 千伏线路停运，11 条 10 千伏线路停运，喜德县大面积停电，成昆铁路喜德段牵引站停运，喜德境内通讯、公路交通中断。

是日 凌晨 3 时 30 分，四川西昌电业局接到凉山州政府通知，锦屏电站发生泥石流，造成 3 号营地供电中断，要求支援供电。西昌电业局立刻启动应急预案，派出 21 人组成的应急抢险队伍，带着一台应急发电车于 4 时 45 分赶赴现场。

9 月

4 日 四川省委书记、省人大常委会主任刘奇葆在 8 月 4 日《中国青年报》刊登的“万名青年为‘电力孤岛’送光明”上批示：电力青年表现好样的！

5 日 下午 14 时 30 分被洪水洗劫的喜德县城已逐步恢复供电，县城民众终于在洪水过后的第 6 天盼来光明。西昌“8·31”特大暴雨泥石流电力抢险工作取得阶段性胜利。

6 日 省总工会主席李登菊、省妇联主席陈芳等，在广安市委书记王建军等领导陪同下，深入广安电业局一线班组调研，实地考察企业改革发展，特别是班组建设方面取得的成绩。

7 日 国家电网技术学院与公司设立国网技术学院成都分院的签约仪式在四川公司举行。

9 日 中午 11 时 30 分，达州万源市永盛煤矿发生瓦斯事故，11 人被困井下。国家电网达州电业局立即启动应急抢险预案，并迅速组织抢险人员、车辆、物资赶赴现场，全力确保现场抢险救援用电。

10 日 共青团四川省委书记张彤率队来到“新甘石”施工一线慰问调研。张彤称赞“新甘石”工程建设创造的精神财富为全省团委青年提供了一个如何建功立业、彰显作为的重要思想引导资源。

11 日 王抒祥接受了《人民日报》四川分社记者专访。就“新甘石”联网工程建设概况、工程特点、政治意义等方面向记者介绍了相关情况及心得体会。

是日 新都桥—甘孜—石渠电网联网工程先进青年集体和个人表彰大会在康定举行。成都电业局“新甘石”联网工程四川电建公司青年突击队等 10 支青年集体和四川超高压建设管理公司徐波、四川电力送变电公司梁石等 40 名青年个人分别被授予“四川省优秀青年突击队”、“四川省青年岗位能手”、“四川省优秀共青团员”称号，受到团省委表彰。

12 日 公司与泸州市政府在成都签订“关于加快推进‘十二五’电网建设全力支持泸州市经济发展”战略合作协议。“十二五”期间公司将投资 24.9 亿元，加快泸州电网建设。

是日 凉山彝族自治州委员会向公司发来感谢信，感谢公司在凉山州喜德县遭遇特大洪水灾害期间，给予的紧急驰援；感谢公司作出的“3 天内实现县城供电”的承诺；感谢忠实践行国家电网系统以人为本、奉献社会的企业责任。

18 日 国网公司总经理、党组书记刘振亚在蓉与四川省委书记、省人大常委会主任刘奇葆，省长蒋巨峰等领导举行会谈。双方就进一步加强交流合作，推进藏区电网建设，提速“疆电入川”等问题达成共识。

19 日 四川藏区电网“新都桥—甘孜—石渠”联网工程（简称“新甘石”联网工程）正式通电。省委书记、省人大常委会主任刘奇葆，国网公司党组书记、总经理刘振亚一同出席在成都举行的通电仪式。

中央电视台、《经济日报》、《光明日报》、《国家电网报》、《中国电力报》《四川日报》、四川电视台等新闻媒体进行了报道。

“新甘石”联网工程是四川藏区“十二五”电网建设的关键工程，工程起于 500 千伏新都桥变电站，经甘孜县 220 千伏变电站到达石渠 110 千伏变电站，线路全长 1015 千米，变电容量 240 万千伏安。工程总投资 32.15 亿元，2012 年 3 月 20 日开工建设。

20 日 在四川省创先争优总结表彰大会上，四川电力（成都高新）共产党员服务队党支部荣获“全省创先争优先进基层党组织”称号。省委书记、省人大常委会主任刘奇葆作了重要讲话，并用了十多分钟的时间浓墨重彩地充分肯定了公司“新甘石”联网工程建设和为藏区发展做出的巨大贡献。

是日 中央企业创先争优活动交流总结会在京召开。刘勤在会上作题为《高扬争先旗帜 勇担央企责任》的经验交流发言。

21 日 王抒祥在公司本部会见了《中国青年报》副总编辑毛浩一行，双方就进一步深化青年工作进行了沟通交流，表示要加强合作，促进电力行业青年典型的选树和宣传。

26 日 公司与内江市政府签订“加快建设坚强智

能电网推进内江经济社会发展”战略合作协议。

是日 在主题为“投资西部、合作共赢”的第十三届中国西部博览会中国西部投资说明会暨经济合作项目签约仪式上，公司与鲁能集团有限公司、四川阿坝藏族羌族自治州人民政府签订了“九寨中查国际会议度假区项目”合作协议。

27 **日** 四川省委常委、宣传部长吴靖平在金牛宾馆接见了“新甘石”电网联网工程先进事迹报告会成员。对工程建设者们所作出的突出贡献表示赞赏，鼓励报告会成员做好事迹报告，并祝愿报告会取得圆满成功。

是日 上午，由四川省委宣传部主办的四川藏区电网“新甘石”联网工程先进事迹报告会，在成都金牛宾馆大礼堂举行，5 位成员真实的讲述，感动了在场的 1100 多名听众。

是日 国网公司党组成员、总会计师李汝革和王抒祥出席了第十三届中国西部博览会阿坝藏族羌族自治州投资说明会暨项目签约仪式。

28 **日** 公司供电服务中心办公大楼暨智能电网展示厅正式启动运营。

供电服务中心作为公司的 95598 客户报修投诉中心、重要客户服务中心、营销运营策划中心和电力市场调查分析中心，将实现 95598 供电服务热线省级集中，开展对重要客户的差异化服务，对电力市场进行调查分析研究，完成 110 千伏及以上电压等级的业扩报装等工作。

10 月

8 **日** 为庆祝中华人民共和国成立 63 周年华诞，“十一”长假后的第一个工作日，公司本部举行隆重的升国旗仪式。

是日 下午，公司召开党委中心组学习（扩大）会，以四川水电未来 20 年发展为题，研究了四川水电开发及外送问题。

四川水电已建 3281 万千瓦，在建 4145 万千瓦，预计 2015 年水电装机达到 7426 万千瓦，2020 年达到 1.16 亿千瓦，2030 年达到 1.49 亿千瓦。由于外送通道能力严重不足，“十二五”后期四川水电消纳困难的问题较为突出，迫切需要加快四川电网尤其是交直流特高压电网的发展，积极推进大型水电基地与输电工程的统一规划，才能满足水电大规模外送的需求。

17 **日** 公司举行 “新甘石”联网工程总结表彰大会。省委常委、省总工会主席李登菊，省总工会党组书记、常务副主席罗茂乡，省国资委党委副书记雷建，四川电监办专员张健和公司领导等出席表彰大会。

18 **日** 国家电监会党组书记、主席吴新雄，四川省政府副省长刘捷和四川电监办专员张健等莅临公司考察调研。

25 **日** 上午，四川省国资委党委表彰“新甘石”联网工程先进基层党组织和优秀共产党员暨先进事迹报告会在四川电力职业技术学院礼堂举行。

31 **日** 公司和中国移动四川公司共同举办全省移动电费代收平台正式启动仪式。电费代收业务是公司和中国移动四川公司强强联手推出的一项惠民、便民业务，通过四川移动营业网点和手机支付业务实现居民、小商业客户电费的代收代缴功能，满足广大民众方便用电、快捷缴费的需求。

11 月

6 **日** 下午 15 时 50 分，肩负全川人民的重托，出席党的第十八次全国代表大会四川代表团抵京。十八大代表王抒祥同机抵达。

7 **日** 中国驻格鲁吉亚大使陈建福到公司与刘勤、甘和全等就卡杜里电站的发展等进行会谈，并参观了公司调度中心和电网展示厅。

8 **日** 中共十八大代表王抒祥在京接受新华社记者采访。

10 **日** “十八大”代表王抒祥接受了中国电力报、国家电网报和四川电视台专访。就如何结合公司工作落实十八大报告，进一步服务地方经济社会发展，服务民生，履行央企社会责任回答了记者提问。

11 **日** 2012 年智能电网巡回论坛成都峰会在蓉召开。

16 **日** 四川电监办在成都召开全省居民用电服务质量监管专项行动示范点工作会议，及时贯彻落实党的“十八大”精神，为全面完成居民用电服务质量监管专项行动各项任务，深化“群众用电满意工程”打下坚实基础。成都双流供电局、德阳绵竹供电局、眉山公司、省水电集团等示范点分别就居民用电服务质量监管专项行动示范点工作情况进行了专题汇报。

21 **日** 中共中央政治局委员、中央书记处书记，中央宣传部部长刘奇葆在出席中国共产党十八大会议并将离任四川时再次对公司在四川经济社会发展中作出的贡献，以及中央在川国有企业对四川的支持表示感谢。

22 **日** 公司 2012 年领导干部读书班在公司管理培训中心举行。

23 日 中央电视台综合频道晚间新闻，以大山深处马背上的供电所为题，报道了公司供电职工克服困难为凉山州大山深处的群众带来光明的情况。

26 日 国网公司副总经理舒印彪在蓉与四川省副省长王宁举行会谈。双方就四川水电开发利用及电力供应保障等相关事宜交换意见和建议。

27 日 公司2010至2012年度离退休工作暨表彰会在管理培训中心举行。

30 日 由中国记协和国网公司英大传媒集团组织的人民日报、新华社、光明日报、经济日报、科技日报、工人日报、中国青年报、中国新闻社等多家中央主流媒体记者，到由四川送变电建设公司承建的锦屏送出工程现场实地采访。作为“西电东送”、“川电外送”的重要组成部分，锦屏送出工程沿线地势高差悬殊、沟谷纵横，山势陡峻，生活施工条件异常艰苦。四川电力送变电建设公司承担了裕隆换流站、500 千伏锦裕线、锦乐线、锦西线等 7 个标段的施工任务。

12 月

1 日 由四川电力送变电建设公司负责施工的锦屏二级电站—裕隆500千伏双回输电线路全线贯通。该项目是总装机 480 万千瓦的锦屏二级电站的重要送出通道，是国家西电东送重要工程锦屏—苏南±800 千伏特高压直流输电工程的重要配套组成部分。

3 日 公司与埃森哲（中国）有限公司在蓉签订战略合作协议。

11 日 四川省副省长王宁在《甘孜州人民政府关于“新甘石”电网联网工程工作情况的报告》上批示，“新甘石”工程是四川藏区“十二五”项目规划的重点项目，也是一项重大民生工程，经过努力已实现了“点亮藏区”的阶段性目标，特别感谢国家电网公司和甘孜州各级政府为此所付出的艰辛努力。下一步，希望有关方面及时完善电网联网工程规划和实施方案，并加快组织实施包括解决无电人口工作，为甘孜后跨越发展和长治久安打下坚实的基础。

是日 公司调度控制中心 “500 千伏集中监控业务和调控大厅正式启用。

12 日 国网公司自主研发、设计、建设的第三个特高压输电工程，四川锦屏—江苏苏南±800 千伏特高压直流输电工程正式投入运行。

工程起于四川省西昌锦屏换流站，止于江苏省苏州换流站，途经四川、云南、重庆、湖南、湖北、安徽、浙江、江苏 8 各省（市），额定换输送功率 720 万千瓦，额定电压±800 千伏，额定电流 4500 安培，特高压线路全长 2059 公里，动态投资约 220 亿元。工程于 2008 年 12 月 15 日正式动工，2012 年 12 月 12 日正式投运。四川境内特高压线路为 486 公里，由四川省电力公司检修公司运行维护。

13 日 公司 500 千伏龙王变电站 2 号主变启动投运成功，成都电网 500 千伏主变总容量达到 1000 万千伏安。

18 日 公司2013年党委工作务虚会和2012年思想政治工作创新实践成果发布会在乐山同时召开。

20 日 国家电网中国电力科学研究院总工程师李正一行赴蓉，与四川电力科学研究院签订 1000 千伏特高压交流技术合作备忘录。四川电科院将承担雅安—武汉特高压交流输变电工程四川境内交流特高压站的调试及技术监督工作。

雅安—武汉 1000 千伏特高压交流输变电工程于2012年11月获国家能源局批准，工程包括新建雅安、乐山、重庆、万县、武汉 5 座特高压变电站，扩建荆门特高压变电站，线路全长 2×1297 公里。川内将建雅安、乐山 2 座特高压变电站，特高压线路长度 2×382 公里。

21 日 公司在本部召开 2012 年行风监督员座谈会，公司 7 位行风监督员和省纠风办、省文明办领导与公司党委书记刘勤、副总经理陈修言、纪委书记甘和全及公司相关部门负责人座谈，公司汇报了纠风和行风建设情况，并听取对公司行风建设和供电服务工作的意见和建议。

24 日 公司召开四川电网 2013 年度运行方式汇报会。会议全面评估了四川电网 2012 年度电网运行情况，分析预测了 2013 年电网运行方式和电网安全稳定情况。

26 日 国网公司党组和国网公司决定：李华任中共四川省电力公司委员会委员、常委，公司副总经理；免去陈修言中共四川省电力公司委员会常委、委员，公司副总经理职务。

是日 公司获国务院国资委党委表彰的“中央企业思想政治工作先进单位”荣誉称号。

27 日 中国电力企业联合会在杭州举行的“2012 年度电力行业信用企业发布会”上，四川省电力公司等 31 家初评企业及 19 家复评企业荣获 2012 年度电力行业信用企业称号。

28 日 四川电力科学研究院电力司法鉴定中心在蓉授牌成立，省电力司法鉴定机构缺失的历史被终结。

31 日 公司超特高压电网 2012 年输送电量 1006.35 亿千瓦时。其中，外送电量 264.4 亿千瓦时，比 2011 年增加 115.2%，枯水期从省外输入电量 91.95 亿千瓦时，比 2011 年增加 60.31%，就地下网电量 650 亿千瓦时,比 2011 年就地下网电量增加 9.06 亿千瓦时。四川超高压电网年输送电量首次突破千亿时大关。

是日 公司运行管理 500 千伏变电站 36 座，变电容量 3875 万千伏安；±500 千伏换流站 1 座，容量 357.12 万千伏安；500 千伏和±800 千伏线路输电线路 120 条，输电线路长达 12000 多公里，人均管理的变电容量和线路长度在国网系统名列前茅。锦屏—苏南±800 千伏特高压直流工程的建成投运，四川形成±500 千伏德宝直流、±800 千伏复奉、锦苏直流、500 千伏川渝交流的“三直四交”外送通道，省内雅安、甘孜、阿坝、凉山等地区水电已形成了远距离、大容量送出格局，四川丰水期外送通道总送电能力达到 1150 万千瓦，其中：川渝断面 380 万千瓦，复奉直流 400 万千瓦，锦苏直流 220 万千瓦，德宝直流 150 万千瓦，最大限度保障了清洁水电的可靠消纳，四川电网水电节水增发、节能减排成效显著，川电外送能力大大加强。

是日 公司 2012 年完成省内售电量 1543.85 亿千瓦时，同比增长 1.15%。完成电网投资 284.21 亿元。投产 110 千伏及以上变电容量 3935 万千伏安、线路 7524 公里，占国网公司 12%以上。

（程彦韬）

责任编辑：梁　建

公司业绩

【概况】2012年，四川省电力公司（以下简称公司）以科学发展观为指导，坚决贯彻国家电网公司和省委、省政府各项决策部署，转变观念，强化执行，开拓创新，各方面工作取得显著成绩。完成电网投资284.21亿元。投产110千伏及以上变电容量3935万千伏安、线路7524公里，占国家电网公司12%以上。省内售电量1543.85亿千瓦时，同比增长1.15%；资产负债率74.74%；流动资产周转率9.82次。公司全员劳动生产率达到42.04万元/人·年，同比增长4.25万元/人·年。全面完成了国家电网公司下达的各项考核指标。

至2012年底，四川电网全口径装机容量5425万千瓦，其中，火电、气电及新能源装机共1493万千瓦，占27.5%；水电3932万千瓦，占72.5%。

至2012年12月31日，四川电网统调总装机容量4525.17万千瓦，发电厂站共235个，机组共625台，综合平均单机容量为7.24万千瓦，其中水电装机共3242.95万千瓦，占总容量的71.66%，机组554台，平均单机容量5.85万千瓦；火电装机1268.32万千瓦，占28.03%，机组55台，平均单机容量23.06万千瓦；其他电源装机13.9万千瓦，占0.31%，其中环保电源装机12.3万千瓦，机组8台，平均单机容量1.54万千瓦，风电装机1.6万千瓦，机组8台，平均单机容量0.2万千瓦。直接接入220千伏及以上电压等级的发电机组317台，总容量为4001.55万千瓦，其中火电装机为1174万千瓦，水电装机为2827.55万千瓦。

2012年7月20日四川省召开深入实施“两化”互动、统筹城乡发展战略工作会议，国家电网四川省电力公司荣获“四川省2011年度上(跨)百亿元台阶奖”。图为省委书记、省人大常委会主任刘奇葆(左)为四川省电力公司总经理、党委副书记王抒祥(右)颁奖 （四川日报记者：毛漫丁 摄）

【安全生产】2012年，公司上下牢固树立安全发展观，紧紧围绕“12751”目标，创新思维、真抓实干，切实夯实安全基础，全面加强安全风险管控，扎实做好“三集五大”体系建设安全保障，大力提高安全技术水平，成功处置各类自然灾害和突发事件，确保了电网安全稳定运行，保持了公司发展的良好态势。四川公司从安全生产事后管理逐步向事前管理发展，事故管理逐步向隐患管理发展，结果管理逐步向预警管理发展。将安全发展理念融入电网发展的全领域、全过程、全环节。至2012年12月31日，公司系统全年未发生电网事故、电网稳定破坏和大面积停电事故，完成了国家电网公司下达的年度安全目标，安全形势总体平稳，实现安全生产2717天。

【职工队伍】截至2012年12月31日，公司全口径在册员工总数为97852人，按资产纽带关系统计：全资企业49503人，控股企业47169人，代管企业1180人（未含未进入人资信息系统代管企业4763人）；按用工性质统计：职工66102人，劳务派遣工7361人，农电工24389人。

员工平均年龄40.6岁，29岁及以下的12481人、占12.76%，30-34岁的11515人、占11.77%，35-39岁的19611人、占20.04%，40-44岁的23275人、占23.79%，45-49岁的18348人、占18.75%，50-54岁的6718人、占6.87%，55岁及以上的5904人、占6.03%。

员工学历构成为：研究生及以上的2443人、占2.50%，大学本科的18705人、占19.12%，大学专科的31413人、占32.10%，中等职业教育的18388人、占18.79%，高中的10336人、占10.56%，初中及以下的16566人、占16.93%。

按员工职称及技能等级情况为：既有专业技术资格又有技能等级的14330人、占14.64%，既无专业技术资格又无技能等级的25635人、占26.20%；按职称结构分类：高级职称的2489人、占2.54%，中级职称的7870人、占8.04%，初级职称的24300人、占24.83%；按技术等级结构分类：高级技师976人、占1.00%，技师8630人、占8.82%，高级工18418人、占18.82%，中级工21597人、占22.07%，初级工4142人、占4.234%。

2012年，公司全员劳动生产率达到42.04万元/人·年，同比增长4.25万元/人·年。

【电网建设】2012年，公司全面完成电网建设和灾后重建加固提高任务，安全形势保持平稳，工程质量稳步提升，工程造价控制成效显著，重点工程顺利推进，“大建设”体系建设有序开展。完成“十二五”规划滚动修编和2020—2030年中长期规划编制。促成政府出台了简化220千伏及以下输电线路用地手续等政策。编制发布14个四川区域性通用设计增补模块。锦屏—苏南特高压直流工程建成投运，溪洛渡—浙西特高压直流工程开工建设，雅安—武汉特高压交流工程获得路条。“疆电入川”这一构想，得到了国家电网公司，四川省委、省政府的大力支持，确立为川疆两省（区）合作头号项目。

“新—甘—石”联网工程是电亮藏区的重大民生工程，地处高海拔、重冰区，交通困难，公司积极攻坚克难，倾尽全力参与工程建设，按计划顺利完成了在海拔3000米以上地区1015千米线路和两个变电站的施工，创造了同类项目施工周期最短的建设管理奇迹，得到了省委、省政府、国家电网公司等各级领导充分肯定和高度赞扬。

在电网建设中，公司强化安全管理，扎实推进基建“安全年”活动。提前预判安全等级，通过交叉检查、重点督查、重点施工现场全程录像等手段，大力推进安全文明施工，细化安全管理基础。在汛期到来前，及时组织在川施工企业召开防汛工作专项会议，落实防汛责任，强化隐患治理。8月份凉山发生了多起泥石流灾害，由于准备充分，预控得力，没有造成参建人员伤亡。针对分包安全管理薄弱环节，先后出台《工程施工劳务分包合同》文本、《工程施工分包安全管理规定（试行）》、《输变电工程劳务分包商资信管理办法》等制度，狠抓施工分包规范管理，强化现场安全管控。经过努力，2012年公司在基建安全总体保持平稳的情况下，千方百计推动德阳Ⅱ、米易、月城～裕隆、向右～复龙、锦Ⅱ～裕隆等一大批500千伏工程及时投运，确保电站投产和特高压直流工程调试需求，水电外送和电力保障能力进一步提升。其中6月份集中投运6项500千伏输变电工程，创造了四川电网月度投产新记录。

【经营管理】2012年，公司持续深化财务集约化管理，协同推进“五大体系”建设，认真开展经营诊断分析，贯彻落实依法从严治企精神，不断提高财务精益化管理水平，公司经营形势总体平稳，财务状况保持稳健。实现营业收入净额904.81亿元，同比增加77.4亿元，增长9.35%，营业总成本发生892.95亿元，同比增加81.65亿元，增长10.06%，净资产收益率2.38%，完成预算156.58%；可控成本86.53亿元（不含农维费），比预算节约17.08亿元，节约16.49%；资产负债率74.74%，比预算降低0.05个百分点；流动资产周转率9.82次，比预算增加2.5次。坚持开展银行账户清理，撤销银行账户140个。积极推进上市公司账户授权监控，截至2012年底，已办理授权的合作金融机构账户442个，银行账户监控率和资金归集比率均达到100%。土地权证办理完成率72.48%，超额完成国家电网公司下达60%的目标任务。

【电力营销】2012年，按照国家电网公司构建“三集五大”体系的统一部署，四川公司以“机构更精简、流程更顺畅、管控更有力、服务更高效、客户更满意”为目标，以“安全、服务、效率、效能同求”为原则，全面推进“大营销”体系建设。结合业务分层集约和组织机构变革，深入梳理营销业务名录，新编及修订管理标准47个、工作标准393个、技术标准160个、规章制度51个，覆盖“大营销”19个业务类的226个流程。SG186业务应用系统全面覆盖到公司21个市州电业局（公司）、45个直供直管县公司和63个控股公司、536个农村供电所。

在这一年里，公司迎接了严峻市场形势带来的各种挑战；努力化解客户服务需求不断提高和营销基础管理水平相对滞后的矛盾；积极应对内外部监管压力不断强化的社会环境，全体营销干部员工迎难而上、齐心协力，抓紧抓好营销工作。由于各项工作有序推进，电力营销在用电市场疲软的困难的条件下取得了较好的成绩。

2012年，公司并表售电量累计完成1543.85亿千瓦时，同比增长1.15%，完成国家电网公司调整计划1542亿千瓦时的100.12%；母公司售电量累计完成1392.42亿千瓦时，同比下降0.95%。公司当年电费100%回收，月均预收电费比例达到85%以上。

【农电工作】2012 年，公司农电生产安全总体平稳。农网供电可靠率为 99.568%，综合供电电压合格率为 98.126%，农网综合线损率为 5.75%，完成国家电网公司下达指标计划。完成小方杆整治 45.6 万基。完成各类农网工程投资 56 亿元，比 2011 年增长 9.7%，为历年之最。年内建成成都大邑等 7 个新农村电气化县，全省新农村电气化县累计建成 27 个。

为进一步提升供区供电质量，助推农村经济发展，四川省电力公司全力推进农网建设。图为 2 月 25 日，丹棱县大林村农网施工现场，电力员工们正热火朝天地架设供电线路（牟雯雯　摄）

【优质服务】2012 年，公司在推进"两个转变"、深化"三集五大"体系建设的同时做好优质服务工作，全面提升了供电优质服务品质，努力实现了让政府满意、老百姓方便、"国家电网"品牌形象不断优化的工作目标。

启动"电亮藏区、服务惠民"工程，在甘孜、阿坝等藏区投入 685 万专项资金建成 24 个标准营业窗口，换装智能电表 2.4 万只；大力拓展收费渠道，建成收费网点近 2 万个，通过开通移动网点代收电费、建设 24 小时智能电表自助购电终端、电费余额短信提醒、智能电表应急用电功能等举措，居民用电更加便捷，城市"十分钟缴费圈" 基本形成；积极开展基于 CATV 有线网络实施用电信息采集的试点工作,完成 6.3 万居民客户的采集接入；新型业务进展迅速。电动汽车示范效应明显，完成 8 座充换电站新建和石羊站换电功能扩建，成都地区已拥有 156 辆电动公交车和 87 辆其他车辆，全年累计充电 204 万千瓦时；节能服务体系建设及业绩实现"双突破"，2012 年 8 月成立节能服务公司，并与川威集团签订 50MW 余气发电节能项目，预计年发电量 3 亿千瓦时，2012 年公司累计完成节约电量 6.17 亿千瓦时；整合抢修资源，优化业务流程，加强协同服务，确保故障抢修高效及时，2012 年故障抢修到达时限承诺兑现率 100%；2012 年 6 月成立四川省电力公司供电服务中心，实现 95598 服务热线省级集中，共设 95598 坐席台位 165 个，中继接入 720 路，拥有"集中部署、双机互备" 的系统平台，确保 95598 热线安全、可靠、稳定运行；开展明察暗访，建立 95598 与 12398 联动监督机制，行风建设得到国务院纠风办、中纪委纠风室的高度肯定。

【党的建设和精神文明建设】2012 年，公司在党的建设与精神文明建设方面，紧紧围绕企业改革发展中心任务，扎实推进党的建设、企业文化建设和队伍建设，全面开展创先争优取得显著成绩，有力地推动了公司和电网科学发展。公司党委喜获全国"创先争优先进基层党组织"和国务院国资委"中央企业思想政治工作先进单位" 荣誉。

主要作法有：一是创先争优活动出成果。公司突出为民服务主题，大力实施"95598 光明服务"工程，积极创建"为民服务满意窗口"，举行共产党员服务队成立十周年仪式，全面启动共产党员服务队为民服务办实事活动和志愿服务行动，深化基层党组织建设年活动。公司党委荣获"全国创先争优先进基层党组织"，作为电力行业和国家电网公司系统唯一一家单位在"中央企业创先争优活动交流总结会"上作大会发言。国家电网四川电力共产党员服务队被评为"全国优秀志愿服务组织"。公司总经理王抒祥当选为十八大代表和省

9 月 20 日下午，在北京召开的中央企业创先争优活动交流总结会上，国家电网四川省电力公司党委书记、副总经理刘勤（左）代表公司作了题为《高扬争先旗帜，勇担央企责任》的经验交流发言

委委员，光荣地参加了党的十八大盛会。

二是不断加强基层党组织建设。制定下发《开展基层组织建设年工作推进方案》，组织基层单位通过调查摸底、分类定级，整改提高、晋位升级，学习先进、创先争优，全面提升基层党组织战斗力、基层党组织书记素质、党员队伍生机活力、基层基础保障水平和基层党建制度化水平。公司系统13.68%的基层党组织由B级晋升为A级，18.47%的基层党组织由C级晋升为B级，D级党组织实现100%转化，基层党组织建设水平明显提升。

三是企业文化建设出精品。组织开展“我身边的为民服务创先争优典范”征文演讲比赛，大力选树宣传党员服务队、“新甘石”群体和殷显树、鲁鹏等践行核心价值观的先进典型。推广企业文化示范基地建设经验，深入开展“五统一”企业文化进班组和在控股县级供电企业落地实践活动，打造企业文化精品和典型经验。在全省层面组织“四川藏区‘新甘石’联网工程先进事迹巡回报告会”，大力弘扬“新甘石”精神，得到省委领导的高度评价。

四是干部人才队伍建设进一步加强。扎实做好“三集五大”改革期间的班子配置工作，共进行8批次干部调整，涉及干部175人。加大藏区供电企业领导干部、上市公司高管聘任委派力度。组织实施9个处级领导岗位竞争上岗，10名干部在竞争中脱颖而出。举办四期处级领导干部履职能力培训班，完成领导干部三年轮训任务。培训中青班学员50人，探索控股上市公司后备干部推荐选拔模式。开展企业大学建设，编制《全员培训规划（2013-2015年）》，开发岗位素质能力模型，建立校企战略合作平台，推进“双千人才”、“521”人才援藏、特高压等人才培养计划和博士后工作站、研究生工作站建设。充分发挥“两中心、一基地、六分部”的功能，累计举办各类培训班5544期，培训235250人次，其中“三集五大”培训班培训各类人员40321人次，培训考试率达到100%。

五是企业品牌形象进一步提升。建立常态沟通联络机制，深化与社会各级媒体的沟通协调。精心策划组织“新甘石”联网工程、“喜迎十八大”等系列主题传播，得到省委宣传部、中央驻川媒体及川内主流媒体的鼎力支持，形成《人民日报》通讯、《新闻联播》头条、《中国青年报》头条、《中国新闻周刊》特刊、人民网“强国论坛”访谈、微博直播和海外报道等多个传播亮点。继续加强全面社会责任管理工作，发布公司第一份社会责任实践报告，公司荣获省“留守学生（儿童）关爱行动先进单位”。

六是公司认真发挥组织协调职能，统筹推进反腐倡廉建设长期性、基础性工作，不断健全科学的管控和惩防体系，促进了各级决策部署的执行落实，推动了公司科学健康发展。充分利用廉洁教育基地，对300多批、8000余人次开展廉规制度、案例警示和风险防控教育。坚持述职述廉和“五项谈话”制度，纪委书记同下级党政主要负责人谈话796人次，干部任前廉政谈话522人次，诫勉谈话25人次，促进了干部员工廉洁自律。公司系统84人次上交礼品、礼金和有价证券等价值近100万元。

【获得荣誉】2012年，公司强化执行、创新奋进、科学发展，各项工作取得喜人成绩，获得了上级授予的各项荣誉，见下表（公司所属各单位及公司员工获得的省部级及以上各项荣誉在本书其他章目中列出）。

2012年度公司获省部级及以上荣誉名录

表1

序号	获奖名称	获奖对象	授奖单位	获奖层次
1	国家电网公司文明单位	省公司	国家电网公司	省部级综合
2	国家电网公司人力资源工作先进单位	省公司	国家电网公司	省部级单项
3	国家电网公司发展工作先进单位	省公司	国家电网公司	省部级专业
4	2011年度实现安全生产目标单位	省公司	国家电网公司	省部级专业
5	国家电网公司研究工作先进单位	省公司	国家电网公司	省部级专业
6	2011-2012年度科技工作先进单位	省公司	国家电网公司	省部级单项工作先进
7	2010-2012年度信息通信工作先进单位	省公司	国家电网公司	省部级单项工作先进
8	国家电网公司2011-2012年度品牌建设先进单位	省公司	国家电网公司	省部级专业

续表 1

序号	获奖名称	获奖对象	授奖单位	获奖层次
9	国家电网公司四川锦屏—江苏苏南±800 千伏特高压直流输电工程突出贡献单位	省公司	国家电网公司	省部级单项
10	国家电网公司 2012 年度交流特高压工作先进单位	省公司	国家电网公司	省部级单项
11	中央企业思想政治工作先进单位	省公司	国资委党委	省部级专业
12	全省对口定点扶贫工作先进单位	省公司	四川省扶贫开发领导小组	省部级专业
13	2007—2012 年度四川省“留守学生(儿童)关爱行动”先进集体	省公司	省委办公厅	省部级单项
14	四川省 2011 年度上（跨）百亿元台阶奖	省公司	省政府	省部级综合
15	2011 年度全省“领导挂点、部门包村、干部帮户”活动先进单位	省公司	省委省政府	省部级专业
16	第八届全国电力行业职业技能竞赛优秀组织奖	省公司	中国电力企业联合会	省部级单项
17	党的十八大期间全省维稳综治信访工作先进集体	省公司	四川省委办公厅	省部级单项工作先进
18	国家电网公司 2012 年直流换流站运维技能竞赛优秀组织奖	省公司	国家电网公司人资部	省部级单项工作先进
19	2011 年“全国职工职业安全卫生知识竞赛”优秀组织单位	省公司	全国安康杯竞赛组委会	省部级单项

公司领导及机构设置

【公司领导】2012 年公司领导成员有部分调整，原副总经理、党委常委，成都电业局局长、党委副书记张福轩 2012 年 5 月提任宁夏电力公司总经理、党委副书记；原副总经理、党委常委陈修言 2012 年 12 月提任河北省电力公司党组书记、副总经理；原西藏电力有限公司副总经理、党组成员李华，2012 年 12 月调任四川省电力公司副总经理、党委常委；原公司总工程师张伟，2012 年 3 月转任公司副总经理、党委常委；原青海省电力公司副总经理、党委委员，西宁供电公司总经理、党委副书记董京营，2012 年 5 月调任四川省电力公司副总经理、党委常委，成都电业局局长、党委副书记；原国家电网公司直流建设部线路处处长、一级职员丁燕生，2012 年 4 月提任四川省电力公司副总经理、党委常委；原公司德阳电业局局长、党委副书记刘勇，2012 年 4 月提任省公司总工程师。调整后的公司领导成员为：

王抒祥：总经理、党委副书记

刘　勤：党委书记、副总经理

胡柏初：副总经理、党委常委、工会主席

王　平：副总经理、党委常委

甘和全：党委常委、纪委书记

李　华：副总经理、党委常委

张　伟：副总经理、党委常委

董京营：副总经理、党委常委，成都电业局局长、党委副书记

丁燕生：副总经理、党委常委

潘贤芝（女）：总会计师、党委常委

刘　勇：总工程师

【公司总经理助理、副总师】至 2012 年底，公司配备有 1 名总经理助理、3 名副总工程师、5 名副总经济师，名单如下：

凌廷亮：总经理助理

朱白桦：副总工程师

吕道斌：副总经济师

黄　忠：副总经济师

左宇龙：副总经济师

罗永铭：副总经济师

赵　勤：副总工程师

林　敏：副总工程师、运营监控中心主任

刘　洋：副总经济师

孔林泉：正处级调研员

【组织机构】2012 年完成“三集五大“体系建设，对省市县各层级组织机构进行了调整，截至 2012 年 12 月 31 日，公司除本部外，下属二级单位共有 36 个（其中发供电企业 22 个、直属单位 14 个）；省公司层面集体企业 1 个；上市公司及控股公司 8 个；县级供电企业 153 个。

调整后的所属基层企业名录如下：

四川省电力公司组织机构序列

表 2

中类	细类		备　　注
	序	单位名称	
（一）发供电企业	1	四川省电力公司成都电业局	
	2	四川省电力公司乐山电业局	
	3	四川省电力公司攀枝花电业局	
	4	四川省电力公司德阳电业局	
	5	四川省电力公司眉山公司	
	6	四川省电力公司绵阳电业局	
	7	四川省电力公司达州电业局	
	8	四川省电力公司宜宾电业局	
	9	四川省电力公司内江电业局	
	10	四川省电力公司广元电业局	
	11	四川省电力公司西昌电业局	
	12	四川省电力公司自贡电业局	
	13	四川省电力公司泸州电业局	
	14	四川省电力公司南充电业局	
	15	四川省电力公司阿坝公司	与四川阿坝州电力有限责任公司合署办公
	16	四川省电力公司广安电业局	
	17	四川省电力公司资阳公司	
	18	四川省电力公司遂宁公司	
	19	四川省电力公司巴中电业局	
	20	四川省电力公司雅安公司	与雅电集团合署办公
	21	四川省电力公司甘孜公司	与四川甘孜州电力有限责任公司合署办公
	22	四川省电力公司映秀湾水力发电总厂	

续表 2

中类	细类		备注
	序	单位名称	
（二）直属单位	1	四川省电力公司应急中心（国家电网公司应急培训基地）	
	2	四川省电力公司综合服务中心	
		综合管理部	
		财务服务部	
		人力资源服务部	
		媒体业务部	
	3	四川省电力公司电力经济技术研究院	
		四川省电力公司建设管理中心	
		四川电力工程建设监理有限责任公司	
		设计中心	
	4	四川电力科学研究院	
		四川省电力公司供电服务中心	
		四川省电力公司计量中心	
		四川电力节能服务公司	
	5	四川省电力公司检修公司	
	6	四川电力送变电建设公司	
	7	四川省电力公司信息通信公司	
	8	四川电力物资公司	
	9	四川省电力公司管理培训中心	与公司党校合署办公
	10	四川省电力公司技术技能培训中心	与四川电力职业技术学院实行“两块牌子，一套人马”
	11	四川省电力工业调整试验所	
	12	四川电力医院（四川电力健康管理中心）	
	13	四川电力进出口公司	
	14	四川启明星物业管理有限公司（机关事务服务中心）	
（三）上市公司	1	四川岷江水利电力股份有限公司	
	2	四川明星电力股份有限公司	
	3	乐山电力股份有限公司	
	4	四川西昌电力股份有限公司	
（四）控股单位	1	四川峨眉山电力股份有限公司	
	2	四川启明星铝业有限责任公司	
	3	四川启明星实业有限责任公司	
	4	四川启明星投资有限责任公司	
（五）省公司层面集体企业	1	四川格瑞德资产管理公司	

公司本部建设

【概况】2012年，公司本部紧紧围绕公司“十二五”发展战略和2012年工作部署，以科学发展观为指导，以增强本部的领导力、调控力、影响力为目标，全面提升工作标准、工作质量和工作水平，在深化“两个转变”，全面推进“三集五大”体系建设中，深化党的建设、队伍建设、作风建设和文化建设，推动本部战略决策中心、资源配置中心、管理调控中心和电网调度中心作用的进一步发挥。

【本部改革】根据国网公司批复的本部机制编制和岗位设置方案，采取有力的组织措施，全面统一思想认识，周密制定工作方案，大力强化高效执行，2012年6月下旬顺利完成本部机构调整和人员到位。伴随本部改革的推进，本部管理职能一分为四，由人事董事部、财务资产部、机关工作部和思想政治工作部分别管理，各项工作平稳过渡，有力确保本部建设各项工作正常开展。

【党的建设】做好本部党建工作，积极引导10个创先争优、学习创新、为民（为基层）服务和文化建设示范党支部充分发挥表率作用，结合“新—甘—石”联网工程、四川藏区结对帮扶工作，积极指导部门党支部开展“传递真情、电亮文明”和“支部帮村、党员帮户”等扶贫助困志愿服务活动。组织开展党支部工作考核。

【队伍建设】坚持竞争择优，选拔优秀人才充实本部管理力量，全年共组织3批44个岗位开展公开招聘，并对20个岗位进行考核补员。积极选拔基层专业骨干到本部培养锻炼，完成两批101名培养锻炼人员推荐遴选和培训考核等工作，促进了本部作用发挥和专业人才培养。全年共组织4期184人参加本部员工履职能力培训班，组织完成2011年度先进部门评选和员工年度考核工作，继续开展职员职级晋升，24名优秀员工晋升为四级职员。

【作风建设】制定《公司本部全员绩效管理实施细则》，调整绩效领导小组成员部门，升级本部绩效考核系统，完成本部关键业绩指标梳理及岗位对接，提高工作效能。分三批组织60名本部员工赴边远基层单位一线班组开展实践锻炼，改进工作作风，增强为基层服务的意识。通过多种方式加强对员工的责任意识、大局意识、纪律意识的教育，适时组织开展新员工培训，引导新员工更好地融入公司本部、承担责任、提升工作质量和服务水平。充分发挥本部作风建设监督员作用，坚持召开本部作风监督员座谈会，定期组织基层对本部的满意度评价，并将评价和建议意见运用于促进部门建设。

【文化建设】开展“健康体魄，高效工作，快乐生活”主题活动，从本部、团队、协会和个人等四个层面发动，鼓励员工加强身体锻炼，并为部门开展团队活动提供条件。组建公司本部“新—甘—石”工程项目分工会，开展“新—甘—石”前线送温暖活动。指导本部各文体协会开展活动，新增文体协会1个。对本部各部门和入驻综合楼的单位继续执行5S管理标准，保持综合楼整洁规范的工作环境。

【本部机构设置及主要负责人】2012年，公司对本部的机构设置和部门主要负责人进行了改革调整，改革调整后的情况见表3。

本部机构设置和部门主要负责人情况

表3

姓　名	部　门	职　务
李　俭	办公室	主任
林　敏	运营监控中心	主任（兼）
胡　刚	发展策划部	主任
涂心畅	财务资产部	主任
李镇义	运维检修部	主任
郑卫东	安全监察质量部（保卫部）	省公司安全总监兼主任
王　林	营销部	主任

续表 3

姓　名	部　门	职　务
苏少春	基建部	主任
向　宇	农电工作部	主任
唐茂林	四川电力调度控制中心	主任、党委副书记
罗跃举	四川电力调度控制中心	党委书记、副主任
胥怀生	审计部	主任
龙　洲	经济法律部（产业部）	主任
杜树兴	人事董事部	主任
严光升	人力资源部	主任
卢昌华	四川电网电力交易中心	主任
侯太明	物资部（招投标管理中心）	主任
田立峰	科技信通部（智能电网办公室）	主任
任全华	离退休工作部	主任
田　斌	后勤工作部	主任
姚建东	思想政治工作部（直属党委办公室）	主任、机关党委书记、纪委书记
甘　涛	监察部（纪委办公室）	省公司纪委副书记、主任
张　帆	对外联络部（品牌建设中心）	主任
卿　松	证券管理部	主任
雷江海	公司工会	常务副主席
涂　辉	国网公司企协四川公司分会	秘书长
余嘉庆	国网公司成都援藏办	主任
胡国强	特高压工程办公室	副主任
刘　进	省公安厅直属二分局	局长
袁红专	社保中心	主任
王　刚	成都电力生产调度基地建设筹备处	副主任
张治安	四川省电机工程学会	副秘书长
黄正平	四川电力行协	常务副秘书长

基层单位及领导

【概况】2012年，按照公司党政安排，根据“五大”机构改革和工作需要，全年共进行干部调整8批次，涉及处级干部175人，公司基层单位领导班子及干部队伍结构进一部优化。

【基层单位领导】至2012年底，公司下设有发电、供电、电力建设、科学研究、教育医疗、集体企业等单位44个。截至2012年12月31日，公司所属单位主要领导成员如下：

四川省电力公司成都电业局

董京营：局长、党委副书记
周　群：党委书记、副局长
王嘉明：副局长
刘　冰：党委副书记、纪委书记
黄　志：副局长
姜光学：副局长
卓　明：工会主席
骆光翠：总会计师
贺　军：总工程师
覃奎昌：副处级调研员

四川省电力公司乐山电业局

周　桦：局长、党委副书记
陈永举：党委书记、副局长
白学祥：副局长
余志军：副局长、总工程师
兰先平：党委副书记、纪委书记
黄　敏：工会主席
罗　建：总会计师
邹永祥：副处级调研员

四川省电力公司攀枝花电业局

林双庆：局长、党委副书记
华　欣：党委书记、副局长
杨　斌：副局长
栗兴华：副局长
王培云：副局长
祝武权：党委副书记、纪委书记
张　琼：工会主席
刘永辉：总工程师
杨文毅：正处级调研员

四川省电力公司德阳电业局

刘　平：局长、党委副书记
郭小端：党委书记、副局长
苗　峰：副局长
廖学静：副局长
付　强：副局长
徐　健：工会主席
吴英俊：总会计师
王中华：党委副书记、纪委书记

四川省电力公司眉山公司

陈云辉：总经理、党委副书记
金富怀：党委书记、副总经理
李科峰：副总经理
闵向东：副总经理
刘开金：党委副书记、纪委书记
刘晓宇：工会主席
杨迎春：副总经理
孙志远：总会计师
夏　军：总工程师

四川雅安电力（集团）股份有限公司（雅安公司）

何　勇：雅电集团董事长、总经理、党委副书记（雅安公司总经理、党委副书记）
林　勇：雅电集团党委副书记（主持工作）、副董事长
谢代涛：雅电集团党委副书记、纪委书记（雅安公司党委书记、副总经理、工会主席）
陈　政：雅电集团副总经理
林　浩：雅电集团副总经理（雅安公司副总经理）
袁剑波：雅电集团副总经理
罗　鹏：雅电集团副总经理
周善成：雅电集团工会主席
唐　林：雅电集团总工程师（雅安公司总工程师）
白静蓉：雅电集团财务总监（雅安公司总会计师）

四川省电力公司达州电业局

倪　力：局长、党委副书记
汪荣华：党委书记、副局长
黄克林：副局长
李　荣：副局长

徐耀伦：副局长
陈　祥：党委副书记、纪委书记
郑尚雄：工会主席
房开建：总会计师
熊　勇：总工程师

四川省电力公司绵阳电业局

韩晓言：局长、党委副书记
杨子辛：党委书记、副局长
袁明友：副局长
熊永华：副局长
黄清志：副局长、工会主席
田　伟：党委副书记、纪委书记
徐　源：副局长
王小平：总工程师
詹迎雪：总会计师
陈一邛：副处级调研员

四川省电力公司宜宾电业局

何自力：局长、党委副书记
彭　军：党委书记、副局长
李　勇：总工程师
杜　兵：副局长
王伦宾：副局长
贺　辉：副局长
蒋　劲：工会主席
游　涛：总会计师

四川阿坝州电力有限责任公司（阿坝公司）

马　强：四川阿坝州电力有限责任公司董事长、总经理、党委副书记（阿坝公司总经理）

郑文强：四川阿坝州电力有限责任公司党委副书记（主持党委工作）、副总经理

王金全：四川阿坝州电力有限责任公司副总经理（阿坝公司副总经理）

张洪斌：四川阿坝州电力有限责任公司纪委书记

汪康康：四川阿坝州电力有限责任公司副总经理（阿坝公司副总经理）

邹德成：四川阿坝州电力有限责任公司财务总监（阿坝公司总会计师）

尹德君：四川阿坝州电力有限责任公司总工程师（阿坝公司总工程师）

四川省电力公司西昌电业局

何永祥：局长、党委副书记（四川西昌电力股份有限公司董事长）

龙志明：党委书记、副局长
白树全：副局长
陈银青：副局长
张仕民：副局长
何尔文：副局长、总工程师
封晓梅：工会主席
李定明：总会计师
李小平：副处级调研员

四川省电力公司内江电业局

李　龙：局长、党委副书记
张　毅：党委书记、副局长
冉友铭：工会主席
王立东：党委副书记、纪委书记
刘　平：总工程师
吴毅雪：总会计师

四川省电力公司广元电业局

任崇清：局长、党委副书记
姚　阆：党委书记、副局长
张荣安：副局长、工会主席
赵　巍：副局长
石　红：党委副书记、纪委书记
王　剑：总工程师

四川省电力公司泸州电业局

张　灝：局长、党委副书记
高永翔：党委书记、副局长
曾明贵：副局长
李大宏：副局长
梁明辉：工会主席
沈　涌：党委副书记、纪委书记
李　刚：总工程师

四川省电力公司南充电业局

王旭东：局长、党委副书记
程文艺：党委书记、副局长
熊昌全：副局长
赵廷刚：副局长、四川电网备调中心主任
程志炯：副局长
王礼椿：纪委书记
李　浩：工会主席
金卓睿：总工程师

四川省电力公司自贡电业局

邓武军：局长、党委副书记
文　曹：党委书记、副局长
贾有根：副局长
冯　岗：副局长
杨　彬：党委副书记、纪委书记、工会主席
张国君：总会计师
罗明才：总工程师
高继红：副处级调研员
杨晓梅：副处级调研员

四川省电力公司广安电业局

何惧熊：局长、党委副书记
朱　康：党委书记、副局长
覃　剑：副局长
范　锫：副局长
李远德：党委副书记、纪委书记
曾俊杰：工会主席
李　敏：总工程师
冯　伟：副局长

四川省电力公司资阳公司

王　卓：总经理、党委副书记
何　朴：党委书记、副总经理
张苏川：副总经理
杨　华：党委副书记、纪委书记
向建兵：副总经理
甘　露：代理工会主席
熊　茜：总工程师
解基干：正处级调研员
鲜　华：副处级调研员

四川省电力公司遂宁公司

陈　强：总经理、党委副书记
骆国富：党委书记、副总经理
张剑廷：副总经理
陈继辉：副总经理
陈华祥：副总经理
冯应贵：工会主席
李　江：总工程师
李忠林：总会计师

四川省电力公司巴中电业局

方　晴：局长、党委副书记
刘　璧：党委书记、副局长
权　锐：副局长
蒲朝明：副局长、工会主席
王　拥：纪委书记
江泰廷：总工程师
殷作洋：副局长

四川甘孜州电力有限责任公司（甘孜公司）

钟利军：四川甘孜州电力有限责任公司董事长、党委副书记（甘孜公司党委副书记）

罗　辉：四川甘孜州电力有限责任公司总经理（甘孜公司总经理）

刘友志：四川甘孜州电力有限责任公司党委书记

舒　野：四川甘孜州电力有限责任公司副总经理（甘孜公司副总经理）

高　峰：四川甘孜州电力有限责任公司党委副书记、纪委书记（甘孜公司党委副书记、纪委书记）

林明星：四川甘孜州电力有限责任公司副总经理（甘孜公司副总经理）

邓　毅：四川甘孜州电力有限责任公司副总经理、工会主席（甘孜公司副总经理、工会主席）

陈泓达：四川甘孜州电力有限责任公司总工程师（甘孜公司总工程师）

唐正胜：四川甘孜州电力有限责任公司财务总监（甘孜公司总会计师）

映秀湾水力发电总厂

吴　耕：厂长、党委副书记
文光辉：党委书记、副厂长
张仁福：副厂长、工会主席
李其才：副厂长
沈太勋：党委副书记、纪委书记
赵玉忠：副厂长
陈安全：副厂长
吴晓东：总工程师

四川省电力公司电力应急中心（国家电网公司应急培训基地）

张建明：主任、党委副书记
何孝忠：副主任
蔡　辉：副主任

四川省电力公司综合服务中心

杨　博：主任、党委副书记，财务服务部主任
王经纬：党委书记、副主任，综合管理部主任
袁红专：人力资源服务部主任（兼）
彭霞抒：纪委书记、综合管理部副主任
刘　缨：工会主席、财务服务部副主任
赵世培：人力资源服务部副主任兼社保中心副主任
黄兴勇：媒体业务部主任
雷建国：正处级调研员
陈亚平：副处级调研员

四川省电力公司电力经济技术研究院

朱国俊：院长、党委副书记
李　红：党委书记、副院长
王　晞：副院长、工会主席
冯　翰：副院长、纪委书记
戴松灵：副院长、总工程师
肖　猛：设计中心主任

四川省电力公司建设管理中心

白世雄：主任、党委副书记
肖保国：党委书记、副主任
吕　彬：副主任
杨　周：副主任

罗敏峰：副主任
代　明：党委副书记、纪委书记
汪洪春：总工程师
蒋光祥：总会计师

四川电力工程建设监理有限责任公司

孟　义：总经理、党委副书记
李洪武：党委书记、副总经理
付佾修：副总经理
罗忠华 ：副总经理
王慧玲：党委副书记、纪委书记、工会主席
谭　韧：总工程师
朱　敏：总会计师

四川电力科学研究院

郭蓉萍：院长、党委副书记
欧阳可谋：党委书记、副院长
张　昀：副院长
陈　缨：副院长
罗　涛：党委副书记、纪委书记
常晓青：副院长
李　旻：副院长
曲杭军：工会主席

四川省电力公司供电服务中心

王更生：主任、党委副书记
林文静：党委书记、副主任
唐　军：副主任、代理工会主席
徐　平：副主任、纪委书记

四川省电力公司节能服务公司

何德胜：总经理、党委副书记
马加林：党委书记、副总经理
张昆炳：党委副书记、纪委书记
肖　松：副总经理
林　伟：副总经理、工会主席

四川省电力公司计量中心

郭蓉萍：主任（兼）
肖　杰：副主任（常务）
苗长胜：副主任

四川省电力公司营销运行监控中心

牟　昊：主任

四川电力送变电建设公司

冯泽亮：总经理、党委副书记
何远刚：党委书记、副总经理
吴开贤：副总经理
殷智贵：副总经理
陈　钢：副总经理
李百根：副总经理
杨勇祥：党委副书记、纪委书记
陈必文：工会主席
陈治明：总工程师

四川省电力公司检修公司

贺兴容：总经理、党委副书记
王小川：党委书记、副总经理
乔向东：副总经理
栗　璐：副总经理
徐　卫：副总经理
石宇平：党委副书记、纪委书记
陈向阳：工会主席
明志强：总工程师
杜新萍：总会计师

四川省电力公司信息通信公司

肖行诠：总经理、党委副书记
李　强：党委书记、副总经理
苟骁毅：副总经理、纪委书记
杨嘉湜：副总经理、工会主席
李红梅：总工程师

四川电力物资公司

熊卫东：总经理、党委副书记
胡瑞林：党委书记、副总经理
唐　彦：副总经理
曹树屏：副总经理
刘　兵：副总经理
刘柏章：纪委书记、工会主席
邓朝义：总会计师

四川省电力公司管理培训中心

朱天科：主任、党委副书记
刘　辉：党委书记、副主任
任永刚：副主任、纪委书记
钟　良：副主任
吴田兵：副主任、工会主席

四川电力职业技术学院（四川省电力公司技术技能培训中心）

王　旭：院长（主任）、党委副书记
黎湘康：党委书记、副院长（副主任）
文海荣：副院长（副主任）
袁从文：副院长（副主任）
何增富：党委副书记
唐明昌：副院长（副主任）
于康雄：副院长（副主任）
李彦恒：副处级调研员
陈建亚：副处级调研员

四川省电力工业调整试验所

徐　波：所长、党委副书记
梁　柱：党委书记、副所长

魏　强：副所长
周　松：副所长
颜正行：副所长
张文章：党委副书记、纪委书记
姜　波：工会主席
唐世民：总工程师

四川电力医院

刘丽娟：院长、党委副书记
周晓梅：党委书记、副院长
李　力：纪委书记、工会主席
林建华：副院长
朱　可：副院长

四川电力进出口公司

刘红卫：总经理、党委副书记
林映雄：党委书记
杨　敏：副总经理
王　毅：总工程师
苏建蓉：副处级调研员

四川启明星物业管理有限公司（机关事务服务中心）

陈　姝：总经理、党委副书记（机关事务服务中心主任）
李春来：党委书记、副总经理　（机关事务服务中心副主任）
于　峰：副总经理（机关事务服务中心副主任）
焦振中：党委副书记、纪委书记
陈和生：副总经理、工会主席（机关事务服务中心副主任）
刘玉生：副处级调研员

成都电动汽车服务公司

曾宪平：总经理

四川格瑞德资产管理公司（四川科锐得实业有限公司）

冯泽亮：总经理（四川科锐得实业有限公司执行董事、总经理、党委书记）
桂贤明：副总经理（四川科锐得实业有限公司副总经理）
陈　娟：总会计师（四川科锐得实业有限公司副总经理、财务总监）
李高一：副总经理（四川科锐得实业有限公司副总经理）
薛永红：副总经理（四川科锐得实业有限公司副总经理）
王文周：四川科锐得实业有限公司副总经理
李　贵：四川科锐得实业有限公司纪委书记、代理工会主席

电网规划与建设

责任编辑：梁　建

“大规划”体系建设

【概况】在“大规划”体系建设领导小组的指导下，公司各有关单位切实领会国家电网公司指导精神，科学制定方案，合理安排工作进度，精心组织实施，确保各项工作扎实有序开展。

从2011年8月开始，公司“大规划”体系建设通过方案制定阶段、动员准备阶段、新模式导入阶段、磨合改进阶段、总结验收阶段，于2012年12月29日，公司正式向国家电网公司呈报申请对四川公司开展“大规划”体系建设总部验收的请示。

【工作成效】组织架构健全，人员力量充实。一是省、市、县三级发展组织机构得到健全和完善。通过变革组织机构，形成了更加扁平的规划计划管理体系，大幅提高规划编制效率和计划管控力度。二是省、市两级技术支撑体系得以构建和加强。通过加强支撑机构建设，形成了完备的省、市两级技术支撑体系。整合公司系统现有规划、评审、设计、项目管理等优质资源，组建省经研院，下设规划评审中心、技经中心、设计中心，省级技术力量得到明显加强；新组建市经研所，并将所属设计单位纳入经研所统一管理，形成更加有力的技术支持保障。三是发展业务人员及技术力量得到充实和壮大。通过人力资源调配，形成了一支专业高效的规划计划队伍，发展业务人员得到进一步充实，技术力量得到明显加强。公司系统发展业务人员由“大规划”体系建设前约145人增加到332人，其中80%具有本科及以上学历，32%具有中级及以上职称；技术人员由25人增加到399人，其中12%具有研究生及以上学历，33%具有高级职称，发展业务人员及技术力量得到充实和壮大，队伍更加专业，工作质量和业务水平明显提升。

业务运转顺畅，工作成果丰硕。公司充分发挥“大规划”体系建设“横向协同、纵向到底”的体系优势，在电网规划、项目前期、综合计划、投资管理以及统计分析等方面取得了明显成效，工作成果丰硕。电网规划方面，充分发挥规划统筹作用和经研院（所）的技术支撑作用，圆满完成了“十二五”电网发展滚动规划、地区电网和通信网“十二五”发展规划、2014-2015年四川电网系统设计、2012-2013年度迎峰度夏（冬）运行情况及裕度分析等规划研究，以及“疆电入川”、四川水电开发利用及电力供应保障等10余项大型专题研究，电网规划成绩突出，专题研究成果丰硕。项目前期方面，充分利用公司各级属地化优势，促请政府主管部门出台了一系列有利于前期工作开展的优惠政策，实现了核准申报程序化、上报文件结构内容标准化，项目前期工作效率大幅提升。取得省发改委核准110千伏及以上电网项目104项，取得110千伏及以上电网项目路条批复161项，完成了110千伏及以上电网项目可研评审85项。综合计划方面，建立起计划下达、执行、控制、经济活动分析与绩效考核“五位一体”的“大计划”管理模式和“横向到边，纵向到底”管理体系，涵盖公司系统46家二级单位的18类项目计划和30个指标。截至11月15日，公司已下达计划文件38个，涉及资金337亿元；其中综合计划文件5个，涉及资金286亿元。投资管理方面，建立了科学、全面、灵活的资金项目投资规模测算模型，为公司相关部门科学地分配和使用电网建设资金提供了客观的决策参考依据。通过科学的电网基建项目规模投资管理，做到科学安排投资计划、合理把握投资时机，在满足社会经济发展用电需要的同时，稳步提升公司和电网发展效益。统计分析方面，深化统计数据应用和分析，强化数据稽核，发挥统计监督作用，将统计工作重点从单纯完成数据报表向为企业管理决策提供高水平统计分析服务转移。深入挖掘分析统计数据，反向监控数据质量，使数据质量得到更深一层的保证。成功开展“四川电力消费与节能降耗关系研究”、“四川电力消费在能源消费总量的比重及发展趋势分析”等专题研究。

变革管理模式，实现“集约化、扁平化、专业化”。业务更集约。规划计划由发展部门归口管理，实现了公司发展规划与电网规划的有机衔接，实现了公司经营区域各电压等级电网规划的有机衔接，实现了电网规划的输配一体化和城乡一体化。促进了投资计划与电网规划的有机结合，保证规划计划的科学性、完整性和一致性，做到“规划一个本、计划一条线”，提升公司发展水平和电网运营效率。管理更扁平。规划编制由省、市、县三级压缩为省、市两级，规划评审由省、市两级压缩为省公司一级，规划工作流程顺畅、界面清晰、分工明确，规划计划管控能力大幅提升。形成主网配网一体化规划、各级电网协调发展新格局，大大缩短规划工作链条，编制周期缩短一半，工作效率提升近 50%。队伍更专业。采取多种方式，整合专业人才，充实规划评审队伍，大力加强技术支撑体系建设。省经研院整合优质资源，实现规划、评审、设计、技经、项目管理等全业务覆盖，18 个地市经研所按照“大规划”新模式实现全面高效运转。经研院（所）独立承担规划、评审、设计等业务，实现电网发展核心业务的全面掌控。在进一步提高公司发展质量的基础上取得显著的经济效益。发展效率更高，发展效益更好。公司建成了完备的规划设计技术支撑体系，规划设计能力得到极大加强，已具备全面承担四川电网规划工作的能力，电网规划效率、质量显著提高，规划编制效率得到大幅提升。全省规划编制周期由 12 个月缩短至 6 个月，地区规划编制周期由 6 个月缩短至 3 个月，专题研究周期由 3 个月缩短至 2 个月。每年可为公司节约电网规划、专题研究费用约 4000 万元，经济效益十分突出。通过优化前期管理职责，最大化的发挥属地化、专业化优势，电网项目前期手续办理进度提速明显，500 千伏项目地市级协议取得时间平均缩短 10 天；110-220 千伏项目，水保方案批复取得时间平均缩短 8 天，环保批复手续取得时间平均缩短 5 天，土地预审批复手续取得时间平均缩短 3 天，规划选址意见书批复手续取得时间平均缩短 3 天，为项目早日核准赢得了更多的时间。“大规划”体系运行以来，省经研院统一负责项目可研评审，涵盖电网基建、大修技改和二次专项。通过统一立项思路、统一技术原则、统一取费标准的专业化流程，实现了规划与建设、建设与改造的有机衔接，有效地避免了以往配网规划与实施不统一，大修技改“修后改、改后建”的情况。2012 年较上年增加评审项目 47 项（增长 14%），核减投资 9.59 亿元，核减比例约 9%，提升了项目评审质量与效率，提高了公司投资效益。

（邵　霄）

电　网　规　划

【四川电网概况】四川省电力公司为四川电力市场供应主体，下属 21 个电业局（电力公司），经营区域涵盖全省 21 个市州，承担绝大部分地区供电任务，并通过控股、代管、趸售等方式对地方电网供电。2012 年省内市场占有率达到 95.78%。

至 2012 年底，四川电网全口径装机容量 5425 万千瓦，其中，火电、气电及新能源装机共 1493 万千瓦，占 27.5%；水电 3932 万千瓦，占 72.5%。

至 2012 年底，四川电网经营区域（含控股、代管，下同）拥有 110 千伏及以上变电站 829 座，开关站 4 座，变电容量 14958 万千伏安，交流线路长度 47198 公里，直流换流站 3 座，直流换流容量 1660 万千瓦，直流线路长度 823 公里。其中，500 千伏变电站 33 座，开关站 3 座，容量 5250 万千伏安，线路长度 9977 公里；220 千伏变电站 171 座，开关站 1 座，容量 5036 万千伏安，线路长度 15126 公里；110 千伏变电站 625 座，容量 4627 万千伏安，线路长度 22095 公里。

2012 年四川电网全社会用电量 1830.7 亿千瓦时，同比增长 4.5%。其中：第一产业用电量 11.2 亿千瓦时，同比减少 2.7%；第二产业用电量 1324.6 亿千瓦时，同比增长 3.0%；第三产业用电量 205.7 亿千瓦时，同比增长 12.2%；城乡居民生活用电 289.1 亿千瓦时，同比增长 6.8%。全社会最大负荷 3280 万千瓦，同比增长 5.8%。

2012 年四川电网通过南部洪沟～板桥双回和北部黄岩～万县双回两个通道、4 回 500 千伏线路与重庆电网相连，经德阳～宝鸡±500 千伏直流、锦屏～苏南、向家坝～上海±800 千伏直流分别与西北、华东电网异步联网。

2012 年四川电网外送电量达到 295 亿千瓦时（含二滩送重庆电量），购入电量达到 59.7 亿千瓦时。预计 2013 年外送电量达到 202 亿千瓦时。

【“十二五”输电网规划】四川电网“十二五”发展规划覆盖四川 21 个地市。预计 2015 年全社会用电量为 2701 亿千瓦时，最大负荷将达到 4573 万千瓦，年均增长分别为 11.8%和 11.1%。

“十二五”期，四川 500 千伏及以上电网将在“十一五”期的基础上进一步发展和完善。一方面，随着雅砻江梯级锦屏一、二级和官地水电站以及大渡河梯级的长河坝、黄金坪、泸定和大岗山等川西大型水电站相继建成投产，配套的 500 千伏站点和自西向东接入四川主网的多回 500 千伏线路将逐步建成；另一方面，各负荷中心为满足本地区负荷发展需要或为实现与四川主网更大的容量交换，将规划新增和扩建一批500千伏交流站点及线路。

到2015年，围绕四川主网各负荷中心将基本形成贯穿南北的梯格式双环网网架，每个环网均有大型水火电源接入，对电网的电压支撑作用更明显。同时，环网新建主干线路一般均采用大截面导线，电网具有更大的潮流吞吐能力，更能适应“西电东送”较大潮流变化。

同时，交直流特高压工程的规划建设是“十二五”期重点建设工程之一。整个川渝交流特高压网架在“十二五”期将有较大发展，到2015年川渝电网将形成雅安～乐山～重庆～长寿～万县～荆门2回交流特高压送电线路，其中四川省内规划了2座交流特高压变电站（分别为雅安和乐山特高压变电站），从而满足川西富余水电东送华中四省和华东电网的目标。

为满足“十二五”期金沙江一期溪洛渡、向家坝水电站以及雅砻江流域锦屏I、II级和官地水电站的外送，四川电网将规划新增2回±800千伏特高压直流工程。

到2015年，川渝断面将形成3个通道、“2+4”的联网格局；其中2回乐山～重庆交流特高压线路，2回黄岩～万县500千伏线路，2回洪沟～板桥500千伏线路。

【“十二五”配电网规划】按照国家电网公司统一布置，2012年公司完成了“十二五”电网发展滚动规划工作。本次滚动规划工作由发展策划部牵头组织，公司经研院具体承担规划报告的编制任务，公司调控中心、运维检修部、农电部等相关部门参与有关方案的论证及报告的审查。该项工作于8月初启动，10月完成规划报告送审稿并报国家电网公司，12月通过国家电网公司组织的审查。

【“十二五”电网建设与投资规模】“十二五”期间，新增110千伏及以上线路26100公里，变电/换流容量12990万千伏安。到2015年，公司供电范围内110千伏及以上线路将达到65286公里，变电/换流容量24798万千伏安，分别是2010年1.7倍和2.1倍。

电网建设规模

表4

项目	“十二五”新增		
	线路长度（公里）	变电站座数（座）	变电/换流容量（万千伏安/万千瓦）
1000千伏	946	2	1500
直流	1325	2	1470
500千伏	7857	29	4450
220千伏	6493	106	3143
110千伏	9479	295	2427
35千伏	6415	279	218
10千伏	70568		1001

2015年，四川省500千伏容载比1.81；220千伏容载比1.93，相比2010年提高了0.22，110千伏容载比在导则要求范围内，比2010年提高了0.08；35千伏容载比1.85，相比2010年提高了0.05。

2015年各电压等级容载比

表5

500千伏	220千伏	110千伏	35千伏
1.81	1.93	1.90	1.85

“十二五”期间，公司电网基建投资总规模 886.6 亿元，其中特高压交流投资 97.5 亿元，直流投资 179.7 亿元，500 千伏投资 280.4 亿元，220 千伏投资 138 亿元，110 千伏投资 86.8 亿元，35 千伏及以下投资 104.4 亿元。如下表所示。

各电压等级电网基建投资及比例，如右图所示。

项目	投资（亿元）
特高压交流	97.5
直流	179.7
500 千伏	280.4
220 千伏	138
110 千伏	86.8
35 千伏及以下	104.4

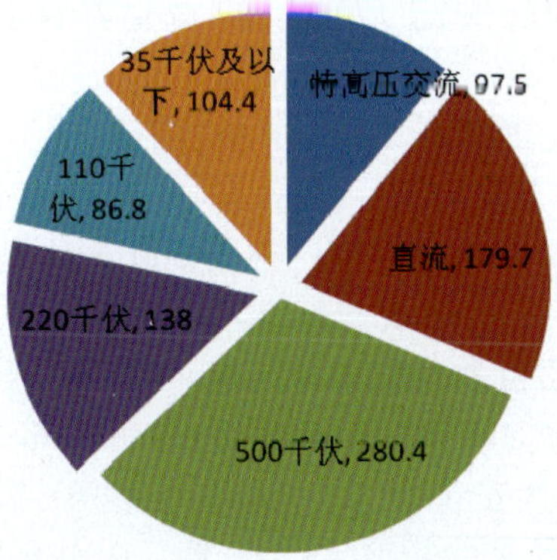

此外，电网智能化投资 116.9 亿元（不含智能化中基建部分 60 亿元）。

【四川藏区电网“十二五”建设规模及投资】“十二五”期间，公司规划在四川藏区电网新建 500 千伏变电站 8 座，新增变电容量 1050 万千伏安、线路 1928 公里；新建 220 千伏变电站 7 座，新增变电容量 150 万千伏安、线路 868 公里；新建 110 千伏变电站 33 座，新增变电容量 145 万千伏安、线路 1879 公里；新建 35 千伏变电站 75 座，新增变电容量 30 万千伏安、线路 2541 公里；新增 10 千伏及以下变电容量 16 万千伏安，线路 3030 公里。

“十二五”期间，公司在四川藏区电网投资共计 192.5 亿元，其中 500 千伏项目 99.22 亿元，220 千伏项目 19.34 亿元，110 千伏项目 35.74 亿元，35 千伏项目 20.99 亿元，10 千伏及以下项目 17.21 亿元。其中包括 500 千伏工程 10 项、220 千伏工程 8 项、110 千伏工程 39 项、35 千伏工程 95 项，以及 10 千伏农网和无电地区电网建设工程，合计 35 千伏及以上变电容量 1342 万千伏安、线路 6449 公里。通过 2011 年输变电工程项目的开工建设，着力解决制约藏区电网发展的突出问题。

一是通过建设水洛、丹巴、乡城等 500 千伏输变电工程，形成甘孜乡城－水洛－木里、新都桥－甘谷地、丹巴－康定、阿坝色尔古－茂县等重要水电送出通道，确保藏区水电资源送得出，为藏区水电加快开发，为资源优势转变为经济优势奠定坚实基础。

二是通过建设甘孜、雅江、茨巫、红原、扎窝等 220 千伏输变电工程，加强藏区 220 千伏骨干网架建设，提升 110 千伏及以下电网支撑能力，确保藏区经济发展可靠供电。

三是通过建设石渠、稻城、乡城、香格里拉、金川等一批 110 千伏输变电工程，基本实现 110 千伏电网覆盖四川藏区各县，全面消除藏区各县孤网运行现状，使藏区供配电网络安全运行水平及电力供应保障能力显著提高，满足机场、工业园区及大香格里拉景区等重要负荷的安全可靠供电需要。

四是通过建设邓坡、呷衣、阿底、各莫等一批 35 千伏输变电工程，以及 10 千伏农网和无电地区电网建设工程，提高藏区农网供电能力，扩大电网覆盖面，基本实现“十二五”藏区农牧民聚居区“户户通电”目标。

（邵霄　郭林　孟婧）

电网建设

【概况】2012 年是“十二五”规划深入推进之年，也是公司水电外送创新高之年，公司全面完成电网建设和灾后重建加固提高任务，安全形势保持平稳，工程质量稳步提升，工程造价控制成效显著，重点工程顺利推进，“大建设”体系建设有序开展。

2012 年，公司完成电网投资（含特高压）284.21

亿元，同比减少 2.26%，完成年度考核计划的 104.14%。新开工 110 千伏及以上线路 2809 公里、变电容量 1598 万千伏安，分别完成年度考核计划的 102.48%、100.47%；投产 110 千伏及以上线路 7524 公里、变电容量 3935 万千伏安，分别完成年度考核计划的 100.75%、101.28%。

建成投运的重点工程有：新甘石联网工程、500 千伏德阳Ⅱ、凉山木里、绵阳南坝、攀枝花Ⅱ甘泉、米易橄榄输变电新建工程、雅安 500 千伏变电站扩建工程、220 千伏邓双、石墙、新桥工程等。

【建成投运项目】全年累计投运 110 千伏及以上输变电工程投产 215 项，线路长度 6980 千米、变电容量 3165 万千伏安（不包含特高压工程）。其中建成投运 500 千伏线路长度 684 千米，变电容量 1175 万千伏安；220 千伏线路长度 3242 千米，变电容量 1047 万千伏安；110 千伏线路 3054 千米，变电容量 943 万千伏安。特高压工程完工有锦屏-苏南±800 千伏特高压直流输电工程（简称锦苏工程）。

【锦苏工程】锦苏工程西起西昌裕隆换流站，东至苏南同里换流站，途经四川、云南、重庆、湖南、湖北、安徽、浙江、江苏 8 省市，承担着雅砻江流域官地，锦屏一、二级水电站和四川丰水期富余水电的送出任务。输电距离约 2059 公里，额定输送容量 720 万千瓦，总投资 220 亿元，该工程于 2010 年开工建设，2012 年 12 月 12 日，锦苏工程全面完成系统调试和试运行，正式投入商业运行。

锦苏工程是目前世界上输送容量最大、送电距离最远、电压等级最高的直流输电工程，输电距离首次突破 2000 公里，创造了特高压直流输电的新纪录。工程全面投运后，每年可向华东地区输送电量约 360 亿千瓦时，可解决四川电力“丰余枯缺”的结构性矛盾，满足东部地区经济社会持续发展用电需求，缓解日益严峻的生态环境问题，具有重大的经济效益和环保效益。在特高压直流示范工程基础上，首次实现了由国内负责特高压直流工程的成套设计，推动了民族装备制造业创新发展。

四川公司按照国网公司的委托，负责锦苏工程裕隆换流站“四通一平”，接地极线路工程的建设管理及地方关系协调等工作。四川省电力公司组织完成多项锦苏工程重要工作任务：完成锦苏特高压工程和配套 500 千伏工程各项前期手续办理；打通锦苏特高压线路工程通过螺髻山国家级风景区电力通道；完成裕隆换流站征地、拆迁和农户安置；完成裕隆换流站“四通一平”、接地极及其线路工程的建设管理；组织完成工程线路工程竣工验收、生产准备工作；完成工程试验、调试期间特高压和近区电网运维、负荷组织以及后勤保障工作等。为锦苏特高压工程顺利推进和成功投运作出了突出贡献，发挥了重要作用。

【500 千伏及以下项目】主要建成投运了德阳Ⅱ500 千伏输变电工程、凉山木里 500 千伏输变电新建工程、绵阳南坝 500 千伏输变电工程、攀枝花Ⅱ甘泉 500 千伏输变电新建工程、攀枝花米易橄榄 500 千伏输变电新建工程、雅安 500 千伏变电站扩建工程、普提 500 千伏变电站扩建工程、内江 500 千伏输变电工程、米易 500 千伏输变电扩建工程、锦屏梯级水电站交流送出工程等 10 项 500 千伏输变电工程。

主要投运了成都邓双 220 千伏输变电工程、成都石墙 220 千伏输变电工程、成都马家 220 千伏变电站增容改造工程、成都太和 220 千伏变电站增容改造工程、德阳Ⅱ500 千伏变电站配套 220 千伏接入工程、德阳南华 220 千伏变电站扩建工程、广安新桥 220 千伏输变电工程、阿坝汶川 220 千伏输变电工程重建工程、乐山峨边 220 千伏输变电工程、乐山佛光 220 千伏输变电工程、西昌甘洛 220 千伏输变电工程、资阳乐至文峰 220 千伏输变电工程、资阳普安 220 千伏输变电工程、绵阳平武水晶 220 千伏输变电工程、眉山市爱国 220 千伏变电站扩建工程、绵阳南坝 500 千伏配套 220 千伏线路、攀枝花 II 甘泉配套 220 千伏线路工程、自贡王渡 220 千伏变电站主变扩建工程、阿坝色尔古 500 千伏变 220 千伏配套工程、宜宾豆坝 220 千伏输变电工程、内江 500 千伏站配套 220 千伏出线工程、凉山州宁南 220 千伏输变电工程、甘孜榆林 220 千伏变电站新建工程、泸州震东 220 千伏变电站扩建工程、甘孜 220 千伏输变电工程、成都崇州廖家 220 千伏输变电工程、成都蒲阳 220 千伏输变电新建工程、成都高山 220 千伏输变电工程、成都聚源至丹景 220 千伏线路工程、绵阳高新区 220 千伏输变电新建工程、成绵乐铁路客运专线江油牵引站 220 千伏供电线路工程、成绵乐城际铁路赖家牵引站 220 千伏供电工程、绵阳三台佳桥 220 千伏变电扩建工程、绵阳游仙区百胜（城北）220 千伏变电扩建工程、绵阳天明 220 千伏变电站扩建工程、成绵乐客运专线德阳付家牵引站 220 千伏供电工程、德阳寿丰 220 千伏输变电新建工程、广元朝天 220 千伏输变电工程、广元苍溪 220 千伏输变电新建工程、宜宾北荆坝～龙头 220 千伏单回线路新建工程、攀枝花米易 500 千伏变电站 220 千伏配套工程、巴中市南江流坝 220 千伏输变电工程、阿坝镇江关 220 千伏输变电工程、茂县Ⅱ500 千伏变电站 220 千伏配套工程、阿坝扎窝 220 千伏输变电工程、阿坝沙坝 220 千伏输变电工程、成都东客站牵引站220千伏供电工程、绵阳擂鼓220千伏输变电工程、德阳南丰220千伏输变电工程、达州化工基地输变电工程等50项220千伏输变电新建工程。

建成投运了阿坝壤塘110千伏输变电工程、巴中市杨家坝110千伏输变电工程、成都大邑苏场220千伏变电站配套110千伏工程、成都邓双220千伏变电站配套110千伏工程、

成都浆洗街110千伏变电站电源改接工程、成都双楠110千伏变电站增容工程、成都苏坡110千伏变电站增容工程、成都红旗110千伏变电站增容工程、成都金沙110千伏变电站增容工程、成都桐梓林110千伏变电站增容工程、成都文庙街110千伏变电站增容工程、成都高店子110千伏变电站增容改造工程、成都潮音110千伏变电站增容工程、成都草堂110千伏变电站增容改造工程、成都指挥街110千伏变电站增容改造工程、成都棕树桥110千伏变电站增容改造工程、成都海椒市110千伏变电站增容工程、成都浆洗街110千伏变电站增容工程、成都桂湖110千伏变电站增容改造工程、成都核双支线110千伏线路改接输变电工程、成都泰兴220千伏配套110千伏工程、成都简奔110千伏π入高新二站输变电工程、成都新津何店110千伏输变电工程、成都指挥街、文庙街110千伏变电站电源改接工程、成都白丝街110千伏变电站电源完善工程、成都大源110千伏变电站电源改接输变电工程、广元白龙110千伏输变电工程、广元白水110千伏输变电工程、广元利州九华110千伏变电站扩建工程、广元南河110千伏变电站扩建工程、乐山佛光变110千伏配套工程、乐山烟峰110千伏输变电工程、凉山淌塘110千伏输变电新建工程、眉山市仁寿龙正110千伏输变电新建工程、绵阳市涪城南郊110千伏变电站扩建工程、绵阳游仙110千伏变电站扩建工程、南充南门坝110千伏输变电工程、南充潆溪110千伏输变电新建工程、遂宁市天宫庙110千伏输变电工程、遂宁双堰至蜀秀110千伏双回线、雅安穆坪-陇东110千伏线路改接入五龙变电站工程、宜宾建新110千伏变电站扩建工程、资阳丹景110千伏输变电工程、资阳东山110千伏输变电工程、资阳候家坪110千伏输变电新建工程、资阳普安220千伏变电站110千伏配套工程、资阳文峰220千伏变电站110千伏配套工程、资阳镇子110千伏输变电工程、自贡乐德变配套110千伏线路工程、乐山星和110千伏变电站扩建、雅安石棉竹马变配套110千伏线路、巴中恩阳110千伏变电站扩建工程、绵阳江油开发区110千伏输变电工程、遂宁市射洪蟠龙110千伏变电站扩建工程、眉山市松江110千伏变电站扩建工程、南充火花110千伏输变电新建工程、内江市八角井110千伏变电站扩建工程、德阳广汉高新110千伏变电站扩建工程、阿坝县麦尔玛110千伏输变电工程、阿坝红原龙日坝110千伏扩建工程、阿坝川主寺110千伏变电站扩建工程、阿坝若尔盖110千伏变电站扩建工程、甘孜石渠110千伏输变电工程、内江茶山220千伏变扩建110千伏配套线路、绵阳市涪城永兴西110千伏输变电工程、成都南桥110千伏输变电工程、成都经开南110千伏输变电新建工程、成都前进110千伏输变电工程、成都林湾110千伏变电站扩建工程、成都同心110千伏输变电新建工程、成都高山220千伏变电站110千伏配套工程、成都蒲阳220千伏站配套110千伏线路工程、成都廖家220千伏变电站配套110千伏线路工程、成都西江110千伏输变电工程、成都彭州牵引站110千伏供电线路新建工程、成都金鸡110千伏输变电工程、成都玉堂110千伏输变电工程、成都江源110千伏输变电工程、成都王泗110千伏输变电工程、成都市涌泉110千伏输变电工程、成都正府街110千伏变电站增容改造工程、成都猛追湾110千伏变电站增容改造工程、成都九里堤110千伏变电站增容改造工程、成都铁佛110千伏变电站增容改造工程、成都吉祥街110千伏变电站增容改造工程、成都新园110千伏变电站增容改造工程、绵阳金家林110千伏输变电工程、绵阳界牌110千伏变电站扩建工程、绵阳松垭110千伏输变电工程、擂鼓220千伏站配套110千伏线路工程、绵阳秀水110千伏输变电工程、宝成铁路绵阳牵引站增容110千伏供电线路工程、宝成铁路江油牵引站扩容改造110千伏供电工程、德阳寿丰220千伏变电站110千伏配套线路工程、德阳辑庆110千伏输变电工程、德阳穿心店110千伏异地重建输变电工程、德阳清平35千伏变电站升压110千伏输变电工程、广元中子110千伏输变电新建工程、广元苍溪220千伏变电站110千伏配套工程、广元朝天220千伏变电站110千伏配套工程、广元青川110千伏输变电工程、广元云盘梁110千伏输变电新建工程、广元开封110千伏输变电工程、泸州永利110千伏输变电新建工程、凉山雷波拉咪110千伏输变电工程、巴中流坝220千伏变电站110千伏接入系统工程、眉山洪雅城南110千伏输变电工程、阿坝沙坝220千伏变电站110千伏配套工程、阿坝金川城关110千伏输变电工程、雅安萝岗110千伏输变电扩建工程、雅安峰桶寨110千伏输变电工程、达州太平110千伏输变电工程、成都市武侯

科技园110千伏电源完善工程、成都安仁110千伏输变电工程、成都三江（金鸡）110千伏输变电新建工程、成都淮口110千伏变电站增容改造工程、成都高新西区Ⅱ220变电站110配套工程、成都东郊220千伏变电站配套110千伏电缆工程、宝成铁路马角坝牵引站增容110千伏供电线路工程、德阳南丰220千伏变电站110千伏配套线路工程、德阳连山110千伏变电站扩建工程、德阳龙台110千伏输变电工程、广元桅杆坝110千伏变电站扩建工程、自贡110千伏汇西输变电工程、自贡110千伏大安胜利输变电工程、宜宾豆坝110千伏配套送出工程、攀枝花向阳110千伏变电站改造工程、攀枝花西区工业园区110千伏输变电新建工程、凉山甘洛220千伏变电站110千伏配套工程、凉山宁南220千伏变电站110千伏配套工程、凉山西昌市经久110千伏变电站扩建工程、黎溪110千伏变电站扩建工程、巴中平溪110千伏输变电工程、眉山丹棱双桥110千伏输变电工程、阿坝马尔康松岗110千伏输变电工程、雅安金花110千伏变电站扩建工程、德阳孟电线路工程、巴中南江寨坡110千伏输变电工程、德阳绵竹遵道110千伏变电站异地重建工程、德阳罗江金山110千伏输变电工程、绵阳安县黄土110千伏输变电工程、绵阳涪城雷达站110千伏输变电工程、绵阳市江油东110千伏输变电工程、攀枝花兴隆110千伏变电站扩建工程、泸州叙永后山110千伏输变电工程、泸州南城110千伏输变电新建工程、广安新桥220千伏变电站110千伏配套工程、成都市晋阳110千伏输变电工程、成都市都江堰城关110千伏输变电工程、成都红卫110千伏变电站扩建工程、成都新园110千伏变电站3号主变扩建工程、成都市石墙220千伏变电站配套110千伏工程、成都市红光110千伏输变电工程、广元利州赤化变电站配套110千伏接入工程、内江倒石桥110千伏输变电工程、遂宁市红旗桥110千伏输变电工程、成都市东大路输变电工程、成都西河输变电工程等155项110千伏输变电工程。

【在建项目】在建110千伏及以上输变电工程共149项，线路长度7581千米、变电容量3437万千伏安。特高压工程有溪洛渡左岸-浙江金华±800特高压直流输电工程（简称溪浙工程）

在建500千伏项目为阿坝茂县Ⅱ（路平）输变电、巴中输变电、成都九江输变电、成都新都输变电、甘孜丹巴输变电、甘孜康定～崇州Ⅲ、Ⅳ回、甘孜乡城输变电、甘孜新都桥输变电、广元亭子口电站送出、锦屏送出（锦屏二级～乐山）、锦屏送出（锦屏一级～裕隆单）、锦屏送出（锦屏一级～裕隆双）、锦屏送出（西昌～沐川）、凉山卡基娃水电站送出、凉山水洛输变电、溪洛渡左岸送出等16项。

在建220千伏项目为阿坝小金输变电、成都成阿工业园输变电、成都成黄路输变电、成都华阳东输变电、成都黄水输变电、成都青羊输变电、成都十陵输变电、成都双桥子输变电、成都温江北输变电、成绵乐客专路眉山东牵引站供电、成绵乐客专新乐山牵引站供电、德阳秋月输变电、甘孜雅江输变电、广安武胜输变电、乐山塘叶输变电、凉山美姑河开关站、凉山普格输变电、凉山西昌南输变电、凉山盐源输变电、凉山永郎～会理Ⅱ回线路、泸州500千伏变～杨桥变线路、泸州林庄主变增容、泸州泸县输变电、泸州纳溪变、眉山市宝飞输变电、内江永安输变电、南充化工园输变电、南充蓬安输变电、攀枝花安宁输变电、攀枝花市施家坪变、攀枝花枣子坪输变电、遂宁蓬溪输变电、遂宁桐子垭输变电、雅安荥经输变电、资阳三岔输变电等35项。

在建的110千伏项目为阿坝龙头滩输变电、阿坝若尔盖红星输变电、阿坝石广东输变电、巴中平昌笔山输变电、巴中平昌驷马输变电、成都曹家寺220千伏变配套送出、成都成阿北输变电、成都成黄路220千伏变配套、成都成龙路输变电、成都大丰输变电、成都粉坊堰输变电、成都府青路变改造、成都光华输变电、成都桂通输变电、成都红阳输变电、成都华阳东220千伏变配套、成都黄水220千伏变配套、成都金桥35千伏变升压输变电、成都鹃城输变电、成都凉水井输变电、成都邻港变、成都琉璃输变电、成都龙潭工业园输变电、成都洛带输变电、成都马场输变电、成都毛家湾220千伏变配套送出、成都普兴输变电、成都青白江牵引站扩容供电线路、成都十陵220千伏变配套送出、成都书房村输变电、成都双流35千伏变升压、成都双流龙桥输变电、成都双流万安输变电、成都双桥子220千伏变配套送出、成都温江金马湖输变电、成都五龙输变电、成都新津牵引站扩容供电线路、成都羊安Ⅱ输变电、成都元华输变电、成都中和二输变电、达州达巴铁路达州段供电、达州普光输变电、达州五井输变电、德阳秋月220千伏变配套、甘孜稻城输变电、甘孜九龙输变电、甘孜康定新城输变电、甘孜乡城输变电、甘孜雅江输变电、广安河堰变、广安牛背山变、乐山蔡沱输变电、乐山草堂输变电、乐山劳动输变电、凉山安宁变、凉山布拖输变电、凉山泸沽湖输变电、凉山宁南松新输变电、凉山松林变、凉山西昌南220千伏变配套、凉山西宁输变电、凉山喜德开关站、凉山盐源220千伏变配套、凉山银鹿变、泸州关口输变电、泸州新区输变电、眉山安平变、眉山宝飞220千伏变配套、眉山大勇变、眉山市铝城输变电、眉山象耳输变电、绵阳高新区220千伏变配套、内江光荣输变电、内江威南输变电、内江永安220千伏变配套接入、南充河舒输变电、南充马鞍输变电、南充蓬安220千伏变配套、南充营山大庙输变电、攀枝花上板桥输变电、遂宁金华输变电、遂宁南电铁牵引站供电、遂宁射洪城南、遂宁射洪城西输变电、雅安红星输变电、雅安龙岗山变迁建、雅安蒙阳～名山线路、雅安前进输变电、雅安姚桥输变电、雅安荥经220千伏变配套、宜宾柏树林输变电、宜宾沐爱输变电、资阳龙台变、资阳三岔220千伏变配套、自贡海棠输变电、自贡南湖输变电、自贡荣县城北输变电、眉山仁寿变等98项。

【工程达标和创优】2012年，公司完成92项110千伏及以上电压等级工程达标投产，其中500千伏变电站工程8项，220千伏变电站工程20项，110千伏变电站工程36项，500千伏线路工程8项，220千伏线路工程12项，110千伏线路工程8项。

通过达标投产考核的500千伏项目主要有眉山Ⅱ500千伏变电站工程、阿坝色尔古500千伏变电站工程、德阳Ⅱ500千伏变电站工程、凉山木里500千伏变电站工程、甘孜甘谷地500千伏开关站工程、绵阳南坝500千伏变电站工程、攀枝花Ⅱ500千伏变电站工程、攀枝花米易500千伏开关站工程、沐川变至宜宾变500千伏输电线路工程、凉山木里变至西昌变500千伏输电线路工程、彭德线π接进德阳Ⅱ变500千伏输电线路工程、西昌变至西昌换流站500千伏输电线路工程、绵广线π接进南坝变500千伏输电线路工程、米易至攀枝花Ⅱ500千伏输电线路工程、二滩至普提Ⅲ回Π接进米易变500千伏输电线路工程、石板箐至攀枝花Ⅱ500千伏输电线路工程等。

8月27日，500千伏锦屏二级电站—西昌裕隆换流站输电线路工程直升机运输导线 （赵攀 摄）

通过达标投产考核的220千伏项目主要有乐山傅河220千伏变电站工程、攀枝花马上坪220千伏变电站、广元雪峰220千伏变电站工程、绵阳东220千伏变电站工程、成都泰兴220千伏变电站工程、乐山犍为220千伏变电站工程、阿坝汶川220千伏开关站工程、自贡乐德220千伏变电站工程、甘孜榆林220千伏变电站工程、眉山河东220千伏变电站工程、成都石羊220千伏变电站工程、成都苏场220千伏变电站工程、成都高新Ⅱ站220千伏变电站工程、乐山佛光220千伏变电站工程、广安新桥220千伏变电站工程、成都邓双220千伏变电站工程、成都三圣220千伏变电站工程、成都石墙220千伏变电站工程、乐山峨边220千伏变电站工程、资阳普安220千伏变电站工程、攀枝花仁和变至马上坪变220千伏双回线路工程、绵阳500千伏变至绵阳东220千伏输电线路工程、阿坝福堂坝至回龙Ⅰ、Ⅱ回220千伏输电线路工程、成都临邛220千伏变至苏场变220千伏输电线路工程、成都高新Ⅱ站至丹景220千伏输电线路工程、乐山云桥Ⅰ、Ⅱ回线路π接入犍为变220千伏输电线路工程、眉山河东变至镇江变220千伏输电线路工程、攀枝花Ⅱ500千伏变至仁和变220千伏双回输电线路工程、攀枝花Ⅱ500千伏变至马店河变220千伏双回输电线路工程、乐山峨边至沫水220千伏双回输电线路工程、资阳文峰至普安220千伏双回输电线路工程、资阳文峰至天星220千伏双回输电线路工程等。

通过达标投产考核的110千伏项目主要有成都红卫110千伏变电站工程、成都红牌楼110千伏变电站工程、成都顺江110千伏变电站工程、成都温江城关110千伏变电站工程、成都新都新城区110千伏变电站工程、资阳岳阳110千伏变电站工程、资阳十里坝110千伏变电站工程、资阳江南110千伏变电站工程、广元羊木110千伏变电站工程、宜宾阳春坝110千伏变电站工程、凉山通安110千伏变电站工程、凉山小黑箐110千伏变电站工程、成都关口110千伏变电站工程、成都石化基地110千伏变电站工程、成都寿安110千伏变电站工程、成都双河110千伏变电站工程、成都石木110千伏变电站工程、成都东大路110千伏变电站工程、成都怀远110千伏变电站工程、成都邛崃110千伏变电站工程、攀枝花迤资110千伏变电站工程、攀枝花白岩子110千伏变电站工程、广元元坝110千伏变电站工程、雅安中里110千伏变电站工程、成都新南110千伏变电站工程、广安阳和110千伏变电站工程、眉山双河110千伏变电站工程、眉山钟祥110千伏变电站工程、绵阳江油开发区110千伏变电站工程、南充南门坝110千伏变电站、南充潆溪110千伏变电站工程、南充火花110千伏变电站工程、资阳贾家110千伏变电站工程、泸州黄舣110千伏变电站工程、成都安仁110千伏变电站工程、成都红光110千伏变电站工程、绵阳河西变至江油电铁牵引站110千伏输电线路工程、绵阳江钢Ⅱ回π接进河西变110千伏输电线路工程、绵阳北川新县城至桑枣110千伏输电线路工程、绵阳佳桥变至石岭变110千伏输电线路工程、绵阳天明变至厚坝变110千伏双回输电线路工程、凉山会理变至通安变110千伏双回线路工程、凉山会理变至小黑箐变110千伏双回线路新建工程、眉山河东变至双河变110千伏输电线路工程等。

2012年，公司有65项110千伏及以上电压等级项目符合申报国家电网公司输变电优质工程评选标准，其中62项通过检查评比获得国家电网公司输变电优质工程命名，总体优质工程率达到97.57%。

获得国家电网公司2012年度优质工程命名的500千伏项目主要有乐山南天变至眉山东坡变500千伏第二回输电线路工程、乐山东变至乐山南天变500千伏双回输电线路工程、乐山东变至沐川开关站500千伏双回输电线路工程、石棉变至雅安变500千伏第三、四回输电线路工程、色尔古变至茂县变500千伏双回输电线路工程、遂宁500千伏变电站工程、乐山东500千伏变电站工程、沐川500千伏开关站工程、色尔古500千伏变电站工程、眉山Ⅱ500千伏变电站工程等；

获得国家电网公司2012年度优质工程命名的220千伏项目主要有四川西昌变至永郎变220千伏输电线路工程、攀枝花仁和变至马上坪变220千伏输电线路工程、绵阳桑枣220千伏变电站工程、西昌太和220千伏变电站工程、成都大丰220千伏变电站工程、雅安天全220千伏变电站工程、雅安汉源220千伏变电站工程、成都大同220千伏变电站工程、阿坝庙坪220千伏变电站新建工程、甘牧南头220千伏变电站工程、德阳九岭220千伏变电站工程、阿坝水磨220千伏变电站工程、雅安竹马220千伏变电站工程、攀枝花马上坪220千伏变电站工程、绵阳东220千伏变电站工程、成都泰兴220千伏变电站工程、德阳城南220千伏变电站工程、四川攀枝花一枝山220千伏变电站工程、广元雪峰220千伏变电站工程、眉山河东220千伏变电站工程、乐山傅河220千伏变电站工程等。

获得国家电网公司2012年度优质工程命名的110千伏项目主要有泸州纳溪变至大渡变110千伏输电线路工程、泸州林庄变至严湾变110千伏输电线路工程、阿坝若尔盖变至唐克变110千伏输电线路工程、凉山会理变至通安变110千伏双回输电线路工程、凉山会理变至小黑箐变双110千伏输电线路工程、绵阳佳桥至石岭110千伏线路工程、成都山王庙110千伏变电站工程、成都万家110千伏变电站工程、成都正兴110千伏变电站工程、德阳汉旺110千伏变电站异地重建工程、德阳旌湖北110千伏变电站工程、德阳灵杰110千伏变电站工程、德阳庐山110千伏变电站工程、德阳新丰110千伏变电站工程、广元岳东110千伏变电站工程、广元羊木110千伏变电站工程、南充阆中北110千伏变电站工程、南充南部110千伏变电站工程、南充文峰110千伏变电站工程、泸州大渡110千伏变电站工程、泸州严湾110千伏变电站工程、绵阳双碑110千伏变电站新建工程、绵阳涪江二桥110千伏变电站工程、阿坝黑水110千伏变电站工程、阿坝唐克110千伏变电站工程、雅安草坝110千伏变电站工程、凉山通安110千伏变电站工程、凉山小黑箐110千伏变电站工程、宜宾江安阳春坝110千伏变电站工程等。

重点工程

【溪浙工程】溪洛渡左岸-浙江金华±800特高压直流输电工程（简称溪浙工程）是金沙江下游水电开发的配套外送工程，西起四川宜宾双龙换流站，东至浙江金华换流站，途经四川、贵州、江西、湖南、浙江五省，线路全长 1680 公里，工程额定输送功率 800 万千瓦，总投资 238.55 亿元，该工程于 2012 年 7 月 6 日获得国家发改委核准，国家电网公司于 2012 年 7 月 28 日召开开工动员大会，计划 2014 年全部建成投产。工程建成后，每年可向浙江地区输送清洁水电约 400 亿千瓦时，相当于节省标煤 1228 万吨，减排二氧化碳超过 3400 万吨。

7 月 28 日，国家电网公司溪洛渡左岸-浙江金华±800 千伏特高压直流输电工程（简称溪浙工程）开工动员大会在四川成都和浙江金华同时举行，标志着继向（家坝）上（海）工程投运、锦（屏）苏（南）工程开工建设后，源起四川的第三项特高压直流输电工程进入建设阶段。图为四川 开工动员大会现场

（王燕　摄）

【其他重点工程】 溪洛渡左岸 500 千伏送出工程：基础浇制已完成，组塔完成 72%，架线完成 8.5%。

路平 500 千伏输变电工程：变电站土建基本完成，电气安装完成 35%；线路基础浇制基本完成，组塔完成 62%，架线完成 7%。

亭子口 500 千伏送出工程，共 404 基，开挖已完成 403 基，浇制已完成 99%，组立已完成 99%，架线完成 90%。

凉山水洛 500 千伏输变电工程：水洛站土建完成 96%，电气安装完成 35%；线路工程和间隔扩建已建成待投运。目前正在进行东拉大桥整改，主变 2013 年 4 月到现场。

丹巴 500 千伏输变电工程：丹巴站土建完成 96%，电气安装完成 3%；丹巴至康定（大杠）双回线路基础浇制完成 100%，组塔完成 97%，架线完成 43%。

乡城 500 千伏输变电工程：乡城站土建完成 92%，电气安装完成 5%；乡城至水洛线路基础浇制完成占 99.7%，组塔完成 63%，架线完成 13%。

康定 500 千伏扩建输变电工程：康定（大杠）至崇州Ⅲ、Ⅳ回线路基础浇制完成 99.5%，组塔完成 70%；康定站主变及间隔扩建工程，基础完成 90%，电气安装 45%；崇州站主变及间隔扩建工程，基础完成 100%，电气安装 95%，调试 95%。

巴中 500 千伏输变电工程：巴中站土建完成 25%；亭子口电站至达州线 π 接入巴中站线路基础浇制完成 100%，组塔完成 90%，架线完成 30%；巴中站至达州站线路基础浇制完成 98%，组塔完成 95%，架线完成 85%。

（唐宇、都亮、青松）

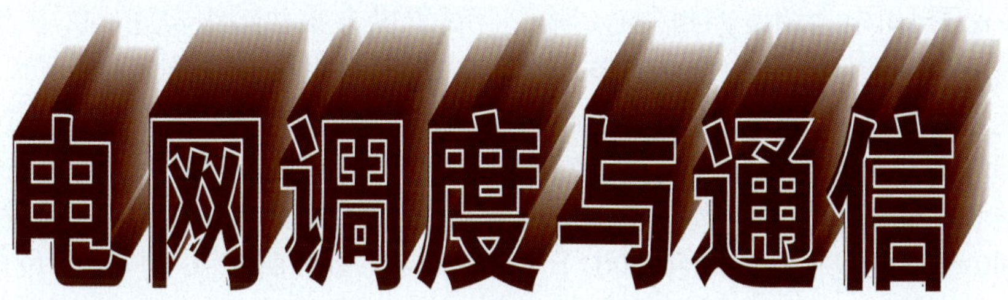

责任编辑：梁　建

电网调度

【调度机构】按照国家电网公司“三集五大”建设要求以及省公司大运行体系建设实施方案，2012 年 6 月四川电力调度中心更名为四川电力调度控制中心，开展 500 千伏变电站集中监控业务，实现“调控一体化”。四川电力调度控制系统包括四川电力系统内各级调度控制机构和发电厂、变电站、梯级电站集控中心等的运行值班单位。

四川电力系统设置三级调度控制机构，即：省级电力调度控制机构（简称省调），省辖市级电力调度控制机构(简称地调)，县级电力调度控制机构(简称县调)。

【省电力调度控制中心】四川电力调度控制中心(简称省调）主要负责四川电网调度运行、变电设备运行集中监控、系统运行、调度计划、继电保护、自动化、水电及新能源等各专业管理职责；调度管辖省域内 500 千伏电网和 220 千伏主网，直调所辖电厂；承担省域内±660 千伏及以下直流站和 500 千伏交流变电站变电设备运行集中监控、输变电设备状态在线监测与分析业务。内设 8 个处，分别为调度控制处、调度计划处、系统运行处、设备监控管理处、继电保护处、自动化处、综合技术处、水电及新能源处。截至 2012 年底，中心正式员工 91 人。

调控中心550千伏集中监控业务启动仪式 （调控中心 提供）

【四川省调职责和权限】1. 接受国调、区域分中心（简称华中网调）的调度管理，接受国调、区域分中心（华中网调）授权或委托的与电力调度相关的工作。2. 负责省电网的安全、优质、经济运行，划分省电网调度管辖范围，对所辖电网及并网电厂实施统一调度管理。3. 负责电网内调度控制运行、调度计划、运行方式、继电保护、调度自动化、水库及新能源调度等专业管理，制定电力系统电力调度、设备监控方面的标准、规程、制度和办法，负责所辖电网二次设备技术监督。4. 负责指挥调度及监控范围内设备的运行、操作及电网的事故处理，参与电网事故调查分析；负责指挥电网调频、调峰及调压工作，负责指挥网间联络线潮流的调度控制。5. 负责组织制定和执行所辖电力系统的运行方式。执行上级调度控制机构下达或批准的网间联络线运行方式。6. 负责所辖电网电力电量平衡.临时交易和检修平衡，负责制定和执行所辖电力系统调度计划。7. 参与所辖电网规划、设计、建设、工程项目审查及设备选型工作。8. 受理并批复新建或改建管辖设备投入运行申请，制定新设备启动调试调度方案并组织实施。9. 参与签订发电厂、地方电网的并网协议和购售电合同，负责签订调度管辖范围内的发电厂、地方电网、用户的并网调度协议。10. 会同有关部门编制《四川电网有序用电预案》、《四川电网紧急拉闸限电序位表》，报政府批准后执行。11. 负责所辖水电厂水库发电调度工作，制定水库调度方案。参与主要水电厂发电与防洪、航运和供水等方面的协调工作。12. 负责组织制定全网继电保护及安全自动装置配置的技术方案和调度管辖范围内的整定方案，并督促实施，负责继电保护专业归口管理，负责继电保护专业技术监督，负责继电保护二次设备的大修、技改项目的审查。13. 负责所辖电力系统的安全稳定运行管理。14. 参与制定自动化系统的规划，负责电力二次系统安全防护。15. 负责公司电力调度控制技术装备的运行和管理。16. 负责对本级监控范围内电网运行设备的集中监控。17. 负责四川电力系统调度控制业务中涉及电网通信通道业务的评价。18. 配合电力通信管理部门对四川电力系统的电网调度通信业务的日常运维、事故处理、调查分析。

【省调调度管辖设备范围】1.四川电网除国调、国调华中分中心管辖外的500千伏系统（含500千伏站内无功补偿设备）。2.四川电力系统内220千伏主网架和地区电力系统间220千伏联络线。3.四川电力系统内装机容量1万千瓦及以上的发电厂及其送出系统。4.国调、国调华中分中心委托调度管辖的设备。

【省调监控设备范围】1.四川电网500千伏变电站设备（消防、安防、视频系统除外）。2、四川电网500千伏输电设备。

【地区电力调度控制中心】至2012年底，四川电网设有21个地调，分别是：成都地调、德阳地调、绵阳地调、广元地调、资阳地调、内江地调、自贡地调、宜宾地调、泸州地调、乐山地调、眉山地调、达川地调、南充地调、巴中地调、攀枝花地调、西昌地调、广安地调、遂宁地调、阿坝地调、雅安地调、甘孜地调。

【地调职责和权限】1.接受省调的调度管理，接受省调授权或委托的与电力调度相关的工作。2.负责所辖电网的安全、优质、经济运行，负责调度控制管辖范围内设备的运行、监控、操作及电网的事故处理。3.负责所辖电力系统调度控制、设备监控、调度计划、继电保护、调度自动化、水电及新能源等专业管理和技术监督。4.负责编制和执行所辖电网的运行方式，执行省调下达的运行方式。5.负责编制并执行所辖电网调度计划。6.会同有关部门编制本地区电网有序用电预案和本地区电网紧急拉闸限电序位表，报政府批准后执行。7.负责组织制定和执行所辖电力系统的继电保护方案。8.受理并批复新建或改建管辖设备投入运行申请，制定新设备启动调试调度方案并组织实施。9.参与所辖电网发展规划、设计、有关工程项目的审查和设备选型。10.负责所辖电力系统的安全稳定运行管理。11.负责所辖水电厂水库发电调度工作，制定水库调度方案。参与主要水电厂发电与防洪、航运和供水等方面的协调工作。12.负责所辖调度控制自动化设备的运行管理。13.负责签订所辖发电厂并网调度协议。14.负责对本级监控范围内电网运行设备的集中监控。15.负责四川电力系统调度控制业务中涉及电网通信通道业务的评价。16.配合电力通信管理部门对四川电力系统的电网调度通信业务的日常运维、事故处理、调查分析。

【地调调度管辖设备范围】1.本地区除省调调度管辖外的220千伏系统。2.本地区110千伏及以下系统。3.本地区装机容量1万千瓦以下发电厂及其送出系统。4.本地区与其他地区间的110千伏联络线（由相关地调协商调度）。5.省调委托调度管辖的设备

【地调监控设备范围】1.本地区220千伏、110千伏变电站设备。2.本地区220千伏、110千伏输电设备。

【电网安全经济运行】2012年以来，在国际国内经济下行压力不断增长的宏观环境下，四川省经济增势放缓，但仍继续保持较快增长，呈现“快于全国，好于西部”的较好发展态势。在省委、省政府和国家电网公司的正确领导下，在相关部门和兄弟网省公司的大力支持下，四川省电力公司与各发电企业同心协力，攻坚克难，充分发挥向家坝—上海、锦屏—江苏、宝鸡—德阳等跨区跨省联网工程大范围优化资源配置的优势，在冬季和夏季两个高峰期，千方百计保障了全省电力有序供应，并最大程度地满足了省内水电资源的充分消纳。四川电网严格执行国家节能减排政策，继续认真开展节能发电调度试点工作，取得了显著的社会效益。

2012年，四川电网电力供需总体仍呈丰、枯特性分明，电网与发电企业协同努力，全力保障省内用电需求，同时全力争取丰水期水电外送，实现了对省内水电电量的最大化消纳，收购水电电量、水电外送电量均创历史最高纪录。

2012年，四川电网继续实施节能发电调度试点工作，在保证电网安全稳定运行的原则下，保障风电、水电及其他可再生能源发电优先上网，火电按节能发电调度机组排序表有序调用，60万千瓦、30万千瓦、20万千瓦等各容量级别机组全年平均发电利用小时呈正序分布，60万与30万机组级差约659小时、30万与20万机组级差达到1729小时。

2012年，四川电网节能减排成效显著，主要体现在三个方面，一是按规则优先调用水电、减发火电，全年川电外送264亿千瓦时水电清洁能源，相当于使整个国家电网减少标煤消耗832万吨，减少二氧化碳、二氧化硫排放2161万吨和23.95万吨。二是丰水期5-10月比上年减少火电上网电量18.8亿千瓦时，节约标煤消耗59.2万吨，减少二氧化碳、二氧化硫排放153.9万吨和1.71万吨。三是通过有序调用各能耗级别火电机组，增加了高效率火电机组利用小时数，全年火电机组平均标煤耗326.32克/千瓦时，较传统调度方式降低1.57克/千瓦时，相当于节约电煤6.9万吨，减少二氧化碳、二氧化硫排放18.0万吨和0.20万吨。三项合计减少标煤消耗898万吨，减少二氧化碳、二氧化硫排放2333万吨和25.86万吨。

【四川电网统调总装机容量】至2012年12月31

日，四川电网统调总装机容量4525.17万千瓦（国调465万千瓦，直调4060.17万千瓦），发电厂站共235个（国调3个，直调232个），机组共625台（国调7台，直调618台），综合平均单机容量为7.24万千瓦，其中水电装机共3242.95万千瓦（国调465万千瓦，直调2777.95万千瓦），占总容量的71.66%（国调10.27%，直调61.39%），机组554台（国调7台，直调547台），平均单机容量5.85万千瓦；火电装机1268.32万千瓦，占28.03%，机组55台，平均单机容量23.06万千瓦；其他电源装机13.9万千瓦，占0.31%，其中环保电源装机12.3万千瓦，机组8台，平均单机容量1.54万千瓦，风电装机1.6万千瓦，机组8台，平均单机容量0.2万千瓦。直接接入220kV及以上电压等级的发电机组317台，总容量为4001.55万千瓦，其中火电装机为1174万千瓦，水电装机为2827.55万千瓦。

【统调统分电力】2012年全网累计完成上网电量1610.8亿千瓦时，同比增幅8.65%，其中水电厂上网1126.2亿千瓦时，同比增幅13.6%，火电厂上网480.6亿千瓦时，同比降幅1.83%，新能源上网4.0亿千瓦时，同比增幅164%。

2012年四川统调发电机组平均发电利用小时数为4214小时，同比下降44小时，其中水电为4254小时，同比增加140小时；火电为4132小时，同比下降428小时；风电为2431小时，同比增加508小时。

【电网负荷】2012年全网累计完成省内网供用电量1376.6亿千瓦时，同比降幅0.32%。2012年四川电网电力、电量均创历史新高。日最大发电出力3206.8万千瓦，比上年增加396.3万千瓦，增幅14.1%，日最大上网电量6.65亿千瓦时，比上年增加0.66亿千瓦时，增幅11.0%，均发生在丰水期8月中旬；日最高网供用电负荷2459.9万千瓦，比上年增加100.1万千瓦，增幅4.24%，发生在12月底极端低温天气条件下，日最大网供用电量4.81亿千瓦时，与上年持平（负荷率下降），发生在8月中旬极端高温气候天气下，全网空调负荷启动约650万千瓦。

日均最大网供用电负荷1950万千瓦，比上年增加22万千瓦，增幅1.1%，日均最小网供用电负荷1340万千瓦，比上年减少31万千瓦，降幅2.3%；日均网供用电负荷率80.34%，比上年下降1.38%，日均最小网供用电负荷率68.80%，比上年下降2.39%。各月负荷特性见下表。

2012年各月负荷特性

表6 **单位：亿千瓦时、万千瓦**

月份	1月	2月	3月	4月	5月	6月	7月	8月	9月	10月	11月	12月	全年
最高用电负荷	2260	2325	2261	1968	2005	2060	2151	2439	1913	1917	2210	2460	2460
最低用电负荷	908	1111	1373	1299	1187	1137	1129	1253	1091	967	1277	1424	908
日均最高用电负荷	1969	2143	2031	1900	1820	1809	1865	2072	1729	1726	2051	2294	1950
日均最低用电负荷	1209	1411	1481	1412	1309	1260	1233	1364	1210	1211	1430	1552	1340
日均用电量	3.67	4.11	3.98	3.73	3.56	3.48	3.58	4.04	3.35	3.33	3.92	4.39	3.76
平均用电负荷率	77.54%	79.93%	81.60%	81.80%	81.46%	80.23%	80.00%	81.17%	80.75%	80.24%	79.67%	79.72%	80.34%
日均最小用电负荷率	61.07%	65.75%	73.05%	74.37%	71.93%	69.68%	66.23%	66.03%	70.06%	70.07%	69.75%	67.70%	68.80%
平均用电峰谷差	759	732	550	487	511	549	632	708	520	515	621	742	611
平均用电峰谷差率	38.58%	34.17%	27.08%	25.65%	28.07%	30.35%	33.88%	34.17%	30.04%	29.84%	30.26%	32.35%	31.20%
月份	1月	2月	3月	4月	5月	6月	7月	8月	9月	10月	11月	12月	全年
最高发电出力	2250	2167	2098	2012	2085	2532	2947	3207	2739	2618	2436	2409	3207
最低发电出力	810	984	1237	1248	1275	1438	1808	2011	1732	1543	1327	1375	810
日均最高发电出力	1937	1994	1867	1924	1967	2262	2629	2914	2517	2405	2182	2284	2242
日均最低发电出力	1117	1229	1303	1389	1383	1668	2040	2159	1984	1878	1519	1465	1596
日均上网电量	3.50	3.69	3.53	3.69	3.72	4.53	5.54	5.99	5.20	4.96	4.19	4.22	4.40
平均发电负荷率	77.54%	79.93%	81.60%	81.80%	81.46%	80.23%	80.00%	81.17%	80.75%	80.24%	79.67%	79.72%	80.34%
日均最小发电负荷率	61.07%	65.75%	73.05%	74.37%	71.93%	69.68%	66.23%	66.03%	70.06%	70.07%	69.75%	67.70%	68.80%
平均发电峰谷差	820	765	563	535	584	595	589	754	533	527	663	819	646
平均发电峰谷差率	42.81%	38.42%	30.04%	27.79%	29.70%	26.32%	22.35%	25.78%	21.14%	21.91%	30.51%	35.83%	29.37%

【电网频率】2012年，四川电网频率合格率按±0.2Hz考核。全年电网频率不合格时间为0秒，责任频率累计合格率为100%，继续位于全国同业对标A段。

【无功补偿】2012年，随着电网的发展，500千伏-220千伏主网各变电站共新投产了1311兆乏无功补偿电容器和921兆乏无功补偿电抗器，其中500千伏变电站投产了600兆乏无功补偿电容器和900兆乏无功补偿电抗器，220千伏变电站投产了711兆乏无功补偿电容器和21兆乏无功补偿电抗器。电网无功补偿设备装设容量的逐年增加，进一步缓解了电网丰水期无功不足电压偏低的矛盾，使220千伏及以上主网电压考核点的电压合格率达到100%，继续保持四川主网电压合格率的历史最高水平。

整体上看2012年四川500千伏电网的充电功率基本实现分层平衡，局部地区（如木里、月城、九龙等）在线路输送潮流较轻时运行电压偏高，需要相关电厂机组进相运行；500千伏龙王站主变更换后，全网500千伏电压调整的困难主要集中在锦苏直流近区及500千伏木里站片区；由于无功补偿设备配置不足，成都、乐山、西昌等局部地区运行中电压偏低和电压偏高的情况同时存在，即在用电高峰时段或地区电网小水电发电出力较少时，因220千伏变电站容性补偿度较底，运行电压偏低，电压稳定水平不高；而在轻负荷时段、或地区电网小水电发电出力水平较高时，电缆、架空长线路的充电功率无法平衡，又容易出现电压偏高的情况。

【电网技术装备】2012年，结合“三集五大”体系建设，公司进一步推进二次系统技术装备发展。2012年调度系统技术装备建设总投入3.6亿元，建设范围覆盖地区电网调度技术支持系统、地县级备调、调度数据网络、地县一体化调度管理系统、保护故障信息管理系统，截至2012年12月，四川电网按照“地县一体化”和“调控一体化”原则升级改造21个地区电网调度技术支持系统，新建、改造21个地调调度管理系统，建设21个地区调度数据网络和配网图形化管理系统，规范化改造21个地调自动化机房，实现电网AVC功能省、地协调闭环控制，保护故障信息管理子站从无到有覆盖所有500千伏变电站及枢纽220千伏变电站。

【继电保护管理】2012年，四川电网继电保护装备水平和技术管理水平稳步提升。至2012年底，220千伏及以上系统（含发电厂）继电保护装置共有8367台（其中主网6565台，发电厂1802台），设备微机化率达到99.69%，设备国产化率达到99.01%（含发电厂）。线路保护光纤化率继续提升，220千伏及以上线路保护光纤化率由2011年底的71%提高到78.87%。2012年，全网220千伏及以上系统（含发电厂）发生故障279次，保护装置共动作3344次，全部正确动作并快速切除故障，保障了电网安全运行。

调控中心扎实推进继电保护及安自装置安全风险管控专项行动。制定了《四川电网继电保护及安全自动装置风险管控工作规定》，建立了设计选型、基建调试、验收投产、检验维护、整定计算等5个重点环节风险管控常态机制；以继电保护基建调试、验收、检验、整定计算四大标准化作业指导书编制工作为切入点，实现了专业管理和职能管理的有机结合；组织开展了主网系统继电保护定值校核工作，对存在的定值风险实施预控，优化和修编了主网后备保护整定配合原则；组织开展继电保护风险管控专项监督检查，对专业管理重点要求和反措执行情况进行了全面清理排查，对保护光纤通道共缆、共电缆沟等20多项违反保护反措方面的隐患制定了整改计划并已逐步开展落实。

规范推进保信系统建设，保障大运行模式下电网事故的快速分析处理。为了满足“大运行”体系建设的要求，提高变电站无人值班、集中监控运行模式下电网事故响应、分析和处置能力，结合智能调度技术支持系统试点，调控中心全力开展基于D5000的保护故障信息处理系统建设，基本实现全网500kV变电站子站接入全覆盖。

加大保护光纤化改造力度，继电保护装备水平持续提升。2012年，调控中心全力推动线路保护光纤化改造工作，将保护光纤化率纳入省公司同业对标体系，并通过多种措施，动态跟踪光纤通道改造实施情况，协调保护光纤化改造实施进度，有效推动保护光纤化改造工作。

全面推行标准化建设，落实继电保护全过程安全管控措施。落实继电保护风险管控措施，制定了整定计算、验收调试、现场检验、基建调试的继电保护标准化作业指导书模板，建立了以“现场调试标准化”、“基建验收标准化”、“保护检验标准化”、“整定计算标准化”为核心的安全风险管控标准化体系。规范智能变电站继电保护运行维护管理，针对智能变电站相关技术导则和投运以来的实际运行情况，组织编制省公司企业标准《智能变电站继电保护检验规范》、《智能变电站继电保护运行管理规范》，为今后的智能变电站继电保护运维管理提供了具体的规范性标准。规范保护故障信息处理系统技术方案，组织制定了省公司企业标准《继电保护故障信息系统技术标准》、《继电保护故障信息系统主子站、子站与保护装置接口标准》。通过上述标准的制定实施，提升了继电保护整定计算和现场调试的安全作业水平，促进了智能变电站、保信系统的新技术应用和运维管理。

加强专业技能人才队伍建设，进一步提高四川电网继电保护专业人员的技术技能水平。在公司各部门配合下，于10月22日至10月26日举办了2012年继电保护专业知识及技能竞赛，来自公司系统23个单位的25支代表队，共75名选手参加了竞赛。经过各参赛队选手公平竞赛，决出了团体奖、个人奖和优秀组织奖。通过竞赛，不仅锻炼了继电保护专业队伍，而且为省公司培养了又一批保护专业优秀人才，其中三名选手直接入选了省公司优秀技能人才，圆满完成了竞赛任务，达到了预期目标。举办了两期继电保护技术技能培训和大运行标准制度宣贯，共计培训163人次。举办了继电保护统计分析及运行管理系统培训班，共计41人次参与了培训，为推进继电保护统计分析及运行管理系统数据规范化管理做好准备。开展对并网电厂、高压用户技术服务，召开四川电网并网电厂、高压用户继电保护专业会及新技术培训会，共计154人次参与了技术培训。重视智能变电站技术培训，组织调度各专业人员赴220千伏团结智能变电站实地调研，并配合国调开展智能变电站继电保护技术培训，全年共计组织1500人次参加了10期电视电话技术讲座。

【水库调度】2012年，公司抓好水库调度工作，根据来水增加的情况，努力多发水电。

1.水电来水情况。2012年，全网来水比上年同期平均增加约32%，比多年同期平均增加约12%，为偏丰年。其中：雅砻江二滩电站全年来水比多年同期平均增加8%，来水接近常年；大渡河瀑布沟电站全年来水比多年同期平均增加15%，为偏丰年；岷江紫坪铺电站全年来水比多年同期平均增加14%，为偏丰年；白龙江宝珠寺电站全年来水比多年同期平均增加5%，来水接近常年。

2.水电装机及发电情况。截至2012年12月31日，全网统调水电装机2777.95万千瓦，占全网装机68.42%，共197座。其中季调节及以上水电装机1058.9万千瓦，占全网水电比重38.1%，共17座；枯期日周调节（丰期径流）水电装机1210.13万千瓦，占全网水电比重43.6%，共104座；径流式水电装机508.92万千瓦，占全网水电比重18.3%，共76座。调节性能统计见下表：

2012年末水电调节性能装机统计表

表7　　　　单位（万千瓦、座）

水电总计		季调节及以上装机			日周调节			径流式		
装机	总站数	装机	电站数	占比	装机	电站数	占比	装机	电站数	占比
2777.95	197	1058.9	17	38.1%	1210.13	104	43.6%	508.92	76	18.3%

按电站规模统计，全网中型电站居多，共有104座，总装机1216.35万千瓦；大1型电站只有二滩、瀑布沟，总装机690万千瓦；大2型有12座，总装机670.6万千瓦；小1型有75座，总装机198.49万千瓦；小2型有4座，总装机2.51万千瓦。电站规模统计见下表：

2012年末电站规模统计表

表8　　　　单位（万千瓦、个）

电站规模		装机容量	电厂个数	占全网水电总装机
大1型	120≤☆	690	2	24.8%
大2型	30≤☆＜120	670.6	12	24.1%
中型	5≤☆＜30	1216.35	104	43.8%
小1型	1≤☆＜5	198.49	75	7.1%
小2型	☆＜1	2.51	4	0.1%

2012年全网水电发电量完成1123亿千瓦时(含二滩134亿千瓦时)，比上年增加132亿千瓦时，同比增长13.3%。其中枯水期（1～4月、12月）日均发电量1.85亿千瓦时，平水期（5月、11月）日均发电量2.83亿千瓦时，丰水期（6～10月）日均发电量4.38亿千瓦时。全年水电最大日发电量5.33亿千瓦时（7月30日），最小日发电量1.25亿千瓦时（1月31日）。

3.水库调度专业管理工作成绩。2012年，根据公司大运行工作安排，全面梳理和修编了《水库调度运行管理岗位工作标准》等5项工作标准和《水电运行分析管理标准》等4项管理标准，并完善了相关水库调度工作流程，编制并印发了《四川电网水库调度管理规定》，实现了水库调度业务管理制度化、工作规范化、业务流程化的目标，促使四川电网水库调度标准化管理工作迈上新台阶。

2012年，针对并网水电站众多，水调日常业务量急剧增加的实际情况，四川省调积极联合国家电网公司电科院、四川大学深入对四川电网各并网水电流域特性、来水规律、中长期水文预报模型及水库群优化调度规则等一系列与四川电网水调业务密切相关的技术进行了全面研究，大大提高了四川电网水情预测和水库优化调度技术水平；与此同时，四川省调按照国家电网智能调度技术支持系统建设总体部署，大力推进水调应用模快建设与完善工作，加大人力投入，完成了各应用模块消缺和功能完善工作，并对水调应用画面和主要功能进行了全面升级更新，充分发挥模块特色和优势，提高了全网水库调度技术水平。

【电网运行方式】2012年四川电网外联通道将扩大为四个，分别为±800千伏锦苏直流、复奉直流、±500千伏德宝直流和川渝500千伏交流通道。外联通道的增加，进一步加强了四川电网与区外电网的联系，为丰水期四川水电资源的外送提供了新的途径和选择。

2012年的一大电网亮点是各地区的500千伏电网及变电容量将得到加强：500千伏什邡站、平武站的投产，标志着德阳、绵阳地区建成第二座500千伏变电站，地区电网网架结构和供电能力得到极大提升；攀枝花电网在2012年迎来两座500千伏变电站——橄榄和甘泉站，成为全省第二个拥有3个500千伏变电站的地区，地区形成500千伏环网，电网网架结构和供电能力将得到较大改善。

500千伏木里、平武变电站和甘谷地开关站的投运，进一步延伸和扩展了四川电网水电通道的汇集承载功能。西昌地区的500千伏木里变电站的投运，为鸭嘴河等流域水电厂上网提供了送出通道；平武变电站投产，可缓解阿坝茂县变电站的上网压力，减轻水电通道的送出压力；甘谷地开关站的投产，可优化康定地区水电并网结构，提升康定—甘谷地—蜀州通道的送出能力。

220千伏电网方面，彭祖变电站220千伏送出工程完成后，眉山电网网架结构将更趋合理，供电能力和安全水平进一步提高，具备了本地区通过两个500千伏变电站分区独立运行的能力；什邡220千伏配套工程建成，德阳西部电网薄弱的缺陷得到彻底弥补，也为成都—德阳500/220千伏电网电磁环网解环创造了条件。西昌地区220千伏普提—越西双回线投产，可改变西昌—新棉长距离单环网的电网结构，改善越西、西昌地区的供电可靠性和供电能力；甘孜地区是2012年国家电网建设的重要战场，随着220、110千伏超长线路构成的新甘石输变电工程投产，石渠县地方电网将实现与四川主网的联网，实现国家电网对四川最偏远藏区的供电覆盖。

【电网稳定】2012年，四川电力系统各单位共同拼搏，保持了四川电网安全运行，取得了四川电力事业发展的新成绩。

超前介入，精心准备，攻坚克难，为新甘石联网工程的顺利投产和投产后的安全运行做好了充分的调度准备工作。一是稳步推进，建立强有力的组织保障体系，保障了新甘石输变电工程各项调度准备工作的有序推进。二是精心准备，做好新甘石联网工程的调度技术保障工作。专题深入研究新甘石工程的电网运行措施，揭示了运行电压风险，采取多项技术和管理措施防范过电压，为新甘石联网工程顺利投产和安全运行扫清障碍。三是强化培训，提高新甘石联网工程调度运行人员技术水平。先后两次与承担新甘石联网工程运维任务的近70名技术人员进行面对面技术交底；对甘孜地调专业人员进行手把手式技术指导，从人员力量上保证了新甘石联网工程的顺利投产及安全稳定运行。

锦苏直流建成投产后，先后进行了双极低端启动调试、第一次孤岛及大负荷试验、锦苏孤岛与220千伏联网、双极高端启动调试等运行方式试验。四川省调高度重视锦苏直流启动投产及孤岛和大负荷试验，成立了以中心领导为组长的领导小组和各专业处室技术骨干为成员的工作小组，在国调的统一部署和安排下，提前开展了一系列工作，积极向上级调度机构建言献策，努力规避运行风险，确保了锦苏直流相关试验顺利完成同时满足了四川电网安全运行的需求。

实施了成都-德阳、乐山-眉山500千伏、220千伏电磁环网解环，有效解决了电网负荷中心区域220千伏短路电流超标问题，增强局部电网供电可靠性和供电能力。电磁解环工作顺利实施，电网运行平稳，220千伏短路电流水平显著下降，简化了电网结构，消除了电网安全运行隐患，使220千伏电网逐渐分区运行的思路得以落实。

积极开展西昌电网各种运行方式的研究，比照599号令及地区电网的实际运行需要，分析利弊，寻求和谐方案；依托电业局，开展向地方政府、电监机构的汇报和备案工作，寻求风险规避措施。通过不懈的努力，在西昌电网实施了电磁环网解环、220 千伏电网分片运行的方案，有效解决了地区电网供电能力不足和支持锦苏直流及巨型电站投产的难题。

【电网存在的主要问题】2012 年自然灾害仍然是造成四川电网故障的主要因素，各种类型的自然灾害均不同程度地对电网安全稳定运行造成影响。

自然灾害造成的电网故障主要集中在年初冰雪季节，跳闸均因大雪或是覆冰造成。此外雷雨、大风天气是引发电网故障的又一因素，造成 500 千伏普洪一线、普洪三线、二普二线等线路跳闸。山火对电网安全稳定运行也构成严重威胁，5 月 24 日，二普三线 107 号－108 号塔正下方山火造成线路跳闸，导致二滩电厂送出受限。

四川外送通道难以满足迅猛增长的水电外送需求。2013 年丰水期，四川电网外送通道未加强，仍维持“三直一交”的外送格局。随着与复奉直流配套的向家坝、溪洛渡等巨型电源的相继投产，四川水电借道复奉直流外送的空间变小，2013 年丰水期，四川水电将面临严峻的压力。

四川交直流混联电网的运行特性复杂，交流特高压送电功率及方向与四川水电外送能力密切相关。“三华”互联电网联系日趋紧密，省内断面与网间断面的关系呈现出进一步的关联关系，电网运行特性进一步复杂化，电网安全措施的制定更加困难。

四川电网大面积停电的风险依然存在。电网结构上与区外电网的电气联系更加紧密和直接，电网运行上网省间交换功率不断提升，最大限度发挥联网效益。四川电网丰水期作为全国互联电网的送端，枯水期作为沟通西北、华中、华东的电力转送枢纽，安全稳定运行的压力较大，始终存在大面积停电的风险和隐患。

通信自动化

【自动化概况】2012 年是四川电网调度自动化专业成立以来变更最大的一年，从自动化系统更换、自动化专业职能转换、自动化人员变换等方面都经历了重大变更。

2012 年 1-6 月“三集五大”改革前，自动化职能分别由 2010 年成立的调度中心自动化处与 2006 年专业职能整体从调度中心分离而出的通信自动化中心自动化处承担。调度中心自动化处负责四川电网自动化专业管理，人员设置为处长 1 人，专责 2 人；通自中心自动化处负责四川电网调度自动化系统运行管理和四川电网调度自动化主站系统的运行维护管理，人员设置为处长 1 人，主任工程师 1 人，专责 18 人。2012 年 6 月底，随着“三集五大”全面实施，自动化专业职能全部回归调度控制中心自动化处。

2012 年四川省调自动化系统总体运行情况稳定，有 3 项指标高于上年同期，有 1 项指标略低于上年同期水平。

至 2012 年 12 月底，接入系统的厂站数共计 60 个，其中 800 千伏换流站 1 座，500 千伏变电站 6 座，220 千伏变电站 22 座，110 千伏变电站 1 座；水电站 30 座（其中，220 千伏及以上并网电厂 11 个，110 千伏及以下并网电厂 19 个）；无火电厂接

信通公司员工在新甘石现场开展工作　（信通公司　提供）

入。厂站接入均为计算机监控系统接入，无远动终端装置 RTU 接入。四川省调管辖 22 个（包括省检修公司）地区调度，其 EMS 系统通过调度数据网与省调 EMS 互联。系统具备低周低压减载实时统计、限电序位负荷实时统计、频率越限统计、线路及断面潮流监视、全网电压监视、一次调频投/退情况监视、火电厂脱硫监视等在线监视功能。通过建立负荷平衡监视、线路潮流差值监视、多数据源数据差值监视、地区电力负荷差值监视等监视画面，加强对数据合理性、有效性的校验与判别。

【通信系统建设】四川省电力公司《通信网三年规划》顺利建设完成，除甘孜公司外，所有地市电业局（公司）全部建成四级（地区）光纤环网；对“川东南光环网”和“川北光环网”等省级骨干通信网络启动实施“田字型”格网结构加强改造，通信网整体技术装备水平和支撑能力大幅度提高。公司直属营业厅（所）、35 千伏及以上变电站实现 100%光纤通信覆盖；高清电视会议系统 100%覆盖直属、控股、代管县级供电企业，电视会议分会场达 368 个，建成国家电网公司系统最大规模；35 千伏及以上变电站 100%实现实时视频监控；基建视频监控指挥系统建成投运，并成功应用于新甘石联网等重点工程的施工现场管控。

【备调系统建设】四川备调采用与省调相同的科东公司集成的智能电网调度技术支持系统（SG-OSS）平台，按主备调同步功能建设，实现了基于与省调系统的模型信息、参数配置、历史数据、画面的自动同步。四川省调在 2012 年 10 月中旬顺利完成了备调系统的升级工作。

为进一步提高四川备用调度系统运行可用性、可靠性，2012 年自动化处加强了对备调系统建设和运行维护的监督管理力度，组织通信自动化中心和南充电业局开展备调系统运行维护问题清理和消缺工作。在运行管理方面，定期对备调系统前期故障及异常问题进行清理，结合主调智能电网调度技术支持系统建设工作同步接入所有厂站，核查厂站信息。省调、通信自动化中心、南充电业局共同探讨，进一步理清了目前备调系统运行维护流程，完善工作联系沟通机制，明确职责，落实到人，确保了备调数据和基本功能运行正常。同时，自动化处统筹规划，合理安排各基层单位自动化系统改造计划，完成成都等 3 个地县备调新建工程二次专项的初设审批任务及剩余 18 个地区地县级备调系统新建工程的立项和可研审查工作。

【调度数据网和 EMS 网建设】2012 年，四川电力调度数据网得到较大完善和发展。顺利完成双平面骨干网备调和地调节点建设，以及网调接入网四川汇聚节点建设任务，完成了骨干网双平面一期工程建设。至 2012 年 12 月底，共有 22 个地调（包括省检修）、216 个 220 千伏及以上变电站、240 个发电企业（火电厂、水电厂和集控中心）接入省调接入网，省调直调厂站覆盖率达到 98.6%，其中 2012 年度完成 2 个地调（包括省检修）、60 个厂站的调度数据网建设工作。

2012 年，随着厂站的大量接入，数据网路由设备 E1 接口严重不足，通过技改和大修项目，对 4 个骨干节点和 2 个汇聚节点进行板卡扩容，保证了厂站的正常接入。对于部分带宽不足的链路也进行了扩容，保证了大数据量业务的正常通信。

2012 年，是四川电网调度自动化系统全面建设年，四川省调在完成主、备调 D5000 平台 3.0 升级工作的同时，积极推进 21 个地调系统建设，使其在 2012 年底前全部更新上线，投入运行。为保证系统安全、稳定运行，及时了解系统运行状况，制定了 SG-OSS 系统日常运行巡视标准，并对综合智能报警、AVC 等模块推进情况实行周报制度；结合基础数据整治等工作努力提高厂站自动化基础数据质量，对存在问题较多的 PMU 数据、事故总信号、遥信变位上送不及时等问题进行专项整治工作。此外，四川省调自动化还对系统中基础模型和参数进行了多轮校核；完成了除洪沟、龙王外其余 34 座 500 千伏变电站集中监控接入工作。为“大运行”体系建设打下了良好的技术支持条件。

2012 年，根据省公司的统一部署和安排，大力开展了 AVC 子站接入工作，切实提高 AVC 控制覆盖率。四川电网 AVC 主站系统运行稳定，变电站控制功能模和省地协调控制功能模块成功投入在线运行。2012 年完成了 SG-OSS 系统 AVC 应用 3.0 升级工作；完成了宜宾和乐山 AVC 省地协调控制接入工作，及 18 个变电站投入省地协调实时控制；完成与 500 千伏超高压集控监控系统 AVC 联调，成功接入蜀州、尖山、谭家湾等 8 个 500 千伏变电站接入工作。

2012 年四川 AVC 系统 500 千伏接入变电站

表 9

序号	厂站名称	电压等级（千伏）	可控容量
1	蜀州	500	6×60MVar 电抗+4×60MVar 电容
2	富乐	500	4×60MVar 电抗+4×60MVar 电容
3	茂县	500	2×45MVar 电抗
4	谭家湾	500	6×60MVar 电抗+5×40MVar 电容
5	昭化	500	2×60MVar 电抗+4×40MVar 电容
6	丹景	220	6×60MVar 电抗+4×60MVar 电容
7	尖山	220	6×60MVar 电抗+4×40MVar 电容
8	资阳	220	4×60MVar 电抗+4×60MVar 电容

完成网省 AVC 联调接入。按照华中电网调控分中心要求，四川自动化积极配合了实现网省 AVC 协调控制功能的目标。

2012 年 AGC 接入工作稳步推进。按照计划稳步推进与电厂的 AGC 联调工作，新接入水电厂 5 个，火电机组 2 台，总发电容量为 274.7 万千瓦；另重新接入新建成都远控中心的水电集控 1 个，总发电容量为 72 万千瓦。全年接入 AGC 总发电容量为 346.7 万千瓦，其中水电 226.7 万千瓦，火电 120 万千瓦，有效地缓解了 AGC 调节容量不足与联络线调整需要的矛盾。

四川 SG-OSS 系统电网运行动态监视与分析应用主要实现了电网运行动态监视、低频振荡监视与分析、在线扰动识别和并网机组涉网参数监视等功能。结合基建和技改项目，大力推进 PMU 装置布点工作，2012 年新接入 PMU 子站 19 个。

四川省调 SG-OSS 中电网调度生产管理系统（OMS)为调度中心各专业提供了统一的业务处理平台，实现省调与地调、各厂站调度业务流程的规范化、标准化操作。5 个试点地调（乐山、自贡、成都、眉山、南充）OMS 系统也分别投运，实现了省地调一体化业务流转。

2012 年是“大运行”体制改革基础准备工作全面开展的一年。四川自动化专业工作重点是统筹协调好相关部门、各单位、系统集成厂商，保证调度技术支撑手段建设进度。同时规范统一相关系统建设和验收测试标准，提高系统建设质。并结合“大运行”体系建设，统一工作标准和工作界面，统一管理和运行维护核心流程，全面提升四川电网调度自动化系统应用水平。

2012 年，按照国家电网公司《地区智能电网调度技术支持系统应用功能规范》，结合“大运行”工作需求，根据地、县级调度机构的职责定位，四川省电力公司全面推进调度技术支持系统建设。在持续完善成都、眉山、宜宾、阿坝地调技术支持系统功能的基础上，全面建设其余 17 个地区地县调一体化 EMS 系统。2012 年底前，四川电网所有地区已全面建成“调控一体化”和“地县一体化”调度技术支持系统。直接采集全地区 35-220 千伏变电站监控信息。按照责任分区、信息分流的原则，支持地调对 110（66）-220 千伏变电站、县调对 35 千伏变电站设备集中监控，满足地调、县调对电网调度运行、设备集中监控等大运行业务需求。

【通信科技项目】2012 年，“基于卫星通信的调度自动化业务应用研究”科技项目研究完成并结题验收。

【通信新技术应用】超长距离光纤通信取得突破，在自然气候条件恶劣的甘孜藏区高原，首次成功建成了 368 公里超长距离光纤通信，并投入“新甘石”联网工程实际生产运行，直接承担了线路保护、调度自动化、变电站视频监控等电网生产重要生产业务的通信传输任务，创造了电力通信的新奇迹。为国家电网超长距离光纤通信系统建设积累了重要的系统参数、宝贵的工程和运行经验。

在四川电力通信系统首次引入“光纤切换技术”，对干线入城光缆实施 1∶1 路由保护，提高了光缆干线的运行可靠性。

【通信系统运行管理】2012 年，四川电力通信系统综合业绩指标考核首次名列国家电网公司第一（并列）。“强化专业管理，打造视频通信服务旗舰”管理经验入选国家电网公司同业对标典型管理经验。

【网络与信息系统建设和运行维护】2012年，国家电网四川信通公司（以下简称信通公司）负责省公司层面骨干信息网络及信息安全，支撑本部各部门的管控、协同办公、企业门户等42套信息系统的运行维护和业务支持，规模为服务器800台、网络设备和安全设备400台、内外网桌面终端计算机4万余台（含地市单位）、UPS电源10套、精密空调47套、3个信息机房共1900平方米。在国家电网信通部与省公司科技信通部的正确领导下，信通公司稳步推进SG 186、SG-ERP项目建设与运维，确保系统运行稳定可靠；不断完善制度流程，持续深化信息系统调度运行管理体系。全年开展信息安全综合治理、运行方式编制、反事故应急演练等专项工作，并积极承担国家电网GIS、云资源池建设及缺陷管理试点，全面提升了网络与信息系统的安全运行与综合防护水平。

【信息通信公司党的建设、队伍建设、企业文化建设】信息通信公司党委认真学习贯彻党的十七届六中全会和十八大报告精神，组织中心组理论学习12次，领导班子成员的“决策判断、经营管理、沟通协调、开拓创新、应对媒体、处置复杂问题和突发事件”能力不断增强，坚持“三重一大”集体决策程序，充分发挥领导班了的智慧和决策能力，圆满完成2012年各项指标任务。

全面落实党风廉政建设责任制，强化领导干部“一岗双责”，开展“学法规守廉洁保安全”主题教育活动，组织干部员工参观省公司廉洁教育基地，增强“干事、干净”意识。深化协同监督机制，加强风险防控，开展“高清视频会议系统改造完善”效能监察，信息通信公司2012年度责任制落实情况被省公司评为“优秀”单位，一名公司领导荣获省公司“勤廉兼优好干部”荣誉称号。

以企业文化凝聚优秀人才。公司工会积极组织开展员工才艺展示、足球友谊赛、乒乓球比赛等活动，营造团结和谐、“比学赶帮超”的良好氛围。2012年度省公司企业文化建设同业对标完成率100%。

（钟甜甜、李春燕、过夏明、黄小俐、杨鸿昌、王电刚、廖瑞斌）

责任编辑：梁　建

“大营销”体系建设

【“大营销”体系建设基本情况】2012 年，按照国家电网公司构建“三集五大”体系的统一部署，公司以“机构更精简、流程更顺畅、管控更有力、服务更高效、客户更满意”为目标，以“安全、服务、效率、效能同求”为原则，全面推进“大营销”体系建设。经过一年的真抓实干，公司初步建成“客户导向型、业务集约化、管理专业化、机构扁平化、服务协同化、管控实时化”的“一型五化”大营销体系，营销队伍和谐稳定、业绩指标稳步提升、服务品质持续优化、突破与创新纷呈。

一是建立了以扁平化为特征，功能统一、层级简约的营销组织架构。省级层面，设置“一部、二中心、一公司”：营销部调整内设机构，形成市场处、智能用电处、营业处、计量处、客户处、稽查信息处共 6 个处的标准设置；组建省供电服务中心（营销运行监控中心）、省计量中心、节能服务有限公司，由省电科院管理，业务上接受省公司营销部指导。地市层面，设置“一部（一中心）”：整合原有市客户服务中心、计量中心、电费管理中心以及城区供电局的营销业务，组建市客户服务中心，地市营销部与市客户服务中心合署。县级层面，设置“一中心”：组建县客户服务中心。市、县客户服务中心直接下设班组，不设中间管理层。

二是建立了以集约化为主线，资源大范围优化配置的营销发展模式。省级层面，实现电能表、低压互感器、用电信息采集终端检定配送、95598 电话服务、营销自动化系统建设及业务应用管理、110 千伏及以上业扩报装业务的“四集中”；地市层面，实现辖区内客户的电费核算、发行及账务管理、35 千伏（4000 千伏安及以上）客户业扩方案审查、35 千伏以上客户营销业务执行的“三集中”；县级层面，实现 10 千伏客户营销业务执行集中。

三是建立了以专业化为取向，城乡一体、流程统一的业务管理体系。结合业务分层集约和组织机构变革，深入梳理营销业务名录，新编及修订管理标准 47 个、工作标准 393 个、技术标准 160 个、规章制度 51 个，规范覆盖“大营销”19 个业务类 226 个流程。SG186 业务应用系统全面覆盖到公司 21 个地市电业局（公司）、45 个直供直管县公司和 63 个控股公司（除 2012 年新控股县公司外）、536 个农村供电所。全面覆盖到公司所有城市和农村用户。实现管理模式、业务流程高度统一，城乡营销管理一体化运作。

四是建立三级稽查监控监督体系，实现营销全业务在线监控稽查、持续评价改进的运营管控机制。构建精益高效的“监控+管理”工作机制，实现了“监控+管理”的高度融合、“常规稽查+专项稽查”的相得益彰、“运行监控+深度分析”的紧密相扣，监控和管理呈并行螺旋上升的良好态势，监控、分析、改进和提升环环递进，闭环管理。创建“三全一纵”立体监控模式，实现营销专业全覆盖，业务流程全监控、视频监控全方位，省市县纵向贯穿到底。建立营销绩效量化评价体系，进一步加强对问题的督促整改和责任追究力度。

五是建立了以客户为导向，营销一口对外、各专业协同运作、市场及大客户服务凸显的供电服务平台。坚持由“业务导向”向“客户导向”转变的原则，大力推进内部服务协同运作机制，实施全流程客户满意度评价，推动以客户为导向的企业内部管理全流程变革，提高投诉问题一次解决率和电力客户满意率。突出强化市场拓展及新型业务运营功能，在全省范围内实行客户分级管理机制，构建针对性的“快、省、免、特”差异化大客户服务体系，打造 360 度全方位业扩报装服务，提高洪涝等受灾客户复电管理水平，推行大客户集团缴费服务。

【“大营销”体系建设成效】公司“大营销”体系全面建成，资源优化配置效益明显，营销工作质量可控在控，供电服务质量大幅提升，营销新型业务快速发展，达成预期建设目标。

一是资源更优化。精简营销二级机构 71 个，用工效率提升 16.6%。新型业务及大客户服务从业人员数从 476 人提高到 733 人，占比从 3.87%提升到 5.24%。95598 电话服务省级集中，坐席人员从 376 人缩减至 175 人，人员减少 53.46%。计量器具集中检定配送，室内计量检定人员从 505 人缩减至 42 人，人员减少 91.68%。实施电费核算与账务集约化管理，电费核算账务处理人员从 509 人缩减至 366 人，人员减少 28.09% 。

二是业绩更优秀。高压客户业扩报装平均接电时间由 38.96 天减少至 33.61 天，有效缩短报装周期 5.35 天，业扩时限达标率由 73%提升到 98.61%，实现增供促销。计量检定成本更低。全面实现电能计量器具集约化管理，计量器具检定量从集约前 96 只/天人提高至 1296 只/天人，检定成本从集约前 8618.3 万元降至 1700.2 万元，检定效率提升 12.5 倍，检定成本节约率达 80.27%。电费差错更小。彻底实施电费核算集约化，电费集中核算率达 100%，电费差错率由 0.06‰下降至 0.02‰，下降率为 66.7%。资金效率更大。截至 2012 年底，月均预购电费比例超过 85%，预购电费资金时间价值使公司每月节约财务费用约 1300 万元，全年节约财务费用近 1.56 亿元。公司已连续三年实现当年电费结零目标，应收电费余额在国网公司保持 A 段水平。营销信息化系统实用化更高。营销稽查监控系统功能模块实用化率、SG186 营销业务应用系统建设及业务应用覆盖率均达 100%。新型业务快速发展。实现节约电量 6.17 亿千瓦时，节约电力 11.42 万千瓦，达到国网公司要求的 145%。截至 2012 年 12 月，在建新能源项目 19 个，总装机容量 71.15 万千瓦，其中风电项目 13 个，总装机容量 60.35 万千瓦，在建统调光伏项目 5 个，天然气发布式发电项目 1 个，总装机容量 10.8 万千瓦。累计建成 15 座充换电站、1010 个交流充电桩，为成都市 330 余辆电动公交车和 300 余辆电动市政专用车以及其他电动车辆的安全经济运行提供有力支撑，累计充电电量 307 万千瓦时，充电 26423 台次。营销稽查监控效益显著。通过稽查监控，共追补电量 845.85 万千瓦时，增加经济效益 5860.15 万元；发现并整改业务问题 12.21 万条、数据问题 1526 余万条；发布 431 份监控报告，提出 56 项重大异常和风险预警；向公司领导提供 13 份专题分析报告，提出营销管理和服务改进重大建议 82 条。

三是服务更优质。优化业务流程，故障抢修工单处理平均时长由 175.1 分钟下降为 160.5 分钟，下降率为 8.3%；提高话务处理效率，有效应对电话高峰，实现 95598 人工电话接通率由 86.35%提高至 96.19%，提升率为 11.40%，95598 电话平均接通时间由 134.41 秒缩短至 97.42 秒，下降率为 27.52%，能够最大限度安排 100 名以上的坐席同时接听客户电话，应对话务高峰的能力是集中前的 2 倍以上；提高服务水平，实现客户投诉一次解决率、供电服务承诺兑现率、电力客户满意率三个百分之百。

（谢　红）

增供扩销

【增供促销基本情况】2012 年，公司并表售电量累计完成 1543.85 亿千瓦时，同比增长 1.15%，完成国网调整计划 1542 亿千瓦时的 100.12%；母公司售电量累计完成 1392.42 亿千瓦时，同比下降 0.95%。

公司用电市场主要特点：一是大工业用电市场受宏观经济影响，出现同比下降，尤其是高耗能行业用电量出现较大程度负增长；二是由于 2012 年来水特别好，导致趸售电量近十年来首次出现负增长，同比下降 1.16%；三是城乡居民和商业用电需求保持自然增长，但受 2012 年凉夏气候影响，居民生活用电增速仅为 6.31%，为近年来较低水平。

【增供促销的主要措施】做好市场分析，落实促销政策，开展“百日攻坚”专项活动，全力以赴增供促销。

面对工业经济不景气、用电需求增长疲软的严峻形势，巩固存量市场、开拓增量市场。一是开展市场调研，完成四川工业用电形势分析报告和供需平衡分析报告，针对用电市场下滑趋势向

四川省电力公司扎实抓好客户的用电服务，2 月 14 日，国家电网四川德阳电业局领导率营销部、客户服务中心相关人员登门东方汽轮机有限公司，根据东汽公司的用电需求，着手解决其双电源供电问题（彭秀月　摄）

省政府发出预警信息并提出应对策略建议。二是积极落实富余电量消纳和留存电量政策，稳定高载能行业用电。协助省政府制定丰水期富裕电量消纳方案，全年共计对4000户次工业企业执行富余电量消纳政策，超基数电量共计66.52亿千瓦时，占当期大工业售电量的23.02%；同时，作好留存电量规范执行工作，全年完成凉山、阿坝、甘孜“三州”地区留存电量总计48.4亿千瓦时。三是全面开展“百日攻坚”专项活动。主动为省内270个重点项目提供超前服务，帮助客户提前投产，增加售电量2.8亿千瓦时；开展业扩报装时效专项稽查，缩短报装时间2.9天，增加售电量约0.26亿千瓦时；严格考核抢修到达现场时间、治理高损线路、开展反窃电活动，增加售电量约0.4亿千瓦时。四是进一步规范自备电厂管理。继续推动对企业自备电厂实行购售分离工作，年内实施“厂网分离”电量90亿千瓦时。

（张勇林）

川电外送和外购电

【外购电情况】2012年公司共完成外购电量43.14亿千瓦时(不含官地、向家坝电厂留川电量)，比2011年同期减少14.31亿千瓦时，同比降低24.91%。

2012年外购	电量（亿千瓦时）
德宝直流购西北（年度）	24.59
德宝直流购西北（短期）	6.98
官地送四川	10.24
向家坝送四川	2.79
锦东送四川	1.01
购甘肃	1.17
购华中短期	10.35
购华中1、2类	0.02
川渝偏差	0.03
外购合计	57.18
（不含官地、向家坝、锦东）小计	43.14

【川电外送情况】经过“十一五”及“十二五”初的高速发展，四川省内已建成了500千伏二滩—洪沟、瀑布沟—东坡、色尔古—谭家湾、九龙—蜀州（尖山）、康定—蜀州、平武—富乐六大水电集中送出通道，雅安、甘孜、阿坝、凉山等地区水电已形成了远距离、大容量送出的格局。与此同时，四川跨省跨区输电通道的建设力度也在不断加强，随着2012年锦屏—苏南±800千伏特高压直流工程的建成投运，已形成了±500千伏德宝直流、±800千伏复奉、锦苏直流、500千伏川渝交流的“三直四交”外送通道，川电外送能力大大加强。

公司针对2012年水情及用电市场的变化，上下一心，在丰水期灵活交易，通过科学实时调整德宝直流、特高压复奉、锦苏直流及川渝联络线计划，最大限度保障了清洁水电的可靠消纳。四川省电力公司年度外送电量创历史新高，达262.43亿千瓦时，比2011年同期增加139.44亿千瓦时，同比增长113.37%。

2012年外送	电量（亿千瓦时）
川电东送（复奉）	16.52
复奉直流送华东（年度）	81.78
复奉直流送华东（短期）	17.21

2012年外送	电量（亿千瓦时）
锦苏直流送华东	15.70
德宝直流送西北（年度）	22.05
德宝直流送西北（短期）	12.47
特高压交流送华北	27.74
送华中(河南长期)	12.16
送华中(短期)	32.85
送华中(1、2类)	0.47
送重庆计划9亿	9.00
送重庆计划外（短期、1、2类）	12.88
川渝偏差	1.60
外送合计	262.43

【主要创新举措】2012年，四川省内各流域来水早，华中重点流域及三峡水库来水较2011年同期偏丰九成，湖南、重庆、江西主要水电厂一度全部满发，四川水电消纳较为困难。四川省电力公司积极沟通汇报国网公司和华中分部，首次在5月平水期启动大规模川电外送。积极汇报，促使长南荆特高压交流送电反向为北送方式；在锦屏—苏南±800千伏特高压直流投产前，借道复奉直流，提前东送官地电量；增加送华东30万千瓦临时合约。加强区内调剂，川渝断面基本保持满送；以上措施极大缓解川内水电发电压力，为川内富余水电拓展了出路。

2012年7月份以来，四川地区降雨持续增加，水电发电出力居高不下，同时受气温偏低和经济增速放缓等因素影响，四川水电亟需通过外送以缓解省内消纳困难。积极汇报国网公司及华中、华东、西北分部，全力以赴、公司上下一心，努力克服低谷调峰等困难，结合负荷变化、不断优化电网运行方式，千方百计为消纳川电让出空间，并得到了相关消纳地区发电企业和有关方面的响应和积极支持。7月5日起，新增组织60万千瓦四川水电送西北，德宝直流实现150万千瓦满送；7月12日起，锦苏特高压直流双极低端系统投入试运行，将官地电厂等四川地区水电送往华东，最大电力184万千瓦；7月18日起，再组织80万千瓦四川水电通过复奉特高压直流送华东，复奉直流实现400万千瓦满送。至此，四川跨区跨省外送总电力已达到1097万千瓦，同比增长48%，再创历史新高，充分发挥了特高压等跨区输电通道作用和大电网互联优势，大范围全力消纳了可再生清洁能源。

平水期（2012年11月）继续外送。经公司相关部门综合平衡，得出初步结论，10月26日以后，四川省内用电需求不足，仍有较多富裕电量，同时2012年四川水电来水较好，各大水库仍在较高水位，各径流水电站仍有弃水发生。按照年度合同签订的网间联络线计划，从10月26日开始，四川电网将停止外送，同时经德宝直流购入西北电力112万千瓦。如按照此计划执行，势必会出现虽然火电按照最低开机方式水电仍出现大量弃水的局面。鉴于严重的网间交易情况，公司积极向国网公司及华中分部汇报四川电网的实际情况，同时一方面积极协调西北公司，希望得到送端电网公司的谅解，暂时维持川电送西北的运行方式；另一方面，商请华东公司，继续消纳四川水电。同时四川省电力公司还积极汇报政府有权部门，反映外部电力市场的实际情况，以及从10月26日开始，四川电网进入平水期电价，水电上网电价平均增加7分/千瓦时，如在丰水期外送电价的基础上加价7分/千瓦时，将造成外送的难度加大。争取政府出台了平水期外送电价仍然按丰水期电价执行的政策支持，保证了四川水电继续外送的电价优势。从10月26日起继续维持外送到11月11日外送结束，新增合计外送16.1亿千瓦时。平水期首次实现外送，是四川省电力公司根据电网的实际运行情况，结合经济发展和各流域水情实际，提出的有效运行方式。此举极大的缓解了水电弃水以及火电利用小时低下这一双重矛盾，为2012年迎峰度冬期间电网安全稳定运行打下了良好的基础。

针对2012年四川来水早、来水好、退水晚以及省内用电增速明显回落的变化,通过灵活交易,在年度计划基础上，增加德宝直流外送功率30-60万千瓦（最大送电功率150万千瓦），增加复奉特高压直流外送功率100-150万千瓦（最大送电功率400万千瓦），增加锦苏特高压直流外送功率90万千瓦（最大送电功率187万千瓦），川渝断面基本保持360

万千瓦满送，最大限度保障了清洁水电的可靠消纳，四川电网水电节水增发、节能减排成效显著。2012年川电外送电力、电量再创历史新高，日外送电量和电力分别达到2.47亿千瓦时、1097万千瓦；四川省电力公司年度外送电量创历史新高达262.43亿千瓦时，取得了显著的社会效益和保持了良好的厂网合作和谐局面。

【省内市场交易及结算情况】2012年，在国家电网及华中、西北等兄弟网省（市）交易中心的大力支持下，公司及时完成了跨区跨省电量结算和省内电厂电量结算工作，并按时支付了发电企业的电费。

2012年，四川省内统调电厂上网电量1608.0亿千瓦时，同比增长8.46%，其中水电完成1123.36亿千瓦时，同比增长13.30%；火电完成484.25亿千瓦时，同比降低1.36%；风电上网电量0.39亿千瓦时，同比增长146.73%。

【加强电力交易服务】认真开展电力交易服务品质提升专项活动。按照国家电网公司的统一部署，制定了《四川省电力公司2012年电力交易服务品质提升专项活动实施方案》，并成立了以公司分管领导王平副总经理为组长，相关职能部门负责人为成员的电力交易服务品质提升专项活动工作领导小组。专项活动于2012年3月正式启动，历时8个月时间。通过对现有服务机制的自查和完善、开展发电企业服务需求专题调研活动、搭建高效的全方位信息沟通平台、切实提升相关业务水平、健全问询答复制度和打造高素质服务队伍等方面措施，确保了电力交易服务品质提升专项活动的扎实开展，实现了服务流程明显优化、服务水平明显提升、服务能力明显提高，确保活动取得了显著成效。

按照进一步推进调度优质服务窗口建设的要求，四川电网省、地、县调度系统按照调度管辖范围制定了本区域的《发电企业调度服务手册》，达到了规范调度服务内容、完善服务标准、优化服务流程的良好效果；聘请了四川电网第三届调度交易监督员，有效加强了与发电企业的沟通，为构建和谐网厂关系搭建了工作平台。

（何艳春）

电费回收

【电费回收基本情况】2012年,公司电费回收工作紧紧按照国家电网公司营销部的总体要求，围绕公司“十二五”发展总体目标，以省公司“营销五化工程”（业务集约化、管理专业化、机构扁平化、服务协同化、管控实时化）要求为统领，全面实施电费回收“双保障”行动，在成功应对银行准备金率继续保持高位、节能减排政策力度持续加强等国家宏观调控政策的同时，有效控制了电费回收风险，较好地完成了国家电网公司下达的指标任务。实现了公司当年电费100%回收，月均预收电费比例达到85%以上。

【电费回收指标完成情况】2012年，公司直属供电企业实现省内综合应收电费收入812.08亿元，同比增幅3.03%；当年电费回收100%，进一步巩固了来之不易的电费回收“双结零”成果。预收电费比例达到85%以上，不仅良好地化解了电费回收风险，同时加快了电费资金的流转速度，给省公司带来了较大的经济效益。

【电费回收主要举措】2012年，四川省电力公司为了更好回收电费，采取了一系列措施，主要措施有：

1.加强电费回收工作的组织和领导，继续实行电费回收一把手负责制和分片包干制。四川公司坚持实行电费回收工作“一把手”负责制，坚持电费回收工作的常态化管理，自上而下构建电费回收责任网络，全面落实电费回收责任制。2012年，公司总经理王抒祥等领导班子成员继续主动带头实行电费回收工作分片包干，重大事情亲自协调处理。各单位成立了由党政一把手为组长、分管领导为副组长、班子其他领导为成员，营销、财务、纪检、法律、审计、调度等相关部门为成员单位的电费回收领导小组，全面负责处理管辖范围内的电费回收工作重大问题，确保了公司电费回收责任制和措施的全面落实。

2.采取有效措施，切实做好电费回收风险防范。一是认真分析宏观调控政策及经济运行环境变化、产业结构调整、企业转型等对电费回收的影响，根据市场变化及时制定相应的电费催收策略，确保了电费资金的安全。二是主动走访重点工业企业，关心企业发展，特别关注工业企业的生产经营情况、财务资金状况，对企业之间可能形成的“三角债”

高度重视，提前做好电费风险防范。三是结合电力供需形势变化，在制定有序用电方案时，充分考虑用户电费解缴情况，将电费缴纳情况较差、信用等级较差的客户列为有序用电方案限电第一序列，提高客户主动缴纳电费意识。四是坚定推行预付电费和分次结算电费，严格执行《供用电合同》中相关规定，努力化解电费风险。五是持续深化征信系统建设，不断强化诚信社会与和谐社会的建立，促进公司电费回收环境的根本性改善，促使用电客户主动缴纳电费。2012 年，公司共对 379 户可能出现电费回收风险的客户进行了现场信用警示，成功收回电费 35.29 亿元。六是依托营销运行监控体系，建立电费风险预警平台，重点加强对电解铝、电石、黄磷、钢铁、水泥等工业用户生产经营等相关情况的在线跟踪分析，切实做好电费风险防范。七是严格执行电费违约金制度，对拒不缴纳电费的客户坚决依法实施停（限）电催收电费措施，实现电费月结月清。八是主动将电费回收工作难点向当地政府汇报，寻求政府支持。积极促进政府对电费回收的协调和支持力度，上升协调层面，变被动为主动，实现电费足额回收。

3.强化电费抄核收环节的过程管控，进一步夯实基础管理。结合国家电网公司“大营销”体系建设，完善电费抄核收各环节的制度建设和管理。解决城乡、直供与控股代管单位电费电价管理工作存在的二元差异，实现标准一致、要求一致、考核一致。一是各单位形成了“抄表有计划、核算有监督、回收有措施、解缴有保障”的工作局面，从抄核收源头抓起，严控电费风险，避免出现“上清下不清”。二是规范控股公司和农村供电所的抄核收管理，严把电量电费抄表环节入口关，防范公司经营效益流失。在有条件的地区继续试行取消农村供电所的走收电费方式。三是加强对用电客户档案的清理与核查，确保客户档案基础信息准确。四是做好电费资金一体化管理，规范一体化缴费平台建设。深化营销账务系统应用，建立银行回单和营销系统的实时账务处理，确保月、季、年度电费的按时足额上缴。五是继续加强电费信息化工作建设，借助现代化管理手段和营销信息监控中心，提升电费电价管理水平。六是加强智能电表换装过程中的计量收费管理。严格执行电能表换装工作流程，做好新、旧表计底度记录，按时归档，并作好稽核和抽查工作，确保旧表余度电量的正确收取。

4.全面开展电费电价“双保障”行动，管理水平持续提升。一是保障电费回收安全和快捷。确保电费资金安全：加快电费资金回笼速度，努力做到月结月清。实施抄核收工作质量和电费回收指标在线监控稽查，确保电费回收指标真实、准确，实现电费风险管理动态预控。严格执行公司关于收取客户缴纳承兑汇票的相关规定，对用电客户经营特别困难、资金无法周转确需收取银行承兑汇票的，必须报省公司营销部和财务资产部批准。不断提高风险防范意识，切实规避“三角债”可能给公司带来的影响，加强供用电合同管理，建立以事前防范、事中控制为主，事后补救为辅的合同管理制度，尽量将“三角债”消除在萌芽状态。加强供电企业自身收费网点的管理，确保电费资金安全解交到银行电费专户；加强对第三方代收电费机构的管理，实现 SG186 营销信息系统对非金融机构代收电费账户的实时监控；加强对农村走收电费的管理，实现电费资金和人身的安全。确保客户缴费快捷：目前，公司收费方式已从 2010 年的 9 种增加到 23 种，收费网点从 2010 年的 3820 个增加到近 2 万个，基本实现大中城市地区形成“十分钟缴费圈”、农村地区争取“村村有缴费点”和城市 5 种、农村 3 种及以上可选缴费方式的拓展目标，更好地满足了客户多层次的缴纳电费需求。主要做法有：进一步巩固和完善自有缴费渠道。完善和拓展自有近 2000 个营业网点的刷银联卡缴纳电费功能；在供电营业厅、商业区和居民集中居住区合理布置 3500 台 24 小时自助缴费终端。深化与金融机构的代收业务合作。省公司层面统一制定了代收电费手续费标准，充分调动银行分支机构及柜面人员的积极性；充分利用邮储、农村信用社等银行在广大农村地区网点众多的优势，向农村居民客户提供电费代收、代扣或卡表购电等缴费服务。大力推广非金融机构代收业务。实现非金融机构代收资金自动归集、阀值统一自动开启管理。对第三方非金融机构代收电费一律严格执行预购电和保证金制度，确保了电费资金的安全。加快应用其他新型缴费方式。除开通网上银行缴费、电话银行缴费、淘宝网网上支付电费方式外，正在与移动公司进一步深化合作，开展全面开通手机缴纳电费业务的准备工作，最终实现居民客户“一机在手，缴费无忧”。二是保障电价执行到位。严格执行政策法规，强化经营风险防范，堵塞“跑冒滴漏”现象，全面提升经营效益。强化电价执行管理，全面落实国家节能减排政策，保障限制类和淘汰类高耗能企业执行差别电价，超额用能企业执行惩罚性电价；开展公司电费电价交叉检查，提高对电费电价政策理解和电价标准执行力的建设，重点关注农电、趸售、控股公司的电价执行情况，杜绝擅自执行优惠电价政策情况的发生。抓好电价执行监控、分析、预警、稽查和整改工作，确保国家已经出台的电价政策正确贯彻落实。主动配合省发改委做好居民阶梯电价政策调整的相关工作，针对新的居民阶梯电价政策调整可能给营销工作带来的影响，提前介入政策制订，落实了城乡“低保户”、农村“五保户”家庭每月15度免费电量的执行和450万只本地费控智能电表现场电价参数不能及时调整等问题，优质服务风险降到最低，确保了新的居民电价顺利执行。

（陈　涛）

电力需求侧管理

【节能工作】 公司在2012年初成立了21个地市州电业局能效服务活动小组，制定了活动计划并正在有序开展。7 月份成立了四川电力节能服务公司。根据四川自身实际情况，提出了“1+21”的节能服务工作开展模式，其中“1”代表节能服务公司，“21”代表21个地市州电业局能效服务活动小组。各地市州能效小组利用自身地域优势，对供电区域范围内的能耗大户进行节能技术宣讲，并收集潜在客户能耗信息与节能意愿；节能服务公司则发挥自身特长，为各能效小组提供技术支持，实施合同能源管理(EMC)项目。两者相互支持、左右联动，共同做好节能服务工作，取得了显著的成效。

成立节能服务公司，牵头完成川威集团钒资源综合利用项目“50MVA余热发电项目”的框架合作协议签订，已进入合同能源管理流程，预计年发电量3.7亿千瓦时，正在开展供电服务中心、省公司停车场、五洲花园的绿色照明改造项目，同时全力跟踪攀枝花龙蟒矿冶集团、新中钛科技有限公司余热发电项目、南充备调及办公基地节能改造项目等多个节能项目。

【有序用电工作】 加强有序用电管理工作，保障居民用电需求。按照国家发改委《有序用电管理办法》有关规定和国网公司工作要求，公司营销部将有序用电管理纳入常态管理机制。按照“有保有限”和“民生第一”的原则，全力保障电力供应平稳有序。一是坚持政府主导，明确各方职责。保持与地方政府畅通的沟通机制，坚持在政府领导下开展有序用电工作，明确政府、电网、用户各方职责，积极主动向各级政府沟通汇报供需形势、工作计划及开展情况。公司内部各级供电单位均建立了有序用电工作组织机构，确保了有序用电预案的编报及各项措施的启动、协调、监督、评价、信息发布等工作落到实处。二是积极做好有序用电年度预案的编制、报批、下发等工作。年初，省公司即根据供需平衡预测情况，及时启动有序用电预案编制工作，提前落实各级预案下的错峰、避峰、限电等措施，明确工作要求，以充分应对可能出现的供需缺口。预案中共计安排了11000余户工业用户、647万千瓦工业负荷参与有序用电。三是严格落实优先保障用电、重点限制用电顺序。在预案编制和执行过程中，公司严格落实优先保障用电、重点限制用电顺序，坚持“民生第一”的原则，分别对应启动I-IV有序用电预案，通过严格控制淘汰类、限制类、高污染高耗能企业生产用电和景观照明、亮化工程、广告、店招用电等，优先保障居民生活、能源生产供应企业，以及党政机关、医院、煤矿、交通运输、化工、通讯、广播电视媒体等重要用户和重要设施的用电需求。

进一步加强和规范有序用电管理工作。认真对待有序用电预案编制工作。坚持在政府主导下按要求开展有序用电预案编制工作，认真做好用户用电负荷基础信息的调查整理，切实掌握各类用户用电特性及可避负荷的真实情况。严格按照“有保有限”的原则，将“两高”企业和产能过剩行业用电纳入有序用电管理,确保居民生活、高危及重要客户用电，跟踪电力供需形势变化及时滚动调整有序用电方案，保障社会用电秩序。对于电网建设相对滞后，局部地区局部时段可能出现电力供需矛盾的地区，认真理清居民生活负荷、重要负荷、空调负荷和可转移、可限负荷，做好负荷及供需平衡的预测，制定区域内的有序用电预案。规范执行有序用电工作程序，保障居民生活用电。各单位严格按照政府批复的有序用电预案，坚持“有保有限”的原则，将负荷控制指标落实到企业、到设备、到容量、到时间，提前做好各项准备工作，严格履行提前告知工作程序，规避风险。高度关注敏感地区，加强有针对性宣传引导。对用电负荷密度较大的中心城区，特别是配网薄弱、居民用电比重大、可避工业负荷小的地区，将加强节能宣传和引导，针对其供需特殊性制定专项措施和特别预案，有充分的提前预警和引导机制，严密监控非生活类用电负荷，增强各项管控措施透明度。加强电力负荷管理系统的建设应用。通过2012年公司对用电信息采集系统有序用电模块功能的不断完善，已实现对有序用电方案的导入、涉及有序用电电力用户超预案负荷实时告警和各地市单位有序用电执行情况、越限次数、处理情况等功能，依托该系统为有序用电执行提供了技术支撑，对不按预案执行的供电区域、电力用户实现了管理上的有的放矢，通过该手段对超限用电的用户即时通过电话通知、派人现场处理即时压限负荷，从而提升了有序用电执行力度和效果，同时通过分区域越限次数统计对各地市单位的工作开展情况和执行效果实现了实时监控。

电动汽车智能充换电服务

【基本情况】2012年，公司继续推进电动汽车充换电设施建设与运营工作，建成8座充电站、300个交流充电桩，同时扩建石羊站换电功能，至2012年底全省已累计建成12座充电站、3座换电站、1010个交流充电桩，形成了环绕成都市区的充换电服务圈，并向三环外部分区域形成辐射形覆盖。已投运的充换电设施均运行状况良好，能充分满足在运车辆的补电需求，为成都市330余辆电动公交车和300余辆电动市政专用车以及其他电动车辆的安全经济运行提供有力支撑。至2012年12月，公司充换电服务网络累计充电量突破300万千瓦时，服务车次1.77万次，支撑电动公交车安全稳定行驶275万公里。

【主要措施】推动成都市制定并出台《成都市电动汽车产业化行动方案》（成办发【2010】17号）。积极参与、主动沟通，配合成都市政府新能源汽车跨越发展战略部署安排，助力成都市电动汽车产业化推进力度和培育新的经济增长点。

积极参与编写《成都市充换电设施建设导则》。组织设计专家和相关部门将国家电网的标准和要求纳入其中，从建设和源头上引导当地充换电设施的建设规范与国家电网公司保持高度一致。

积极开展国家科技项目“电动汽车科技支撑计划中的信息平台”采集项目攻关。完善了已投入运行的电动公交车、石羊站、龙潭站、簇桥站、部分分布式充电桩信息平台的建设和应急服务网点的建设。基本实现了对所有运行中电动汽车的运行状态及车内电池组的实时监控，有效提高了应对突发事件的能力，为电动汽车安全稳定运行打下了坚实的基础。

进一步提高自动控制水平。在石羊站试点加装了电动汽车车位自动识别调度系统、设备温度及环境自动调整系统、全站水浸自动控制系统、值班员巡检及灯控、安防控制系统。

完善安全管理制度，提高安全运行保障。严格春安、秋安检查及“安全月”等活动要求，提升各充换电站安全管理水平。为防止值班人员充电时造成人身伤害，率先制作采用了充电接地保护；依据成都地区电动汽车运营特点，逐步梳理、制定了严格的设备缺陷管理制度，明确缺陷上报流程、要求和消缺周期，保证充换电设施缺陷管理不留死角；把运维人员日常运行维护工作，拓展到站内10千伏高压设备，不仅提高了工作效率，也对充电设备运

10月19日16时，四川省成都市石羊充换电站，电动公交车正在充电
（四川省电力公司电动汽车服务公司提供）

行率和充电服务的质量提供了有力的保证。

有效实现专业资源的整合利用。将在车辆运行、检修、应急等方面有丰富经验的员工专业队伍划转至川电新能源电动汽车服务公司，直接参与基建施工和运营维护工作，成为一支既能运行值班、又能处理电动汽车常见故障的综合运行队伍。（裴雪梅）

业务扩充

【客户容量】2012 年，大工业客户新装或增容的专变容量为 359.94 万千伏安，比上年减少 79.9 万千伏安，同比降幅 18.22%；非普、农业、非居民、居民(专变)、商业(专变)、趸售等客户新装或增容的变压器容量为 845.56 万千伏安，比上年增加 218 万千伏安，同比增幅为 34.73%。完成专变新装或增容户数合计 7447 户，其中新装或增容的大工业客户数为 11229 户，比上年减少 111 户。非普、农业、非居民、居民(专变)、商业(专变)、趸售电力公司等客户的业扩完成数为 6218 户，比上年增加 250 户。公司 2012 年各类客户专变业扩完成容量和新装或增容的用电客户数与 2011 年同期比较，分别详见下表。

四川省电力公司 2012 年各类客户专变业扩完成容量同期比较

表 12　　（单位：万千伏安）

类别	大工业	非普	农业	非居民	居民	商业	趸售	合计
2011 年	439.84	245.65	1.77	57.26	146.74	82.4	93.75	1067.4
2012 年	359.30	187.52	2.56	75.26	160.39	88.91	330.92	1204.86
同比增幅	-18.31%	-23.66%	44.88%	31.43%	9.30%	7.90%	252.98%	12.88%

四川省电力公司 2012 年各类客户业扩完成户数同期比较

表 13　　（单位：户）

类别	大工业	非普	农业	非居民	居民	商业	趸售	合计
2011 年	1340	3235	141	768	957	818	49	7308
2012 年	1229	3127	195	876	930	1023	67	7447
同比增幅	-8.28%	-3.34%	38.30%	14.06%	-2.82%	25.06%	36.73%	1.90%

【业扩报装服务】公司优化整合业扩报装服务资源，规范执行业扩报装管理标准和工作流程，深化业扩报装工作全过程管控，缩短业扩报装周期，不断提升业扩报装服务品质和效率。一是大客户业扩报装业务地市级向省级集约，将直供 110 千伏及以上客户业扩报装业务集约到省供电服务中心统一执行，110 千伏（2 万千伏安）及以上新装增容的供电方案集约到省公司营销部审批。二是 35 千伏（4000 千伏安及以上）供电方案的审批集约到市公司；部分市公司的郊县所有 10 千伏专线、双电源客户业务、800 千伏安以上供电方案的审批集约到市公司；部分控股公司 35 千伏及以上业扩供电方案审批集约到市公司。三是供电所辖区内 10 千伏业务集约到各级客户服务中心。四是重新梳理并修订了业扩管理办法，下发了完善业扩报装协同服务机制的通知。明确 110 千伏及以上业扩报装各环节的负责部门、参与部门，理顺公司各职能部门、省供电服务中心、省经研院、各电业局（公司）的业务流程及职责界面。五是创新推行业扩报装标准化管理、强化时限考核、360 度全方位业扩报装服务、远程业扩工程设计审核等多项业扩服务，探索建立电网规划建设和业扩报装信息共享机制，显著提高工作效率。

（游俊刚）

用电检查

【基本情况】始终坚持“安全第一、预防为主、综合治理”的方针，强化“全面、全员、全过程、全方位”安全管理原则，健全客户用电安全风险管控常态工作机制，强化高危和重要客户安全管理能力，提升应对安全用电突发事件的硬实力，有效防控安全风险，努力实现用电安全“可控、能控、在控”。

【主要业绩】一是实施高危和重要客户的动态管理，对高危和重要客户名单和存在隐患、双电源和自备应急电源进行清理、甄别，公司供电区域内（直供、控股、代管）报政府备案的高危和重要客户共计2560户，其中工业类高危客户919个，党政国防社会类重要客户1641个。二是强化用电检查力度，公司首次将用电检查到位率纳入同业对标中进行考核，督促用电检查到位率，降低了公司因用电检查不力造成的安全风险。三是以“量、价、费”为切入点，认真组织开展“反窃电、促降损、强管理”为主题的反窃电专项活动，有效打击窃电和违约用电行为，创造安全、和谐、稳定、正常的供用电秩序，查处窃电和违约用电案件365件，补收窃电电量224万千瓦时，挽回经济损失442万元。四是全年先后配合完成“十八大”、“两会”、“高考”、“卫星发射”、“西博会”、“5·12”大面积停电应急演练等多项重大活动的电力保障工作。五是针对高危和重要客户众多，客户安全管理水平参差不齐，部分高危和重要客户用电安全管理水平较低，应急能力尚不能满足用电安全管理需求的现状，公司主动作为，服务上门，首次举办高危和重要客户的电力管理人员安全用电管理培训。共有十八个地区的102家大型企事业近120名人员参加培训。

（赵 文）

电能计量

【智能电能表推广及应用】智能电能表的推广应用是对传统的客户服务、缴费充值与电费抄、核、收模式的一次重大变革，加之四川特有的阶梯、峰平谷、峰枯等复杂计费方式，对公司本地费控智能电能表推广应用提出了更大的挑战。公司通过在建设过程中不断的创新管理和技术革新，全面推广应用本地费控智能电能表，截至2012年底，已累计完成安装740万只智能电能表，实现了城区、集镇用户的全覆盖。

智能电能表的推广应用，促进用电模式由“先用电、后缴费”向“先缴费、后用电”的转变，有效促进了电费回收工作的有序开展，降低公司电费回收风险，提高电费资金利用效率。同时，本地费控智能电能表提高了安全防护能力，增加了防窃电手段，对优化用电环境、提高安全用电水平也将起到积极作用。

智能电能表为客户提供了智能化的服务，帮助客户及时了解用电市场变化、电能产品质量等重要信息，助推客户进行用电方式优化、用电成本分析、实施能效管理，让客户分享电网企业提供的多渠道、多方式、多品种的服务。

在智能电能表推广应用过程中，形成了多项典型设计和管理创新成果，获得1项国家发明专利，具有普遍的适用性推广应用价值。

【智能电能表质量管控科学化】结合四川实际，在严格执行国家电网公司技术规范基础上，通过增加智能电能表质量监督管控环节、扩充全性能试验项目和开展可靠性试验，采取信息化质量管控技术，完善了智能电能表质量监督管理体系，降低了批量质量风险，确保智能电能表运行可靠性，为智能电能表的顺利推广提供了坚实保障。

严格开展智能电能表全过程质量监督，强化源头质量管控，通过增加定样检测管控环节，及早发现智能电能表质量隐患，确保质量管控从头严，严到底，避免供货前后电能表质量管控力度不均匀问题。

创新建立四川省电力公司智能电能表质量监督管理系统，实现智能电能表质量监督各项数据在线式填报、信息化管理。

针对四川酸雨较多，依据国家相关标准，在全性能检测项目中增加了盐雾腐蚀试验，检测智能电能表防腐蚀性能。

率先建设步入式高低温交变湿热实验室，定期开展可靠性试验，评估电能表 MTTF 理论寿命，防范运行质量风险。

自主设计和研发电能表耐压测试工装，避免繁琐的人工接线环节，大幅提高工作效率，有效保障人员和设备安全，并取得X项实用新型和外观专利。

首创智能电能表与采集装置安装典型设计，编制《智能电能表及用电信息采集装置安装典型设计》，规范安装工艺，降低建设与运维成本，提高工作效率。

截至 2012 年底，开展定样检测 183 个批次，其中不合格 45 批，批次合格率为 75.4%；开展飞抽全性能试验 150 批，不合格 6 批，批次合格率为 96.0%，有效杜绝有问题的智能电能表进入四川电网。

【用电信息采集系统建设】国家电网公司提出自 2009 年起，利用 5 年时间实现“全覆盖、全采集、全费控”的电力客户采集系统建设目标任务，四川公司面对挑战，自我加压，提出用电信息采集系统建设“跨越式”发展的建设原则和“五年目标三年完成”的更高工作要求，细分了工作阶段和实施内容，形成采集建设工作公司领导高度重视，职能部门密切协作，基层单位坚决执行的良好局面，大力推进用电信息采集系统建设，目前已实现全省各类关口、非统调电厂、专变客户、低压客户（除部分农村和控股公司）的“全覆盖、全采集、全费控”，全面完成各阶段目标任务。

通过标准化设计的方法和理念，公司开展用电信息采集装置安装典型设计，形成《变电站关口用电信息采集装置安装典型设计》、《专变客户用电信息采集装置安装典型设计》、《公用变压器电能计量及用电信息采集装置安装典型设计》、《智能电能表及用电信息采集装置安装典型设计》等 4 典型设计方案，规范了智能电能表与用电信息采集安装，使采集系统建设各环节有章可循、有据可依，同时降低了用电信息采集装置的建设成本，加快了设计、审查和批复进度，提高了工作效率，全面提升智能用电管理水平，为开展电网规划、成本控制、资金管理、集中规模招标等工作奠定了坚实的基础。

至 2012 年 12 月，公司共计安装专变采集终端 57390 台，配变采集终端 67963 台，变电站采集终端 1284 台，低压客户集中器 35329 台、采集器 335804 台。

【关口计量智能化】为有力提升关口智能化运维水平，有效降低运维成本，缩短计量故障处理时间，公司创新推行关口电能计量装置在线检测与状态评估系统建设。通过对电能计量装置实施远程在线检测、状态监控，对电能计量装置进行在线误差检测、运行状态分析、用电信息采集、网络损耗监控、电能质量分析、计量器具可靠性管理、计量台账统计分析等，实现电能计量装置故障预诊断，发现异常故障及时告警，确保了四川电网关口电能计量装置的准确、安全、稳定运行，对预防大的电网电能计量事故有着极其重要的意义。

稽查工作和营销运行监控

【稽查工作】2012 年，根据“大营销”体系建设实施方案，公司完善了营销稽查监控体系和相关工作制度，梳理省公司、营销运行监控中心、市客户服务中心的稽查业务界面和工作流程，形成“纵向贯通、横向集成、科学规范、精益高效”的营销稽查监控体系，确保稽查工作上下联动、业务差错闭环改进。公司组织实施了趸售管理和业务费用收取两项专项稽查，对部分单位 2011 年年末专项成本管理使用情况进行了专项检查。各基层单位按照省公司要求，对趸售管理、业务费用收取、大工业客户电费结算进行自查并上报自查报告。检查中发现不规范行为主要为：趸售客户资料不完整、上网电量结算不规范、擅自减免业务费用、执行业务费用收取标准有误、系统内流程处理不规范、营销项目分解实施无依据、工程招标不规范、部分营销费用专款未专用等等。专项稽查所发现的问题均要求基层单位限时整改。

【营销运行监控】2010 年，公司营销运行监控中心在国家电网系统率先起航，按照公司主要领导“建设一流监控中心”的要求，2011 年初见成果，2012

年各项工作成效明显。

营销运行监控中心以“智能、全景、可视、交互”360° 展示为目标，建成涵盖发电、供电、售电、服务全业务链条的高水平营销运行监控大厅，采用大屏、视频、电子沙盘、互动投影、移动终端5种展示手段，从电力供需、市场发展、经营指标、智能用电、客户服务等20个展示维度，全面展示、监控公司营销运营业绩、营销运营实时动态。在国家电网系统监控范围最广、监控手段最丰富，监控信息最完善。

2012年，营销运行监控中心按照大营销体系建设要求，在全面做实省级监控中心基础上，以公司大营销体系建设为契机，进一步充实地市级营销稽查监控组织队伍，在地市营销部（客户服务中心）设立稽查信息室，县级层面根据业务差异化，分别设置稽查信息班组或稽查信息专职，当前地市层面到位41人，县级单位到位269人，实际到岗率85%，彻底扭转了“两三个人，一竿子到底”的不利工作局面，省、市、县三级的营销稽查监控组织体系基本完成。

营销运行监控中心不断提升管理水平，本着“始于业务，终于管理”的监控理念，全面拓展监控思路，以全业务全过程稽查监控为基础，构建从监控、分析、整改到提升的业务循环以及从客户需求、业务改进、管控增强到决策精准的管理循环，实现监控工作和营销管理的双循环。开展“大营销”专项监控。分析大营销建设的管理风险、业务风险和服务风险，实施业扩、市场、抄核收、客户服务、计量、系统运行等6大类共27项业务监控，及时发现了人员变动后个别单位抄表及时率、核算及时率明显下降的问题、110 千伏及以上业务集约过程中的业务交接问题、95598 集中后故障抢修到达超期业务明显增多的问题，向相关单位发布重大异常工单，深度分析问题症结，及时协调解决存在问题。精心编制信息系统割接方案、应急方案、应急售电方案等和后台系统操作和前台业务操作共110余个操作步骤时序表，完成18个单位共25个供电局的系统组织机构调整，成功实现对业扩、计量、电费等各专业205个业务流程的适应性调整，完成应急售电充值7960笔，购电金额159.96万元。实现大营销建设中营销业务的平稳过渡。

营销运行监控中心配合公司营销部开展专项稽查，通过监控、分析、督查闭环管理， 2012年营销稽查监控中心累计发起稽查监控任务18.65万余笔，发现并整改完成异常记录数7.78万余条，数据质量整改问题数1526余万条，追补电量579.68万千瓦时，增加经营效益3484.58万元。对基层各单位在营销管理和资金使用中的不规范行为及时予以纠正，达到减少工作差错，促进管理落地、经营管理水平和经济效益的目标。通过营销运行监控等工作，促进公司营销基础数据质量大幅提高，营销信息化指标显著提升。

（谢 红、蒋珺洁）

优 质 服 务

【基本情况】2012年是国家电网公司大力实施“塑文化、强队伍、铸品质”三年供电服务提升工程的总结之年，也是供电服务创新转型之年。按照部署，公司在推进“两个转变”、深化“三集五大”体系建设的同时认真履行“四个服务”宗旨，全力以赴做好服务工作，全面提升了供电优质服务品质，努力实现了让政府满意、老百姓方便、“国家电网”品牌形象不断优化的工作目标。

【主要业绩】2012年，公司所属成都电业局高新供电营业厅、乐山电业局供电营业厅、巴中电业局共产党员服务队、绵阳电业局阳光新益营业厅被国家电网公司授予“百佳客户满意服务窗口”荣誉称号；成都都江堰供电局共产党员服务队副队长张毅、西昌电业局里庄供电所所长某色子节、省供电服务中心95598运营部经理马俊娟、眉山公司共产党员服务队队长任承松被国家电网公司授予“百佳客户满意服务标兵”荣誉称号。成都电业局都江堰共产党员服务队副队长张毅在国网公司第四届“服务之星”劳动竞赛中荣获国网公司第四届优秀“服务之星”称号。

启动“电亮藏区、服务惠民”工程，在甘孜、阿坝等藏区投入685万专项资金建成24个标准营业窗口，换装智能电表2.4万只；大力拓展收费渠道，建成收费网点近2万个，通过开通移动网点代收电费、建设24小时智能电表自助购电终端、电费余额短信提醒、智能电表应急用电功能等举措，居民用电更加便捷，城市“十分钟缴费圈”基本形成；积极开展基于 CATV 有线网络实施用电信息采集的试点工作，完成 6.3 万居民客户的采集接入；新型业务进展迅速。电动汽车示范效应明显，完成 8 座充换电站新建和石羊站换电功能扩建，全年累计充电 204 万千瓦时；节能服务体系建设及业绩实现“双突破”，2012 年 8 月成立节能服务公司，并与川威集团签订 50MW 余气发电节能项目，预计年发电量 3 亿千瓦时，2012 年公司累计完成节约电量 6.17 亿千瓦时。整合抢修资源，优化业务流程，加强协同服务，确保故障抢修高效及时，2012 年故障抢修到达时限承诺兑现率 100%；2012 年 6 月成立四川省电力公司供电服务中心，实现 95598 服务热线省级集中，共设 95598 坐席台位 165 个，中继接入 720 路，拥有“集中部署、双机互备”的系统平台，确保 95598 热线安全、可靠、稳定运行。建立 95598 热线与电监 12398 联动协同服务机制，按月对投诉举报情况进行专题分析并逐一落实整改，有效改进服务短板；圆满完成“十八大”、西博会等多项重大保电任务。

【工作措施】制定了《2012 年公司优质服务工作指导意见》，提出了提升履行央企职责和塑造央企品牌形象能力工作和提升供电服务品质能力工作目标 2 大工作目标和主要工作措施，并提出了相关工作要求，成效显著。

在甘孜藏族自治州和阿坝藏族羌族自治州投入685万元专项资金建成24个标准营业窗口，换装智能电表 2.4 万只；不断加大四川藏区县级供电企业服务能力建设，完善藏区基本营业和服务设施，在藏区推行多种方式的流动服务网点，设立 GPRS 移动 POS 机收费点，在移民搬迁点、牧民定居区建设“用电服务站”；根据藏区县公司结对帮扶的需求，启动对理塘、小金等 28 个藏区县公司结对帮扶，制定藏区电力的基本营业和服务设施建设实施方案，组织编写覆盖各专业的藏区营销服务实用教材。

完成“新甘石”联网工程建设。这项民生工程备受四川省委、省政府和国家电网公司关注。经过 6 个月的艰苦建设，于 2012 年 9 月 19 日正式通电。自此，四川甘北藏区缺电历史得以改写，当地城乡居民用电和工农业生产用电更加稳定可靠，经济社会发展有了坚实基础。“新甘石”联网工程还对完善电力送出通道、促进藏区水电资源开发起到了重要作用，对推动四川藏区跨越发展和长治久安具有重要意义。

节能服务体系建设及业绩实现“双突破”。2012 年，省公司已累计完成节约电量 6。17 亿千瓦时。四川节能服务公司于 2012 年 8 月成立并立即展开运作。该公司积极推进节能减排工作，努力完成《电力需求侧管理办法》规定的电网企业年节约电力电量指标；建立起节能服务网络体系，全面开展合同能源管理，向社会提供节能诊断、设计改造和运行管理等节能服务。经过不懈努力，省公司合同能源管理工作已取得有效进展。

完成了新建 8 座充换电站和石羊站换电功能扩建等任务，推动电动汽车尽快入市。成都地区已拥有 156 辆电动公交车和 87 辆其他车辆，累计充电 204 万千瓦时，起到了很好的示范作用。省公司还适时推广换电及快充模式，石羊二期换电功能扩建和 9 个乘用车电池配送点即将建成，届时将实现公交和乘用车换电示范，引导政府、企业认识并接受换电模式。

着力推进光纤到户和智能小区的建设，完成了成都、绵阳等地 4 个智能小区试点工程建设，累计实现 2652 户光纤入户，完成 160 套智能双向交互终端建设，为住户提供包括电量、用能、医疗、物业等在内的智能用电服务体验。

2012 年 9 月 28 日上午，国家电网四川省电力公司供电服务中心暨智能电网展示厅正式启动运营，图为出席启动仪式的领导嘉宾共同按下启动装置　　（卢静思　摄）

2012 年，公司与移动公司四川分公司合作开通了手机交纳电费业务，推行了居民客户电费余额手机短信提醒；与各家银行合作，增设了银联卡交费功能；在居民小区建设了 24 小时智能电表自助购电终端，使全省收费网点从年初的 9086 个增加到近 2 万个……种种措施使居民交纳电费更加便捷。

2012 年 6 月，公司供电服务中心挂牌成立，主要发挥公司客户报修投诉中心、重要客户服务中心、营销运营策划中心和电力市场调查分析中心的职能和作用，为公司经营决策和大营销体系提供支撑。该中心成立后，实现了95598省级集中，为客户构建起集服务、沟通、交流、互动为一体的综合服务平台。通过整合资源、人员集中、系统优化、流程再造，打造成为了四川全省供电服务的指挥调度中心，服务信息的归集发布中心，服务过程的跟踪督办中心和服务数据的统计分析中心；通过加大过程管控、强化时限考核，着力解决客户关注的热点、焦点、难点问题，持续提升供电服务品质。集中后，95598电话服务人员由集约前的376人下降到175人，下降率达53.5%。人工通话时长由137.66秒下降到119.39秒，下降率13.27%。接通率由86.35%提升到96.19%，客户满意度100%。

针对四川省多民族共存的用户特点，95598专门设置了藏、羌、彝、英专席，为客户提供多语言服务。同时，为传递绿色、科技和便捷的用电理念，打造了以清洁能源和智能电网技术为主要展示内容的智能电网展示厅，成为国家电网对外宣传展示的靓丽风景。与此同时，全面开展居民用电服务需求专题调研，不断改善细化各项服务措施，进一步加强营销和运维检修的服务协同，着力强化故障报修执行到位，优化业务流程，整合抢修资源，加强实时管控，确保故障抢修的高效及时。2012年公司故障抢修到达时限承诺兑现率100%。

为保证服务质量，公司组织开展全系统优质服务明查暗访，对各个环节和细节进行检查督促；积极配合电监办完成居民用电服务质量专项监管和供电专项现场检查的相关工作，主动服务保障性住房等民生工程用电需求，全面完成2012年供电监管任务。

2012年，公司还建立95598热线与电监12398联动协同服务机制，按月对95598和12398投诉举报情况进行专题分析，并逐一整改落实。特别是对智能电表配套服务、农村供电质量、抢修到达时限等诉求点，严格落实各项整改措施，形成监管机构与电网企业共同有效处理居民诉求的快速联动机制，切实提高群众用电满意度和投诉处理满意度。

（鲁　健、李　博）

责任编辑：梁　建

安全概况

【概况】2012 年，在公司党政的坚强领导下，公司上下牢固树立安全发展观，紧紧围绕“12751”目标，按照公司 2012 年安全工作意见的安排和部署，创新思维、真抓实干，扎实开展“安全年”活动，深入推进安全事故隐患排查治理，加强安全风险管控，强化日常和专项安全监督，大力提高安全技术水平，切实夯实安全基础。扎实做好“三集五大”体系建设安全保障，成功处置各类自然灾害和突发事件，确保了“三集五大”体系建设安全平稳推进和电网安全稳定运行。

【安全长周期】截至 2012 年 12 月 31 日，公司系统未发生电网事故、电网稳定破坏和大面积停电事故，完成了国家电网公司下达的年度安全目标，安全形势总体平稳，共实现安全生产天数 2717 天。

安全举措

【安全学习】组织开展领导干部安全规程制度学习考试，以此带动和强化各级人员安全工作规程制度学习考试；组织 26 个基层开展“学规程、强执行”主题安全讲评活动，公司领导进行评价和指导，督促各级干部学规程、讲安全、谈管理，带动基层员工守规定、强执行；有针对性开展国家电网公司新事故调规等专项安全培训；扎实开展“安全生产月”学习宣传教育活动，推进安全文化建设，规范建设安全警示教育室；加强生产场所安全标志和警示标语配置完善，营造浓厚的安全氛围。

【“安全年”活动】按照国家电网公司《关于开展“安全年”活动的通知》的相关要求，公司制定了《四川省电力公司“安全年”活动实施方案》，以“保安全、促稳定、提质量、抓服务、强队伍、树品牌”为工作主线，从安全生产、建设质量、队伍稳定、优质服务、依法治企和品牌建设等 6 个方面，细化活动 30 条重点措施，落实活动 166 项重点工作，层层细化工作措施和要求，健全活动保障机制，狠抓责任落实，全力以赴，推动活动扎实有效开展。通过“安全年”活动，使公司系统基层和现场安全生产标准化管理水平得到大力提升，构建了有系统、分层次安全风险管控体系，高效、安全完成“新—甘—石”联网工程等电网建设任务，圆满完成“十八大”供电保障工作任务，健全完善“三集五大”安全责任体系和保障措施。

6 月 28 日，电力员工到简阳市三岔镇、养马镇、新民乡等学校开展“安全用电、从我做起”的主题宣传活动。引导学生树立“安全用电从我做起”的意识。图为电力员工为学生讲解电力安全知识 （陈翔　摄）

【“电网安全年”活动】认真落实国家电网公司电网安全年活动重点措施要求，扎实开展电网安全风险管理。启动 220 千伏输电网安全性评价和电网安全事故风险专项评估，在攀枝花、西昌等八个地市局启动第一轮 220 千伏输电网安全性评价工作，完成自贡、乐山等单位城市电网安全性评价专家查评，客观真实地把握公司电网状况和管理薄弱环节，进一步完善电网安全事故预控措施。

加强重大检修方式电网安全风险管理，重点完成“成都-德阳”电磁环网解环、内江、眉山等区域220千伏电网运行方式变更的安全评估和风险预警，对电网运行方式安排、工程建设进度及重要安全措施作出明确要求。开展运行风险调研，组织对500千伏月普一、二线、220千伏昌山、南西等线路进行了现场巡视，对线路通道治理、雷害防治、输电设备防火、防汛、防地质灾害等各项措施落实情况进行了检查，对发现的问题提出整改意见，督促落实。及时收集印度大停电相关信息，认真开展专题“安全日”活动，组织调度、运检、营销、基建、应急等专业广泛开展事故学习，分析事故原因，制定防范策略和应急措施，并监督落实。

【安全监督】开展春、秋季安全大检查，制定详实的督察方案，加强暗访力度，对12个地市公司春、秋季检查工作安全管理进行了督察，督促各单位落实安全闭环管理。开展“两票”、“安全工器具”等专项监督和专项督察，进一步强化安全规章制度的执行与落实，强化关键环节的风险分析和重点问题的整改闭环。以防止发生人身触电、高空坠落以及误操作等事故为重点，认真开展作业安全风险分析，落实预防控制措施。加强“新—甘—石”联网工程、抗冰差异化改造等重点作业现场安全督察，确保工作计划合理、技术方案正确、安全措施完备。组建公司专职巡查大队，强化对基层单位和作业现场的安全巡查；加强现场明察暗访监督力度，利用视频监控系统等技术手段，确保现场安全可控、能控和在控。

【基建安全管理】制定《工程施工分包安全管理规定》，健全工程施工分包商准入、清退机制，确保引入高素质分包队伍，做好分包工程全过程安全管理，确保分包作业现场可控。组织23家建设管理单位进行交叉检查，共同提高作业现场管控水平。针对四川洪涝、泥石流等易发特点，开展工程营地防范地质灾害专项演练200次，切实提高防灾避险能力；结合“打非治违”、预防施工起重机械脚手架坍塌事故等专项安全活动，集中整治基建重点部位、重要设施、关键工艺、关键流程的主要问题和薄弱环节，有效防范和坚决遏制重特大事故。组织各单位分管基建的领导和管理人员进行基建安全、事故调规和奖惩规定的培训考试，切实提高员工安全意识和安全防范能力。

【农电安全管理】扎实开展农电秋季检修及农网升级改造工程专项安全检查，进一步强化农电现场安全管理，查找、加强薄弱环节，组织对67个县供电企业、550个施工现场开展专项安全检查，安规抽考101人，发现各类问题和隐患282项。深入推进控股县公司安全管理标准化评价工作，组织42个控股县公司完成自评价、整改和申报工作，申报比率达到58%；对11个控股县公司完成专家组查评，有力促进了控股县公司安全管理水平的提高。组织各单位农电安全监督人员及所属县供电企业安全监督人员共计200余人参加农电安全监督人员专项培训，切实提高农电安全监督人员履职能力。深入推进藏区供电企业对口帮扶，督促受援单位、派援单位和对口指导部门切实履行职责，帮助藏区县公司提高安全生产管理水平。

【发电、煤矿安全管理】结合春、秋安全大检查，组织开展发电设备专项隐患排查治理，深入查找和治理主要设备、辅机及重要设施的安全风险隐患，加强发电设备运行维护管理。针对我国连续发生多起煤矿安全生产事故，结合煤矿“打非治违”专项行动工作方案，举一反三，整改自身问题和不足，对石龙桥煤矿停工期间开展多次安全督察等确保公司煤矿安全稳定局面。针对煤矿事故多发形势，组织对公司供区内781座煤矿、193座非煤矿山开展专项供用电安全隐患排查，发现存在证照不齐或超过有效期、电源配置不足、客户用电管理混乱等严重隐患，向省政府、电监办进行专题报告。

【安全事故隐患排查治理】进一步完善隐患排查治理机制，强化各专业、各级人员职责落实，加强过程管理，有序、深入开展事故隐患排查治理工作，通过“以点带面”推动事故隐患排查治理工作再上新台阶，切实提高事故隐患排查治理工作水平。系统总结“树典型、传经验”工作的成效和经验，按专业编制事故隐患排查治理典型案例，总结提炼典型经验和做法；召开隐患管理工作交流会，推广典型经验和做法。

【质量监督管理】制定《四川省电力公司质量监督管理工作实施方案》及《质量监督管理工作细则》，建立完善公司质量监督管理组织体系，技术支撑体系，明确了责任考核办法。制定公司配变及电缆专项质量监督工作方案，启动配变及电缆设备专项质量监督工作。加强资产全寿命周期管理，开展公司资产全寿命的数据质量整顿工作，完成各单位的资产全寿命考核指标分解；积极开展国家电网公司统推项目“资产全寿命周期管理评估决策分析系统Ⅰ期”的上线试运行和完善。召开可靠性深化提升工程公司电视电话会议，组织开展可靠性深化提升，推进全过程质量管理、状态检修、带电作业等管理和技术措施落实，通过“电网安全年”活动的载体，以落实电网安全保障措施为重点，强化电网安全全过程管理，积极推进差异化改造，强化设备隐患排查治理，提升电网本质安全水平，有效提升供电可靠性。

【“十八大”供电保障工作】公司领导高度重视“十八大”供电保障工作，及时组织落实国家电网公司“十八大”供电保障工作安排部署，公司总经理、党委副书记王抒祥对公司系统保电工作亲自作出指示和安排；公司逐级建立保电组织机构，建立起自上而下的保电工作体系；精心编制保电工作总方案和各专业保电子方案，基层单位分管领导亲自组织制定有针对性的保电方案；各单位深入开展事故隐患排查治理，强化重要电网设备运维管理，对党政机关、新闻媒体、交通枢纽等重要客户开展供电安全专项检查；强化电力设施保护工作，对重要枢纽变电站、电力调度中心等重要场所加强值守；梳理保电应急预案，落实应急人员、物资等各项应急准备，并加强应急演练，圆满完成十八大供电工作任务。

【“三集五大”体系建设安全保障】为防范“五大”体系建设中，工作流程及业务流程变动带来的安全风险，建立健全与“三集五大”体系相适应的安全工作体系，建立起“三集五大”体系建设安全保障组织机构，及时组织修订各级安全生产职责规范，强化领导层、管理层、执行层的职责分工，确保安全职责不挂空档，不留漏洞。组织相关部门，针对发生重大变化的工作流程、业务流程，提出详细的预控措施。层层签订“安全责任状”，通过强化员工安全知识教育，转岗人员安规培训考试，开展“安全第一课”等，切实提高各级干部、员工安全责任意识和安全技能素质。定期召开安全保障工作会议，通报安全生产情况，讨论解决安全工作中的问题。同时强化日常安全管理，密切关注安全动态，通过开展日常安全巡查、安全性评价、安全专项监督、隐患排查治理等活动，使安全保障工作稳固推进。有效确保公司“三集五大”体系建设安全平稳实施。

【“5.12”大面积停电应急演练】在组织参加了四川省“5.12防灾救灾综合实战演练”基础上，周密策划、精心准备，并在公司总经理王抒祥的亲自组织和指挥下圆满完成四川省乃至全国规模最大、范围最广、科目最全、实战性最强的防灾救灾综合实战演练-四川电网“5.12”大面积停电应急演练，得到国家电网公司和政府的高度评价；高标准建设应急体系平台，创新建设“国际一流”应急体系，创新成果获得国家级管理创新一等奖。

【安全工作存在的问题和困难】2012年，公司安全工作存在以下问题和困难：一是人身安全风险管控难度大。随着“五大”体系建设的实施，垂直一体化的管理模式进一步加剧，管理岗位的设置增加，许多生产一线优秀人才转向管理岗位，加之电网规模不断扩大，人员补充又有限，导致生产一线力量和整体技能水平不足，与生产作业安全需要有较大差距，增加生产安全风险。其次，公司控股代管公司多，安全管理基础普遍薄弱，特别是甘孜、阿坝等县供电公司改制为公司控股公司后，公司的安全风险急剧增加。此外，主多分离和“三集五大”体系建设实施后，集体企业承接了大量工程建设、改造和农电运行维护工作，业务量激增，安全管理力量不足、管理水平低与安全工作实际需要间的矛盾将更加突出，安全风险特别是人身伤害的风险很大。

二是电网和设备安全运行面临较大的压力。四川电网现已进入跨大区、特高压交直流混联运行的新阶段，交直流系统之间、省内与外部电网之间相互关联性强，运行方式复杂、控制难度大、影响范围广。因此，随着《条例》的深入实施和电力安全监管力度的加大，公司电网面临的外部环境更为严峻、压力更大。同时，许多输电线路所处环境非常恶劣，主设备安全隐患比较突出，许多老旧和有缺陷的设备仍在使用，其性能和状态已不能满足安全运行的要求。

三是农电安全生产面临新体制下新挑战。农电业务委托工作开展以后，农电安全生产流程将发生较大变化，同时农网工程管理职能部门变更，在业务流程梳理、完善过程中增加了诸多不安全因素。农网结构相对薄弱，农网升级改造工程仍将大面积开展，农网工程作业现场安全管控仍然任重而道远。控股（代管）公司安全基础仍然亟待夯实，凉山、阿坝、甘孜三州地区安全基础管理尤为薄弱。

应急体系建设和应急救援

【应急管理机构】2011 年 9 月 16 日，四川省电力公司在国家电网公司系统首开先河，成立电力应急中心，承担公司应急管理职能，归口管理公司应急管理和实施应急培训工作。下设综合处、应急处、培训处、安全处、装备处、应急研究与咨询中心，构建“大应急”体系，成为国家电网公司承担社会责任，服务社会的重要窗口，实现应急管理、应急救援、应急培训、应急研究一体化、专业化，为国家电网应急体系的长远、科学、健康发展夯实基础。

2012 年，电力应急中心加强内部管理的制度化、规范化、标准化和科学化，出台《电力应急中心物资采购管理办法》、《电力应急中心绩效考核管理办法》等管理制度，新编工作标准 55 个，特别是针对大面积停电、破坏性地震、重大活动保电等进行了进一步梳理、细化和完善，编制完善总体预案 35 项、专项预案 808 项、现场处置方案 9345 项。在国家电网公司和四川省电力公司的坚强领导下，圆满完成“5·11、5·12”应急演练、各类应急人员培训、全国“两会”、“十八大”等重大保电任务、数十次出征一线参与应急救援任务，初步构建了集应急管理、应急培训、应急救援和应急研究“四位一体”的组织架构。

应急演练负重徒步行军（应急中心　提供）

【应急体系建设】电力应急中心建立了辐射全省的 23 个地市应急指挥分中心和县级中心，地市电业局（公司）应急指挥分中心建设日益完善，全面启动了县级分中心建设，完成 128 个县级分中心建设的可研编制。2012 年 6 月，应急指挥中心与省政府、成都市政府、省消防总队等应急指挥中心实现了视频会议系统的联通，为与气象、地震、消防、交通、水情等部门信息的共享、应急会商研判奠定了基础。

【突发事件预警和应急救援】公司在各市州均有电力应急抢险队，应急抢修人数 5000 余名，同时组建以灾情侦察、搜寻救援、电力抢修恢复、医疗救助的应急救援基干队，形成“海、陆、空”立体救援模式，实现了装备有优势、队伍有特长的设置目标。

电力应急中心不断加强应急队伍的日常管理，学练结合，提升了应急救援队伍的综合素质、实战能力和救援水平， 2012 年，电力应急中心共接到突发事件报告 98 件，其中自然灾害类 76 件，事故灾害类 17 件，社会安全类 5 件,共计发布预警 70 次。在应对雨雪冰冻灾害、甘孜、阿坝泥石流灾害、内江、泸州、达州、遂宁洪涝灾害等重特大突发事件中，累计派遣应急抢修队伍 42556 人次、抢险车辆 6846 台次。通过对应急体系的建设和逐步完善，在各类突发事件处置过程中，发挥了重要的作用，提高了公司预防和处置突发事件的能力。

【无人机航拍】电力应急中心无人机航拍工作在电力应急救援、灾情侦察等工作中担负着重要的职责。在多次参与救援实战中，电力应急中心对各项关键的无人机技术进行了升级和改进，解决了无人机在航空摄影方面的困扰，成功参与了阿坝电力公司、南充电业局南部公司、凉山州木里县、内江、泸州等自然灾害现场的航拍任务，为科学抢险提供了第一手素材。

（杨成龙　王彬）

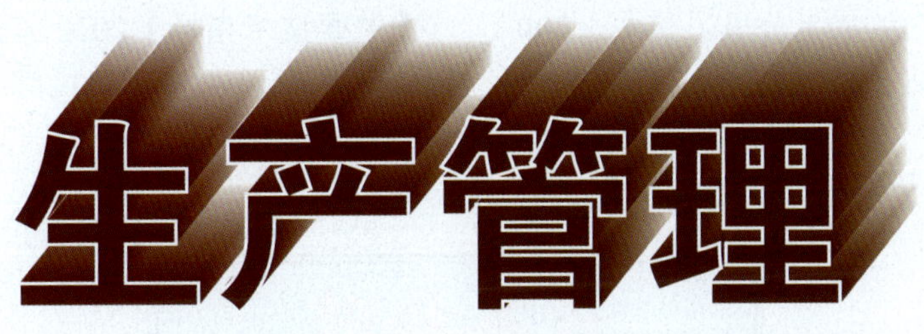

责任编辑：梁　建

生产设备

【概况】2012 年，公司紧紧围绕“大检修”体系建设年度目标任务，以设备管理为重点，深化生产管理信息系统应用，认真开展设备隐患排查治理和线路综合整治，扎实推进状态检修、工厂化检修和运维一体化工作，成功应对各类自然灾害，确保了电网安全稳定运行，各项工作取得明显成效。

2012 年，四川电网得到快速发展，电网规模不断扩大，至 2012 年底，四川电网经营区域（含控股、代管，下同）拥有 110 千伏及以上变电站 829 座，开关站 4 座，变电容量 14958 万千伏安，交流线路长度 47198 公里，直流换流站 3 座，直流换流容量 1660 万千瓦，直流线路长度 823 公里。其中，500 千伏变电站 33 座，开关站 3 座，容量 5250 万千伏安，线路长度 9977 公里；220 千伏变电站 171 座，开关站 1 座，容量 5036 万千伏安，线路长度 15126 公里；110 千伏变电站 625 座，容量 4627 万千伏安，线路长度 22095 公里。公司统调电网日最大用电负荷 2450 万千瓦，全年完成售电量 1543 亿千瓦时。

【技术水平】在电网设备规模迅速扩大的同时，电网装备技术水平也迅速提升，至 2012 年底，公司系统 110 千伏及以上断路器组合化率达到 16.39%、断路器无油化率达到 99.82%、继电保护及自动装置微机化率达到 99.99%、变电站综合自动化率达到 99.01%。城市配网方面，电缆化率达 32.71%，架空绝缘化率达 51.57%。

【主要技术指标】2012 年，公司主要技术指标为：线损率 8.9%；城市电压综合合格率 99.399%。

设备检修

【大检修体系建设】2012 年，公司严格落实国家电网公司“大检修”体系建设工作要求，在充分借鉴兄弟单位建设经验、细致调研公司内部生产管理现状的基础上，紧密结合四川电网实际情况，坚持“统一部署、自上而下、优化配置、平稳推进”的原则，精心组织、超前谋划、周密实施，确保了各项工作的有序推进。至 2012 年底，公司省、地、县三级“大检修”相关机构和人员调整已全部到位，新模式实际导入已完成，现已进入磨合整改阶段。与改革前比较，公司累计减少科级及以上部门 27 个、生产班组 58 个，减少运维检修人员 346 人，在保证生产体系更加专业化的同时，提高了劳动生产率。

在机构调整的同时，四川公司组织专人对相关生产制度、标准进行了清理和新编、修编，累计绘制末级业务流程 77 项，编制管理制度 35 项，新编管理标准 33 个、工作标准 586 个、技术标准共 233 个，实现了“技术标准业务全覆盖、管理标准流程全覆盖和工作标准岗位全覆盖”，确保了新体系导入后各项工作的正常开展。

5 月 30 日，四川省首例变电站带电水冲洗作业在国家电网四川攀枝花电业局 110 千伏高峰变电站开展，并获得成功。此项作业既可有效防止因污闪而对供电设施造成的危害，又能减少停电清洗带来的负荷损失，确保周边客户可靠用电。图为作业人员对变电站设备进行带电冲洗

（胡斌、张中　摄）

【深化生产技术管理】2012 年，公司强化技术监督

工作落实，召开公司技术监督工作会，在分析工作中存在问题的同时，明确年度各专业技术监督工作重点；组织开展换流站设备专项带电检测，及时发现了换流变油中含气量超标缺陷，并在年度检修中进行了消除。积极推进重点生产项目实施，加强施工现场协调处理力度，强化过程管控，顺利完成500千伏龙王变电站1号主变增容改造项目，增加该站下网能力25万千瓦，满足了成都地区负荷增长；积极推进龙王变电站综自改造工作，完成了220千伏母差保护、主变中压侧4组刀闸、3台电流互感器和主变保护的更换。启动500kV洪沟变电站综自改造前期工作，组织设计单位对现场设备情况进行了实地查勘，明确了改造方案。积极推进变电站无人值班和集中监控建设，至2012年10月底，公司220千伏及以下主业资产变电站共计1075座，已有990座实现了无人值班或少人值守，无人值班率达92.09%；500千伏变电站共计36座，已有8座实现集中监控、少人值守。结合变电站无人值班推进和“调控一体化”实施要求，积极开展技术支撑体系建设与改造，完成了视频监控系统省级平台和22个地级平台建设任务和所有35千伏及以上变电站视频系统的安装调试和上线接入工作。落实生产管理标准化建设，按进度计划完成标准体系建设有关管理标准编制工作，进一步优化完善现场标准化作业卡，从运行、维护、检修、试验等方面编制完善标准化作业指导书48项；按照公司统一要求，开展生产运行法律法规、规章制度和技术标准的清理，及时进行修编和完善，不断探索生产标准化、精益化实践经验，努力满足电网不断发展的需求。有序推进智能电网建设工作，乐山智能电网综合建设区有关新能源接入等子项，以及110千伏金星、代家坝、河石坝共3个智能化改造变电站的可研报告已获国家电网公司批复；《智能电网综合建设工程建设方案总报告》、《智能电网综合建设工程需求分析专题报告》已编制完成并通过审查，相关科技项目已立项建设。在加快项目实施的同时，组织专业人员讨论提出了智能变电站二次设备维护的有关原则指导意见，并在公司智能实训站举办了五期生产运检人员智能变电站实训班。

【提高跨区电网设备健康水平】切实加强德阳换流站设备运维管理，强化换流站设备状态检修工作标准的执行，加强在线监测设备管理，认真分析设备状态数据，及时发现可能存在的缺陷和隐患。科学组织换流站年度检修，认真开展缺陷和隐患清查工作，落实闭环管理要求，按照轻重缓急安排检修消除，确保了已发现的缺陷和隐患在年度检修期间全部消除完毕；对检修后发现的隐患均编制了有针对性的应急预案，并强化监测手段的落实，随时跟踪隐患发展情况。

认真开展跨区输电线路状态巡视工作，定期汇总巡视发现的异常和问题，随时掌握线路健康状况，在此基础上组织专业人员分析产生的原因，按照“边分析、边整改”的原则，及时予以消除或有效监控。对发展性的问题明确跟踪检查要求，制定可行的运维检修和处理策略，防止问题演化为故障。

【确保“新-甘-石”联网工程稳定运行】“新—甘—石”联网工程是国家电网公司和四川省委、省政府的重点工程，同时也是四川电网已建海拔最高、气温最低的输电工程。为确保工程投产后的稳定运行，四川公司严把设备关，组织专业部门和单位从选型、运维保障等方面进行调研，结合工程地点的实际情况，将原设计中不适应于高原环境的110千伏石渠站35千伏干式变压器更换为高原型油浸式变压器；针对石渠站零下46℃的极寒环境，制定并实施了将室外GIS设备的气体由SF6改为SF6与CF4混合气体、室内GIS设备增加加热带的整改措施。在运行中，认真开展夜间灭灯巡视，重点观察瓷瓶有无电晕、闪络现象；定期收集变电站室内外温度，摸清加热器开、关状态下室内外温差情况及与之对应的设备气压，掌握防寒保暖措施功效，在此基础上，着手编制“高海拔、极寒环境下设备运维管理要求”，确保了“新-甘-石”联网工程安全运行。

【断路器专项治理】针对国家电网公司系统和省内各基层单位频繁出现的断路器类设备故障，及时开展同类设备的清查和整改工作。一是完成500千伏变电站38台平开35千伏断路器的更换，在此基础上，组织基层管理人员和一线员工对该类问题的发现、分析和处理过程进行专项培训，提高检修人员发现、分析、处理问题的能力。二是开展500千伏断路器合闸电阻投入时间专项排查，在全川48台、144相带合闸电阻断路器中，共计发现11相存在问题，经联系厂家处理后，目前已全部恢复运行。三是完成了全川所有21台北京ABB公司LTB245型断路器隐患排查工作，重点核查其压气缸导气拉杆与导向套公差配合是否合格，共发现1台存在问题，随即进行了处理。四是针对发现的如高断路器机构合闸过慢缺陷，约谈了生产厂家，要求其提供检修维护方案和备品件，并派专人到各地市对全省141台同型断路器进行配合排查和整治，累计发现55台存在问题，均已现场处理完毕。

【电网设备带电检测和状态评价】结合春、秋检工作开展，公司利用成熟先进的带电检测手段，组织各单位对所辖220千伏及以上变压器(电抗器)、GIS设备、断路器、互感器及避雷器等设备开展带电检测，在此基础上，综合设备历史运行情况、历次试验数据及在线监测数据等状态信息，进行分析和比较，及时发现设备事故隐患。对于检测出的设备缺陷，按照“边排查、边整改”的原则，结合实际情况，逐台制订运维检修策略，及时加以消除；对短期内不能消除的缺陷采取有效的运行监控措施，确保设备状态可控、在控，确保了电网的安全运行，防止了重特大设备损坏事故的发生。

【输电线路运行管理】积极推进输电线路防雷差异化改造工作，对4745基110千伏及以上易击杆塔安装了避雷器、接闪器、塔顶侧针等防雷设施，并对220千伏及以下线路加装绝缘子12418片；对雷击跳闸易发区输电线路杆塔进行接地装置全面检查和接地电阻检测，发现并整治地阻不合格杆塔5948基，切实提高了线路耐雷水平。开展发热隐患排查治理工作，针对夏季高温、重负荷等季节性特点，重点开展220千伏及以上重载线路和运行20年以上的老旧线路红外检测工作，以导线连接金具为重点检测对象进行普测，共排查500千伏线路72条、220千伏线路415条，并结合计划停电对发热缺陷予以消除。继续推行线路运行分析工作，针对上年线路运行及2012年年初冰灾情况，分季度开展输电线路运行分析工作，对设备和管理中的存在的问题进行排查，并制定相应的改进措施。开展输电线路通道类隐患排查工作，发现各类隐患74项，已整改完成71项，累计砍伐各类树竹8万余株。开展线路杆塔防汛隐患排查治理，组织专业人员对处于低洼地带、河谷、泄洪区域，以及易遭受洪水淹没、冲刷的杆塔进行逐基排查，防止汛期倒杆断线事故。

8月8日，在四川遂宁市蓬溪县城西街400千伏安配变处，电力员工进行红外线测温，确保设备安全运行（冯成华　摄）

【线损标准化管理和电压提升工程】按照国家电网公司节能减排要求，启动绵阳、内江线损标准化实践落地项目，对线损管理进一步深化和实用化进行试点，并结合公司标准化体系建设，就公司线损管理平台建设开展调研，同时对公司年度负荷实测和理论计算进行了统一部署。结合同业对标指标提升计划及降损工作安排，启动公司深化电压合格率提升工程，对前期梳理的管理难点和盲区，开展有针对性的整改工作，已完成城市综合供电电压合格率指标的SG186并轨统计和报送，以及地市层面电压监测和自动采集平台建设部署，并就公司AVC项目和年度电压提升重点工作进行了培训。

【配电网建设与运行管理】下达《四川省电力公司2012年配网管理工作意见》，以开展“安全年”活动为载体，以持续提升供电可靠性和优质服务水平为目标，深化隐患治理、推进状态检修和带电作业开展，不断提高配网管理水平。开展配电网运行水平和供电能力评估，及时掌握配电网运行状况，为解决迎峰度夏（冬）期间配电网“卡脖子”及供电能力不足等突出问题提供依据。同时加强配网线路及台区负荷监测工作，对重载、满载配变及线路及时进行改造。开展柱上开关、配变等设备隐患排查治理，不断拓展配网设备隐患排查范围，在全省范围内对柱上变、柱上断路器和柱上负荷开关、开闭所、配电站和电杆等设备开展隐患专项整治工作。在通过大修、技改等项目对现有老旧、隐患设备进行改造和更换的同时，查找配网设备运检管理中的薄弱环节，提高运行管理水平。试点推进配网状态检修，建立健全配网状态检修管理体系、技术体系和执行体系。同步开展宣贯培训工作，对状态检修两项标准、三项导则以及状态检修技能等进行重点培训。指导地市公司及配电运行单位全面做好信息收集、状态评价、检修策略、检修计划、检修实施、评价与考核等六大环节工作。充分发挥PMS和电网图形系统（GIS）两大平台优势，推进配网设备和图形的“一体化”管理，实现配网设备基础数据信息化。通过对配电网资源的空间位置数据、属性数据和拓扑关系数据的管理，打造坚强配电网智能化辅助支撑系统，为配电网的资源管理、生产运行、电力营销、调度控制和规划设计提供实用化图形展示和可视化分析服务，提升配网精益化管理水平。

【配网带电作业】结合公司带电作业开展情况，修编了带电作业标准化作业指导书，在此基础上加强带电作业队伍建设，开展带电作业季度分析，及时发现和纠正工作过程中的偏差；强化带电作业培训工作，重点针对第三类、第四类复杂配网带电作业项目开展培训，不断提高作业人员技术水平，1-10月共举办了5期带电作业培训班，培训人员250余人次，逐步实现配网项目“能带不停”，减少用户停电时间和次数。2012年1～10月，全省累计开展10千伏～500千伏输配电带电作业项目15195次，其中配网项目11053次，较上年同期分别增加了1024次和971次，增幅分别达7.2%和9.2%。

【“十八大”保电工作】公司高度重视“十八大”保电工作，成立了供电保障指挥部，下发了《十八大供电保障运维检修方案》，对重要变电站、线路和铁塔，强化运行维护管理，增加红外检测和巡视检查次数，确保发现问题及时处理。加大电力设施保护工作力度，积极争取政府及公安部门的支持，共同开展保电专项检查，将重点部位均纳入省级治安保卫重点范围，坚决防止外力破坏事件发生。强化信息报送，启动24小时值班，明确信息报送要求，确保了信息沟通畅通。通过上述措施的落实，“十八大”期间四川电网运行稳定，没有发生不安全事件。

抢险救灾

【完成各项抢险救灾工作】2012年夏季以来，四川境内气候异常，降雨量偏多，多处地区遭受不同程度的洪水灾害，给当地造成较大的经济损失，电力设施不同程度受损，严重影响了供用电秩序。灾害发生后，公司立即启动应急响应，主要领导亲自指挥，分管领导现场指导，充分发挥集团优势，在全公司范围内调集抢修力量、调配抢修物资，全力开展抢险救灾工作，迅速恢复受损设备，确保灾区工农业用电，在泸州“7.23”洪灾中仅用4天就完成了受灾地区恢复供电，凉山喜德“8.31”洪灾中仅用3天就完成了喜德城区重要用户的临时供电，用实际行动充分展示了国家电网“努力超越、追求卓越”的企业精神，充分展现了电力员工顽强拼搏、感恩奉献的精神风貌，受到各级政府表彰，彰显了良好的企业形象。

【提高电网御灾能力】深刻吸取近两年来四川电网连续发生的输电线路因冰倒塔事故教训，在深刻分析四川地区冬季气候特点和线路运行情况的基础上，制订了《四川电网输电线路抗冰改造指导意见》，对存在冰灾隐患的19条500千伏线路和2条220千伏线路进行抗冰改造，并在2011年建成两套融冰装置的基础上，新建500千伏康定、月城、石棉变电站三套固定式和一套移动式直流融冰装置；与此同时，同步建设输电线路在线监测装置130套、观冰站点19个，在提高电网抗灾能力的同时不断加强运行监视，及时启动融冰预案，确保线路冬季安全。本次抗冰改造共计投入资金11.3654亿元，规模之大、周期之短在四川乃至全国范围内均绝无仅有，公司克服时间短、任务重、协调难度大、施工环境差等重重困难，取得了骄人的成绩。

（宋暾昉）

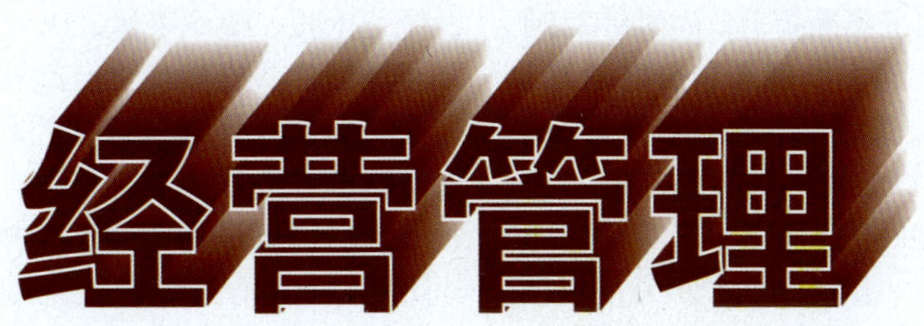

责任编辑：梁　建

综合计划管理和环保工作

【综合计划管理概况】2012年，公司在综合计划管理上，做到“计划一条线、管理一个口”，进一步突出规划引领、强化前期与计划的无缝衔接、强化计划刚性执行。深化、细化综合计划管理，范围逐步拓展，深度不断加大，实现了“综合管理横向到边，专业管理纵向到底”；各专业计划、各层级计划以综合计划为主线，统一编制上报，综合平衡、下达实施和优化调整；各类、各级、各专业计划纳入综合计划，实现发展部门归口管理和综合协调，专业部门协同配合和业务指导，做到“计划一条线、管理一个口”，综合计划管理水平不断提升。同时针对国家电网公司综合计划管理上的新变化，公司综合计划在管理模式、管理范围、管理流程上均进行了适应性调整，进一步梳理了综合计划各管理层级、各专项计划之间的关系，逐步建立和完善了各单位、各层级综合计划指标体系，明确了专业分类和项目标准，规范和细化了省、市、县各层级管理流程。

【深化“大计划”管理】2012年，公司以综合计划管理为重要抓手，促使公司从多头管理向集团化运作转变、从资源分散向集约配置转变，在全公司系统实现项目“一盘棋”布局，资源“一条龙”配置，落实发展战略，明确目标导向，突出工作重点，促使各单位围绕公司的总体战略目标，开展生产经营活动，进行“公转”，克服“自转”，促进公司整体运作和全面协调发展，集约化运作能力进一步提高。

按照国家电网公司综合计划管理要求，公司在已经实现了综合计划管理工作与国家电网公司总部管控的无缝衔接的同时，2012年在国家电网公司下达的可控费用中，除给各基层单位安排了日常成本外，还安排了39亿元专项项目成本计划，通过生产大修等9个专项成本计划管理，提高运维检修投入使用的计划性，减少成本安排的随意性和盲目性，提高投入效率。综合计划管理范围的拓宽，进一步提升了公司管理集约化水平。

2012年公司建立了“横向到边，纵向到底”计划管理体系，计划管理涵盖了46家二级单位的18类项目计划和30个指标。2012年公司下达计划文件46个，涉及资金352亿元，其中综合计划文件6个，涉及资金299亿元，有力支撑了公司的快速发展。

【规范管理流程】按照国家电网公司综合计划管理要求，结合公司管理实际，进一步梳理了综合计划各管理层级、各专项计划之间的关系，明确了专业分类和项目标准，规范和细化了省、市、县公司各层级管理流程，逐步建立并不断完善以综合计划为主线，由发展部归口管理，统一编制上报，综合平衡、下达实施和优化调整，标准统一、协调高效的计划管理机制。

公司在2011年综合计划统一下达的基础上，继续强化综合计划工作的“四统一”原则（统一编制、统一上报、统一下达、统一调整），改变了以往各专业部门多头管理模式，迈出综合计划管理变革的重要一步，为计划执行管控和目标的全面完成打下坚实基础。

【项目储备计划管理】在项目储备和专项计划建议阶段，在原有项目分类基础上，明确设置电网基建、小型基建、生产技改等14个专项计划，要求全部细化到项目，并根据投入规模或重要程度，按照各专业的规定，划分为限上、限下、零星3个层级管理。所有项目必须按照项目分类、分层要求做好可研（方案）编制、审查、批复，并按轻重缓急、重要程度，排序进入公司项目储备库，未入库的项目不能列入计划，确保纳入计划的项目实施是必要的、方案是优化的、估算是明确的、实施条件是成熟的。没有列入计划的项目不能进入ERP系统，不能开展招标，不能开工建设，切实改变部分专项项目前期工作不充分，实施条件不成熟，列入计划后实施启动慢，过程变故多等计划执行不严肃现象。

公司于2012年二季度启动了公司2013年项目储备工作，完成了综合计划的14类8866个项目，涉及资金523亿元的项目储备。

【完善预安排和应急项目备案机制】在已建立项目预安排机制的基础上，公司完善了对于因自然灾害、突发事故影响，而确需实施的项目应急备案机制，进一步提高计划适应性，增加了计划管控能力。2012年预安排电网基建等10类项目计划，涉及资金9亿元，为项目的物质采购、项目前期等工作创造了有利条件。

【培训计划人员】为适应公司计划的下达、执行、控制、分析与绩效考核为一体的建设需求，推进公司“大计划”管理体系建设，提升公司系统综合计划人员业务水平，公司开展了“4+1”计划管理培训，即在自贡、达州、攀枝花、德阳等培训分部开展了片区市、县公司计划从业人员的培训，在技术学院开展了省公司业务部门和 46 家二级单位计划从业人员的“大规划”适应性培训，参培 350 人次。

【环保工作概况】2012 年公司颁发了《四川省电力公司电网环境保护管理办法》、《四川省电力公司环境保护监督工作条例》和《四川省电力公司环境保护监督工作考核细则》，修订了环境保护管理标准、环保管理工作标准、合规性评价、环境能源绩效监测及不符合管理标准、环境因素与能源因素识别与评价管理标准等环保管理标准。

年初,公司及时下发了2012年500千伏、220 千伏及 110 千伏电网项目前期工作计划及环保竣工验收计划，对项目环评、水保、竣工验收完成时间节点进行了严格规定，每月进行通报，年底进行同业对标考核。做到了工作有部署、任务有落实，执行有考核，较好完成了全年工作任务，环评率和环保竣工验收率持续保持 100%。

2012 年公司获得 110 千伏及以上环评项目 110 项，水保方案批复 105 项，开工项目取得环评批复 156 项，水保方案 141 项。完成环保竣工验收 101 项，其中 500 千伏项目 9 项。完成水保竣工验收 44 项，其中 500 千伏项目 7 项。

【环保宣传】公司高度重视环保宣传工作，积极主动向地方政府和老百姓宣传国家电网公司的社会责任、环保理念，宣传公司环境保护采取的措施和输变电设施电磁环境的科普知识。坚持主题宣传与常态宣传相结合、重点宣传与普遍宣传相结合，通过多种形式将电网环保宣传引向深入。

创立变电站工频电磁场在线监测系统和电磁辐射体验馆。工频电磁场在线监测系统 2012 年 6 月 5 日在成都安顺桥 220 千伏变电站投入运行。该系统可实时监测变电站厂界的工频电场、磁感应强度，每分钟更新一次数据，让市民对变电站电磁环境一目了然。中国新闻网、中国广播网、《四川经济日报》、《国家电网报》、《成都日报》等 20 多家媒体进行了报道，正面引导了舆论导向。系统运行至今，状况良好。公司还将投入 2000 多万元在 14 个电业局(公司）的 40 个变电站安装该套系统。

2012 年 6 月 5 日，公司在成都欧尚购物广场举办了大型的环保宣传活动，公司副总经理丁燕生亲自参加了宣传活动。

公司系统各单位还结合“六五世界环境日”开展了多种形式的环保宣传，如电科院组织讲座和交流会倡导绿色发展，就电网节能新技术、新工艺的运用和“疆电入川”的重要性进行宣讲；达州电业局联合达州市和通川区环保局，在市中心广场设置了电网环保宣传台；泸州电业局走上街头，向过往市民面对面做宣传，揭开了部分市民有着误解的电磁场问题的“面纱”； 广元电业局开展“绿色新生活，电力在行动”主题宣传活动，各供电营业网点通过悬挂横幅、宣传标语、张贴海报、散发宣传资料、播放公益广告等多种形式进行宣传等。超高压建设管理公司拍摄了“莫让风烟遮光明”宣传片，通过了省环保厅审查并得到首肯。宜宾局拍摄了“揭秘电磁辐射谣言”的电视宣传片在当地电视台和内网上播放。

每年借新年之际，公司还编辑、印刷了宣传画、宣传手册、宣传台历，向各地市、区县环保部门、变电站、线路沿线老百姓、建设工地发放，得到环保部门的高度赞扬。三年来共发放了宣传画 1.69 万张、宣传手册 12.35 万册、宣传台历 7900 份，投入费用 60 万元。

【环保工作培训】为提高基层单位环保管理人员素质，结合当前环保工作出现的热点、难点，在 2012 年4月公司环保技术监督会及10月电网前期标准化培训班上，对环保纠纷及应对措施、环保管理等方面进行培训，努力提高基层环保管理人员的水平。组织省内 3 家甲级监理单位监理人员参加了国网公司和环保部联合举办的环保监理人员培训班学习。

【妥善处理环保纠纷】近年来，随着公众环保意识的提高和过度维权，输变电环保纠纷投诉日益增多。2012 年，公司处理了多起省长信箱关于拟建晨风、石人南变电站的网上投诉以及省政府关于城市变电站建设环保问题的督办事项，公司回复意见群众满意率达到 90%以上，树立了央企诚实、负责任的形象。公司还成功解决了德阳Ⅱ、米易 500 千伏输变电工程等环保投诉。

（李富祥、刘红志）

资产与财务管理

【公司经营和财务状况】2012年，公司持续深化财务集约化管理，协同推进“五大体系”建设，认真开展经营诊断分析，贯彻落实依法从严治企精神，不断提高财务精益化管理水平，公司经营形势总体平稳，财务状况保持稳健。实现营业收入净额904.81亿元，同比增加77.4亿元，增长9.35%，其中电力收入实现842.93亿元，同比增加82.76亿元，增长10.89%；营业总成本发生892.95亿元，同比增加81.65亿元，增长10.06%，其中电力成本发生810.81亿元，同比增加77.73亿元，增长10.6%；净资产收益率2.38%，完成预算156.58%；资产负债率74.74%，比预算降低0.05个百分点；流动资产周转率9.82次，比预算增加2.5次。

【财务集约化管理体系建设】以“六统一、五集中、三加强、三保障”为工作主线，全面梳理“三集五大”体系组织架构和业务流程，健全以“六统一”为基础的财务标准体系，深化以“五集中”为核心的业务集成，强化以“三加强”为重点的应用拓展，落实以“三保障”为支撑的工作措施，不断拓展财务管控的宽度、高度、深度和细度，促进财务与业务高度协同，为公司改革发展和体制机制创新提供坚强的财务支撑。

加强“三项保障”，协同“五大体系”建设。一是加强组织保障，根据“五大体系”组织机构调整，按照“纵向压缩管理层级，横向归并会计主体原则”，压降会计主体131个，母公司单位财务人员减少114人，对10家直属单位开展会计集中核算，财务组织机构更加精简高效；二是加强业务保障，合理设置会计主体和界定资产管理界面，修订完善财务标准体系，规范新设机构预算管理和银行账户开立，强化基建财务和电费电价管理，制定工程资产和债权债务移交方案，确保资产设备安全完整；三是加强技术保障。以成熟套装软件和财务管控模块为核心，实现了与协同平台，与营销、交易、经法、计划、生产管理等系统的集成，相关会计处理业务从业务前端发起并自动生成会计凭证，在提高财务工作效率的同时，实现财务风险管控关口向业务端前移，真正做到从源头上防范财务风险。

【预算管理】深化财务管控系统预算发布和控制功能，通过系统接口集成，实现预算控制对可控成本科目预算业务全覆盖，规范前端业务操作，前移业务管控关口，提高预算精细化管理水平；优化财务考核指标体系，强化“三公费用”预算管控和单项考核，对利润总额等关键指标引入偏差考核机制，促进基层单位提高预算执行准确率；以提升经营效益为目标，对控股子公司实行差异化预算管理，科学测算子公司单位自有资金投入能力，合理设定资本性投资、专项成本投入控制限额，严格限制亏损公司成本需求，2012年子公司盈利单位同比增加20.4%。

【资金管理】坚持开展银行账户清理，撤销银行账户140个；积极推进上市公司账户授权监控，明星电力公司已完成部分账户授权，截至2012年12月底，公司已办理授权的合作金融机构账户442个，银行账户监控率和资金归集比率均达到100%；依托财务管控系统，通过与中电财资金结算系统接口集成，母公司范围内单位实现购电费、工程款项、物资采购、检修运维费用等50万元及以上大额资金在线集中支付，集中支付率达到80%以上；加强资金集中管理，通过集团账户资金运作，以及利用银行循环贷款、法人透资账户等超短期融资手段减少银行贷款，节约融资成本2.6亿元。

【资产与产权管理】稳妥推进基建标准成本扩大试点工作，按500千伏、220千伏、110千伏电压等级，确定试点实施项目，细化试点实施方案，在项目管理各环节全面验证基建标准成本流程，进一步提高基建项目成本控制水平；全面推行《竣工决算分级审核审批制度》，提升公司系统竣工决算管理水平，提高基建财务关键风险点的管控能力；创新物资集成业务处理方式，通过在ERP系统中设立“物资冻结库”，增加财务审核功能，加强到货物资考核，强化财务部门对物资业务的管控，进一步降低资产负债率；完成明星电力对奥深达公司整体吸收合并，公司整体产权级次压缩到4级；深入开展土地权属清理完善工作，研究解决历史遗留问题，截至2012年12月底，公司土地权证办理完成率72.48%，超额完成国网公司下达60%的目标任务；通过辅业单位无偿划转、被担保单位贷款置换、担保期满自动解除等方式解除系统外历史遗留担保4.76亿元，公司经营风险进一步降低；加快推进农电体制改革，完成营山县电力公司等6家地方供电企业无偿上划工作。

【价税管理】积极与省发改委沟通协调，配合政府相关部门开展输配电成本监审，顺利完成居民阶梯电价政策调整工作，公司电价矛盾得到合理疏导；配合省发改委测算和核定城乡同价资金缺口，全力争取同价增补资金 8780 万元，有效提高公司效益；落实公司 2011 年 15%西部大开发所得税优惠政策，积极争取农网升级改造等项目中央财政资金 11 亿元，通过城市公用事业附加返还方式，争取地方财政资金 2133 万元，多途径、多渠道积累公司资本金来源；配合省国税局完成对公司的纳税绩效评估，组织各单位进行纳税情况自查，及时发现和消除涉税隐患，降低企业税收风险。

【财务风险防范与控制】以“依法治企”专项检查为契机，健全风险管理评估机制及惩防体系，从战略、运营、市场、财务和法律五大方面，对企业整体风险进行全面评估和防范，推动全面风险管理与内控制度建设相互融合，得到国网公司充分肯定；健全财务实时稽核监督机制，建立日常稽核监督报告制度，依托财务管控系统加大财务稽核力度，各单位在线稽核应用覆盖率达到 100%，形成“在线稽核与现场稽核，日常稽核与专项稽核相结合”的财务稽核体系，推动风险管控关口向业务前端延伸，及时防范和化解财务风险，确保公司健康可持续发展。

【财会队伍建设】公司高度重视财会队伍建设，着力创建基层、机关、总部“三位一体”的人才培养机制，储备财会队伍后备力量，畅通人才成长通道。在 2012 国网公司系统财务分岗位调考中，绵阳电业局吕兵丰获得财税专业全国“第六名”的优异成绩；2012 年公司系统 15 名财务人员通过西南财经大学 MPACC 在职研究生考试，50 名财务人员获得公司“双千人才”称号；通过考试选拔，宜宾电业局游涛和遂宁公司李忠林入选国家电网公司专业领军人才。

【综合服务中心财务服务部】按照国家电网公司《“三集五大”体系建设实施方案》和《关于“三集五大”体系建设实施方案的批复》要求，2012 年 4 月 9 日公司总经理办公会议研究，决定成立四川省电力公司综合服务中心。

综合服务中心设置 4 个职能部门，分别是：综合管理部、财务服务部、人力资源服务部、媒体业务部。其中财务服务部主要负责公司集中核算单位的会计核算和财务收支业务监督；负责按照集中核算单位提供的业务预算编制财务预算，按照公司下达的预算指标，监督、控制各单位预算执行；负责集中核算单位资金集中管理、集中支付；负责集中核算单位税收管理；负责公司集中采购物资的财务管理和会计核算工作；负责公司直接管理的工程项目核算、财务管理和工程竣工决算；负责对集中核算单位债权债务管理；负责对集中核算单位财务业务稽核和财务内部控制评价等工作；负责综合服务中心财务管理。

2012 年，综合服务中心财务服务部深入推进核算工作规范和管理制度的建设，在会商相关单位和部门的基础上，制定印发了《四川省电力公司集中核算单位资金支付办理业务指南》、《四川省电力公司直管工程项目及物资集中采购资金支付办理业务指南》，统一前端业务办理流程，规范服务。定期召开核算员联络会，走访核算单位，反馈核算信息，2012 年发出各类信息通报函件 43 份。

全面加强预算集约调控。发挥预算管理的调控和对经营活动的指导作用，参与集中核算单位预算的编制、审核，严格控制预算支出，杜绝无预算和超预算资金支出，2012 年集中核算单位可控成本节余 3385 万元；调整工程、物资月度现金流量预算编报流程，强化到位资金支付控制，月度现金流量预算全年综合偏差率 0.49%，远远优于省公司下达 5% 的控制目标。

强化资金管控，提升资金风险防范能力。全年办理集中核算单位支付业务 24316 笔，金额 18.70 亿元，纠正核算单位不符合要求的业务 1315 笔，金额 9386 万元；全年办理省公司直管工程及物资专户资金 127.59 亿元，占省公司 2012 年资本性支出的 51%；支付审核采取“多重控制+实时监督”模式，审核退返直管工程物资结算中不规范单据 460 余份，金额 4.77 亿元，阻止虚假、重复付款申请 58 份，金额 1256 万元。

推行在线财务稽核，对财务和业务信息进行自动过滤、网上查证、在线分析，根据发现问题有针对性地开展现场稽核，提升稽核效率和效果。开展财务风险提示，收集整理各项财务风险案例 73 项，对收入、成本、税收等六个方面做出 19 项财务风险提示。

对长期挂账未结算重点单位进行重点跟踪，对未办理物资结算工程项目进行定期分析，针对性地制订压降措施，2012 年末物资采购专户和基建专户流动资产余额压降到 14.76 亿元，比上年末减少 28.18 亿元、降低 65.62%，有力支持了省公司优化流动资产周转率指标。

（罗羿、董雪）

审计管理

【概况】2012 年公司审计工作努力拼搏、开拓创新，全年共完成审计项目 3861 项，各类签证审计 9123 项，增加企业价值 4999 万元，提出审计建议 1236 条。其中公司本部开展审计项目 171 项，涉及 20 个发供电企业、7 个直属单位，审计覆盖面达 72%。

【专项审计工作】一是重点安排了 5 个单位追加成本专项审计调查，真实反映专项成本开展管理中存在的问题，通过原因分析，提出规范管理和纠正整改建议，报监督联席会议研究，强化落实整改，促进了成本管理中难点问题的解决，取得了专项治理良好成效，促进了公司经营管理水平提升。二是结合公司热点问题，开展了劳务分包、生产准备费、合同管理等专项审计，与被审计单位就存在的问题进行深入细致研究，提出了针对性、可行的管理建议，审计在监督中加强服务，有效促进了经营管理的规范，增强了企业风险防范能力。

【工程项目审计】2012 年，公司组织开展工程项目审计 3702 项，审计投资 175 亿元。工程竣工决算审计主要为电网建设、拉动内需、灾后重建等项目，工程审计的有效开展，对规范工程管理，降低工程造价，提高投资效率，以及加强系统资产转固管理起到了积极的作用。

【经济责任审计】认真按照上级的规定和公司的要求，积极开展经济责任审计 49 项，及时发现并纠正了经营管理过程中存在的问题，规范企业管理，防范企业风险。结合“三集五大”领导干部调整，及时调整计划，增加了领导干部经济责任审计项目，提高了审计的效果和时效性，更好地发挥了审计工作对领导干部考核、任免、奖惩的参考作用。

【依法治企专项检查】2012 年国家电网公司依法治企专项检查，除重点检查公司本部外，还抽查了公司所有直属单位、公司所属 22 个发供电企业。公司系统审计部门不辞辛劳，认真细致做好牵头配合迎审工作，为后期工作奠定了良好的基础。

【“三集五大”审计保障工作】2012 年年初，公司研究制定了《四川省电力公司“三集五大”体系建设审计监督保障方案》，确定了审计服务“五大”体系建设的总体思路、工作目标、工作重点及风险防范点。按照《审计监督保障方案》积极开展对基层单位指导，解决基层单位实际问题，并整理汇总基层单位的问题，及时向公司体改办汇报工作中遇到的难点问题及解决方案，协助公司统筹安排，制定应对措施，有序推进“三集五大”体系建设各项工作。

【审计管理创新提升工作】按照国家电网公司工作部署，公司扎实推进管理创新提升活动工作。一是制定下发了《四川省电力公司内部审计重要情况专报管理办法》。通过执行内审要情专报制度，强化了审计成果运用。二是创新委托审计管理，推进工程竣工决算审计进程。将 2012 年需委托审计的工程项目，按单位打捆，全部公开招标，以费率结算的方式，将全年任务明确，减少了中间环节，缩短工作时限，极大提高了工作效率，加快了工程竣工决算审计进程。三是大力推进标准化建设和信息化建设，提高审计工作效率和质量。

【集体企业清产核资审计工作】全程参与集体企业清产核资工作，加强过程监督，组织、指导、帮助公司基层各主办单位完成了 252 家集体企业的清产核资工作，并对清产核资结果进行了确认，汇总出具了公司集体企业清产核资专项审计报告上报国网公司。通过清产核资，为公司把握集体企业情况，建立健全各项管理制度，促进体制机制创新，推动集体企业改革奠定了基础。

【日常监督事前把关】认真把好合同审签关，加强对日常经营管理重要事项、重要环节的监控，有力促进公司经营管理规范化、程序化、标准化水平的提高；积极参与工程概预算审查、工程招标、工程验收等，加强工程过程控制；配合纪检监察部门开展相关案件调查。通过参与过程控制，推进审计关口前移，加强了重要经营活动合法性、合规性的把关，防止了不规范行为可能造成的损失，降低了公司经营风险。

（潘旭东）

农电管理

【概况】2012 年，公司农电生产安全总体平稳。农网供电可靠率为 99.568%，综合供电电压合格率为 98.126%，农网综合线损率为 5.75%，完成国网公司下达指标计划。全年完成小方杆整治 45.6 万基，全面完成 2009 年清理的 236 万户客户“低电压”综合治理工作。全年完成各类农网工程投资 56 亿元，为历年之最。

【安全生产管理水平显著提升】强化现场施工安全管理，组织“五查一整改”、“农电秋季检修及农网改造升级工程专项安全检查”专项活动，开展农村用电安全强基固本工程，建成“农网工程和检修施工监控平台”。全力推进农网设备整治，截至 2012 年底，2011 年、2012 年累计完成小方杆整治 92.8 万基，完成 2009 年开始清理的 236 万户客户“低电压”综合治理工作，并建立低电压治理的常态机制。农网供电可靠率 99.568%，综合供电电压合格率 98.126%。代国家电网公司编制《农村用电安全常识》并出版发行。协调组织泸州、西昌木里、喜德抗灾抢险及灾后重建工作。

【农网建设改造全面提速】面对建设任务繁重、工期紧、“三州”地区管理力量薄弱的情况，及时采取有效措施，强化项目前期工作，编制农网典型设计、造价和工艺，采用预采购等方式保障物资供应。督导三州及进度滞后地区强化农网工程管理，合理组织施工，全面加快农网工程建设。全年完成各类农网工程投资 56 亿元，比 2011 年增长 9.7%，为历年之最。年内建成成都大邑等 7 个新农村电气化县，全省新农村电气化县累计建成 27 个。

【理顺管理关系取得新突破】加快推进理顺县供电企业管理关系，实现阆中等 6 县地方国有产权上划，完成凉山雷波、宁南改制重组，新设立甘孜州 15 个县公司，完成 13 家县公司民营资本退出。至 2012 年 12 月底，全省共有 153 个县级供电企业，其中县公司 108 个（全资 16 个，股份制 82 个，代管县公司 10 个）。

【帮扶藏区供电企业】初步建立结对帮扶和藏区县供电企业发展机制，对口帮扶工作有序进展：石渠县城电网改造、“新甘石”联网工程 10 千伏配套工程完工，石渠、甘孜、壤塘、炉霍、道孚五县孤网问题得到解决；派援单位帮助藏区县公司建立规章制度 590 项，完善资料台账，开展业务技能培训，夯实县公司管理基础水平；积极推进阿坝、甘孜电价疏导工作并取得明显成效，理塘、石渠、红原等县公司建成功能齐备的新营业大厅，智能电表进入藏区。藏区县公司线损普遍下降，最大比上年同期下降 11 个百分点。

四川省电力公司结合农业生产特点，提前部署春耕、春灌保电工作，同时要求各片区供电所深入田间地头了解农村春耕用电需求，加大农村供电线路的巡查维护力度，全力确保农村春耕排灌用电无忧。图为 2 月 14 日，简阳供电有限责任公司石桥供电所员工在 10 千伏石平线安装高压真空开关（陈翔 摄）

【供电所业务委托稳妥推进】制定供电所业务委托实施方案，积极争取地方政府支持，加强舆情监控与工作指导，首批实施业务委托的成都、德阳、眉山已全面完成市县两级农电服务公司组建和农电员工劳动合同改签，员工队伍保持稳定、委托业务进展顺利。

【标杆示范引领作用】以“一流”创建为抓手，带动县供电企业提升综合管理水平。7 家县企成功创建省公司一流县供电企业，5 家县企（含到期重建的双流）获国家电网公司一流县供电企业命名。推进标准化供电所建设，年内建成省公司标准化供电所 131 个、国网公司标准化示范供电所 11 个。已获国网公司或省公司标准化供电所命名的单位占供电所总数的 24.4%，较上年提升 11.1%。

【提高农网技术进步水平】完善“两率”自动化监测手段，控股公司增设电压监测终端 2100 台，实现控股县公司农村 D 类电压质量监测的全面覆盖。开展绵阳安县、德阳广汉、广安华蓥农网智能化建设试点。完成农电信息化管理应用系统试点应用，初步搭建覆盖省、市、县、供电所四级统一管理的农电工作平台。（冯　晋）

进出口管理

【概况】1993 年 10 月，原四川省电力工业局根据国家对外贸易经济合作部〔1993〕外经贸政审函字第 1434 号批复成立四川电力进出口公司，公司具有承包电力行业的国外工程、境内外资工程、进出口贸易、劳务和按国家规定在海外举办企业等经营范围。公司现注册资本 19736 万元。公司共有在编员工 24 名，其中经营者 5 名，中层管理人员 7 名，专业技术人员 12 名。24 名员工中，拥有硕士研究生学历的 11 人，大学本科学历的 11 人；拥有高级专业技术资格的 13 人，中级专业技术资格的 5 人。公司机构设有：经营管理办公室/党委办公室、财务部、人力资源部/纪检办公室、进出口部和工程部。公司投资控股格鲁吉亚东部电力公司。

2012 年，进出口公司强化生产经营管理，市场营销扎实有效，全面完成了省公司下达的经营指标。全年营业总收入 5066.78 万元，实现利润总额 1138.62 万元。

2012 年，卡杜里电站来水较好，加上保发增发措施落实到位，年度共发电 1.381 亿千瓦时，比上年同期增加 1502.98 万千瓦时,同比增加 12.21%；销售电量 1.347 亿千瓦时，比上年同期增加 1477.84 万千瓦时，同比增加 12.32%。

2012 年，进出口公司进一步加大电量营销力度。在省公司的正确指导下，在驻格使馆以及经商参处的大力支持下，经过努力，卡杜里电站年度电量销售协议得以顺利执行。卡杜里电站电量全年平均上网电价达到创纪录的 4.85 美分(8.04 特里)/千瓦时，与上年同期相比高 28.8%。电费收入也创历史新高，达到 653.6 万美元（1082.71 万拉里），与上年同期相比增加了 195.3 万美元（323.53 万拉里），增幅为 42.62%，年度电费收入首次突破 4000 万元人民币。

2012 年，进出口公司实现营业收入 5066.78 万元,较上年同期增长 60.16%,利润总额达到 1138.62 万元,实现扭亏为盈，同时也创造了公司历史最高盈利纪录。

进出口业务方面，积极为省公司生产运行、教育培训等项目服好务，全年完成合同总金额 58 万美元，完成年度进出口业务量的目标任务。

【安全生产保持平稳】进出口公司领导班子始终把确保安全生产放在首位。认真贯彻省公司对安全生产的各项要求，坚持安全第一、预防为主、综合治理的方针，以“抓执行、抓过程、建机制”为主线，落实安全生产责任制，严格履行安全生产“一岗双责”，强化安全责任，落实到岗到位。经过公司上下的共同工作和努力，2012 年安全状况平稳，全年未发生人身和设备安全事故，卡杜里电站实现连续 2963 天的安全生产。

2012 年，进出口公司按突出问题立即整治的原则实施了卡杜里电站水工隐患整治工作。整治工作包括：对阿河、萨河闸首冲刷严重的底格栏栅坝和护坦进行了彻底修护，对狭窄和阻塞河道进行拓宽和清理。整治工作的顺利完成，为电站长期安全运行提供了有力保障。

【经营管理持续加强】扎实推进管理提升活动，确保进出口公司管理水平与发展能力同步提升。进一步落实标准化建设，结合“三集五大”构建要求，以流程为纽带将管理、技术和工作标准与业务运行紧密结合，重点优化专业工作流程，简化工作步骤，提高流程绩效。进一步强化财务预算、会计、资金、稽核等专业管控，实现对经营过程的有效监管，防范经营风险。坚持依法从严治企，进一步建立健全了依法治企制度体系和工作机制，加大制度执行情况的监督检查。

【党的建设和精神文明建设】深入学习贯彻党的十八大精神，切实加强党建和精神文明建设，为进出口公司发展提供坚强保障。加强领导干部学习教育，继续开展争创“政治素质好、经营业绩好、团结协作好、作风形象好”的“四好”领导班子。强化廉洁从业教育，切实筑牢拒腐防变思想防线。加快构建廉政风险防范机制，加强风险预警，及时化解廉政风险。坚持全员“一岗双责”，加强评价考核与责任追究。

规范机构设置和人员配备，严控人力资源增量和质量，深化全员绩效管理，增强收入分配的激励效果；大力开展全员能力素质培训，推进全员职业生涯规划工作，不断加强队伍建设，提高广大员工的能力素质，激发员工队伍活力和潜能，实现员工与企业共同发展。

以建设和谐企业文化为契机，将企业培育成为利益共同体和文化共同体，将员工的愿景融入企业的发展战略中，实现个人价值和企业价值的和谐。注重处理好员工发展与企业发展的关系，营造员工自觉钻研新知识、新技术的学习环境，更新知识结构，丰富知识储备，提高员工能力和队伍整体素质。

（张　旭）

同业对标与统计工作

【同业对标概况】2012 年，四川省电力公司(下简称公司)全面加强对标管理，深化对标分析诊断，努力提升对标工作水平，对标工作有序开展。

为更好地反映各单位经营发展的实际成果、以及管理水平和努力程度，结合电网企业基本特点，国家电网公司 2012 年的指标体系改变了原有安全管理、资产经营、营销服务、电网运行、人力资源和电网建设六个部分的基本结构，提出了将业绩与管理、结果与过程指标分类，构建起“业绩对标+管理对标”的基本体系框架，基本全面覆盖了当前电力企业管理以及生产等各个环节。

根据国家电网公司发布的 2012 年同业对标指标数据，在涉及人力资源管理、财务管理、物资管理、规划管理、建设管理、营销管理、电网运行管理、检修管理、科技信通管理、安全管理、农电管理等11大专业的164项业绩对标指标及管理对标指标中，公司排名进入前 8 名的指标有 80 个，占发布指标的 48.78%，其中排名第一的指标共 59 个，占发布指标的 35.98%，处于后 5 名的指标 31 个，占发布指标的 18.9%。

从 164 个指标的综合评价得分看，2012 年公司综合排名为 14 名，较 2011 年的 15 名进步 1 名，其中，业绩对标国网系统排名第 11 名，管理对标国网系统排名第 19 名，并荣获华中区域“物资管理”专业管理标杆单位荣誉称号。

【管控机制建设】2012 年，在同业对标管理工作中，公司着力完善对标管控机制，组织召开同业对标工作会议，编制并印发了《四川省电力公司 2012 年同业对标工作要点》，明确了 2012 年同业对标工作的指导思想、工作目标、重点工作任务以及实现年度目标的保障措施等，并初步建立起“一条线、双对标、三覆盖”的工作体系，有力提升了公司对标效能。

在同业对标的日常管理工作中，始终坚持专业管理“一条线”。将对标指标按专业划分，并由相关专业部门全权负责，同业对标领导小组办公室主要起综合协调作用，真正实现了综合管理的不缺位，专业管理的不越位。创新性地开展“双对标”。为进一步强化分析的关键作用，在指标对标以外开展了指标分析的对标工作，并将其常态化。通过组织各专业部门开展对各供电企业诊断分析报告的评价工作，分别从各单位诊断分析报告的规范性、弱项指标识别的准确性、弱项指标分析深度、提升改善措施的有效性等几方面进行评价，并结合公司在国网公司对标现状，对各供电企业提出重点关注指标，并将评价结果以正式文件形式下发，有效强化了指标提升的过程监控力度，形成“指标发布-指标分析-效果评价-反馈-适时调整措施再提升”的闭环管控，达到督促各供电企业认真分析、切实落实、有效提升的目的。

【指标体系管理】公司紧密跟踪国家电网公司 2012 版新对标体系的编制情况，待指标体系正式下达后，立即将新指标体系中11大专业板块的164项指标与管理标准、工作标准无缝融合，形成了新指标体系的责任分工，实现了同业对标管理责任的层层落实和压力传递。同时，以“安全、质量、效益”为中心，不断完善省公司现有对标体系。在覆盖国网公司 2012 年指标体系的基础上，编制并发布《省公司同业对标指标体系及评价方案（2012 版）》，将管理改进压力及国网公司对标工作新思路有效传递至基层供电企业。

【对标规划管理】为充分发挥规划的科学引领、计划的有效管控作用，公司根据“十二五”期初制定的“12751”发展战略目标，针对同业对标工作制定了“2010-2015 年六年目标规划”，将每个指标落实到部门、到处室、到具体的岗位，并根据公司实际按部门制定指标的逐年提升规划、保障手段等，以加强指标的走势和过程控制管理。年底则参照规划目标值进行考核，确保提升目标能够有效落实。

【典型经验管理】扎实开展典型经验总结提炼工作，强化分层面组织实施功能，公司典型经验总结提炼工作取得新成绩。2012 年，省公司共组织 33 项典型经验上报国家电网公司，信通公司《强化专业管理，打造视频服务旗舰》典型经验入选国家电网公司典型经验库，实现了基层单位典型经验成功入围国家电网公司典型经验库“零”的突破，同时，有 6 项典型经验入围，入围数量继续保持较高水平。

【统计管理概述】2012 年公司统计工作紧紧围绕服务科学决策、服务公司发展的工作要求，全面加强统计管理，夯实统计工作基础，深化统计分析，努力提高统计数据质量和服务水平，各项统计工作取得了新进步，为公司改革与发展提供了有力支撑。

2012 年统计工作会议（发策部　提供）

【标准建设】积极适应“大规划”体系建设要求，按照“谁主管、谁负责”的统计原则，建立了由发展部门统一归口、专业部门分工协作，纵向管理贯通、横向业务协同的统计工作组织体系，形成了覆盖全面、运转高效的统计工作网络，保障了公司系统统计工作的正常开展。同时，适应公司管理需要，强化统计业务管理、规范统计工作流程，细化统计内容，及时修订完善统计管理标准、工作标准，健全各项统计工作制度，规范，初步构建起以统计管理标准为主线、统计报表制度、统计工作实施细则为基础的统计制度标准体系，保障了公司系统统计业务的科学有序进行。

【业务建设】公司高度重视统计业务建设，将统计业务建设作为统计工作的核心，确立了统计工作“服务科学决策、服务公司发展、坚持部门负责、强化统筹协调”的原则。2012 年以来，公司立足电力专业统计，着力研究解决统计数据质量问题，增强提供优质统计服务的能力，持续完善统计数据质量监控机制，建立了贯穿统计工作全流程的数据质量常态管控体系。同时，加强部门统筹协调，强化管理，确保管控体系有效运转，切实提高统计工作质量，公司统计业务工作水平明显提升，荣获“第二次全国经济普查先进集体”、“2012 年省重大项目统计先进集体”、“2012 年度省重点项目统计工作先进单位”、“四川省电力行业协会 2012 年统计工作先进单位”称号。

【人才建设】努力建设专业型统计队伍，加强统计队伍建设和人才培养。“大规划”体系建设中，在省、市、县各级单位设置专兼职统计岗位，统计力量得到极大加强。同时，严格执行统计工作持证上岗制度，制约了部分单位领导对统计人员调动的随意性，保障了统计队伍的相对稳定。借力“大规划”体系建设，建立统计专业题库，并加大培训力度，与省统计局联合组织举办了一期统计人员从业资格培训班，开展《统计法》、指标口径、计算方法、数据审核办法等多方面内容的专业培训，同时，举办了三期生产、投资统计培训班，累计培训统计人员 500 余人次，统计人员整体素质明显提高。

【统计分析】坚持“数据说话、客观反映、主动分析、服务发展”的原则，建立月度、季度、年度统计分析常态机制，搞好统计数据的分析工作，提供统计信息的及时性大大提高，服务领导决策作用明显增强。同时，针对公司经营发展中的热点、难点、重点问题，积极主动开展调查研究，强化相关统计数据的分析，深化统计分析的辅助决策功能，应用各类统计数据开展项目后评估、电网诊断分析，对各项相关指标进行评价，为科学制定规划策略、明确投资重点提供数据支撑。2012 年，公司每季度定期编制《经济活动分析报告》，与此同时还开展了《四川电力消费与节能降耗关系研究》、《四川电力消费在能源消费总量的比重及发展趋势分析》等专题调研分析，有力支撑了公司的经营和发展。

【专项统计】2012年，公司进一步深化专项统计工作，有效支撑了各专项业务工作的开展。首先继续做深、做细灾后重建专项统计，认真梳理项目计划，准确核实项目开工和投产情况，及时汇总投资完成情况，督促加快施工进程；其次完成了公司“十一五”电网投资按行政区划进行统计的相关工作，将近年来跨区、跨地市电网投资分解细化到各地市区，以准确反映各地电网投资的规模和水平，为公司开展“十一五”投资总结、编制“十二五”规划、以及与各地方政府进行发展会谈提供了准确的基础信息。

【数据管理】进一步转变统计服务理念，深化统计分析的辅助决策功能，2012年，公司统计服务水平进一步提升。当前已建立常态的“统计简报”发布制度，将上月公司生产运营、投资情况通过简报形式供领导参阅，增强了统计信息的时效性，有效提升了统计服务水平。同时，统计数据实现“一口对外”，由发展部对统计数据进行归口管理，确保数据唯一性和准确性。

（鲜其军、贺星棋）

物资及招投标管理

【概况】2012年，公司全面完成“三集五大”物资集约化体系建设任务，完成了物资调配中心的建设；圆满完成电网建设、生产运维的物资供应保障任务，确保了重点项目“新—甘—石”联网工程、抗冰改造工程、特高压输电配套工程、灾后重建加固提高、农网升级改造工程的顺利实施。

全年累计完成物资采购金额127.35亿元，其中，国家电网公司集中采购总部实施金额为73.57亿元，国家电网公司集中采购四川公司具体实施金额为50.42亿元，省公司物资集中采购金额2.87亿元，下属各单位物资自行采购金额为0.49亿元。

累计完成省公司招标采购金额120.8亿元。其中物资类招标中标金额50.54亿元，非物资类招标中标金额70.26亿元，公开招标率为100%。

累计审核物资需求计划21.3万条。累计完成物资类合同签订金额149.72亿元。监造发现各类问题703项，抽检发现各类设备材料问题884项，全年对541家供应商进行了绩效评价，完成了公司所属共125个实体仓库清理核对工作。

【物资标准化、信息化建设和队伍建设】进一步深化物资集约化管理，夯实物资管理基础。修订完善物资管理标准和规章制度，同时，将物资管理改进优化与标准化、信息化建设工作有机结合，积极开展电子商务平台全面上线、超市化采购及协议库存功能等信息化系统建设工作，推动物资集约化管理水平不断提升。加强物资队伍建设，全年共举办了四期物资集约化管理培训和三期信息系统操作培训，使员工在业务技能、职业操守等多方面得到提升。举办了四期评标专家培训班，使评标专家具备参与评标的基本知识和技能，专家管理规范化水平进一步提高。

【计划管理机制建设】深刻领会国家电网公司2012年深化集约化管理的要求，主动适应总部集中采购模式的调整。一是建立了适应两种集中采购模式的全面计划管理运行机制。二是严格执行国家电网公司扩大总部直接组织实施集中招标采购的范围，合理确定各类物资采购策略。三是深入开展物资需求预测的研究，建立起一套符合公司实际的物资需求预测方法，目前物资需求预测已经应用在公司协议库存采购、超市化采购、总部专项物资集中采购等计划的编制工作中。

【创新采购模式】结合ERP功能的完善和电子商务平台的全面上线，使物资采购工作更加规范。积极创新招标采购模式，开展了国家电网公司协议库存采购片区模式的研究工作，并在国家电网公司系统进行了演示推广，取得了良好的效果。同时，将废旧物资纳入到电子商务平台进行公开竞拍处置，使废旧物资处置更加规范高效。

【构建现代仓储配送体系】2012年，公司将物资调配中心建设作为重点，成立了领导小组和工作组。物资调配信息系统于2012年10月8日上线试运行，该系统覆盖省公司物资部、物资公司和地市电业局共26家单位，进一步提高了物资统一调配能力和供应效率。在物资供应方面，按照物资供应全过程掌控的理念，将物资供应关口前移，充分利用集中签约方式，对关键节点进行重点监控，对出现问题及时协调处理，使履约工作落实到位，确保公司物资及时、准确到货。四川公司作为国网公司仓储配送信息化试点单位，重点推进省公司中心仓库建设。通过引进全自动立体仓库、堆垛机、AGV自动物流小车等对仓储硬件设备全面升级换代，结合条形码、PDA 等现代物流技术的应用，实现仓库精细化管理，全面提升仓储管理效率与水平。同时，按照国家电网公司要求，加强仓储资源优化，深化清仓利库工作。公司仓库数量从上年的 131 个减少到 125 个，完成了 14532 条库存物资、共计 16571.61 万元的清理核对工作。

【质量监督机制建设】在总部物资部的统一指导下，落实产品质量监督管理职责，完成省、地两级物资质量检测中心建设，强化供应商产品全寿命周期中各阶段的质量管控，加大对供应商不良行为的处理力度，全面规范供应商评价工作，优化供应商资质业绩评估模式，并将质量监督反映的问题和供应商的不良行为纳入供应商评价，规范评估流程，与招标采购活动联动，初步建立采购质量保障体系。

【加强合同管理】在物资供应方面，重点加强物资到货需求管理，及时掌握物资生产、运输和交货情况、科学评价供应商履约行为，实现物资供应与物资到货需求的有机衔接，通过《四川省电力公司物资履约配送管理实施细则》等一系列规章制度，将履约流程进一步细化规范，将履约工作层层分解，按照物资供应全过程掌控的理念，将物资供应关口前移，对重要节点结合信息化系统实施全程监控，充分利用集中签约方式，大幅提高了合同签约效率，合同签订流转平均时间从 45 天缩短到 15 天。

【应急物资保障体系】针对四川地质、地形复杂、自然灾害频发的特点，公司制定了应急物资供应管理制度和管理流程，建立了应急物资供应保障机制。加强应急物资管理，编制了应急物资储备定额，应急物资储备充足、保管规范，在灾害发生时，通过查库、调拨、紧急采购及配送等一系列应急保障手段，确保应急物资准确、及时配送至现场。公司顺利完成了 2012 年泸州、阿坝、甘孜洪灾、泥石流等突发自然灾害的物资应急保障任务。（杨克华）

援藏工作管理

【概况】2012 年，成都援藏办在国家电网公司和四川公司的领导下，认真落实中央第五次西藏工作座谈会精神和《国家电网公司支持西藏电力发展和重大项目若干意见》要求，以“三集五大”体系建设为目标，以大力支持藏区电网建设项目为重点，以“人才、管理、技术、培训”帮扶为主线，不断加强管理，进一步深化对藏人才帮扶工作内容和工作方式，为藏区电力企业生产管理水平提升发挥了积极作用。

【人才帮扶工作】2012 年，除 2011—2012 年度的 53 名帮扶人员继续在西藏和四川、甘肃、青海三省藏区电力企业开展帮扶工作外，按照国家电网公司对藏帮扶工作的总体要求，围绕加快推进西藏农网改造项目建设、提高西藏电网安全运行管理水平、满足青藏联网工程等重点项目对人才的需求，以及进一步提升四川、甘肃、青海三省藏区供电企业管理水平等，组织协调 29 家省公司和直属单位开展了对西藏公司以及四川、甘肃、青海三省藏区电力企业帮扶人员的选派工作，按帮扶项目和帮扶需求分三批共组织 60 名长期和 35 名短期专项帮扶人员进藏。本次帮扶岗位涉及西藏公司农网建设、青藏联网工程运维、调度、信息通信、“三集五大”体系建设，以及四川、甘肃、青海三省藏区灾后重建、工程管理、财务管理、营销管理等，是国家电网公司成立以来对藏人才帮扶专业最广、人数最多、力度最大的一次。其中，四川公司从西昌电业局选派李诚赴西藏公司开展农网改造专项帮扶工作，从乐山、绵阳电业局选派赵承胜、郑林赴甘孜、阿坝公司开展生产管理帮扶工作。

【对藏帮扶培训】配合国家电网公司人力资源部、企协，协调组织山东、安徽、江苏等单位组成 20 名培训师队伍，进藏举办了人力资源管理、企业管理创新和标准化建设体系、青藏线直流运检人员等三个培训班，共培训西藏公司各类管理技术骨干 358 名。

承办国家电网公司农网工程对藏帮扶人员培训班，编印《对藏人才帮扶工作服务手册》等资料，对各个帮扶专业组进藏工作都进行入藏前的教育培训。

【实践锻炼工作】组织完成西藏公司 10 名青年管理技术骨干赴湖北公司、国网新源控股有限公司实践锻炼工作和西藏公司 29 名青年管理干部的培训工作。四川电力职业技术学院（培训中心）承担了西藏公司实践锻炼人员和青年管理干部的理论培训工作。

【对口援藏工作】从国家电网公司总部、宁夏公司、黑龙江公司推荐选派李阳山、刘青杨、金明华等三人在西藏阿里措勤县和青海果洛藏族自治州玛多县开展对口援藏、援青工作。

【宣传报道工作】2012 年，加大对青藏联网和四川

"新一甘一石"联网等重点工程项目建设，以及四川公司"电亮藏区"等帮扶工作的宣传报道力度。2012 年共编印《对藏人才帮扶工作简报》16 期。完成《天路曜歌（国家电网公司 2009—2010 年度对藏人才帮扶工作纪实特刊）》的编印工作。

【接待服务工作】2012 年完成上级单位、对藏帮扶单位和受援单位领导及工作人员、帮扶人员，以及中组部对口援藏干部、"送教进藏"培训师等进出藏的大量接待服务工作，共接待 464 人次。

（张维平）

法治管理

【概况】2012 年以来,公司法治工作紧紧围绕国家电网公司、省公司 2012 年"三会"精神，大力推进"三集五大"制度体系建设，深化"六五"普法与依法治企工作，积极协调地方立法，为实现年度工作目标营造良好法治环境，提供坚实法律保障。截至 2012 年 11 月 30 日，全年审查经济合同 716591 份，总金额 678.56 亿元，提供招标法律保障 171 人次，审查规章制度 129 项，参与重大经营决策法律审核 64 项，基本实现合同签订、规章制度建设、重大经营决策法律审核把关三个百分之百。公司依法从严治企工作开创良好局面。

【规章制度体系建设】根据国家电网公司统一部署，开展"三集五大"规章制度体系建设工作，推进规章制度规范化管理长效机制建设，构建制度建设的计划管理、承办人负责、相关部门会签、法律审核、职代会审议、审查发布与执行监督、定期清理等制度，进一步完善制度管理的机构与人员设置，修订制度管理实施细则，认真开展制度审查清理，不断推进制度研究、制度信息化建设，营造全员"学制度、用制度"的"合规"文化氛围。四川公司初步建成上下贯通、覆盖全面、内容精要、协调一致的科学、完善的"三集五大"规章制度体系，实现职责制度化覆盖率 100%和国网公司上级制度落实率 100%，为固化"总部统领"下的集团化运作和集约化发展要求；保障"三集五大"体系建设新模式平稳落地和新业务的有序运行；奠定公司集约化、扁平化、专业化常态运行模式提供坚实制度基础。

【合同审核与信息化管控】2012 年，按照国家电网公司合同管理要求，大力推广应用国家电网公司统一合同文本，公司贯彻落实国家电网公司 2012 年版 164 个统一合同文本，并及时上传和更新至"SG 法律系统"。同时，将各单位统一合同文本的使用情况纳入依法治企重要检查内容。严格按照国家电网公司及省公司合同管理规定，规范合同签订、变更、转让或解除合同等合同管理行为，严禁先采购工程（货物、服务）后签订合同等合同"倒签"或"补签"的情况，做好合同履行过程监控和工程、货物、服务的验收等，严格履行合同义务，确保合同全面履行。进一步强化"SG 法律系统"的合同管控作用，明确经"SG 法律系统"流转审核会签完毕的"合同审查流转单"是合同通过并完成公司内部审核程序的依据，也是合同印章管理部门和财务部门审核合同承办部门申请合同用印和申请支付合同款项的依据，进一步加强合同信息化管控，实现合同上线管控率和法律审核率 100%。

【实施招标法律监督】按照国家电网公司及公司招标法律保障办法的规定，参与审查公司招标采购制度、规定和标准，参与审查招标方案、文件，参加开、评、定标工作，提供法律咨询和法律保障，出具相应的文件审查及招标、非招标采购法律意见书或报告 71 份。实施法律监督，有效防范招标及采购法律风险。同时，就公司废旧物资管理存在的问题提出规范性建议和意见，督促公司相关部门加强废旧物资管理和处置,有效避免国有资产流失等风险。着力加强国家电网公司统一合同文本在公司招标及采购文件中的推广和运用,拟定公司办公用品采购、信息及科技项目采购等通用采购文件，进一步加强招投标法律风险防范。

【协调处理案件和综合管理】截至 2012 年 11 月 30 日，四川公司系统新发案件 32 件，较 2011 年增长 28%；标的额 2459.09 万元，较 2011 年增长 38.06%。2012 年未发生重大案件。新发案件中，民事诉讼案件 31 件，占新发案件 96.88%。行政案件 1 件，占新发案件 3.12%。未发生刑事诉讼和仲裁案件。公司高度重视法律纠纷案件预防，健全法律纠纷和法律风险预防机制，与信访、安全、基建等管理部门保持沟通协调机制，及时了解可能发生的法律纠纷案件，积极做好预案。按照公司《法律风险评估管理暂行办法》的规定，按季度、年度定期汇总和分析公司系统法律风险报告，及时防范和化解企业法律风险。健全法律纠纷管理规章制度。根据国家电网公司《法律纠纷案件管理办法》，制定公司《法律纠纷案件管理实施细则》，进一步加强案件发案、办理和结案的全过程管理，实行法律纠纷案件协调办理、备案管理和奖惩制度。充分调动办案人员的积极性，定期组织系统案件管理人员、案件承办人员、专业律师等，采取走下去指导、抽上来研究等形式，对重大案件及时分析研究，研判发案趋势，形成指导性意见和建议。加强与司法、政府部门的沟通协调，创造有利于解决纠纷案件的外部环境。高度重视结案管理工作，强调案件处理效果。规定对因案件办理、处置不力或渎职、失职等情况，造成企业经济损失或不良社会影响的，严格考核并追究责任。

【重要决策法律审核把关】截至 2012 年 11 月底，参与重要决策法律审核 64 项，全面参与公司主多分开工作法律保障服务，对相关决策进行法律审核把关。拟定公司主多分开相关法律问题指导意见，制定主多分开《股份转让协议》、《股权转让协议》、《资产转让协议》、《股东会决议》等参考文本，切实提供法律保障服务。全面参与公司系统集体企业平台搭建的法律论证，对相关决策进行法律审核。提交公司集体企业依法治企规范化管理法律意见书。组织系统法律顾问，参与对公司开办集体企业的二十七项监督管理规章制度的集中法律审核，促进集体企业规范化管理。全面参与对公司“三集五大”重要事宜法律审核。与省工商局协调，指导和帮助公司“三集五大”改革变更或新设机构办理工商注册登记手续。研究形成《关于“三集五大”机构改革后相关管理及法律问题的报告》，对“三集五大”后机构的层级管理、公司分（子）公司管理模式、机构撤销后相关权利及权证的承继等方面进行分析并提出法律风险防范建议。全面参与省公司农电体制改革的相关法律论证，对相关决策进行法律审核。此外，还对涉及公司全资及控股子公司 2012 年融资计划、藏区供电企业筹建、涉及公司的土地权属处置事宜等重大经济法律事项进行法律审核把关。

【经济法律政策问题研究】结合电网技术发展的客观实际，开展国家电网公司 2012 年管理咨询课题《电网技术发展的立法需求研究》，并顺利通过结题评审。形成并提交研究成果，受到评审专家的高度肯定。结合公司“三集五大”制度体系建设工作，开展公司 2012 年调研课题《控股县公司规章制度管理规范化研究》。课题组先后实地走访甘孜、阿坝、成都、德阳、雅安等地控股县公司，了解不同经济水平地区供电企业制度建设差异情况。通过调研，厘清控股县公司规章制度建设中存在的主要问题，拟定并印发《关于加强控股（代管）县级供电企业规章制度建设指导意见》（川电经法〔2012〕25 号）和《控股县公司规章制度体系建设目录（参考）》与 89 项制度《模版》，为推动和指导“三集五大”制度保障体系建设的深入开展、促进控股（代管）县公司规范化管理水平持续提升，进一步加强统一企业文化建设提供可靠保证和有力支撑。此外，开展“电网建设”和“触电人身损害赔偿”典型案例类型化分析研究，为提高公司系统处置上述典型案例进一步总结和积累经验；参与国家电网公司研究课题《工伤劳动争议案件应对手册》的编写；研究提出“关于居民阶梯电价政策实施法律分析专题报告”；组织编写《触电人身损害赔偿精选案例培训教材》（分为培训师用书和学员用书），填补公司长期缺乏相应培训教材的空白。

【法律队伍建设】高度重视法律顾问培训， 2012 年，结合公司案件纠纷特点和四川省物业管理条例的颁布实施，先后聘请省高院庭长等法律专家为公司系统法律顾问开展执行能力培训、典型案例处置培训和四川省物业管理条例宣贯培训，着力提升法律顾问执行能力。拟定并印发《四川省电力公司企业法律顾问管理办法》（川电经法〔2012〕24 号），进一步加强公司法律队伍建设，推动公司企业法律顾问规范化管理。整合法律队伍资源，实现公司系统法律人才共享。先后在成都、宜宾、乐山等地组织分片区法律工作会议，开展对公司系统重要经济法律课题的共同研究、制度文件的法律审核和案件纠纷的讨论分析，加强公司系统法律顾问相互交流和学习，不断促进法律队伍人员素质提升。

【电力司法鉴定中心】长期以来，由于涉及电力的诉讼纠纷具有专业性强、技术复杂等特点，司法处理的难度较大。经公司研究部署，自 2012 年 4 月开始，在省司法厅的大力支持和公司经济法律部的具体指导下，公司电科院下属电力司法鉴定中心开始组织筹建。该中心为目前国内授权范围最广的电力类司法鉴定中心，授权的鉴定业务范围全面覆盖电力工程、电力可靠性、电力生产事故、电能质量、交易电量及其计量、电力设施保护、电磁环境影响以及触电人身伤害原因等涉电八大领域。历经 6 个月的高效有序推进，该中心已顺利通过审查，取得司法鉴定资质证书，正式挂牌成立。电力司法鉴定中心的成立将有力缓解长期以来电力法律纠纷无权威司法鉴定机构提供鉴定意见，各方意见不统一，纠纷难以化解，形成缠诉、上访等社会问题的不利现状，为各级司法、行政机关审理或处理电力纠纷案件提供科学、权威的证据材料，对深入推进法治社会建设具有重要意义。

（陈东梅）

公安消防管理

【概况】2012年，公司系统无火灾、交通事故发生，盗窃破坏电力设施案（事）件93起，同比减少35%，直接经济损失293.32万元，同比减少58%，打击处理88人，其中判处有期徒刑16人。

【安全隐患排查整治】围绕“十八大”安全供电目标，开展安全隐患排查整治。一是制定安保措施，部署开展了为期3个月的输电通道安全隐患排查整治专项行动。开展排查652次，出动人员3056人，排查一般隐患1176条，整改1117条；排查严重隐患128条，整改103条；排查危急隐患92条，整改56条。特别对53处影响220千伏及以上线路的顽疾、跨地运维协调困难危急隐患，省综治委“三电”办部署基层党政牵头处置，分局督促跟踪指导，进行了有效治理。二是会同省综治委组成7个联合工作组，对“十八大”保电进行了专项检查，督促当地党委、政府限期整改，解决了广元、绵阳、宜宾等地重大隐患整治不彻底的问题。三是会同住建厅组织开展建筑行业施工作业人员培训，2012年以来，21个市州开班180个，培训学员26555名。四是会同省经信委继续推进电力设施保护区施工作业许可工作。起草了省级各职能部门行政审批联合发文代拟稿。全省有8个市开展了施工作业许可，6个市将许可纳入各级政务中心，2012年办理施工许可作业证296个，已有3个市、32个县与“三电办”、经信委联合成立了共213人的行政执法队伍。五是会同省林业公安局，对全省树竹引起的障碍进行整治，建立了沟通协作机制，维护了电力企业的合法权益。2012年，以省“三电”办为平台，及时协调处理危及超特高压线路运行的重大安全隐患，处置完成了达州渠县宝山矿在线下开采危及线路安全事件，布坡线、普天线抗冰改造阻工、偷盗、破坏事件，锦苏线运行调试期间ADSS光缆保护工作。

【构建电力设施安全保护防控体系】督促系统基层单位有效利用和整合社会防范资源，实行内部“定址、定类、定人”管理与乡镇（街道）“定片、定员、定责”管理相结合，进一步分级落实市州、县市区、乡镇、村委会（社区）和“三电”企业“三定”管理工作双向责任，形成企地配合，人防、物防、技防有机结合的安全管理模式，最大限度地预防和减少盗窃、破坏、损坏电力设施案事件的发生。制定了《输电线路反外力破坏管理办法》，明确了相关部门和运维单位的责任，强化了内部管理和考核。

【重点电力设施保护】提请省综治委部署开展了全省“保护超特高压平安乡镇（街道）”创建活动，制定了超特高压电力设施无盗窃破坏案件、无外力破坏事件、无超高树竹障碍、无山火、无围堵冲击、无恐怖袭击事件的“六无”乡镇目标。通过创建活动，全省20个市（州）、110县（市、区）、768个乡镇层层签订了责任书、建立了电力设施档案，落实了4310人的群众护线队伍。盗窃案件、山火引发线路故障分别由2010年的56起、4起下降到2012年的9起、2起。超高树木影响线路运行、冲击围堵变电站（换流站）事件由7起、3起降为0。未发生暴力恐怖袭击事件。目前，全省已有624个乡镇达到了“六无”目标，评为“保护超特高压平安乡镇”。

【打击盗窃破坏电力设施违法犯罪】针对2012年以来涉电恶性犯罪频发的势头，一是会同省厅州侦局召集15个案件多发市、3个重点县刑侦专家对系列盗窃破坏电力设施案件进行梳理分析，形成电力系统预防盗窃破坏案件的对策意见。二是打团伙、破大案。侦破“5.19”罗江县金山镇110千伏新建变电站绑架抢劫案件，7名犯罪分子分别被判出1年零6个月至17年不等刑罚。侦破大邑、简阳、旺昌等地系列变压器被盗，广安邻水塔材被盗拆等案件。分局自办侦破了500千伏景谭一、二线塔材被盗案件，对违法人员进行了治安处罚。三是部署开展了清理整顿废旧物资收购站（点）活动。2012年以来，共查处整顿违法收购被盗电力器材的废旧物品回收站（点）907处，收缴非法收购电力器材价值34.5万元。四是充分利用电力公安警务室解决外力破坏难题。2012年新增乐山、遂宁2个市级警务室，全省警务室数量达到12个，县级警务室28个。据不完全统计，1-11月，全省电力警务室接警552次，协调处理外力破坏202次，调处矛盾纠纷170次。

【提升安全防范水平】一是充分利用公安天网资源，建成共享平台，实现了视频全面覆盖、人像车牌查询，在泸州、西昌等地抗洪抢险和应急救援以及处置群体性事件等方面发挥了较好作用。二是针对变电站盗窃、抢劫发案特点，及时下发了《关于加强变电站等重点要害部位安全防范工作的通知》，指导基层堵塞漏洞。对公司专业部门确定的61个重点变电站组织安装围墙震动防入侵报警系统，完成了35千伏及以上变电站电子围栏的覆盖安装（验收合格颁证投运1060座），建成1050套变电站视频监控前端系统，其中已有963套前端系统接入二级监控平台。三是组织对技防器材进行检测，指导基层单位对重点线路杆塔安装拉线防锯盗器，对易盗区域的配变变压器加装防盗报警装置，有效减少拉线、配变被盗案件。四是利用电力警务室加强对办公场所、变电站、调控中心的安全监控。资阳、德阳等地试点开展了将变电站安防、消防和视频监控系统接入电力警务室，使警务室具备了区域安防集控中心的功能。

【创建良好治安环境】一是完成公司“两会”、“5.12”应急演练，“新—甘—石”联网工程等大型活动安保及警卫工作16次。组织系统单位开展消防交通知识竞赛和消防演练，全省共开展演练185次，参演11471人次。二是配合有关单位妥善处置了各类非正常上访30次、网络发布不良信息3次。三是会同省公安厅治安总队加强了对安保队伍的管理，对在系统服务的23家保安公司进行了清理备案，对警务室新增的30余名协警人员进行了培训。四是会同省消防总队开展员工培训，落实消防施工准入和消防设备备案制度。编写了《电缆隧道消防设计施工及验收管理规定》，完成了彭州、木里等22个变电站的防火审查、验收。建立消防隐患排查分析整治制度，全年排查安全隐患399项，113项重大隐患得以整改。四是率先在国网系统以省为单位规范交通标识建设,制订出台《四川省电力公司交通标识配置规范》，安排专项资金配置、完善了交通安全标志。建成系统单位GPS车辆管理系统，对车辆违规情况按季通报，已通报违章行驶行为6740次，确保了交通安全可控、在控。

（谭文强）

社会保障工作管理

【概况】至2012年年末，公司年金理事会受托管理企业年金单位99家，参加企业年金计划职工50707人，年金资产规模24.02亿元；公司归口管理基本养老保险参保单位73家，参保职工和离退休人员共43463人；归口管理工伤保险参保单位45家，参保职工23214人，工伤人员2374人。

【社保、年金基础工作】按时归集基本养老保险和工伤保险费用，累计征缴省本级基本养老费7.89亿元和省本级工伤保险费0.22亿元，养老金全年发放4.27亿元，累计拨付参保单位养老保险待遇1607万元及省本级工伤保险待遇747万元。确保社保费用的按时足额缴纳和社保待遇的及时支付与发放。组织完成了公司系统14565全民企业离退休人员、1513名集体企业离退休人员和193名工伤及供养家属待遇领取资格的生存认证工作；完成了2012年51名特殊工种人员、2013年702名正常退休人员退休条件的初审和报批工作；调增了16078人养老金待遇，平均月增养老金255元，维护保障了离退人员的待遇享受权益。完成了27385人的基本养老保险个人账户对账及维护工作。办理了636名新进人员养老保险个人账户新增，118名人员停保，33人养老保险关系转移，退费58人，65人养老保险个人账户一次性支付。按时依法完成了向省社保局申报2011年缴费工资的工作，完成73家省本级养老保险参保单位24560名全民职工、2825名集体企业职工的缴费工资申报和45家省本级工伤保险参保单位的缴费工资申报；受理7家新单位加入年金计划申请，收取年金缴费5.76亿元，办理年金转移和一次性待遇支付1009人，支付金额7804万元。

【社保管理效能增强】完成社保专项任务，推进社保管理工作。公司社保中心2012年完成多项专项任务，扎实推进社保管理，包括审计调查和依法治企检查迎审工作任务；完成辅业分离单位社保欠费回收和业务移交；完成公司补充医疗保险“集约化”管理模式调研；组织开展公司系统社保月报、年报汇审及编报工作

完善制度体系和工作流程，确保社保业务有章可循。适应“三集五大”体系建设要求，梳理、完善业务流程51个、管理标准13项、工作标准7项，确保在机构职能调整后，职责界面清晰、流程顺畅；针对机构业务重组、人员变化大的情况，收集整理社保政策文件217个，编辑印发《社会保险及企业

年金文件选编（上、下）》300 套，为社保人员准确开展业务工作提供支撑；梳理“三集五大”机构调整后机构名录和社保业务转移、衔接流程，及时掌握和沟通信息，确保五大体系推进过程中社保业务的平稳有序衔接，未受任何影响。

强化社保基金征缴管理，政策风险得到有效防范。以《社会保险法》的贯彻实施为契机，结合政府各部门对企业资质认定、招标投标、创优评先等环节加大社保缴费核查力度的情况，出台了三项管理措施，建立社保缴费的考核、评估、通报机制，确保社保费按时足额缴纳，维护公司和职工社保权益。

健全社会保险报表制度，社保业务管理和指导功能进一步强化。健全公司系统全资、控股和集体企业养老、医疗、工伤、失业、生育等五项社会保险和企业补充医疗保险、企业年金报表制度，及时掌握、分析各单位社会保险参保情况，针对薄弱环节，强化管理和指导，规范社保政策执行，防范了政策风险。

【年金管理】完善公司企业年金运作机制，提升受托管理效率。按照公司企业年金理事会章程，在组建投资策略和风险控制与绩效评估两个专业委员会的基础上，充分发挥专委会在年金投资运营中的重要作用，对年金投资策略和投资事项进行讨论决策，受托管理效率得到进一步提升。2012 年，社保中心（理事会办公室）先后提请组织召开四次年金理事会专委会，会议审议了 16 个专委会议题和方案，形成专委会议事纪要 7 份，按照专委会决定，全年实施委托投资分配新增资金共计 5.76 亿元。

强化投资产品研究及运营监控，增加年金投资收益。结合 2012 年国内宏观经济形势和资本市场表现，强化了年金资产配置和风险控制措施，研究并协调投资人实施非交易性固定收益类产品配置工作。截至年末，非交易性固定收益类产品配置总额 10.27 亿元，配置比例为年金基金净资产的 42.78%，此类产品加权年化收益率为 5.58%，进一步增厚了公司企业年金基金“安全垫”。全年实现投资收益 1.10 亿元，年收益率达 5.45%，超三年期定期存款利率目标 1.2 个百分点，完成年度目标的 128%。

修订完善《年金绩效评估管理办法》，稳定年金投资业绩。研究企业年金管理机构绩效评估模型，修订完善了《公司企业年金管理机构绩效评估管理办法》。新《办法》在激励年金投资机构追求绝对正收益的同时，引导实施稳健投资策略，有效促进企业年金基金稳定增值。2012 年，根据《年金绩效评估管理办法》分配资金 5.76 亿元，其中分配给投资业绩排名前两位的管理机构运营管理资金 4.45 亿元，占分配资金总量的 77%，分配给投资业绩排名后三位的管理机构运营管理资金 1.31 亿元，占分配资金总量的 23%，实现年金资金向投资业绩优秀的管理人集中，间接提高投资收益约 0.2 个百分点。

研究实施年金管理合同延期，节省年金运营成本。公司年金理事会原与八家年金管理机构签订的管理合同于 8 月份到期，经过比较研究和多方协调沟通，根据领导批示，通过发函确认的方式实现合同有效期顺利延期一年。既确保了原权利义务的不间断延续，又规避了重签合同后的收费标准变更。经测算，以此方式延期合同一年可节约费用 1053 万元，相当于提高投资收益约 0.4 个百分点。

组织制订辅业单位年金移交方案，推进年金资产移交。按国家电网公司关于辅业分离单位企业年金尽快移交的要求，多次组织辅业单位开展年金移交工作座谈，商讨制定企业年金移交工作方案及移交流程。指导协助七家辅业分离单位开展新年金计划的搭建和方案草拟、报备，确保了年金移交工作任务有序推进，于 2012 年 12 月完成了成都电力机械厂年金资产及业务移交工作。

深化年金受托系统应用，提高风险预警能力。通过年金受托信息系统的功能建设完善，基本实现了年金按每周估值数据自动获取收益变化曲线和资产分布图形，及时、直观反映年金投资收益及波动情况和资产净值分布状况，为年金投资产品的深度分析提供了有利条件，提高了年金投资运作过程监督和投资风险预警的能力。

（王玉婷）

企协工作管理

【标准化建设】2012 年标准化建设围绕“标准体系优化提升，建成公司一体化标准体系”，开展了以下工作：一是紧密开展标准修编制订。适应“三集五大”体系建设要求，融合同业对标指标和“四标”管理，优化修订标准体系，形成基础标准 314 个，技术标准 6063 个，管理标准 455 个，工作标准 3204

个，建成“横向到边纵向到底”的一体化标准体系，实现“从有到优”的转变。二是开展现场作业标准化精益试点。利用五个月的时间在德阳电业局带电作业和眉山公司一体化检修与调控一体化三个领域通过精益实施五步法进行精益提升，制定了《带电作业安全性评估导则》，30余项标准修订建议被省调采纳，以标准固化精益成果。三是开展标准化专项工作。在标准化成果之上突破创新，开展了标准表单化转化与固化研究与实践、标准化与信息化融合、线损和物资管理精益成果深化应用、标准执行的推进策略与方式方法探索、以及地（市）公司对控股县公司标准体系建设研究等，促进标准体系改进完善，为国网公司标准化建设提供借鉴。四是开展了“以标准化为基础的企业管理一体化”研究。按照国网公司“三集五大”深化提升和标准化深入执行的要求，结合公司战略目标，探索标准化工作向运营管理模式升级转型的通用方法，即立足标准化基石，搭建更为科学前瞻、宏观全局的管理框架，以实现自我价值提升，最终迈向卓越运营。五是广泛开展培训宣贯活动。举办标准化知识竞赛，开展21期送教上门，提升员工标准化意识。总结精益试点经验，出版完成《走向精益》。六是标准信息化工作深入推进。完成国网标准化系统功能整合及实施，推进标准体系与信息系统融合。并开展ARIS流程优化，通过填写流程要素梳理表，完成流程的要素建模，形成全业务覆盖的流程图1518个。

【管理创新】2012年，公司企业管理创新成果再创历年新高，申报参评成果184项，公司专家评审出一、二等奖各20项，三、四等奖各30项。21项成果获得四川省企业管理现代化创新优秀成果，12项荣获国网公司与全国电力企业管理创新优秀成果表彰。公司重点培育的《大型电网企业提升响应与保障能力的应急体系建设》项目申报19届国家级管理创新成果一等奖，于2012年10月20日通过中国企业联合会组织的专家论证会论证，这是公司连续两年获得国家级创新成果大奖，在全国电力行业绝无仅有。公司管理创新工作强化计划管控和项目引导，强化交流推广和信息化工作机制。以“一个《指南》、一本图书、一个平台”为标志，进一步加强了成果交流推广与应用。印发《公司管理创新工作实施指南》，编辑出版了《创新之路》专著，该著作从近五年取得的优秀管理创新成果中甄选100个案例编辑而成。成功开发“管理创新与调研管理信息系统平台”并上线运行，系国网公司系统第一家通过信息化手段助力管理创新工作的省级电网公司。完成管理创新优秀成果由《四川电业》专辑出版。公司管理创新工作受到国网公司高度肯定。

【课题研究】企协围绕公司中心工作认真开展课题研究，借助外脑，形成了一大批优秀的研究成果。公司推荐至国网企协的6项调研成果全部获奖，《公司服务外包模式研究》咨询项目首次荣获国网公司2011年优秀管理咨询项目三等奖。一是项目管理成效显著。2012年度组织评价工作截在国网公司系统37家单位中排名第一，公司获得国家电网公司2011年度研究工作先进集体的殊荣。经国网公司立项的《以标准化为基础的企业管理一体化融合》重大项目于11月1日顺利通过验收，其研究成果获得系统内外专家的高度评价。二是完成国网企协共性课题和信用企业3A认证。公司作为组长单位承担的《国家电网公司信用体系建设》共性课题圆满完成，于12月6日通过课题结题。8月23日，四川公司顺利通过了中国电力企业联合会信用企业3A认证。三是加强调研课题全过程管控。首次开展调研工作组织考评，首次开展10项重点课题研究并顺利实施。

【社团工作】企协认真贯彻《国家电网公司社团组织管理办法》，修订《四川省电力公司社团组织管理标准》，加强归口管理，发挥社团组织作用。一是总结2012年省公司系统参加社团组织活动情况，按照国网公司要求加强社团组织管理，严格执行社团组织审批程序和重大事项报告制度。二是参与《电力企业标准体系表编制导则》等3项行业标准和《电力工程基本术语标准》（国家标准）的编写，开展“中国电力主题日”活动，协助组织“智能电网巡回论坛成都峰会”等，增强了公司与国内外同行的联络，提升了公司的影响力。三是巩固社团规范清理工作成果，加强企协分会对各部门、单位参加社团组织的跟踪服务，充分发挥社团组织桥梁、纽带作用，为公司发展营造更加良好的外部环境。

（彭 杰）

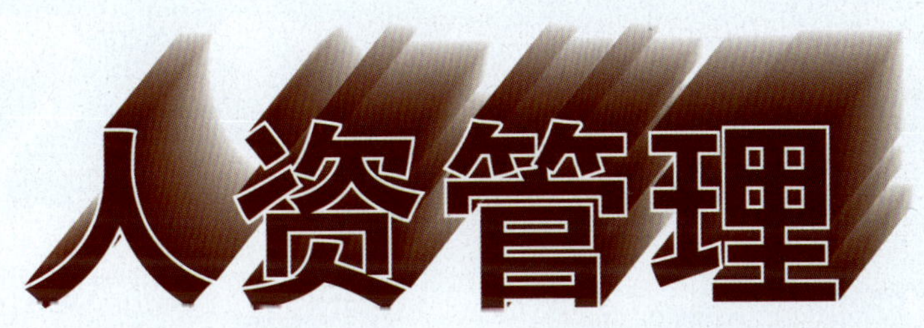

责任编辑：梁　建

规范化管理

【概况】2012年，公司人力资源工作严格落实国家电网公司集约化要求，紧密围绕公司中心工作，坚持以提高效率效益为导向，以“三集五大”体系建设为主线，以“三定”“三考”为抓手，以深化人力资源“六统一”为重点，在组织岗位、劳动用工、薪酬绩效、人才开发等各环节全面实施机制创新。《构建基于“三集五大”工作流程、工作标准、绩效指标一体化的岗位责任体系》和《构建完善“四个体系”,创新人才开发与培养》两个项目入围国家电网公司人力资源同业对标典型经验，公司荣获国家电网公司人力资源工作先进单位荣誉称号。

2012年主要完成以下几个方面工作：

稳妥推进“三集五大”体系建设，实现组织机构大幅压缩和用工效率明显提升；作为国网公司试点单位，推进岗位责任体系建设；扎实开展诊断分析，提升人力资源支撑决策效能；加强各类用工管理，开展公司系统不在岗员工、农电用工调研核查工作，有序推进主业非核心业务外委，稳妥实施用工方式转换，确保队伍稳定；研究制定公司《内部人才交流管理办法》，促进公司人力资源优化配置；严把员工入口关，开展成建制划转单位人员入口核查工作，有效控制增量人员的数量和质量；组织开展公司地市层面集体企业组织机构及劳动用工研究，为进一步加强和规范集体企业人力资源管理奠定基础。

稳步推进岗位绩效工资制度改革试点，统一公司岗位层级设置与价值归级，进一步完善了公司内部收入分配关系；建立公司系统福利费用管控机制，印发公司福利保障管理系列配套规章制度文件17个，实现了管理集中、项目规范、标准统一和过程监控。

2012年9月26-27日，公司召开2012年人力资源管理工作研讨会，学习贯彻国网公司人力资源研讨会精神，部署工作

（人资部提供）

完善全员全过程绩效管理，建立了两级三类绩效管理机制，优化公司绩效指标体系，深入推进绩效经理人制度，按照自上而下逐级考核的方式全员签订绩效合约，在运营监控中心建立公司级业绩月度看板，加强对基层单位目标任务完成进度的动态跟踪和对关键业绩指标的风险管控，充分发挥业绩考核的激励约束作用，初步构建新型量化考核体系；制定并下发《进一步加强考勤管理工作的意见》，督导各单位完善考勤奖惩机制，严肃劳动纪律，改进工作作风。

开展企业大学建设，编制《全员培训规划（2013-2015年）》，开发岗位素质能力模型，建立校企战略合作平台，推进“双千人才”、“521”人才援藏、特高压等人才培养计划和博士后工作站和研究生工作站建设。充分发挥“两中心、一基地、六分部”的功能，累计举办各类培训班5544期，培训235250人次，其中“三集五大”培训班培训各类人员40321人次，培训考试率达到100%。

2012年，四川公司全口径在册员工97852人，其中：全资企业49503人，控股企业47169人，代管企业1180人(未含未进入人资信息系统代管企业4763人)。按用工性质分：职工66102人，劳务派遣工7361人，农电工24389人。

【各类指标】截至2012年底，公司全员劳动生产率达到42.04万元/人•年，同比增长4.25万元/人•年。

全资和控股单位职工人数控制在65307人，同比增加3325人。人才当量密度达到0.8418，同比增长0.0274。公司系统12142人的学历、职称或职业技能等级得到提高，全员培训率达到95.83%，培养国网公司“十大”专业领军人才人选23人，“双千人才”419名，选拔公司级优秀人才381名。目前，公司拥有国网公司及以上优秀人才33人，国网公司优秀农电人才51人，省公司优秀人才865人。

【获得荣誉】由于各项工作卓有成效，公司所属各单位及公司员工荣获省部级及以上各项荣誉，名录如下表格所示。

2012年度公司所属各单位获省部级及以上荣誉名录

表14

序号	单位	获奖单位	颁奖单位
1	成都龙泉驿供电局	2011年新农村电气化建设先进单位	国家电网公司
2	成都青白江供电局	2011年新农村电气化建设先进单位	国家电网公司
3	乐山电业局	离退休工作先进集体	国家电网公司
4	乐山电业局	2011年度实现安全生产目标单位	国家电网公司
5	乐山电业局城区供电局	2011年新农村电气化建设先进单位	国家电网公司
6	乐山电业局	全国文明单位	中央精神文明建设指导委员会
7	乐山电业局	全国五一劳动奖状	中华全国总工会
8	攀枝花电业局	2012年四川省五一劳动奖状	四川省总工会
9	德阳罗江供电局	文明单位	中共四川省委 四川省人民政府
10	德阳城区供电局	2011年新农村电气化建设先进单位	国家电网公司
11	四川什邡供电有限责任公司	2011年新农村电气化建设先进单位	国家电网公司
12	德阳什邡供电局	2011年新农村电气化建设先进单位	国家电网公司
13	德阳广汉供电局	国家电网公司一流县供电企业	国家电网公司
14	四川洪雅供电有限责任公司	五一劳动奖状	四川省总工会
15	眉山公司	工人先锋号	国家电网公司
16	四川丹棱供电有限责任公司	2011年新农村电气化建设先进单位	国家电网公司
17	眉山公司	国家电网工会工作先进单位	国家电网公司
18	眉山公司	全国电力行业优秀企业	中国电力企业联合会
19	达州电业局大竹供电局	2010年度国家电网公司一流县供电企业	国家电网公司
20	达州电业局	2011年度实现安全生产目标单位	国家电网公司
21	达州电业局万源供电局	国家电网公司文明单位	国家电网公司
22	达州电业局	国家电网公司文明单位	国家电网公司
23	绵阳电业局	2011年度实现安全生产目标单位	国家电网公司
24	绵阳城区供电局	2011年新农村电气化建设先进单位	国家电网公司
25	宜宾电业局	省级安全文化建设示范企业	四川省人民政府
26	宜宾电业局	离退休工作先进集体	国家电网公司

续表 14

序号	单位	获奖单位	颁奖单位
27	阿坝公司	2011 年度实现安全生产目标单位	国家电网公司
28	西昌电业局	2011 年度实现安全生产目标单位	国家电网公司
29	西昌电业局	国家电网工会工作先进单位	国家电网公司
30	内江电业局	全国文明单位	中央精神文明建设指导委员会
31	广元电业局	2011 年度实现安全生产目标单位	国家电网公司
32	广元电业局	全国五一劳动奖状	中华全国总工会
33	泸州电业局	厂务公开民主管理示范单位	四川省总工会
34	泸州电业局	四川省安康杯竞赛优秀组织单位	四川省总工会
35	泸州电业局	全国示范职工书屋	四川省总工会
36	泸州电业局	2009-2011 年度“审计工作先进单位”	国家电网公司
37	南充电业局	2011 年四川省“安康杯”示范单位	四川省总工会
38	南充电业局	2011 年度实现安全生产目标单位	国家电网公司
39	南充电业局	全国文明单位	中央精神文明建设指导委员会
40	自贡电业局	2011 年度实现安全生产目标单位	国家电网公司
41	自贡电业局	二〇一二年全国质量管理小组活动优秀企业	中国质量协会、中华全国总工会
42	自贡电业局	全国五一劳动奖状	中华全国总工会
43	华蓥供电局	2011 年新农村电气化建设先进单位	国家电网公司
44	广安电业局	全国文明单位	中央精神文明建设指导委员会
45	资阳公司	2011 年度实现安全生产目标单位	国家电网公司
46	遂宁公司	四川省五一劳动奖状	四川省总工会
47	遂宁公司	全国电力行业企业管理创新成果二等奖（电网企业安全监督管理机制创新）	中国电力企业联合会
48	电力应急中心	国家电网公司 2012 年重大管理创新成果一等奖	国家电网公司
49	电力应急中心	第十九届国家级管理创新成果一等奖	中国企业联合会
50	技术技能培训中心	国家电网公司 2011 年调查研究优秀成果	国家电网公司
51	四川电力超高压建设管理公司	国网公司“质量管理流动红旗”	国家电网公司
52	四川电力超高压建设管理公司	全国建设项目档案管理示范工程	国家档案局
53	四川电力工程建设监理有限责任公司	四川省重点工程劳动竞赛先进集体	四川省总工会
54	四川电力工程建设监理有限责任公司	国家电网公司青藏交直流联网工程先进单位	国家电网公司

续表 14

序号	单位	获奖单位	颁奖单位
55	四川电力工程建设监理有限责任公司	工人先锋号(新甘石)	四川省总工会
56	四川电力科学研究院	国家电网公司科技进步特等奖（800 千伏特高压直流输电技术研发与工程应用）	国家电网公司
57	四川电力科学研究院	离退休工作先进单位	国家电网公司
58	四川电力科学研究院	国家电网科技进步二等奖（电能质量复合控制技术研究及示范应用）	国家电网公司
59	四川电力科学研究院	国家电网科技进步二等奖（全场景虚拟带电作业仿真实训系统）	国家电网公司
60	四川电力科学研究院	国家电网科技进步三等奖（非电量测试技术在输变电设备状态检修中的研究与应用）	国家电网公司
61	四川电力科学研究院	国家电网科技进步三等奖（输电线路行波仿真方法研究及高速行波源研制 ）	国家电网公司
62	四川电力科学研究院	中国电力科技进步二等奖（750kV/1000kV 公频电压国家计量标准装置的建立、直流换流站现场校验关键技术及装置研究）	中国电机工程学会
63	四川电力科学研究院	全国电力行业职业技能鉴定先进鉴定站	中国电力企业联合会
64	四川电力科学研究院	电力行业信息化优秀成果三等奖（基于行为模式及内容深入分析的信息安全防护技术研究及应用）	中国电力企业联合会
65	四川省电力公司通信自动化中心	安全运行工作先进集体	国家电网公司
66	四川送变电建设公司	流动红旗	国家电网公司
67	四川送变电建设公司	优质工程	国家电网公司
68	四川送变电建设公司	青藏交直流联网工程先进单位	国家电网公司

2012 年度公司所属各单位员工获省部级及以上荣誉名录

表 15

序号	获奖人员	所在单位	获奖名称	颁奖单位
1	王嘉明	成都电业局	全国电力行业企业管理创新成果三等奖（基于电气设备状态评估检测中心实现状态检修常态化）	中国电力企业联合会
2	姜光学	成都电业局	被 2012 中国国际供电会议录取（《电动汽车智能充电站储能缓冲系统的控制策略研究》）	中国电机工程学会
3	邬小端	德阳电业局	国家电网公司 2011 年度卓越调研成果奖	国家电网公司
4	陈强、李镇义、刘开金	眉山公司	企业文化“五统一”落地工程实践获管理创新成果二等奖	国家电网公司
5	李镇义	眉山公司	2011 年度安全生产先进个人	国家电网公司

续表 15

序号	获奖人员	所在单位	获奖名称	颁奖单位
6	王剑	广元电业局	2011 年度安全生产先进个人	国家电网公司
7	何永祥	西昌电业局	全国电力行业优秀企业家	中国电力企业联合会
8	高永翔	泸州电业局	国家电网公司创先争优优秀党务工作者	国家电网公司
9	林建华	四川电力医院	四川省重点工程劳动竞赛优秀建设者	四川省总工会
11	何朴、刘明忠、江波	四川电力科学研究院	四川省科学技术进步一等奖（智能变电站技术研究及工程应用）	四川省人民政府
12	罗涛、朱晓丽	四川电力科学研究院	四川省科学技术进步三等奖（直流换流站现场校验关键技术及装置研究）	四川省人民政府
13	李旻	四川电力科学研究院	“大运行”领军人才	国家电网公司
14	许安、刘凡、崔涛、曾宏、周思宇	四川电力科学研究院	四川省科学技术进步三等奖（异频电流法在变电站接地参数测试中的应用）	四川省人民政府
15	甄威、刘明忠、唐永红	四川电力科学研究院	四川省科学技术进步三等奖（输电线路行波仿真方法研究及高速行波源研制）	四川省人民政府
16	郭蓉萍	四川电力科学研究院	四川省科学技术进步三等奖（基于 TOGAF 架构套装构件技术的电力行业企业资源信息管理系统）	四川省人民政府
17	陈钢	四川送变电建设公司	建设管理先进个人	国家电网公司
18	陈钢	四川送变电建设公司	青藏交直流联网工程突出贡献个人	国家电网公司
19	陈钢	四川送变电建设公司	宁东-山东±660 千伏直流输电示范工程先进个人	国家电网公司
20	陈钢	四川送变电建设公司	四川省重点工程劳动竞赛优秀建设者	四川省总工会
21	孟义	四川电力工程建设监理有限责任公司	青藏交直流联网工程建设先进个人	国家电网公司

人才与人力资源管理

【打造人才培养平台】建设企业大学，整合教育培训资源，打造“双千人才”、校企战略合作等人才培养平台，加速人才开发。选拔培养国网公司专业领军人才人选 23 名，9 个专业“双千人才”419 名，工程硕士 116 名，特高压人才 46 名、电网建设人才 50 名，为公司培养储备大量高层次人才。

【“三集五大”体系建设】按照“顶层统一设计、专业联动对接、模拟试测分析、广泛征求意见、反复完善优化”的工作方式，制定“1+9+1”（公司本部、省本级 9 家支撑实施机构、市县两级供电企业）组织机构及岗位设置方案，新型组织岗位体系全面建立。顺利完成机构和人员新模式导入，实现组织机构大幅压缩和用工效率明显提升：省、市、县层面机构精简 43.6%；用工效率提升 16.4%。

【实施岗位责任体系建设】作为国网公司试点单位，创新融合岗位、流程、制度、标准、考核、风控等要素，以流程为载体，以岗位为核心，以绩效为杠杆，构建基于流程、岗位、绩效、风控等多维矩阵模型，有序推进各种方法、规范、模板的验证和优化工作，初步建立“六位一体”岗位责任体系，为四川公司精益化管理提供支撑，进一步固化、强化“三集五大”体系建设成果。

【开展诊断分析，提升人力资源支撑决策效能】一是组织基层单位深入开展人力资源诊断分析，全方位、深层次、多角度的查找 2009 年开展人力资源集约化以来，管理中仍然存在的薄弱环节，诊断出 260 条次管理问题，积极研究对策并制定解决措施，工作实施与成效得到国网公司充分肯定。二是剖析人力资源管理深层次问题，对体制机制改革、用工规范管理、人员引进与培养、人工成本等九个方面进行专项诊断分析，有的放矢的研究破题创新举措。三是组织公司人力资源需求预测模型设计，按照用工总量、专业结构、素质结构三个维度，全方位开展 2013—2015 年人力资源需求预测，全面提高规划计划科学性、准确性。

【加强各类用工】一是组织开展国网公司 2012 年新版定员标准宣贯和测试，精确分析各专业超缺员情况，为用工配置提供依据。二是印发《电网生产经营业务外包管理办法》，承担国网公司业务外包模式下用工评价体系研究，有序推进主业非核心业务外委。指导科锐得公司设立电网运维分公司和营销分公司，承揽检修公司、供电服务中心相关运维检修和话务服务业务。稳妥实施用工方式转换，指导成都、德阳、眉山三家试点单位平稳完成 9290 名农电工合同转签“三新”公司；指导成都局、供电服务中心、计量中心、检修公司 1750 名劳务派遣员工合同转签集体企业；协同推进主多分开工作，稳妥安置各类员工 3800 名，确保队伍稳定。三是组织开展公司系统不在岗员工、农电用工调研核查工作，梳理出存在的重点问题及相应的解决措施，为下一步推进用工模式改革奠定基础。四是发挥人才交流中心平台作用，2012 年新增代管人员 80 人，强化现有 144 名代管人员的劳动关系和社会保险规范管理，通过召开工作座谈会充分发挥廉政监督作用。研究制定公司《内部人才交流管理办法》，通过内部调剂、双选交流、双定交流、专项交流，促进公司人力资源优化配置。五是严把员工入口关，开展成建制划转单位人员入口核查工作，对年底即将并表的 14 家单位 4964 名员工的基本信息和劳动关系进行了严格审查，有效控制增量人员的数量和质量。六是组织开展公司地市层面集体企业组织机构及劳动用工研究，拟定公司《地市层面集体企业组织机构设置及劳动用工管理指导意见》，为进一步加强和规范集体企业人力资源管理奠定基础。

【收入分配改革，健全福利保障管理体系】一是研究出台了《关于进一步规范和加强农电用工收入分配管理的实施意见》，对针对公司农电用工收入分配提出规范管理与计划管控的各项规定，将公司农电人工成本总额纳入公司全口径人工成本管理，促进公司农电管理水平的提升。二是稳步推进岗位绩效工资制度改革试点，对德阳电业局、广安电业局以及新进员工岗位绩效工资制度实施情况进行经验总结和阶段评估，指导检修公司、物资公司全面完成岗位绩效工资制度改革，结合四川公司实际，研究拟定了《四川省电力公司岗位绩效工资制度改革实施方案》。三是统一公司岗位层级设置与价值归级，出台了《公司“三集五大”体系建设岗位层级设置和岗位价值归级指导意见》，对各专业各层级岗位的设置比例和相对价值进行了规范要求和合理评价，重点突出高技能、高风险、高强度、高责任的生产一线和关键岗位的岗位价值，构建起科学、系统、完整、标准的岗位层级设置体系和岗位价值归级体系，进一步完善了公司内部收入分配关系。四是建立公司系统福利费用管控机制，印发《公司福利保障管理办法》及系列配套规章制度文件 17 个，实现了管理集中、项目规范、标准统一和过程监控。

【全员全过程绩效管理】一是完善公司绩效管理制度体系，建立了两级三类绩效管理机制，全面统一规范了公司绩效考核模式与流程，印发公司《企业负责人年度业绩考核管理办法》和《全员绩效管理办法》，指导并审核公司本部、地市县级单位修订绩效管理实施细则共计 65 个。二是优化公司绩效指标体系，突出考核重点，企业负责人关键业绩指标由原来的 52 个精简到 15 个以内，梳理规范公司本部关键业绩指标 415 条，地市供电企业管理机关关键业绩指标 5849 条、一线员工积分指标 1207 条，各层级绩效考核的科学性、规范性和操作性不断增强。三是深入推进绩效经理人制度，按照自上而下逐级考核的方式全员签订绩效合约，健全考核机制，落实考核责任。四是在运营监控中心建立公司级业绩月度看板，加强对基层单位目标任务完成进度的动态跟踪和对关键业绩指标的风险管控，充分发挥业绩考核的激励约束作用。

【同业对标和标准化、信息化建设】公司人力资源同业对标排名国网公司系统 16 名，其中管理对标排名 12 名。组织编制公司《人力资源信息化建设规划》，高质量完成 SGERP-HR 二期试点建设，高效完成公司“三集五大”机构设置与人员配置信息系统适应性调整工作。启动人力资源智能决策系统开发实施，梳理决策指标，已完成人才当量密度、技能等级晋升预测等主题指标的设计开发。搭建人力资源仿真培训系统，完成未并表代管县公司录入代管信息系统，推行代管单位人力资源业务审批流程与定期报表制度。稳步提高信息系统实用化水平，为人力资源各项业务信息化管理提供支撑。

人员培训与学校管理

【概况】2012 年，公司教育培训和人才开发工作围绕“三集五大”体系建设和“三定、三考”工作要求，着力加强“四个体系”，即人才规划体系、分级分类管理体系、职业发展体系、学习管理体系建设，员工素质进一步提升，人才开发成效显著。2012 年，公司各级单位共完成各类培训班（含技能竞赛和抽调考）5544 期（其中省公司完成集中办班 606 期），全员培训计划完成率为 100%，培训 235250 人次，全员培训率 95.83%。累计开展“三集五大”各类人员培训 40321 人次，省公司层面集中举办 109 期培训班，培训 10730 人次，地市级层面累计培训 29591 人次，“三集五大”培训考试率达到 100%。

2012 年，公司人才当量密度达 0.8404，共有 12142 人提升了学历、职称和技能等级，7454 名生产技能人员的技能等级得到提升，其中新增高级技师 195 人，技师 1619 人，高级工 1926 人，初中级工 3714 人；1676 人的职称水平得到提升，其中新增高级职称 156 人，中级职称 512 人，初级职称 1008 人；3012 人的学历水平得到提升，其中新增研究生 467 人，本科生 1515 人，专科生 852 人。同时，选拔国网公司“十大”专业领军人才人选 23 人，选拔“三集五大”等专业“双千人才”419 名，选拔公司级优秀经营、管理、技术和技能人才 381 名。

两中心六分部格局（人资部　提供）

【创新建立全职业周期学习培训体系】开发了员工岗位能力素质及培训要点模型，建立了经营、管理、技术、生产技能人员的履职能力培训体系，员工培训实行学分累计制和模块选修制，员工根据岗位能力素质模型要求，结合自身发展需要，选择集中学习、网络学习、自学等多种学习方式，并参加公司统一考试取得规定学分，完成岗位履职能力培训要求，实现个性化、差异化的培养，促进员工从“要我学”到“我要学”。

【企业大学建设】 完成包含13个专业学院和一个工作站的“智桥大学”和网络学习平台的方案设计，创新以“学分、对标”为核心的“赛马机制”，促进专业部门对人才工作的有效支撑，使人才的选拔、培养、使用有机结合。整合教育培训资源，实训基地布局和功能进一步完善，形成“两中心、一基地、六分部”的格局，公司技术技能培训中心成为国网技术学院成都分院，带电作业实训基地顺利通过国网公司复审。对内训师开展分级分类选拔、考核和管理，开展职业培训师、项目策划管理和班务管理培训。完成“三集五大”专业和信息、经济法律共10个专业题库，新开发50门生产技能人员电子培训课件，培训课程体系更加完善。

【员工职业生涯管理体系】 通过调研和数据分析测试，完善了领导、管理、技术、技能四类员工八个职业发展通道，制定职业生涯管理与薪点工资、岗位、绩效、教育培训的对接配套政策，优化了员工职业评价要素体系，开展了核心内训师选拔培训和推广单位职业生涯管理人员和内训师培训，加强了人才储备。制订职业生涯信息化方案，开展职业生涯信息化管理的初步尝试，实现对员工职业发展的统计分析和辅助决策。

【人才选拔培养模式】 规范人才分级分类管理，形成专业领军人才、优秀专家人才、关键紧缺人才、“521”人才、后备人才等人才库。在人才选拔培养采取了新模式，完善了规章制度，取得工作新突破。（1）创新开展“双千人才”培训引领高端人才培养。2012年公司重点开展“三集五大”专业“双千”人才考试选拔和培养，经过个人申请、组织推荐、资格审查、业绩评分、笔试、面试等选拔程序，从各专业930名报名者中初步确定了419名培养人员，协调与战略合作高校联合进行集中培训。“双千人才”选拔和培养树立起高端人才培养标杆，形成广泛的影响力和号召力。（2）校企战略合作项目拓宽人才开发渠道。公司与四川大学、武汉大学、西南财经大学、华北电力大学和上海电力学院等高校签订了战略合作协议，利用高校优势资源在“双千人才”集中培训和导师制培养、博士后创新实践基地建设、共建智能电网实验室、特高压等关键紧缺人才培养、工程硕士联合培养方面开展合作。2012年，在战略合作框架下，公司与各高校联合培养了419名“三集五大”和信息专业“双千人才”、115名工程硕士，46名特高压人才，共建博士后创新工作站、研究生工作站和电力司法鉴定中心，共建智能电网实验室，实施企业文化进校园等项目，取得丰硕成果，为公司各类人才成长搭建起新的平台。（3）深入推进“521”人才援藏项目。实施了新一轮人员帮扶，突出人才援藏、管理援藏。对口帮扶单位增加为16个，受援县级供电企业增加为29个，范围扩大包含凉山州木里县电力公司。公司先后派出162名优秀管理、技术和技能人才到受援单位开展为期2年的对口帮扶工作；组织藏区供电企业47名青年管理和技术骨干人员到对口帮扶单位进行1年实践锻炼培养。继续推进“四基”轮训班，完成了对藏区近千名电力员工的培养考核；以“定向招生、定向培养、定点安置”的方式培养的50名中专毕业生已走上藏区电力生产岗位，2012年新招收的101名大专生正在四川电力职业技术学院进行学习。“521”项目产生良好的成效，成为培养锻炼公司各类人才的重要平台，充分彰显公司社会责任。

【人才评价和技能鉴定工作】 2012年，按照机构职能调整要求，顺利进行了管理职能的工作交接，各项常规管理工作有序推进；完成了2010年度四川地区专业技术资格评定工作，748人晋升中级或高级专业技术资格；组织开展了2011年度专业技术资格评定工作，四川地区共有51个报名单位的1162人报名参评并通过了资格审查。

2012年，职业技能鉴定工作采取多项措施加大鉴定力度，一是组织7次大型理论统考，完成对各技能等级12865人次的考核鉴定；二是开展了小工种的鉴定工作，基本实现了电网企业工种全覆盖；三是开发职鉴信息化管理系统，实现员工查询职鉴信息动态、通知公告、政策法规、模拟试题练习、考试成绩查询等；四是完成中电联500千伏带电作业技能竞赛的集训和组织工作，获得全国技能竞赛优秀组织奖；五是完成公司国家技能人才培育突出贡献奖候选单位、全国优秀技术能手、全国电力行业技术能手、技能大师工作室的申报和全国质量督导员、考评员培训。

（赵　坤）

离退休人员管理

【离退休人员管理机构】2012 年，公司系统有离退休人员的 39 个单位中，有独立设置的离退休工作机构 29 个（含公司离退休工作部）。专兼职离退休工作人员 283 人，其中专职人员 134 名，兼职人员 149 名。

【离退休人员队伍】截至 2012 年底，公司系统共有离退休人员 23385 人。其中离休干部 154 人，退休人员 23231 人（其中退休干部 6196 人，退休工人 17035 人）。

【离退休工作获奖项目】2012 年以来，公司荣获“全省老干部工作系统创先争优活动先进单位”荣誉并继续保持了全国老龄工作先进单位、四川省老龄工作先进单位、全国老年体育工作先进集体、全省老干部信访工作、调研工作先进单位等荣誉称号。

【努力为离退休人员办好事、办实事】2012 年，公司离退休工作紧紧围绕“三集五大”体系建设，以迎接党的十八大为主线，坚持讲政治、讲政策、讲感情，全面抓好老同志政治、生活待遇的落实，做了大量卓有成效的工作，主要有：

以“创先争优”为动力，全面加强了离退休干部“两项建设”。一是始终重视抓好离退休老同志的思想政治建设。针对公司改革发展稳定的重大问题、社会关注的热点、难点问题以及关系老同志切身利益的突出问题，做好了经常性的形势政策宣讲和解惑释疑工作。紧紧围绕迎接党的十八大和省第十次党代会召开，在离退休系统组织开展了“五个一”迎接主题活动，大力营造敬老爱老的良好氛围，增强了离退休思想政治工作的实效性。二是推动离退休党组织和党员全面创先争优。围绕“五好党支部”、“四好党员”、“三好老干部”创建目标深入开展了创建活动。组织举办了两期退休支部书记培训班，全系统 115 名退休支部书记参训。选树了乐山电业局郑宗林等四川省老干部创先争优先进典型。公司本部离退休党总支等 3 个离退休党（总）支部荣获国网离退休电网先锋党支部称号。

以执行政策为核心，全面落实了离退休老同志“两项待遇”。一是认真落实领导干部联系老干部制度。建立了公司本部厅局级老领导座谈交流工作机制；2012 年重大节庆期间，公司总经理王抒祥、党委书记刘勤等主要领导及公司班子成员亲自带队走访慰问。公司各级领导及有关部门共计走访慰问老干部、老工人、老党员、有困难的老同志等 5900 余人次，召开春节团拜会、情况通报会、老干部座谈会 240 余次，把企业的关怀送到了老同志的心坎上。二是继续坚持和落实了老干部政治学习、组织生活、阅读文件、参观考察和参加重大政治活动等制度。组织了公司离退休老领导参观应急基地和电网发展展示厅、系统老有所为标兵赴广元考察交流等活动。三是根据四川省关于实施津贴补贴第三步规范工作（川纪发【2012】10 号文）等政策规定，对公司系统离休干部津贴补贴及困难补助进行了及时调整规范。四是配合华中分部圆满完成了公司本部 8 位原厅局级老领导健康休养的组织、服务工作。五是继续做好了高龄补贴、团保理赔、健康体检、流感疫苗注射等工作。

以研究探索为手段，持续夯实了离退休工作管理基础。一是“敬老模范单位”两级创建活动深入开展并形成常态。系统内有离退休人员且具备创建条件的基层单位创模工作实现全覆盖；公司荣获“四川省直机关第三轮敬老模范单位”称号；在全系统开展了“全国孝亲敬老之星”推荐评选活动并确定内江局离退休工作人员申惠蓉为公司上报人选，系统内人人尊老助老的良好氛围和代际和谐的良好局面已然形成。二是隆重召开了公司 2010-2012 年度离退休工作暨表彰会议。印发了《四川省电力公司关于进一步加强新形势下离退休工作的意见》，回顾总结了公司近三年来的离退休工作，安排部署了下阶段工作任务，命名表彰了公司敬老模范单位及 2010-2012 年度离退休工作先进单位、先进集体、先进工作者和“老有所为标兵”，会议期间成功举办了系统老年文艺汇演。三是重视学习探索。赴辽宁公司开展了离退休工作专题调研学习；承办了国网华中分部离退休工作座谈会；《公司推进离退休工作进“电力社区”的创新实践与思考》课题成果被国网公司推荐上报中组部；完成国网《新形势下离退休工作探索与实践》文集的文章征集、修改、上报工作；完成公司年度调研课题《组织引导老同志发挥作用问题研究》的拟写上报工作。四是针对公司领导集中调研中离退休工作存在的问题，分析整理并及时拟定了整改建议和落实措施。五是根据公司“三集五大”体系构建及标准化建设要求，实施开展了部门管理台账及数据库完善、规章制度清理、管理标准和工作标准制修订等工作，部门制度化、规范化、标准化管理水平持续提升。六是成功举办公司老年门球竞赛，全系统 11 个基层单位的 121 名老同志参赛；完成“中组部迎十八大老年书画展”作品甄选、报送工作。

以和谐稳定为目标，切实加大了离退休信访维稳工作力度。高度重视并将离退休信访工作纳入了公司整体信访工作格局。一是结合部门年度全面风险管理工作开展，及时分析并形成了《公司离退休系统不稳定因素排查分析报告》，为公司领导决策提供了工作参考；二是高度重视公司主多分开、“三集五大”体系建设等重大改革及党的“十八大”召开期间离退休队伍稳定工作，健全完善了上下联动的应急处置机制，拟定了《公司主多分开过程中预防和处置离退休人员群体、越级上访事件工作预案》，并在公司 2012 年信访稳定工作会及早调会上作专题发言；三是健全完善了矛盾纠纷排查化解工作机制。坚持对各类不稳定因素做到月有统计、季有分析，按季形成《公司离退休系统不稳定因素排查评估报告》，加强与相关部门的沟通交流、信息共享，通过“政策执行、履行职责、督查督办、责任考核”四个到位确保了各类重点时段离退休人员队伍的稳定，实现了公司离退休系统越级上访和群体性上访事件“0”目标。

（陆　娟）

责任编辑：梁建　魏秀云

科技投入与成果

【科技投入】2012 年国家电网公司下达四川公司科技投入计划为 1.9812 亿元，其中总部管理技术开发费 1.2212 亿元。完成支付 1.2212 亿元，为年度计划的 100%。四川公司自管项目 0.76 亿元，完成支付 0.76 亿元，为年度计划的 100%；信息费用 1.9244 亿元，完成年度计划的 100%

【国网公司重点课题研究】2012 年，公司承担国家电网公司重点科技项目“输变电设备状态检测及智能决策关键技术研究”、“特高压 CVT 现场校验用一体化试验装置”、“输电走廊滑坡、泥石流监测预警技术研究”、“非线性定价理论及其在居民阶梯电价的应用研究”、“变压器智能化系统研究开发”、“特高压交直流送端电网稳定控制及网架结构优化研究”、“高压直流输电线路单端暂态量保护研究”项目均按照国网总部管理要求，进展顺利。

【公司重点课题研究】结合国家电网公司“十二五”科技发展规划批复的优势技术领域和重点研究方向，针对大型水电基地源网协调、交直流互联电网安全稳定控制、地质灾害的评估及抵御和智能电网、特高压建设的需要，公司重点在以下技术领域开展研究：

针对“强直弱交”网架下的电网安全稳定问题，开展大型电网连锁故障分析及大停电智能预防系统、电网孤岛运行频率稳定分析与低频减载整定软件研发、四川电网大规模交直流并列外送特殊稳定问题研究及对策分析、向上和德宝直流控制系统精确仿真研究及建模实现等项目的研究，提高电网安全稳定运行水平。

针对智能电网建设，开展变压器智能化系统研究、智能变电站保护控制系统试验技术、智能变电站二次设备运行维护技术、智能配用电等技术研究，为智能电网建设提供技术支撑。

针对四川电网超、特高线路集中在高海拔、重覆冰、多山火、泥石流频繁和地震带等运行环境恶劣的地区特点，开展应急指挥理论研究、地质灾害风险评估与管理信息系统开发、直流输电线路差异化防雷技术及防雷措施、应急救援新设备的应用等技术研究，提升电网抵御灾害和应急抢险能力。

针对状态检修的持续深入和特高压调试任务繁重的特点，开展输变电设备状态检测及智能决策、超/特高压换流变阀侧套管电热场分析及绝缘破坏、站控 AVC 接入检测平台及检测体系等技术的研究，以满足特高压建设和状态检修的需要。

【重点项目验收】2012 年，公司重点项目国家电网公司计划验收项目 11 项，计划完成率 100%；

公司验收完成情况见下表：

表 16

序号	项目名称	承担单位	验收完成情况
1	基于卫星通信系统的电力调度自动化业务应用研究	信通公司	国网已组织验收
2	远距离、大规模交直流混合送端电网智能控制技术研究	调控中心	国网已组织验收
3	四川电网调度综合安全分析预警平台的研究	调控中心	国网已组织验收
4	±800 千伏向上及锦苏直流投运初期大功率送电方式下四川电网适应性及对策研究	调控中心	国网已组织验收
5	输电线路验收、巡检机器人研制与应用	建管中心	国网已组织验收
6	SF6 回收净化处理系统的推广应用	调试所	国网已组织验收
7	高电压预防性试验技术实验室	四川电科院	国网已组织验收
8	用于输电通道的 35 千伏大容量 STATCOM 关键技术前期研究	四川电科院	国网已组织验收
9	500 千伏架空输电线路运行检修监控系统研究	检修公司	国网已组织验收
10	四川电网“输电线路状态监测中心”试点工程	检修公司	国网已组织验收
11	智能变电站在线监测关键技术研究	基建部	国网已组织验收

【公司科技进步奖励】公司科学技术进步奖评审委员会评选出2012年度科技成果奖特等奖2项、一等奖6个、二等奖10个、三等奖9个、群创奖46个。

【国家电网公司科技进步奖励】国家电网公司公布了2012年度科技进步奖获奖成果奖励决定，公司自主研发和参加的9项科技成果获奖，如下表。

表17

序号	项目名称	奖励等级	自主/参与
1	公司集体企业法律规制研究	三等奖	自主
2	国家电网公司集约化、实时化营销稽查监控系统标准化设计与应用	三等奖	参与
3	全场景虚拟带电作业仿真实训系统	二等奖	参与
4	变电站电力设施隔震减震新技术及装置与工程应用	二等奖	参与
5	电能质量复合控制技术研究及示范应用	二等奖	参与
6	非电量测试技术在输变电设备状态检修中的研究与应用	三等奖	自主
7	国家电网公司应急通信系统	二等奖	参与
8	多直流落点电网安全稳定关键技术研究与应用	一等奖	参与
9	输电线路行波仿真方法研究及高速行波源研制	三等奖	自主

【四川省政府科技进步奖励】2012年，四川省电力公司获得四川省政府科技进步奖5项，其中二等奖1项，三等奖4项。

表18

序号	项目名称	奖励等级
1	变电站高压电气设备隔振减震系统及装置的研究和工程应用	二等奖
2	500千伏线路融冰系统技术研究及工程应用	三等奖
3	智能变电站全场景试验方法研究及试验系统研制	三等奖
4	提高梯级水电站群电能送出能力的关键技术研究及应用	三等奖
5	基于智能检索与决策支持的电能质量监测系统	三等奖

【中国能源奖】2012年，四川省电力公司获得中国能源奖2项

表19

序号	项目名称	奖励等级
1	750千伏/1000千伏工频电压计量标准装置的建立	二等奖
2	直流换流站现场校验关键技术及装置研究	三等奖

【中国电力科学技术进步奖】2012年，四川省电力公司获得中国电力科学技术进步奖3项，其中一等奖1项，二等奖1项，三等奖1项。

表20

序号	项目名称	奖励等级
1	一体化电网调度技术支持系统关键技术研发及应用	一等奖
2	交直流混联电网安全稳定关键技术研究及工程应用	二等奖
3	变电站高压电气设备隔振减震系统及装置的研究和工程应用	三等奖

【知识产权】2012年，公司国内专利申请551项，其中发明专利申请154项；国内专利授权301项，其中发明专利授权34项；完成国际专利申请3项，其中“六氟化硫在线湿度仪效验装置及其校验方法”获得德国国家专利商标局的授权。出版专著13部，申请软件著作权10件，在中文核心期刊发表论文151篇（四大检索收录65篇）。

【技术标准】结合标准化建设，公司全面梳理了技

术标准体系表。在国家电网公司技术标准体系表的基础上，结合公司的特点，梳理出涵盖主营业务的技术标准体系表。同时，积极参与技术标准的制(修)订。2012年承担国家电网公司技术标准编制9项，其中5项标准已发布，4项标准的报审稿已报给专业管理部门；参与国家、行业标准编写5项；完成两项标准的翻译工作：《GB50172-2012 电气装置安装工程蓄电池施工及验收规范》、《DL/T 5161.1 电气装置安装工程质量检验及评定规程》。

【实验室和科技攻关团队建设】2012年，首次建立了省公司重点实验室，成立了科技攻关团队，完善了公司科技创新体系。

四川省电力公司重点实验室(第一批)

表21

序号	实验室名称	依托单位
1	电力环境监测治理评价实验室	四川电力科学研究院
2	智能用电计量及检测综合性能实验室	四川省电力公司计量中心
3	电网控制保护新技术实验室	四川电力科学研究院
4	过电压与接地技术研究实验室	四川电力科学研究院
5	超特高压带电作业技术及装备研发实验室	四川省电力公司检修公司
6	智能电网信息技术实验室	四川省电力公司信息通信公司

四川省电力公司科技攻关团队(第一批)

序号	团队名称	依托单位
1	大电网分析与控制技术科技攻关团队	四川电力科学研究院
2	超特高压线路施工技术及施工器具攻关团队	四川电力送变电建设公司
3	输变电设备智能巡检技术攻关团队	四川省电力公司检修公司
4	输电线路防灾减灾关键技术科技攻关团队	四川电力科学研究院

信息化管理

【概述】2012年是公司信息系统调度运行规范管理年，也是信息化支撑公司“三集五大”建设的关键年。公司荣获国家电网公司信息通信工作综合评价第七名、华中地区第一名，荣获国家电网公司2010至2012年度信息通信工作先进单位，公司科技信通部、信通公司获国家电网公司2010至2012年度信息通信工作先进集体，公司荣获国家电网公司信息运维资格普考先进单位。公司信息同业对标名列国网第14；公司编制的《企业门户功能接口技术规范》作为国网公司技术标准予以发布。

【国家电网公司专项工作】全年共完成国家发改委批复项目1项、国网信通部下达信息系统试点建设项目14项。承担国家电网公司信息灾备运行技术培训、信息化SG-ERP建设与管理知识培训、国家电网公司智能电网信息安全与督查培训班和国网公司华中区域信息化标准及架构知识普及培训，共178人参加培训，国网公司信通部副主任及信通部各处的处长相继出席培训班的开班仪式；承担国家电网公司《信息通信调度运行实用手册》编制，明确了信息通信调度操作依据、流程及步骤，对逐步规范国家电网公司信息通信调度运行管理，保障信息通信系统安全稳定运行起到了积极作用；承办国家电网公司信息通信调度员培训及资格认定考试，圆满完成了四百多人的调度员考试，相关工作得到了国家电网公司信通部、国网技术学院、各系统项目组的充分肯定。

【信息人才队伍建设】开展主机(AIX)管理、网络(HCNE、HCSE)管理、数据库（OCP）管理3个专业公司紧缺人才培养，举办了16期SG186业务系统应用培训，一期数据库及中间件培训，两期综合数据网网络运维培训和一期信息项目管理培训，举办全省信息专业“双千人才”选拔考试。公司信息系统运行人员参加国网公司信息系统运维资格普考，获得团体第七名的优异成绩，共有13人被国家电网公司表彰，被国网公司评为优秀单位；组织公司网络维护人员参加四川省2012年青年职业技能大赛，包揽了前两名，有9人进入前20名，其中第一、二名代表四川省参加团中央举办的全国青年职业技能大赛，获得个人第20名的优异成绩。

【信息化建设】全面完成公司“三集五大”信息系统适应性调整，同步支撑了公司“三集五大”体系建设；调动各方力量加强运营监控中心软硬件建设的协调工作，确保了硬件设备及时搭建到位，完成软件架构设计、流程梳理、全景展示等的工作，为公司作为国网公司首家投运运营监测中心奠定了坚实基础；全面完成GIS系统试点建设和推广应用工作，推动公司电网生产管理集约化、精益化和标准化水平的有效提升。

【信息项目管理】通过听取汇报、查阅资料、现场核查等方式，公司先后组织两批共四个检查组对8家基层单位2009年至2011年的486个信息项目（含信息建设项目和信息维护项目），重点从项目决策管理、招投标采购管理、合同管理、资金安排使用管理、项目完成及应用情况等方面进行了检查。从检查的结果来看，总体情况较好：在项目计划方面，没有无计划项目，不存在超计划等情况；项目招投标严格遵守国家电网公司两级招投标机制，在省公司规定金额之上的项目报省公司统一招投标，之下的组织竞争性谈判或询价采购或单一来源采购，有的单位还专门制定了本单位物资和服务采购管理办法；在合同管理方面，大部分项目都能遵守合同审批程序，合同资料齐全规范；在应用情况方面，信息建设项目新建或完善了公司的信息网络和信息系统，信息维护项目保障了信息网络和信息系统的持续安全稳定运行，为公司生产经营管理工作提供有力支撑。

【信息系统运行管理】圆满完成“安全年”信息专项行动，信息系统运行连续五个月排名并列第一并获得一次流动红旗，四川电科院信息安全实验室挂牌中国电科院信息安全实验室四川分中心；开展信息系统年度运行方式的编制，对机房基础环境、网络与信息系统运行状况、年度检修计划与应急工作开展情况、存在的问题隐患及2013年信息系统运行等作了全面汇总分析；开展信息系统缺陷管理工作，实现了缺陷隐患“及早发现，及早整改”，为避免发生故障停运，提升信息系统安全运行风险可控、能控、在控能力，全面提高信息系统安全运行可靠性奠定了坚实基础；开展信息系统反事故演习，进行信息、通信专业的联合反事故应急处置，使信息通信应急保障、协同运维工作水平得到了进一步的提升。

【信息安全管理】强化信息安全督查日常管理，利用运维综合监管系统（IMS）和外网桌面终端标准化管理系统以及各种扫描工具对全省内外网网站、弱口令、关键业务系统、内外网桌面终端、漏洞风险等进行分析和远程漏洞扫描；开展分离企业信息系统安全工作和保密工作“百日安全”大检查、对电网GIS空间信息服务平台安全管理、数据安全、系统防护专项督查；开展信息安全风险评估，针对现有的网络架构、核心路由器、交换机等网络及设备、数据库服务器、Web服务器、邮件服务器、应用服务器、数据备份与恢复、安全威胁及潜在影响进行了深入分析和测试；完成“十八大”信息安全保障，以防违规外联、弱口令这整治为抓手，采取切实有效措施，为“十八大”期间的信息保密、舆情和维护稳定工作提供了重要支持；建成公司信息安全实验室，并与中国电科院信息安全实验室合作建设四川分中心，形成以中国电科院为中心、依托省级电科院的两级联动、一体化运作的公司信息安全检测与技术督查体系。

通信管理

【组织机构建设】2012年3月完成省公司层面“三集五大”机构调整，通信专业归口管理职能部门由原省调度中心更换为省科技信息通信部（智能电网办公室），成立省公司信息通信公司负责省级通信系统及网络的运行和维护工作。10月完成18个地市单位（除甘孜、阿坝、雅安）“三集五大”机构调整，通信专业归口管理职能部门划归各单位运检公司，成立地市信息通信公司负责各地区通信系统及网络的运行和维护工作。

【通信系统建设】2012年公司认真落实“十二五”

通信网规划，结合“三集五大”体系建设步伐积极推动通信支撑系统建设。公司初步建成由省调、南充备调及6个500千伏变电站组成10G*40波核心OTN网络，形成了川东南、川西南、川北的10G骨干环，截至年底传输网光缆总长度达49895公里，实现所有县级供电企业（含控股县级企业）、营业厅（所）光纤网、数据网覆盖率100%和直属35千伏及以上变电站光纤网、数据网、调度电话覆盖率100%。公司建成了省、地、县一体化高清视频会议系统，设置高清视频会议会场368个，参与国家电网公司会议33次，组织召开省公司会议156次，地市单位会议625次，以优质便捷的服务极大地提高了公司生产管理效率。省、地两级统一变电站视频监控平台投入正式使用，共覆盖35千伏及以上站点963座、龙泉应急培训基地以及部分基建工程，为设备运行、工程施工观测和变电站安防提供了直观、准确的实时资料。

【通信系统安全管理】公司贯彻国家电网公司安全稳定优质服务电视电话会议精神，编制了“安全年”活动实施细则，组织各地市单位有序开展“安全年”信息通信专项活动。通过加强组织领导、落实安全责任，在确保日常安全运行的同时加强系统隐患排查治理，先后开展了220千伏及以上电压等级厂站保护安控业务单通道、220千伏及以上电压等级厂站通信单沟道（竖井）、OPGW光缆引下接地不规范、电源及系统运行方式等类型隐患排查治理活动，取得的良好成绩获得国网公司的充分肯定。

【通信专业管理】公司主动思考积极创新，针对“三集五大”改革后通信一体化运维管理体系，落实属地化管理职责，完善了专业管理各项规章制度；进一步明确了省、地（县）信通公司属地化管理范围与职责，以及通信设备运行维护内容与要求；确立了通信系统故障综合分析及联系会机制，发布了“大运行与其他专业职责界面划分规范指引”、“四川电网电力调度与通信业务协调工作实施细则”等文件，从制度上保证通信专业与“五大”管理不脱节。

【重要时期通信保障】2012年公司圆满地完成了包括藏区电网开工、竣工仪式、“5·12”应急演练等一系列应急通信保障任务。尤其是由四川省委书记刘奇葆和国家电网公司总经理刘振亚亲自出席的“新甘石”联网工程投产仪式视频通信保障活动，公司共出动通信保障人员33名，远赴千里之外的甘孜藏区高原，克服极寒缺氧等自然困难，采用卫星通信技术解决了甘孜县华鲁工厂和石渠县翁青龙乡牧民定居点无光纤通信的特大困难，实现了5个异地会场之间的音视频精准控制和流畅互动，出色圆满地完成了音视频通信保障任务，确保了“新甘石”联网工程启动通电仪式取得预期效果，获得了四川省政府和国家电网公司的充分肯定。公司在高清视频会议和卫星应急通信方面的优秀管理经验和先进事迹入选了2012年国家电网公司同业对标典型经验。

【新技术研究和应用】2012年公司通信专业在“新甘石”联网工程中首次采用光纤遥泵通信技术，建成了368公里超长距离光纤通信并投入生产运行，创造了四川电力通信新的奇迹；首次引入“光纤切换”技术，实现了国网一、二级通信干线3条入城光缆路由，省公司6条入城光缆路由的自动切换，利用最小的投资快速提高网络安全水平；继续开展SDH/MSAP光电一体化传输设备应用及实验研究，截至2012年10月底全省共有249个站点推广使用MSAP设备，累计节约投资达2000万元。

【通信人才队伍建设】公司十分重视“三集五大”建成后通信信息专业面临的产业集成、知识融合、技术交汇的状况，着力培养外知大势、内明企情，上通政策、下晓细节，精管理、精专业的复合型人才。2012年公司先后精心挑选优秀技术管理人才参加国家电网公司“领军人才”选拔考试和培养锻炼；举办全省优秀技能人才选拔考试，从专业理论、实际操作和综合素质几个方面择优选拔通信专业运维岗位的专家10名；组织公司通信调度岗位的全部在岗员工参加国网“信息通信调度人员从业资格考试”，用国网公司的高标准、严要求促使相关岗位人员规范岗位操作、提高专业能力；举办全省通信专业“双千人才”选拔考试，挑选了50名技术过关、能力出众、经验丰富且责任较强的信息通信专业人员作为公司重点培养对象，纳入公司优秀人才储备，为下一步加快信息通信融合，适应实现公司“两个转变”打下人才战略基础。

四川电力科学研究院

【单位概况】 四川电力科学研究院（简称四川电科院）坐落于成都青羊宫浣花溪畔，杜甫草堂东北角，成立于 1952 年，前身是西南电业管理局中心试验室，曾为全国六大电力试研院(所)之一。

作为四川省电力公司（简称省公司）分公司性质的二级单位，电科院负责技术监督、技术研发、技术支持、技术服务；负责系统运行方式、继电保护、调度自动化等专业技术支持；负责信息安全技术督查、信息系统实验评测和技术研究；负责通讯技术监督、技术研究和实验评测；负责输变电设备状态在线监测与分析技术支持；负责所辖±660 千伏及以下直流和 500-1000 千伏交流变电设备状态监测评估；负责 95598 客户服务、220 千伏及以上业扩报装以及 110 千伏及以上供电方案审查、计量检定与配送、稽查业务监控分析及业务应用管理；负责实施省公司节能服务业务；负责开展特高压及智能电网新技术研究、技术监督和技术支持。

四川电科院已通过 GB/T 19001:2008 质量管理体系、GB/T 24001:2004 环境管理体系、GB/T 28001-2001 职业健康安全管理体系认证、中国合格评定国家认可委员会（CNAS）国家实验室认可、法定计量检定机构授权、四川省质量技术监督局环境检测计量认证、国家电网公司对四川电网最高计量标准的复查考核，拥有一级承装（修、试）电力设施许可证和送变电工程甲级调试资质。

建有国家电网公司命名的“电力互感器现场运行性能研究”实验室 1 个，“智能电网”、“人工智能”、“电力系统广域测量与控制技术”3 个四川省重点实验室，“电力环境监测治理评价”、“智能用电计量综合性能检测”、“电网控制保护新技术”、“过电压与接地技术”4 个省公司重点实验室。

2012 年 5 月 7 日，国家电网公司领导视察裕隆换流站四川电科院调试现场 （聂斌 摄）

2012 年，圆满完成国内输电容量最大、输电距离最长的±800 千伏裕隆换流站主体调试和技术监督任务、“新甘石”联网工程调试、世界最高海拔的青藏直流联网工程±400 千伏拉萨换流站调试和技术监督任务、±500 千伏德阳换流站全站调试任务、国家电网首座 110 千伏北川智能变电站调试和省内首座 220 千伏泰兴智能变电站调试任务；参与全国首座±800 千伏复龙换流站部分设备调试工作。现已全面掌握±800 千伏换流站调试技术，具备 1000 千伏特高压交流站的全站调试能力，为四川坚强智能电网建设提供有力技术支撑。

【人力资源】“三集五大”体系建设后，四川电科院机构设置为“四部四中心一公司”：办公室、人力资源部、科技发展部、党群工作部（工会办公室）、电网技术中心、设备状态评价中心、四川省电力公司计量中心、四川省电力公司供电服务中心和节能服务公司。

人员现状：2012 年底，电科院在职员工 367 人，其中博士研究生 23 人，硕士研究生 108 人。高级职称共 109 人。入选国家电网公司领军人才后备人选 3 人、国家电网公司工程技术专家 1 人、生产技能专家 1 人，省公司首席技术专家 1 人、优秀经营者 1 人、优秀管理人才 1 人、优秀技术人才 11 人、首席技能人才 1 人、优秀技能人才 3 人。

2012 年，高端人才培养模式创新。一是创新设立“甄威”、“李建明”、“曹永兴”、“江波”四个专家工作室，在“电网保护与控制新技术”、“特高压输变电设备现场试验关键技术”、“输电线路防灾减灾关键技术”、“电力互感器运行性能关键技术”4 个领域开展深入研究，突出专家引领作用，带动人才、团队培养，促进重大科研课题高效完成，提升重点工程项目技术支撑能力。二是创建“甄威”、“刘明忠”两个劳模工作室，弘扬奉献精神，展示精湛技术，发挥劳模示范作用和团队协同作用，带动广大职工更好地立足岗位，建功立业。三是创建博士后创新实践基地和研究生工作站“两站合一”体系，融入省公司企业大学组织架构，搭建了学术交流、科技创新、人才引进培养新平台，《省级电力科学研究院博士后工作站及研究生工作站体系创建》获省公司管理创新一等奖。目前在站博士后研究人员4名，进站研究生25名，实现了科技人才资源的高低搭配合力，有效提升技术创新和人才培养质效。

【新增大型科研设备】移动式直流融冰装置：四川电科院研制了目前国内外同容量条件下体积最小的大功率可控硅移动直流融冰装置，该装置采用6脉动可控硅整流、风冷却技术，额定容量25兆伏安，额定直流输出2000安，可实现电流零起可调，装置体积4.2米×1.7米×2.4米，重3.5吨，满足四川电网220千伏及以下全部覆冰输电线路融冰需求。

回复电压法(RVM)变压器绝缘测试系统：四川电科院与西南交通大学联合开发的回复电压法变压器绝缘测试系统，可用于500千伏及其以下等级变压器的油纸绝缘状态评估。该系统具有直流电压输出范围宽（0～2000V，连续可调），充电时间长（1～9999s，连续可调），充放电时间比可调（0.01～20），采集精度高，温度自动调节等优点。其各项性能参数均优于国外同类产品。已申请国家专利3项，其中发明专利2项，实用新型专利1项。该系统已经在全省多个发电和供电企业，1个设备制造厂家进行了推广应用，获得了应用单位的高度评价。

换流变压器直流局部放电测试分析系统：四川电科院与国家电网电科院联合开发出适用于直流输电工程现场的换流变压器直流局部放电测试分析系统，实现了多通道连续高速采集、智能分析存储回放和差别化干扰抑制，能有效提取出换流变压器直流局部放电发展过程中时间跨度特征信息，提高了换流变压器现场直流局部放电检测的有效性和诊断的准确性，达到了国际领先水平。该设备能够有效检测出特高压换流变压器绝缘缺陷，减少了返厂运输损失，对特高压直流示范工程建设及后续直流工程建设具有重大意义。

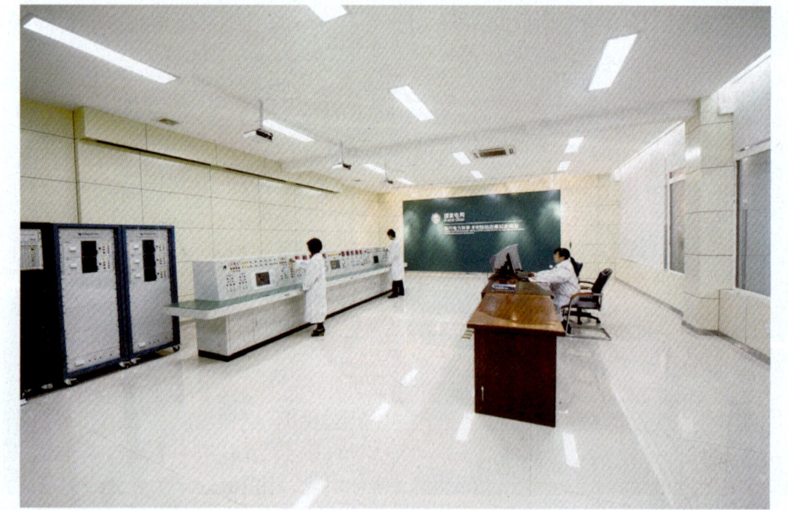

2012年12月5日，电网技术中心动态模拟实验室

（聂斌　摄）

移动接地参数测试系统：四川电科院结合四川地区地形复杂、山地多、电站偏远等特点，研制完成高安全性、高可靠性、高机动性的移动式接地装置测试系统。该系统由三相调压器、单相交流试验电源、直流试验电源、接地试验中控台组成，容量达到250千伏安，可以输出单相工频电压800伏，电流312安；输出直流电压900伏，电流达280安，是目前国内容量最大、输出电压最高、输出电流最大的移动接地参数测试系统。该系统不但适用于大中型换流站、变电站、水电站的接地参数测试，还可用于直流工程的接地极测试，满足各类接地试验需求，应用范围广阔，为四川电网正在建设的“溪洛渡-浙西”、“疆电入川”等大型输电工程做好充分的技术支撑。

自动电位滴定仪：自动电位滴定仪是一种代替手工滴定管的自动型容量分析仪器，通过测量电位变化以确定滴定终点，其准确度和方便性远远高于手工滴定。使用不同的指示电极，电位滴定法可以进行酸碱滴定，氧化还原滴定，配合滴定和沉淀滴定。主要用于高等院校、科研机构、石油化工、制药、药检、冶金等各行业的各种成分的化学分析，适用领域十分广泛。

电感耦合等离子体发射光谱仪：电感耦合等离子体发射光谱仪（ICP-OES）是一种先进的大型分析仪器。其工作原理为：样品在高温等离子体中被充分蒸发、原子化、电离和激发，发射出所含元素的特征谱线。根据特征谱线的存在与否，鉴别样品中是否含有某种元素（定性分析）；根据特征谱线强度确定样品中相应元素的含量（定量分析）。ICPO-OES 可以测定全部的金属元素及部分非金属元素，具有优良的检测限、很高的分析精度、极为简便的操作及多元素同时测定的能力等一系列优点，广泛应用于地质、环保、化工、生物、医药、食品、冶金、农业、石油等方面样品中元素的定性、定量分析。

【科技创新】科技开发成果：2012 年，共获科技进步奖 24 项，其中国家能源科技进步奖 1 项、中国电力科学技术进步奖 1 项、国网公司科技进步奖 4 项，省政府科技进步奖 3 项，省部级奖获奖数占省公司系统的 60%；“高电压大电流国家计量标准”获国家能源科技进步二等奖，是本年度省公司系统内唯一获得该类级别的科技进步奖。申请专利 72 项，获得授权 31 项，其中发明专利授权 14 项，占省公司系统发明专利授权量的 55%，“六氟化硫在线湿度仪校验装置及其校验方法”成功获得德国国家专利授权，实现公司系统国际专利“零的突破”；主编或参与编写电力行业技术标准 10 项，编写国网公司技术标准 9 项。

实验室能力建设与提升：建设国网公司命名的“电力互感器运行性能”1 个实验室和“智能电网”、“电力系统广域测量与控制”、“人工智能”3 个四川省重点实验室。新建成“电力环境监测治理评价”、“智能用电计量综合性能检测”、“电网控制保护新技术”、“过电压与接地技术”4 个省公司重点实验室。新增“在线监测”、“移动检测”、“电缆检测”等院实验室，形成覆盖电力各专业领域的 35 个实验室群，搭建强有力的科技创新平台。

与国家电网电科院合作，全面建成四川电网防雷试验基地。推进四川电网输电线路防雷综合整治，开展输电线路防雷技术创新研究和推广应用，提升电网防雷技术水平，切实降低了四川电网雷击跳闸率。

建成中国电科院信息安全实验室四川分中心，信息安全评价能力大幅提高，为省公司信息安全提供了技术支撑。实验室拥有服务器、交换机、防火墙、负载均衡、漏洞扫描、WEB 应用弱点扫描器、上网行为管理、网络攻防演练系统等设备，已具备开展功能、性能、安全测试的能力。

2012 年 11 月 5 日，设备状态评价监测大厅（聂斌　摄）

成立四川省电力公司电网设备材料质量检测中心，下设移动检测实验室、绝缘子实验室等 13 个实验室，深入开展全面质量监督，加强质检工作评价考核，把好入网设备材料质量关。实现质量全过程问题闭环管理，促进供应商提高产品质量。

创新建立省内首家、国内授权鉴定范围最广的“四川电力科学研究院电力司法鉴定中心”，获批开展电力工程、电力可靠性和电磁环境影响等八个方面的电力司法鉴定工作，为妥善处理涉电纠纷提供专业意见和法定证据，服务和谐社会和法制社会建设。

科技攻关团队建设：完善、打造 17 个院科技攻关团队，其中由省公司副总经理王平和副总工赵勤亲自挂帅的“大电网分析与控制技术”和“输电线路防灾减灾关键技术”2 个科技攻关团队已被正式命名为省公司科技攻关团队，针对电网发展中的前瞻性、关键性技术问题开展科技攻关，培养科技领军人才。

【重点工程】裕隆换流站：独立承担并圆满完成世界上输送容量最大、送电距离最远、电压等级最高的锦苏±800 千伏直流输电工程裕隆换流站调试和技术监督任务。创造了 18 小时完成 3 台换流变局部放电试验、6 天 5 夜完成交流站系统调试的优质高效最短纪录，解决 500 千伏站用变低压侧中性点偏移等多项技术难题，确保了裕隆换流站按期安全投运，受到国家电网公司相关部门领导“给力、提气、长脸”的高度评价。

“新甘石”联网工程：发挥人才、技术优势，助力省公司 2012 年“一号工程”——“新甘石”联网工程顺利投运。开展“新甘石”工程电网技术分析，发现工程存在的严重过电压风险，《“新甘石”工程风险分析及应对措施研究》等 6 个专题报告均被省公司采纳，最终形成《“新甘石”电网稳定运行规定》，提升极寒低温区特殊工况电网运行技术支撑水平，实现技术监督关口前移。完成 220 千伏甘孜变电站特殊试验，全程参与石渠站站用变压器试验闪络、GIS 运行工况低于设计值等技术专题攻关，为“新甘石”联网工程安全稳定运行提供了技术支撑。

智能变电站调试：在成功完成国网首座110千伏北川智能变电站和省内首座220千伏绵阳东智能变电站调试的基础上，2012年，电科院承担省内首座500千伏路平智能变电站调试任务，并全面承担智能变电站运维技术支持，指导地市电业局开展110千伏智能变电站调试。提前5天圆满完成220千伏威钢智能变电站调试任务，兑现了省公司对省政府重点工程“钢的承诺”，受到客户的高度赞扬。

【技术监督与服务】特高压技术监督：圆满完成±800千伏特高压复龙换流站全过程技术监督，全程见证重要设备检修150余项，纠正设备预试错误接线30余处，监督中发现换流变油枕中附着可磁化杂物的严重缺陷，避免了重大设备事故发生。圆满完成±500千伏德阳换流站年度检修技术监督，现场见证试验项目52项、纠正错误试验方法12项，提出技术监督意见108条，为德阳换流站在“全国生产红旗单位”评比中综合得分名列换流站第一做出积极贡献。

大运行：在省公司指导下，形成对“大运行”32项常规技术支撑和11项现场技术支撑的工作对接方案，进一步加强对调度运行方式计算、继电保护、水调、新能源和网源协调等方面的技术支撑。

应国调要求，完成雅安特高压接入后系统短路电流、四川和外网交互影响、四川各断面送电极限等分析工作并形成分析报告；完成四川220千伏及以上电网三相接地单相拒动后风险排查工作，共计完成1132个故障分析，发现104个四川内部失稳、渝鄂解列等系统风险。

圆满完成四川电网2～3年滚动分析计算，形成地区电网短路电流与解环、水电外送风险及解决措施等系列建议；全程参与省公司2013年调控方式分析计算；开展二次设备入网检测和什邡SVC等新设备入网测试，开发“变电站视频监控系统设备入网测试系统”；全新承担省公司调控中心在线稳定分析及安控集中管理系统运维和保信主站运维等业务，并取得深化应用的良好效果；加大地区电网大运行支撑力度，指导甘孜地调开展“新甘石”工程投运后方式安排，开展南充地区小水电送出安全稳定分析和阿坝县级电网电压及线损控制研究。

深入开展电厂送出自励磁等电磁暂态分析工作，实现调度支撑由单纯的机电暂态向机电-电磁暂态全过程分析的转变，提升了调度运行精细化风险管控能力。

大检修：构建输变电设备状态评价信息支持平台，完成输变电设备状态监测系统等7大生产体系信息系统的动态接入与融合，数据支撑达500万条，实现输变电设备状态的全景感知、实时报警和动态评价，并执行定期监视及“日誌”制度。输变电设备状态监测系统成功接入在线监测装置1239套，基本覆盖公司500千伏重要线路和220千伏及以上重要变压器。

构建“运维检修部—评价中心”一体化业务运作模式，开展输变电设备的“日监测、周评价、月报告”工作，实现15项常态化生产业务、22项专项生产业务的全面对接。完善现场应急响应机制，第一时间开展现场设备危急异常缺陷技术分析，提出建议并及时上报。

覆冰监测、抗冰保电取得成效。完成《四川电网覆冰长期预测报告》；同时，依据实时覆冰和气象预报数据，编制覆冰预警日报、周报和月报，并及时报送省公司；国内最大容量的移动式直流融冰装置正式投入使用；四川冰区图编制方法纳入国网公司冰区图编制企业标准，为电网抗冰保电、平安渡冬保驾护航。

针对性开展系统防雷培训，落实差异化综合防雷技术，联合雷害严重单位制定在运线路差异化防雷整治方案并实施，2012年四川电网220千伏线路雷击跳闸率同比降低16%，为近6年最低水平。

圆满完成断路器隐患排查、变压器抗短路能力校核、新投运变电站噪声监测及评价、变电站工频电磁场在线监测装置现场比对及分析等重点生产任务和技术监督工作。开展输电网及城市电网安评工作的专题培训与期间督查，完成省内8个地市电业局电网安全风险诊断；指导基层单位进行电网安全评价工作。

大营销：计量器具全寿命周期管理水平进一步提升。完成计量业务交接无缝衔接和SG186系统适应性调整上线，实现全省计量业务集约化管理，成都应急检定基地建成投运，实现人工检定集中，检定、配送各类单相和三相电能表共计104438只。

进一步完善计量标准制度体系，结合各专业、各岗位和各部门特点，对原有各类制度、标准、流程等进行全方位梳理和再造，建立了涵盖省计量中心各环节的全新管理、技术、工作标准和规章制度体系。

强化智能电能表质量管控，建立质量监督三级督查体系，建成智能电能表质量监督管理系统，制定智能电能表和用电信息采集典型安装标准，在全国范围内率先开展了智能电能表可靠性试验，增加了盐雾试验项目，为智能电能表推广运用提供了强有力的技术支撑，顺利通过了2012年国家电网公司智能电能表质量管控检查，并获检查组一致好评。

【企业管理】2012年，建立适应“三集五大”体系需求的标准化体系，新建工作标准210个，梳理技术标准232个；参加“以标准化为基础的企业管理一体化融合研究”国家电网公司重点项目，受到公司领导和埃森哲公司高度肯定；申报并获批国家电网公司两项国际标准立项。顺利通过法定计量检定机构整体授权（12项计量标准）复查及考核，名列全国前茅。

强调依法治企，新建和修编规章制度147个，废止41个，实现制度管理的横向协同、纵向贯通和全面覆盖。建立健全综合计划管理体系，完善经济活动分析制度，进一步增强综合计划的指导性和过程管控。编制固定资产管理信息系统策划书，加强固定资产实物、台账与ERP数据的对应。2012年10月，核算中心派专管员进驻电科院，充实电科院前端业务管理，提高财务风险防控能力。新建院审计管理制度，制订审计工作计划，重点针对大修技改项目、集体企业清产核资和集体企业负责人任期经济责任等开展审计工作，“生产性大修项目效能监察”获省公司一等奖并被推荐参加国家电网优秀项目评选。

2012年8月9日，“新甘石”联网调试工程出征仪式

（聂斌 摄）

电科院集体企业圆满完成清产核资和重组整合工作，实现业务平稳过渡；技术服务的激励机制进一步规范，内控制度逐步完善；在省公司指导和帮助下开展业务外委，规范用工管理、共计引入社会化人才83人；取得较好经营业绩。

在省公司大力支持下，电科院新基地小型基建指标72000平方米于2012年5月获国家电网批准，并获批立项。

按省公司要求，在原高压基地建设省公司计量中心，电科院原高电压专业人员和设备搬迁至水电校约3500平方米临时办公区和温江高压设备库房（约4000平方米），省公司计量中心在原高压基地建成计量集中检定楼，完成互感器试验楼及大厅改造工作。省公司明确由科锐得公司投资在龙泉已购土地上修建新特高压基地，电科院已完成其建设规划方案并上报省公司。

【党的建设和精神文明建设】2012年，加强基层党组织建设；纵深推进“创先争优”活动，开展“藏区帮扶”工作，取得良好成绩；以“六十”周年院庆为契机，加强企业文化建设，成效显著。电科院获得“四川省电力公司创先争优先进党委”称号，高电压技术所党支部获得“国网公司电网先锋党支部标兵”称号。创新开展“检企共建”活动，强化廉洁文化教育，深化协同监督运行机制，逐步实现反腐倡廉科学化、规范化和制度化。

加强职工民主管理，深入开展“五赛四促创精品”劳动竞赛活动，刘明忠获得全国“五一”劳动奖章；2012年共计在省公司以上媒体发表新闻226篇（条），进一步彰显文化传播力量；高度重视离退休工作，电科院获得省公司“创敬老模范单位”荣誉称号，获国家电网公司授予的“离退休工作先进单位”。

【存在的主要问题】一是电科院目前办公、试验场地不能满足发展需要，制约了电科院对省公司技术支撑能力的持续提升，急需加快“电力科技园”、“特高压基地”等基础设施建设。二是“十二五”期间，四川将建成国内最大的特高压交直流混联电网，现有特高压技术人才尚不能完全满足特高压智能电网高速发展的需要，急需加快培养特高压技术领域高端人才。

（彭 灿）

四川电力工业调整试验所

【单位概况】四川省电力工业调整试验所（以下简称调试所）创建于20世纪50年代，是长期从事各类发电机组项目、送变电工程项目及输配电网工程项目调试工作的电力科技企业；现主要从事各类火力发电和水力发电机组的调试及性能试验、各类型送变电站基建调试、各类火电厂及水电站电力技术监督和技术服务以及诸如生物质能发电、风力发电、太阳能发电和核能发电等新能源发电项目的调试等业务。

调试所作为三标体系认证企业(质量管理体系、环境管理体系和职业健康安全管理体系)，现具有特级发电类工程调试资质和特级送变电类工程调试资质；电力承试一级许可资质；化学设备清洗资质；锅炉压力容器检测资质；四川电力工业发电用煤检测资质；是四川电力技术监督中心和技术服务高端平台。调试所的主营业务已覆盖全川电力系统发电厂侧生产技术、基建技术部分和电网基建调试部分。

2012年，在四川省电力公司(以下简称省公司)的正确领导下，调试所全体职工以安全生产、优质服务为抓手，坚定不移地把着力打造企业核心竞争力、积极构建企业多元化经营体系，切实拓宽企业生存发展空间作为企业管理的首要任务，坚持以市场为导向，以发展保稳定，不断完善企业规章制度，规范企业管理，在生产经营、党风廉政建设等方面取得全面进步，全年完成各项生产、经营指标，企业目标管理再上新台阶。

调试所印度尼西亚龙湾 3×315 兆瓦燃煤机组“调试及性能试验”项目 2 龙湾电厂三台 315 兆瓦机组稳定运行

（调试所　提供）

调试所全面稳步推进“海外”战略，转变市场发展方向取得重大进展。2012年，海外项目新签合同额达6321.11万元；资产总额6830万元、主营业务收入9025万元，分别比2011年增加了41.61%和15.53%；项目资金回收1.1亿元，资金回收完成率90.58%。新签合同数235个，合同金额达1.66亿元，比上年增长了近1000万元，同比增长7.34%，实现了大幅增长的经营目标；连续多年被评为“全国电力建设优秀调试企业”、荣获“全国电力行业统计工作先进单位”、“中国电力优质工程”等荣誉。

【机构设置】近几年来，为了适应市场经济的需要，调试所不断改进经营机制和完善生产经营机构，加强各项管理工作。2012年，设有5部8室（即所长办公室、党群工作部、人力资源部、财务部、市场经营部、安全生产技术部、锅炉室、汽机室、水机室、电气室、热控室、金属室、化学环保室），并直管3个经营业务各有侧重的专业公司（即四川通能电力科技有限公司、四川电力建设技术开发中心、四川电力设备清洗中心）。调试所机关本部设在成都市梨花街50号办公区，部分专业部室和专业化公司设在成都市青华路24号办公区。

【人力资源】2012年，调试所新进大学毕业生5人（硕士2人、本科3人），现有正式职工191人（高级职称71人、中级职称51人、初级职称34人，人才密度98.2%），退休人员57人，所级领导8人，外聘员工近300人，拥有一大批在国内同行业中知名度较高的各类专业技术人员，技术力量雄厚。

【科研设备】为了进一步拓展企业主营业务和加强科研能力，2012年，调试所根据实际需要，用省公司下拨的专款和企业自有资金新添置各专业试验设备达243.5万元，陆续拓展了各专业科室新试验项目。这些仪器设备的投入使用，大大提高了调试所电网基建调试以及开展发电企业机组锅炉、汽机、发电机、热工性能考核试验及机组热力试验等业务的能力，同时增强了调试所开展高压电气试验、机组并网前检测试验等业务的能力。

【科技开发成果】2012年，调试所科技开发成果：《发电企业状态检修下的技术监督工作探讨》、《3D numerical analysis of flow in Francis turbine in sandy river》、《Research on efficiency test of a turbine in Khan Khwar hydropower station》等多篇科技论文被核心期刊和国际知名检索机构收录；申请了"一种分散控制系统网络数据采样仪"、"六分裂输电线智能除冰装置"、"六分裂输电线智能除冰装置"等多项科研专利；四川省企业自备电厂在线监测系统和分散控制系统网络负荷分析软件著作权申请取得实质进展，已上报国家版权管理机构审批。此外，调试所正在按进度要求实施"覆冰四份裂导线舞动及新型防舞装置研究"等科研项目，有望在原有技术基础之上取得新突破。

调试所近几年还专门抽调工程技术人员参加了多个国家标准的编写工作，如：《发电煤粉锅炉用煤技术条件》、《循环流化床锅炉施工技术规范》、《循环流化床锅炉施工质量验收规程》等，并完成了《发电机环氧云母定子绕组绝缘老化鉴定导则》、《火力发电厂厂用高压电动机调速节能导则》等行业技术标准的编制工作。

【技术监督与服务】2012年，调试所在搞好国内技术服务、技术监督的同时，积极进军海外市场，与印度兰科集团、印度阿达尼集团等国外大型集团公司初步建立战略合作关系，同时与东方电气、中信集团、哈尔滨工程集团公司、四川机械进出口公司、四川电力勘察设计咨询公司等国内大型总包商合作，发挥调试所在调试及性能考核试验上的技术优势、技术水平，为总包方提供了大量的专业技术支持，得到总包方的充分信任与高度评价，签署了大量海外工程项目。

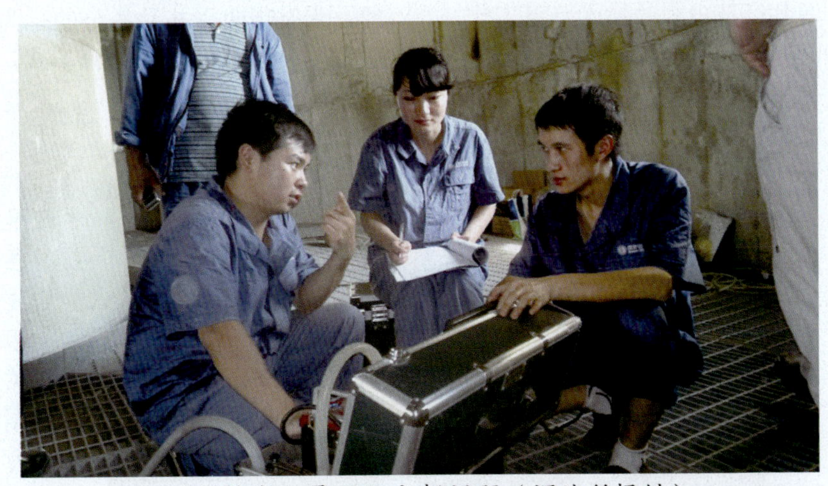
调试所技术人员现场分析问题（调试所提供）

目前，调试所正在实施的境外工程项目达十余个，足迹遍布非洲、南美洲、东南亚等世界各地。其中包括印度维达尔巴（Vidarbha）2×66万千瓦燃煤机组技术服务项目、印度巴班迪（Babandh）2×66万千瓦燃煤机组技术服务项目、印度安鲁普尔（Anuppur）2×60万千瓦燃煤机组技术服务项目、印度米特（METTUR）电厂1×60万千瓦燃煤系统及整套机组调试试验及技术服务合同等技术监督与服务项目。在这些项目实施的过程中，调试所始终坚持"求实创新，优质服务，顾客满意"的宗旨，竭诚做好各项服务工作，与已有合作关系的东方电气集团、哈尔滨电气集团、中国进出口总公司、中国中信集团等建立了更深层次的用户服务关系。

调试所历经技术创新、市场变更、服务升级的自身产业变革，成功实现由项目分包向技术总包的企业经营转型，成功与印度兰科集团等大型跨国企业直接签订技术总包合同，企业品牌认知度与竞争力直线提升。

【企业管理】2012年，调试所深入贯彻省公司指示，把"标准化"工作作为贯穿全年的一项重要工作来抓，按照"全岗位参与、全领域覆盖、全过程管理和高效率运转"的建设目标，细化、完善2011年调试所标准化体系建设成果。把标准化的要求贯穿到所有业务领域，覆盖所有部门和工作岗位，全方位、全过程地强化标准的贯彻执行，实现管理业务、信息系统和标准体系的高度融合贯通，以标准化促进企业整体管理水平的提高，夯实全面建设"三集五大"管理体系基础。标准化建设克服起步晚、标准高、任务重等困难，全面建成标准化体系，并投入运行，标准化整体水平快速步入省公司系统先进行列，企业管理初步实现了由松散粗放到集约高效的重大转变。

2012年，调试所顺利完成QES"健康管理体系"等三个管理体系的年度外审及复核和"企业信用等级评价"AAA级认证复审工作，受到中电建协专家组的好评。开展所内协同办公深化应用培训，提升应用水平，改变管理手段，加强企业信息化管理力度，办公效率进一步提高。

依法治企扎实推进。强化内部管控和风险管理，深入开展工程建设领域突出问题和"小金库"

专项治理，加强领导干部经济责任和重点工程建设项目审计。“六五”普法各项工作顺利开展，通过宣讲、培训等方式确保“六五”普法工作落到实处，取得实效，得到省公司的肯定与好评。

稳妥推进规范集体企业管理工作，成立相应组织领导机构，制定下发指导意见，修订完善《集体资产监督管理办法》等制度，确保了工作有序推进和队伍稳定。

【党的建设与精神文明建设】2012 年，调试所党委认真贯彻省公司各项工作部署，全面加强企业思想建设、组织建设、作风建设，深化企业改革、理顺工作机制。圆满完成了年初提出的各项工作任务。

结合企业的工作特点和党员实际，组织全体党员参加新《党章》、党的十八大和省第十次党代会精神的学习贯彻，党员先锋模范意识有了显著增强，理想信念更加坚定。调试所党委由九名成员组成，其中班子成员八名。党委下属四个党支部，在三个工程项目成立了临时党小组。全所在册正式党员 92 人、入党积极分子 6 人。所党委坚持以人为本，及时掌握干部职工的思想动态，开展切实可行的思想政治工作。领导班子成员根据工程项目需要，组织有关人员多次到工地现场调研，时刻关心常年工作在生产一线，特别是海外员工的工作和生活情况，不定期走入他们的家庭进行慰问，凝聚人心，化解矛盾，保持了企业持续稳定的良好局面。

党建工作有序开展。2012 年，调试所通过了四位预备党员的按期转正，并把六位表现突出的申请人作为入党积极分子加以观察培养，组织发展稳步有序。由于调试所的工程项目涉及亚洲、非洲、美洲的基建调试、技术服务以及省内的技术监督工作，大多数人员长期在外，为了保持党建工作的持续性和有效性，有三个以上党员的项目部都设立了党小组，最大限度地调动党员的工作积极性。

党风廉政建设工作稳步开展。2012 年，调试所坚持“实事求是、突出重点、狠抓落实”的方针，突出抓好党员、中干以及职低权实人员的廉政教育，重点抓好关键岗位、重要环节和重点领域监督检查，确保了党风廉政建设责任制的贯彻落实。

一是惩防体系构建有力，目标责任层层落实。所党委坚持把惩防体系建设列入重要议事日程，与安全生产、经营管理等工作同部署、同落实、同检查、同奖惩，确保年度各项目标的顺利实现。成立了党政主要负责人任组长、班子其他成员任副组长、相关部门负责人任成员的党风廉政建设责任制领导小组，形成“党委统一领导、党政齐抓共管、纪委组织协调、部门各负其责、依靠群众支持和参与”的领导体制和工作机制；贯彻落实省公司反腐倡廉工作会议精神，全面安排部署反腐倡廉工作任务；制定党风廉政、廉洁教育、监督检查、行风建设工作计划，从时间步骤、形式内容、方式方法、措施要求等方面具体安排部署，保证反腐倡廉工作有序开展。所领导班子成员以及全体中层干部均签订了《四川电力工业调整试验所 2012 年党风建设和反腐倡廉工作责任书》，并且印发《四川省电力工业调整试验所党风廉政建设责任目标分解表（2012 年度）》。通过目标分解表，使各级领导干部明确工作重点和各自的职责任务。所领导及所中层干部还分别签订了《四川省电力工业调整试验所领导干部廉政承诺书》和《致四川省电力工业调整试验所全体职工的廉洁从业公开信》。

二是加大廉洁文化教育力度。近几年来，调试所不断发扬“干事、干净”的理念，将反腐倡廉教育和廉洁文化建设放在企业经营的重要地位，创新教育载体，拓宽教育形式，不断打造氛围浓厚的廉洁文化建设机制，全年未发生私设“小金库”的现象，未发现收受礼品礼金的行为。2012 年，调试所采取多种多样的廉洁教育形式，组织党员了干部和重要岗位人员学习十八大会议关于反腐倡廉工作的会议精神，学习《廉政准则》、《从业规定》等各项廉洁规定。2012 年 4 月 19 日，调试所纪委组织 26 名中层干部和关键岗位人员，到翠月湖管理培训中心廉洁教育基地开展了为期一天的廉洁教育。通过参观廉洁教育文化基地，所纪委提出廉洁自律、依法治企要求，培育全员遵守条规条例、固化

2012 年党风廉政暨惩防体系建设考评会

（调试所　提供）

员工“干事、干净”的廉洁文化理念，从而保证企业生产经营有效开展。组织全体中层干部于 2012 年 7 月 27 日召开中干廉洁教育集中培训。利用典型案例，给大家上了一堂廉洁课。联系实际，从调试所的发展入手，对开展“小金库”的清理和非招标物资采购的监督提出了一系列的要求。

三是协同监督。2012 年，调试所紧紧围绕违规违纪易多发和廉政风险较突出的重点领域，开展了协同监督工作，重点规范各项流程体系，有效地提升了企业经营管理效益。成立了以党委书记为主任、所长为副主任、其他班子领导和相关职能部门负责人任成员的协同监督工作委员会。整合了专业监督、纪检监察、审计监督、法律监督等资源，切实发挥职能部门横向协同和纵向监督作用，保证监督工作协同联动。

四是建立了所纪委委员分片定点联系制度。针对工程项目分散到印度、印度尼西亚、斯里兰卡等国的多个地区、人员分散且两地办公的实情，调试所成立了企业廉洁教育 QQ 群，实现了纪委书记与工程项目的实时视频谈话。并要求每个纪委委员，随时了解联系点的党风廉政建设工作开展情况，并指导开展工作，确保企业党风廉政建设工作不留死角。

【存在的主要问题】调试所当前面临的主要困难有以下两个方面，一是安全风险大。电厂基建项目的调整试验是一个技术要求较高、协调能力较强的工作，新进人员不可能短时就能胜任，项目人员、设备不足，加之项目地点多在山区，工程技术人员频繁往来各项目地点，安全生产、管理压力激增。目前调试所工程项目点多面广（以国外工程为主），且受制于所在国本地施工队伍的技术管理水平参差不齐、沟通配合较差等现实因素，不可避免会使安全生产比国内更具风险性，必然存在安全、质量事故隐患。无论是国内还是国外项目，安全生产永远是调试所经营管理工作的重中之重。如何在稳步开展各项工作的基础之上，保证境内外职工及重大设备的安全，促进项目又好又快实施，将是调试所现阶段工作的当务之急。

二是市场环境日益恶劣，竞争不断加剧。究其原因主要体现在三个方面：新兴电厂建设速度放慢，市场份额缩水；国内发电集团大都先后成立了自己的调试队伍，虽然在经验、技术等各方面还不够成熟，但具有不可比拟的系统内优势；受国际大环境影响，国际电力市场发展放缓，市场开拓难度进一步加大。

三是技术监督、技术服务作为调试所新的利润增长点，占调试所业务的 30%以上，但国内各大发电集团已经开始自建技术监督、技术服务平台，导致市场竞争压力加剧。

（王亮、刘晓荣、杨星）

党的建设与精神文明建设

责任编辑：梁　建

党的建设和思想政治工作

【主要成绩】2012 年，紧紧围绕公司中心工作，公司党的建设及思想政治工作扎实推进，不断加强，取得了较为突出的成绩。公司党委被授予“全国创先争优先进基层党组织”荣誉称号，是在川国有企业唯一获此殊荣的基层党委。公司作为国家电网公司系统唯一的一家单位在中央企业创先争优交流会上发言，四川电力（成都高新）共产党员服务队荣获全省“创先争优先进基层党组织”称号。公司总经理、党委副书记王抒祥当选为十八大代表和省委委员，光荣地参加了党的十八大盛会。公司被省国资委党委评为 2011 年度“四川省国有企业党委中心组理论学习先进单位”，开展“新形势下供电企业思想政治工作有形化建设及实践”课题研究，荣获国家电网公司卓越调研成果奖。四川藏区电网“新甘石”联网工程先进事迹受到省委、省国资委党委充分肯定，省委宣传部、省国资委党委先后组织举行了“新甘石”联网工程先进事迹报告会，参与工程建设的 10 个党支部和 30 名共产党员受到省国资委党委表彰。四川电力共产党员服务队被中央文明委公示为“全国优秀志愿服务组织”。

5 月 25 日，国家电网四川省电力公司在庆祝四川电力共产党员服务队成立十周年暨“为民服务办实事”活动启动仪式上，隆重表彰了省公司系统十年来涌现出的 20 名“为民服务明星”队员，公布了“为民服务办实事”活动的 10 件实事，并为新成立的 7 支党员服务队授旗。上图为公司总经理、党委副书记王抒祥(右)为“明星队员”颁奖。下图为公司党委书记、副总经理刘勤(左二)为“明星队员”颁奖　（王鑫、王燕　摄）

【党的建设】深化创先争优活动。突出为民服务主题，大力实施“95598 光明服务”工程，积极创建“为民服务满意窗口”，扎实抓好公开承诺、定点联系和群众评议等环节工作，取得显著成效。贯彻落实国家电网公司《关于各地区各部门各单位建立健全创先争优长效机制的指导意见》，以建立健全长效机制为抓手，进一步推动活动深入开展。组织开展“我身边的为民服务创先争优典范”征文演讲比赛。完成公司在中央企业创先争优交流会上发言、成都高新局共产党员服务队在省国资委创先争优表彰会上发言等有关工作。

加强共产党员服务队建设。开展共产党员服务队成立 10 周年系列活动，新成立 7 支国家电网四川电力共产党员服务队，表彰为民服务明星队员 20 名。全面完成为民服务十件实事，取得丰硕成果。组织三批共产党员服务队队员赴福建、黑龙江、陕西等地交流学习。对“三集五大”体系建设后共产党员服务队建设进行专题调研，进一步完善共产党员服务队长效运行机制。组织四川电力（南充）共产党员服务队与陕西省电力公司延安张思德电力服务队结对共建。

开展基层组织建设年活动。制定下发《开展基层组织建设年工作推进方案》，组织基层单位通过调查摸底、分类定级，整改提高、晋位升级，学习先进、创先争优，全面提升基层党组织战斗力、基层党组织书记素质、党员队伍生机活力、基层基础保障水平和基层党建制度化水平。加强党建基础工作，举办政工管理系统培训，开展党建工作统计软件升级培训，提升基层党建工作科学化水平。为适应“三集五大”管理模式，及时调整和新成立了党的基层组织，指导基层单位研究党代会并对委员缺额及时增补。对集体企业、农电等领域的党组织建设，在理论上进行研究，并在实践中探索应用。完成设计院等8家单位的组织关系转出工作。

【企业文化建设】拟定“三集五大”企业文化建设实施方案与考核验收细则，迎接国家电网公司的检查考评。制订了企业文化示范基地建设规划，推进“五统一”企业文化进班组、“五统一”企业文化在控股公司落地、国家电网公司社会责任在革命老区实践的示范基地建设，打造企业文化精品和典型经验。开展对基层单位“三集五大”企业文化验收工作和企业文化年度业绩考核工作，加强企业文化环境建设和氛围营造，落实各项整改措施。总结提炼并向国家电网公司申报了在“新甘石”联网工程中的企业文化传播等9项企业文化优秀案例、优秀成果、优秀论文。

【员工思想教育】围绕地方经济社会发展和公司改革发展，大力开展员工思想教育引导工作，编发《形势任务教育100问》、《“三集五大”宣传手册》等资料，举行公司形势任务报告会和省第十次党代会精神报告会，通过党委中心组学习、领导干部读书班、领导干部理论学习调研等活动，深入学习党的十八大精神，进一步强化了领导干部理论武装。通过形势任务网络答题、领导干部“三联系一沟通”、员工思想动态调研分析等活动，不断加大员工思想教育引导力度，确保公司“主多分开”、“三集五大”等改革顺利进行。深入开展党建及思想政治工作创新实践课题研究，成功结题 25 项重点课题和自主课题，有力推动了公司党建及思想政治工作。

【先进典型选树】以四川电力共产党员服务队成立十周年为契机，评选表彰了20名“服务明星”。积极推报优秀志愿服务组织和优秀志愿服务者，公司共产党员服务队被中央文明委公示为“全国优秀志愿服务组织”。以“新甘石”联网工程为载体，积极选树先进人物，宣扬先进事迹，被省委宣传部作为全省重大典型进行宣传，成功举办“新甘石”联网工程先进事迹报告会，征集和总结提炼“新甘石”联网工程精神，推出“勇挑重担、不辱使命的担当精神，攻坚克难、敢打硬仗的拼搏精神，以人为本、尊重科学的创新精神，服务藏区、造福于民的奉献精神”的“新甘石”联网工程精神，在公司系统深入开展学习“新甘石”联网精神活动。

（左炬、陈建志、彭秋杰）

干部管理与团青工作

【干部管理】2012年，公司干部管理工作紧紧围绕公司中心工作，不断加强领导班子和干部人才队伍建设，积极为公司各项工作推进提供坚强的组织和人才保证。

在领导班子建设方面：一是扎实做好改革期间的班子配置和干部调整工作，按照公司党政安排，根据工作需要，认真做好“五大”机构改革中本部和业务支撑机构干部调整相关工作，全年共进行干部调整8批次，涉及处级干部175人。顺利完成本部机构岗位调整，92名处长和181名专责到岗工作。加大藏区供电企业领导干部、上市公司高管聘任委派力度，持续强化对控股公司的控制力和影响力。二是加大竞争性选拔干部力度。积极拓展公司选人用人渠道，组织实施9个处级领导岗位竞争上岗工作，共有111人报名参加，10名干部在竞争中脱颖而出，在省公司系统内引起强烈反响，导向和激励作用十分明显。三是做好基层单位领导班子考核评比。完成了2009-2010年度“四好”班子评比表彰工作，7个基层单位领导班子获得表彰。及时测算兑现基层单位企业负责人年薪，提出了上市、控股公司负责人年薪水平指导意见。

在干部队伍建设方面：一是加大干部教育培训力度，举办了4期厂处级领导干部履职能力培训班，培训领导干部116人，圆满完成领导干部三年轮训任务；举办了第十七期中青年干部培训班，培训学员50人；安排第二期青干班27名学员在省内管理先进单位挂职锻炼，并做好挂职期间日常管理、信息沟通、收获反馈等工作。二是推进后备干部队伍建设，通过竞争性选拔干部，拓宽公司后备干部储备渠道，探索控股上市公司后备干部推荐选拔模式，通过举办干部培训班、赴藏区供电企业挂职锻炼等途径，加大年轻干部培养力度。三是做好干部管理监督工作，加强对涉及 855 名科级干部的“五大”改革干部集中调整、干部兼职、个人重大事项请示报告、52 名处级干部因私出国（境）等事项的审批，完成了 61 名干部试用期满转正考核，按季度开展对领导班子暨领导干部的风险评估，化解和降低风险。四是积极开展优秀干部推荐培养，完成了国网公司党校 2012 年青干班学员、援藏挂职锻炼人选、英大人寿四川分公司筹备组负责人人选、中电投公司相关干部人选、到国家电网公司总部和华中分部挂职培养锻炼人选的推荐工作。组织完成国家网公司总部公开招聘的报名、资格审查、资料报送等工作。

在人才工作方面：一是做好优秀人才引进工作，坚持不懈地向国家电网公司反映四川艰苦边远地区高校毕业生招聘问题，初步取得四川 77 个国定艰苦边远县毕业生招聘政策的重大突破，电工类专科生引进单位和政策进一步放宽。圆满完成公司 2012 年高校毕业生招聘和公司军转干部接收申报工作。开展 2011 至 2012 年录用高校毕业生“回头看”，对 2012 年新进高校毕业生进行集中入职培训。编制上报 2013 年公司毕业生需求计划，启动招聘工作，组织基层单位赴高校举办校园招聘宣讲会，协同国家电网公司组织 25 个基层单位在四川大学开展了专场招聘。加强校企合作，积极推进博士后工作站、研究生工作站建设运行工作。二是加强人才通道建设。积极落实“5246”人才工程，大力加强人才队伍建设，组织完成 2011 年度公司优秀经营者、优秀管理和技术人才选拔评审工作，共评选 176 名公司优秀人才。完成国家电网公司和省公司优秀专家人才届满考核和年度考核工作。三是开展专业技术资格评定，承办国家电网公司专家评审预备会，组织公司电力工程职称评审会议，完成 2011 年度公司专业技术资格和执（职）业资格认定（确认）工作，共计 1132 人取得中级及以上专业技术资格，其中 304 人取得高级资格。四是继续深化藏区帮扶工作，认真做好藏区企业结对帮扶工作，组织召开工作研讨会，对藏区供电企业干部队伍建设进行深入研究。赴结对帮扶联系单位甘孜稻城县电力公司开展调研指导，推动援藏帮扶工作进一步开展。2011 年至 2012 年期间，选派 2 名优秀专业骨干到藏区供电企业甘孜公司和阿坝公司开展帮扶工作，取得良好效果。帮扶人员克服重重困难，积极发挥“传、帮、带”作用，在藏区供电企业安全生产、经营管理，以及国网公司企业文化传播和建设等方面做了大量卓有成效的工作，充分展示了国网公司电力员工“特别能吃苦、特别能战斗、特别能奉献、特别能忍耐、特别能团结”的援藏精神，得到了受援单位的高度认可。

履职能力培训班开班（人董部　提供）

【团青工作】2012 年，在公司党委的坚强领导下，公司团青工作取得成效。公司团员青年在新甘石联网工程的良好表现受到四川省委书记刘奇葆的赞扬；团省委书记张彤也亲赴工程沿线慰问参战青年并召开专题表彰大会。一年来，公司有 61 个先进集体、72 名先进个人受到表彰。

2012 年公司团青工作开展情况为：深化党建带团建，为团青工作深入开展提供坚强保障。按照公司党委的部署，公司团委通过调研形成《关于公司系统团青工作有关情况的报告》，在此基础上公司党委出台了《关于加强和改进公司共青团和青年工作的意见》，对共青团和青年工作提出了新的要求，有效促进了团青工作的开展。

加强团组织自身建设。坚持以“有为才能有位”，积极争取公司领导的支持。在工作中注重和相关部门的协调配合，强化资源的有效整合；积极争取国家电网公司团委、团四川省委和《中国青年报》的支持，进一步营造良好外部工作氛围。印发《公司 2012 年团青工作要点》、《公司 2012 年团青重点工作任务分解》、《团青工作考评办法（试行）》、《团青工作联系办法》、《团青宣传工作管理办法》、《团青工作调研办法》等多项规章制度，保证团的工作有序开展。指导 7 个基层单位召开团代会，指导 5 个未建立团组织的单位成立了团委，进一步健全了基层组织体系。为检查各单位团青工作落实情况，组成6个考评小组对31个基层单位团组织2012年上半年团青工作进行了年中考评，实行点评制度，促进了基层团建工作水平的不断提升。

加强团干队伍建设，不断提升履职能力。一是开展“团委书记在班组”主题活动，要求各单位团委书记每月和每季度定期深入班组，进一步了解和熟悉青年动态、了解生产经营状况。二是努力拓展团干部视野和思维，组织15个基层单位团委书记，分两组赴江苏、福建开展专题调研，形成了7个专项调研报告，明确了下一步公司团青工作的思路。三是开展团干部定期交流，制定《公司团青工作联系制度》管理办法，通过“团委书记上团课”、“青年大讲堂”等形式，定期分区域开展团青工作交流。全年开展团委书记上团课20余次，开展“青年大讲堂”活动20余人次，团青工作区域交流4次，15个单位参与了QQ群主题讨论2次。四是让团干部在实干中得到锻炼，公司团委以项目化为纽带，通过让基层团干部承办公司团委的重点工作，在实干中锻炼能力、提高水平。

2012年，公司团青工作围绕“新—甘—石”联网工程建设，组织广大青年团员积极发挥生力军和突击队作用。公司各参建单位共组建27支青年突击队，各临时团支部通过设立青年安全监督岗员，发挥团员青年在施工攻坚和安全生产中的积极作用。着力建设藏区青少年活动中心。在公司党委的支持下，在“新—甘—石”联网工程沿线道孚、炉霍、甘孜、石渠四县，投入近100余万元，建设了4所“国家电网川电藏区青少年活动中心”。大力开展青年志愿服务活动。围绕帮扶牧民、关爱学生，公司各参建单位共开展青年志愿服务30余次，参与人员500人次，向藏区捐赠书籍8000本，捐赠衣物500套。8月4日《中国青年报》头版头条以《万名青年为“电力孤岛”送光明》为题和10月26日《中国青年报》专版以《送电上高原》为题，报道了“新—甘—石”联网工程和参与工程建设的广大青年员工的情况，四川省委书记、省人大常委会主任刘奇葆，省委常委、省总工会主席李登菊先后作了重要批示。刘奇葆称赞“电力青年表现好样的”。共青团四川省委书记张彤还专程调研并慰问参与工程建设的青年群体，专题召开表彰大会表彰公司在“新甘石”电网联网工程中表现突出的10支四川省优秀青年突击队和20名四川省青年岗位能手、20名四川省优秀共青团员。公司送变电建设一分公司被推荐参加“全国青年安全生产示范岗”评选。

服务青年成长成才。利用多种形式开展青年思想大调研，涉及青年15475人，比较准确地掌握了当前青年的思想动态。在此基础上编写了《公司青年思想引导手册》，明确了四个青年思想关键点，并有针对性地制定了引导路径活动载体。9月10日至11日，组织优秀青年积极参加由团省委、省人社厅主办的2012年四川省“电网杯”青年职业技能大赛。10人进入了前20名并被授予“四川省青年岗位能手”称号，其中乐山电业局郭劲松和宜宾电业局黎燕2名选手分别获得该项目的第一、二名。9月24日，郭劲松和黎燕代表四川省参加了第八届“振兴杯”全国青年职业技能大赛，黎燕获得计算机管理员项目比赛第二十名（全国表彰前20名）。10月15日，为进一步鼓励和引导青年立足岗位成长成才，公司总经理办公会通过了推荐郭劲松为公司优秀技术人才、黎燕作为优秀技能人才的决定。公司团委还以“即兴写作、即兴演讲、即兴主持”为主要内容，开展2012年公司青年综合素质提升大赛，通过“以赛促训”促进青年综合素质的提升，为公司的发展选拔储备优秀人才。

（万燕、尤立文）

反腐倡廉建设

【概况】2012年，公司纪委认真发挥组织协调职能，统筹推进反腐倡廉建设长期性、基础性工作，不断健全科学的管控和惩防体系，落实“三严一常”根本措施，促进了各级决策部署的执行落实，推动了公司科学健康发展。

【反腐倡廉教育】充分利用廉洁教育基地，对300多批、8000余人次开展廉规制度、案例警示和风险防控教育，国家电网公司纪检组、监察局，省纪委、监察厅，兄弟单位等对基地建设内容和效用发挥给予高度评价。开展“学法规守廉洁保安全”主题教育活动，编印《反腐倡廉法规制度百问百答》手册，组织公司系统廉洁教育和法规制度知识竞赛，举办预防职务犯罪电视电话讲座，大力营造学廉践廉的浓厚氛围。在干部履职、新员工入职、评标专家等各类培训班开设廉洁课程，固化“干事、干净”理念。全员廉洁教育机制构建工作获四川省企业管理创新成果二等奖，情景剧《生命的天平》和动漫作品《职务消费规定》制度解读获国家电网公司廉洁文化优秀作品奖。坚持述职述廉和“五项谈话”制度，纪委书记同下级党政主要负责人谈话796人次，干部任前廉政谈话522人次，诫勉谈话25人次，促进了干部员工廉洁自律。公司系统84人次上交礼品、礼金和有价证券等价值近100万元。

【协同监督工作】加强监督工作组织领导，依托联席会议平台，诊断分析专项成本、工程分包及废旧物资等管理环节的问题和隐患，督促完善内控管理制度，有效防范了经营和廉洁风险。构建联席会议闭环工作体系，推动协同监督机制规范常态运作。推行职能部门述职制度，强化纵向监督和过程管控。推广“一书两报告”载体，公司系统职能部门提交重要信息报告421份，下达整改意见书235份，反馈整改情况报告241份。组织基层党政主要负责人协同监督专题访谈活动，访谈情况在《西南电力报》和公司门户网站全文刊载。加强重要决策部署落实情况督查，确保“三集五大”体系建设、主多分开等改革举措有序实施。开展工程建设领域突出问题、车辆清理整顿、规范职务消费等专项治理工作，取得阶段性成效。围绕工程管理、清产理财等实施效能监察项目76个，落实监察建议646条，挽回和避免经济损失4736万元，经济和管理效益明显，公司立项开展的信息系统建设应用效能监察获国家电网公司一等奖，另有4个成果分获二等奖、三等奖和管理效益奖。加强招标采购活动监督，认真查处招投标投诉举报，严肃处理了16名评标专家违规行为，查处通报了1家供应商不良行为。

【信访案件查办】加强线索主动发现和集体排查，全年受理信访举报39件，初核重要线索43件，自立案件2件5人，被司法机关直接立案查处案件3件4人。外查移送内部处理信访举报8件13人。深化检企联席工作机制，积极协调检察机关和地方党委政府，减少案件负面影响，保证正常生产经营秩序。制定《纪检监察信访举报阳光办理实施意见》，在成都、资阳、泸州等单位公开信访举报调查情况，既警示教育广大干部员工，又保护了领导人员干事创业的积极性。加强查信办案骨干人员培养，提升查信办案能力和水平。推进廉政风险防控工作，公司本部排查近80个重要流程和42个共性风险点，形成《廉政风险防控手册》等六项成果。组织电力设施迁改工程风险排查化解，规范竣工验收、青苗赔付等关键环节管理。

【行业作风建设】针对电监办投诉受理通报披露的问题，进一步督促加强供电服务工作，要求全面排查整改。配合行风监督员到成都、乐山、绵阳等16个单位开展明察暗访5次，发现并整改21个问题，

公司举办“学法规守廉洁保安全”知识竞赛（纪检监察部　提供）

召开行风监督员座谈会听取意见建议。办理客户投诉293件，同比下降13.3%，及时调查处理客户反映的问题。两次值守《阳光政务》政风行风热线，增进与用电客户的沟通交流。组织研发纠风和行风评价信息系统，着力构建行风建设动态评价机制。公司作为省内唯一的企业代表在国务院纠风办到川调研座谈会上作交流发言，工作成效得到与会领导的高度赞许。

【党风廉政建设责任制】注重目标分解、检查考核及责任追究三个关键环节，促进领导体制和工作机制常态运转。印发《党风廉政及惩防体系建设工作要点》，明确重点工作和任务，并制发《党风廉政建设暨惩防体系建设任务分工表》，将任务逐项细化分解落实到分管领导和牵头部门，逐级签订责任书，健全责任体系。组织对公司系统45个单位落实党风廉政建设责任制情况进行检查考核，8个单位被扣分并纳入领导人员业绩考核和全员绩效考核，对11名处级领导人员实施责任追究。通过专题座谈会、半年工作会等开展工作点评，加大督促指导力度，

确保党风廉政建设责任制逐层执行落实。

【反腐倡廉面临的问题与矛盾】一是干部员工违法违纪风险依然较大。有的领导干部法纪观念淡漠、缺乏“算账”意识，在工程发包、物资采购等环节存在利用职务影响谋取私利、收受贿赂现象，被司法机关立案查处的风险很大。有的重要岗位员工背弃职业操守、缺乏自我约束，透露客户业扩信息收取“好处费”，内外勾结窃电谋取非法利益，甚至暗自经营施工单位，“小人物”犯“大错误”的现实问题和潜在风险依然存在。二是协同监督工作有待加强。有的基层单位领导对协同监督工作不重视不支持，对运营管理中的问题隐患心中无数、手上无招，监督联席会议存在蜻蜓点水、避重就轻等消极现象，排查化解深层问题和共性风险的效果不明显。有的职能管理部门未能牢固树立“监督不到位就是管理不到位”的理念，对业务管理范围内的问题隐患缺乏有效的治理防范措施，导致问题频发、风险累积，影响公司管理效能和发展质量。三是廉政风险防控力度还需加大。有的领导干部对信访举报、新闻舆情、审计检查的苗头性倾向性问题和违法违纪线索缺乏敏感性，存在嫌丑、护短思想，组织调查不深入，风险处置不及时，人员处理不到位，从而引发越级举报、重复举报，甚至造成外部执纪执法机关介入调查的被动局面。四是集体企业和控股县公司党风廉政建设基础薄弱。集体企业在整合重组前机制灵活、管理松散，党风廉政建设工作基础非常薄弱，要适应当前的监管模式，需要从员工思想观念、法人治理结构、市场经营活动等进行全面规范，有效防范违法违纪问题的发生。部分新控股代管县供电企业内控管理相对混乱，历史遗留问题较多，在与公司管理体制接轨的过程中，违法违规潜在风险逐渐暴露。

（何万桢）

企业民主建设

【企业民主管理与职工权益保障】2012年，公司全面宣贯《国家电网公司职工民主管理纲要》，认真履行企业各项民主程序，推动职代会决议落实。完成五届一次职代会提案、建议10项，召开职代会联席会4次，审议通过行政提交议案6项；各级职代会召开联席会182次，审议议案292个，处理提案227件，办结率100%。召开总经理联络员座谈会，开展职工代表巡视督查，有效地促进了公司职代会各项决议的贯彻落实。组织、发动职工全面参与“三集五大”体系建设，印发《关于做好“三集五大”体系建设职工参与工作的通知》，从宣传教育、民主管理、维权服务、提升素质、人文关怀入手，召开座谈会497场次，发放问卷23967份，征集职工意见1194条；通过厂务公开等形式公开重大事项1796项；组织工会干部深入1241个一线班组，与职工面对面地宣传动员，做好“三集五大”体系建设群众基础工作。推进厂务公开民主管理示范单位创建活动。评选厂务公开民主管理示范单位10个，成都、自贡、德阳、泸州、资阳等5个单位被评为“四川省厂务公开民主管理先进单位”和“示范单位”。

公司各级工会全年走访班组2135个，慰问职工37535人；发放慰问金749万元，举办宣讲活动和健康讲座100余场，做到了工会组织掌握职工队伍状况在一线、实施工会维权帮扶在一线、落实工会工作目标在一线。建立和坚持每年4月15日集中服务日制度，形成了公司特色的“4.15职工维权咨询服务日”专项活动。2012年结合“三集五大”等工作，“4.15”服务日755名工会专兼职干部采取座谈会、现场咨询、电话答疑等形式与职工面对面交流，发放宣传资料8167份、征集职工意见和建议631条，帮助解答各类问题4125个，向行政有关部门反映问题231个。“4.15职工维权服务日”已形成常态化，受到广大职工的一致好评。

稳步推进“职工书屋”建设，制定出台公司《职工书屋建设管理办法》，选树“职工书屋”示范点30个，建成“国网公司优秀职工书屋示范点”2个、“全国工会职工书屋示范点”4个。圆满完成国网公司职代会文艺演出和中国广播艺术团赴“新甘石”慰问演出活动。举办公司职代会文艺晚会、歌手赛、书画摄影展和桥牌、游泳、乒乓球赛等职工喜爱的文体活动，公司2名职工分获国网公司“十大”美术家和“十大”书法家称号；组织优秀选手参加上级举办的网球、乒乓球、健排舞等比赛均取得优异成绩，展示了公司职工良好的精神风貌。2012年，公司各级工会组织开展各类文体活动538项（次），参与职工达47832人次。

广泛开展“劳模关爱周”和“劳模宣传月”活动，组织开展劳模慰问和疗休养活动，主动为劳模提供服务和帮助。积极选树先进典型，评选表彰公司劳动模范 20 人，全年 14 个单位(集体)和 13 名职工分别荣获全总、省总“五·一”劳动奖状（奖章）和工人先锋号等荣誉称号。深入开展创建劳动关系和谐企业活动，授予 39 个基层单位为“公司创建和谐劳动关系先进集体”。5 个基层单位获得“四川省模范劳动关系和谐企业”荣誉称号，公司 85%以上的单位达到劳动关系和谐企业标准。

【职工建功立业与素质提升】搭建职工建功立业大舞台，构筑主力军形象高台阶，推动“主力军”劳动竞赛活动。全面贯彻落实全国总工会、国家电网公司工会“当好主力军，建功十二五”主题活动要求，围绕公司重点工程制定了《四川省电力公司“电亮新藏区，建功十二五”劳动竞赛方案》和实施方案，在公司“新甘石”重点工程中组建项目分工会，开展 “当好主力军、建功新甘石”竞赛活动，公司 8 个单位（集体）、15 名员工被评为四川省“五一劳动奖状”（章）、“重点工程标兵”和“工人先锋号”，受到专项表彰，公司“电亮新藏区”劳动竞赛被纳入四川省“十二五”重点工程专项劳动竞赛活动和“十二五”全总专项表彰项目。

创新开展“国家电网四川电力工人先锋突击队”活动，制定《国家电网四川电力工人先锋突击队管理办法》，对“突击队”的性质、组建、任务、队旗等进行规范管理，实现了常态化、规范化、制度化管理模式。在“新甘石”联网工程、抗冰差异化改造等工作中，成立 20 个项目分工会，组建 20 支“国家电网四川电力工人先锋突击队”，突击队员克服高寒缺氧、施工条件艰苦等各种困难，创造了“永不退缩、誓不服输、绝不屈服、从不叫苦”的突击队精神，有效地发挥了“工人先锋突击队”主力军作用，受到中央、省级媒体多次专题报道，为工会组织实现工作“有形化、标准化、有形象、有作为”树立了典范，受到上级工会的充分肯定和高度赞扬。

坚持以点带面，突出重点的原则，全年举办供电服务之星、变电设备状态检修、继电保护、青工素质提升、220 千伏输电线路带电作业等 9 项技能竞赛以及“健康食堂”厨艺展示活动，参加上级技能竞赛 7 项，产生公司“优秀技能人才”12 名 ；基层单位全年举办技术比武 507 次，选树技术技能标兵 810 名。广泛开展职工技术创新活动，制定《劳模创新工作室管理办法》、《职工技术创新活动实施方案》，在基层单位建成劳模工作室 18 个、职工创新工作室 27 个，命名公司劳模工作室 8 个、劳模示范岗 6 个、创新工作室 6 个，全年产生技术创新成果 481 项，推广先进操作法 27 项。组织 3188 个班组、4 万名职工参加全国“安康杯”安全知识竞赛，征集合理化建议 776 条。公司荣获全国“安康杯”竞赛优胜企业，10 个基层单位获全国和省级竞赛优胜企业。

全面宣贯《国家电网公司班组建设管理标准》，在 1920 个班组推行国网公司班组建设信息化管理系统；坚持班组挂点制度，帮助班组解决实际问题，全年各级领导干部和管理部门走访班组 1840 个；组织 323 个“五星级班组”对控股（代管）公司班组按照专业对口进行“一对一”帮扶；举办班组长培训班 15 期，培训班组长 1905 人。建成公司“五星级班组”556 个、“五星级供电所”36 个、国网公司达标班组 714 个。2012 年，3 个班组荣获全国工人先锋号、8 个班组荣获四川省工人先锋号、6 个班组荣获国网公司“先进班组”称号。

【工会建设】广泛开展“面对面、心贴心、实打实服务职工在基层”活动。制定实施方案，坚持工作重心下移，把服务基层职工、解决基层问题作为工作重点，各级工会在活动中走访慰问一线职工 10372 人，召开座谈会 497 场，发放问卷 23967 份，提出供领导决策的建设性意见 2176 条。

切实加强工会组织建设。全年指导 4 单位新建工会组织，12 个基层工会按期完成换届改选工作，研究制定了《关于加强四川省电力公司系统集体企业工会组织建设的指导意见》，在“三集五大”体系建设中，新建和调整基层分工会 393 个，办理会员接转 5220 人，新建集体企业分工会 50 个，发展会员 3898 人；修订基层工会工作考核评比办法，进一步规范了管理考核制度；狠抓工会干部培训工作，全年培训专职工会干部 722 人次，年度培训率达 96.4%。

加强工会理论研究工作。全年各级工会开展调研活动 235 次，形成研究论文和调研报告 120 份、优秀成果 35 个，其中 2 项获省总工会理论研究成果二等奖。开展重点课题研究并形成《电力员工队伍构成变化与工会组织建设的认识与研究》成果。加强工会经费管理，开展经费收支专项审计检查，有效规避和防范风险，保障了工会工作的健康发展。

（王　晋）

品牌建设与维护

【概况】2012年，作为新成立的公司本部职能部门，对外联络部（品牌建设中心）在省公司的坚强领导下，不断创新品牌传播方式，拓展品牌传播平台，保持舆情总体平稳，为公司发展营造了良好的氛围。

至2012年12月31日，公司全年对外新闻报道情况为：中央级媒体共播发各类新闻宣传稿件2700余条，其中，《人民日报》11条，新华社新闻通稿52条，中央人民广播电台46条，中央电视台50余条，《经济日报》11条，《参考消息》29条，人民网400余条，新华网900余条，中国新闻网210余条。省级媒体6000余条，其中四川电视台340余条、《四川日报》200余条。公司媒体1700余条，其中《中国电力报》340余条，《国家电网报》460条，《国家电网报》头版头条共计9条。《国家电网报》和《中国电力报》两个记者站的工作有序推进。

内部媒体方面：至12月31日，已平稳安全出版《西南电力报》100期、《四川电业》杂志8期（其中增刊2期），刊发快评、言论60余篇，策划刊发直击一线、“我在基层”等重要稿件80余篇，提前完成年初定下的目标任务。《川电动态》播出节目47期，播出新闻1400余条，专题片100余部，上传国家电网电视频道视频新闻200余条，妥善管理媒资设备，整理录入保存视频资料2000余条。发布《手机快讯》200余期。内网门户网站发布新闻9000余篇，外网发布新闻1000余篇。2012年，开通了公司外联部官方微博“川电新闻”，定期更新维护，传播公司价值理念和电网建设成绩，与网友进行了大量互动交流，已播发微博800余条。

至12月31日，完成公司《品牌月报》12期，《公司舆情周报》47期，监测到负面舆情416条，均及时有效应对，新闻应急事件4起。成功处置“福利房”、“豪车事件”、“拉闸限电”等网络负面舆情，全年无一起国网公司认定的较大以上舆情。2012年获得了国家电网公司2011年度品牌维护工作先进单位的称号。

【主要工作和创新】积极适应三集五大改革转型，对外联络在巩固中加强。为适应“三集五大“改革，外联部在2012年6月成立后。加强对媒体业务部的业务指导与沟通，确保在转型期间，自办媒体的平稳过渡。在“三集五大”、“喜迎十八大”等主题传播中，通过加强对基层单位的业务指导，确保各项主题传播的有效推进。同时，外联部还牵头公司“三集五大”迎检的成果展示工作，在协调科锐得公司后，完成了18个迎检电视专题片、17个专业汇报展室、1个综合成果展示厅、1个综合汇报厅的设计与制作，还制作了相关的展板、综合画册和新闻作品集。

在适应改革转型的过程中，公司继续加强品牌建设、品牌推广、品牌维护工作，品牌传播能力和影响力进一步提升。继续加强与社会各级主流媒体、国家电网公司外联部、省委宣传部、省新闻出版局建立常态沟通联络机制。通过精心策划和组织，实施了一系列主题宣传活动，以真诚换来媒体与社会各界的信任，赢得理解与支持，形成良好的媒体关系，逐步扭转“公关上稿”加“救火应急”的媒体事务观念，为公司的品牌传播、品牌维护等工作打下了坚实的基础，营造了良好的外部舆论环境。

紧密联系公司重点工作，精心策划重点传播，力求传播途径多元化。围绕公司重点工作，重点策划实施了“全国两会”、“点亮藏区”、“迎峰度夏”、“新甘石联网工程”、“中国广播艺术团慰问演出”、“5.12四川电网大面积停电应急演练”、“共产党员服务队成立十周年”、“喜迎十八大”、“居民用电满意工程巴蜀行”等主题传播活动。在主题传播活动中，积极探索，发挥各类媒体的优势，力求传播途径多元化。在“新甘石”联网工程主题传播活动中，经过前期沟通和精心策划，省委宣传部向中央在川媒体及川内主流媒体两次下发专门的宣传通知，全力支持“新甘石”新闻报道工作。这是省委宣传部第一次为省电力公司的主题传播下文要求主流媒体进行报道，实现了历史突破；同时，“新甘石”联网工程还创下了《新闻联播》头条报道的历史。由于提前准备、精心策划，新华社连续播发了16条关于“新甘石”联网工程的新闻通稿；中央电视台播出“新甘石”联网工程的新闻报道达6次，其中《新闻联播》3次；《人民日报》、《光明日报》、《经济日报》、《中国青年报》、《新华每日电讯》、《参考消息》、《环球时报》等中央顶级媒体均对“新甘石”联网工程予以关注，刊发大量报道，影响巨大。

首次尝试了海外媒体传播途径，进一步扩大传播的影响范围。新华社、中央人民广播电台和中新社等媒体以不同形式向国外播发报道，“新甘石”联网工程受到海外关注。新华社对国外英文播发了题为《Xin-Gan-Shi Power Interconnection Project to be put into effect》的电视报道，报道了“新甘石”联网工程将为四川藏区经济社会发展带来电力保障的重大意义。中央人民广播电台“国际在线”（CRI Online）向国内国外播发了题为《四川援藏工程新甘石电网工程竣工 总投资超过32亿》的报道。中国新闻社向海外播发了题为《“新甘石”联网工程点亮四川藏区新生活》的报道，该报道被菲律宾《联合日报》、台湾《联合报》、《欧洲时报》、加拿大《加拿大明报》、澳大利亚《澳洲日报》等海外媒体转载，向海外介绍了四川藏区电网发展情况。

在做好常规主题传播的同时，“新甘石”联网工程的宣传还尝试了多种艺术传播途径。一是在工程建设期间，邀请中国广播艺术团赴甘孜演出，不仅鼓舞了士气，还利用契机进一步展示了国家电网关注藏区、支援藏区的形象；二是举办了“电亮藏区诗歌创作有奖大赛”，共吸引全国电力系统1200余位诗歌作者广泛参与，先后收到稿件4700余件，公司系统共有两位基层创作者获得等级奖，五位获得优秀奖；三是在工程结束之际，推出了《洁白的哈达》、《历史的见证》、《行吟新甘石》、《画笔上的天路》、《镜头下的彩虹》等五册艺术传播丛书，艺术传播渠道多样、形式喜闻乐见，更容易被受众认可与接受，收到了良好的传播效果。

创新舆情监测方式，加强舆情联动机制，确保公司舆情总体平稳。针对公司系统2012年出现的新闻突发事件以及舆情隐患，外联部建立《公司舆情周报》制度，对潜在及敏感信息以重要签报的形式及时上报公司领导，为决策层提供信息参考。在重点时段进行24小时监控，加强三级通讯员队伍建设，创新培训模式，在品牌维护培训中邀请公司及基层单位营销业务负责人参与学习讨论，实现了关口前移、业务部门参与。

加强自办媒体管理，服务公司中心工作。一是加强本部需求管理，理清工作职责界面。为进一步做好公司各部门重点工作对外传播，外联部发布了《关于进一步加强本部新闻宣传需求管理的通知》，各部门均设置了一名新闻对口联络人，进一步提升了对公司本部新闻宣传需求的管理。通过多次与科锐得文化传播公司召开会议的形式，理清了工作职责界面，进一步规范了业务流程。外联部还全面参与到科锐得公司定期召开的编前会，对每月新闻宣传重点提出建议，加强对科锐得公司的业务指导。二是自办媒体影响力、导向性不断提升。《西南电力报》在报道深度、版面排版、稿件内容上下功夫，借鉴时尚元素，改进版面语言，在“5.12”四川电网应急演练、“新甘石”联网工程等宣传中，推出一版四版联版，增强了报纸冲击力，增加报道鲜活度。《川电动态》在公司生产经营、电网建设、企业文化建设等方面发挥着越来越大的影响力，开设重点工作专栏，加大电视新闻宣传的策划力度。公司内网主页、外网门户网站进行改版，坚持每日及时更新，开设多个栏目宣传报道热点事件，配合英大传媒集团开设了电网新闻网四川频道。《手机快讯》不断改进与提升，及时迅速传播公司重大信息，引导基层阶段性重点工作。公司史志年鉴在发挥理论研究、忠实记录公司改革发展历史进程等方面做出了重要贡献。

品牌标识推广不断深化。按照国家电网公司要求，有计划，有步骤，有重点的推进国家电网品牌标识标准化推广工作。统一下发特高压、智能电网、“你用电，我用心”大众传播口号户外广告模板，继续推广国家电网公司形象宣传片，由资质优秀的广告公司在全省范围内统一推广发布，掀起了国家电网公司品牌口号宣传热潮。

全面推进社会责任工作。按照国家电网公司要求，公司第一份社会责任实践报告即四川省电力公司2011年度社会责任实践报告，于2012年7月10日向社会发布。同时，大力支持乐山马边扶贫项目等项目，逐年加大扶贫项目和爱心工程的建设，将国家电网的爱心传递给社会，树立责任央企的良好社会形象。

（张如平）

后勤保障

责任编辑：魏秀云

四川电力物资公司

【企业概况】四川电力物资公司（以下简称公司）是四川省电力公司（以下简称省公司）下属全资子公司，主要为省公司系统电力生产建设提供物资采购及配送服务。公司现有职工200余人。

2012年6月，按照国家电网公司“三集五大”体系建设总体部署，在原四川电力物流集团公司的基础上改制成立四川电力物资公司。主要负责省公司物资一体化采购平台与仓储配送体系的建设；负责省公司所需物资的催交催运、配送仓储、移交验收、现场服务；负责所辖仓库仓储物资管理和库存储备物资的配送；负责库存物资和应急储备物资的日常管理；负责开展物资核算工作，配合省公司物资结算工作；负责在招标人委托的范围内组织招标活动并提供相关服务；负责配合省公司编制物资需求计划及供应商管理；负责实施省公司废旧物资处置。

2012年12月14日，王抒祥听取物资调配中心建设情况及功能介绍（王鑫　摄）

2012年，公司较好地完成了省公司下达的各项资产考核指标。在安全生产和党风廉政建设方面实现了事故“0”目标，全面完成了年度工作目标任务。公司先后荣获省总工会“四川省工人先锋号”、“五一劳动奖章”和省公司“新甘石”联网工程建设先进集体、先进基层党组织、安全生产特别贡献奖等荣誉称号，仓储配送中心、吴祥等一批先进集体和个人受到表彰。

【物资采购】四川电力物资公司认真履行招标代理服务职能，严格执行省公司物资管理办法等规定，切实做到采购有计划、有审批，依据充分，程序合规合法。全年组织物资招标采购总金额41.59亿元，非招标采购总金额5.06亿元。推行主要设备材料物资技术协议、采购合同的集中签约模式。全年组织集中签约会议25次，签订合同3486份，合同金额134.73亿元。

【物资运输配送】针对电网建设规模的不断扩大，公司在履约服务上多措并举，通过参加各类协调会、到厂催交、质量巡检和建立供应商信息平台等方式，全过程监控物资供应情况，及时解决了履约中出现的问题；通过对工程物资移交实行片区负责制，不断优化现场配送服务，全年未收到供应商及施工单位的投诉。完成了17个500千伏输变电项目、24个220千伏输变电项目的物资供应。完成物资配送金额49.74亿元，运输量29.27万吨，装卸量40万吨。

圆满完成“新甘石”物资保障任务。经过六个月的艰苦努力，出色完成了“新甘石”联网工程的物资保障工作。面对物资供应时间短、供应量大、安全风险高、现场条件差等重重困难，公司未雨绸缪定计划，多方协调抢时间，加班加点运物资，主动靠前优服务。整个工程，物资公司组织签订物资采购合同近6亿元，配送铁塔2.5万吨、绝缘子30多万片、导线7000多吨；装卸物资5万吨，配送1662车次；车辆安全行驶144.27万公里。创造了单项工程“物资中转数量最多、装卸量最多、配送量最多、安全行驶里程最多、投入人力和机具最多、配送路途最远、配送路况最差、配送目的地海拔最高、配送路途气候最复杂”等历史纪录。

【物资管理】四川电力物资公司受省公司委托履行相关管理职能。

一是完成“三集五大”体系建设。全面贯彻落实省公司“三集五大”体系建设的决策部署，统筹协调、强化执行，积极稳妥推进“三集五大”体系建设各项工作。于6月底完成四川电力物资公司挂牌、内设机构调整、员工组聘上岗工作。改革后，公司职能部门由 13 个精简为 8 个，精简率 38.5%，中层干部由 33 人精简为 22 人，精简率 33.3%，人才当量密度 0.98，人员结构得到优化。修订、新建制度 86 个，修订工作标准 78 个。加强了宣传引导，强化了风险预控，整个过程没有出现不稳定及影响公司形象的负面事件，确保了新旧模式的顺利转换，做到员工思想不散、生产秩序不乱、经营服务不断。

二是规范招标及非招标采购。以国家电网电子商务平台上线为契机，全面推行物资采购标准化、信息化。通过对招标各环节的专业化分工，进一步优化流程，健全制度，使招投标活动全过程更加规范明晰，让管理和监督有制可依、有制可循，初步实现物资信息化全业务、全流程覆盖，“流程统一、过程受控、全程在案、永久追溯”的物资采购管理体系初步建立。

2012 年 12 月 3 日，四川省电力公司供应商服务大厅为供应商提供“一站式”服务（罗宗诗　摄）

三是加强物资质量管控。公司作为省公司产品质量监督管理延伸和集中监造服务实施主体，按照“电网工程质量年”的要求，及时充实了质量监督管理队伍，主动协助省公司健全了产品质量监督管理工作机制，加强了对各电业局物资分公司的业务指导，夯实了对各监造组的管控措施，改进了抽检工作模式，强化了对各监理单位、检验检测实施单位、地市公司产品质量监督工作的管控和评价，有效地促进了质量管控力的提升。全年安排见证试验16次、验收试验65次、专家巡检81次、驻厂监造组巡查36次，发现产品质量问题809条；分配下达抽检计划1156条，发现产品质量问题1051条。根据国家电网公司公布的2012年物资管理同业对标指标数据，四川省电力公司产品质量监督完成指标和新投产的主设备质量评价指标均排名国家电网公司第一。

四是完成物资调配中心建设。作为物资集约化管理的重要手段，公司建立了四川省电力公司物资调配中心，以常态化的物资调配机制和信息系统为支撑，全面受理省内物资的监控预警、履约协调、配送调度及应急物资需求调配工作；对内统一平台，对外统一窗口，形成内外协同机制，强化了物资调配能力、资源统筹能力、监控预警能力、应急指挥能力。

五是强化供应商服务大厅窗口服务功能。结合办公楼搬迁，四川省电力公司供应商服务大厅打破传统的柜台式服务格局，采用极具现代感的开放式设计，营造出温馨、舒适的服务环境，进一步拉近了与供应商的距离，增强了与供应商的互动。设立引导区、业务办理区、客户休息区、信息查询区和商务区等五个功能区。包含了合同签订、合同领取、单据审验、支付审验、履行协调、客户投诉等业务模块。工作实行前台受理、后台支撑的模式，业务工作内转外不转，真正实现了“一站式服务”。不断深化“供应商信息服务平台”建设，供应商可以通过外网进行远程资金支付申请、资金支付进程跟踪等操作。此信息平台得到了国家电网公司的高度评价，作为优秀创新成果在国家电网公司系统推广。四川省电力公司供应商服务大厅被授予省公司“五星级班组”，并荣获省公司 2012 年度“十佳班组”荣誉称号。

六是是加强信息化建设。深化 ERP 系统应用，改造货款支付流程，使付款环节透明畅通；新增确认模块，使整个支付过程受到全程掌控；对财务管控和 ERP 系统接口进行开放、设置更新功能，进一步确保资金安全。深入推广运用电子商务平台，全面推行物资采购标准化、信息化。持续推进供应商信息服务平台的运用，实现了对供应商和物流管理的全过程监控，有效拓展了服务渠道，搭建了公司与外部形象展示的桥梁。

七是完成物资供应综合楼搬迁。因成都市“城中村”改造，公司原二仙桥仓库需进行拆迁，与成华区政府签订了《房屋拆迁补偿安置合同》及《购房协议》，获得成华区华盛路 58 号龙潭工业园区 13 幢、14 幢、28 幢共叁栋综合楼，并于 11 月 20 日完成综合楼装修及办公地址的搬迁工作，公司办公环境得到进一步改善。结合办公楼搬迁，公司组织开展了“新环境、新面貌”宣传活动，进一步规范了员工行为，提高了工作效率。

【仓储建设】因成都市“城中村”改造，公司原二仙桥仓库已被拆除。原洪安乡仓库更名为四川省电力公司（洪安乡）直管区域库。

为满足物资集约化对仓储配送业务管理的新要求，构建科学的仓储体系，根据国家电网公司和省公司仓储标准化管理的要求，坚持“高标准建设、高水平规划、高效率推进”的原则，对洪安乡仓库进行新建和改造，在拆除原有库区内 3 座仓库的基础上新建自动化立体仓库，建筑面积 10134.38 平方米。按照设备自动化、作业标准化、信息网络化的要求，引进机器人码垛系统、AGV 自动引导小车、变速堆垛机、RFID 无线射频识别技术，全面实现作业可视化监控；通过对物资条码标签（RFID）自动识别、手持终端扫描作业，实时掌控库存动态，实现高效物资出入库管理；通过对仓储硬件设备的全面升级换代，建成四川省电力公司现代化区域仓储物流中心。目前，直管区域已初步建成，并投入试运行。

2012 年 5 月 16 日，在四川省电力公司直管区域库转运新甘石联网工程所需铁塔 （姜凌 摄）

【员工队伍建设】根据“三集五大”体系建设要求，公司机构设置和人员配置于 6 月 30 日前调整到位，人员结构进一步优化。修订了《全员绩效管理实施细则》，以“三定”、“三考”为抓手，全面实施以量化考核为重点的全员绩效管理，增强考核的实效性和可操作性。制定了后备干部管理办法、干部退居二线人员管理办法，进一步深化了干部管理。开展了人力资源统计和信息系统“双提升”工作，提高了统计及报表的时效性和准确性。加强了数据统计分析工作，提升了人力资源管理水平。

【党建和精神文明建设】以“基层党组织建设年”为契机，认真做好党支部分类定级，自查整改等工作。结合“迎七一”主题活动，开展党课教育培训、岗位奉献日、“解放思想、整改晋位促发展”大讨论，爱心捐款、评选表彰创先争优先进典型等系列活动，激励党员立足岗位、全心奉献。开展企业文化调研及分析、以“品牌提升年”、“川流不息 建功新甘石”等主题活动推进国家电网公司企业文化的传播与落地。深化一岗双责，加强廉洁教育，强化效能检查，不断推进制度落实，促进党风廉政建设。

（罗宗诗）

四川启明星物业管理公司

【企业概况】四川启明星物业管理公司（以下简称公司）是四川省电力公司（以下简称省公司）所属具有独立法人资格的全资子公司。成立于 2000 年 4 月，由原省公司行政处（机关生活服务公司）、机关劳动服务公司、机关印刷厂、机关小车队和原机关分流、交流人员等 9 个单位与机关分离后合并组建。2011 年 8 月，省公司机关老年活动中心更名为机关事务服务中心，公司加挂机关事务服务中心牌子，形成了一套班子两个机构的办公格局。同年 9 月，公司领导班子调整，公司设总经理工作部、物业服务中心、市场开发部、财务部 4 个职能部门，办公区、五洲、政务与餐饮服务、眉山 4 个项目部，员工总数 610 人，其中正式员工 76 名。公司全面承担省电力公司机关和部分直属单位以及住宅小区的物业管理服务工作。2012 年，公司有物业管理服务面积 58 万 m^2，另外还涉及房屋租赁、商务印刷等多个经营领域。公司下辖 2 个集体企业，分别是四川电力经贸公司和水利电力出版社成都发行站；民营股份制企业 1 个，即四川明源印务有限责任公司。

【主要生产经营管理指标】按照公司 2012 年经营计划和省公司下达的生产经营考核指标，公司进一步加大了经营收入的收费力度，进一步完善经营成本控制管理。2012 年，公司实现经营收入 5743.7 万元，成本支出 5741 万元，实现利润 2.7 万元。

机关事务服务中心可控成本控制在 676 万元内，流动资产余额控制在 80 万元内。

2012 年，公司和机关事务服务中心全面完成了公司的经营目标和省公司下达的 2012 年生产经营考核指标。

2012 年 6 月，物业公司成立"工人先锋突击队"

（物业公司　提供）

【主要工作完成情况】2012 年是公司确立的"企业规范管理年"，这是物业公司和机关事务服务中心扬帆起航的新起点。2012 年，在省公司各级领导的亲切关怀和指导下，坚持立足省公司、服务省公司，突出机关事务服务中心和物业公司后勤管理、服务和保障基本职能，以规范管理为手段，从规划到执行，从目标到制度，从流程到节点，从管理到响应，经营管理与服务品质有了质的提升，公司业态呈现出有活力、有竞争力、有可持续发展动力的鲜明特点。

一、规范物业全程服务链，增强后勤保障执行力

（一）以规范年建设为抓手，安全管理基础更加牢固。一是根据不同部门、不同专业岗位，采取案例分析、收看专题录像等多种形式，有针对性地进行安全意识教育和安全技能培训；二是落实责任部门和责任人，狠抓安全检查，确保日常抽检、巡检等常态化安全保障工作；在重要时段组成安全检查小组对所辖物管区域进行彻查，全面清理排查安全死角；整改计划落实到位，消除安全隐患；三是狠抓餐饮食品卫生安全，职工餐厅所用食品从原材料采购、粗加工、细加工、烹饪到端上餐桌实施全程专人卫生监管；四是组织开展"百日安全"专项竞赛活动，从 8 月 13 日起开展第五个周期的"百安"专项竞赛活动，截至 2012 年底，物管区域实现安全无事故 1336 天，确保了公司全年未发生生产、消防、治安、人身、交通、稳定等安全责任事故。实现了安全管理工作事前有预防，重点部位有巡视，检查过后有措施，隐患及时处理、风险有预案、事后有总结的安全工作管理机制。

（二）综合楼设施设备管理规范，运行稳定、安全、高效。一是制定预案，加强演练。根据综合楼是全省电力生产指挥、经营管理、信息化中枢、突发事件应急处理指挥等功能，公司制定了突发事件应急预案 28 个，制定高压、低压、UPS 电源、第三电源、应急电源等 5 项保电预案，分别进行了模拟停电保电、供电负荷过载、重要负荷保电、防洪、消防防火等一系列培训和演习；二是加强协调，明确责任。与通自中心、公安处、新闻中心明确界定关于精密空调设施设备、专线供电系统、会议室管理、网络及电话、大厅 LED 显示屏、消防系统等六大工作职责，共同做好大楼维护工作；三是制定周密的技术改造方案，落实更改资金，圆满完成大楼精密空调循环泵、冷却塔双电源改造等任务；四是摸清家底，分类做好台账。开展大楼设施设备清理，建立设备明细基础信息台帐，共清理配电、空调、电梯、供排水、门禁、消防、智能化控制系统及食堂等设备 16487 项；五是加强对空调温控、强弱电井、电梯、配电室等重点部位安排定点、定时进行巡查巡视，一年来巡查巡视发现重大安全隐患 12 起，防止了安全事故的发生；六是配合省公司机关工作部、公安处、信通公司、施工单位检查设施设备运行情况、查找遗留问题，跟踪督促各施工单位进行设施设备问题的消缺补漏工作，完成大楼功能性消缺补漏工作共计近 3000 项、公司组织自行消缺补漏 1020 项；七是委托专业公司，对综合楼的消防设施、设备进行了全面检查，共检查出九类共 47 个问题，报机关工作部责令大楼施工方进行整改。

（三）规范物业全程服务链，亮点纷呈。针对公司承担的职责和任务，修订和健全了物业管理各项管理制度 120 个、物业服务规程 153 个，制度与规范覆盖了服务工作的全部流程和每一个环节，并把每个节点有效链接，形成一个环环相接的服务链。规范物业管理服务链的建设促进了后勤管理和物业服务整体水平的提升。一是推行“33333”热线以来，规范与完善了服务功能的统一调配，做到事前衔接事后反馈；二是结合实际打造高标准政务接待队伍，逐步形成了一支灵活、机动、素质高、品质好的政务接待队伍。2012 年，圆满完成接待任务 1500 余次，其中重要大型接待会议 176 次，特别是“洛溪渡左岸—浙江金华 800 千伏特高压直流输电工程开工动员大会、‘新甘石’”通电仪式”接待服务受到省公司表扬；三是公司在综合楼的运行人员中，成立了“工人先锋突击队”，开展了防洪防汛应急实战演练，为确保省公司生产营运大楼安全渡汛打下了坚实基础；四是延伸智能维修服务领域，全面承接省公司及二级单位的桌面系统、网络维护等任务；五是五洲花园物业管理迈入规范化、专业化轨道，业主满意度高，2012 年 11 月以 94 分的优异成绩，顺利通过省优复检考评，继续保持“四川省物业管理优秀小区”称号。

（四）规范食堂餐饮管理，巩固健康食堂创建成果。2012 年 1 月，省公司职工食堂被国家电网公司首批命名为“健康食堂”，为巩固健康食堂创建成果，公司主动申报并接受食品安全量化分级管理 A 级评审，落实安全管理责任，实现食品安全分级细化化管理，强化基础管理，把传统的吃好、吃饱、卫生食品有效提升为营养保健食品、绿色健康食品、特色风味食品，并结合机关员工的工作特点及身体状况制定食谱，通过健康食堂的推进和运行，得到了机关员工的一致好评，满意率调查平均在 98 分以上，持续保持业主（客人）零投诉。同时，在东院餐厅及五洲会所等其他服务点积极推广本部食堂创建健康食堂的经验和成果，成效显著。

（五）规范物业计量收费管理，费用收缴取得较大突破。公司物业小区点位零星分散，物业收费以指定收费员分区负责形式进行，智能化水平低，进度难以统一，以垫支形式结算给公司带来一定物业成本风险。为解决制约物业收费的瓶颈问题，降低公司资金审计风险，公司多次研究决定加大物管费收取力度，以东风路东院物业为试点采取预收费制度，进一步明确抄表、核算、开票、收费及冲账流程和时间，同时在五洲项目部试点智能化收费终端系统，并逐步向各项目部收费点延伸，基本实现了收费网络化管理，资金流动安全得到了切实保障。2012 年，仅五洲项目部通过智能化终端收费累计达到 353.5 万元，收费效率 98%以上，极大地提高了公司收费管理水平。

（六）深入推进标准化建设，扎实开展依法治企。按省公司标准化建设要求，成立了标准化委员会和各分委会，抓好标准化建设的宣传教育及开展工作，组织外训、参加竞赛、内训等，收集技术标准 168 个、修订管理标准 75 个、工作标准 111 个，是省公司系统首家实行标准化管理的的后勤物业企业，9 月 20 日接受省公司第六检查组对标准化运行工作的监督检查，受到了充分肯定和好评。持续开展依法治企工作，编制印发公司 2012 年依法治企工作要点，组织员工参加依法治企专题培训，严格按照国家法律、法规及物业管理条列要求，执行公司合同管理规定，规范使用统一合同范本，加强对合同拟稿、会签、审批及签章等程序的法律监督，同时发挥协同监督、法律监督的合力作用，进一步规范了招标和非招标流程管理及物资采购管理，2012 年共签订合同 304 份，没有出现一起合同责任纠纷。

二、扎实抓好人力资源建设，人才制度日益完善

一是编制员工教育培训管理办法，开展以讲党课、履职能力、素质教育、专业能力、学历及团队能力等内容为主的教育培训工作，针对不同工种、不同岗位继续开展岗位练兵、组织轮训、业务技能操作比赛，全年开展各种培训 50 余次，参加培训人数达到 600 余人次；二是修订出台《绩效考核管理办法》，深化全员绩效考核管理，指标层层分解落实到位，绩效考核激励作用日益凸显；三是探索建立公司派遣员工工资标准体系，逐步完善员工薪酬管理制度，努力实现企业效益与员工利益双赢；四是大力实施优秀人才引进计划，综合楼项目部从系统内部引进配电专业管理人才 1 人；五是尊重员工个人发展需要，开放人才发展空间，搭建人才成长重要平台。加强劳务用工入口管理，拟定《员工招聘管理办法》，使人才招聘流程更加规范化、专业化。

三、完善服务中心的制度建设，物业保障能力更为可靠

充分发挥大后勤的平台优势，用好机关事务服务中心和物业公司这套整合机构，构建完善的制度管理体系建设，做大做强服务中心的后勤保障业务。物业公司在原有相关制度基础上新增和修订了《物资管理办法》、《非招标采购管理实施细则》、《办公用品管理办法》等 9 项制度（办法）；同时组织清理以服务中心为组织机构的相关文件，编制出台《福利费管理办法》、《费用报销管理办法》、《职工供养直系亲属医药费管理办法》、《企业补充医疗保险实施细则》等 11 项服务中心的管理制度（办法），严格按照省公司统一下达的计划指标区分费用类别及报销明细，实行归口部门按综合计划统一管理，逐步规范和理顺服务中心月度现金费用管理，服务中心对外出租、大修等业务成本费用支出平台更为顺畅。

四、坚持节能降耗改造，提升科学管理水平

公司坚持以科学发展观为指导，以提高能源利用率为核心，采用技术改造和运行管理两个途径节能的管理工作方式，突出节能降耗，加快资源利用，逐步完善节能改造制度，扎实推进节能工作的开展，并取得了一定的成绩。一是由四川电力节能中心对综合楼消防楼梯的 230 盏照明灯进行了改造，每月节电约 1656 度；二是对综合楼负一、负二楼停车场的 705 盏 LED 灯和电子感应调光器加装灯电自动控制调试系统，既照明又能节能，每月节电 3000 千瓦时；三是多途径节能，利用设备自身工作状态的余热和余温，对综合楼电调、中央空调等设施设备进行节能改造，调整电梯固定楼层模式为就近到位，根据天气季节变化适时调整大楼公共区域照明灯控制时间，均达到了资源优化配置的良好效果。

2012 年 9 月，物业公司成功举办“我身边的服务明星”演讲比赛　　（物业公司　提供）

五、深入开展“三个建设”，扎实推进企业文化建设

一是切实加强党组织建设。坚持党委中心组学习制度和党支部“三会一课”制度，落实党支部季度学习内容，开展了重温党章和民主评议党员活动，认真做好发展党员工作。二是深入推进基层组织建设工作。开展基层组织现状大调查、党支部分类定级，制定了整改提高和晋位升级计划，扎实开展支部整改提高工作。三是巩固扩大创先争优活动成果。开展了党的十八大和四川省第十次党代会代表候选人选举工作、网上投票推荐全国创先争优优秀共产党员、群众满意度测评、党员身边“三无”活动，命名“创先争优党员示范岗”、积极参加“我身边的为民服务创先争优典范”演讲比赛并取得较好成绩。四是扎实开展形势任务教育活动。大力宣传党和国家的大政方针、国网公司和省公司工作部署，学习《2012 年形势任务教育 100 问》，开展了“员工成才成长”专题访谈和“面对面”主题交流活动、“三集五大”体系建设宣传教育活动、学习“‘新甘石’联网精神”活动，加强核心价值观教育和员工思想引导工作。五是树立先进典型。2012 年，公司共表彰奖励了 21 名 2011 年度“十佳员工”和“突出贡献员工”，推荐省公司表彰 1 名优秀党员和 1 名优秀党务工作者，开展了学习全国创先争优优秀共产党员先进事迹活动。

六、加强党风廉政建设

一是围绕年度责任目标，确定工作重点，落实“一岗双责”要求，形成了齐抓共管、履职尽责的工作格局；二是经常开展教育引导工作，廉洁自律意识明显增强，将党风廉政教育列入了党课教育计划，组织开展了参观廉政文化基地活动和红色根据地教育活动；三是公司定期召开了协同监督会议，分析公司管理中的薄弱点和风险点，分责进行整改，避免了企业的经营风险和廉政风险。

七、大力加强统一的企业文化建设

2012 年，公司开展了以创新管理、提升优质服务为中心的企业文化建设活动、开展“面对面、心贴心、实打实服务职工在基层”活动、维权咨询日活动、以“我身边的服务明星”为主题的普通话演讲比赛、服务礼仪技能大赛、组织职工参加省公司开展的美术、书画、摄影、乒乓球比赛等活动，职工精神文化生活不断丰富。6 月份，公司综合楼项目部被省公司评选为“和谐劳动关系先进集体”。

（林抒予）

责任编辑：程彦韬

四川省电力公司是国家电网公司的全资子公司，主要负责四川境内国家电网的规划建设、运营管理和电力供应。在全省所有市州均设有分支机构，它们分别是：成都电业局、乐山电业局、攀枝花电业局、德阳电业局、四川省电力公司眉山公司、绵阳电业局、宜宾电业局、内江电业局、广元电业局、达州电业局、自贡电业局、西昌电业局、泸州电业局、南充电业局、广安电业局、四川省电力公司资阳公司、四川省电力公司阿坝公司、四川省电力公司遂宁公司、巴中电业局、四川省电力公司雅安公司和四川省电力甘孜公司，管理有县级供电企业153个。（其中全资县级供电企业50个，控股县级供电企业75个，代管县级供电企业28个）。

成都电业局

【企业概况】成都电业局成立于1953年，是四川省电力公司下属特大型供电企业，担负着成都市20个区（市、县）供电任务，供区面积12121平方公里，供区常住人口1407万（其中户籍人口1163万，城区人口768万）。成都电业局辖直属县级供电企业8家：高新供电局、青白江供电局、龙泉驿供电局、新都供电局、双流供电局、温江供电局、金堂供电局、都江堰供电局。四川省电力公司控股、成都电业局代管县级供电企业8家：四川郫县供电有限责任公司、四川都江堰供电有限责任公司、四川崇州供电有限责任公司、四川彭州供电有限责任公司、四川邛崃供电有限责任公司、四川大邑供电有限责任公司、四川新津供电有限责任公司、四川蒲江供电有限责任公司。成都电业局代管县级供电企业2家：新都联营公司、温江电力公司。

国家电网四川电力成都电业局共产党员服务队

（成都电业局　提供）

2012年，成都电业局完成售电量380.01亿千瓦时，同比增长5.96%；应收电费余额全面结零；预付电费比例完成97.72%，比计划高1.95个百分点；综合线损率完成6.15%，比计划低0.25个百分点；城市供电可靠率（RS1）完成99.94%，城网综合电压合格率完成99.84%；农网供电可靠性（RS1）完成99.75%，农网综合电压合格率完成99.64%；完成电网投资70.18亿元。安全生产事故、影响和损害企业形象的重大服务事件、影响稳定和廉政重大事件实现“0”目标。全面完成省公司下达的各项考核指标，获得国家电网公司“先进集体”等多项荣誉。

随着成都市经济社会持续、快速发展，成都电网建设的步伐也逐年加快，电网结构逐步增强。初步形成了以尖山、蜀州、丹景、龙王、桃乡等5座500千伏变电站为支撑，220千伏网络为市级骨干网，110千伏网络为县级骨干网的网架结构，电网的安全稳定水平和供电能力得到较大提高。截至2012年底成都电网拥有110千伏及以上变电站177座，其中：500千伏变电站5座，变电容量1000万千伏安；220千伏变电站35座，变电容量1320万千伏安；110千伏变电站137座，变电容量1405.7万千伏安。

2012年，成都电业局“三集五大”体系建设、农电业务委托、集体企业规范管理、劳务派遣员工合同直签四项体制机制取得创新突破。圆满完成了电网建设、“新甘石”工程、藏区帮扶、“2+21”座变电站增容改造、配电自动化试点工程建设、增供促销“百日攻坚”、十八大保电、五大教育示范基地建设“七大亮点工作”。

【电网建设与发展】该局全力推进项目前期工作，

2012年完成76项投产项目和88项新开工项目的全部前期手续办理；2013年计划投产的19个项目全部取得核准；2013年第一批新开工的6个项目已全部获省发改委核准。共计新建、扩建变电站16座；完成23座变电站、11回输电线路增容改造工作；完成19个电网加固提高项目，再造了一个地震灾区电网；完成农网改造升级项目投资3.8亿元。成都电网供电能力大大增强，2012年成都中心城区迎峰度夏未拉闸限电，全面完成电网建设里程碑计划。

倾力投入"新甘石"联网工程建设和藏区帮扶。在"新甘石"联网工程建设中，该局组织1100余名干部员工，克服了特大暴风雪、严重缺氧、高原严寒、有效工期短等重重困难，提前一个月完成"新甘石"工程建设，成就了该局首次在高海拔地区全专业完成输变电工程的创举。组建甘孜石渠运维队，择优选拔首批9人长期开展藏区的帮扶工作。仅用8天完成了35千伏甘孜县城南变电站增容改造，从根本上解决了甘孜县供电瓶颈问题。

电网智能化水平不断提升。七大技术支持系统全面实用化，成都配电自动化试点工程顺利投运，城区配网故障隔离和恢复非故障区供电的时间从平均180分钟缩短到平均2分钟。智能电表质量管控获国网公司高度评价，新推广智能电表71万户，累计突破300万户，建成2个智能小区，基本实现城区和有条件的场镇全覆盖。累计建成充换电站14座、充电桩900个，为全市1030辆电动汽车提供服务，充电量突破300万千瓦时。

【"三集五大"体系建设】该局按照省公司的部署，高起点谋划、高标准建设、高效率建成"三集五大"体系，确保了"两年任务、一年完成"，实现"更专业、更集约、更扁平"的目标。"三集五大"体系建成后，科级机构由39个减少为25个；班组总数由165个减少为139个；主业用工由3353人精简为2838人。成都电业局通过总结提炼，形成了"三集五大"体系建设工作十大亮点。着力加强干部队伍建设，实施干部双向交叉任职，对干部实现360度考核评价，加强干部履职能力培训，拓宽后备干部培养途径，交流提拔干部167人次。

【经营管理】成都电业局开展"百日攻坚"专项行动，营造"度电必争"的氛围和声势，确保售电量保持增长势头。用电信息采集系统建设不断深化，接入各类采集终端28.8万台，试点建成基于广电网络的CATV采集3.3万户，采集成功率达到90.47%。按期完成居民阶梯电价调整工作，营销管理工作进一步加强。

一是不断提升财务集约化管理水平。完成会计机构撤并和人员调整，及时开展流程优化和制度完善。深化预算管理，年底专项成本集中结算率下降31个百分点，月度资金预算准确率达92%；强化会计基础工作，自查整改问题146个；深化ERP系统和财务管控系统应用，电子支付平台、集团对账系统上线运用。

二是创新开展物资管理工作。推行项目负责制度，有效提高了物资到货的总体把控力度，实现了"及时发现问题、快速处理问题"的良性格局。提高仓库智能化水平，开展二维条码建设工作，实现了物资进、出库智能化，账、卡、物保持一致。

三是农电及控股公司管理取得新成果。创建2个国网级、1个省公司级一流县供电企业、2个国网标准化示范供电所、2个新农村电气化县和6个五星级供电所。全面梳理并解决控股公司遗留问题，控股公司规范化管理水平得到了显著提升。

四是同业对标工作取得新进展。积极开展指标诊断分析工作，强化过程控制。做到指标分析研究到位、目标责任到位、考核兑现到位。同业对标连续5年保持省公司"综合标杆单位"第一名。

【安全生产】成都电业局以"安全年"活动为主线，扎实开展人身安全大检查等16项专项活动，进一步夯实安全生产基础。建成"安全教育基地"，全年培训人数达3600余人次。借力地方政府，开展电力设施保护专项整治行动，电力设施遭受外力破坏局面得到有效遏制。圆满完成四川省"5.11"防灾减灾综合实战演练和省公司"5.12"应急大演练，建成应急指挥中心，应急管理水平得到显著提升。创新安全生产"四•七"工作法，建立以安全风险为驱动的全过程管理模式，开展现场督察1522次，发现并纠正违章131次，安全风险得到有效防控。截至2012年底，该局实现连续安全生产2935天。

【优质服务】该局积极主动开展"95598光明服务工程"和"双提升行动"，打造"电与生活"体验馆等服务新品牌。建成配网抢修指挥中心，明确故障抢修"首到负责"原则，建立故障抢修横向联系和特殊客户产权故障应急处置机制，促进供电服务水平迈上新台阶。完善保电管理制度，健全协同保电工作机制，确保了十八大、省市"两会"、第十三届西博会等19项特级保电工作万无一失。

【党的建设和精神文明建设】2012年该局创先争优工作成效突出。评选表彰了10名"创先争优月度明星"。树立了"新甘石"先进典型。高新共产党员服务队党支部荣获国网公司"电网先锋党支部标兵"称号。"我身边的为民服务创先争优典型"征文演讲比赛四人包揽了省公司一等奖。

成都电业局党群及团青工作水平显著提升。局党委荣获省公司“创先争优先进党委”和省国资委“先进基层党组织”称号。局团委荣获省“五四红旗团委”称号。

党风廉政建设基础不断夯实。深化反腐倡廉“对标找差”活动和效能监察工作，召开了3次监督工作联席会，发现问题50余项，下发整改意见书19份。以依法治企综合检查为契机，进一步规范经营管理。在省公司“学法规守廉洁保平安”知识竞赛中荣获一等奖。

着力加强企业文化建设。被国家体育总局和总工会授予“全国职工体育示范基地”称号。建成12个职工（劳模）创新工作小组和2个创新工作室。持续加大五大教育示范基地的引领作用。举办高原工地集体婚礼。在中央级媒体上稿23篇。发动员工捐资共建虾扎电力希望小学离退休管理和后勤保障等工作均取得显著成绩。

2012年8有18日，成都电业局为参加“新甘石”联网工程建设的青年职工举办“电亮藏区·幸福启航”的集体婚礼　　（成都电业局　提供）

【存在的主要问题】一是电力设施受外力破坏，成为当前威胁电网安全运行的主要矛盾。虽然该局借力地方政府，开展电力设施保护专项整治行动，取得一定的成效。但随着成都市政建设大面积铺开，电力设施遭大型机械破坏等事故仍然频繁发生。全年因外力破坏引发输电线路跳闸次数已占到总跳闸次数的80%，加之各类盗窃破坏电力设施的案件频发且侦破难度较大，电力设施保护工作任重而道远。

二是电网建设压力有增无减。成都经济发展保持良好势头，上半年实现地区生产总值3951.4亿元，同比增长13.3%，经济增速比全国高5.5个百分点，在副省级城市中居第一位，成都市全年GDP突破8000亿元。明年随着旧城改造、“天府新区”、“北改”、金融城等项目建设全面启动，部分区域用电需求将出现强劲增长。目前成都500千伏电网变电容量不足，中心城区部分区域电力供需矛盾在大负荷高峰时段较突出，政府重点项目落点区域短期内负荷急剧增加，变电站已无增容改造扩展空间，急迫需要增加变电站布点，以适应经济的发展和保障居民的可靠用电。

三是基础管理水平亟待进一步提高。一方面，该局“三集五大”新模式导入后，部门之间、单位之间以及单位内部之间横向协同仍然有待深化。另一方面，该局集体企业数量多、结构复杂，部分集体企业基础管理工作仍较薄弱，需要下功夫进行分析研究，并通过切实有效的措施加以提升。　（高瑞）

【高新供电局】成都电业局高新供电局成立于1996年12月25日，担负着成都市高新技术开发区、武侯区部分以及高新西区共201.56平方公里（高新南区87平方公里,西区43平方公里，武侯区71.56平方公里）的供电服务、户表抢修及各类用电业务办理的任务。现有用户34.53万户，其中：城市用户24.31万，农村用户10.22万。

高新供电局有党政工领导五人(书记、局长、两名副局长、工会主席)，在职职工289人，下设一室三部一中心（办公室、人力资源部、财务资产部、发展建设部、客户服务中心），七个班组（营业班、客户服务班、用电检查与反窃电班、抄表催费班、计量班、党员服务队、稽查信息班)，五个供电所（机投、簇桥、南区、西区、通江）。现有五个党支部、党员89人，入党积极分子20人。“三集五大”机构改革后，该局通过组织机构调整，优化人力资源配置，规范用工管理，理顺了劳动用工关系。同时，不断深化绩效管理，加大对员工工作纪律的考评、考核力度，收到了较好的效果。

2012年，该局完成售电量38.92亿千瓦时，同比增长11.20%；应收电费余额全部结零；预付费比例完成 98.67%；10 千伏累计线损率 3.98%，低于电业局下达指标 0.4 个百分点；完成 35629 户的户表改造,4497 户智能电表换装,全年实现了安全生产事故、影响和损害企业形象的重大服务事件、影响稳定和廉政建设重大事件“0”的目标。无违纪和影响企业声誉的重大曝光事件发生，精神文明、行风建设良好。

2012 年，高新供电局以“安全年”活动为主线，不断强化安全责任，落实安全措施，开展了“春秋安大检查”，“安全生产大检查”，“三个不发生”百日安全活动、“维护用电秩序、确保用电安全”专项行动、“三个专项监督”、“三个百日安全活动”及安规和交通安全考试等一系列活动，该局安委会坚持每月召开一次安全分析会，并组织供电所、共产党员服务队与政府、当地街道办和社区联合开展保护电力设施宣传和安全用电宣传活动，强化营销工程和农电生产安全，确保了各项技术支持系统建设和智能电表换装工程的安全、有序推进，安全生产基础稳固，做到了无重大安全隐患，确保了全年安全目标的实现。

2012 年，在成都电业局党委的正确领导下，高新局党委紧紧围绕全局中心工作，全面加强领导班子、党风廉政、党组织、企业文化和职工队伍建设，深入开展创先争优活动，不断增强党组织的战斗力和凝聚力，为该局安全生产、经营管理、优质服务等各项工作的顺利完成，提供了坚实的思想和组织保证。开展基层支部“一支部一亮点”活动，各支部结合实际确定了一个主题，开展了有针对性的实践活动，如行政支部以推进全局管理人员管理创新及执行力为主题，营销支部以优化服务资源打造标兵工作室为主题，农电党支部与多经党支部以加强现场安全及标准化作业为主题，紧密围绕中心工作、重点工作，发挥党组织的作用。

2012 年，高新供电局对共产党员服务队进行了软硬件设施的全面升级。通过创新开展了“照亮回家的路”、“为民办实事”、“爱心闪灯”、“电力连心桥”、“无忧用电行动”等系列活动，切实履行“有呼必应，有难必帮”的服务承诺。高新局党委还通过打造刘源创新工作小组为契机，不断深化党员服务队各项工作：以管理创新、服务创新为重点，建立了特殊服务对象的“连心档案”，开展了“常回家看看”特别亲情服务，定立了社区“现场服务日”，组建了由党员服务队队员组成的学雷锋爱心帮扶志愿服务队，使党员服务队创先争优工作不断深化。

该局致力于服务文化建设，强化供电服务精益化管理，不断提升客户满意度。在供电营业厅组建“心连心服务小分队”和“标兵工作室”，分别从相关班组选取两名优秀业务骨干组成，对省体育馆、成都电视台等 17 家 VIP 客户和政府重点项目提供“一站式”服务办理用电业务，优化服务流程，缩短业务办理时限，并为其提供用电检查、节能咨询等增值业务，受到了政府和客户的好评。同时，将营业厅标准化建设的经验在营销各部门以及各供电所进行全面推广，以“大窗口带小窗口”，全面提升供电管理水平和服务水平。高新局还创新开展客户示范单位评选活动，进一步增强广大电力客户安全用电、节能用电的意识，通过典型经验的推广，促进电力客户更加安全、优质、可靠用电，取得了较好效果。

【双流供电局】双流供电局主要担负着成都市双流县及高新区、武侯区部分区域的电力供应任务，供电区域约 1034 公里，现供电客户 42.88 万户。双流电网共有 35 千伏及上变电站 24 座总容量 448.94 万千伏安，35 千伏、110 千伏输电线路 33 条，线路总长 334 公里。10 千伏配电线路 279 条，线路总长 2674 公里。其中 35 千伏及以下变电站、10 千伏配网线路由该局负责运行维护管理。

“三集五大”体系建设后，该局现设六个职能部门，两个业务实施机构，即安全运检部、发展建设部、调度控制中心、财务资产部、人力资源部、局办公室（党办）及客户服务中心、检修（建设）工区。辖二个生产班组、六个营销班组，在册员工 105 人。

2012 年，该局售电量 27.55 亿千瓦时，同比增长 8.57%；110 千伏及以下综合线损率为 8.68%，同比下降 0.2 个百分点；电费回收实现双结零；城网电压合格率 99.86%，城网供电可靠率 99.94%，农村电压合格率 98.27%，农村供电可靠率 99.94%；安全生产事故、影响和损害企业形象的重大服务事件、稳定和廉政重大事件均实现了“零”目标,全面完成成都电业局下达的各项考核指标。

该局扎实开展“奋战 365，安全每一天”、“春秋安大检查”等活动，营造了浓厚的安全氛围。通过健全安全责任考核和监督保障机制、制定《双流供电局安全生产反违章考核细则、领导定点联系、深入现场安全督查形成常态等措施，及时发现和纠正处理各类违章及不安全行为 70 余起，使安全风险得到了有效防控。不断强化安全基础管理，以春（秋）安大检查和安全生产专项检查等活动为契机，认真开展隐患排查和治理工作，并实行隐患定人督办制度，确保了各类隐患的及时、闭环消除，同时对单线图进行了全面核查，进一步夯实了安全基础。电力设施保护工作进一步加强，采取“强制停电”和“交纳安全保证金”方式，有效推进了电力设施保护工作，确保了安全生产的持续稳定，并获得四川电监办“安全生产先进集体”荣誉称号。

双流供电局加强干部队伍建设，干部队伍结构进一步优化。加强了后备干部动态管理，鼓励干部员工积极参加职称评定，圆满完成了全年教育培训任务。狠抓班组建设，领导干部坚持定点联系、“三走进”，加强对一线班组的指导，创建五星级的客户经理班、变电检修班工作扎实，亮点突出，获得了成都电业局、四川省电力公司检查组的好评，并已经通过省公司五星级班组创建领导小组初审。

积极加强组织建设，在各班组、所健全了党小组制度；完成了党委、纪委换届选举工作；坚持每月中心组一讲座一学习活动，着力提升党员素质；深入开展“创先争优”活动，不断深化企业党建工作，党组织的战斗堡垒和党员的先锋模范作用得到充分体现，被四川省电力公司党委评为“电网先锋党支部”。

该局完善了客户故障应急处置流程，严格落实首到负责制，横向联动，减少抢修工单传递环节，确保故障报修信息及时传递。2012 年共处理高低压故障 12760 次，其中：城市 5036 次,农村 7679 次,特殊边远山区 45 次。城市到达现场所用时间平均 9.77 分钟,农村到达现场所用时间平均 13.47 分钟,特殊边远山区到达现场所用时间平均 11.73 分钟，及时到达率 100%。完善了保电管理制度，健全协同保电工作机制，确保了“十八大”、政府“两会”等 170 余次重要保电任务。

【新都供电局】新都供电局成立于 1985 年 8 月，位于成都市北大门——被誉为“香城宝地”的新都区，属四川省电力公司成都电业局直供直管供电局。下设四部一室两中心、两个业务实施机构、9 个主业班组和 8 个农村供电所，并代管成都运检工区 2 个班组。该局全口径统计人员 577 人，其中全民 102 人、农电 400 人、劳务 75 人。在全民 102 人中，有硕士研究生 11 人，大学本科 37 人，大学专科 42 人，中专 9 人，高中及以下文凭 3 人；高级职称 4 人，中级职称 15 人，初级职称 37 人；高级技师 3 人，技师 20 人，高级工 32 人，中级工 15 人，初级工 1 人；人才当量密度达 97.1%，高技能人才比例 79.49%，全员培训率 100%。

新都电网属典型受端网络，担负着新都地区以及周边彭州、青白江、郫县和成都金牛区部分地区的供电任务。拥有变电站 15 座，变电容量 210.6 万千伏安。2012 年，新都供电局主动沟通协调，多措并举， 电网投资完成 4200 万元，包括 220 千伏大面东西线、220 千伏高山站至永定桥站输电线路等过境项目在内的 9 项电网建设协调工作。加快变电站增容及配网改造步伐，完成 110 千伏光辉站新建投运，110 千伏桂湖站主变增容改造和 220 千伏马家站主变增容改造工作，累计新增变电容量 37.3 万千伏安。以“五到位”要求，高效完成 110 千伏草堂、双楠变电站援建工作。

2012 年，该局完成售电量 22.55 亿千瓦时，同比增长 3.30%；应收电费余额全面双口径结零；预付电费比例完成 96.57%；综合线损率完成 7.62%，比年度指标 8.1%低 0.48 个百分点；城市供电可靠率（RS1）99.9627%，城网综合电压合格率 99.929%；农网供电可靠性（RS1）99.8596%，农网综合电压合格率 99.71%。

2012 年，新都供电局以“安全年”活动为主线，进一步夯实安全基础管理。制定下发并有效实施《新都供电局 2012 年安全生产工作要点》。顺利完成迎峰度夏、春秋安检查、迎峰度冬、重大活动保电等工作。强化安全过程管控，认真贯彻落实管理人员到岗到位和现场安全督察要求，大力推进主业、农电、产业、外委等施工现场的标准化作业，形成安全管理高压态势。结合秋安检查、“平安成都”等专项活动，警电联手持续开展架空输电线路防外力破坏专项治理，消除外力破坏隐患 11 处。开展变电站防小动物和架空输电线路防外力破坏等 8 项专项检查、电缆沟专项整治工作，建立详细的外力破坏隐患专档并随时更新。在 4 座 110 千伏变电站单电源运行、3 座变电站串供等电网极其脆弱、安全运行风险压力巨大的情况下，圆满完成了 220 千伏马家站全停 41 天升级改造相关配合工作，保证了“十八大”期间的安全可靠供电。强化安全“互动机制”，创新提出“刚柔并济、触动内心”安全管理理念，按季度召开“安全卫士”经验分享会和违章案例剖析会，开展典型违章案例盘点、安全问卷调查及安全约谈、违章人员现场督察体验，组织变电站援建员工家属“安全体验”活动，有效改善了“填鸭式”安全培训效果不佳的局面。截至 2012 年 12 月 31 日，该局实现连续安全生产 2964 天。

深入社区开展智能电表便民宣传，制定并实施智能电表应急处置流程，切实提升智能电表后续服务能力。简化业扩管理流程，持续推行“阳光业扩”和“一次性告知”服务，报装接电时间进一步缩短；结合“标杆营业厅”创建，通过加强培训、监督检查、交叉检查等方式，不断规范窗口服务语言、服务行为和服务形象，采取窗口明查暗访、视频监控系统不定期抽查等措施，对供电所营业窗口进行服务工作的实时监控和情况通报，通过“对比找差”方式不断促进服务品质的提升，优质服务水平不断提高。

新都供电局深入开展党风廉政建设，利用多种形式开展党纪法规、企业规章制度学习和职业道德教育，组织全局管理人员及重点岗位人员参观省电力公司、成都电业局廉洁文化基地，持续开展廉洁短信"每周一条"活动；组织开展"每月一课"反腐倡廉教育，检企合作举办预防职务犯罪培训；认真开展反腐倡廉"对标找差"专项活动，在工程建设领域全面实施工程管理效能监察工作。积极开展创先争优活动，组织开展各类劳动技能竞赛和月度"安全卫士"、"服务明星"等评选活动，开展创先争优公开承诺和为民服务创先争优活动及"学雷锋、践承诺"志愿服务活动，获得成都电业局"精彩 365，安全每一天"暨"我身边的为民服务、创先争优典型"演讲比赛一等奖及组织奖。一名员工被成都市总工会授予"能工巧匠"称号，客户服务班被成都市总工会授予"工人先锋号"称号，输电运检五班被成都电业局评为"标杆班组"。深入开展"党建带班建"工作，积极落实"一支部一亮点"活动。建成企业文化示范班组室 1 个，新增五星级班组 2 个，五星级供电所 2 个。10 余项内容入选电业局班组建设成果展及作品集，两项管理创新成果获得省电力公司四等奖。建成省电力公司职工书屋示范点，该局工会被成都电业局授予模范职工之家。

【龙泉驿供电局】龙泉驿供电局成立于 1988 年，是成都电业局 5 个 I 型直属县级供电企业之一。担负着龙泉驿区 12 个街办（镇、乡）的供电任务，供区面积 556 平方公里、人口 76 万，现有供电客户 21.41 万户，营业网点 10 个。承担着龙泉驿区 14 个变电站及输配电网络的运维工作，拥有变电站主变 29 台，总容量为 119.82 万千伏安；运行 110 千伏输电线路 16 条 115.08 公里，35 千伏输电线路 10 条 83.98 公里，10 千伏配电线路 69 条 1008.43 公里。

按照"三集五大"体系建设标准，该局职能部门由"三集五大"前的 8 个（生产技术科、安全监察保卫科、办公室（党办）、人力资源科、财务科、客户服务中心、稽查科、农电管理科）调整为现在的 6 个（办公室、人力资源部、发展建设部、安全运检部、电力调度控制中心、财务资产部）以及业务实施机构 2 个（客户服务中心和检修（建设）工区，安全运检部和检修（建设）工区合署）。班组由"三集五大"前的 15 个减少到现在的 10 个（调控运行班、变电检修班、配电运检班、配网带电作业班、稽查信息班、客户经理班、用电检查与反窃电班、营业班、抄表催费班、计量班）。有员工 577 人，其中：全民员工 126 人，占员工总数 21.83%；劳务人员 45 人，占员工总数 7.80%；多经自聘人员 76 人，占员工总数 13.33%；三新龙泉驿分公司农电人员 329 人，占 57.02%。

员工中有研究生 11 人，占 1.91%；本科 98 人，占 16.98%；专科及以下 468 人，占 81.11%。50 岁及以上 49 人，占 8.49%；40～49 岁 212 人，占 36.74%；30～39 岁 223 人，占 38.65%；30 岁以下 93 人，占 16.12%。专业技术等级为：高级 1 人，占 0.17%；中级 22 人，占 3.81%；初级 103 人，占 17.85%。技能等级为：高级技师 6 人，占 1.04%；技师 44 人，占 7.63%；高级工 68 人，占 11.79%；中级工 86 人，占 14.90%；初级工 14 人，占 2.43%。

2012 年，该局完成售电量 22.01 亿千瓦时，应收电费余额为 0，预付电费比例 98.49%，线损率 8.23%；电压合格率：城镇 99.87%，农村 99.32%；供电可靠率：城镇 99.99%，农村 99.87%。全年新装增容高压客户 237 户，新上变压器 416 台，新增容量 295130 千伏安。新上低压智能电表 30259 户，完成 14 个变电站采集装置的安装、调试，上线率达到 100%，专、配负控终端采集上线率达到 80.05%，低压采集上线率达到 99.81%，完成智能电表推广换装 42969 只（包括合表居改造 3365 户），超计划完成 228 户，完成关口计量装置改造 44 台，完成项目资金 3391.21 万元，完成数据质量提升整改工作，修改数据 20000 余条。智能电表故障处理客户满意率为 100%。

开展反窃电活动 368 次，治理高损线路 18 条，治理高损台区 42 个，增加电量 61 万千瓦时，安全生产事故、影响和损害企业形象的重大服务事件、稳定和廉政重大事件实现"0"目标。

该局加强电网建设，积极争取，促成成都电业局和龙泉驿区政府签订了《电力建设合作备忘录》。圆满完成桃乡—三圣和双桥子隧道及架空线路龙泉段建设，完成 110 千伏清水、35 千伏黄土站和政府出资实施的 220 千伏柏合站扩容建设。220 千伏十陵、110 千伏洛带、书房村以及 220 千伏红砂、110 千伏龙泉二输变电工程项目已完成前期工作并开工建设。2012 年新投 110 千伏输电线路 2 条 19.3 公里，35 千伏输电线路 1 条 3.22 公里，新增、改造 10 千伏线路 224.5 公里、低压线路 107.4 公里。完成大修、技改、配网、农网升级等 161 个项目，投资 1.1 亿元，为龙泉电网近年来改造力度最大、效果最明显的一年。荣获成都电业局奋力拼搏 300 天，打好电网攻坚战"功勋单位"。

该局结合 220 千伏大面站及城区 4 个 110 千伏变电站增容改造等大型工作，强化"四七"工作法在生产现场的执行力度，有效提升现场标准化作业水平。实行项目跟踪，拓展安监范畴，做好过程控制。严格执行到岗到位制度，充分发挥现场督察队的作用，累计现场督察 800 余人次，及时发现并处理问题 43 项，确保现场工作安全有序。针对大型停电工作和季节特点，超前预控，制定“电网风险预控措施”，规避系统安全风险，确保电网安全供电。顺利完成农电标准化巡视管理系统的建立，提升了线路运维水平。通过低电压台区、线路、设备等改造项目的实施，进一步提高了农网安全可靠运行。全年完成成都·国际桃花节、十八大等重要保电 123 次，完成 10 千伏带电作业 105 次，减少停电 21523 时.户数。

截至 2012 年 12 月 31 日，该局连续安全生产 5265 天，安全操作 31.2913 万次，荣获成都电业局安全生产“先进单位”。

龙泉驿供电局强化 95598服务调度职能，实现抢修服务快速联动，确保 24 小时电力故障报修服务，累计抢修居民户表和合表居事故4286起。加强状态检修，安装负荷控制装置300台，在用电高峰期，组织工业企业错、避峰，有力保证居民生活用电。加强营业厅收费管理的同时，扩充自有收费点10个，自动充值收费机2个，进一步方便百姓大众，使优质服务落到实处。通过“营业窗口标准化介绍及知识问答竞赛”等技能比武，全面提高一线窗口人员的业务素质和服务技能。同时经常开展电力服务所和营业厅明察暗访，找差消差，着力提升优质服务水平。

通过向新甘石工程、甘孜、石渠选派援建、帮扶人员，成立“4+1 变电站增容改造”青年突击队等，带动全体员工积极创先争优。认真落实“零报告”制度，确保“三集五大”队伍稳定。充分发挥廉洁文化教育基地的示范作用，切实提升各级人员的廉洁意识和能力,筑牢企业反腐防线。以党建带班建为平台，抓好星级班组建。2012 年，变电运维九班、怡和供电所被省电力公司命名为“五星”，带电班、西河所等2个班组、6个供电所被成都电业局命名为“四星”。

【金堂供电局】金堂供电局是国家电网四川成都电业局直属供电局，成立于 1985 年，担负着金堂县 21 个乡镇（其中：8 个乡镇 376 平方公里、27 万人为趸售区）及青白江区 5 个乡镇的供电任务，供区面积约 1300 平方公里，人口近 100 万。拥有固定资产原值 5.53 亿元，净值 2.61 亿元，资产较为老旧。辖区有用电客户 23.04 万户，其中农村用户 18.03 万户、主业低压用户 4.8 万户，专变用户 998 户。大客户管理用户 9 户。

现主业设部门 7 个、班组 11 个。集体企业两家，分别为骏能金堂分公司、三新金堂分公司。骏能金堂分公司设置部门 5 个，安装工程队 2 个。三新金堂分公司设置部门班组 5 个，供电服务所 9 个。该局有全口径员工 653 人，其中金堂供电局全民 102 人，三新金堂分公司农电用工 450 人，骏能金堂分公司 101 人。金堂供电局职工平均年龄 41.6 岁，本科以上学历 34 人，中级以上职称 22 人。

该局辖变电站 13 座，主变 20 台，总容量 78.58 万千伏安，其中 220 千伏变电站 1 座、容量 36 万千伏安；110 千伏变电站 4 座、容量 33.9 万千伏安；35 千伏变电站 8 座、容量 8.68 万千伏安。有 110 千伏线路 13 条、157 公里；35 千伏线路 12 条、109 公里；10 千伏配电线路 63 条、1270 公里；低压线路近 8000 公里。供区内有成都金堂热电厂，直接向大网输送电能，小水电 6 座，总装机 2.15 万千瓦，调峰电站 1 座，装机 5 万千瓦。

2012 年，该局完成售电量 5.99 亿千瓦时，完成下达指标 5.90 亿千瓦时的 101.65%，同比增长 9.49%；完成线损率 9.98%，较下达指标 10.25%压低 0.27 个百分点，同比降低 0.48 个百分点；完成应收用户电费余额 0 元、当月电费回收率 100%、预付电费比例 97.69%、预付电费余额比例 86.63%。

金堂供电局通过健全和完善安全责任制、修订岗位职责、签订安全责任书、建立安全督察小组、大力开展了安全教育培训等方式进一步深化了安全管理机制建设。坚持开展“安全日”活动，春、秋季安全大检查活动，深入开展安全隐患排查治理工作。按期开展年检预试，及时发现、控制和消除隐患。借力地方政府，积极与政府职能部门协调沟通，加强电力设施保护管控力度和宣传力度。全面强化现场安全管理，每月定期召开安全生产动态分析会。坚持安全生产周评制度，每周一早会及时对上周现场安全督察情况进行公布。加强应急管理演练，充分制定预案，全面确保了电网迎峰度夏和迎峰度冬。2012 年底，该局实现安全生产 4447 天。

该局认真落实新“三个十条”，开展优质服务专项整顿，通过认真开展服务稽查定期通报，巩固提升了全局服务水平，聘请外部行风监督员进行监督，制订和完善了《金堂供电局服务投诉、举报处理实施细则》、《金堂供电局客户故障抢修服务管理制度》等各类管理制度。积极运用视频远程监控手段，规范窗口人员的工作行为，优质服务水平得到了提升。

深入开展创先争优系列活动，如成都电业局“创先争优月度明星”推荐工作、学雷锋、践承诺”志愿服务活动暨青春光明行十周年、关爱留守儿童等志愿服务活动，进一步提升了优质服务水平。围绕“三集五大”体系建设开展组织建设，完成了党组织调整，对各党支部支部书记、支委进行了补选。认真落实党员发展工作，发展党员 3 名，预备党员按期转正 2 名，送培入党积极分子 4 名并组织开展了民主评议党员工作。通过制作新甘石精神宣传专题展板、刻录专题光盘分别组织全局员工进行观看等形式大力弘扬新甘石精神。全面强化党风廉政建设，加强物资管理、车辆管理、公务消费管理等工作的监督管理力度。积极推进效能监察，该局工程效能监察荣获成都电业局2012年效能监察优秀项目三等奖。进一步强化制度建设和内部管理，领导班子带头树立廉洁形象，坚决贯彻民主集中制原则，及时有效化解矛盾纠纷，实现了党风廉政建设“0”目标。

【温江供电局】温江供电局主要担负着温江区全区各乡镇的供电任务，另对崇州、大邑、邛崃等县市进行趸售供电，全局供电客户数共计 158953 户，其中城市供电客户数 30628 户，乡镇及农村供电客户数 128325 户。下设 6 个职能部门、2 个业务实施机构、9 个生产班组及 5 个农村电力服务所。有正式职工 95 人，其中女职工 22 人，平均年龄 41.5 岁。具有高级技术职称 3 人，中级技术职称 15 人，初级技术职称 37 人，占职工总人数 58%；具有高级技师 7 人，技师 23 人，高级工 32 人，占职工总人数 65%；具有硕士研究生 10 人，大学本科生 35 人，大学专科生 23 人，占职工总人数 72%。2012 年未发生安全生产事故、影响和损害企业形象的重大服务事件、企业稳定和廉政建设重大事件。

温江全网拥有 220 千伏变电站 1 座（鱼凫）、110 千伏变电站 5 座（大田、柳城、公平、海科、长安桥）、35 千伏变电站 3 座（温江、玉石、团结），变电总容量 89.2 万千伏安。拥有 110 千伏输电线路 143.88 公里，35 千伏输电线路 84.85 公里，10 千伏配电线路 796 公里，2012 年完成售电量 12.46 亿千瓦时；综合线损率 6.59%；电费回收率 100%；电费解交率 100%。

温江供电局全面强化安全生产责任制落实，落实各项安全管理制度和标准，管理创新，以人为本，充分发挥安全生产保证体系和监督体系的作用。一是以抓好管理和事前监督为核心，深入开展“两抓一建”、生产安全大整顿等活动，形成安全管控的常态化、例行化。二是始终将“流程”和“机制”建设作为提升安全管理工作水平的两个抓手，新建或完善安全管理规章制度 15 项，梳理、优化了抢修作业、应急管理及信息上报等安全生产流程。三是拓宽安全管理思路，积极开展安全“每月一星”评选活动；对主业、农电和产业单位安监人员进行整合，实现统筹分工，大大提高安全监督效能。积极促成地方政府以正式公函将该局所辖各变电站列为“温江区‘三电’保护、社会治安综合保卫重要部位”并挂牌公示，有效确保了电网及设备安全稳定运行，实现安全事故“0”目标。

该局大力开展“雷锋在身边”、“我身边的共产党员”、“你用电、我用心”等主题活动，坚持打造以“五统一”为特色的国网公司优秀企业文化，整合内外品牌资源，形成了“人人传播品牌、人人维护品牌、人人塑造品牌”的品牌建设工作氛围。通过周期性检查、重大节假日前检查和对重要（高危）客户供用电隐患专项集中排查，有序开展了对客户的安全用电服务，切实规范了重要高危客户的供电安全服务。坚持推广和完善农村供电所、收费点标准化建设，努力实现城乡无差别服务。认真推行对智能电表换装小区的“点对点”回访服务。在对每年负荷增长进行全面分析的基础上，完成 2012 年温江电网迎峰度夏、迎峰度冬形势的预测，对可能出现的重载线路制定了相应的负荷调整及改造方案，并做好客户走访工作。同时充分利用电视台“电力直通车”栏目，加大供用电知识，解答释疑用电常识以及电力供需形势的宣传，有力提升客户满意度。

该局紧紧围绕“三个建设”，突出干部队伍建设重点，确保为全局各项工作的开展提供力量保障。一是积极开展月度创先争优、安全生产、优质服务“每月一星”评选活动。不断强化党风廉政建设，深化反腐倡廉“对标找差”活动和效能监察工作，深入推进协同监督常态化、实质性运作。二是深化精神文明建设，大力开展“雷锋在身边”、“我身边的共产党员”、“你用电、我用心”等主题活动，坚持打造以“五统一”为特色的国网公司优秀企业文化。三是以班组创星达标为契机，围绕“规范管理”和“科学减负”主线，抓好“制度”、“执行”和“创新”三个要点，进一步提升班组管理水平。积极实施人才强企战略，采取岗位练兵、“师带徒”、技术比武等多种形式，完成全员培训率 100%。严格落实维稳工作责任制，保持了员工队伍积极向上、和谐稳定。

【青白江供电局】青白江供电局是成都电业局直属局。承担着青白江区 329 平方公里近 40 万人口和 400 多家大中型企业的电力服务。按“三集五大”要求，现设 1 室 4 部 2 中心和 10 个班组，同时担负了三新青白江分公司（农电）的管理指导。全局共有员工 334 名，全民员工占 32%，农电员工占 35%，集体员工占 1%，外聘员工占 13%。员工中研究生、大学本科以上占 25 %，拥有副高、中级职称员工占 28 %。

该局拥有 220 千伏变电站 2 座、110 千伏变电站

3 座、35 千伏常规变电站 4 座，变电容量 111.13 万千伏安。运行维护 110 千伏、35 千伏、10 千伏线路共计 57 条全长 373.89 公里；管理着公变 609 台，容量 14.5 万千伏安，真空开关 209 台。

2012 年，该局完成售电量 28.93 亿千瓦时，同比提高了 2.25 %，应收电费余额结零，预付电费比例达 90%左右，综合线损率 1.98 %，城市综合电压合格率 99.863%，农村综合电压合格率 99.469% ，城网供电可靠率 99.974%，农网供电可靠率 99.9029 %。

青白江区、委区政府提出亿元产业宏伟目标，先后打造了十大工业园区，青白江供电局在充分调研基础上规划了当前和一个时期发展电量，新建并投运了 110 千伏桂通等 3 座变电站、220 千伏祥福变电站已纳入 2013 年开工项目，电建通道与政府、企业协调规划见成效，迎峰度夏设备重载超载情况将得到缓解。

青白江供电局所在的青白江区大化工、大冶金及建材企业都具连续作业，装置型生产特点，而供电保电安全更是工作重中之重。除坚持完成安全“规定动作”外，还根据供区特点开办了安全用电大讲堂，班组专业技术比武、反事故演习，规范操作暗访、严格安规考试、协助高危企业建安全预案等，多种形式，多种手段，形成月月有安全活动、季季有演习高潮，使该局创造了安全运行 5316（统计到 2012 年 12 月底）新纪录。

青白江供电局不断提升、规范自身业务流程，按新职责、新岗位、新标准加快新装、增容业扩办理流程，加强关键节点的综合协调，把负荷快上、早上、客户满意度列为营销优质服务的重要考核指标，收到好效果，丰枯水季节走访用户、重点企业供电设备维护，大客户供电形势通报等已常态化，促进了供电用电的和谐。

该局“武绍模职工创新工作室”集中了该局优秀技术、技能人才和有一定成就的专家，建立了“实践中创新、创新中减负”理念，一批成果成功用于生产。“新型跌落丝具”、“新型单极刀闸”、“新型实用跨越器”等 6 项成果喜获成都电业局包括一、二、三等奖在内的 6 个奖项，有的还申请了专利。创新成果促进了员工的“减负”热情，释放了员工的聪明才智。

该局通过活动创新，党组织和党员作用得到进一步发挥，“三走进”创造了和谐，健康的文体活动愉悦了职工身心，反腐倡廉每月一课筑牢了防腐大堤，涌现了一批先进集体、优秀共产党员、先进工作者，并获得“四川省五一劳动奖状”，变电检修班还被国网公司授予“工人先锋号”、“先进班组”。

【都江堰供电局（供电有限责任公司）】都江堰供电局（供电有限责任公司）承担着 1600 平方公里， 78 万人口的供电任务。拥有 220 千伏变电站 1 座、110 千伏变电站 5 座、35 千伏变电站 17 座，变电总容量 87.9 万千伏安。该局（公司）所管理的输配电线路跨越汶川、彭州、都江堰、崇州、郫县等地市，总长达 1000 余公里，且多为高山，地形、地质情况复杂多变，运行环境恶劣。2012 年，全体干部员工紧紧围绕成都电业局“4070”工作目标，认真贯彻落实科学发展观，以“同业对标管理年”为主线，团结拼搏，锐意进取，圆满完成各项年度目标任务，顺利通过省电力公司一流县供电企业和新农村电气化县的考评验收。

都江堰供电局（公司）共有员工 1571 人，其中全民员工 1014 人，大集体 1 人，劳动合同主体为汇才公司的农电员工 530 人、劳务人员 26 人。都江堰供电局有员工 407 人，都江堰供电公司有员工 1164 人。

2012 年该局（公司）建成投运 110 千伏彩虹站和 35 千伏柳街站，新建投运 35 千伏蒲玉崇支线，完善了崇义站电源进线。完成了彩虹站 10 千伏出线新建等工作，城区电网供电能力显著改善。全力推进 220 千伏蒲阳输变电、110 千伏玉堂、江源输变电以及 220 千伏聚丹线输电线路等建设项目。

同时全年新建 10 千伏线路 11 条，改造 10 千伏线路 17 条，改造老旧设备 13 台，进一步优化了配网结构。完成了 84 项计划投资 7760.47 万元的各类大修、技改和配网等生产项目的建设管理任务。参加成都中心城区变电站设备改造，完成了 110 千伏棕树桥、指挥街、红旗等 5 个变电站 10 千伏设备改造任务，得到成都电业局的充分肯定。

2012 年该局（公司）完成售电量 22.58 亿千瓦时，同比增长 7.27%。其中，供电局完成售电量 10.55 亿千瓦时，同比增长 17.81%；供电公司完成售电量 12.03 亿千瓦时，同比降低 0.53%；供电局城网综合电压合格率 99.79 %，供电公司城网综合电压合格率 99.78%；供电局农网综合供电电压合格率 99.87%，供电公司农网综合供电电压合格率 99.87 %；城网供电可靠率 99.97 %，农网供电可靠率 99.95%；供电局综合线损 6.72%，供电公司综合线损 6.87%。电费回收实现营销、财务双结零。

该局（公司）夯实基础管理。严格执行“夜巡”督察，落实领导和科室管理人员到岗到位要求，推广运用 GPS 灵图编码，加强督查时效。深化约谈机制。深化“安全生产违章约谈”，坚持“说清楚”、《安全生产预警通知》等举措，夯实安全生产思想防线。排查安全隐患。开展设备缺陷和安全隐患排查治理，全年排查并消除安全隐患 396 项。提升应急管理水平。积极参加省政府、省电力公司和都江堰市举行的"5.11"、"5.12"等防灾救灾大演练，提高了应急响应速度和协同作战能力。加强员工教育培训。开展形式多样的生产技能比武，坚持"创先争优明星"、"安全生产星级现场"评选，营造安全生产创先争优、比学赶超的良好氛围。构建"四位一体"电力设施保护体系。不断加强与政府有关部门的配合协作，构建了企业、社会、政府、公安"四位一体"的电力设施保护体系。该局（公司）实现年度百日安全长周期 3 个，安全生产 3112 天，安全生产事故、影响和损害企业形象的服务、稳定和廉政重大事件实现"0"目标。

在成都电业局和都江堰市委、市政府的支持下，先后建成了 11 个电气化镇、117 个电气化村，并以 97.5 的高分通过省发改委、省电力公司的考评验收。加强农网工程管理。完成农网加固提高 8500 万元和农电计划工作 2409 项，完成"8.18"雷暴雨灾害 76 处缺陷、春安 81 处缺陷、秋安 73 处缺陷的消除整改，显著提升了配网运行水平。

该局（公司）开展农电营销专项检查，坚持线损承包考核制，修正调整承包考核办法，有针对性深入开展分析检查，积极实施计量完善改造。全力推进电能量采集系统工作，变电站采集率 100%，公专变采集终端 5295 台，在线率 92.84%，智能电表 17.6 万只，抄表成功率 99.62%。全年智能电表推广 4.4 万只，完成投资 1.34 亿元。通过营销基础管理月度检查、供电所营销规范化管理专项检查为平台，提升了营销综合管理水平。

该局（公司）先后获得"成都电业局 2012 年度先进单位"、"成都电业局 2012 年度安全生产先进单位"；营业厅获"四川省青年文明号"称号；共产党员服务队荣获"全国能源化学系统工人先锋号"、"四川省重点工程劳动竞赛先进集体"、"四川省电力公司'新甘石'联网工程建设先进单位"、"成都电业局'新甘石'联网工程建设先进单位"。继保班荣获"中华全国工人先锋号"；蒲阳供电所荣获"四川省电力公司 2012 年度红旗供电所"称号。

【四川郫县供电有限责任公司】四川郫县供电有限责任公司，始建于 1982 年。1992 年以前隶属地方电力公司，1992 年移交成都电业局代管，2008 年由四川省电力公司控股。郫县公司设 7 科 1 室、18 个班组，下设郫县三新电力服务有限公司和成都金宇电力有限公司郫县分公司。担负着郫县行政区域 437.5 平方公里内的 14 个镇 161 个行政村，50 余万人口的供电任务，现有客户 22 万户。在岗员工 645 人。正式员工 213 人，农电员工 320 人，劳务人员 94 人。完成郫县三新电力服务有限公司的组建和 320 名农电员工《劳动合同》的签订。管辖 110 千伏变电站 5 座、35 千伏变电站 5 座，变电总容量 58.09 万千伏安，35 千伏及以上输电线路 128.62 公里，10 千伏线路 1064 公里，配变 2782 台。

2012 年郫县公司完成售电量 17.35 亿千瓦时，同比增长 8.09%；应收电费余额全面结零，预付电费比例完成 98.8%；综合线损率完成 8.07%，比计划低 0.13 个百分点；城网供电可靠率完成 99.93%，城网综合电压合格率完成 99.78%；农网供电可靠率完成 99.74%，农网综合电压合格率完成 98.15%；完成电网建设和改造投资 1.3 亿元；实现安全生产、优质服务、企业稳定和党风廉政重大事件"0"目标，全面完成省电力公司、成都电业局下达的各项考核指标，荣获成都电业局"先进单位"等多项荣誉。

郫县公司认真履行电网建设前期工作属地化管理职责，圆满完成成都电业局大电网建设各项协调配合工作，包括 220 千伏太和站改造、220 千伏丹高线和丹聚线建设及 220 千伏丹太一、二、三线大修工程，确保了这些新建、改造、大修工程按时完成。建成投运 110 千伏雍店站，进一步优化了电网结构，对有效缓解团结、红光、工业港北片区的用电紧张局面，尤其是保障政府东旭节能、1519 等重点项目的用电起到了重要作用。与此同时，全面提速 220 千伏沙西站和 110 千伏鹃城站建设的各项前期准备工作，为鹃城站 2013 年开工建设做好了充分准备。结合电网迎峰度夏度冬，完成 41 个电网新建、大修、技改项目，包括从 220 千伏太和站和 220 千伏梓橦站各新出 5 回 10 千伏线路，从 110 千伏雍店站新出 11 回 10 千伏线路，从 110 千伏安龙站新出 2 回 10 千伏线路，解决了团结、犀浦、红光、花园、友爱、工业港北片区的供电紧张问题。

郫县公司结合"安全年"活动，加强安全预警、安全督察和设备巡视检查。其中，针对配合 220 千伏丹高线建设和 110 千伏高店子站改造过程中面临的风险，及时发布 2012 年第 1 号安全预警通知书。针对亿川、国力等 5 家外委施工单位作业现场严重违章行为，开具 6 张违章行为整改通知书，并分别给予了 5 家单位经济处罚；尤其是及时发现并处理 110 千伏德源站 110 千伏母线刀闸发热及安德站 35 千伏封闭母线放电紧急缺陷，避免了缺陷演变为事故。

该公司持续发挥安全教育基地及实训基地作用，不断加强员工安全理念教育和安全作业技能培训，全年培训人数达 200 余人次。以友爱、团结镇为试点，积极协调地方政府和公安机关，将电力设施纳入乡镇治安联防巡逻范围，电力设施遭受外力破坏得到有效遏制。深入开展安全管理标准化评价，认真落实“四·七”工作法和二十四节气工作法，建立以安全风险为驱动的全过程管理模式，开展现场督察263次，发现并纠正违章27起，安全风险得到有效防控。截至2012年底，实现连续安全生产3344天，配网故障率同比下降33.3%。

郫县公司完善营业厅建设，增加双屏显示和电监办网络查询功能，优化用电业务流程，规范停送电管理，拓展缴费方式，强化故障报修处理。截至2012年底，建成17个24小时自助缴费点和70个第三方代收点，极大地方便了广大客户缴纳电费，行风测评客户满意率98.5%。

郫县公司党委围绕中心、服务大局，切实发挥政治核心和监督保证作用，大力支持工会、共青团工作，企业民主管理全面落实，青团作用良好发挥，党员干部无违纪，员工无犯罪。2012年，发展新党员4名，团总支荣获成都市“五四红旗团支部”称号，公司以“农电员工队伍稳定”为主题的党建课题研究，荣获成都电业局优秀成果奖，并入围参加成果发布的5家单位之一。王斌、叶磊等3人入围成都电业局月度明星评选，杨家贵荣获成都电业局10月创先争优明星，成为成都电业局农电战线上的学习榜样。

深化反腐倡廉“对标找差”活动和效能监察工作，组织重要岗位人员到省电力公司廉洁教育基地参观学习，开展“廉洁是福”主题演讲比赛和作品征集，与检察院建立共同预防职务犯罪机制并举办预防职务犯罪专题讲座，促进了全员特别重要岗位人员筑牢反腐倡廉防线，做到“干事干净”。该公司廉洁是福作品荣获成都电业局二等奖。倾力打造道德讲堂，积极参与文明县城创建、组团帮扶和社会公益活动，发动员工捐资共建虾扎电力希望小学，巩固省级文明单和县级文明行业称号。在各级媒体综合上稿165篇，企业品牌形象进一步提升。

【四川崇州供电有限责任公司】四川崇州供电有限责任公司是2008年四川省电力公司控股后成立的县级股份制供电企业，控股比例为省电力公司 70%。地方政府30%，主要承担着崇州全市约66万人的生产生活供电服务任务。公司设有 8 个职能科室（办公室、财务科、人力资源科、生产技术科、安全保卫科、营销科、农电科、稽查科）、7个二级机构（客户中心、电费中心、计量中心、线路管理所、修试所、物资供应部、调控中心），14个供电所和1个产业单位。全口径统计劳动用工 907 人。其中，全民员工412人（其中系统全民14人，内退5人），农电员工381人，外聘员工114人，另有退休人员114人。

崇州公司拥有变电站14座，主变26台，变电总容量86.23万千伏安。其中：220千伏变电站1座（隆兴），主变容量30万 千伏安；110千伏变电站5座（王场、崇州、永康、民和、通顺），主变容量40.6万千伏安；35 千伏变电站8座（金鸡、道明、三郎、城关、南郊、兴隆、三江、元通），主变总容量15.63万千伏安。运行维护110千伏线路8条，长度123.536公里；35千伏线路17条，长度161.68公里；10千伏线路92条，长度1468.96公里。

2012年，投入电网建设资金8.08亿元，新建220千伏变电站1座（廖家站）、110千伏变电站4座（西江、三江、金鸡、江源）、改扩建35千伏变电站3座（兴隆、三郎、道明）。新增变电容量共计97.67万千伏安。全年新建220千伏线路4条，长度8公里，新建及改造110千伏线路11条，长度141.83 公里，10千伏线路67条，长度211.06 公里，敷设电缆13.12 公里，使崇州电网的供电能力大大增强。

崇州公司完成购电量15.98亿千瓦时（其中网供电量12.78亿千瓦时），同比增长0.96亿千瓦时，较上年同比上升6.39%。售电量14.71亿千瓦时，同比增长1.003亿千瓦时，较上年同比上升7.32%，完成下达指标14.58亿千瓦时的100.87%。

2012年，崇州公司连续安全生产1617天。实现了安全生产事故、影响和损害企业形象的重大服务事件、影响稳定和廉政建设事件“0”目标。通过扎实开展“安全年”活动，落实安全生产责任制，构筑“警民政企”四位一体电力设施保护体系，圆满完成了“5.11”防灾减灾应急演习参演和保电任务，应急管理能力和电网安全运行水平得到全面提升。

该公司秉承“你用电，我用心”服务理念，围绕加快推进智能电网建设这一主要任务，开展优质服务工作，提升优质服务品质。一是品牌宣传有力，品牌形象有效传播，全年共开展“你用电，我用心”品牌宣传活动34次，覆盖崇州城区和各个场镇。为农村新建改造抗旱抽水点位78个，定期到乡镇敬老院，为孤寡留守老人排查安全隐患，无偿排除隐患21处，品牌形象得到有效传播。二是改进服务品质，品牌形象有效提升。2012年走访慰问捷普项目部、南平铝业集团、川建管道有限公司等重要客户20余家，得到了广大电力客户的高度赞誉。三是社会责任担当有力，品牌形象全面加强。圆满完党的“十八大”、“5.11”防灾减灾大演练以及中秋、“国庆”、中考、高考和市人民代表大会等重大保电任务40余次，有效提升了企业的整体形象。四是加强营业窗口建设，规范业扩报装工作流程。开设业扩绿色通道，完善和开展隐患排查，规范报修、抢修工作流程，提高报装、报修、抢修工作效率，进一步提升窗口服务质量和优质服务水平。2012 年公司行风建设在地方评议中名列前茅。

崇州公司党委举办 2 期党务人员培训，召开 4 次支部书记专题会议，新发展党员 2 名，预备党员按期转正 4 名，党的自身建设得到全面加强。围绕“明形势、知任务、鼓干劲”主题教育活动，全年共开展形势任务教育 2 次，党员集中学习 1 次，班组开展政治学习 12 次，有效提升员工队伍政治素质。全年共评选出“创先争优月度明星”9 名，表彰优秀共产党员 22 名，选树了典型，树立了标杆。深化反腐倡廉“对标找差”和效能监察成效，开展廉政教育，学习廉政法规，全体干部员工集中学习《反腐倡廉法规制度百问百答》，3 次召开协同监督工作联席会，研究分析公司廉政风险，举办 1 次“廉洁是福”演讲比赛，征集廉洁警句 16 条，廉洁作品 4 幅，实现了党风廉政建设和反腐倡廉工作目标。公司多功能“职工之家”建成使用，荣获成都电业局“职工书屋”示范单位。创建 1 个省电力公司“五星级班组”，1 个成都电业局“四星级班组”。

【四川彭州供电有限责任公司】四川彭州供电有限责任公司于 2006 年 5 月 31 日由省电力公司控股。公司供电区域为天彭镇、九尺镇、濛阳镇、丽春镇、致和镇、军乐镇、敖平镇、升平镇 8 个乡镇及桂花镇、龙门山镇、葛仙山镇、三界镇、隆丰镇 5 个乡镇部分地区的供电任务，供电面积 450 平方公里，供电户达 21.5725 万户，公司辖区内重要客户 19 户。现设 8 个职能科室、7 个二级机构、14 个生产班组、4 个辅助生产班组、6 个供电所。有员工 249 人，其中系统全民 4 人、地方全民 245 人（含内部退养人员 2 人）。彭州市三新电力服务有限公司有农电员工 270 人。成都金宇电力有限公司彭州分公司现有集体员工 50 人。员工培训率达 100%。

彭州公司拥有变电站主变容量总计 137.66 万千伏安，其中：220 千伏变电站 2 座，主变容量 66 万千伏安；110 千伏变电站 7 座，主变容量 64.3 万千伏安；35 千伏变电站 5 座，主变容量 7.36 万千伏安。运行管理输电线路总长 328.15 公里，其中 110 千伏线路 14 条/总长度 181.89 公里；35 千伏线路 16 条/总长度 146.25 公里；公司供区内有 10 千伏配电线路 92 条，由该公司运行管理的 10 千伏公用线路 66 条/总长度 928.75 公里，用户专线 26 条/总长度 66.76 公里;10 千伏配变总台数 2385 台/容量 62.19 万千伏安,其中公变 1377 台/容量 24.55 万千伏安,专变 1008 台/容量 37.64 万千伏安；运行管理 380 伏/220 伏线路 4096.31 公里。同时管理并网小水电站 29 座，装机 5.82 万千瓦。

2012 年，彭州公司完成购电量 12.057 亿千瓦时；售电量 11.522 亿千瓦时；综合线损率 4.44%(回归后为 7.5%)；实现应收电费余额营销、财务双结零；城镇供电可靠率 RS3 为 99.9512%,农村供电可靠率 RS3 为 99.9008%；城市电压合格率为 99.857%，农村电压合格率为 99.472%；全年实现安全生产事故、影响和损害企业形象的重大服务事件、影响稳定和廉政建设重大事件“0”目标。

结合“安全年”活动的开展，加强了设备的隐患排查治理和输变配电设备运行维护管理，强化领导和管理人员到岗到位和现场蹲守制度。开展变电站安全文化建设和标准化建设，变电站生产秩序整顿纳入常态机制。加强安全基础建设和外委施工队伍的监管，继续加大生产现场的反违章力度，安全管理水平稳步提升。强化警企联防协作，开展电力设施保护专项活动，取得良好成效。组织干部员工参加了彭州市防汛演习、2012 年龙门山地质灾害应急演练的电力应急抢险科目的演练，全面提高了电力应急抢险队伍的核心战斗力。2012 年 10 月，该公司通过省电力公司组织的安全管理标准化评价。

2012 年，彭州公司重点进行了变电站建设，城区电网改造，农网加固提高工程，阶梯电价调价等工作。全年彭州电网投资规模达 10 亿元，新建 220 千伏高山变电站 1 座，新建 110 千伏同心变电站 1 座，新架 220 千伏线路 2 条、110 千伏线路 7 条、35 千伏线路 2 条，并继续进行城乡智能电表换装、农村配网改造、城区配网改造。

从 2010 年 8 月至今，累计完成 127780 只智能电表换装。开展增供促销“百日攻坚”活动，确保了公司售电量稳步增长。开展以“理清基础资料，促进管理升级”为主要目标的营业大普查工作，及时对存在的隐患和 SG186 系统内错误档案进行了整改。强化线损基础管理，制定多种降损措施，实现线损异常闭环管理。全力推进用电信息采集系统实用化建设及推广。完善专变客户用电信息采集终端远程接控功能，完成了 440 户专变客户真空开关改造。统筹管理，圆满完成居民阶梯电价调整工作。加强对农电工作现场的管控和农电线路设备的巡视检查及消缺，开展农网工程评价考核，保持农电安全稳定局面。积极开展标准化供电所创建工作，成功创建了 1 个省公司标准化供电所。顺利通过了 4 个电气化乡镇、31 个电气化村的验收，实现了供区内电气化乡镇、村全覆盖。加强农村供电所的基础建设，修建了军乐、利安、九尺供电所，有效改善了供电所办公服务条件。

开展“提升窗口供电服务水平”活动，圆满完成了十八大、彭州市“两会”、蔬博会等保电工作。成立公司抢修总值班室，健全抢修各项制度。设立服务监督流动箱、建立公司副总及相关管理人员每日参与晨训制度、开展“一句话服务承诺”岗位诚信承诺活动、实施“每天每月每年”培训方案，建立客户服务经验分享机制，优质服务亮点突出。公司被成都市质量监督管理协会用户委员会评为“成都市2012 年度用户满意服务单位”。

该公司开展“创先争优，岗位闪光”、“三亮三比三无”和“三走进”活动，有效实施党员先锋工程、示范工程和攻坚工程，进一步提高了党建工作水平。在 2012 年“8.17”特大山洪泥石流灾害中，公司组织党员抢险突击队第一时间挺进灾区，组织力量及时抢修损毁供电线路，恢复受灾乡镇供电，受到了地方政府的充分肯定。

推进“党建带班建”工作，创建了 1 个五星级班组和 2 个四星级班组。因地制宜的实施“122”工程，建起职工活动“一家两室两中心”（职工之家，健身活动室、员工电教化培训室、农电技能培训中心、老年活动中心）。先后举办职工文化艺术节、迎春游园会、足球赛、首届彭州三新公司体育竞赛等多项职工喜爱的文艺体育竞赛活动，推动了企业文化建设。

【四川邛崃供电有限责任公司】四川邛崃供电有限责任公司经 110 千伏苏崃线、临崃线、邓寿安支线、临带线、苏崃带支线、临安线接入国家电网，以 35 千伏线路为骨干网架、采用环形架设开环运行，10 千伏配网线路以辐射状向邛崃全市供电，供电面积 1384 平方公里。邛崃公司设部门 13 个，分别为办公室（党办）、财务科、人力资源科、稽查科、生技科、安监科、营销科、物资科、修试所、调控中心、临邛站，另有金宇邛崃分公司、邛崃三新电力服务有限公司（下设 9 个供电所）。有在册员工 867 人，其中：国有员工 492 人，农电员工 365 人，劳务派遣员工 10 人，退休员工 159 人。在岗研究生学历 3 人、本科学历 45 人，大专学历 112 人，中专、高中、职高、技校学历 267 人；中级职称 17 人，初级职称 250 人；技师 20 人，高级工 57 人，中级工 91 人，初级工 17 人。

2012 年底，邛崃公司拥有 220 千伏变电站 1 座、变电容量 30 万千伏安；110 千伏变电站 3 座、变电容量 28.3 万千伏安；35 千伏变电站 8 座，变电容量 7.4 万千伏安。有 35 千伏线路 21 条、约 230 公里；10 千伏配网线路 71 条、约 1400 公里。邛崃电网高峰负荷约 16 万千瓦、平峰负荷约 11 万千瓦、低谷负荷约 7 万千瓦。

2012 年，邛崃公司完成售电量 8.926 亿千瓦时，同比增加 24.31%。网供电量 6.596 亿千瓦时，同比增加 27.87%。电费回收率 100%。综合线损率 7.19%，比全年计划 7.2%下降 0.01%。电费预付金额占 100%。

邛崃公司以“安全年”活动为契机，以“抓培训、细执行、强责任、促提升”为主线，狠抓各项安全措施和要求的落实。公司不断深化安全警示教育实效性，组织开展安全培训、专项安全知识讲座和知识竞赛 12 次，全员培训率 100%。公司安全生产督察队督查指导施工现场 200 余次，确保全年安全生产责任事故“0”发生。该公司“电缆沟防盗系统 QC 小组”，与厂方合作开发安全生产工器具智能管理系统，安全技术管理明显提升。截至 2012 年 12 月 31 日，累计实现安全生产 5392 天，确保安全生产局面持续稳定，连续三年获得“成都电业局安全生产先进单位”。

邛崃公司深入开展基层组织建设年活动，依据《四川省党支部工作管理标准》，建立健全对公司各党支部的检查、考核、评级，推动党建工作走上了制度化、规范化的道路。创新“一支部一亮点”活动内容，公司支部结对共建、“连心岗”、 1+1 爱心帮扶、“电管家式”服务、党员志愿服务、党建带班建等支部亮点纷呈，获得成都电业局党委充分肯定。广泛开展“成都好人”评选、公民道德讲堂等活动，创建“工人先锋号”6 个，平乐供电所所长刘延当选为成都市十大“文明职工之星”。由于该公司在邛崃市电网建设中做出的突出贡献，被邛崃市推进“六大主体工程”工作成绩突出荣获三等功，连续三年被成都市公安局授予“成都市公安内保系统治安保卫工作先进集体”称号。

邛崃公司成立了“党员突击队”9 支，在重点工程、迎峰度夏（冬）、抗旱、抗洪等抢险保电工作中冲锋在前，身先士卒，充分发挥基层党组织在企业生产经营工作的先锋模范和战斗堡垒作用，为公司工作的顺利完成提供了坚强的施工力量。

该公司以“你用电、我用心”服务理念为核心，不断升华服务理念，努力实现共赢局面。用心打造高效业务办理流程，推出客户报装绿色通道、一站式等特色服务，进一步优化暂停、减容、计量故障处理等业务办理流程。用心营造良好投资环境，提前介入、主动服务，定期上门了解客户用电需求和建设进程，为招商引资企业排忧解难，全年共计走访客户 165 余户。用心做好用电高峰时段负荷调配。在迎峰度夏（冬）及重大节日来临时，提前宣传、提前告知，将优质服务重心前移，科学合理的避峰错峰，得到邛崃市政府、企业、群众的高度赞誉，有力地打造了企业的社会品牌，提升了供电企业的社会形象。

【四川大邑供电有限责任公司】大邑电网是以国家电网覆盖全地区供电的统一电网，是一个集供、配电为一体的电力企业。担负着大邑县 20 个乡（镇），157 个行政村、18 万余户居民的供电任务。前身为大邑县电力公司，1993 年 8 月 18 日交成都电业局代管，2001 年 1 月实行改制，2008 年 1 月由省电力公司控股，2010 年更名为“四川大邑供电有限责任公司”。下辖 7 科 2 室 4 中心及大邑县三新电力服务有限公司和集体企业成都金宇电力有限公司大邑分公司。共有员工 1096 人，其中在岗正式员工 253 人、外聘员工 39 人、农电员工 281 人、退养员工 201 人、退休员工 322 人。

大邑公司拥现有变电站 16 座，主变 32 台，总容量 94.36 万千伏安。其中：110 千伏变电站 5 座，总容量 39.38 万千伏安；35 千伏变电站 10 座，总容量 18.98 千伏安。拥有 35 千伏及以上输电线路 31 条，总长 292.27 公里。其中 110 千伏线路 10 条，总长 128.6 公里；35 千伏线路 21 条，总长 163.67 公里。网内有并网小水电 60 座，装机容量 18.44 万千瓦，2012 年县内系统发电量 9.88 亿千瓦时。

2012 年未发生安全生产事故、影响和损害企业形象的重大服务事件、稳定和廉政重大事件，实现“0”目标。

2012 年，大邑公司完成售电量 13.86 亿千瓦时，比上年度增长 24.68%；完成网供电量 5.44 亿千瓦时，比上年度增长 55.39%，电费回收率 100%，系统综合线损率 7.96%。该公司完善营销 SG186 档案基础信息清理工作，确保了基础档案与现场的一致性；开展“百日攻坚”专项活动，全面开拓市场，确保了售电量保持高增长势头；深入推广智能电表，累计完成智能电表改造 9 万余户，并顺利完成了居民智能电表阶梯电价调整工作；完善线损承包管理考核办法，加强小水电电量上网和结算管理，有效降低了综合线损。加强安全用电检查，开展营业普查及反窃电活动 8 次，查处窃电和违章违约用电等用户 16 户，共追补费用 123 万元。

2012 年全面完成重点项目建设：建成投运了大邑电网首座 220 千伏变电站—苏场变电站，极大提升了大邑电网供电能力。建成投运了 110 千伏安仁（庄园）输变电工程，有效缓解了安仁片区的供电紧张矛盾。建成 110 千伏王泗（福田）输变电工程，基本解决了王泗、新场片区及工业园用电问题。完成了新场 35 千伏变电站扩容改造工程和 35 千伏青霞输变电工程。该公司充分利用自有资金，加大对原有电网设备的改造工作。一是完成了官渡 110 千伏变电站 3 号主变扩容改造工程。二是完成了子龙庙 110 千伏变电站扩容改造工程与 110 千伏王大线升压工程。三是完成了 110 千伏栗子线 65 号—122 号塔段的改造投运工作。积极实施农网加固提高工程，完成 55 台配变安装，10 千伏线路改造 315.7 公里，以及农村低压线路改造 112.6 公里，大幅提升了农网安全可靠供电能力。

大邑公司严格落实各级人员安全生产责任制，以“安全年”活动为主线，扎实开展了“人身安全大检查”、“百日安全生产”、“安全生产月”、“春季安全大检查”、“两票专项监督”、“隐患排查治理”、“农网升级改造工程专项安全检查、“十八大保电和秋季安全大检查”等活动，进一步夯实安全管理基础。加强安全教育培训，全年共组织开展安全培训 4 次，参培 700 余人次。开展县级供电企业安全管理标准化评价工作，顺利通过省电力公司检查验收。严格落实“四七”工作法，加强现场安全监督和外委施工队伍管理，全年共纠正违章 15 处，处罚违章 6 起。加强电力设施保护，有效防止外力破坏发生，积极配合开展“警企联合”行动，电力设施遭外力破坏和盗窃现象得到遏制。扎实做好应急抢险、信息、消防和交通等各方面安全管理工作，确保了安全生产保持稳定局面。截至 2012 年 12 月 31 日，该公司实现并入成都大网后连续安全运行 7075 天。

大邑公司开展需求侧管理，做好迎峰度夏、度冬有序用电管理工作，主动向政府主管部门汇报沟通，作好应急预案，做好负荷控制预案，落实片区负荷控制责任。完成“太极蓉城”健身活动启动仪式、藏区机关事业单位招聘考试、高、中考保电、“庆党的生日”、家乐福美食节、部队重大活动、国庆系列活动、喜迎“十八大”、成人高考、保利国宝展等重要活动的保电工作。开展营业窗口优质服务巡视工作，对窗口环境卫生、人员精神面貌、业扩工作、客户走访、用电检查、线损管理、故障报修，停电通知送达情况等进行检查，开展营销业务技能培训及 SG186 营销业务、电能量采集系统、智能电表换装流程、调价工作培训。在“节约能源宣传周”，向客户发放节能宣传资料 38000 余份，并通过多种方式开展了 2012 年智能表换装宣传工作。

大邑公司加强党的建设。深入开展创先争优活动，注重塑造先进，营造典型引领氛围，全年共评选表彰每月一星6名。使广大干部员工树立“争先率先”意识。同时，坚持“三重一大”和民主集中制，认真履行“一岗双责”，加强“三新一重”人员的警示教育，组织重点岗位和职低权实人员参观成都电业局廉政文化教育基地、旁听大邑县人民法院审判，有力促进了公司党风廉政建设，不断夯实党风廉政基础。

该公司认真落实全员培训计划，大力开展员工技能竞赛，促进员工技能与先进科学设备同步发展。编制印发了《大邑供电公司员工手册》，举办了“‘爱祖国、爱家乡、爱企业、爱生活，迎国庆、迎十八大’职工摄影作品展”、“乒乓球比赛”、“登山比赛”、“摄影知识讲座”等活动，促进了员工技能水平和团队协助意识的不断提高。深入开展企业文化“五统一”活动。开办道德讲堂，注重提炼总结公司先进典型。加大企业文化宣传力度，围绕中心加强对外宣传，积极与大邑县电视台联系，联办了《万家灯火》栏目，有力彰显了国家电网品牌形象。

【四川新津供电有限责任公司】四川新津供电有限责任公司是由四川省电力公司控股、成都市新津县国有资产投资经营有限责任公司参股的县级供电企业。设七科一室一中心（即生产技术科、营销科、农电管理科、安全监察科、稽查科、财务科、人力资源科、党政办公室、电力调控中心），基层班组站所共14个。有在岗员工265人，具有大中专及以上学历255人，其中专业技术人员达到总人数的57.36%，技能人员占总人数的72.45%。在成都电业局的指导下，通过有效宣传和组织，先后顺利完成了新津县三新电力服务公司组建、155名农电员工合同签订、建章立制、业务开展等工作。

新津电网辖220千伏变电站2座（徐家渡、邓双），总容量66.00万千伏安，110千伏变电站4座（新津、花桥、文武、何店），总容量33.15万千伏安；110千伏输电线路9条，总长88.18公里，35千伏输电线路8条，总长36.68公里，10千伏配电线路51条，总长776.86公里；最高负荷15.7万千瓦，110千伏系统容载比达2.11。

2012年，完成购电量9.47亿千瓦时，同比增长4.02%，售电量8.92亿千瓦时，同比增长4.87%；预收电费比例125.96%，预收电费余额占当月应收电费比例122.73%，电费回收“双结零”；城市供电可靠率达99.985%，农网供电可靠性指标达99.933%；电网综合电压合格率达99.91%，居民客户端电压合格率达99.81%；供电可靠率（RS3）达99.96%。固定资产原值2.58亿元，较上年度增长15.67%。安全生产事故、影响和损害企业形象的重大服务事件、稳定和廉政重大事件实现“0”目标。积极创建标准化供电所和星级供电所。城区供电所成功创建为省电力公司标准化供电所，城区、普兴、兴义供电所成功创建为“四星级供电所”。

新津公司对《新津电网专项规划》进行了滚动修编。全年先后投运了邓双220千伏变电站，新增变电容量36万千伏安；新投220千伏锋邓线、邓渡线、雨邓线、尖邓线和110千伏邓新线、邓寿线等6回输电线路，新增220千伏输电线路18.95公里，110千伏输电线路11.922公里。220千伏尖山至黄水线路（新津段）、110千伏普兴送变电工程、110千伏邓双至何店线路等在建工程项目有序实施。2012年该公司投入资金1927.4万元，新增10千伏线路35.02公里，改造97个台区，有效地改善了城区、工业园区以及部分高损区域的负荷结构和供电能力。农网升级改造工作正加速推进，不断增强“手拉手”联网互供能力，提升配网自动化水平。“10千伏何金路、何云路同杆双回新建线路工程”被国家电网公司评为“2012年农网百佳工程”。

该公司积极配合新津县经发局开展阶梯电价前期收资、成本监审、方案制定及听证会准备等工作，最终形成了合表用户0.0483元、阶梯电价第一档0.0323元、第二档0.1323元、第三档0.3823元的上调方案，并率先完成了现场调价工作。

新津公司以落实安全责任为重点，认真开展了“春秋安全大检查”、“安全年”、“安全生产隐患排查治理”、“人身安全大检查”、“防外力破坏”等活动。通过周期性检查和对重要（高危）客户供用电隐患专项集中排查，切实规范了重要高危客户的供电安全服务。建立健全由专职安监人员、蹲守人员、巡查人员“三位一体”的现场“大安全”体系，全年共出动1300余人次开展专项监督301次，发现并及时处理隐患317处，纠正违章行为6起，处理违章人员15人次。截至2012年12月31日，实现连续安全生产5384天。

该公司主动向县委、政府、人大、政协等有关单位汇报工作，听取意见和建议，并会同相关部门负责人定期走访调研工业园区等重要客户，积极跟踪重大用电需求信息，努力让客户用上电、用好电，协调开展了四川新津工业园区、新材料产业功能区及现代物流功能区建设的供电方案以及线路改造工程，保障了园区企业的开工建设和如期投产，全年配合招商引资项目共130项，完成69项政府工程。该公司进一步加强报装接电过程管控，提升客户报装服务水平，全年共办理完成高压客户报装服务124次，装建容量9.24万千伏安。

新津公司抓好党建工作基础管理，深入推进创先争优活动。坚持每月中心组学习会，大力宣传党的方针政策和国家法律法规和国家电网公司、省电力公司、成都电业局的工作部署。试点“一支部一亮点”活动、“为民服务创先争优”活动、“基层组织建设年”活动、干部作风教育实践活动。认真开展“三走进”活动、党员“亮身份作表率”示范行动，以“党员评议”、“创先争优月度明星”评选活动为契机，激发公司党员爱岗敬业、立岗争先的热情。

坚持依法从严治企，大力构建协同监督格局。与县检察院签订了《预防职务犯罪意见书》。认真开展了党风廉政“对标找差”和县级供电企业突出矛盾排查治理工作。继续深入开展“廉洁是福”主题教育活动，加强对领导干部、重点岗位和职低权实人员的监督教育管理。

充分利用内部网络、简报、宣传栏，广泛宣传国家电网公司的企业文化建设。开展了“形势任务宣传教育活动”、“爱读书、读好书”主题活动、“新甘石精神大讨论”、“道德讲堂”、新津县“永远跟党走”、庆“七一”歌咏比赛、新闻宣传上稿264篇，向石渠虾扎希望小学爱心捐款活动等企业文化活动，均收到了良好的效果。

广泛开展群众性劳动竞赛和技术比武活动，送培员工参加成都电业局举办的员工素质提升讲座，积极开展形势任务教育和思想动态分析，开办了“职工书屋”和“道德讲堂”，加强员工“四德”教育，促进员工政治素质、文明素质、业务素质的整体提升。在广大团员青年中开展了“义务劳动”、“弘扬雷锋精神、关爱留守儿童”、“我向藏区儿童送本书”等活动，公司团总支还被评为新津县“先进基层团组织”荣誉称号。

【四川蒲江供电有限责任公司】蒲江供电有限责任公司前身为蒲江县电力公司，1994年10月委托乐山电业局代管，成立乐山电业局蒲江供电局。1998年2月蒲江电网转由成都供电，蒲江供电局也划归成都电业局管理。2006年4月改制成立四川蒲江供电有限责任公司。设有9科2所3中心，12个主业班组。分别是办公室、财务科、人力资源科、生产技术科、电力营销科、农电管理科、安全监察科、稽查科、调度监控中心及物资供应部。下属成都金宇电力有限公司蒲江分公司和蒲江县三新电力服务有限公司。

截至2012年12月31日有职工452人，其中：主业在册职工206，退休职工44人，农电员工156人，产业单位自聘员工46。主业男职工134人，女职工72人，农电男职工133人，农电女职工23人，产业单位男职工40人，女职工6人。主业中研究生1人占0.4%，本科42人占20%，专科143人占69.8%，中专高中15人占7.3%。高级职称2日占0.9%，中级职称13人占6.3%，初级职称101人占49.2%。技师6人占2.9%，高级工59人占28.8%，中级工36人占17.6%。人才当量密度0.837、高技能人才比例0.6581。农电人才当量密度0.5038、高技能人才比例0.1667。

蒲江电网共有变电站7座，均为无人值班变电站，其中110千伏变电站2座，35千伏变电站5座，总变电容量22.13万千伏安。有并网小水电站23座，总装机容量1.28万千瓦。运行维护110千伏线路3回61.85公里；35千伏线路7回97.63公里；10千伏配电线路39回770公里；380伏/220伏低压线路3130.42公里；供区内共有10千伏配电变压器1626台，总容量21.42万千伏安。供区内已形成了35千伏环网接线,担负着蒲江县12个乡镇、26.3万人的供电任务。实现安全生产、优质服务、队伍稳定和廉政建设“0”目标。

2012年，该公司完成购电量3.07亿千瓦时,同比下降0.04%；完成售电量2.82亿千瓦时，同比增长0.5%。综合线损率8.44%，同比减少0.5个百分点。预付电费比例97.99%。

蒲江公司全年共开展各类现场督察276次，纠正违章行为46起，全过程防范不安全行为。结合蒲江地理特点，及时修订完善各类事故预案，组织开展反事故演习。强化隐患排查与治理，通过实施“春秋安”检查、输电线路通道专项治理等，及时发现和消除各类安全隐患，确保电网、设备安全。加强班组安全活动和日常安全工作的督查力度，夯实班组安全管理基础。截至2012年12月31日安全生产累计达6649天，连续两年被评为成都市“安全生产先进单位”，“成都市安全文化建设示范企业”，一个班组获得2011年度四川省“安康杯”竞赛优胜班组荣誉。

该公司围绕县域经济发展战略，主动为县内重点企业、重点项目和军队优质服务，优化用电业务办理流程，提高服务工作效率。2012年完成高压新装用户40户，低压用户1200户以及1万户智能电表安装建档工作，完成全县居民生活阶梯电价调价工作；全面开展用电检查工作，实现客户用电检查1100户，根据客户情况发出整改通知书50余次，处理用户用电业务106项；主动走访重要用户60次，召开了“迎峰度夏”、年中、年末客户及行风监督员座谈会等优质服务会议，完成元旦、春节、“两会”以及采茶节、樱桃节、“两考”等重大活动保供电工作。优质高效完成博世电动工具专线架设工作，得到博世集团成都项目部以及蒲江县委、县政府的高度评价，公司主动服务重点项目的典型事迹，受到成都日报、成都电视台等媒体的关注。

蒲江公司现有党员 125 人，下设 6 个党支部，现为成都市市级文明单位标兵，蒲江县工会工作先进单位、成都电业局先进职工之家，荣获成都电业局 2012 年度工程建设管理效能监察优秀成果二等奖。

（罗 颖）

乐山电业局

【企业概况】乐山电业局是四川省电力公司下属国家特大一型供电企业。下辖城区、峨眉山、五通、沙湾、夹江、井研 6 个直供县，承担着 7 个趸售公司的供电任务，同时还担负着龚嘴、铜街子、南桠河等大型电源汇集送出的重要任务。供区面积 1.28 万平方公里。

2012 年，乐山电业局坚持以科学发展观为指导，深入贯彻国家电网公司、省电力公司和市委、市政府各项决策部署，积极应对复杂的内外部形势，主动适应体制机制变革，推动各项工作取得了新成绩。截至 2012 年底，该局拥有固定资产原值为 52.36 亿元。共有 35 千伏及以上变电站 71 座，变电总容量 613.51 万千伏安（其中 220 千伏变电站 14 座，110 千伏变电站 28 座，35 千伏变电站 29 座）。10 千伏城市配网线路 111 条，总长 677.89 公里，35 千伏及以上线路 187 条，总长 2833.341 公里。全年完成售电量 156.79 亿千瓦时，比省电力公司调整后的目标增长 1.15%。主营业务收入净额 66.62 亿元。综合电费回收率为 100%。完成综合线损指标 3.84%，低于省电力公司下达指标 0.01 个百分点。完成电网发展投入 10.26 亿元。新增 35 千伏及以上变电容量 131 万千伏安，投产 35 千伏以上线路 328 公里。截至 2012 年 12 月 31 日，该局实现连续安全生产 3080 天。

2012 年，乐山电业局荣获全国五一劳动奖状、全国电力行业优秀企业、四川省十年扶贫先进单位、国家电网公司先进单位等多项荣誉称号。

【人力资源】截至 2012 年 12 月 31 日，该局用工总量 3834 人，其中，国有员工 1499 人，占总人数的 39.1%；国有员工其他 621 人，占总人数的 16.2%；劳务派遣到农电岗位用工 1374 人，占总人数的 35.84%；劳务派遣到主业其他岗位用工 340 人，占总人数的 8.86%。人才当量密度 0.96。

乐山电业局以人力资源集约化管理为主线，深入推进“三个全员”，坚持体制机制创新，促进人力资源科学优化配置，着力提升员工队伍素质。深化“五大”体系建设。本部职能部门减少4个，科级建制部门减少13个，股建制部门减少19个，班组数减少24个。用工效率提升11.34%。管理人员精简178人。人才当量密度提升3.16%。完善制度建设。制定《乐山电业局表彰奖励管理办法》、《乐山电业局绩效管理实施细则》、《乐山电业局控股公司年度业绩考核办法》等办法，有效提高人力资源管理规范性。严格工资计划分配。加大绩效薪金的预付力度，明确

2012 年 8 月，四川省电力公司总经理、党委副书记王抒祥在乐山调研指导乐山电业局“三集五大”体系建设工作

（乐山电业局 提供）

各类员工的薪酬列支渠道，同时将中层干部的工资收入纳入电业局统一管理。建立福利计划审批制度，实现福利计划事前分析测算、事中执行控制、事后考核评价的闭环管理。加强基础信息管理，完成该局2012年度人力资源普查工作，共核对全局4028人的信息工作，及时更新学历、资格等信息550余条。深入实施人才强企战略，制定《乐山电业局2010—2020年人才发展规划》、《乐山电业局优秀人才选拔管理办法（试行）》等。坚持德才兼备、以德为先用人标准，调整交流科级干部95人次，考核试用科级干部17人次。建立优秀人才多岗位实践锻炼机制，选派技术骨干50余人次赴甘孜白玉、炉霍县开展藏区援建。全面加强员工技能技术培训，开展培训班次469期，参培人员达11242人次。积极拓宽人才成长通道，一年来新增高级职称人员31名、省电力公司级优秀人才21名，17人入围省电力公司“双千人才”选拔，2人入围国家电网公司“领军人才”选拔。

【“三集五大”体系建设】乐山电业局精心实施“五大”体系建设，高标准、高效率完成方案编制、动员准备、新模式导入、磨合改进等阶段性工作，顺利通过省电力公司检查验收。在人力资源集约化方面，形成了管理规范、专业协同、保障有力、运转高效的人力资源集约化管理体系。本部职能部门减少4个，科级建制部门减少13个，股建制部门减少19个，班组数减少24个。用工效率提升11.34%。管理人员精简178人。人才当量密度提升3.16%。在财务集约化方面，建立了财务管理纵向集约、横向融合和信息化管理的长效运行机制。会计主体减少9个。在物资集约化方面，全面掌控每一个供应环节，将原来物资上报3级审核，优化为2级审核，优化率达到33%。数字库房实现迅速查找物品，快速配送到位，提高工作效率2倍。物资供应保障机制和年度物资使用情况调研评估机制基本建成，完成物资计划申报14批次，5936条，概算金额3.17亿元。整合仓储资源，仓库数量精简率达30%。在“大规划”体系建设方面，作为四川省电力公司“大规划”专业模拟演练的试点单位，通过变革创新构建起统一规划、各专业相互协调、各类规划有机衔接的一体化管理体系，电网前期工作效率大幅提高。在“大建设”体系建设，统一电网建设管理流程、技术规范和建设标准，健全和完善业主项目部建设，进一步加强项目的全过程管理，实现了基建安全管理“0”事故目标。积极探索电网建设协调属地化，统筹推进工程建设，实现协调工作“0”投诉目标，年度开工及投产任务提前30天完成。“大运行”体系建设实现了“调度一体化”和“调控一体化”运作，完成“六到位”建设。建成EMS系统地县调一体化平台、在线稳控系统、省地两级协调控制的AVC系统、省地一体化OMS系统，实现调度与监控业务的集约融合，事故反应处理能力显著加强，事故处理效率提高200%。“大检修”体系建设整合输、配、变环节的业务职能，有效压缩管理层级，初步形成检修专业化、运维一体化和城农网一体化管理。实现配网故障抢修效率提高26.7%，检修人员和检修频次减少51.4%，设备缺陷消除率保持100%，用户平均停电时间同比下降55%。扎实开展“大营销”体系建设各阶段工作，打造新形势下“一型五化”的大营销体系。结合“大营销”体系的建设，完成了乐山电业局市客户服务中心稽查监控大厅建设，形成监控系统应用、分析、监督、评价、考核等常态化管理机制。

乐山市委书记唐坚，在乐山电业局共产党员服务队“基层夜话”中走进乐山电业局 （乐山电业局 提供）

【电网建设与发展】乐山电业局紧紧围绕地方经济社会发展，全面落实省电力公司与乐山市政府签署的战略合作协议，完成《乐山电网“十二五”发展规划》滚动修编。集中开展“十二五”规划项目落地实施，完成12个项目可研报审，取得7个项目的核准批复，完成7个项目环评、水保验收。加快推进重点项目。建成投运220千伏输变电项目4个，新建（扩建）110千伏变电站5座。圆满完成220千伏汉音二线抗冰差异化改造。推进电网工程“质量管理年”活动，220千伏傅河输变电工程被评为国家电网公司优质工程。加快配网建设改造，完成城市配网基建、大修、技改投入1.3亿元。加快农网升级改造，完成8镇9乡27个村的新农村电气化建设，累计完成农网建设投入3.6亿元。

【经营管理】乐山电业局积极应对复杂的内外部形势，主动适应体制机制变革，全力以赴增供扩销，全年完成售电量156.79亿千瓦时，比省电力公司调整后的目标增长1.15%。面对复杂而严峻的电费回收形势，该局积极向用电客户做好电价政策的宣传和解释工作，全力推行预付电费或分次结算电费，有效控制电费回收风险，实现电费回收率100%，月平均预收电费比例为83.59%，较2011年末提高8.59%，完成省电力公司下达的预收电费比例 80%目标。全年市场占有率为97.47%，同比上升1.22%。以“七大提升活动”为载体，扎实开展管理提升活动。坚持民主集中制原则，集体决策“三重一大”事项 178 项。深化财务集约化管理，压缩会计主体 9 个。精益化预算管理初见成效，规范日常报销入选省电力公司财务系统管理典型经验。开展工程建设领域突出问题、“三指定”、公务用车等专项治理。强化审计监督职能，完成审计项目146个，审减资金131万元。开展工程建设管理、清产理财和农村供电所管理效能监察，挽回经济损失40.41万元。加强同业对标管理，保持省电力公司第二名。扎实开展创一流工作，1 个基层单位荣获国家电网公司一流县级供电企业称号。稳妥推进“主多分开”，依法有序推进资产评估、收购及转让工作，妥善处理涉及职工利益的重大问题，完成“乐山乐为电力实业公司”为载体的集体资产经营平台搭建，顺利通过国家电网公司验收。高度重视管理创新、课题研究和科技进步，12 个项目分获国家电网公司、省电力公司管理创新奖，其中，《以案为鉴 释义安规 共保安全生产》获全国电力企业管理创新二等奖，《地市供电企业应急体系的建设与实践》、《教育培训需求管理系统建立与应用》获省电力公司一等奖。6 个课题获省电力公司优秀奖，其中，《供电企业员工安全业绩创建模型的构建与实践研究》获一等奖。加强专利知识宣贯及项目开发，实用型专利 42 项，获得专利授权 69 项，获得发明专利授权2项。

【安全生产】乐山电业局始终坚持“以人为本、夯实基础、控制过程、严格考核”安全生产工作思路，强化基础管理和过程控制。扎实开展“夯基础、抓现场、控风险”专项活动，安全稽查和责任考核进一步落实。全方位组织隐患排查治理，季节性、专业性安全大检查成效显著。深入开展电网安全风险专项评估，电网风险防控能力进一步增强。开发标准化安全监督、变电站标准化巡检智能系统，班组减负工作得到真正落实。建立控股公司安全管理标准化评价体系，薄弱环节得到加强。创新开展全员安全等级认证，安全生产管控更加科学规范。协调政府出台了《关于加强全市电力线路保护区通道清理整治工作的通知》，线路通道整治力度进一步加强。圆满完成“5.12”、“5.19”大面积停电应急演练和泸州、西昌喜德抗洪保电任务，保障了党的十八大、国庆等重要时期安全可靠供电。一年来，没有发生轻伤以上安全责任事故，电网设备八级事件同比减少27%，安全生产管控能力显著提升。全年未发生110千伏及以上电气设备技术监督责任事故。2012年技术监督工作在省电力公司排名第一，同时获得省电力公司2012年度化学技术监督先进单位、计量技术监督先进单位、直流技术监督先进单位等荣誉称号。2012年乐山电业局在省电力公司安全业绩排序中名列第一。

【科技与信息化工作】乐山电业局积极以“五新一化”标准提高科技项目含金量，开展科技进步奖评审工作。积极挖掘生产一线的实用新型专利，2012 年获得实用新型专利授理41项，实用新型专利授权67项，发明专利授权 2 项。以标准化流程积极推进科技项目、群创项目、信息建设及信息维护等项目进度。2012年该局完成10个科技信息项目验收工作，其中通过省电力公司验收 3 个。积极推进新技术应用。2012年首次在川内对220千伏线路采用移动式直流融冰技术。全面推进标准落地工作，标准化成果贡献率排名省电力公司第一。自主开发的“变电站智能标准化巡检系统”有效减轻了巡视人员工作负担，提升了标准化巡检工作效率。通过强化基础管控，提高信息运维管理水平和信息安全排名。加强信息系统深化运用，加强对信息安全知识的宣贯，通过信息基础建设提高信息安全监督水平。

【优质服务】该局深化“一型五化”大营销体系建设，实现营销业务流程对接标准化、五大协同建设无缝化、营销专业管控实时化。形成“智能营业厅”、“大客户价值工程”等创新成果，客户投诉一次解决率、客户满意度均达到100%。城市故障抢修工单处理平均时长缩短21.44分钟，处理效率提高19.2%。高压客户业扩报装平均接电时间缩短 2.7 天，同比下降15.25%。深入开展 95598 光明服务工程，在全省率先开通 95598 保障性住房服务专线和绿色通道。严格执行供电服务标准，全面启动“用电一度·用心一百”优质服务主题活动。开展窗口服务专项整治，实施“农村安全用电强基固本专项行动”，有序推进农电营销专业化改革进程，促进供电服务水平一体化进程。及时关注大客户市场，实施大客户差异化服务，启动大客户价值工程，开展能效服务，实行负荷信息“双预警”，做实有序用电。加快城市“十分钟缴费圈”和农村缴费点建设，全年新增各类网点231个，极大方便了客户缴费。开展供电“服务之星”劳动竞赛，评出10名乐山电业局服务之星，组织参加省电力公司、国家电网公司“服务之星”劳动竞赛获得国家电网公司服务之星1人，省电力公司“十佳服务之星”1人。乐山电业局荣获省电力公司2012年度优质服务先进单位称号。

【党的建设和精神文明建设】乐山电业局以基层党组织建设年活动为契机，编制完成《基层党组织工作一本通》，在省电力公司范围率先研发应用电子党务系统，形成《基层党组织标准化建设的创新实践》，在省电力公司思想政治工作创新成果发布会上获好评。试点推进党员建议和提案制度、党代表巡视督察制度，进一步落实党员民主权利。成立工人先锋突击队，大力弘扬“新甘石”精神，在抗冰差异化改造、援藏帮扶、援助泸州和喜德抗洪抢险等急难险重任务中开辟创先争优主战场。成立国家电网四川电力（乐山峨眉山）共产党员服务队，开展“轮岗促技能，培训强素质”主题活动，精心打造“为民服务，创先争优”精品工程，被乐山市委授予“共产党员示范岗”。“七一”前夕，乐山市委书记唐坚带队到共产党员服务队开展“基层夜话”，对该局创先争优活动给予充分肯定。围绕企业中心工作，开展“我为三集五大进一言”、先进职工文化建设等活动，建成省电力公司“职工书屋”示范点2个。汇编《平凡人·感动事》故事集和《乐山电业局班组建设成果集》，打造企业文化论文、案例库。完成“七大提升工程”、“喜迎十八大”等主题宣传，精心策划援藏帮扶和马边扶贫工作等企业文化亮点。深入分析调研舆情监控与维护工作，形成《供电企业网络舆情应对方法的创新与实践研究》调研报告。巩固并拓展“全国文明单位”创建成果，通过省级文明单位复查，沙湾供电局、马边供电公司创建成市级文明单位。作为省电力公司系统全面社会责任管理首家试点单位，以实施“15333”工程为核心，重点开展“1234”四项实践，成功发布《乐山电业局服务乐山经济社会发展白皮书》。围绕扶贫工作思路，党组织结对帮扶“三区”成效显著，荣获乐山市委市政府“小凉山扶贫之星”光荣称号。选树道德模范“乐山好人”张小华、“四川省优秀驻村干部”夏祚顺、“老有所为标兵”郑宗林等先进典型，扩大引领效应。

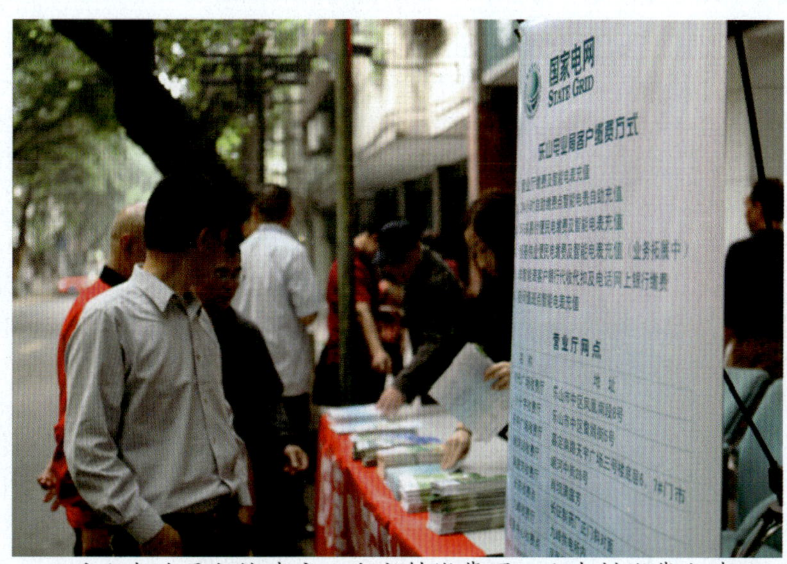

乐山电业局加快城市“十分钟缴费圈”和农村缴费点建设，全年新增各类网点231个，极大方便了客户缴纳电费。图为该局在街头宣传缴费知识　　（乐山电业局　提供）

【存在的主要问题】一是安全基础仍然不牢。主环网架不尽完善，电网风险依然存在，配电网络建设投入不足、缺陷隐患较多，人员违章屡禁不止，标准化执行不到位，安全形势不容乐观。二是电力市场开拓压力增大。外部经济形势依然错综复杂、充满变数，乐山经济步入转型期，企业恢复生产的积极性不高，新增项目推进缓慢，客户用电需求不确定性增加，市场开拓压力加大。三是人力资源结构性矛盾依然突出。虽然经过“主多分开”、“三集五大”体制机制变革，但总体用工偏多的情况没有得到根本改变。生产、营销等重要领域、关键岗位的技术骨干不足。农电队伍超员、老龄化严重，技术技能水平普遍偏低。四是精益化和创新水平仍需提升。生产、营销、农电基础管理工作不够精细，效率效益不高，创新水平不够，个别领域还比较粗放。五是集体企业经营压力巨大。集体企业承担了大量人员的安置，加之水电等优质资产转让后，盈利空间及业务范围极大压缩，经营形势十分严峻。

【峨眉山供电局】峨眉山供电局成立于1969年11月，供电范围覆盖峨眉山市18个镇（乡）和峨边金口河地区，供区面积881.3平方公里，占市域面积的

75%。该局担负着国营八一四厂、峨眉铝业集团、金顶集团峨眉水泥厂、川投峨铁等重要企业的供电任务，电力用户9.992万户，供电人口35.20万人，占全市总人口的78%。该局设有14个科室班组，3个农电运检中心，6个农电营业部。现有职工549人，其中在册职工196人、退休职工189人。

截至2012年12月31日辖区内共有220千伏变电站4座/105万千伏安，110千伏变电站4座/21万千伏安，35千伏变电站5座/7.49万千伏安，10千伏开闭所2座。35千伏线路14条/131公里，10千伏线路55条/821.95公里，10千伏配变1412台/27.47万千伏安，固定资产原值6.45亿元。2012年，完成售电量78.61亿千瓦时，并成功创建为国家电网公司一流县级供电企业。

【五通供电局】乐山五通供电局成立于1971年9月，担负着五通桥区12个镇（乡）的直供任务，直供面积为474.03平方公里，供电用户11.23万户。下设7个科室，24个班组。现有员工349人，其中：国有员工110人，农电用工210人，劳务派遣用工29人，退休员工165人；人才当量密度0.97。

该局有固定资产原值7.22亿元。辖区内共有变电站14座，变电总容量114.4万千伏安，其中220千伏变电站3座、110千伏变电站4座、35千伏变电站6座；35千伏输电线路122.83公里，10千伏线路844公里，低压线路6980公里。2012年，该局完成售电量22.58亿千瓦时。

【沙湾供电局】沙湾供电局成立于1991年11月，担负着沙湾区13个镇乡，6.5万户客户，21万人的供电任务，供区面积约618平方公里。2012年，完成售电量22.15亿千瓦时，同比减少9.09%。

该局有固定资产原值5.07亿元，净值1.94亿元。辖区内共有220千伏变电站1座，110千伏变电站4座，35千伏变电站3座；主变14台，总变电容量64.82万千伏安；35千伏及以上输电线路203.5公里，10千伏线路730.7公里。

【夹江供电局】夹江供电局成立于1998年，供区面积约241平方公里，占全县总面积的32%；供区人口约12万，占全县总人口的40%。设有部门5个，职工72人，退休职工20人。集体平台设部门7个，职工40人，退休职工1人，农电员工82人，合计215人。2012年，完成售电量14.06亿千瓦时。

截至2012年12月31日，辖区内共有220千伏变电站1座/30万千伏安，110千伏变电站3座/18.3万千伏安，35千伏变电站4座/2.69万千伏安，10千伏开闭所1座。220千伏线路7条/174.37公里，110千伏线路9条/84.67公里，35千伏线路11条/89.71公里，10千伏线路32条/397公里，10千伏公用变压器480台/7.2万千伏安。

【井研供电局】井研供电局成立于1991年底，供区包括井研全县以及乐山市中区、五通、荣县、犍为等周边县部分村组，共计409个村，2959个组，42万余人。有大宗工业客户56户，专变客户425户，居民用电客户13.4万余户。该局设有四个职能科室，七个生产班组、十三个农电专业管理中心，有员工410人，其中全民员工71人，劳务派遣用工18人、农电用工321人。2012年，完成售电量3.42亿千瓦时。

截至2012年12月31日，辖区内共有110千伏变电站2座/14.3万千伏安，35千伏变电站7座/5.41万千伏安，110千伏线路74.65公里，35千伏线路109.5公里，10千伏线路1021.474公里；配电变压器1298台/18.78万千伏安，低压线路8949.59公里。

【四川马边供电有限责任公司】四川马边供电有限责任公司于1995年12月由马边电厂改制而成。2003年初，由乐山嘉能电力有限责任公司控股。2008年12月，省电力公司正式控股。2009年3月完成对公司的股份制改造，公司注册资本金1026.58万元。该公司集发、输、配电于一体，主要经营水力发电与电力供应，兼营35千伏以下送变电工程建设、电工器材、仪表销售等。供电网络覆盖全县2383平方公里，供区总人口21.3万人。现有职工316人，农村供电所4个，发电站4座、装机9台，总容量6830千瓦；35千伏变电站6座，主变8台总变电容量3.875万千伏安，35千伏输电线路13条/138.21公里，10千伏配网线路29条总长度844公里，变压器台数883台总容量11.2万千伏安。

截至2012年12月31日，该公司拥有固定资产原值1.29亿元，2012年完成全口径售电量2.9亿千瓦时，资产负债率198.67%。

【四川沐川供电有限责任公司】四川沐川供电有限责任公司成立于2010年6月，注册资本人民币3796.10万元，是一个集发电、配电、供电为一体的综合性电力企业，主要承担沐川城区和19个乡镇196个行政村的供电任务，供区面积1408平方公里，供电人口约26万人。主网营业户数5.3万余户。设六部一所，有正式员工385人，外聘员工33人。

沐川公司网内有并网电站37座，总装机容量为2.08万千瓦。属该公司资产的电站4座（三宝石电站、涧溪沟电站、胡溪口电站、龙沱电站），总装机容量为0.715万千瓦。辖区内共有220千伏变电站1座，110千伏变电站2座，35千伏变电站5座，10千伏开关站1座，变电总容量25.82万千伏安；110

千伏输电线路 4 条/74.64 公里，35 千伏输电线路 10 条/144.86 公里，10 千伏线路 44 条/1139.26 公里，低压线路 2601 公里；10 千伏配电台区 1579 台/总容量 17.8 万千伏安。

截至 2012 年 12 月 31 日，公司拥有固定资产原值 3.27 亿元，负债 1.51 亿元，资产负债率 111.53%，2012 年，售电量 2.37 亿千瓦时，比上年同期增长 8.56%，营业总收入 1.31 亿元（不含税），同比增长 11.2%。（周建佳）

攀枝花电业局

【企业概况】国家电网四川攀枝花电业局始建于 1965 年，现为四川省电力公司下属的特一型企业。本部设置 11 个职能部门，市公司层面业务支撑和实施机构 6 个，所属全资县公司 2 个，省电力公司授权管理控股公司 2 个。现有职工 1145 人，其中国家电网公司和省电力公司优秀人才 44 人，优秀人才密度居省电力公司前列。

该局固定资产原值 33.18 亿元，净值 19.64 亿元。拥有变电站（开关站）49 座，变电容量 539.38 万千伏安,其中，220 千伏变电站 9 座，110 千伏及以下变电站 36 座，10 千伏开关站 4 座；35 千伏及以上线路 1412 公里，配网线路 2131 公里。

2012 年 3 月 22 日，四川省电力公司与攀枝花市委市政府举行座谈会，共同描绘攀枝花发展蓝图（攀枝花电业局　提供）

2012 年，攀枝花电业局累计完成售电量 115.25 亿千瓦时，位居省电力公司系统第三位；日最大负荷 156.8 万千瓦(网供)，日最大电量 3402 万千瓦时，均创历史最高水平；线损率 3.38%；电费回收率和电费解交率 100%；全年完成固定资产投资 7.15 亿元，同比增长 74.19%；实现连续安全生产 1440 天；继续保持“全国文明单位”称号。

【人力资源】2012 年，攀枝花电业局加大优秀人才培养力度，畅通人才成长渠道，全年累计新增省电力公司级优秀管理人才 3 名、技术人才 5 名、技能人才 31 名，人才当量密度 0.94。

2012 年 4 月和 6 月，四川省电力公司对攀枝花电业局领导班子进行调整，2012 年 4 月，西昌电业局党委书记华欣交流至攀枝花电业局担任党委书记、副局长，原攀枝花电业局党委书记、副局长杨文毅担任攀枝花电业局正处级调研员。2012 年 6 月，攀枝花电业局副局长李建文异地交流至西昌工作，攀枝花电业局东城供电局局长王培云就地提拔，担任攀枝花电业局副局长。

该局制定《四川省电力公司攀枝花电业局“十二五”期间结对帮扶得荣、乡城工作规划》，选派 9 名优秀人员长期支援省电力公司甘孜公司。2012 年进藏 11 次，进藏人员 94 人，建立规章制度 27 个，其中得荣公司 14 个、乡城公司 13 个，累计支援物资费用约 313 万元。攀枝花电业局编制完成人财物集约化调整工作方案，按时完成机构设置和人员调整工作。

【三集五大体系建设】2012 年，按照国家电网公司推进“人、财、物”集约化管理和“大规划、大建设、大运行、大检修、大营销”（简称“三集五大”）体系建设重大战略部署，攀枝花电业局圆满完成“三集五大“体系建设。通过“三集五大“体系建设，该局职能部门由 14 个精简为 11 个，县级供电企业由 3 个精简为 2 个（撤销原东城供电局，成立市客户服务中心），设置业务支撑和实施机构 6 个。全局劳动用工效率提升 16.21%，科级建制机构由 30 个精简到 19 个，精简率为 37%；股级建制机构由 42 个精简到 10 个，精简率为 76%；班组由 68 个精简到 50 个，精简率为 26%，管理人员减少 62 人，共有 77 人合理安排到集体企业。

【电网建设与发展】该局强化电网规划与城市规划的对接，结合地方经济发展滚动修编攀枝花电网“十二五”发展规划、35 千伏及以下电网和农网升级改造“十二五”规划。

2012 年攀枝花境内甘泉、橄榄两座 500 千伏变电站相继投运，正式形成攀枝花 500 千伏环网，打通了与四川主网 500 千伏第二通道，电网下负荷能力从 90 万千瓦提升至 350 万千瓦。

加快在建工程项目的实施，500 千伏甘泉配套输变电工程等一批电网项目按期建成,累计新（扩）建、增容改造变电站 6 座,投产变电容量 21.06 万千伏安。220 千伏一枝山输变电工程荣获国家电网公司优质工程称号。

220 千伏立柯、回龙沟和 110 千伏昔街、干塘、沙坝工程完成核准工作，枣子坪输变电新建工程完成核准上报。220 千伏立柯、110 千伏昔街输变电工程正在可研设计。

【经营管理】攀枝花电业局积极应对严峻售电形势，大力开展“百日攻坚”活动，有效遏制电量销售下滑的趋势。强化需求侧管理，科学指导客户有序用电，实现电力电量平衡，全年报装 2.2 万余户，新增容量 95.8 万千伏安。

推行物资计划月度审查和信息化建设，自主研发物资非招标采购管理信息系统。积极参加地方人大代表换届选举，企业主要负责人当选为四川省人大代表。创新开展星级班组创建，13 个班组被省电力公司命名为“五星班组”和“工人先锋号”，班组建设同业对标居省电力公司系统第二位。全年形成职工技术创新成果 54 项，其中 9 项获国家专利。率先在全川实现带电水冲洗作业。

【安全生产】该局全面推进“安全年”活动，全年开展安全巡查 242 次，查处各类违章和安全隐患 97 项，完成 108 个班组安全风险评估。扎实开展隐患排查治理，完成 48 座变电站、46 条重要线路及所有配网线路的隐患排查治理。全年开展带电作业 452 次，增长 33%。推进客户侧电气设备年检预试和谐波治理工作，指导 164 家重要和高危用户开展用电安全检查。

加强电网科学调度，做好电力电量平衡，组建 120 人的应急救援大队，全年完成 73 项应急预案修订，圆满完成抗旱保电、8.29 肖家湾煤矿事故保电、8.31 凉山喜德抗洪抢险等急难险重任务和党的十八大、欢乐阳光节等重要保电任务。

【科技与信息化工作】攀枝花电业局全面加强科技与信息化建设，2012 年，共获省电力公司科技进步奖 3 项。申报专利 46 项，其中：发明专利 18 项，实用新型专利 28 项。在省级及以上刊物发表论文 21 篇，1 篇核心刊物论文审核通过，参编省电力公司标准 25 个。

110（66）千伏和 220 千伏及以上电力主通道电力光缆化率 100%；220 千伏及以上线路保护装置通道光纤化率 66.06%，提高 7.04%。大力推进变电站综合自动化改造，变电站综合自动化率达 100%。

【市场服务】攀枝花电业局大力实施居民服务再提升工程，全面推广“你用电、我用心”大众传播品牌。不断丰富充值缴费渠道和手段，新增缴费网点 217 个，“十分钟步行缴费圈”初步形成。加快智能电表推广应用，累计装设智能电表 8 万余只，覆盖率达 42.6%。大力推进配网状态检修、带电作业，有效减少停电范围和次数。

建立扶贫帮乡长效机制，定点帮扶盐边县热水塘村，自觉履行社会责任。发挥明查暗访机制作用，开展行风检查 4 次，投诉办结率、回访率、满意率均为 100%。企业未发生影响和损害企业形象的重大服务事件，实现供电服务“零事故”。

【党的建设和精神文明建设】攀枝花电业局深入开展“创先争优”、基层组织年建设活动，米易公司党委、西城局党支部被评为省电力公司电网先锋党支部，共产党员服务队被确定为攀枝花市创先争优活动示范点。严格落实党风廉政建设责任制，扎实推进协同监督和惩防体系建设，2012 年度党风廉政建设暨惩防体系建设责任制执行情况被省电力公司考评为“优秀”。

深入推进企业文化传播、落地和评价工程，真心实意关爱员工，改造文化服务设施 5 处，开展各类服务活动 480 次，企业文化建设经验在省文明单位文化建设经验交流会上交流，局被评为 2012 年攀枝花市公民道德建设先进集体和精神文明建设先进单位。

【依法治企工作】2012 年，该局扎实开展依法治企自查自纠，将依法从严治企要求向基层和一线延伸，着力解决工程施工、供电服务、公务用车、员工福利待遇等方面的突出问题。修改完善《非招投标项目管理办法》等 22 项制度，持续深化工程建设领域突出问题等专项治理，自觉维护公平诚信市场形象。严格规范因公出国（境）、公务用车、会议接待等费用管理，确保各项费用支出合理有序。继续深入推进检企共建，加大源头防腐力度。深入开展“六五”普法工作，员工法律意识进一步增强。组建电力警务室并派警驻企，警企共建工作机制进一步完善，荣获“2006-2010 年四川省法制宣传教育先进单位”。

【存在的主要问题】一是安全风险依然存在。攀枝花 500 千伏双环网虽已形成，但 220 千伏枣子坪、坪庄线等输变电工程尚未完工，220 千伏环网还未形成，电网面临四级以上安全事件的风险依然存在。二是攀枝花配网和农网基础薄弱、老化严重，加之受外力破坏、用户故障等多种因素影响，安全可靠供电面临巨大压力。三是经营管理任务艰巨。国际经济形势和国内宏观调控、产业结构调整的进一步深入，对四川经济增速带来较大影响，该市高耗能、高排放企业生存发展空间进一步受限，攀枝花工业经济结构面临新一轮调整，短期内会对用电市场造成较大负面影响，增供促销压力巨大。

【仁和供电局】2012 年，仁和供电局累计完成售电量 29.04 亿千瓦时，同比下降 20.63%；综合线损率 1.77%；电费回收率 100%。截至 2012 年 12 月 31 日，该局连续安全生产 2748 天。

仁和供电局坚持科学规划，加快电网发展，完成仁和供区 35 千伏及以下电网“十二五”规划报告的修编工作。完成 2012 年第一、二、三批大修项目设计、ERP 物资采购、合同签订以及现场施工和结算工作。

2012 年 9 月 2 日，为支援凉山喜德抗洪抢险，攀枝花电业局组织抢险队伍支援。图为电力勇士出征仪式现场　（攀枝花电业局　提供）

完成全部 2012 年农电大修工程、2012 追加成本小方杆整治和低电压台区整治施工和竣工结算；2012 年农网改造升级工程、农电技改、农网资本金项目已全部竣工。完成配网隐患排查治理专项整治工作，排查 10 千伏线路 57 条，低压台区 597 个，共处理隐患 146 处，线路跳闸明显减少。

2012 年，仁和供电局加强营销服务管理，增供扩销取得良好业绩。全年完成新装低压客户 2781 户，容量 2.46 千瓦，新装、增容高压客户户数 115 户，变压器台数 180 台，容量 57.87 万千伏安，新增直供营业户数 2866 余户。严格用电检查，降低用电隐患，结合“8.29”攀枝花肖家湾矿难事故，开展 10 家重要及 28 家高危客户隐患专项治理及督促整改工作。配合市政府、仁和区政府有关部门对煤矿供电管理进行专项检查，完成不符合国家产业政策的 6 家企业的停电工作。

【西城供电局】2012 年，西城供电局累计完成售电量 11.19 亿千瓦时，同比增长 8.70%；综合线损率 2.05%；电费回收率 100%。截至 2012 年 12 月 31 日连续安全生产 1631 天。

2012 年，西城供电局坚持科学规划，加快电网发展，完成西区供区 35 千伏及以下电网“十二五”规划报告的修编、2012 年第一、二、三批大修项目设计、ERP 物资采购、合同签订以及现场施工和结算工作。2012 年农网改造升级工程、农电技改、农网资本金项目已全部竣工。排查 10 千伏线路线路 39 条，低压台区 468 个，共处理隐患 371 处，线路跳闸明显减少。

2012 年，西城供电局加强营销服务管理，增供扩销取得良好业绩。全年完成新装低压客户 4966 户，容量 2.79 万千瓦，新装、增容高压客户户数 39 户，新增客户变压器台数 14 台，容量 0.6370 万千伏安，新增直供营业户数 5856 户。开展 7 家重要及 50 家高危客户隐患专项治理及督促整改工作。

（鲁丽玲）

德阳电业局

【企业概况】德阳电业局成立于1984年6月30日，是隶属四川省电力公司的特大一型企业，担负着德阳地区六县（市、区）5954平方公里的供电任务。本部设11个职能部室，分别是：办公室、发展策划部、运维检修部、安全监察质量部、营销部（农电工作部）、基建部（项目管理中心）、人力资源部、党群工作部（工会办公室）、监察审计部（纪委办公室）、财务资产部、电力调度控制中心。设立6个业务支撑和实施机构：电力技术经济研究所、客户服务中心、培训中心、检修公司、信息通信公司、物资供应公司。下辖4个供电局：广汉供电局、什邡供电局、绵竹供电局、罗江供电局。代省电力公司管理4个控股公司：中江供电有限责任公司、什邡供电有限责任公司、孝泉供电有限责任公司、罗江供电有限责任公司，代管绵竹电力有限责任公司。

德阳电网拥有±500千伏换流站1座，换流容量300万千伏安；500千伏变电站2座，主变4台，变电容量350万千伏安；220千伏变电站9座，主变19台，变电容量270万千伏安，线路32条，长度766.88公里；110千伏变电站47座，主变92台，变电容量367.35万千伏安，110千伏线路103条，长度889公里；35千伏变电站42座，主变68台，变电容量53.55万千伏安，线路71条，长度505.59公里。直供直管变电站16座，主变27台，变电容量19.35万千伏安；线路23条，长度217.17公里；控股（代管）公司变电站26座，主变41台，变电容量34.21万千伏安，线路37条，长度274.4公里。2012年，该局完成售电量91.24亿千瓦时；完成电网投资15.39亿元；电费回收率100%；综合线损率6.28%。

2012年12月18日，四川省电力公司对德阳电业局"三集五大"体系建设组织验收。图为验收组在听取汇报　　（彭秀月　摄）

德阳电业局在省电力公司的领导下，各项工作不断取得进展，同业对标位居省电力公司系统前列，圆满完成了抗震救灾、灾后重建以及抗击泥石流等任务。先后获得全国文明单位、全国"五一劳动奖状"、"全国精神文明建设工作先进单位"、"全国安全文化建设示范企业"、四川省"最佳文明单位"、四川省"优质服务示范单位"等荣誉称号。

【人力资源】截至2012年12月31日，德阳电业局主业劳动用工总量为2512人，其中：与企业直接签订合同员工1156人（其中：主业在岗职工833人，内部退养3人，劳务派遣其他企业319人）；由人力资源管理服务有限公司劳务输入员工195人，农电员工1161人。德阳电业局代管的中江等四家控股公司用工总量为1317人，其中长期职工593人，农电员工724人。德阳电业局（含控股），人才当量密度达94%。

按照"依法合规、积极稳妥"的原则有序推进主多分开和集体企业规范管理工作。圆满完成多经资产处置、干部职工股权清退和人员妥善安置工作；规范搭建集体企业经营平台，明确集体企业运作架构、治理结构；建立健全集体企业经营管理体系和业绩考核体系。

以理顺农电管理，促进农电事业持续健康发展为目标，成立农电公司，稳妥实施农电用工方式转换。在全省首批实施农电改革试点，短短两个月完成德阳市三新电力服务有限公司及其分（子）公司组建，管理人员配置到位，顺利完成1900名不同用工方式的农电工合同转签工作。

建立健全薪酬福利管理制度，发布《德阳电业局福利保障管理办法（试行）》、《德阳电业局福利性补贴执行标准实施细则（试行）》等 11 个管理办法；进一步完善福利保障体系，规范薪酬福利开支，实现管理集中、项目规范、标准统一和过程监控。

持续优化绩效考核体系，深化全员绩效管理。优化绩效指标体系，将原来的 7 大指标优化为 4 大指标体系，并设置责任系数；积极推行绩效经理人制度，将各级绩效经理人 2011 年度考核评价结果纳入年度排序；试点运行 ERP-HR 绩效管理模块，确保生产经营信息的实时、集成、共享以及管理工作的集中、透明、可控；《建立信息化平台，提升全员绩效管理水平》入选省电力公司 2012 年典型经验库。

大力开展“三集五大”岗位适应性培训，强化干部管理评价机制。以满足“三集五大”体系建设为重心，按照“以用为本，服务企业发展”的人才培养指导思想，将满足岗位需要为培训核心价值观，建立起以电业局、基层单位、班组为层级，以各具体专业为支柱，辅以各种培训资源为支撑的立体化培训体系，进一步细化培训计划、完善培训考试制度，补充优化培训课件及题库，持续推进内训师队伍建设，加强省电力公司培训分部建设，扎实开展岗位适应性培训、“双千人才”培训等培训项目，加速该局优秀人才、双千人才的培养和选拔。截至 2012 年底，该局已通过评审的高级职称 9 人，中级职称 37 人，高级技师 10 人、技师 108 人；新获得省电力公司优秀经营人才 1 人、优秀管理人才 1 人、优秀技术人才 6 人、优秀技能人才 20 人。

【“三集五大”体系建设】该局以集约化、扁平化、专业化为方向，变革组织架构，创新管理模式，优化业务流程，深化人财物集约化管理，“三集五大”建设顺利实施。原机关 14 个职能部室整合为 11 个；撤销城区供电局；将原“生产三中心”（变电运行中心、变电检修中心、输电运检中心）整合为检修公司；将原营销“三中心”（客户服务中心、电费管理中心、电能计量中心）整合为客户服务中心；新成立电力经济技术研究所；将控股公司纳入“三集五大”体系建设，按企业规模规范机构设置，统一岗位层级和岗位性质。实现纵向贯通、横向协同、权责清晰、流程顺畅、管理高效的“三集五大”体系建设目标。

实施“打包式”停电检修管理。统筹安排同一设备停电时间，一次性完成预试、大修、技改、处缺、反措等工作，有效提高检修质量，累计减少重复停电 208 次，减少操作 102399 项，减少电量损失 1.09 亿千瓦时，提高供电可靠性 0.0893 个百分点，荣获国家电网公司管理创新成果优秀奖，并上升为省电力公司标准在全省范围内推广。新体系建成后，市县二级机构从 72 个精简到 43 个，精简率 40.3%；班组总数由 61 个精简为 56 个，精简率 8%；劳动用工效率同比提升 18.8%，实现了机构设置扁平精简、管理定员精干高效、劳动用工效率显著提高的改革目标。薪酬集成处理率超过 99%，凭证集成比率超过 95%，会计主体减少 44.4%，银行账户个数减少 43.7%，预算管理覆盖面达到 100%，资金利用率大幅提升。仓储资源优化率超过 30%，配送效率提高 42%，库存周转率超过 300%，物资集约化管理水平全面提高。 将县级调度控制中心 35 千伏监控业务上划至地市调度控制中心，精简县调编制 44%，监控人员减少 45%。电网总体检修计划执行率和计划检修率达到 94.54%和 98.24%，分别提高 3.14%和 7.06%；非计划停电次数降低 19%，停电计划管理效率进一步提升。监控信息实时掌握，抢修协调效率大幅提高，城市地区故障平均处理时间由 89.1 分钟缩短至 59.4 分钟，效率提升 34%；农村地区故障平均处理时间由 119.4 分钟缩短至 86.5 分钟，效率提升 27.6%，突发事件快速处置能力及电网整体协同控制能力显著提升。

该局初步建成了纵向贯通、横向协同的管理体系，企业发展能力、管控能力和服务水平得到大幅提升，全局安全生产持续稳定，软硬实力进一步增强，同业对标保持领先。在职工思想动态问卷调查中，干部员工对改革的满意度超过了 94%，企业发展呈现出良好态势。

【电网建设与发展】德阳电网是四川电网的重要组成部分，与成都、绵阳、南充、阿坝四个电网相连，担负着德阳市旌阳区、广汉市、什邡市、绵竹市、中江县、罗江县及成都部份地区的供电，并通过±500 千伏德宝直流与西北电网相连。

2012 年，该局完成了《德阳电网“十二五”发展规划》（主网）的滚动修编工作。完成了《中江公司 10 千伏中压配网发展方案》的编制。2012 年该局电网建设与改造共完成投资 148948 万元，建设主变容量共 232.89 万千伏安，线路 391.164 公里。其中 220 千伏主变容量 147 万千伏安，线路 110.26 公里；110 千伏主变容量 66 万千伏安，线路 152.129 公里。

按照省电力公司电网建设里程碑计划的进度安排，2012 年德阳电业局完成大中型电网基建项目共 10 个，其中加固提高项目 9 个，常规项目 1 个。正在建设的 9 个大中型电网基建项目中,德阳寿丰 220 千伏输变电工程、德阳秋月 220 千伏输变电工程、成绵乐客运专线德阳付家牵引站供电工程等三个输变电工程被列为重点工程项目。城南 220 千伏变电站新建工程和德阳汉旺、旌湖北、灵杰、庐山、新丰 110 千伏变电站新建工程被评为国家电网公司优质工程。

【经营管理】 该局在省电力公司系统 2012 同业对标指标综合评价得分 933.12 排名第四（A 段）。业绩对标得分 476.135 排名第四，其中：电网坚强板块得分 90.06，排名第四（A 段）；资产优良板块得分 76.25，排名十一（C 段）；服务优质板块得分 98.25，排名第一（A 段）；业绩优秀板块得分 82.94，排名第五（B 段）。管理对标得分 457 排名第一。其中：人力资源管理指标得分 40.44，排名第三（A 段）；财务管理指标得分 49.00，排名第六（A 段）；物资管理指标得分 44.75，排名第三（A 段）；规划管理指标得分 47.19，排名第四（A 段）；检修管理指标得分 48.75，排名第一（A 段）；营销管理指标得分 42.31，排名第一（A 段）；建设管理指标得分 39.48，排名第七（B 段）；运行管理指标得分 47.50，排名第三（A 段）；配套保障管理指标得分 48.315，排名第一（A 段），其他管理指标得分 49.25，排名第二（A 段）。

2012 年，计划管理工作紧紧围绕该局的年度目标任务，分解下达了目标任务及主要经营计划指标。为加强对各项计划指标的管理，组织开展了综合计划月度执行情况的跟踪分析，实时掌控各项计划指标的执行情况，确保指标计划顺利执行。

该局坚持以精益化管理为先导，以依法从严治企，规范净化财务管理环境为基石，协助企业加快电网基建投资建设，为实现资产优良、电网坚强、财务管理工作优先的管理目标而努力。按照省电力公司、电业局的统一布置，深入推进财务集约化深化应用建设，为“三集五大”提供坚实财务保障；依据“五大”新设机构的业务划分，推进信息化深化应用；配合主多分离进程，做好集体企业财务工作部署；努力提高资产管理水平，深入开展债权债务清理工作；全面配合各业务部门，加快工程竣工决算进度，落实企业基建建设投资计划，真实反映企业资产规模，优质高效地完成各项资金清算；加强过程监控管理，全面推动财务在线稽核工作的顺利开展；加强涉税风险管理，提高企业税收管理水平；明晰产权关系，深入开展土地权属清理工作.通过近一年切实的财务管理工作，完成了预定的工作目标，顺利完成各项财务考核指标。

该局制定了《德阳电业局 2012 年普法依法治企工作要点》，明确了 2012 年普法依法治企工作任务和目标，并且结合“要点”内容，制订了《德阳电业局 2012 年普法依法治企工作责任分工表》，为组织落实 2012 年普法依法治企工作的实施提供了坚实的制度保障；根据《四川省电力公司“安全年”活动依法治企专项工作指导意见》要求，该局组织相关部门，从高度重视依法治企工作，狠抓安全生产法制宣传教育，加强安全规章制度建设，完善合同管理监督体制，深入开展法律风险自查自纠等方面切实开展好“安全年”活动；高度重视合同管理，有效提升了该局的合同管理水平；切实做好“三集五大”制度体系建设工作，形成德阳电业局制度体系“两图一表”，汇编各类规章制度 201 项；全年仅一起诉讼案件发生，经过积极的协调和应诉处理，未造成经济损失。

农网综合供电电压合格率 99.87%，较年初下达计划提高 2.12 个百分点；农村供电可靠率累计完成 99.923%，较年初下达计划提高 0.233 个百分点；完成农网加固提高、技改、大修、资本金项目投资 9459 万元，完成全年投资目标的 100%；完成广汉供电局创国家电网公司一流企业创建；11 个供电所获评省电力公司标准化供电所，1 个供电所获评国家电网公司标准化示范供电所；全年未发生农电安全人身伤亡事故，未发生负同等及以上责任的农村人身触电伤亡事故，未发生负同等及以上责任农电交通事故；扎实开展“十二五”藏区结对帮扶、控股代管公司全面管理工作。

德阳电业局坚持“全面审计、突出重点、不断创新、服务到位”的工作思路，以加强内部风险控制、提高效益为工作目标，推进内部审计工作由查错纠弊型向绩效风险型转变，把握工作重点，关注风险控制，并结合企业改革实际，加强对“主多分开”、“三集五大”建设规范化运作的服务保障作用。按照年度审计计划，全年共开展专项项目审计工作 7 项，签证审计 2403 项，提出共性和代表性审计建议和意见 87 条，审计意见采纳率 100%，审计决定完成率 97.7%，各基层单位近两年按照审计意见完善和建立健全管理制度 79 个，全面完成各项审计工作。

按照国家电网公司集约化、精细化管理的总体要求，全年组织送货到基层，施工现场 359 车次，货物共 4900 吨，吊车安全作业 1000 小时，安全行车 64000 公里。严格执行国网、省电力公司《产品质量监督管理标准》《供应商关系管理标准》等标准，认真开展工程物资产品履约质量抽检工作。完善物资调配机制，实现 ERP 系统“一本账”管理，积极推进“三集五大”体系建设，持续深化物资集约化工作。该局被评为省电力公司 2012 年“物资供应先进单位”，物资管理同业对标全川排名第三。

【安全生产】2012 年，该局按照“转作风、学标准、找差距、促整改”的安全工作思路，以安全生产内控机制为主线，以安全隐患排查治理为抓手，以防控人身事故为重点，扎实开展“安全年”活动，强化安全生产内控机制建设，防控人身事故风险成效显著；强化落实“三集五大”体系建设各项安全保障措施，保证企业改革安全稳步推进；强化基建安全风险管控，基建人身安全保障有力；强化从源头全方位防控外破事件，固化“五抓”手段成效；强化应急管理工作，充分发挥应急指挥中心平台的作用，成功处置了“8.17”绵竹、什邡夏季泥石流自然灾害；强化企业安全文化建设，持续提升文化的影响力。全年没有发生人身、电网、设备等考核事故，安全风险管控能力和水平持续提升，确保了人身安全和电网安全稳定运行，截至 2012 年 12 月 31 日，连续安全生产 2835 天，被评为全国安全文化建设示范企业，荣获省电力公司安全生产先进单位，在省电力公司同业对标安全排序名列前茅，实现年度安全工作目标。

2012 年 12 月 31 日，德阳电业局实现连续安全生产 2835 天，被评为全国安全文化建设示范企业，四川省电力公司安全生产先进单位。图为安全巡查大队在供电现场巡查　（李如宏　摄）

【营销工作】2012 年完成母公司售电量 89.64 亿千瓦时，完成并表售电量 91.24 亿千瓦时；电费回收率 100%；安全、服务零事故；营销同业对标在省电力公司系统排名第二。

该局制定并发布十大增供扩销措施，从生产到营销规定各部门增供扩销责任和任务。同时，建立电力市场波动动态分析制度，运用售电量市场结构预测模型准确掌握市场变化，有效发挥丰水期富余电量消纳政策拉动效应，指导客户用足政策，确保政策落实到位。注重市场调研，完成对大客户走访，及时解决客户疑难问题。开辟绿色通道，跟进项目落地。全年启动西博会、德阳市等重大项目“绿色通道”59 次。改进工作方式，提高工作效率，提出“三同步”业扩报装管理缩短接电时间。规范停送电信息管理，协调客户设备检修预试与电网同步，减少对大客户停电影响。

大力开展低压“全自动抄表、全自动算费、全自动审核、全自动发行”应用工作，采集率达到 97.3%，电费差错率下降 25%，实现智能电表电价远程下发，顺利完成居民阶梯电价调整，连续七年实现电费回收“双结零”。为解决近两年“户表”改造后大量居民客户就近交纳电费问题，组织在保留德阳银行、工商银行等金融机构代收电费、自建营业厅收取电费方式的同时，全面升级改造了 ATM24 小时自助缴费机，实现智能电表“24 小时自助充值购电”；增加银联 POS 缴费方式，降低了客户资金携带和管理风险；引进四川新快线科技有限公司、四川恒基伟业电子商务有限公司、中国移动等非金融机构，进一步补充和发展了电费收取模式。打造代收电费网点 743 个，同比增加 395 个；安装 ATM24 小时自助缴费机 13 台，安装银联 POS 机 136 台。

该局关口计量点 9591 个，直供局客户计量点 942396 个，直供局电能表总数为 977841 只，其中智能电能表为 331850 只；控股公司客户计量点 501480 个，控股公司智能电能表总数为 511492 只，其中智能电能表总数为 70386 只。

深入推进电能量采集系统建设与应用，覆盖公变 10732 台、专变 7760 台、电表 330776 只，采集成功率达 96.28%，数据应用率达 85.43%。通过对关口、用户主要用电设备的负荷、电量、计量状态等用电信息的在线监测和重要信息的实时采集，为市场分析、有序用电、供电质量、线损管理、客户服务、能效服务等业务高级应用提供良好的技术支撑，为电业局决策提供及时、完整、准确的实时分析数据。

该局按照节能服务体系建设要求，多措并举，分别从电网技改大修节能、办公场所、生产及辅助系统节能、严格无功考核、推动社会节能等方面有序开展节能工作；并充分利用电价杠杆，引导用户避峰、错峰用电，取得较好效果，全年完成节约电量 5853.9 万千瓦时，完成目标值的 199.11%；完成节约电力 1.23 万千瓦，完成目标值的 251.61%。积极开展有序用电工作，充分应用采集负控系统应用，实现负荷“点对点”控制，不片停片拉。2012 年制定科学合理的有序用电预案，实现一户一方案，所有有序用电涉及用户采集系统全部上线。大力推进采集负控安装应用，目前全局可控用户已达 609 户，可控负荷约 36 万千瓦，占总最高负荷的 23.23%。

陆续完成绵竹、什邡和广汉三个示范点，总示范面积约 6000 平方米，采用水（地）源热泵中央空调机组 SM-40Q（R）、SM-2Q（R）型号共 5 台，总制冷功率约 990 千瓦，开展需求侧示范项目建设。什邡供电局、绵竹供电局办公大楼、广汉供电局营业大厅地热空调已正常运行超过一个制冷和取暖周期，节能较明显，年节约电量约 185 万千瓦时，按千瓦时 0.5 元计算，全年直接节约能源费用 92.5 万元。按 450 克/千瓦时标煤换算系数，年节省标煤 416 吨，年减排二氧化碳 925 吨，具有良好的经济效益、环境效益和社会效益。该局积极引导协同用户建设余热自备电厂，充分利用余热，减少能量损耗。完成对利森水泥、龙蟒、金路等用户自建余热自备电厂的建设或重启投运。

2012 年全年累计完成新装、增容用户 98210 户，总计容量 186.7 万千伏安，其中：高压用户 666 户，容量 75.10 万千伏安；低压用户 97544 户，容量 111.6 万千伏安。

【生产管理】截至 2012 年 12 月 31 日，该局拥有 35 千伏及以上变电站 98 座，其中 220 千伏变电站 9 座，110 千伏变电站 47 座，35 千伏变电站 42 座，主变容量 6907.75 MVA。35 千伏及以上输电线路 1781.187 公里，其中 220 千伏线路 688.254 公里，110 千伏线路 623.933 公里，35 千伏线路 469 公里。实现城网综合供电电压合格率：99.84％，城市供电可靠率 RS3：99.948％；主设备完好率：100％；220 千伏及以下变电站无人值班率 100%；开关设备无油化率：100％；保护微机化率：100％；开展带电作业 1553 次。荣获省电力公司检修管理标杆单位称号，《变电运行管理、巡检、试验轮换一体化系统的构建》获得省电力公司 2012 年课题研究成果一等奖，《输电线路差异化巡视》入选省电力公司典型经验库，荣获省电力公司 2012 年检修管理同业对标排序第一名的成绩。

【科技与信息化工作】2012 年，该局完成省电力公司下达研究开发项目 12 项（其中群众性创新项目 8 项），取得科技项目进步奖 3 项；发表中文核心期刊 16 篇；出版专著 2 部；在各类省级期刊发表科技论文 58 篇；取得专利登记证书 42 项，专利效率在同业对标指标中居于全省第二名。率先建立群众技术创新激励机制，成立技术创新支持平台，创建 3 个劳模创新工作室和 8 个员工创新工作室。完成职工技术创新项目 52 项，29 个项目获该局职工技术创新优秀成果奖。群创项目“带电紧固铝并沟线夹螺栓绝缘工具的研制”参加四川省 2012 年争创国优 QC 小组、创全国质量信得过班组的评选，获全国质量信得过班组、四川省优秀质量管理小组称号。

在信息化方面，完成各分局信息中心机房电源及监控系统改造，实现中心机房集中管理，提升了全局信息系统运行保障能力。全年信息安全总体态势平稳，各项运行指标表现良好，未发生企业信息泄密事件。在系统运行安全方面，全局深入贯彻省电力公司网络信息系统上下线管理、检修管理、设备管理、监控管理等各项管理制度，为重要系统的安全稳定运行提供保障。在终端安全管理上，全局定期开展终端安全隐患排查工作，并结合“五大”建设对各单位原有信息化成员进行了重新梳理，夯实了安全管理基础。年底的同业对标中，信息系统运行和应用专业管理位居省电力公司前列，取得第二名和第一名成绩，获省电力公司同业对标“配套保障专业”管理标杆单位。

【优质服务】德阳电业局积极组织开展供电服务质量提升活动，公开供电信息。通过德阳日报，德阳应急视屏系统，及时披露有序用电信息。加强客户安全用电管理，完成全市 122 户高危及重要客户“一户一现场处置方案”编制，并组织开展美丰化工停电事故应急处置演练。深化“五心服务”。实施“三统一”和“三同时”服务，让客户“办电顺心”；建成国家计量实验室，表计 100%合格，开展民生体验，让老百性体验“计量放心”；拓展金融机构代收、非金融机构代收、移动 POS 交费等十三种方便、快捷、安全的缴费方式，城市“10 分钟缴费圈”全面建成，广大电力客户“交费省心”；强化“首问负责制”，推行故障抢修服务“首到责任制”，组建供电服务抢修指挥中心，推行“95598”远程工作站和配网抢修合署办公，实现受理、指挥、抢修全过程一体化管理，全面实施状态检修、“零点”作业和带电作业，减少停电时间 2040 小时，供电可靠率提高 0.18 个百分点，让老百姓“用电舒心”；实施大客户双经理制，主动对接政府和客户，用户办电全过程感到“服务贴心”。客户满意度从 99.25%提高到 99.85%，四川电监办满意度测评全省第一，国家质量协会评定“全国满意服务单位”。

【党的建设和精神文明建设】2012 年，德阳电业局党委围绕年度工作目标，进一步加强“三个建设”，带领广大党员和干部员工奋勇拼搏、开拓创新，有力促进了企业发展。全面开展“三三工程”和为民服务十件实事活动，队长鲁鹏被省电力公司表彰为明星服务队员，三个基层党委被表彰为省电力公司电网先锋党支部，局党委荣获省电力公司先进党委荣誉。

加强中心组学习，全年学习 13 次 42 学时，专家辅导 4 次。加强两级班子培训，选送 29 人参加省电力公司履职能力培训，开展干部履职能力学习提升活动，班子成员齐心协力、共同推动企业科学发展的氛围更加浓厚。试点“党员评星、支部晋级”，每季度一评，形成了有序竞争、充满活力的动态管理机制。开展“支部建在所上”工作，全局 66 个供电所建立了党支部。建设“三集五大”体系和集体企业后，及时调整党组织建制，在新单位、新部门建立党组织。开展基层党委书记异地讲党课、“支部书记我来当、微型党课我来讲”、手机党课等活动，建立党员教育移动课堂，实现党务工作者和党员素质双提升。认真实施党员教育五年规划，培训党支部书记一期 47 人、农电党员两期 137 人、入党积极分子两期 53 人。认真抓好党员发展工作，新发展党员 50 名，预备党员转正 70 名。

深入推进精神文明建设，创新构建展示平台，制作上线企业文化导航主页，编发《企业文化知识手册》，开展文化知识短信传播，全面提升员工对企业文化的认知认同。深化社区结对共建，筹资 10 万余元建设陕西馆社区服务设施。积极开展文明新风活动，广汉局张小红拾金不昧，荣获省电力公司文明新风奖。成立鲁鹏爱心服务队，每月到福利院、敬老院、留守学生之家开展活动。深化文明创建和模范塑造，建成一个市级文明单位，七个单位通过省级文明单位复查验收，鲁鹏荣获德阳市首届“道德模范”称号，邓家全荣获“德阳好人”称号。

按照《建立健全惩治和预防腐败体系五年规划》的要求，坚持标本兼治，综合治理，持续深化惩防体系建设。制订了《2012 年党风廉政建设暨惩防体系建设任务分工表》及《工作指标考核评分标准》；开展了党风廉政建设半年抽查、年终考核；开展了创“守法纪、促廉洁、助发展”主题教育活动，组织《反腐倡廉法规制度百问百答》考试；积极参加省电力公司的竞赛，获得了组织奖；深入开展廉洁文化创作活动，共创作廉洁文化作品 23 件、警示语 167 条，反腐倡廉制度解读动漫作品一部，发送廉政手机报 12 期，撰写反腐倡廉心得体会文字 36 篇。确立了“快、准、狠、稳、警、引”六字工作法，有效提高了查办质量。全年受理客户投诉举报 5 件，处理率 100%，满意率 100%；办理信访 6 件，办结率 100%，较 2011 年的 14 件下降了 57.1%。落实行风监督检查机制，组织社会行风监督员开展了监督活动；组织相关部门参加了市广播电台《行风热线》直播节目。

2012 年 11 月 2 日，德阳电业局率先建立群众技术创新激励机制，创建 3 个劳模创新工作室和 8 个员工创新工作室，群众技术创新取得较好成绩。图为创新工作室授牌仪式现场　　（李如宏　摄）

贯彻落实《国家电网公司职工民主管理纲要》，开展第六轮集体合同和专项集体合同的平等协商签订工作，完善职工代表参与日常民主管理制度，制订了职工代表述职评议办法，修订《德阳电业局职工代表大会实施细则》；坚持局长联络员制度，召开座谈会，组织职工代表对“三集五大”体系建设职工参与情况进行巡视督察；探索厂务公开民主管理规范化建设、班组自主管理、合理化建议、民主沟通等职工自主参与民主管理新途径，加强供电所事务公开工作力度，厂务公开满意度达 100%，德阳电业局创建为省电力公司首批厂务公开民主管理示范单位和四川省厂务公开民主管理示范单位。

制定班组建设常态工作制度，将每月20日确定为“班组建设日”。组织68名班组长进行能力提升培训，在92个班组推广国家电网公司班组信息化管理系统。开展五星级班组创建，全局已建成五星级班组31个，国家电网公司先进班组1个，国家电网公司达标班组49个，在省电力公司班组管理同业对标中保持标杆单位称号。组织开展变电运维等5项技能竞赛，参加省电力公司供电“服务之星”、变电设备状态检修等竞赛获佳绩。制定《推进职工技术创新工作意见》、《职工创新工作室管理办法》，首批命名3个劳模创新工作室和8个职工创新工作室，全年完成职工技术创新项目56个，申报获得国家专利45个，蔡华创新工作室被命名为省电力公司“劳模创新工作室”。

坚持开展“4.15”工会维权咨询服务日活动，开展“安康杯”劳动竞赛，检修公司输电运检工会获四川省“安康杯”竞赛优胜单位称号。广汉供电局、孝泉供电公司创建成省电力公司和谐劳动关系先进集体。开展“面对面、心贴心、实打实服务职工在基层”活动，送温暖活动落到实处。建成省电力公司职工书屋2个。举办“五统一”迎新春职工文艺演出，组织各基层单位因地制宜的开展迎春文体活动；持续开展“3.18”全员健身日活动，开展第二届“喜欢就唱”职工歌手大赛、游泳比赛、书画摄影作品展等职工喜闻乐见的文体活动。代表省电力公司参加四川省第二届职工排舞大赛，囊括了此次大赛的自选赛一等奖、规定赛一等奖、组织特等奖及最佳编排单项奖。职工业余文化生活丰富多彩。

【广汉供电局】广汉供电局是德阳电业局的直属局，其前身是成立于1962年的成都供电公司广汉供电所，1984年隶属德阳电业局，供电服务范围包括全市19个乡镇及中江县古店乡，供电面积538.4平方公里，供电人口61.8万。设三部一室一中心及五个班组、十个农村供电服务所，现有职工405人，其中主业员工76人，农电员工327人。辖区内有10千伏线路150条，线路总长1700.76公里。有城农网配电变压器1940台，柱上开关202台，环网柜52台，高低压分支箱103台，10千伏城区配电线路绝缘化率81.18%，城网手拉手供电比例为84.2%。供电客户数247069户，其中居民用户226791户，工业用户6964户，大宗工业用户373户。

2012年，广汉供电局累计完成售电量16.67亿千瓦时；电费回收率100%，连续13年电费结零；综合线损率6.26%，比年度计划指标5.0%指标高1.26个百分点。广汉供电局以“凝心聚力谋发展，求真务实创一流”为取向，坚持“筑牢安全基础，加快电网发展，强化管理水平，提升服务品质，争创国网一流”的2012年全年工作思路，围绕年度工作目标和工作重点，狠抓落实执行，完成了国家电网公司一流县供电企业的创建，完成了主多分离、农电体制改革、“三集五大”体系建设以及电网建设任务，平安跨越2012年，为地方经济社会发展做出了积极贡献。

在保持已有荣誉的基础上，又先后荣获国家电网公司“户户通电”工程建设先进单位、国家电网公司“新农电气化建设先进集体”、四川省级精神文明单位、四川省安全生产先进集体、四川省级卫生先进单位、四川省电力公司“模范分工会”、四川省“工人先锋号”、四川省“五一”劳动奖状等荣誉称号，国家电网公司农电安全专项标杆单位、国家电网公司一流县供电企业光荣称号。

【什邡供电局】什邡供电局成立于1985年2月，是德阳电业局的直属二级供电机构，设有三部一室一中心、11个班组（含农村供电所6个）。现有员工211人，其中农电员工141人。供电区域覆盖着什邡市城区及马井、马祖、双盛、禾丰、元石、皂角、回澜、三界8个乡镇、102个行政村。辖区内现有500千伏变电站1座，220千伏变电站2座，110千伏变电站7座，35千伏变电站1座，总容量323.51万千伏安；10千伏县城配网主线路16条，总长95.47公里，低压线路50.11公里。配电变压器155台，容量4.94万千伏安。10千伏农村主线路21条，10千伏线路长度450.04公里。低压线路1254.45公里，配电变压器901台，容量102195千伏安。

2012年什邡供电局10千伏线路共计跳闸51次，重合不成功11次，同比2011年分别下降55.6%和40%，配网线路跳闸总次数下降35%、重合不成功次数控制在22次以内的目标。现有城市用电客户5.034万户，农村供电客户7.0159万户，高危、重要客户13户。辖区居民通电率100%。截至2012年12月31日，企业固定资产2.053亿元。2012年，完成售电量15.82亿千瓦时，连续9年实现新旧电费双结零。综合线损率3.12%。截至2012年12月31日，已连续安全生产2834天。

2012年，投入资金5579.94万元用于电网建设与改造、居民户表工程。通过实施互联互供工程，什邡供电局农网单辐射线路条数由2011年的19条减少到6条，农网主线路互联率由2011年的9.5%提高到71.4%，配网运行方式的灵活性有效提高。由110千伏朝阳站新建4条线路助力什邡北工业园区建设，投入资金1070万元，为什邡北工业园区项目提供了有效的能源支撑。开展了35千伏三界站4条公用线路、三界镇19个村的高低压电网建设与改造，累计投资878.9万元，相当于再造了一个三界电网，为彭州三界、什邡马井地区的经济发展和群众生活提供了有力支撑。加强基础信息管理，完成高压客户征信工作共计709户。完成电网资源清理及高压客户档案普查164户。开通了第三方电费代收机构，移动充值代收点13个，超市、药店代收点21个，开通24小时自助交费点，新增LED显示发布最新电力政策和停送电信息。完成2012年户表工程加固提高项目2166户及推广项目347户的安装。完成续签合同60份，完成用电检查9598户，下达用电检查结果通知书1467份。完成高考、中考、什邡市创先争优活动总结表彰大会等13次活动保电工作。

该局以“三贴近”为工作要求，以星级班组创建为抓手，以职工创新活动为契机，积极开展班组建设管理工作，逐步提高了班组综合管理水平。计量班被评为四川省电力公司五星级班组，马祖供电所被评为国家电网公司标准化示范供电所。以“创先争优”为引导，组织开展“支部建在所上”和“支部书记我来当，微型党课我来讲”等活动，党群工作再上新台阶，什邡供电局党委创建为德阳电业局“电网先锋基层党组织”，行风建设保持什邡市排名第一。什邡供电局先后荣获国家电网公司新农村电气化建设先进单位、德阳电业局2012年度反违章工作先进单位、德阳电业局2012年度安全生产先进单位等荣誉称号。

【绵竹供电局】绵竹供电局是德阳电业局管辖的二级供电企业。全局劳动用工总量为334人，其中企业长期（原口径全民）员工65人,劳务员工10人,农电员工259人，设4个部室、2个中心，下辖清道、西南、新市、汉旺、兴隆、什地、富新、土门8个供电所，供电范围包括绵竹市城区及17个乡镇，企业固定资产4.317亿元。2012年累计完成售电量13.556亿千瓦时；线损率5.47%，实现电费回收率100%。截至2012年12月31日累计连续安全生产4322天。

绵竹供电局辖区内共有35千伏及以上变电站13座，其中220千伏变电站2座，110千伏变电站7座，35千伏变电站4座，主变容量103.06万千伏安，另有10千伏开关站2座。所有变电站均实现无人值班。辖区内共有220千伏输电线路7条，110千伏线路14条，35千伏线路4条。10千伏线路89条。其中10千伏城网线路21条，10千伏农网线路40条，10千伏专线28条。10千伏配电变压器2636台。其中10千伏城网配电变压器153台，10千伏农网配电变压器2483台（农村公变2044台，农村专变439台）。辖区内10千伏线路总长1207.1公里，其中城网138.37公里，农网1068.72公里。10千伏城区配电线路绝缘化率100%，城网21条线路中21条线路全部实现手拉手供电，手拉手供电比例达100%。农网40条线路中29条线路实现手拉手供电，手拉手供电比例为72.5%。

2012年，绵竹供电局始终将把安全生产放在各项工作的首位，制定年度安全生产总体目标和安全生产工作思路、措施，建立完善安全生产内控机制，加强安全生产管理与应急管理工作，强化现场作业安全管控与班组安全管理过程控制。认真按照“安全年”活动实施方案开展各项活动，深入推进班组季度安全业绩检查和月度无违章活动，扎实开展交通安全专项治理和消防安全管理工作。全年完成农网工程项目7项，配网加固提高项目12项，城农网大修项目共计14项,持续提升营销管理和优质服务水平，加强检修计划停电的刚性管理，提高电网运行的可靠性。着力开展营销现代化信息系统的应用工作，积极打造“十分钟”购电圈，现已开通8个华夏通电费代收点和24小时自助缴费系统。该局先后获得中共四川省电力公司委员会电网先锋党支部，德阳电业局先进集体、安全生产先进单位、反违章工作先进单位、交通安全先进单位和教育培训工作评比“二等奖”等荣誉称号。

【罗江供电局】罗江供电局于1993年7月组建，担负着罗江县城及11个乡镇的供电任务,供电面积448平方公里，供电人口25万余人。现有职工232人，其中农电职工172人。设办公室、发展建设部、财务资产部、电力调度控制中心共4个部门；设客户服务中心、市场拓展与智能用电班、营业班和安全运检部（检修（建设）工区）、配电运检班共5个班组；辖7个农村供电所及1个农村电费稽核中心。供区辖10千伏线路767.087公里，低压线路2671.182公里。配变容量13.36万千伏安。有各类用电客户93675户，包括城市客户9036户，农村客户84639户。2012年综合线损率为2.86%；电压合格率城网99.84%，供电可靠率城网99.98%，电压合格率农网99.29%，供电可靠率农网99.93%。2012年完成售电量108428万千瓦时，完成下达指标的102.19%；连续15年电费回收率100%。截至2012年12月31日，实现安全生产7128天。

2012年，罗江局扎实推进“三集五大”体系建设，顺利落实改革工作。全面梳理生产作业全过程的关键点和关节环节，完善细化安全生产内控机制，保证安全生产每一天。推进现场标准化作业，加快城农网改造，优化城乡配网结构，扎实开展“百日攻坚”

活动，助推增供扩销，持续强化电费回收，积极拓宽缴费渠道、推进控股公司营销业务整合，实现人力资源的集中管理，促进控股公司营销业务与主业并轨。持续开展教育培训工作，2 名员工获省电力公司优秀技术和技能人才，12 人通过技师考核。各项工作的扎实开展，实现了安全生产管理、经营业绩指标、党风廉政建设和优质服务水平的全面突破。荣获德阳电业局评选的六个集体类安全生产奖项，荣获四川省委、省政府“文明单位”，德阳市电力行业协会“电力行协优秀会员单位”。

【中江供电有限责任公司】四川中江供电有限责任公司的前身是德阳电业局中江供电公司，是中江县属地方电力企业，业务上由德阳电业局代管。为支持中江电力发展，促进地方经济发展，2005 年 1 月 12 日，省电力公司、中江县人民政府签订了中江电力体制改革协议，并于 2005 年 6 月 28 日成立了由四川省电力公司、中江县国有资产经营投资总公司共同投资组建的新公司。省电力公司以 80%的股份对新公司实行绝对控股。公司经营范围为电力供应，资产总额 1.76 亿元。拥有主业员工 185 名。是 2005 年度第一家顺利与省电力公司合并财务报表的县级电力改制企业。

该公司现有 35 千伏及以上变电站 13 座，总容量为 66.43 万千伏安。其中 220 千伏变电站 1 座，主变 2 台，容量 30.00 万千伏安；110 千伏变电站 5 座，主变 7 台，容量 26.6 万千伏安；35 千伏变电站 7 座，主变 11 台，容量 9.83 万千伏安；10 千伏开关站 1 座。35 千伏及以上线路 23 条，总长度 352.69 公里。其中，220 千伏线路 51.298 公里，110 千伏线路 199.49 公里，35 千伏线路 101.91 公里。

2012 年，荣获德阳电业局“安全生产 2000 天先进单位”、“ 2012 年度职工技术创新优秀成果”、“ 安全生产先进集体”、“思想政治工作研讨组织奖”、“ 五四红旗团委”等荣誉称号。

【什邡供电有限责任公司】四川什邡供电有限责任公司是在原什邡明珠电力有限责任公司基础上改为由四川省电力公司绝对控股的国有控股公司，现由德阳电业局代管。供电区域面积 622 平方公里，约为全市行政区域的 72%，主要分布在沿山区和山区，共有用电客户 73635 户（专变用户 375 户，低压用户 73260 户）。2012 年供电量为 8.5 亿千瓦时。该公司下设四科一室两中心，7 个供电所。辖 12 个变电站，变电总容量 36.74 万千伏安、公司现有 35 千伏线路 22 条共 125.95 公里，10 千伏线路 65 条共 611.6 公里。总人数 471 人，其中：农电工 169 人（由什邡三新公司聘用）。主业在岗人员中取得高级职称 1 人、中级职称 11 人、初级职称 171 人；有中专及以上学历人员 239 人，占该公司在岗人数的 95.6%。

在省电力公司控股后，该公司及时调整发展战略，改变了过去以经济效益为中心的经营理念，及时把工作重心转移到安全生产、优质服务、电网建设上来，已基本实现全面接轨省电力公司规范管理的目标。公司先后获得“四川省文明单位”、“全国模范职工之家”、“全国巾帼文明岗”、“国家级农电规范服务文明窗口”、“德阳市突出贡献企业”等殊荣。公司档案管理达省规范化二级标准，计量检测体系达 ISO10012:2003 国际标准，设备管理达省二级标准。截至 2012 年 12 月 31 日，公司已累计安全生产 4496 天。

【孝泉供电有限责任公司】四川孝泉供电有限责任公司始建于 1959 年，原为孝泉水电站。2009 年由省电力公司控股。担负着德阳市旌阳区孝泉镇、绵竹市孝德镇的供电任务。设办公室、财务资产部、运维检修部、安全监察质量部、客户服务中心、电力调度控制中心、输变电运检班和孝泉、孝德两个供电所。

孝泉供电公司紧紧围绕公司工作目标，夯实基础、脚踏实地、深化改革、攻坚克难，顺利完成了各项目标任务，荣获了省电力公司创建和谐劳动关系先进集体，德阳电业局“电网先锋党支部”，德阳电业局安全生产先进单位奖，并连续第二年被评为德阳电业局“先进集体”。

2012 年完成售电量 1.4508 亿千瓦时，完成任务数的 100.06%；供电综合线损率 7.32%，比计划数 7.85%下降 0.53 个百分点，同比下降 0.63 个百分点；电费回收率和解交率 100%。

【罗江供电有限责任公司】四川罗江供电有限责任公司，其前身为罗江县水电厂，始建于 1958 年，1999 年改制为罗江县星光电力公司，2003 年 1 月与德阳明源电力（集团）有限公司资产重组，成立德阳罗江明源电力有限责任公司，2009 年 1 月被四川省电力公司控股，改制为四川罗江供电有限责任公司。

设有办公室、安全运检部、客户服务中心三个职能部门，现有在册职工 48 人，其中取得初级职称 10 人、注册安全工程师 2 人、一级建造师 1 人，技师 1 人、高级工 21 人，中级工 12 人，初级工 1 人。

公司注册资本 423 万元，四川省电力公司占注册资本的 98.02%，肖波等 4 个自然人占注册资本的 1.98%。

该公司拥有 35 千伏变电站 1 座，主变容量 1.25 万千伏安，35 千伏线路 1 公里。10 千伏配电线路 68.19 公里，0.4/0.22 千伏线路 51.5 公里。10 千伏配电变压器 168 台/6.36 万千伏安。供电可靠率达 99.91%，电压合格率 99.35%。2012 年完成售电量 6451 万千瓦时，线损率 3.48%，电费回收率、解交率 100%。

【绵竹电力股份有限责任公司】四川绵竹电力股份有限公司建于 1994 年 6 月，位于四川省绵竹市城东新区苏绵大道北段，系四川省电力公司 2010 年正式实施代管的以水力发电及供应为基础，集四级承装（修、试）电力设施业务，机电产品、化工产品及原料、建筑材料、硅铁、钢、铝材销售为一体的综合性、发展多元化国有股份制企业。主要供电区域为绵竹市清平乡、天池乡全部区域和拱星镇、汉旺镇、兴隆镇以及东北镇部分行政区域。下设办公、财务、安监、生技 4 个部门和营销、调度、金鱼嘴电站、集控中心、工程部、清平所 6 个班组。网内有水电站一座，装机 2×2500 千瓦；110 千伏变电站两座（其中盘龙站为客户站），变电容量 12.15 万千伏安；35 千伏变电站六座（其中客户站一座），变电容量 4.39 万千伏安；110 千伏线路 11.63 公里，35 千伏线路 53.55 公里。

现有职工 205 人（含管理人员 21 人），其中大中专及高中以上学历人数 147 人，占职工人数 71.7% 以上。公司具有各类技术人员 198 人，其中各类中级及以上职称技术人员 17 人（含注册工程师）、电力专业及经济管理初级技术职称人员 56 人、技师 5 人、高级工 47 人，中级工 73 人，占职工总人数 96.6%。

2012 年公司形成了“以人为本，科学发展，和谐服务”的核心经营理念。不断统一员工思想，狠抓企业安全文化，在安全生产形势极其严峻的情况下，公司系统全年未发生人身、电网、设备、交通、火灾等安全事故。2012 年完成发电量 2375.8 万千万时，完成售电量 2.14 亿千瓦时，综合网损 3.86%，实现电费回收率 100%。

公司始终践行服务承诺，履行社会责任，“你用电，我用心”的服务理念深入人心，积极服务绵竹重点项目和新农村建设。为确保电网安全、可靠运行，解决供区内负荷日益增长的供需矛盾，公司 2012 年总计投入资金 3000 余万元，先后新建了九岭—麻柳 110 千伏单回输电线路，35 千伏柳东线大修改造工作，实施了 10 千伏东水路 906 线路前段改造，完成了 35 千伏拱星变电站、35 千伏天池变电站的扩容改造工作，实施 35 千伏鱼清线、柳鱼线等山区线路、配电设施消缺处理及防雷接地改造以及四川省电力公司投资的清平乡场镇高低压配网迁改下地工程，实现了电网规划建设与绵竹地方经济社会总体规划无缝对接。

【德阳明源电力（集团）有限公司】德阳明源电力（集团）有限公司（下称：明源集团）成立于 2000 年 8 月，公司下辖 14 个分子公司，法人治理结构完备，产权清晰。现有员工 1352 人，大专以上学历 440 人，具有中高级职称各类人才 83 人。秉承“集团化发展、集约化经营、专业化管理”发展战略，形成以电建、电器制造为主要业务的企业集团，被评为德阳市级文明单位和卫生先进单位，企业金融信誉等级为 AAA 级。

电建专业取得质量、环境、职业健康 ISO9001：2008 版 “三标一体化”管理体系认证，具有电力工程施工总承包二级资质，电监办承装类、承修类一级资质，承试类许可证二级资质。在德阳、广汉、什邡、绵竹、罗江、彭州等地均设有分子公司，集团拥有多名四川省电力行业知名技术专家，设有电力建筑、输电线路、检修、高压试验、继电保护、化学、通讯、远动等专业，专业种类齐全。在全川首家推出“优质服务十项承诺”，设立 24 小时服务热线 6622666，并成立专业抢修队伍承担各类故障抢修。该公司承建的南丰 220 千伏新建变电站获省电力公司“基建安全流动红旗”， 广元 220 千伏洪江至苍溪线路获“综合管理流动红旗”。截至 2012 年 12 月 31 日，实现连续安全生产 4478 天。该公司通过落实《百企联百村帮千户三年规划》，坚持支持明源希望小学，以行动践行企业社会责任，为集团品牌建设注入活力。

【德阳市三新电力服务有限公司】德阳市三新电力服务有限公司是根据国家电网公司“农村供电所业务委托”相关精神，于 2012 年 8 月 20 日成立，公司由德阳莱瑞斯资产管理公司独资设立，具有企业法人资格。公司的名字“三新”意即“新农村、新电力、新服务”，寓意农电发展的新气象、新变化、新期待。三新公司下设 3 个管理部室，在各县市供电局及供电公司区域内，分别设置有 5 个分公司和 2 个子公司。受托管理电力服务所 71 个，担负着德阳 6 个县（市、区）的 121 个乡镇、1712 个村的供电任务。2012 年德阳农电售电量 10.57 亿千瓦时。公司共有农电员工 1900 人，其中分公司 1176 人，子公司 724 人；农村配电变压器 12548 台，10 千伏配电线路 8359 公里，客户 99.8 万户。

该公司的成立，让德阳农电员工权益保障体系在德阳电业局和三新公司强有力的支撑之下得到进一步健全完善，员工的归属感和凝聚力得到有效增强，打通了农电员工职业生涯发展渠道，为农电员工提供更为广阔的成长空间。

2012 年，三新公司紧紧围绕德阳电业局“以科学发展观为统领，坚持‘严管理、强执行、求创新’的工作方针，以坚强智能电网和‘五大’体系建设为重点，大力推进‘两个转变’，着力加强‘三个建设’，奋力推动企业科学发展迈上新台阶的总体工作思路”，以确保安全稳定为基础，持续深化“三集五大”建设，深入推进“三个建设”基层落地，狠抓落实执行。扎实开展各项工作，实现了安全生产、电网建设、“三个建设”和优质服务水平的全面突破，荣获德阳电业局2012年度安全生产先进单位。（李　磊）

四川省电力公司眉山公司

【企业概况】四川省电力公司眉山公司于2001年12月26日随眉山建市而成立，是省电力公司下属特大型一类供电企业，经营区域覆盖全市一区五县及成都部分地区,供电范围7390余平方公里，服务人口360余万人。公司成立以来，把自身的发展与眉山地方经济高速发展相结合，围绕建设电网坚强、资产优良、服务优质、业绩优秀的“一强三优”现代公司的战略目标，不断提升企业综合实力，在为地方经济社会持续快速发展提供可靠能源电力保障的同时，自身也得到了快速发展。

2012年1月31日，眉山公司高效完成“十二五”电网规划滚动修编，为电网的发展奠定了基础，也将为眉山经济社会的发展提供了优质电能。图为眉山市委书记李静（左）和四川省电力公司王抒祥总经理亲切会谈，共商眉山电网的发展（眉山公司　提供）

眉山公司下辖1个直供直管供电局：仁寿供电局，4个由省电力公司委托代管的地方县级供电企业：四川彭山供电有限责任公司、四川洪雅供电有限责任公司、四川丹棱供电有限责任公司、四川青神供电有限责任公司。本部设置11个部门，分别是：办公室、发展策划部、人力资源部、财务资产部、运维检修部、营销部（农电工作部）、安全监察质量部、基建部（项目管理中心）、监察审计部、党群工作部（工会办公室）、电力调度控制中心。

2012年底，该公司拥有35千伏及以上变电站66座，变电容量401.85万千伏安，其中220千伏变电站7座，变电容量201万千伏安；110千伏变电站27座，变电容量170.25万千伏安；35千伏变电站32座，变电容量30.6万千伏安。35千伏及以上线路2090.71公里，其中220千伏线路639.32公里；110千伏输电线路734.98公里；35千伏线路716.41公里。

2012年，该公司完成售电量80.99亿千瓦时，同比增长1.17%；完成线损率4.3%，较考核指标低1.1个百分点；完成电网投资4.98亿元；同业对标业绩、综合和管理排名均实现提升，分列省电力公司系统第2、3、4位；电网运行平稳，实现安全生产1368天。呈现平稳发展的良好态势，荣获“全国电力行业优秀企业”称号。

【人力资源】眉山公司有省电力公司直属企业长期职工724人，省电力公司控股委托眉山公司管理的县级供电企业长期职工1088人。具有研究生学历的有57人、大学本科学历的有617人、大专学历的有709人、中专学历的有256人；具有高级职称的有46人、具有中级职称的有198人、具有初级职称的有762人。

【“三集五大”体系建设】该公司强化协调和过程控

制，“三集五大”体系建设取得阶段性成果。人、财、物等核心资源进一步集约，市县二级组织机构精简42.86%。有效整合“五大”业务模式，纵向管控能力明显增强，调控中心获国家电网公司调控专业先进集体称号。成功收购5家多经企业股权，集体企业管控能力进一步增强，主多分开工作顺利通过国家电网公司验收。彭山、丹棱、青神3家县公司民营股权清退全部完成，成为省电力公司全资子公司。稳妥推进供电所业务委托试点，成立了三新电力服务公司。

【电网建设与发展】眉山公司高效完成“十二五”电网规划滚动修编，顺利将500千伏眉山Ⅲ站纳入修编。完成各区县城区和重点工业园区五年配电网规划。取得220千伏彭山化工园等4个项目核准批复。投运双河、新桥等5项110千伏及以上输变电工程，新增变电容量37万千伏安，新增线路长度92.2公里。强化工程安全质量管理，220千伏福盛变电站新建工程获国家电网公司输变电优质工程称号；110千伏城南、象耳新建工程分别获得省电力公司质量管理和项目管理流动红旗。

【经营管理】眉山公司加强业扩管理，完成新装增容5.1万户，新增容量75万千伏安。该公司认真分析全市553家规模以上企业用电需求，指导做好用电策划，超额完成省电力公司下达全年售电量计划。严控欠费风险，电费回收率继续保持100%，获省电力公司电费回收先进单位称号。积极推进县公司同价工作，争取到同价补贴2887万元，青神、彭山居民用电成功与主网同价。高效完成居民阶梯电价调整。县公司趸售电价进一步理顺，发展能力得到增强。丹棱公司被评为省电力公司一流县级供电企业，青神电气化县建设顺利通过验收。扎实推进土地产权清理，完成56宗土地更名、20宗土地新办证工作。

【安全生产】该公司以“安全年”活动为抓手，强化安全过程管控。扎实开展设备隐患排查和线路安全专项整治，查出各类问题152项，整改完成150项，实现10千伏及以上线路故障跳闸率同比降低70.05%。强化劳务分包管理，开展分包商月度施工能力评估和季度安全述职。积极推进应急管理标准化建设，参加省电力公司“5.12”大面积停电应急演练。成立了电力警务室，防外力破坏能力得到提升，圆满完成十八大、国庆等重要保电任务。

【科技与信息化工作】按照省电力公司统一部署，遵循以“三集五大”体系建设为中心，紧紧围绕公司年度中心工作，全面推进公司标准体系建设，公司岗位识别正确率达到100%,完成省电力公司管理标准、工作标准编写共计300余项。突出精益化管理，完成了省电力公司在眉山公司开展的“调控一体化”“一体化检修”两项精益化试点，实现眉山220千伏、110千伏电网的调控一体化和眉山公司变电站的集群监控，比传统的调度、监控模式人员减少49%，工作效率提高20%以上。推进一体化检修精益优化管理，编制了《一体化检修管理标准》及《综合检修计划管理标准》，并制定了一体化检修流程图、方案、表单等，明显减少倒闸操作次数和停电时间。试点项目10月份顺利通过了省电力公司专家组的鉴定评审，并获得省电力公司领导高度肯定。

该公司科技创新及管理创新工作成效明显。不断增强科技创新意识，加大国内外高新技术推广应用及科技成果转化力度，提高创新能力和科技水平，建成公司劳模创新工作室和农电创新工作室，发布“五小”成果29件。全面推进管理创新工作，9项成果获省电力公司奖励，其中一等奖2项。“企业文化五统一落地工程实践”获全国电力行业企业管理创新成果二等奖。

2012年4月1日，为应对自然灾害引起的大面积停电，四川省电力公司眉山公司开展大面积停电预案演练　（眉山公司　提供）

【优质服务】深入实施95598光明服务工程，开通“电力特别直通车”，公司领导带队上门服务。强化“低压四自”应用，建成便民缴费网点256个，城市10分钟购电圈初步形成。大力开展营业窗口标准化建设，建成A级营业厅1个，改造B级营业厅6个。开展营销基础数据梳理专项活动，清理信息5.1万条。建成公司营销稽查监控中心，实现营销服务在线监控。加强故障报修管理，故障停电时间同比缩短45.17分钟。强化高危重要客户用电安全服务管理，上门服务286次，查出安全隐患429处，帮助培训大宗客户用电管理人员110余人次。

【党的建设和精神文明建设】该公司深化两级党委中心组“讲学制”，编印《形势任务教育30问》，开展形势任务巡讲，强化员工思想教育引导；推荐阅读优秀书籍，干部学习调研蔚然成风，注重知识结构完善和解决实际问题，公司被评为市委理论学习先进集体。

在“三集五大”新模式下，撤销、合并支部7个，新成立党委（总支）4个。农电支部书记委派制试点工作取得成效。深入开展“电网先锋党支部”创建工作，2个基层党组织被省电力公司表彰为“电网先锋党支部”。认真落实“三会一课”制度，支部书记讲党课、公司党委主要负责人参加支部组织生活会实现常态化，公司两级领导班子年度民主生活会扎实有效。制定实施《党员旁听党委会制度》等5项工作制度，公司及基层单位全部建立了党务公开网站、设置了党务公开栏，党内民主得到进一步加强。

着力党员队伍素质提升，开展纪委书记“三项技能竞赛”和党务干部轮训，出台《眉山公司模范共产党员评选办法（试行）》。突出为民服务主题，积极创建“为民服务满意窗口”，启动并完成“为民服务十件实事”。扎实开展结对帮扶工作，“真情帮扶新田村七大转变行动”得到市委市政府肯定。持续开展以“十创十争”和“八个模范”为载体的创先争优活动。新成立国家电网四川电力（眉山彭山）共产党员服务队。公司党委被评为省电力公司“创先争优先进党委”、眉山市“2012年上半年主动作为创一流先进集体”和“2012年眉山市直接联系服务群众工作先进集体”，2个基层党组织被评为省电力公司“创先争优先进党支部”，11人被评为市级及以上创先争优先进个人，眉山公司表彰了10名模范共产党员、18名优秀共产党员、5名优秀党务工作者、16个电网先锋党支部、5个红旗党委。公司创先争优工作在眉山市进行经验交流。

组织签订保密责任书，落实保密责任，强化保密意识。高度重视信访稳定工作，修编完成《突发群体性事件应急预案》，建立高效的联动机制，确保了企业和谐稳定，公司连续6年荣获眉山市“维稳、综合工作先进集体”称号。

深化民主管理和厂务公开，开通“提案直通车”，提案回复、办结率100%。公司获得省电力公司“首批厂务公开民主管理示范单位”称号。组织评选了公司“十佳员工”。共产党员服务队队长任承松获国家电网公司劳动模范称号。深入开展爱心帮扶、捐助、慰问活动，设立了“困难帮扶基金”。深化班组建设，建成省电力公司五星级班组（供电所）17个。完善退休管理机构，全方位落实了退休人员“两项待遇”，获得省电力公司“2010～2012年度离退休工作先进单位”称号。加强团青工作，公司团委被评为四川省2007～2012年度“留守儿童（学生）关爱行动”先进集体，川电关爱留守学生青年志愿者服务队被评为省“第五届杰出青年志愿服务队”。

2012年8月5日，四川省电力公司眉山公司职工深入田间地角，宣传安全用电知识（眉山公司 提供）

深入推进以“四心”“八进”为载体的企业文化进班组（供电所）主题实践。基层单位全部通过企业文化“五统一”达标验收。定期开展企业文化典型案例和创新创效成果发布工作。打造文化精品，《光明的力量》获国家电网公司2012年职工文艺节目比赛三等奖，入围省企业之歌评选活动40强。

【存在的主要问题】一是电网局部网架结构有待加强。配电网薄弱问题日益凸显。城市配网建设滞后，互联互供能力低；农村电网结构薄弱，重载、过载的线路、配变和低电压问题仍然较多。二是电网发展环境仍需改善。新建变电站站址确定、线路廊道落实困难，征地、拆迁、补偿漫天要价情况较多，线路下地、专线架设等存在较多诉求。三是“三集五大”体系建设、供电所业务委托、主多分开和民营股权退出等各项工作实施后，相关业务流程、管控体系还需完善，相关业务磨合还需持续深化，县公司和集体企业的管理考核机制亟待健全。四是人才队伍建设有待加强。用工总量还不足，部分员工还存在知识老化、技能需要进一步提高等问题。

【仁寿供电局】仁寿供电局主要担负着仁寿县境内60个乡镇、1214个行政村、162万人口的工农业生产和人民生活的供电任务，负责依法经营、管理、规划供区电网。积极推进“三集五大”体系建设，成立了人力资源部和三新电力服务公司仁寿分公司，按照“三集五大”体系设置，下设四部一室二中心一工区，18个农村电力服务所。现有主业职工120人、多经职工58人、劳务派遣40人、退休职工118人；大专及以上学历118人，中级职称及以上人员23人，技师及以上人员52人，全局人才密度97.08%，高技能人才比例为89.87%。

该局固定资产总额13.16亿元；拥有35千伏及以上变电站21座/77.2万千伏安，其中：220千伏变电站1座,110千伏变电站7座,35千伏变电站13座；35千伏及以上输电线路38条/442.57公里（不包括220千伏线路）；10千伏配变4705台；农村低压线路22308公里，用电客户50.55万户，其中仁寿城区客户4.16万余户，农村客户46.39万余户。

2012 年，该局完成售电量 11.59 亿千瓦时，同比增长 5.63%，售电量首次突破 11 亿千瓦时大关，经营业绩创历史最佳水平。坚持“电网建设，规划先行”的理念，滚动新编仁寿电网“十二五”规划，强力推进重点工程项目建设，累计投资金额 2.3 亿元。新建 8 条 10 千伏城网线路, 全面完成了城区重载线路负荷的转接工作，从根本上解决了城网主干线长期满载和过载的问题，同时也提高了各城网线路负荷转移的灵活性。先后建成投运新桥、正兴 110 千伏变电站、新城 10 千伏开闭所；完成文宫、龙马 35 千伏变电站增容。新建及改造 10 千伏线路 339.785 公里，新增及更换配变 343 台，容量 3.72 万千伏安，新建及改造低压线路 2767.77 公里，有效缓解农村台区低电压问题。完成智能电表换装和采集建设 22.8807 万只，智能电网全覆盖、全采集步伐进一步加快。智能表采集上线率和抄表成功率位居省电力公司范围内智能电表换装量前列。

加强业扩管理，该局全年缩短平均接电时间 9 天。开展“百日攻坚”活动，大力增供扩销，全年高压新装 204 处，容量 9.733 万千伏安；高压增容 7 处，容量 0.244 万千伏安；低压新上客户 4050 户，容量 2.13 物权法安。

2012 年该局先后获得省电力公司“公安消防安全生产先进集体”；眉山市团委“优秀青年志愿者服务队”；眉山公司“强管理、提素质先进集体”、“主多分开先进集体”等多个荣誉称号；获得仁寿县委、县政府联“要素保障先进单位”、“2012 年度工业纳税大户”等殊荣，并且二个班组荣获省电力公司 “五星级班组”称号。国网“五统一”企业文化落地实践，该局“五力 五特”实践之路获得公司肯定并顺利通过验收；持续推进创先争优和为民服务办实事，荣获流动红旗 19 面，位居四川省电力公司眉山公司第一。

【四川彭山供电有限责任公司】四川彭山供电有限责任公司担负着彭山县13个乡镇和双流县籍田、黄龙、大林3个镇的供用电管理任务，供电面积650平方公里，供区内共有用电客户15万余户，其中农村用电客户12万余户，乡、村、农户通电率100%。下设9个职能科室、18个班组、7个农村供电所。现有员工560人（其中主业员工197人，三新公司员工363人），管辖变电站及开闭所14座,其中220千伏变电站1座，110千伏变电站6座，35千伏变电站3座，10千伏开闭所4座，变电总容量70.12万千伏安；35千伏及以下输配电线路1115.8公里，其中35千伏输电线路98.2公里，10千伏配电线路1017.6公里。

2012 年完成售电量 6.61 亿千瓦时（其中不含籍田所 7360 万千瓦时），同比增长 2.06%；综合线损率实现 5%；综合电费回收、解交率实现 100%；全年该公司未发生一起考核责任事故、安全生产事故及不稳定事件。

该公司先后荣获国家电网公司“一流县供电企业”、“国家电网公司先进集体”、“国家电网公司新农村电气化建设先进单位”、眉山公司“五统一”企业文化落地达标单位、“眉山公司四好班子”、“彭山县优化投资环境最佳单位”等荣誉称号。

【四川洪雅供电有限责任公司】四川洪雅供电有限责任公司位于四川省眉山市洪雅县县城，是一个集发、供、输、配、用电于一体的企业，担负着洪雅城区和全县 9 个乡镇的供电任务，供区人口 25 万人，供电户数 85531 户。设有总经理工作部、党委工作部、人力资源部、财务部、生产技术部、安全监察部、法制保卫部、生活服务部、物资供应部、工会办，基层部门有调度中心、操作中心、用电营销部、农电部、输配电检修安装队、发变电检修安装队、车队、王关电站、石河电站、柳新电站、高凤山电站。该公司用电营销部下设客户服务中心、营销一班、营销二班、校表班、装表班、抄收班、审核班；农电部下设红星、余坪、符场、东岳、三宝、中保6个供电所和1个农电施工队。2012年度在册职工591人，其中：具有大学本科学历202人，专科学历218人，中专学历111人；具有中级以上职称的有35人，初级职称的有234人；离岗人员29人。退休人员170人，农电人员147人，劳务人员129人。合计1037人。

拥有水力发电站4座，发电装机总容量2.72万千瓦(其中：王关电站2×6300千瓦，柳新电站4×1250千瓦，石河电站2×2800千瓦，高凤山电站2×2000千瓦)。110千伏变电站3座，主变容量23.00万千伏安；35千伏变电站2座，变电容量1.00万千伏安（其中柳江变电站5000千伏安未投运）；110千伏线路2条（王塘线），线路长度24.4公里；35千伏线路10条，线路长度125.59公里；10千伏线路总长度约800公里。

该公司2012年完成发电量1.526亿千瓦时，与去年相比增长1.44%；售电量4.712亿千瓦时，较计划多售559万千瓦时，与2011年相比增长-10.28%；线损率9.33%，较计划上升0.11个百分点，较2011年增加1.15个百分点，资产负债率72.92%，较2011年下降15.44个百分点。实现安全生产长周期2444天。

【四川丹棱供电有限责任公司】四川丹棱供电有限责任公司现有职工总数为346人。其中：主业职工191人，合同制工119人，退休职工36人。职工中拥有本科学历人数45人，大专学历人数161人，中专26人。

该公司设有：办公室、安全质量监察部、生产技术部、营销部、财务部、农电部、生产运行维护部、调度中心、物资部等9个职能部门。下辖丹棱镇、杨场、双桥、张场和中隆供电所及110千伏丹棱变电站、110千伏何场变电站、35千伏杨场变电站、35千伏双桥变电站。有110千伏输电线路57.52公里，35千伏送电线路78.65公里，10千伏及以下配电线路2767公里，配变784台15.57万千伏安。

2012年该公司完成购电量4.56亿千瓦时，同比增加0.78亿千瓦时，增长率20.63%；售电量4.34亿千瓦时，同比增加0.71亿千瓦时，增长率19.47%，完成年度目标任务109.05%；电费回收、解缴率均达100%；综合线损率为4.80%，同比上升0.94个百分点，较考核目标低0.2个百分点。截至2012年12月31日，连续安全生产达4018天。

【四川青神供电有限责任公司】四川青神供电有限责任公司坐落在眉山市南部青神县城东振兴路，担负着青神境内10个乡（镇）、153个村、979个经济社及周边地区乐山市区、眉山、井研、夹江、仁寿等县部分村社的供电任务。现有110千伏变电站2座（兰店站、青竹站），总容量14.30万千伏安；35千伏变电站2座（罗坝站、穆家埂站），总容量1.30万千伏安。配电变压器1120台，总容量7.33万千伏安；辖区内有110千伏线路2条，线路长度54.3公里；35千伏线路3条，线路长度26.2公里；10千伏配电线路16条，线路长度543公里。

该公司有在岗员工283人（其中主业111人，农电172人），设置7个职能部门：总经理工作部、生产技术部、安全监察部、营销部、农电部、财务部、调度中心。在总经理工作部下设物业管理中心；有4个生产班组（操作中心、线路班、变电检修班、应急班）、6个营销班组（客户服务中心、电能计量中心、电费管理中心、抄表催费班、用电检查班、用电业务班）、5个供电所（黑龙、青城、西龙、瑞丰、白果）。

2012年，该公司全年完成售电量2.35亿千瓦时，同比减少8.33%；完成线损率5.68%，较考核指标低0.22个百分点；电费回收率100%。全年没有发生一起人身、电网和设备事故，公司持续健康发展。新农村电气化县建设顺利通过验收，企业文化“五统一”落地实践通过眉山公司验收，调度中心、客户服务中心双双通过省电力公司“五星级班组”验收。该公司先后荣获省总工会“安康杯竞赛优胜单位”、省电力公司“创建和谐劳动关系先进单位”等荣誉称号，全年获得眉山公司“十创十争”流动红旗15面。

（税秀花）

四川省电力公司雅安公司
四川雅安电力（集团）股份有限公司

【企业概况】四川雅安电力（集团）股份有限公司（以下简称雅电集团）前身为西康康裕公司雅安水力发电厂，成立于1942年。2004年4月，先后收购名山、芦山、宝兴、汉源四县和雨城区雨欣电力公司国有股权，并进行民营化改制，组建为四川雅安电力（集团）股份有限公司。2006年重新收为国有控股。2007年9月，四川省电力公司与雅安市签订委托代管协议，开始对雅电集团履行代管职责。2008年7月和12月，在分别签订了资产重组协议和资产转让、股份认购等相关补充协议后，省电力公司实现对雅电集团的控股管理。2009年3月，省电力公司雅安公司以整体对口援建方式，与雅电集团实现合署办公，开始实施集团与省电力公司管理模式的全面接轨。2010年1月，荥经、天全分别与雅电集团签订资产重组协议，成为雅电集团全资子公司。2010年12月，省电力公司以投入到雅安的部分电网设施和所持有的石棉富源电力公司资产，认购雅电集团定向增发股份后，持股比例达到 54.84%，从而真正实现对雅电集团的实际控股，全市“一张网”和“四统一”管理构架初步形成。2011年12月，雅电集团与石棉县政府正式签订《四川富源电力股份有限公司资产重组协议》，2012年 3 月，富源公司及石棉电网正式纳入雅电集团整体运营，标志着雅电集团实现了对全市七县一区电网和县级公司的统一管理，成为一个完整、统一的市级电力集团。

2012 年 5 月 3 日，四川省电力公司总经理、党委副书记王抒祥莅临雅安公司调研指导工作 （汤小强　摄）

雅电集团本部设办公室、发展策划部、财务资产部、生产技术部、安全监察部、营销部、基建部、农电工作部、审计部、人力资源部、科技信息部、思想政治工作部、纪检监察部和工会办公室等14个职能部室；调度通信中心、营销服务中心、教育培训中心、新闻宣传中心、发电管理中心、集体企业筹建办公室、物流服务中心、雅安应急指挥中心、事务中心等9个编制外和生产中心。下辖雨城供电公司、四川富源电力股份有限公司、雅安荥经供电有限责任公司、雅安名山供电有限责任公司、雅安天全供电有限责任公司、雅安汉源供电有限责任公司、雅安芦山供电有限责任公司、雅安宝兴供电有限责任公司等8个县级供电公司和雅安丁村坝电力有限责任公司、雅安雨欣电力有限责任公司两家发电单位及雅安蜀能水利水电工程有限责任公司一家检修单位，企业规模迈入省电力公司特一型企业行列。

四川省电力公司雅安公司（以下简称雅安公司）成立于2005年12月，是省电力公司直属大二型电力企业。设有总经理工作部、党委工作部、计划基建部、安全生产技术部、营销农电部、人力资源部、财务部和调度中心等8个职能部门。公司总经理、党委副书记何勇，党委书记、副总经理、工会主席谢代涛，副总经理林浩，总工程师唐林，总会计师白静蓉。

雅安电网拥有500千伏变电站2座、主变5台、变电容量375万千伏安，500千伏线路11条、长度1346

公里；220千伏变电站8座、变电容量216万千伏安，220千伏线路18条、长度316公里；110千伏变电站35座、变电容量247.1万千伏安，110千伏线路69条、长度880公里；有35千伏变电站55座、变电容量40.9万千伏安，35千伏线路167条、长度1403公里。

【人力资源】雅电集团（含雅安公司、对口支援及雅安市委委派）现有员工3660人，其中在职员工3451人，内退员工209人。另有退休职工826人。在职职工中，研究生18人、本科443人、大专1766人、中专365人、高中及以下859人。高级职称41人、中级职称245人、初级职称1032人。雅安公司实际用工43人，其中省电力公司系统员工31人，劳务人员12人；对口支援3人。

该公司实施科学人才发展战略，提升员工队伍素质。强化教育培训工作，全年组织各类培训班 359 期 8753 人次，外送培训 2086 人次，内部自主培训 6667 人次。连续举办六讲领导干部和管理人员综合素质提升培训，干部员工队伍素质明显提升。组织开展公司第二届职工技能竞赛，涵盖营销、调度、发电、变电等专业共 13 个工种，通过技术比武，力促员工岗位成才。参加省电力公司财务调考竞赛，公司获得优胜单位称号，在全省 450 余名选手中，公司 3 名员工分获电价电费、财税、会计核算专业的 2、3、10 名。创新人才选拔、任用机制，面向全公司公开招聘科元公司本部人员和共产党员服务队队员，通过第三方专业机构公开进行部分中层干部职位竞争上岗，开创了雅电集团人才选拔的先河。强化班组建设，220 千伏草坝变电站获得国家电网公司“工人先锋号”称号，荥经严道供电营业厅等5个班组获得省电力公司五星级班组命名，创建省电力公司标准化供电所 2 个。

【电网建设与发展】该公司坚持“电网建设，规划先行”的理念，针对雅安电网特点和地方经济社会发展实际，按照系统规划的思路和原则，完成雅安电网“十二五”规划修编，并得到省电力公司、市委、市政府的充分肯定和支持，在全省各地市投资规模普遍调减的情况下，雅安电网“十二五”规划逆势调增项目25个，增加投资约26.13亿元。

强力推进重点工程建设，建成投运雅安 500 千伏变电站扩建工程，新增变电容量 75 万千伏安，消除了雅安北部电网大面积停电的重大隐患。建成投运竹马 220 千伏输变电工程，新增变电容量 18 万千伏安、线路 7 公里，提升了石棉竹马工业园区的供电能力。建成投运姚桥、中里等 110 千伏项目 9 个，新增变电容量 25 万千伏安，线路 153.8 公里，消除供电瓶颈，优化和完善了 110 千伏电网结构。新（扩）建 35 千伏变电站 2 座，新增变电容量 1.63 万千伏安。

2012 年 11 月 21 日，由国家电网公司农电部副主任张莲瑛率国网公司督察组一行，检查指导雅安公司农电秋季检修及农网升级改造工作（汤小强　摄）

全年累计完成 35 千伏及以上电网投资 7.47 亿元，全网供电能力和供电可靠性进一步增强。10 千伏及以下项目完成投资 3.20 亿元，整治低压台区 537 个，城农网供电能力不足状况得到一定程度缓解。累计投资 1.7 亿元，全面建成名山新农村电气化县并通过验收。加快推进通信网建设，县调、变电站、营业厅和供电所光纤综合覆盖率提升至 62.96%。

【经营管理】2012年，公司完成售电量78.25亿千瓦时，同比增长6.36%，居全省第六位。完成电网投资10.67亿元，投产35千伏及以上变电容量119.63万千伏安、线路161.8公里。综合线损率6.93%，同比下降0.96个百分点。雅安公司和雅电集团固定资产总额49.12亿元，同比增长6.18%。

围绕保量、增效、提质的经营发展主线，该公司多举措、全方位推进各项经营管理工作。一是面对宏观经济快速下滑的严峻形势，公司系统积极开展“百日攻坚”活动，大力增供扩销，全年累计新增负荷容量41万千伏安；广泛走访客户，认真分析，反复研究，积极向市委、市政府汇报，主动制定并实施符合雅安实际的“抱团越冬”临时电价措施，促进了地方工业经济和网内售电量“止滑稳增”。二是深入开展电网结构和电力电量平衡分析，在各流域来水同比增多而电力需求乏力的情况下，通过动态调整电网运行方式，增加外送电量4.19亿千瓦时，同比增长309.15%，有效保障了富余电力的消纳和外送；开展经济调度，较好地解决了“又上又下”问题；狠抓降损节能，全年实际减少损失电量1.33亿千瓦时，减少损失4349万元；“瀑电”移民欠费回收取得重大突破，收回移民欠费2247.32万元，积极稳妥地开展移民智能电表换装工作，促进移民电费回收问题的根本解决。三是深化财务集约化管理，富源公司成功纳入集团资金池统一管理，增强了资金集中运作能力。解除对湾一电站8600万元的对外担保，化解了企业经营风险。大力清理应收款项、应收票据等流动资产，增加了企业现金流，提升了企业资产运营质量。2012年，通过强化经营管理、危中求机，公司实现了化危为机：经营效益逆势上扬，上缴税金快速增长，开创了地方政府、发电企业、供电企业、用电企业和雅电员工多赢共生的良好局面。

【安全生产】扎实开展隐患排查治理，全面整治电网和设备安全隐患676项。加大电网老旧设备改造力度，开展输变电设备防雷接地综合整治，实施变电站综自改造7座，完成直流系统改造项目10个，全网设备检修率提高至80%以上，强化电网调度运行管理和小水电管理，电网抵御自然灾害的能力显著增强，全网继电保护动作较2011年下降36.4%，线路跳闸率同比降低74.8%，首次实现了雅安电网保护越级跳闸和县级电网瓦解事件“双零”的突破。大力开展反违章监督，查处各类违章1721项次，人身安全风险得以有效管控。初步建成三级应急工作体系，修编完善22项应急预案，成功完成各类综合实战演练。2012年，该公司成功应对“8.13”石棉、荥经等地特大泥石流灾害，圆满完成了驰援西昌喜德救灾和“十八大”等重要抢险、保电任务。通过软硬件的不断完善，安全基础进一步夯实，确保了安全生产平稳局面。

【科技与信息化工作】结合上级标准和公司实际，通过解码创新，全面系统地编制完成雅电集团《视觉识别系统应用标准》，为公司开展标准化整治奠定了基础。圆满完成草坝220千伏变电站等多次集中检修，为探索推广集中检修积累了宝贵经验。大力推广新技术、新工艺的应用，完成2项发明专利、2项实用新型专利申报工作，实现集团专利申报零的突破。加强群众性创新项目研究，1项成果获省电力公司2012年度科技创新群创奖。

【优质服务】该公司出台《行风建设暨优质服务奖惩办法》，实行优质服务分级管理，初步建立激励和考核机制。充分发挥各级行风监督员作用，累计开展明察暗访35次，整改落实21项服务问题。健全95598与应急抢险协同机制，事故抢修到场时间缩短174分钟，同比下降435%。积极开展智能电表自助终端建设，新建ATM自助缴费厅2个，投运自助售电设备9台，客户缴费更加方便快捷。深化服务技能培训，服务能力持续提升。组建共产党员服务队并开展试运行工作，彻底消除供电企业为民服务的“最后几米距离”、“最后一层隔阂”和“最后一个盲区”，架起党和人民群众的“连心桥”，得到了社会各界的广泛赞誉。切实开展不稳定因素排查，正确引导员工思想，防范化解不稳定因素107项，新闻舆情保持平稳态势，维护了公司安全稳定发展局面。以人为本，关心员工，建立职工补充医疗保险，缩短体检周期，提高体检标准，帮助解决员工实际问题；强化公司离退休管理职能，召开离退休工作座谈会，提高离退休人员福利待遇，促进企业和谐发展。

【党的建设和精神文明建设】雅电集团有党委1个，纪委1个，二级党委9个，党总支4个，党支部42个；雅安公司有党委1个，纪委1个，党支部1个。汇总后，共计党委2个，纪委2个，二级党委9个，党总支部4

2012年8月9日，四川雅安电力（集团）公司第二届职工劳动技能竞赛（比武）活动举行启动仪式，技能竞赛正式拉开帷幕

（汤小强　摄）

个，党支部43个。集团公司党委、纪委、9个二级党委和3个党总支部的换届选举工作已全部完成。

雅电集团有团委 1 个，团总支 12 个，团员比例占集团公司全员的 3.41%，其中 4 个团总支已无团员，其余 8 个团组织的换届选举工作已全部完成。雅电集团有基层工会、职代小组 12 个，1 名专职工会主席。有工会会员 3636 名，职工代表 107 人，女职工 1424 人，基层班组 172 个。

雅电集团认真学习贯彻党的十八大精神，深入开展创先争优活动。顺利完成公司党委、纪委、工会、团委换届选举工作，有序推进标准化党支部创建。成立公司党校，扎实开展入党积极分子培训，全年共发展 41 名党员。深入推进党风廉政建设，牢固树立“干事、干净”的理念，公司廉政风险防控能力逐步增强，2012 年度党风廉政建设考核被省电力公司评为优秀。公司成功创建并被命名为市级文明单位。围绕雅安电力体制改革取得的辉煌成就，开展电力“雅安模式”、“雅安有电七十周年”等主题宣传，对外展示改革发展成果，展现责任央企形象，凝聚省市合作发展共识，营造良好的外部环境；对内加强宣传引导，增强员工的凝聚力、向心力和对国家电网核心价值观的认同感。

【存在的主要问题】一是“安全、服务、稳定、廉政”四大基石还不稳固。安全方面，电网整体装备水平还比较低下，特别是110千伏及以下电网装备较差，设备隐患较多，抗灾容灾能力薄弱；城网、农网历史欠账较多，全市农网改造覆盖率仅为59%；通信自动化建设滞后，调度自动化设施设备陈旧，功能单一，故障率高，自动化水平十分低下。这些因素造成电网供电可靠性差，供电能力不足，局部电网“卡脖子”现象依然存在，影响了电网的安全稳定运行。服务方面，员工服务意识不到位，服务技能欠缺，窗口建设严重滞后，优质服务面临较大压力。稳定方面，部分职工对岗位、岗级的收入差距难以适应，“大锅饭”、“平均主义”思想尚存，加之历史遗留问题尚未完全解决，信访稳定任重道远。廉政方面，个别领导干部廉洁从业和依法治企意识比较淡薄，对关键环节和职低权实人员的约束监督力度不够，廉政风险仍然存在。

二是管理体制阻碍了生产力的解放和发展。电力“雅安模式”作为一种管理体制的创新变革，没有现成的经验可以运用。虽然公司在体制创新上进行了许多的探索和实践，取得了良好成效，但在具体工作推动过程中，还存在较多困难：公司下属全资子公司、控股子公司和分公司并存，管理关系和运营方式十分复杂，现有的以母、子公司为主，总、分公司为辅的管理体制，增加了集团内部的交易成本，不利于集团资源的优化配置，给公司人财物的集约和高效运转带来障碍；各基层单位“小而全”、“多而乱”、低水平、小作坊式的运营模式，不能适应现代电网整合资源进行专业化分工协作的需求，不利于促进企业生产力的解放。

三是队伍建设亟待加强。人员“又多又少”的问题仍然存在，机构改革后，转岗人员多，培训效果不明显，还不能完全适应新岗位的要求。人员素质较低，人才断代情况突出，特别是具有电气专业方面专科及以上初始学历的人员全集团仅 100 余人。部分员工对国网缺乏认同感和归属感，不能正确面对改革和发展。人才引进难度较大，高学历人才流失严重，违约、辞职等现象屡屡发生。

四是管理不规范依然存在。决策缺乏有效性，简单以文传文、以会传会，没有结合实际加以融会贯通，决策针对性和可操作性不强。员工的履职尽责意识有待提高，部分员工认为“不知道就无责，不管理就无责”，工作中不履责、不尽责、不担责，推诿扯皮、矛盾上交的现象时有发生。

【四川雅安电力（集团）股份有限公司雨城供电公司】雅安电力（集团）股份有限公司雨城供电公司（以下简称雨城供电公司），成立于 2010 年，为雅电集团所属分公司性质的二级单位。有电力用户数 13.1 万户。设 4 个职能科室，1 个综合服务班，19 个生产班组，现有正式职工 256 人，劳务人员 108 人。雨城供电公司管理 220 千伏变电站 2 座，容量 60 万千伏安；110 千伏变电站 6 座，容量 43.15 万千伏安；35 千伏变电站 4 座，容量 4.63 万千伏安。220 千伏线路 12 条，163.42 公里；110 千伏线路 17 条，220.23 公里；35 千伏线路 15 条，97.05 公里；10 千伏线路约 685.72 公里，地埋 10 千伏电缆线路 51.74 公里；0.4 千伏电缆线路约 38.6 公里。城区公用变压器 173 台，农网配变 664 台，客户专用变压器 548 台。2012 年，雨城供电公司完成网内售电量 5.35 亿千瓦时，比上年减少 2641 万千瓦时，同比降低 4.70%，网内线损率为 13.23%。

【雅安荥经供电有限责任公司】雅安荥经供电有限责任公司（以下简称荥经公司）于 2010 年并入雅电集团，为雅电集团全资子公司。荥经公司供电覆盖荥经全县 21 个乡镇中的 16 个乡镇（现有龙苍沟乡等 5 个乡为小水电自供区）、91 个村共 4.25 万户客户，供区面积为 1132.61 平方公里。荥经公司设置有 8 个职能科室，31 个班组。荥经公司现有在册员工 708 人，在岗员工 678 人（其中：发电环节 265 人，生技环节 150 人，供电营销环节 210 人，机关本部

53人）。资产总额3.19亿元。拥有110千伏变电站4座，变电容量35.2万千伏安，110千伏线路122公里；35千伏变电站13座，变电容量12.15万千伏安，35千伏线路361公里。2012年，荥经公司完成售电量14.92亿千瓦时，同比减少0.68%，综合线损率4.8%，同比上升1.24个百分点。

【雅安天全供电有限责任公司】雅安天全供电有限责任公司（以下简称天全公司）于2010年并入雅电集团，系雅电集团全资子公司，设职能科室7个和生产班组15个（含后勤综合服务班）。天全公司资产总额1.688亿元。共有变电站（开关站）8座，主变总容量52.1万千伏安，其中220千伏变电站1座（省电力公司资产），变电容量2×15万千伏安；110千伏变电站2座，变电容量19.3万千伏安；35千伏变电站4座，变电容量2.8万千伏安；35千伏开关站一座。110千伏线路4条，长度21.088公里；35千伏线路14条，长度118.96公里；10千伏线路26条，长度529.62公里；0.4千伏及以下线路1615.5公里。2012年，天全公司售电量完成10.64亿千瓦时，同比增长17.66%。综合线损率4.97%，同比下降1.7个百分点。全年供电量11.199亿千瓦时，同比增长15.57%。

【雅安名山供电有限责任公司】雅安名山供电有限责任公司（以下简称名山公司）于2001年并入雅电集团，现为雅电集团全资子公司。名山公司资产总额1.76亿元。辖区内有220千伏变电站1座，主变容量36万千伏安；110千伏变电站4座，主变容量40.75万千伏安，110千伏线路64.95公里；35千伏变电站6座，主变容量4.39万千伏安，35千伏线路77.86公里。名山公司下设7个职能科室和13个班组，有在岗员工281人，其中主业控股员工169人，劳务派遣人员112人。2012年，名山公司完成售电量8.81亿千瓦时，同比下降18.77%；综合线损率4.96%，同比增加0.91个百分点。

【雅安宝兴供电有限责任公司】雅安宝兴供电有限责任公司（以下简称宝兴公司）于2004年并入雅电集团，现为雅电集团全资子公司。宝兴公司资产总额2.0088亿元，拥有发电站3座，总装机容量1.79万千瓦；220千伏变电站1座，主变容量15万千伏安；110千伏变电站3座，主变容量15.65万千伏安；35千伏变电站5座，主变容量2.69万千伏安。110千伏线路4条，71.67公里；35千伏线路9条，135.77公里。公司下设8个职能科室和17个班组，用工总量244人。2012年，宝兴公司完成售电量3.76亿千瓦时，同比增长14.69%；综合线损率为5.41%，同比下降1.5%。

【四川富源电力股份有限公司】（以下简称富源公司）于2012年3月并入雅电集团，系雅电集团控股子公司（占比51.17%），总资产2.5亿元。富源公司运行管理220千伏变电站3座，110千伏变电站11座，35千伏变电站8座；总变电容量143.37万千伏安；运维管理220千伏线路152.46公里，110千伏线路301.619公里，35千伏线路243.35公里，低压配网线路1613.96公里，供电台区734个；全网调度管理165个并网电站，总装机容量48万千瓦，全网总用电户数3.39万个，容量106.2万千伏安，其中0.1万千伏安以上的大用户50个，容量80万千伏安，占总容量的75%。公司下设7个综合部门、17个专业化班组，用工总量为343人。2012年，富源公司完成购电量22.32亿千瓦时；售电量21.67亿千瓦时；全网综合线损率3.31%；电费回收100%；安全生产事故、廉政、稳定、服务事件以及对外不良影响事件为零。

【雅安芦山供电有限责任公司】雅安芦山供电有限责任公司（以下简称芦山公司）于2001年并入雅电集团，现系雅电集团控股子公司（占95.21%），担负着芦山县境内供电业务，供区面积1166.39平方公里。芦山公司资产总额0.72亿元。拥有110千伏变电站2座，变电容量19万千伏安，110千伏线路798公里；35千伏变电站5座，变电容量3.66万千伏安，35千伏线路1364公里。芦山公司下设7个科室和12个班组。

2012年，芦山公司完成售电量6.1亿千瓦时，同比增长17%；综合线损率6.82%，同比下降0.62个百分点。

【雅安汉源供电有限责任公司】雅安汉源供电有限责任公司（以下简称汉源公司）于2003年并入雅电集团，现为雅电集团控股子公司（占94.05%）。汉源公司有220千伏变电站1座，变电容量为38万千伏安；110千伏变电站4座，变电容量为16.15万千伏安；35千伏变电站8座，变电容量为5.46万千伏安；站代变3座，变电容量为1.06万千伏安；公司自有电站8座，装机2.2万千瓦。全县电网共有110千伏线路9条，总长度为118.603公里；35千伏线路35条，总长度为379.07公里；10千伏线路共有74条，总长2193.98公里；低压线路总长3039.7公里（公司产权）。汉源公司设有8个职能科室、4个专业化班组、24个生产班组，在册职工652人，（其中内退和特殊78人），劳务派遣工140人。2012年，汉源公司完成发电量7741.89万千瓦时，售电量7.26亿千瓦时，关口线损率12.86%，完成预售电费比例86.21%。

（韩　君）

达州电业局

【企业概况】达州市位于四川省东部，大巴山南麓，地处川渝鄂陕接合部，是四川省的农业大市、资源富市、工业重镇和交通枢纽，素有“川东明珠、巴蜀秀壤”之美誉。全市行政区域面积1.66万平方公里，人口680万，辖通川区、达县、宣汉、开江、大竹、渠县和万源市。

达州电业局始建于1966年8月，是国家电网公司四川省电力公司下属特（Ⅰ）型供电企业，承担着达州市五县一市一区的供电任务。直属供电区域面积6271平方公里，直接供电人口213万人；控股公司供电区域面积4075平方公里，供电人口126万人；趸售公司供电区域面积7602平方公里，供电人口347万人。设11个部门，下辖万源、宣汉、达县、大竹四个直属供电局，管理省电力公司控股的四川宣汉供电有限责任公司、四川新桥供电有限责任公司。下设经济技术研究所、检修公司、信通公司、物资供应公司、客户服务中心和培训中心6个二级直属单位。

2012年9月4日，按照四川省电力公司统一部署，达州电业局扎实推进“三集五大”体系建设。新模式导入后，机构精简39%；用工效率提升19%，顺利通过省电力公司验收 （达州电业局 提供）

主多分开完成后，构建了以巴星（惠特）公司为管理平台的统一运作模式，初步实现了集体企业规范健康发展。2012年售电量71.83亿千瓦时，日最大负荷119.5万千瓦，日电量最高达2358万千瓦时，国家电网已覆盖达州市各县、市、区，市场占有率100%。

达州电网拥有35千伏及以上变电站72座，总容量417.75万千伏安；35千伏及以上线路168条、2784公里。形成以华蓥山电厂和东岳电厂为电源点，500千伏变电站、220千伏环网为骨干，各级电网协调发展，供电可靠性较高的供电网络。直供（控股）的各县（市、区）至少都有一座220千伏变电站，110千伏基本实现了分层分区供电的基本目标，电网网架明显加强，供电能力、供电质量、供电可靠性、自动化水平和抵御自然灾害的能力大幅提升，为达州经济发展提供更加完善和有效能源保障。该局具有较强的电网建设运行和小（火）电、电力通讯等勘测、设计、施工、安装、检测、调试能力。截至2012年12月31日，实现连续安全生产2895天，没有发生责任考核事故。优质服务、党风廉政、队伍稳定保持“零”责任目标，超额完成省公司下达的各项考核指标。

【人力资源】按照省电力公司统一部署，该局扎实推进“三集五大”体系建设，完成组织机构设置和人员配置，新型组织岗位体系全面建立，人员按新岗位设置到岗到位。编制各级机构岗位名录673个，初步形成了符合“三集五大”要求的新型岗位体系。新模式导入后，机构精简率39%；用工效率提升19%。“三集五大”体系建设工作于12月15日顺利通过省电力公司验收。

达州电业局深化“三控”工作，夯实人力资源基础管理。一是加强计划管控。推行大用工管理模式，按全口径人工成本管理要求，结合年度工资、保险专项检查，加强薪酬管理指导和监督，加大农电用工及控股公司薪酬总额管控力度。统一报表口径，提高统计数据准确性，完成福利项目的清理规范。

二是加强同业对标指标管控，分解下达电业局同业对标指标，开展同业对标弱项分析，针对性地提出改进措施。三是加强人力资源信息管理管理，组织开展全局范围内人员基础信息核实、清理和规范工作，完善人力资源信息系统管理机制，完成全局“三集五大”体系机构调设置和人员配置信息适应性调整。

深化“三考”工作，完善激励约束机制。一是推行以量化考核为重点的全员绩效管理。修订绩效管理实施办法，进一步完善以目标管理为导向的责任落实和压力传递机制；指导控股公司完成全员绩效制度；制定《农村供电所积分制管理办法》，实现绩效全覆盖。二是深入开展全员培训考试工作。严格按年初既定计划开展工作，选送人员参加省公司组织的领军人才、双千人才的培训，实训基地设施完善，具备验收投运条件。三是加强考勤管理。出台《达州电业局员工考勤管理暂行办法》，充分发挥考勤管理的导向作用。

截至2012年底，达州电业局全口径在册员工总量为4442人，其中全民职工967人，退休816人，农电968人，集体140人，劳务112人，代管企业1439人。拥有高级职称56人，中级职称291人，初级职称679人，高级技师33人，技师291人，国网公司级专家人才20人，省部行业级专家人才16人。

2012年8月31日，达州电业局参加达州市“迎盛会 保平安”应急处突反恐实战演练（达州电业局 提供）

【电网建设与发展】达州电业局编制完成《达州110千伏及以下电网现状分析报告》、《达州电业局35千伏及以上变电站“单线单变”情况调研报告》，做好达州电网现状分析，确保规划质量。认真梳理2011、2012年各级电网建设项目实施情况，2011、2012年实际负荷增长情况， 2013、2014年负荷预测情况，编制完成《达州市“十二五”配电网规划滚动调整报告（2012）》和《达州市电网发展诊断分析报告》。

取得了220千伏汇北输变电及其配套、110千伏北外输变电、宣汉北220千伏变电站110千伏配套项目省发改委核准批复文件；完成了220千伏宣汉北输变电、110千伏雷音铺输变电项目核准申请上报；完成了220千伏通川扩、大竹及其配套，110千伏东乡扩及达县福善等4个35千伏项目可研，并通过省电力公司审查；配合开展了500千伏宣汉输变电可研、用地预审等前期工作。

新开工110千伏普光输变电工程、五井输变电工程、达巴铁路达州牵引供电工程等3个项目；新开工35千伏通川双龙输变电工程、达县福善输变电工程、渠县龙潭输变电工程、万源八台改扩建工程、达县渡市改扩建工程等5个项目。新开工110千伏线路141.6公里，变电容量15万千伏安；新开35千伏线路53.84公里，变电容量2.89万千伏安。投入城市配网建设与改造项目25项。新增10千伏架空线路16.6公里，10千伏电缆线路19公里，配电变压器31台，配变容量1.24万千伏安，柱上开关16台，电缆分支箱13台，环网柜21台。

【经营管理】达州电业局2012年累计完成售电量71.83亿千瓦时，同比增长1.93%，综合电费回收率、解交费100%。综合线损率3.19%，优于计划值0.01个百分点。

该局结合“三集五大”体系建设，16个专业管理提升活动取得显著成效。制定《基层单位资金管理办法》，认真开展财务专项检查，资金内控管理进一步加强。全面落实风险管控制度，完善审计成果运用监督考核，推进风险管控关口前移。配合财政部专员办、省公司等完成各类专项检查，深入开展重大决策部署、工程建设、“三指定”、公务用车等自查自纠。围绕专项成本、工程分包、物资管理等重点内容，深化协同监督，专业管理的纵向监督和过程管控得到进一步强化。严格落实重要经营决策事项法律审核把关制度，合同法律审核率100%。充分发挥事前预防功能，按季度开展法律风险评估，企业法律风险防范能力有效提升。深入推进“六五”普法教育，开展形式多样的法制宣传教育活动，全局干部员工的法律素质明显提高。

该局全力推进农电项目及农网工程建设，全面完成2012年农电大修、技改等。积极配合地方政府解决非地震灾区定居点电力建设工作，实施51个非地震灾区灾后重建示范区、新村聚居点电力建设。认真执行新农村电气化建设新体系，2012年完成6个新农村电气化镇、54个新农村电气化村的建设及命名工作。

按照省电力公司统一部署，结合受援单位的实际情况，完善对壤塘、色达电力公司结对帮扶机制，进藏实地调研97人次，选派援藏人员13人，接纳受援单位送培人员2人，扎实开展藏区帮扶工作。

【生产管理】2012年达州电业局继续对输电线路专业综合实施了线路本体、附属设施、防雷、防污闪、防风偏等方面的整治工作。积极引进预交式线路金具和“G型”节能线夹等新型产品，有效提高线路“节能降损”能力。加大迁建施工方案的审查力度和深度，优化施工方案，确保了“南大梁”高速涉及的线路迁改顺利实施。

结合春（秋）季检查、电网安全性评价、专项隐患排查等活动，并及时整改。完成全年检修、例试工作。强化技术监督管理工作，多措施并举促进运行维护和检修水平持续提高。着重加强了主设备的运行管理力度，全年杜绝了220千伏主变跳闸事故的发生；系统梳理缺陷隐患，实现缺陷闭环管理，严重、危急缺陷处理率100%；制定了《达州电业局变电运行人员选配方案》，按照“综合平衡、组织调配、尊重意向、择优录用”的原则细化人员选配方案，圆满完成了“大检修”“大运行”人员、业务交接。积极适应“大检修”体系建设要求，引入调控一体化、运维一体化等全新管理思路和业务模式，监控业务划归至地县调控中心实行集中监控，变电运维业务整合至市检修公司。

成立了达州电业局电网设备材料质量检测中心，保证入网物资质量，加强电网设备材料质量检测工作，实现电业局各类物资主要检测项目全覆盖，提升入网物资质量水平。认真贯彻执行《四川省电力公司电网技术标准》、《四川省电力公司输变电设备状态检修试验规程（试行）》等规章制度。开展了输变电设备的状态评价工作，并制定了行之有效的检修策略，采取针对性的整治措施，及时消除了设备隐患，保证了设备安全可靠运行。

【安全管理】2012年，达州电业局实现了3个百日安全长周期，截至2012年12月31日，实现连续安全生产2895天。实现了全年无责任考核事故，全局电网保持安全运行、无人身、设备事故发生，安全态势总体良好。全局人身伤亡防范能力，电网风险防控能力，设备运维管理能力和应急事件处置能力得到持续提升，被省电力公司评为2012年度安全生产先进单位。

加强“反违章”指标完成情况的过程监督和考核。每周公布《安全巡查计划》，进行《安全生产周评》，每月印发《安全巡查通报》，对相应单位发出《安全生产建议书》，纳入安全督办，限期整改。制作“安全巡视督察卡”，对输变电设备巡视起到了很好的督察效果。制定电业局“安全年”活动方案及活动月度实施细则，开展监督检查和考核。开辟了“安全年”活动专栏网页，分“活动动态”等7个版块，促进各单位开展“安全年”活动的交流。“科技兴安”水平再上新台阶，创新地提出了“可视化现场安全监督管理”。借助最新的移动通信技术，以“达州电业局移动关爱平台”为支撑，通过无线网络，有效实现对作业现场安全风险的远程管控。同时，自然灾害发生后，还可以实现远程灾情勘察，为领导科学决策提供有力的信息支撑。组织安全知识考试，严格“三种人”选拔，加强新规程的学习，认真组织开展“安全讲评”活动，认真开展2012年春（秋）季安全大检查、“人身安全大检查”、“煤矿企业供用电安全隐患大排查”、“节前安全大检查”，安全风险管控不断强化，安全基础进一步夯实。

完善了1个总体预案、15个专项预案的预案体系，电业局应急指挥中心平台于2012年7月建成投运，切实提升了突发事件情况下应急指挥能力。组建了150人的专业应急抢险队伍，实行24小时值班，实现统一指挥和3小时内快速集结。输变电设备做到一站一表、一线一表。加强应急通信保障能力，电业局无线电指挥系统达到15个车载台和64个对讲机的规模，应急处置能力得到所在地党委政府的高度认可。

【科学进步与信息化工作】2012年该局完成省电力公司科技项目1项，群众性创新项目5项。共向国家知识产权局申请发明专利11项，实用新型专利31项，取得发明专利授权1项，实用新型专利授权11项，在核心期刊发表论文3篇。被评为省电力公司2011年度企业管理创新先进单位。

制定了《达州电业局信息内外网业务接入管理规定》、《四川省电力公司公网租用电路管理规定（试行）》、《四川省电力公司达州电业局信息安全管理办法》（试行）、《四川省电力公司达州电业局信息化工作管理办法》、《四川省电力公司达州电业局办公生产场所计算机网络安全及使用管理规定》和《四川省电力公司达州电业局安全移动存储介质管理办法》，修编了《信息系统应用考核管理办法》，从制度上对该局信息运行、应用和安全提供保障。

完成综合数据网建设工程全部节点现场施工和网络割接工作，实现全局所有生产、经营、管理场所的信息网络全覆盖，为确保电网安全稳定运行、企业正常生产经营管理和优质服务等提供安全、稳定、可靠、高效的，满足语音、视频、图像及各类业务数据高性能传输的一体化信息网络平台。

达州电业局通过开展信息安全督察、反违章、隐患治理、桌面终端系统的综合整治等，全年未发生被考核的信息安全事故，全面完成年初该局制定的信息安全"零"事件目标。

【优质服务】达州电业局主动服务达州经济社会发展，落实国家电网公司新"三个十条"，开展"三指定"专项整治，优化业扩流程，维护公平、有序、和谐的供用电关系。全年未发生重大服务事件和电网责任性客户安全事故。

积极开展"为民服务创先争优"活动，深入实施"95598 光明服务工程"，成功构建"一型五化"大营销体系。改造 24 个 C 级营业窗口，换装智能电表 16.6 万只，完成 20 余万只智能电表阶梯电价和费率的重新设置，期间实现客户服务"零责任"投诉。大力发展非金融机构第三方电费代收，收费网点从年初的 175 个增加到 513 个，基本实现城市"十分钟缴费圈"和农村"村村有缴费点"的目标。主动、高效完成抢险救灾应急保电，圆满完成元九登高、国庆、第二届全国"新农村"文化艺术展演、"十八大"、"9.9"万源永盛煤矿事故等十余项重大保电任务。全年共接受客户咨询 7458 次，处理故障报修 1354 起，故障报修答复、及时、完成率均达 100%。组织行风监督员广泛开展明察暗访，行风建设得到各级高度肯定。

2012 年 10 月 17 日，达州电业局积极支援藏区电网建设。图为帮助壤塘、色达藏区安装变压器　　（达州电业局　提供）

【党的建设和精神文明建设】达州电业局开展"学习先进李林森，争当电网排头兵"以及评选"为民服务十大明星"等活动，1 名员工获省电力公司"为民服务明星"称号。召开了第七次党代会，完成了两委换届选举。开展党员读书活动、学习成果展示活动和农电党员技能竞赛，举办入党积极分子、新党员培训班以及基层党委（支部）书记、纪委书记培训班。开展"基层党组织建设年"活动，撤销 7 个、更名 1 个、新设置 18 个基层党组织，完成基层党组织分类定级和晋位升级工作。2 个基层党组织、6 名党员、2 名党组织负责人分别获省电力公司"电网先锋党支部"、"优秀共产党员"、"优秀党务工作者"称号。

举办企业文化专题培训班，开展"三集五大"企业文化知识问答活动，规范企业文化环境建设。开展"创先争优·达电先锋"专题宣传活动，先进典型的示范引领作用得到充分发挥。实施"国家电网耀巴渠"文学采风活动等 5 个企业文化年度项目，打造 6 个企业文化示范基地。成立电业局职工文艺体育协会，举办"贺中秋·迎国庆"庆祝活动，编撰《达州电业局发展史》，征集"三集五大·创新动力"企业文化故事和案例，向国网公司申报建设成果 3 项。加强文明细胞培育，开展"学雷锋"、"我们的节日"等志愿服务活动，2 个事迹荣获省公司"文明新风奖"，4 个"省级文明单位"通过复查验收。

开展"'面、心、实'服务职工在基层"活动，坚持为基层一线和职工群众送慰问、送温暖，全年公开重大事项 60 余项，有效落实职工的知情权和监督权。深化班组建设，开展挂点联系，新增四星级班组 14 个、四星级供电所 16 个、五星级班组 12 个。建成劳模工作室 2 个，职工书屋 1 个。开展"雷锋活动日"、"青春光明行"等志愿服务活动。局团委荣获四川省"五四红旗团委"、"优秀青年志愿服务集体"称号，1 个供电营业厅被授予四川省"青年文明号"。

完成第二届全国新农村文化艺术展演、十八大、抗击"8.20"达县风灾、援救"9.9"万源矿难等一系列急难险重的保电任务，并在完成任务中不断深化创先争优。该局12支党员突击队、8支青年突击队、450余名党员发扬电力铁军精神,不畏艰险，全力以赴，圆满完成了各项保电任务，受到了地方党委政府和广大人民群众的高度赞扬。认真落实市委政府“挂包帮”项目2项，对口援建甘孜、阿坝电力公司。非地震灾区灾后重建示范区建设和扶贫帮困义举受到市委、市政府的肯定。

【达县供电局】达县供电局成立于1994年3月28日，地处达州市达县南外镇，是国家电网公司达州电业局下辖县级供电企业，达县供电局有在册职工70人，农电职工282人，在册职工中高级职称1人，中级职称14人；高级技师2人，技师21人。优秀技能人才7人、人才密度100%。在“三集五大”体系建设改革后，达县供电局按编制设有三部一室两中心，17个班（站）所，承担着达县23个乡镇，291个村，达县部分城区和化工园区的供电任务，占达县总人口的38%，有客户13.7529万户，其中大工业客户54户。

达县供电局2012年完成售电量16.11亿千瓦时，比2011年增加4.14亿千瓦时，线损率3.35%。截至2012年12月31日，连续实现安全生产2895天。

达县供电局辖区现已建成变电站13座，变电总容量140.12万千伏安（其中220千伏变电站3座、110千伏变电站5座、35千伏变电站5座）110千伏及以上变电站已移交变电运维工区。目前供电局管辖35千伏变电站5座，变电总容量6.12万千伏安。已建成10千伏线路37条1780公里，35千伏线路5条86公里，110千伏线路13条153公里，220千伏线路9条221公里，110千伏及以上线路已移交输电运检工区。

达县供电局2012年度推进“两个转变”、深化“三个建设”，按照“转观念，强基础，提素质，增活力，上水平”的要求，求真务实，开拓创新，扎实开展“安全年”活动，安全生产管控能力有效提升，被四川省电力公司评为“安全生产先进集体”。企业改革克服时间紧、任务重等困难，全力投入主多分开、“三集五大”体系建设，人、财、物等核心资源得到有效整合。积极开展“为民服务创先争优”和“你用电·我用心”活动，进一步完善服务手段，优质服务水平持续提升，实现客户服务“零责任”投诉。强化风险管控，规范企业运作，坚持依法治企，推进风险管控关口前移，企业经营管理更加规范。

党建工作结合“三集五大”体系建设，开展“基层党组织建设年”、“创先争优”活动等，规范组织建设，党组织的核心作用更加突出；加强党员信念、宗旨教育和形势任务教育，提升党员的整体素质，党员的战斗模范作用得到了充分发挥，2012年度党建工作被省公司评为“电网先锋党组织”。有1个班组获得省电力公司“五星级班组”。有四星级班组1个，三星级班组3个；有省电力公司标准化供电所4个，电业局标准化供电所8个。

【大竹供电局】始建于1966年9月，地处四川达州市南部，襄渝铁路、210国道和包茂高速贯穿其境，主要担负大竹、渠县及达县部分地区的供电任务。下设三部二中心一室，4个班组、2个供电所、1个三新公司。有职工56人，退休（养）职工85人；集体在岗职工4人；劳务人员13人；农电工39人；外聘人员8人，共计205人。大竹电网有35千伏输电线路11条共计75.89公里，覆盖广安、渠县、大竹、达州4个县市25个乡镇，供区面积约50平方公里（大竹合计面积共2073平方公里），约占大竹面积2.14%，有10千伏线路186.27公里，低压线路430.48公里，10千伏公变台数110台，公变容量1.59万千伏安。

截至2012年12月31日，该局连续安全生产2895天，没有发生责任考核事故。优质服务、党风廉政、队伍稳定保持“零”责任目标。超额完成达州电业局下达的各项考核指标。2012年获得达州电业局安全先进单位。

【宣汉供电局】宣汉供电局成立于1981年2月，地处四川盆地川东北大巴山南麓，嘉陵江流域的洲河上游，宣汉县东乡琦云路143号。担负着宣汉县、开江县部分地区及襄渝铁路川东北段电铁的供电任务。现有员工334人（其中全民在册职工66人，集体企业职工2人，劳务人员14人，农电工162人，外聘员工50人，管理退休人员40人）。设4个管理部门，2个业务支撑机构，5个生产经营班组，管理7个农村供电所。现有35千伏变电站6座，总容量5.92万千伏安。35千伏线路11条、119.5公里。

2012年累计完成并表口径售电量12.56亿千瓦时，综合电费回收率、解交费100%，应收电费余额继续结零。综合线损率2.97%。截至2012年12月31日，实现连续安全生产5676天。未发生影响和损害企业形象的重大服务事件，供电优质服务“十项承诺”兑现率达100%，优质服务实现“零”责任投诉目标。现有营业户数9万余户，营业网点数量9个，城区设有便民电代收点11个。

2012年继续保持国网公司“文明单位标兵”，四川省“文明单位”，四川省电力公司“一流县级供电企业”、“县级供电企业文明单位”等荣誉，荣获达州市第二届运动会先进单位，宣汉县拥军优属示范单位，达州电业局"先进集体"、"安全生产先进集体"、"农电工作先进集体"。

【万源供电局】万源市位于四川省东北边陲，境域处于大巴山南麓，东接重庆市城口县，南邻宣汉县，西邻巴中市平昌县、通江县，北拱陕西省镇巴县、紫阳县。万源供电局成立于1970年，担负着万源市22个乡镇（共计52个乡镇）154个行政村（共计371个村）、26万人口（共计57万人口）的工农业、军工、电铁及城乡生活供电任务。

万源供电局下设3个部室、2个中心，4个生产班组、6个供电所。全民在岗职工55名，集体职工4名，劳务派遣12名，外聘人员8名，农电在岗职工158名，退休职工48名。具有初级职称（含高级工）任职资格60人，中级职称(含技师)任职资格31人，高级技师2人，优秀技能人才2人，大专及以上文化程103人。2012年累计售电量5.52万千瓦时，电费解交率、回收率100%，线损率5%。

辖区有变电站9座，主变13台/总容量44.18万千伏安，其中：220千伏伏变电站1座，主变2台/总容量24万千伏安；110千伏变电站3座，主变6台/容量16.15万千伏安；35千伏变电站5座,主变6台，总容量4.03万千伏安。35千伏及以上送电线路26条/5550.463公里，其中：220千伏线路2条/106.1公里，110千伏线路13条/299.34公里，35千伏线路11条/145.02公里）。有营业户数7.32万余户，供电人口26万人，营业网点数量13个，城区设有便民电代收点4个。2012年被达州电业局授予安全生产特殊贡献奖。

【四川新桥供电有限责任公司】始建于1994年3月，2012年12月成为四川省电力公司全资子公司。位于四川省达州市达县南外开发区汉兴街728号，担负着达县南城南北二号干道以东地区、达县麻柳、亭子、石梯、石桥、堡子片区等33个乡镇329个行政村、39家大宗工业用户的供电任务，有供电人口40万，用电户15.47万户。供电面积1075.4平方公里，乡、村、户通电率达100%。设7个部室、1个中心和1个全资子公司。截至2012年底，员工517人，其中：在岗员工408人，内退员工27人，离、退休人员为82人。2012年,完成售电量3.45亿千瓦时，电费回收率100%；综合线损率6.34%。截至2012年12月31日，连续安全生产940天。

该公司有35千伏变电站5座，主变容量4.47万千伏安；35千伏架空线路9条，全长114.47公里；10千伏架空线路45条，全长1419公里；380V/220V架空（电缆）线路5530公里；10千伏配电变压器1948台，总容量22.07万千伏安。系统内并网小水电8座,装机容量0.43万千瓦，年发电量约1858万千瓦时。

按照省电力公司和电业局部署，2012年大力开展对口帮扶藏区电力公司工作，派驻管理人员和技术人员对色达公司进行对口帮扶，进藏调研、帮扶、慰问13余次。2012年被评为全省生产投资价格调查工作先进单位和省电力公司2011年度农网工程管理先进集体。

【四川宣汉供电有限责任公司】宣汉供电公司属四川省电力公司全资子公司。位于宣汉县东乡镇王家坝滨河路78号，主要担负着全县46个乡镇、447个村，共计98.9万人口的供电任务。设9个职能部室，18个二级生产机构，9个生产班组。2012年在册员工992人，其中在岗员工572人，离岗退养、待岗员工118人，退养员工302人。

有35千伏变电站11座，主变18台，主变容量11.04万千伏安；35千伏线路16条，共236.42公里；10千伏线路58条，共2221.02公里；低压线路14079.12公里；10千伏配电变压器2347台，总容量2.35万千伏安 。拥有8座小水电站，其装机容量为0.24万千瓦，年发电量约417万千瓦时。2012年售电量完成5.68亿千瓦时，较2011年同期增长7.14%；综合线损率完成4.13%，电费回收与解交率完成100%。截至2012年12月30日止，安全生产累计1688天。

该公司以"提升用电管理水平，实现管理促降损为重点"，扎实推动"企业管理增效年"活动，全面加强营销管理，努力开拓供电市场，加强重点及高危客户安全供用电管理，防范安全供用电法律风险。积极开展营销普查，提升营销基础管理水平，推进营销基础数据梳理，提升营销系统数据质量，不断提高优质服务水平，实现供用电双方的共赢。扎实开展2013年农网改造升级项目储备，完成电网规划数据收集、填报、编制完成2013年农网可研报告，开展了2010年升级、2011年农冰灾项目监理二级验收，办理完成2011年农网升级工程结算。进一步加强党建工作，按照"提高党员素质，加强基层组织，服务人民群众，促进各项工作"的目标要求，深入贯彻落实党的十八大精神，不断提高职工的理论素养，持续深入开展"为民服务创先争优"活动，塑造供电优质服务品牌。认真落实"三重一大"制度，保持队伍稳定，推进公司精神文明建设。2012年获达州电业局安全生产先进集体、先进职工之家。

（罗艳芳　等）

绵阳电业局

【企业概况】绵阳电业局成立于1975年，是四川省电力公司直属的特一型企业，承担着绵阳9个县市区的供电任务。“三集五大”体系建成后，设职能部门11个，地市业务支撑和实施机构5个，县级供电局4个，受省电力公司委托代管2个县级控股供电公司、1个全资县级供电公司。有35千伏及以上变电站101座，总容量910万千伏安；有35千伏及以上输电线路211条，总长3237.5公里。2012年，完成售电量69.01亿千瓦时，完成年度目标的100.31%；全网最高负荷132.8万千瓦，同比增长3.75%；最大日电量2551万千瓦时，同比增长7.4%，均创历史最高纪录。该局先后获得第四届全国精神文明建设工作先进单位，国务院国资委及国家电网公司抗震救灾先进集体，国家电网公司文明单位，省电力公司红旗党委和四好班子等多项荣誉。

2012年12月11日，绵阳电业局召开第六次党代会，四川省电力公司党委书记、副总经理刘勤参加会议。图为部分代表合影

（绵阳电业局　提供）

【人力资源】绵阳电业局用工总量为4069人，其中长期职工2234人(直供直管长期职工1286人，控股公司948人)，劳务工312人（直供直管272人，控股公司35人，博信公司5人），农电工1523人（直供直管1394人，安县公司90人，北川公司39人），用工总量比2011年末减少154人。直供直管长期职工平均年龄42.5岁；研究生及以上学历70人，大学本科学历548人，大学专科学历394人，中专及以下学历274人；高级职称107人，中级职称268人，初级职称516人；高级技师57人，技师280人，高级工264人，中级工及以下75人。

【电网建设与发展】绵阳电业局突破传统规划模式，25个110千伏及以上新建变电站纳入城市总规，首次实现电网发展规划纳入地方专项规划，站址和通道得到有效保护。确定了江油、绵阳南500千伏变电站站址并通过可研内审，6个220千伏加固提高项目核准工作以及110千伏文昌、盐亭和园艺Ⅱ等输变电工程可研编制按期完成。深入开展“工程质量管理年”主题活动，220千伏擂鼓至河西新建线路工程荣获省电力公司“质量流动红旗”称号。成功投运施工受阻多年的110千伏御营变电站，有效缓解了绵阳城南片区供用电矛盾。46个电网基建项目总体推进顺利，220千伏水晶、110千伏江油开发区等输变电项目相继建成投运，电网结构进一步完善，供电能力和供电可靠性显著提高。

【经营管理】2012年，该局年度业绩考核位于同业对标A段，取得省电力公司第二名的历史最好成绩。财务、规划、运行三个专业同业对标名列省电力公司系统第一，在勇夺管理标杆单位的同时，综合排名跻身前5，继2007年之后再次进入省电力公司综合标杆单位序列。

2012年新命名四星级班组48个，新增省电力公司十佳班组1个、五星级班组16个、五星级供电所4个，五星级班组增幅居全川第二。

【安全生产】绵阳电业局始终坚持“安全第一、预防为主、综合治理”方针和“三抓一提升”思路，牢固树立“大安全”理念，扎实开展“安全年”活动，狠抓安全风险管控，安全管理水平显著提升。深入推进事故隐患排查治理“树典型、传经验”试点工作，5个方面

25 项典型经验在国家电网公司交流并在全川推广。组织实施应急演练 46 次，首家引入政府部门开展应急预案评审 34 个，应急管理能力和水平进一步提高。深入开展输变电设备定期评价和输电线路综合整治，输变配电专业各项指标明显改善。截至年底，绵阳电业局实现连续安全生产 2909 天，再创历史纪录。

【科技与信息化工作】2012 年该局未发生信息安全事故和信息系统障碍事件。申请专利 68 项，发表论文 17 篇，分别提高 83.8%和 13.3%,自主研发的“无线网络实时在线式微机防误操作系统”等项目填补了省电力公司空白。

【农电营销】该局业扩服务时限达标率、基础数据可用率、每百万用户服务质量事件发生数等指标均位于同业对标 A 段,创历史最好排名。组建成立三新农电公司，完成各类农电项目投资 3.04 亿元，促进民生改善取得实效。完成省电力公司 SG186 农电信息化管理系统试点建设，农电生产管理水平切实提升。积极开展新农村电气化建设，1 个电气化县、34 个电气化镇、130 个电气化村通过验收。积极创建标准化供电所，初审通过率和正式验收通过率均列省电力公司系统前茅。

2012 年 7 月 26 日，绵阳电业局举行国家电网四川电力（绵阳江油）共产党员服务队揭牌暨“为民服务十件实事”活动启动仪式
（绵阳电业局　提供）

【援藏帮扶工作】该局全年人才援助 9 人，进藏调研 12 批次 131 人次，援助资金及物资共计 333.3 万元，接纳受援单位送培人员 14 人，在松潘“6.29”洪灾中，援助 50 余万元抢修物资，并组织大批抢修人员赶赴灾区，协助松潘公司及时恢复电网运行。

【优质服务】绵阳电业局认真落实“你用电、我用心”的服务理念，切实加强客户故障报修管理，以恢复供电为先，充分履行央企社会责任。积极拓展 10 分钟缴费圈，新增缴费网点 242 个，充值缴费渠道和手段不断丰富。重点打造营销服务城乡一体化，初步形成城乡全覆盖售电服务网络。持续加强大客户走访工作，进一步增强了与客户之间的沟通和交流，开展民主评议行风工作。

【党的建设和精神文明建设】绵阳电业局召开了局第六次党代会，选举产生了新一届党委、纪委班子。以“迎接党的十八大，创先争优当先锋”为主题，广泛开展支部共建、书记上党课和“三亮三比三无”竞赛活动。认真落实习近平总书记讲话精神，切实加强共产党员服务队建设，组建成立第二支共产党员服务队。严格“五项谈话”制度，开展各类谈话 168 人次，党风廉政建设各项目标任务全面完成。深入实施人才强企战略，新增省电力公司各类优秀人才 51 人，530 名员工实现了学历、职称或职业技能等级提升。严格干部选拔规定和程序，调整中层干部 134 人次，提拔任职 42 人，干部队伍结构明显改善。企业文化建设有力有序，“五统一”的企业文化正在逐步形成。品牌传播和新闻应急管理进一步加强，有效化解了各类舆情风险，提升了企业形象。正确处理改革发展稳定的关系，积极引导员工理解和支持改革，切实发挥工、青、妇组带作用，深化企业民主管理，广泛开展劳动竞赛，全面落实离退休同志“两项待遇”，企业呈现更加和谐稳定局面。

【存在的主要问题】一是安全基础依然不牢，电网发展还不平衡，35 千伏及以下电网依然不强。基建安全存在较大的管理软肋，农电营销、控股公司、集体企业安全管理较薄弱，供用电安全管理亟需强化。涉电安全外部环境仍不容乐观，电力设施保护任重而道远。防人身伤害和质量管理还不到位，运行管理还不精细，设备管理还需认真深入研究，安全生产存在潜在风险。二是责任意识有待加强。经过“三集五大”体系建设，企业管理粗放的状况得到了一定改观，但自我监督缺位、家底不清、定位不准、责任心不强的现象还依然存在。个别干部不思新思进，因循守旧、得过且过，主动作为不够、争先意识不强；个别员工责任意识、规则意识淡漠，缺乏认真负责、追求卓越的态度和习惯。三是执行能力急需强化。部分干部员工还不能完全适应改革发展的要求，管理脱节、执行走样、有令不行、有禁不止等行为还没有完全杜绝。个别单位和部门大局意识还不强，克服“自转”、坚持“公转”的自觉性还不够，坚决做到令行禁止、政令畅通的执行能力还亟待提高。四是基础管理仍较薄弱。已建成的“三集五大”体系还有待于在实践中不断优化，营销和农电管理亟需规范和提升，物资和非招标管理仍需进一步完善。集体企业基础还比较薄弱，制度体系尚未健全，市场竞争力还不强，急需加强管理、规范管理，以提高生存发展能力。

【江油供电局】江油供电局始建于 1962 年 10 月，设四部一室两中心、3 个生产班组、4 个客户服务班组，16 个供电所，担负着江油市 40 个乡镇、平武、北川及剑阁等部分地区的供电任务，供电面积约 3100 平方公里，供区人口约 110 万，辖区内有 35 千伏及以上变电站 23 座，主变 37 台，容量 192.96 万千伏安；城区配变 159 台，容量 5.5 万千伏安；农村配变 3685 台，容量 34.61 万千伏安；35 千伏线路 14 条，总长度 147.91 公里；10 千伏城网线路 33 条，总长度 195.01 公里；6—10 千伏农村高压线路 2374 公里，低压线路 10486 公里。2012 年完成售电量 19.3 亿千瓦时。

江油供电局在册全民职工 159 人，博信劳务 23 人，主业定编 173 人，具有大学本科以上学历 43 人，大专学历 76 人，中专学历 36 人，其中高级职称 5 人，中级职称 54 人，初级职称及以下 100 人。有农电职工 456 人，其中管理人员 88 人、窗口人员 77 人、专职电工 291 人，高中、中专及以上学历人员 287 人，高中以下人员 169 人。

2012 年完成计划资金 3992 万元，新建 220 千伏水晶、110 千伏会昌变电站，完成验收及投运；完成技改、大修、城市配网加固提高项目，累计完成资金 3721 万元；完成 2012 年农村配网加固提高项目 50 个，计划投资 4600 万元的项目施工，完成 2012 年农网大修项目 5 个，计划投资 73.5 万元；完成 11 个 2012 年技改、资本金项目，计划投资 795.4 万元工程量的 80%。完成 9 个结余资金项目、计划投资 705 万元工程量的 85%。

成立绵阳江油共产党员服务队。开展“五星级班组”、“五星级供电所”和电气化乡镇创建工作，完成 2 个五星级供电所、6 个四星级供电所、2 个省电力公司标准化供电所、16 个电气化乡镇的创建，顺利验收考评。

全年进行安全督查 942 次，排查隐患问题共 109 项，消除 107 项，确保了全年电网安全稳定运行。申请科技专利八项。完成各类用电业务申请受理 13029 笔，其中新装增容办理 12066 户，轮换、新装电能表、互感器 22576 只。对 22 户高危重要客户、788 户高低压专变客户档案数据进行清理。做到排查率 100%、告知率 100%、备案率 100%。全年责任投诉 0 件次，供电服务“十项承诺”兑现率 100%。

发挥纪委监督职能，全过程监督“主多分开”工作的各个关键环节，做到资产处置公开、透明、合法。规范物质采购、项目招投标等关键环节，全年未发生违规、违纪、违法案件，领导干部廉政作风优良，职工爱岗敬业积极性得到进一步增强。

【安县供电局（公司）】安县供电局（公司）是绵阳电业局下属的二级机构，担负着安县 18 个乡镇工农业生产、人民生活和县境内国防科研单位及相邻的北川、江油部分地区的供电任务。下设 5 部室（中心）、14 个班组站所。辖有 35 千伏变电站 6 座，变电总容量 7.22 万千伏安；有 35 千伏输电线路 133 公里，6—10 千伏配电线路 1118 公里。2012 年完成售电量 16.9 亿千瓦时。现有职工 193 人。其中研究生学历 1 人，本科 54 人，专科 89 人，中专、中技学历 41 人，高中学历 7 人，初中及以下 3 人。具备副高级职称 3 人，中级职称 26 人，初级职称 89 人。高级技师 1 人，技师 49 人，高级工 77 人，中级工 3 人。有省电力公司优秀技术人才 1 人、省电力公司优秀技能人才 4 人、绵阳电业局优秀技能人才 1 人。

2012年该局投入电力基础设施建设资金约2亿元，110千伏秀水、黄土、35千伏宝林输变电工程基本完成，44个农村配网加固提高和改造升级项目全部完成。全年实现安全生产3999天，创建局以来最长安全周期。荣获“四川省安全文化建设示范企业”称号。

通过国家电网公司智能电表质量管控评价检查，完成对营销基础数据梳理，并对非居民用电客户基础档案信息进行了完善，确保了数据准确性。严格履行内、外网（省电力公司无线）入网申请制度，全年无违规外联事件发生。对各业务系统的桌面终端及内部网络进行了维护，确保各项业务正常开展。配合综合数据网的建设施工，各供电所即将全面接入综合数据网，实现各种应用系统的上线运行。召开行风监督暨大宗客户座谈会，充分听取了客户意见和建议，加强与客户之间的沟通交流，提升了电力企业良好社会形象。通过内部监督和效能监察治理，强化监督体系，完成党风廉政建设考核指标，全年未发生任何上报考核和影响企业形象事件。

【游仙供电局】游仙供电局始建于1994年12月26日，是绵阳电业局下属的二级机构、省级文明单位、省电力公司县级一流供电企业，担负着游仙区、科学城、仙海风景区、农科区、经济试验区和三台县、梓潼县部分村社的工农业生产和人民群众的生活供电任务。供电面积1017平方公里，用电人口50万人。辖区内拥有220千伏变电站2座，110千伏变电站4座，35千伏变电站6座，主变16台，主变总容量75.21万千伏安。城区配变67台，配变容量3.61万千伏安，农村配电变压器1638台，容量9.22万千伏安。35千伏线路6条，长度101.01公里；10千伏城市配网线路17条，长度81.66公里；农村10千伏线路44条，长度1350公里。有员工394人，其中：全民职工83人（退养2人）、集体职工23人、劳务人员23人、农电员工273人。在83名全民职工中，大专及以上学历72人，占职工人数的86.75%；40岁以下职工36人，占职工人数的43.37%。内设一室一部两中心、5个生产班组、10个供电所、1个农电稽核中心。

2012年，该局完成售电量6.08亿千瓦时，电费回收率、解交率均为100%。预收电费比例90%。城市综合电压合格率99.849%，农村综合电压合格率99.644%，城市供电可靠率99.939%，农村供电可靠率99.823%。5个乡镇37村的“国家电网新农村电气化”建设顺利通过验收并命名。2个班组创建为省电力公司五星级班组。该局获四川省电力公司“创建和谐劳动关系先进集体”。

游仙供电局认真落实管理人员到岗到位制度，开展督察（含巡查）1697次，查处各类不规范及违章行为57起，违章发现率3.35%。全年完成各级保电任务46次，其中特级保电11次。截至2012年12月30日，实现连续安全运行6579天，并被绵阳电业局表彰为“隐患排查治理‘树典型、传经验’工作先进单位”。

积极开展辖区范围内17个便民电和14个移动公司代收点的走访和督察活动，实时解决收费过程中出现的问题。全年完成故障报修业务789起，均按国家电网公司十项承诺的时间到达故障现场并及时恢复供电。接到投诉举报和人民来信、来访、来电14件，件件处理回复落到实处。该局积极开展廉政教育活动，组织50多名干部员工参加党风廉政建设知识答题。充分发挥正面舆论导向作用，全年在各类媒体刊发稿发表稿件1790篇（次），被市级以上媒体采用95篇（次）。组织成立应急救援突击队援助松潘抗洪抢险工作，受到了松潘县委、县政府、省电力公司阿坝公司的高度评价。

存在的主要问题是：新的物业管理办法实施以来，供区部分小区非电力部门产权供电设施维护责任存在脱节，对于出现非电力部门产权供电设施出现故障时抢修的责任与业主存在较大分歧，无法与业主单位进行良好沟通，优质服务压力突现。

【梓潼供电局】梓潼供电局是绵阳电业局所辖的二级供电企业，下设2科1 室1分中心,2个业务支撑部门，4个班组。供区内共有32个乡镇、一个经济开发区，329个行政村，15个社区居委会。幅员面积1442.32平方公里，总人口38.28万人，其中农业人口31.95万人。有长期在岗职工76人，集体人员24人，博信劳务人员16人，博信农电人员226人，公司自聘人员26人，全民退休退养70人。

2012年完成输变电网络建设三项，投资5789万元；完成县城配电网建设五项，投资1464万元；农村配电网建设共计七个大项，56个工程项目，计划投资4450.9万元；完成营销加固提高项目18项，计划投资260万元。该局优化报装业扩流程，加快报装速度，强化各业务环节的跟踪监控，高压平均接电时间15.69天，同比减少1.81天。电费回收率保持100%，超额完成上级下达的预付电费比例指标。全年新上低压客户3208户，新增低压容量2.15万千伏安。新上高压客户55户，新增高压容量2.08万千伏安。该局全年共发现各类缺陷45项，整改45项，消缺率100%。发现隐患1项，整改1项。上报典型经验2条；开展巡（督）查1640余次，截至2012年12月31日，实现连续安全生产3121天。

改善缴费渠道，提供自助缴费系统、银行卡和第三方代收等方式，特别是与农村信用社的合作，极大方便了农村客户的缴费。开展各类用电宣传活动40余次，发放宣传资料7万余份，悬挂宣传标语125条，制作安全宣传展板790余幅。获绵阳电业局2012年度行风建设先进单位。创建电气化镇4个，电气化村29个。有4个供电所获得“四星级供电所”命名。1个供电所成功创建五星级供电所，1个班组获“五星级班组”命名，其中文昌所荣获国家电网公司标准化示范供电所。

【北川供电公司】四川北川供电有限责任公司成立于2008年1月17日，注册资本金2300万元。承担北川行政区域10个乡镇的供电任务。北川电网内现有110千伏变电站2座，总容量为18.00万千伏安。有110千伏线路2条，全长23.34公里。有35千伏变电站9座，主变11台，总容量为7.49万千伏安。网内有小水电站14座，总装机2.243万千瓦。员工

320人。其中：在岗员工中，30岁及以下43人；31-40岁97人；41-50岁144人；51-60岁36人。中专及以下130人、专科140人、本科40人。技能等级：初级职称118人、中级职称11人、技师22人，中级工60人。

2012年该公司新建（改造）10千伏线路401.75公里；新建（改造）配变台区74个，安装变压器74台，共0.81万千伏安；新建（改造）低压线路135公里；户表改造4861户。全面完成农村配网灾后加固提高项目。积极推进现代化营销建设，利用远程采集系统开展负荷监测和远程抄表，对部分小区实现了“四自”功能，提升了工作效率和工作质量。全年完成重特大保电活动15次，电费回收率100%。截至2012年12月31日，该公司连续安全无事故周期达1826天。公司安全管理标准化评价顺利通过省电力公司专家组验收。

认真开展“大走访、大服务、大宣传”活动，深入推进为民服务创先争优工作，走访辖区重要客户，了解客户需求，做到“始于客户需求、终于客户满意”。切实加强行风建设，民主评议行风，公司行风建设得到北川县纪委的高度肯定。开展“三亮三比三无” 竞赛，创建为民服务满意窗口活动，从公司党委、领导班子、党员逐级开展公开承诺活动，同时举行党员责任区、示范党小组、党员示范岗、党员示范班组等示范活动，结合党员分布、班组建设及重点工作等实际情况，开展党员示范岗，并授予示范标牌。全年未发生违法、违纪和新闻舆情事件。

【盐亭供电公司】四川盐亭供电有限责任公司成立于2007年1月，是四川省电力公司委托绵阳电业局管理的县级控股企业。公司现有110千伏变电站1座，35千伏变电站10座，年供电能力4亿千瓦时，年供电量2亿千瓦时；有小型发电站4座，装机容量0.32万千瓦，年发电量1000万千瓦时。公司有在册员工569人。取得中级专业技术资格7人，初级专业技术资格196人；取得初级工7人，中级工28人，高级工226人，技师5人，占在岗员工1.05%；在岗员工大学本科17人，大学专科206人，中等职业教育36人，高中文化72人，初中文化113人。

2012年该公司实施了110千伏石岭变电站35千伏和10千伏Ⅰ段开关柜的扩建改造，35千伏指南变电站扩建工程和35千伏八角（6300千伏安）、麻秧变电站（10000千伏安）新建工程顺利实施， 35千伏高灯、玉龙变电站35千伏和10千伏开关、刀闸的更换改造，35千伏黄甸变电站保护装置的更换以及35千伏指柏线全线大修，盐亭电网设备运行的可靠性进一步提高。农网提升工程项目完成组立电杆6849基，改造10千伏线路292.8公里（含20公里新架）；新安装配变155台，总容量0.887万千伏；修建配电室153座；改造0.4千伏线路258.12公里，安装户表3700户。全年未发生安全生产事故、电网事故、设备事故、人身伤害事故、交通事故和火灾事故。截至2012年12月31日，公司已连续安全运行2178天。

该公司大力开展供电服务专项活动，取得了良好的社会效应。对客户受电工程“三指定”进行了专项治理，切实维护客户的合法权益。建立绿色通道及信息服务专席，强化信息沟通，坚持闭环督导，确保保障性住房供电服务工作优质、快速、高效，促进居民早用电。与盐亭县人民检察院共同开展了预防职务犯罪活动，组织相关人员学习有关反腐倡廉的制度和参加省电力公司党委举办的预防职务犯罪讲座。认真开展民主评议行风自查自纠工作，共查出在行风建设中存在的突出问题和薄弱环节20个，在整改落实阶段都逐一得到解决。（江　山）

宜宾电业局

【企业概况】宜宾电业局成立于1978年，是四川省电力公司下属特二型供电企业，承担着宜宾市翠屏区、南溪区部分地区及云南省云天化股份有限公司直供电任务，供电面积1128平方公里（宜宾总面积1.3万平方公里），供电客户423785户。由四川省水电产业集团控股的屏山县、兴文县、高县、筠连县、宜宾县、珙县电力公司均为趸售用户。该局设11个职能部室，5个支撑和实施机构，3个供电局，代为管理控股江安供电公司、省电力公司全资子公司南溪电力公司，1个集体企业（宜宾远能电业集团公司），1个多经公司（宜宾美宜贸易公司）。员工2653人，其中全民员工898人，劳务派遣用工283人，农电员工643人；控股公司全民员工281人，农电工93人；南溪公司全民员工95人，农电员工118人；集体员工242人），离退休人员647人。

截至2012年底，全局固定资产为31.71亿元。拥有35千伏及以上变电站46座，变电总容量419.5万千伏安；35千伏及以上输电线路127条段，2010.94公里；10千伏配网在运线路4726公里，其中城市配网754公里，农网3972公里。

2012年8月29日，四川省电力公司王抒祥总经理看望宜宾电业局共产党员服务队（宜宾电业局 提供）

2012年，宜宾电业局完成售电量54.6亿千瓦时（母公司口径）。综合线损率4.02%（并表口径）。完成固定资产投资3.13亿元。电费回收率实现100%。完成省电力公司下达的资产经营考核目标。截至2012年底，该局未发生中断安全生产纪录的考核事故，实现连续安全生产1532天。

【人力资源】该局加强计划管控，推行大用工管理模式，加强薪酬管理指导和监督，加大农电用工及控股公司薪酬总额管控力度。统一报表口径，提高统计数据准确性，完成福利项目的清理规范。加强人力资源信息管理管理，开展人员基础信息核实、清理和规范工作，完善人力资源信息系统管理机制，完成全局“三集五大”体系机构调设置和人员配置信息适应性调整。着力加强全员绩效管理“六个体系”的建设，建立与“三集五大”体系新模式相配套的科学、规范的全员绩效管理体系，完善激励约束机制，提升员工工作绩效和企业经营业绩。采取单位负责人考核“业绩指标”，管理机关考核“目标任务”，一线员工考核“工作积分”的自上而下、逐级考核的三类评价方式，同时制定考勤管理办法，加强考勤工作管理，有效健全了绩效评价体系；深化绩效结果应用，建立员工年度绩效等级积分制度，实现员工绩效考核结果和累计年度绩效等级积分与薪酬分配、岗位调整、教育培训、职业发展、评优评先等挂钩，进一步健全绩效结果应用体系。

该局推进人力资源“智桥工程”素质提升子工程，以“三集五大”体系建设组织机构变革、管理模式调整、业务流程再造为契机，全面加强员工培训。多形式、多渠道开展分专业、分层级、分类别的“三集五大”体系建设知识培训、岗位业务技能适应性培训、中层干部履职能力培训，确保培训参与率、培训率、考试率及员工持证上岗率四个100%，实现员工和企业的共同发展。组织开展各类员工培训64期，总培训7000人次。组织45名中层干部参加省电力公司履职能力轮训，130人参加各级高技能人才培训，8人参加省电力公司优秀技能人才选拔，9人参加省电力公司“双千”人才培训，第二批10名援藏人员赴藏区开展为期两年的援建工作。2人入选国家电网“十大”专业领军人才，在全省地市供电公司层面排名第一。1人在2012年青年职业技能大赛中获全国第20名、全省第2名的佳绩，1人在省电力公司220千伏输电带电作业技能竞赛中获第二名的好成绩，8人获得省电力公司优秀技能人才称号，2人获得省电力公司优秀技术人才称号，54人新取得技师及以上职业资格。

高度重视年度干部考核工作，提前谋划、科学组织，进一步加大领导班子民主测评工作力度，并严格考评管理，提高领导班子依法治企和履职能力。强化中层干部考核管理，综合运用业绩考核、民主评议、组织考察等手段，加大对中层干部履职能力考核力度，客观准确地评价领导班子和中层干部的工作业绩。分层次分重点开展中层干部培训，进一步开阔眼界，拓展思维，增强赶超意识和创造性开展工作的能力。加强干部队伍建设，修订《中层后备干部管理办法》和制定《中层干部助理员管理办法(试行)》，做好人才储备工作。

【“三集五大”体系建设】宜宾电业局按照省电力公司统一部署，完成“1+5+3”（局本部、5个支撑实施机构、3个直供直管局）组织机构及岗位设置，新型组织岗位体系全面建立。经过“三集五大”体系建设，宜宾电业局科级建制机构由实施前的30个减少到19个，精简率达36.67%；股级建制机构由实施前的43个减少到18个，精简率达58.14%；班组设置由实施前 65 减少到 49 个，精简率达 24.62%，组织机构精简效果明显，组织机构集约化、扁平化和专业化水平进一步提升。主业全口径用工从“三集五大”实施前的 1092 人减少到“三集五大”实施后的 835 人，用工效率提升率 15.57%，远高于用工效率提升率第一年应大于 6%的验收标准；同时，全局管理人员从“三集五大”实施前的 341 人减少到“三集五大”实施后的 199 人，精简率达 41.64%，大力提升了管理人员工作效率，有效充实了班组管理和技术力量。

2012 年 12 月 19 日，四川省电力公司王平副总经理一行，在宜宾电业局验收“三集五大”体系建设　（宜宾电业局　提供）

【电网建设与发展】2012 年，宜宾电业局认真修编《宜宾地区“十二五”电网规划》，并通过省发改委审查，规划项目在《宜宾中心城区规划 2012-2030》中预留了站址及线路通道。编制了临港经济区、南溪新区等重点区域专项规划，鹭州、桂溪 110 千伏变电站纳入市政控制性详规和土地利用规划。全力推进龙头 220 千伏增容改造等工程前期工作。220 千伏丰收站等新建工程投入系统运行，累计新增主变容量 35.89 万千伏安，新增 35 千伏及以上线路 53.8 公里。建成投运四川地区第一条 OPPC 光缆。加强工程安全质量管控和达标创优工作，110 千伏阳春坝变电站新建工程通过国家电网优质工程评审。完成农网改造升级工程投资 1.41 亿元，新建及改造 10 千伏及以下线路 1266 公里，新增及改造配变 422 台，容量 4.45 万千伏安。

【经营管理】宜宾电业局提高财务管控系统的运用水平，强化资金的管控力度，深化月度现金流预算管理，增强月度资金计划的准确性和执行力；理顺资金集中支付流程，全面实施财务管控集中支付；加强物资质量监督和合同履约管理，推进物资合理调配，及时供应物资额 2.56 亿元，保障了工程项目顺利实施。制定了“十二五”营销发展规划。积极应对低迷售电市场，加强电力市场分析，深挖市场潜力，强化售电损失管理，大力推进带电检测和状态检修，竭尽全力增供扩销。该局及时办理业扩报装业务，完成报装容量 35.6 万千伏安。结合各项改革，把夯实基础管理作为落实工作的第一要求，克服浮躁情绪，潜下心来，埋头苦干，细致入微地把基础工作做好、做实。克服智能表人工现场修改电价的困难，圆满完成居民阶梯电价调整工作。加快现代化营销体系和专变客户“四自”建设，实现智能表“四自”客户 7.7 万户，在全川率先实现专变客户“四自”应用。积极开展农村“低电压”专项治理工作，治理配变台区 643 个。开展常态营业普查和反窃电活动，挽回损失近 100 万余元。

【安全生产】该局深入开展“安全年”、“两票”专项监督等安全专项活动，强化作业现场安全监管，加大安全业绩考核力度，促进安全生产责任制逐级落实。促成市政府出台《关于认真汲取印度大面积停电事故教训进一步严肃电网调度纪律的通知》，进一步强化了宜宾电网电力调度纪律。全面开展电网安全事故风险专项评估，强化风险防控，确保了电网安全稳定运行和电力可靠供应。大力开展作业现场安全巡查和监督，对全局各类施工现场实施反违章检查 2041 次，查处违章行为 130 次。推进安全生产“打非治违”专项行动，强化承包、分包施工企业资质业绩审查，提高外包工程安全准入门槛。建成投运应急指挥中心，组建应急队伍 9 支，深入开展防灾救灾、迎峰度夏应急综合实战演练，完成了黑水电网抢险任务。建成电力警务室，打击电力设施盗窃、外力破坏等违法行为。宜宾电网经受住了 21 年来最大的“7.22”暴雨洪水袭击，完成迎峰度夏、“十八大”等重要时期的电力保障工作 72 项。

【科技与信息化工作】2012年，省电力公司下达科技项目7项。其中省控项目3项，分别是“地区电网调控一体化全维度仿真培训系统研究”、“基于光纤光栅的无线测温技术研究”和“调度自动化系统与视频监控系统一体化联动的研究”。群众性创新项目4项，分别是“农村配电变压器漏电保护特性分析与安全对策研究”、“线路施工高空作业平台的运用与改进”、“35千伏及以下电网不停电操作分析研究”和“基于智能建模的继电保护整定计算及管理系统”。这些项目的实施，使宜宾电业局安全生产和自动化水平都有很大提高。

宜宾电业局强化信息安全管理，结合信息安全指标，会同安监、科信、生技、调度等部门对信息安全开展春安检查复查活动，对运行安全、应急管理、安全工器具、工作票、桌面安全等方面进行了针对性的检查，核查落实安全责任。切实加强集中监控力度，进一步提升运行管理水平。依托于各级机房监控系统、网管系统、内外网桌面安全系统、上网行为管理、日志分析系统等安全监控平台，按照任务分工，督促运维单位落实专人负责信息安全监控工作，并不定期对信息安全指标进行抽查，及时发现并消除安全隐患。加强对隐患排查治理和安全督查，按照《四川省电力公司“安全年”信息专项活动方案》和《宜宾电业局安全检查大纲》，结合专业实际，制定了详细的检查计划，明确了检查责任人，重点从查管理、查规程制度、查隐患、查措施落实入手，并组织开展互联网专项督查，对安全管理的薄弱环节开展认真自查和梳理，发现并消除缺陷 3 项，其中机房空调安全 2 项，网络安全 1 项，因发现及时，均未对信息系统稳定运行造成影响。加强信息项目全生命周期安全管控。对江北供电局机房、底楼蓄电池室施工现场进行了抽查，施工现场整洁有序，未发现违反安全工作的行为。强化人员队伍安全意识教育组织四期共 180 人次员工桌面安全培训，培训面覆盖到班组，培训内容包括信息安全文件学习、桌面安全基础知识、常见故障处理等，强化员工信息安全意识，全面提高员工桌面安全技术水平；组织信息运维人员参加安全技术培训、CCNA、H3CSE，H3CNE 培训 30 余人次，大大提高了运维人员的信息运维技术水平。

2012 年 7 月 22 日，四川省电力公司宜宾电业局员工支援藏区电网建设。图为在黑水抗洪抢险现场　（宜宾电业局　提供）

【市场服务】宜宾电业局主动履行服务承诺，严格规范服务行为，以实际行动践行“四个服务”宗旨。坚持“你用电、我用心”服务模式，优化服务流程，提升优质服务水平。完善相应制度，使服务更加规范化、系统化，缩短了营业窗口业务平均办理时间和 95598 服务热线平均通话时间。加强客服人员学习和培训，增强服务意识和提升业务素质，努力实现“服务无违章”目标，提升供电服务形象和品质。实施“95598 光明服务工程”，持续打造共产党员服务队品牌，强化员工服务意识、规范服务行为、改进服务作风、打造服务品牌，广泛实施为民服务工程，创新服务手段，优化服务流程，全面提升供电服务质量。该局加强有序用电管理，坚持“有保有限、先生活、后生产”的原则，优先保障居民生活、交通枢纽、供水供热、农业生产等涉及公众利益用电需求。加强业扩报装管理，确保安居工程用电需求，对保障性住房用电申请开辟“绿色通道”，实行“客户经理制”，引入“定期督办制”，全力作好保障房的业扩报装工作。强化高危和重要客户供用电安全用电服务，创新开展高危和重要客户供电延伸服务，建立高危和重要客户“电医生”工作体系，提供贴心服务，全面促进引导高危和重要客户安全、经济用电，切实提高安全用电水平。加强与各级党委政府的沟通协调，形成政企协调、政企联动机制，对高危和重要客户的隐患治理采取跟踪督办、闭环管理方式，做到条条隐患有处理，条条隐患有交代，一条不漏抓整改。积极走访南溪区、江安县、宜宾县等各级党委政府，各大工业园区及大宗用电客户，了解县域经济、工业园区及企业发展情况，现场协调解决供用电问题，主动走访，解决用电难问题，指导合理、经济用电，全力助推宜宾经济社会加快发展。

【党的建设和精神文明建设】该局积极创建“为民服务满意窗口”，大力实施“95598 光明服务”工程，拓展服务绿色通道，广泛开展“弘扬雷锋精神 深化创先争优”活动，实行党组织和党员的公开承诺闭环管理，同时激励员工立足本职弘扬雷锋精神，践行承诺，岗位建功，涌现出一大批安全生产、优质服务等先进集体和个人。结合“安全年”活动，不断深化“安全·责任·和谐·幸福”主题活动，持续开展安全生产大讨论，开展安全生产签名、党员安全示范、平安电力进校园等“十个一”阶段性活动。

认真落实干部管理相关制度及要求，坚持德才兼备、以德为先用人原则，在主多分开、“三集五大”体系建设中，调整中层干部 78 名。开展对基层单位领导班子及成员的评估、考评，加强对领导班子运行机制、“三重一大”决策、重大事项请示报告等制度执行情况的检查考核，不断强化领导干部的教育、监督、管理。开展党员干部下基层活动，帮助解决实际困难和问题 86 件。新创建省电力公司“电网先锋党支部”1 个。

宜宾电业局落实“五统一”要求，整合局域网、政工网、宣传栏、橱窗等资源，结合灯箱展板、LED 显示屏等新手段，开辟“展示新成就 喜迎十八大”、“优秀党员风采”、“党建成果展示”、企业改革等专栏，有力推动了企业的和谐稳定、改革发展。把统一的企业文化融入企业标准和规章制度建设全过程，促进全局落实管理标准 423 项、工作标准 684 项，修编完善规章制度 58 项，确保了在“三集五大”模式下各层级、各业务领域有章可循、有据可查。

组织参与宜宾市“省级文明城市”创建活动，宜宾电业局及 4 个基层单位顺利通过市级、省级文明单位复查，四川省《“高扬主旋律、放歌颂文明”文明单位巡礼》大型画册对宜宾局创建工作的成效进行了专题刊登。以“强化执行年”活动为契机，开展“三风”、“四德”、“五定位”教育、“加强作风建设 提高执行力”征文等活动，干部员工大局观、执行力明显增强。

紧密结合主多分开和“三集五大”体系建设，深化反腐倡廉专项活动，制定、修订了《加强重要决策部署落实情况督查工作实施方案》规章制度30项。完善“检企”联防机制，促成宜宾市检察院下发了《关于开展“检企共建”共同预防职务犯罪工作的实施意见》，进一步完善预防职务犯罪联席会议工作机制和联动机制。大力开展电力设施迁改工程廉政风险防控，自查自纠工程 159 项，排查“三重一大”风险 10 项。加强对各类非招标项目的过程监督，参与非招标采购现场监督 208 次。

该局深入实施“职工健康关爱工程”，开展职工健康体检和疗、休养工作，补充修缮健身设施，建成职工食堂 6 个。积极开展“职工书屋”建设，荣获全国总工会授予的“全总职工书屋”荣誉 2 个。设立“工会服务热线电话”，开展“4.15 工会维权咨询日”系列活动，进一步畅通职工诉求渠道，促进企业健康发展，新创建省电力公司“和谐劳动关系先进集体”1 个。高度重视离退休工作，离退休干部“两项建设”有效加强，“两项待遇”落到了实处。

【存在的主要问题】一是宜宾电力体制较为复杂，导致部分电网规划及电网项目实施难度较大。二是电网结构还不够坚强和优化，可靠供电能力有待进一步增强，局部地区“卡脖子”问题仍未得到妥善解决，特别是负荷集中区配网及农网建设亟待加强。三是员工数量、素质及能力与“三集五大”体系要求还不相适应。四是少数干部员工工作缺乏激情，争先意识不够，创新能力不强。

【江南供电局】江南供电局系宜宾电业局直属供电局，位于宜宾市南岸外江路，担负着宜宾市南岸、长宁、兴文、珙县全部、高县和江安县、宜宾县部分区域的供电任务，供电面积 4157.69 平方公里，有城市用电客户 4.81 万户，农村供电客户 5.36 万户。设 2 部 1 室 1 中心，5 个主业班组，7 个农村供电所 ，1 个农电检修中心。现有职工总人数 327 人，其中高级专业技术人员 2 人，中级专业技术人员 42 人，初级专业技术人员 188 人，技师 34 人。现有开闭所 5 座，环网柜 65 台，分支箱 97 台，农网变压器 793 台，完成售电量 17.41 亿千瓦时。截至 2012 年 12 月 31 日，安全生产天数 3939 天。

江南供电局先后荣获国家电网公司 “一流县级供电企业”、“文明单位”；四川省电力公司 “一流县级供电企业”、“十佳文明单位”、“先进党支部”、“行风建设先进县级供电企业”、“模范分工会”、 “8.29”特大洪灾抗洪抢险先进集体、“先进团支部”、“电网先锋党支部”、“创先争优示范党支部”；四川省国资委授予的“先进基层党组织”等荣誉称号。

【江北供电局】江北供电局系宜宾电业局直属供电局，位于宜宾市岷江北岸翠屏区安阜街道广厦西路 1 号，紧邻五粮液酒业集团，担负着宜宾市江北片区厂矿企业、翠屏区 10 个乡镇、办事处、宜宾县 1 个乡镇以及临港经济开发区的供电任务。设 2 部 1 室、1 个县级客户服务中心、16 个生产经营班组、10 个农村供电所和一个农电检修队，现有职工 430 人（其中全民职工 65 人，社会用工 19 人，集体职工 14 人，农电职工 281 人，外聘临时工 45 人，返聘员工：6 人），全民职工中取得高级职称 1 人、中级职称 8 人、初级职称 35 人，高级技师 2 人，技师 21 人,高级工 18 人,中级工 0 人，农电职工中高级工 124 人、技师

13人，中级工：12人，初级工28人，截至2012年12月31日，已实现连续安全生产3454天。

江北供电局直供用户达14.59万户，其中：城市5.019万户，农村9.57万户，大宗工业用户77户）。有10千伏城市配电线路138.98公里，城市配电变压器181台，其中箱式变压器41台，台式变压器140台，10千伏农村配电线路（含低压）974.675公里，农村配电变压器1323台，其中箱式变压器18台，台式变压器1079台。2012年完成售电量12.1253亿千瓦时。

【南溪供电局】南溪供电局是宜宾电业局直属三个供电局之一，位于南溪镇长江大道西段。担负着南溪区、江安县、长宁县及翠屏区部分区域的供电任务，其中直供南溪区10个乡镇和翠屏区高店镇、沙坪顺南片区，共166个行政村，并通过国家电网向南溪区地方电力公司和江安县电力公司售电，现有城市供电户3.52万户，农村供电户7.09万户。设4部室6班组，1个农电检修中心和8个农村供电所。共有员工287人，其中全民员工63人，集体员工18人，劳务用工21人，农电劳务人员185人。有中级专业技术人员11人，初级专业技术人员35人，技师12人，高级技师3人。

南溪供电局现有10千伏配电线路672.01公里，其中：城市配网34.11公里，农村配网637.9公里；10千伏配电变压器1384台，其中：城网公变141台，城网专变114台，农网配变1129台；配变总容量21.536万千伏安。2012年实现售电量10.08亿千瓦时。

南溪供电局被中共宜宾市委、宜宾市人民政府命名为2011年度“市级文明单位”；被宜宾电业局授予2011年度“先进单位”称号和“安全生产先进集体”称号。2012年，南溪供电局被省电力公司授予“创建和谐劳动关系先进集体”。

【四川江安供电有限责任公司】四川江安供电有限责任公司位于四川省宜宾市江安县江安镇电业路，是宜宾市第一家由省电力公司控股的县级供电企业，成立于2008年1月，注册资本1800万元，其中省电力公司991.98万元，占总股本的55.11%，江安县财政808.02万元，占总股本的44.89%。现有员工373人，其中全民员工280人，农电员工93人。下设9个科室，6个供电所（怡乐、夕佳山、底蓬、红桥、桐梓、水清等供电所）和一个多经公司。拥有110千伏变电站两座，主变容量16万千伏安，35千伏变电站6座，主变容量4.72千伏安，110千伏输电线路28.89公里，35千伏输电线路102公里，配电线路9618.66公里。

江安供电公司承担着江安县的电能供应、电网建设和运行管理工作。2012年，用户数14万，售电量1.79亿千瓦时，售电市场占有率约45%。综合线损13.42%，电费回收实现“双结零”。

江安供电公司牢固树立“人民电业为人民”的宗旨，以安全生产、优质服务和党风廉政建设为工作重点，干部职工齐心协力，尽职尽责，各项工作取得新的成绩。获团省委“五四红旗团支部”、宜宾电业局“先进集体”、江安县安全生产“出色完成任务奖”。创建“五星级”班组一个、“十佳”班组一个、“四星级”班组四个。

【南溪电力公司】南溪区电力公司成立于1978年10月，是一个具有独立法人资格的地方国有企业。以供电为主，兼营电器材料销售和电力施工安装。供区涉及15个乡镇，包括南溪区（刘家镇、南溪镇4个村、仙临镇、长兴镇、留宾乡、大观镇新添片区、大坪乡、马家乡），翠屏区（牟坪镇、宋家镇、李端镇、李庄麦坝片区）和江安县、长宁县的部分村社，供电范围共计179个行政村，有供电户6.10万户，供电人口约30万人。现有职工208人，其中：全民职工92人，农电工116人；有35千伏变电站5座，35千伏线路3条，主变总容量2.05万千伏安。

2008年12月5日由四川省电力公司代管南溪区电力公司，并委托宜宾电业局进行管理。2013年将全资上划省电力公司。设办公室、营销科、财务科、安监科、生产技术科、调度室、变电修试班、计量班、车管班、监控班筹备组、下设仙临、长兴、新添、牟坪、宋家、马家六个供电所，仙临、新添、宋家、牟坪4个变电站和宜宾远能电业集团鑫源分公司。

（卢更生）

四川省电力公司阿坝公司
四川阿坝州电力有限责任公司

【企业概况】四川省电力公司阿坝公司是省电力公司直属的大型一类供电企业。四川阿坝州电力有限责任公司（以下简称：州公司）是省电力公司控股的市州级供电企业，与分公司按两块牌子一套人员运作。州公司下辖全资县级子公司10个。两家企业在省电力公司系统内统一简称阿电公司。

阿电公司本部设9部1室3中心，即办公室、财务资产部、生产技术部、安全监察部、营销部、农电工作部、计划基建部、纪检监察审计部、人力资源部、思想政治工作部（工会办）等10个职能部门和调度中心、物流服务分中心、运维中心等3个中心，2012年集体企业—都江堰市嘉盛服务公司成立。

2012年底，阿电公司拥有220千伏变电站6座，开关站1座，变电容量171万千伏安；管理110千伏变电站11座，变电容量40.38万千伏安；35千伏变电站38座；拥有220千伏线路24条，511.486公里；110千伏线路12条，698.838公里；35千伏线路68条，1210.31公里。资产总额27.46亿元。

2012年该公司完成售电量65.83亿千瓦时，同比增长11.78%，完成省公司下达年度计划的101.51%，增长率名列省电力公司系统前列。综合线损率4.69%。截至2012年12月31日，阿电公司实现连续安全生产2651天。

【人力资源】截至2012年底，分公司全民在册员工93人。州公司共有各类用工1471人，其中：本部全民在册人员65人，分公司支援到州公司工作的93人，主业岗位劳务人员1人，兄弟单位援藏人员54人，劳务派遣人员41人，10家县级子公司全民在册员工1217人。

全面推进州公司体制改革，不断规范州公司系统的机构编制和各类用工管理，推动县公司的机构改革和全员竞聘上岗。大力实施人才强企战略，加大员工培训力度，培训人员达1812人次。稳步推进控股县公司绩效管理和绩效工资制度，制定控股县公司经营管理考核实施细则。完成州级公司层面多经企业股份的清退工作，集体资产经营平台正式运作。

2012年7月22日，国家电监会副主席史玉波（前排左三），在四川电监会监察专员张健（前排左一）和省电力公司总经理王抒祥（前排左二）陪同下，视察二台山变电站　　　（阿坝公司　提供）

【电网建设与发展】该公司加强规划研究，完成阿坝电网“十二五”规划修编。加强项目前期工作，上报并取得核准项目4个。电网建设有序推进，年度电网建设目标全面实现。2012年，公司累计完成电网投资10.3亿元，投产220千伏变电站3座、110千伏变电站6座、35千伏变电站4座。开工110千伏及以上项目8个，35千伏及以下项目10个，投产110千伏及以上项目12个，35千伏及以下项目4个，新增变电容量47万千伏安，线路417公里。110千伏阿坝麦尔玛、壤塘输变电工程和松潘110千伏川主寺变电站扩建工程的投运，大大改善了阿坝、壤塘和松潘县电网结构，缓解了三县电力供应紧张局面。110千伏芦花、唐克输变电工程作为省电力公司唯一代表，通过国家电网公司优质工程检查。同时加快藏区电网新、改（扩）建项目进度，完成城农网改造项目 79 个，新建 10 千伏架空线路 118.5 公里，低压线路 299 公里，新增配变 41 台，解决了近万藏羌人民的用电难题。

【经营管理】全面加强营销基础管理，强化县公司规章制度建设，全面提升县公司营销管理水平。加快推进智能电表更换工作。初步实现县公司用电信息采集一体化平台运用。加强电费回收管理，有效规避电费回收风险，月预存电费率达 95.81%。大力促推电价调整，取得了 11 家县公司电价调整批复文件。深化同业对标管理，加强电网建设、经营管理等关键性指标的全过程跟踪分析与改进，线损居高不下的局面得到初步改善。《阿坝地区县级供电企业线损管理现状及对策研究》荣获省电力公司调研课题三等奖。规范物资采购管理，完善了非招标管理办法。全年提报物资计划 7300 余条，签订物资合同 2400 余份。

【安全生产】该公司始终把安全作为一切工作的出发点和落脚点，扎实开展春秋两季安全检查和“安全年”活动，落实安全监督机制，加强作业现场安全监督，强化安全措施执行到位。采取安全分析会、安全生产周评、简报等多种形式及时通报安全生产情况。严格执行到岗到位规定，通过挂网公示、短信告知等方式，督促落实到岗到位制度，切实加强风险管控。结合州内地理环境特点，有针对性地做好“三种人”资格认定和安规考试。扎实开展安全隐患排查治理，及时处理危及电网安全运行的重大隐患 9 项。县公司实现安监系统、安监一体化平台、安全性评价系统运用。加强县公司安全保障建设。全面开展工器具专项清理活动，帮助马尔康等县公司试验、维护工器具 786 件。认真开展输电网安全性评价和县公司安全性评价，深入分析阿坝电网存在的安全风险。主动作为，实施重要区域、重点部位输变电设备检修，提高电网供电可靠性。认真开展反事故演习，增强事故预判能力。加强电网安全管控力度，已完成红原等 7 家县公司电网调度权限接管。加强信息安全管控和信息系统隐患排查，确保信息系统安全管理水平稳步提升。加大电力设施保护宣传力度，密切与公安系统合作，减少电力设施破坏事件发生。加强应急体系建设，公司应急指挥中心建成投运。成功应对松潘、黑水等县公司特大山洪、泥石流灾害。圆满完成“5.12”防灾救灾应急演练，并荣获省防灾救灾应急演练先进集体。2012 年，公司全面实现了年度安全工作目标，并荣获省电监办“四川省电力安全生产先进单位”。

【科技与信息化工作】加强和完善信息化系统建设，完成所辖 10 家县公司综合布线工作，实现了州公司本部与县公司信息网络一张网。加强县公司财务集约化管理，深入研究适合藏区县公司的财务管理体系，《藏区县级电力公司财务管理研究》荣获省电力公司课题研究一等奖。重视和支持管理创新活动，做好创新成果的提炼、推广和应用，《藏区配网调度管理实践》荣获省电缆公司企业管理创新成果三等奖。深入推广电能量采集系统应用，提高采集系统运行覆盖面。

【优质服务】该公司认真贯彻新“三个十条”，不断创新服务方式，丰富服务内容，提升服务水平。大力推进电费回收多渠道建设，在小金县开设了第一个藏区移动便民服务缴费网点。面对市场持续低迷的严峻形势，积极拓展电力市场。主动走访、服务用电客户，引导企业恢复和扩大生产，帮助四川长化宏光盐化工有限公司提前投产。想用户所想，急用户所急，帮助龙潭电站接入主网，解决了卧龙特区电网孤网运行、冬季缺电的历史。圆满完成“十八

2012 年 1 月 8 日，踏冰卧雪送光明，风餐露宿战贾洛。四川省电力公司阿坝公司建设的 35 千伏贾洛输变电工程投运，把光明送到每一户藏家，造福藏区同胞　　（阿坝公司　提供）

大”等多次重要保电任务，得到阿坝州委、州政府的高度肯定。

【对口帮扶】加强与对口帮扶单位的沟通、衔接，细化帮扶方案，分解帮扶工作任务，落实帮扶措施，确保帮扶工作取得实效。结合县公司实际，分专业召开对口帮扶座谈会，就县公司帮扶工作存在的困难和问题认真分析，确立了近期工作重点和目标。加大对藏区县公司的物资支援，在松潘、黑水、马尔康等县遭受特大山洪、泥水流时，公司和各对口帮扶单位第一时间组织力量抢险救灾，帮助县公司在较短时间内恢复了电网运行，保障了人民生产生活用电。帮助和指导县公司建立健全规章制度，进一步规范了生产经营管理。改善县公司的调度通信和办公信息系统建设。通过组织县公司骨干人员到州公司上挂锻炼、外出培训、跟班学习，以及援藏人员“传帮带”等多种方式，加大县公司管理和技术技能人员培育力度，全年开办各类培训班 105 期，培训人员 750 余人次，送出培养 117 人。完善帮扶监督机制，实施对口帮扶工作信息周报、月报制度。建立月度“援建之星”考评制度，激发援建人员工作热情，促进帮扶工作顺利推进。

【党的建设和精神文明建设】开展以“强组织、增活力、创先争优迎十八大”为主题的基层组织建设年系列活动。积极推进基层党组织建设，着力理顺县公司党组织管理关系，完成了县公司党组织关系成建制接转，并指导其建立完善党组织领导和管理体系。深化为民服务创先争优活动，建立健全为民服务长效机制，引导广大干部员工立足岗位创先争优，充分发挥党员、干部在重要保电、抗洪抢险等急难险重任务中的模范带头作用。扎实推进反腐倡廉建设、信访和维护稳定工作。坚持党委中心组学习，成功举办领导干部读书班。建立党员学习活动室，为党员干部购买书籍 200 余册，订阅发放学习资料 1000 余份。加大形势任务教育力度，着重组织广大干部员工加强对党的“十八大”精神的学习、贯彻和国网系统“主多分开”、“三集五大”等重点工作的政策宣贯和思想引导，确保干部员工队伍稳定。以宣传手册、内外部媒体为载体，促进国网核心价值理念在藏区的落地生根，文化融入卓有成效。工会、共青团组织积极作为，广泛开展征文、环保登山、足球友谊赛、羽毛球、网球训练营等活动，极大丰富了员工精神文化生活。在黑水比日坝村开展的“挂包帮”活动和关爱留守儿童、慰问孤残老人等帮扶和志愿活动得到社会好评。

【存在的主要问题】一是公司在安全生产、电网建设、经营管理等方面仍存在较多薄弱环节，基础管理需要加强。二是电力保障与电网安全、电价机制与经营发展、电网建设和外部环境、体制机制和人才支撑等矛盾较为突出。三是人员综合素质亟待提升。不论是技术技能水平，还是责任、团队、创新、规则、服务意识都不强，无法适应企业的快速发展的需要。

【四川汶川供电有限责任公司】四川汶川供电有限责任公司承担着汶川县 7 个乡（镇）、75 个村，2.17 万户，7 万余人的生产生活供电任务。现有职工 135 人，在岗 124 人，其中大专以上 32 人，中级以上职称 5 人。拥有 110 千伏线路 5.56 公里；35 千伏线路 108 公里,变电容量 4.79 万千伏安；10 千伏输配电线路 185 公里，配电变压器台区 643 个，变电容量 13.84 万千伏安；低压线路 958 公里。固定资产 6692.3 万元。2012 年完成售电量 1.48 亿千瓦时，综合线损 16.67%。截至 2012 年 12 月 31 日，公司实现连续安全生产 4385 天。

【四川金川供电有限责任公司】四川金川供电有限责任公司承担着金川县 24 个乡(镇)，109 个村，4218 户，7.3 万余人的生产生活供电任务。现有职工 133 人，在岗 128 人，其中大专以上 26 人，中级以上职称 6 人。公司拥有 35 千伏变电站 1 座，总容量 1.26 万千伏安；35 千伏线路 3 条，长 68.8 公里；10 千伏

2012 年 8 月 22 日，为保障藏区的电力供应，阿坝公司电力员工在深山中巡线（阿坝公司 提供）

输配电线路 737 公里，配电变压器台区 646 台，变电容量 4.95 万千伏安；低压线路 843 公里。固定资产 4647 万元，2012 年完成售电量 5433 万千瓦时，综合线损 22.29%。截至 2012 年 12 月 31 日，公司实现连续安全生产 590 天。

【四川马尔康供电有限责任公司】四川马尔康供电有限责任公司承担着马尔康县 7 个乡(镇),59 个村，3 万余人的生产生活供电任务。现有职工 190 人，在岗 180 人，其中大专以上 54 人，中级及以上职称 15 人。现有固定资产 1.84 亿元，拥有 110 千伏变电站 3 座，总容量 49 万千伏安，110 千伏线路 2 条，长 76 公里；35 千伏变电站 4 座，总容量 26.3 万千伏安，35 千伏线路 7 条，长 171 公里；10 千伏输配电线路 300.8 公里，配电变压器台区 372 台，变电容量 7.48 万千伏安；低压线路 450 公里。2012 年完成售电量 1.83 亿千瓦时,综合线损 19.69%。截至 2012 年 12 月 31 日，公司实现连续安全生产 518 天。

【四川红原供电有限责任公司】四川红原供电有限责任公司承担着红原县 11 个乡(镇)、36 个村，7293 户，4.2 万余人的生产生活供电任务。现有员工 75 人，在岗 71 人，其中大专以上 13 人，中级以上职称 2 人。公司固定资产 2169.4 万元，拥有 110 千伏变电站 2 座，总容量 1.03 万千伏安；110 千伏线路 1 条，长 26 公里；35 千伏变电站 2 座，总容量 0.6 万千伏安；35 千伏线路 3 条，长 97 公里；10 千伏输配电线路 539 公里，配电变压器台区 341 个，变电容量 6.3 万千伏安；低压线路 589 公里。

2012 年完成售电量 2233.17 万千瓦时,综合线损 17.5%。截至 2012 年 12 月 31 日，公司实现连续安全生产 530 天。

【四川小金供电有限责任公司】四川小金供电有限责任公司承担着小金县 20 个乡(镇)、129 个村，1.78 万户,7.9 万余人的生产生活供电任务。现有员工 168 人，在岗 156 人，其中大专以上 40 人，中级以上职称 4 人。公司固定资产 8595 万元，拥有 110 千伏变电站 1 座，总容量 10 万千伏安，110 千伏线路 1 条，长 9 公里；35 千伏变电站 5 座，总容量 1.996 万千伏安，35 千伏线路 10 条，长 128.44 公里；10 千伏输配电线路 1059.6 公里，配电变压器台区 625 台，变电容量 7.07 万千伏安；低压线路 86 公里。2012 年售电量 2.71 亿千瓦时，综合线损 8.21%,。截至 2012 年 12 月 31 日，公司实现连续安全生产 3410 天。

【四川松潘供电有限责任公司】四川松潘供电有限责任公司承担着松潘县 25 个乡(镇)、121 个村，2.02 万户，7 万多余人的生产生活供电任务。现有员工 153 人，在岗 151 人，其中大专以上 31 人，中级以上职称 2 人。公司固定资产 5923 万元。拥有 35 千伏变电站 6 座，总容量 3.89 万千伏安；35 千伏线路 9 条，长 171 公里；10 千伏输配电线路 910 公里，配电变压器台区 483 台，变电容量 8.01 万千伏安；低压线路 380 公里。2012 年完成售电量 5969 万千瓦时，综合线损 25.15%。截至 2012 年 12 月 31 日，公司实现连续安全生产 487 天。

【四川理县供电有限责任公司】四川理县供电有限责任公司承担着理县 11 乡（镇），81 个村，5625 户，4.5 万余人的生产生活供电任务。现有员工 113 人，在岗 109 人，其中大专及以上学历 46 人，中级职称 3 人。公司固定资产 4709.35 万元，拥有 110 千伏变电站 1 座，总容量 5 万千伏安；110 千伏线路 2 条，长 52 公里；35 千伏变电站 4 座，总容量 2.41 万千伏安；35 千伏线路 15 条，长 152.57 公里；10 千伏输配电线路 327.72 公里，配电变压器台区 464 台，变电容量 6.68 万千伏安；低压线路 686.15 公里。

2012 年完成售电量 1.16 亿千瓦时，综合线损 20.46%。截至 2012 年 12 月 31 日，公司实现连续安全生产 496 天。

【四川黑水供电有限责任公司】四川黑水供电有限责任公司承担着黑水县 17 乡，124 个村，1.7 万户，6.5 万余人的生产生活供电任务。现有员工 103 人，在岗 99 人，其中大专以上学历 20 人。公司固定资产 5572.31 万元，拥有 110 千伏变电站 1 座，总容量 4 万千伏安；110 千伏线路 1 条，长 13 公里；35 千伏变电站 3 座，总容量 1.19 万千伏安；35 千伏线路 7 条，长 368 公里；10 千伏输配电线路 368 公里，配电变压器台区 433 台，变电容量 2.086 万千伏安；低压线路 586 公里。

2012 年完成售电量 5984 万千瓦时,综合线损 25.34%。截至 2012 年 12 月 31 日，公司实现连续安全生产 530 天。

【四川阿坝县供电有限责任公司】四川阿坝县供电有限责任公司承担着阿坝县 1 个镇、18 个乡、2 个牧场，87 个行政村，1.69 万户，7.1 万余人的生产生活供电任务。现有员工 102 人，在岗 101 人，其中：大专及以上文化程度 17 人，中级及以上职称 1 人。公司固定资产 4075 万元。拥有 110 千伏变电站 2 座，总容量 3.95 万千伏安；110 千伏线路 1 条，长 71.2 公里；35 千伏变电站 2 座，总容量 0.515 万千伏安；35 千伏线路 3 条，长 83 公里；10 千伏输配电线路 632.81 公里，配电变压器台区 328 个，变电容量 4.06 万千伏安；低压线路 480.25 公里。

2012 年，完成售电量 3178 万千瓦时，综合线损

20.30%。截至 2012 年 12 月 31 日，公司实现连续安全生产 437 天。

【四川壤塘供电有限责任公司】四川壤塘供电有限责任公司承担着全县 12 个乡（镇）、60 个村，7976 户，4 万余人的生产生活供电任务。现有员工 41 人，在岗 38 人，其中大专以上 9 人。公司固定资产 1302 万元。拥有 110 千伏变电站 1 座，3.15 万千伏安，110 千伏线路 1 条，长 194 公里；35 千伏变电站 2 座，总容量 0.79 万千伏安，35 千伏线路 2 条，长 38.311 公里；10 千伏输配电线路 552 公里，配电变压器台区 422 个，变电容量 2.149 万伏安；低压线路 405 公里。

2012 年完成售电量 1343 万千瓦时，综合线损 24.57%。截至 2012 年 12 月 31 日，该公司实现连续安全生产 4320 天。

【若尔盖县电力有限责任公司】若尔盖县电力有限责任公司是由原巴西电站和热尔电站经国有企业改制组建的有限责任公司，成立于 2006 年 6 月。公司于 2007 年 11 月委托四川省电力公司阿坝公司代管。下设办公室、财务室、技术部、营销部、巴西电站发电车间、热尔电站发电车间。担负着全县 17 个乡（镇）、97 个村，12943 户，7 万余人的生产生活供电任务。现有职工 98 人，在岗 96 人，其中大专以上 24 人。公司固定资产 2139 万元。拥有 110 千伏变电站 2 座，7.95 万千伏安，110 千伏线路 2 条，长 179.2 公里；35 千伏变电站 2 座，总容量 0.52 万千伏安，35k 线路 5 条，长 180.8 公里；10 千伏输配电线路 708.04 公里，配电变压器台区 437 个，变电容量 3.73 万千伏安；低压线路 385.41 公里。

2012 年完成售电量 3458 万千瓦时，综合线损 22.55%。截至 2012 年 12 月 31 日，公司实现连续安全生产 365 天。

（兰　英）

西昌电业局

【企业概况】四川省电力公司西昌电业局位于四川省凉山彝族自治州州府西昌市，始建于 1974 年，是四川省电力公司直属的特二型供电企业。下设 11 个职能部门、7 个基层单位。代四川省电力公司管理 12 家地方电力公司，其中四川喜德供电有限责任公司、四川会理供电有限责任公司、四川德昌供电有限责任公司、四川越西供电有限责任公司、四川会东供电有限责任公司、雷波供电有限责任公司、宁南供电有限责任公司等 7 家公司为四川省电力公司控股公司。甘洛县电力公司、布拖电力有限责任公司、会东县电力有限责任公司、盐源县电力有限责任公司、四川省木里藏族自治县电力公司等 5 家公司为四川省电力公司代管公司。

2012 年 12 月 25 日，西昌电业局第一座为西昌主城区供电的 110 千伏瑶山变电站开工建设　　（叶杉杉　摄）

西昌电网是四川主网与攀西电网的联接枢纽和川电外送的骨干通道，覆盖凉山州十五县（市），承担着凉山州 9 县 1 市的工农业生产及人民群众生产生活用电任务，担负着西昌卫星发射中心、成昆电铁凉山段、国家重点工程——锦屏一、二级电站、官地电站等的安全供电保障任务，在国家航空航天事业、四川电力发展和凉山经济社会发展中具有举足轻重的地位。

该局拥有固定资产原值 35.8 亿元，同比增长 34.37%。拥有 220 千伏变电站 9 座，110 千伏变电站（开关站）12 座，35 千伏变电站

11座。变电总容量258.26万千伏安，其中：220千伏，213万千伏安；110千伏，55.05万千伏安；35千伏，6.69万千伏安。拥有220千伏线路21条、1270.85公里；110千伏线路51条、1047.57公里。35千伏线路17条、195.8755公里。初步形成了以220千伏电网为骨干、110千伏及以下各电压等级电网协调发展的格局。

【人力资源】西昌电业局积极参与凉山电力体制改革工作，2012年4月23日和8月8日，四川雷波供电有限责任公司和四川宁南供电有限责任公司分别组建成立。

该局管理直供直管、控股单位各类员工共计2627人，其中，直供直管全民职工543人。直供直管全民职工中具有高级职称42人、中级职称135人、初级职称199人，分别占直供直管全民职工总数的7.73%、24.86%、36.65%；高级技师27人、技师69人、高级工84人、中级工40人、初级工5人，分别占直供直管全民职工总数的4.97%、12.71%、15.47%、7.37%、0.92%；研究生19人、本科285人、大专153人、中等职业教育34人、高中14人、初中及以下38人，分别占直供直管全民职工总数的3.5%、52.49%、28.18%、6.26%、2.58%、6.99%。有四川省电力公司专家人才12人，地（市）公司专家人才27人。

【"三集五大"体系建设】2012年，该局将"三集五大"体系建设作为一项重点工作来抓，确保"三集五大"体系建设工作如期开展。在方案制定阶段，该局反复宣讲国网公司、省公司"三集五大"建设工作的紧迫性和重要性，让全局干部职工思想统一到省公司的决策部署上来，支持改革，投身改革，促进改革。在宣传动员阶段，该局针对机构调整、人员调配、资产划转、设备移交、业务交接、流程优化、信息系统调整等工作，结合企业实际，制订了切实可行的操作方案。新模式导入阶段，在机构调整，人员调配，业务、资产、设备、安全责任等的移交工作中，严格按照省公司批复的操作方案执行，不打"擦边球"，不缺斤少两。磨合改进阶段，针对这一阶段特点，要求各单位、各部门严格按照验收标准认真开展中期评估工作，查找不足，及时整改。下一步，该局将认真做好"三集五大"体系建设总结验收工作，坚决确保一次性通过国家电网公司验收。

【电网建设与发展】该局在《凉山电网"十二五"发展规划》和《县级35千伏及以下电网"十二五"规划》基础上完成了凉山电网"十二五"滚动规划资料的提报工作。2012年3月23日，省电力公司与凉山州人民政府签订了《关于加快建设坚强凉山电网 推进凉山富民强州升位战略合作协议》，凉山州电网建设扎实推进，上报电网建设项目核准13项，取得核准批复12项。2012年，该局完成110千伏及以上电网建设实际投资1.9161亿元，占年度计划100%。新开工110千伏及以上线路594 公里、变电容量108万千伏安，开工、投产计划完成率100%。

【经营管理】2012年，西昌电业局完成并表口径售电量56.35亿千瓦时，同比增长18.76%，增长率位居省电力公司系统第二，其中母公司完成售电量47.74千瓦时，同比增长13.65%。并表口径线损率5.72%，同比下降2.42个百分点，其中母公司线损率2.37%，同比下降1.44个百分点。综合电费回收率100%，应收电费余额继续保持为零。月均预购电费（不含电铁牵引站）占当月应收电费的比例达到129.82%。

【安全生产】该局以"安全年"活动为主线，深入开展安全专项活动，排查了电网、设备的安全隐患，强化了安全基础管理，有效地预防了各类事故的发生。对输电网、城市电网进行了深入细致的评价，为今后的电网运行、设备维护、安全管理、规划设计等提供了可靠、详实的依据。成功应对各类险情，应急管理整体水平提高。制定了1个总体预案，制定、修编了16个专业预案。这些预案在"6·28"宁南白鹤滩泥石流、"7·12"木里泥石流、"8·31"喜德特大

2012年11月7日，西昌电业局以"安全年"活动为主线，深入开展安全专项活动。图为在彝家宣传安全用电知识（蒋志明 摄）

洪涝及“8·31”锦屏泥石流等重特大自然灾害中发挥了重要作用。由于该局在抢险中，反应快速，运作高效，措施得力，及时恢复了受灾地区电力供应，得到了各级党委政府的高度评价，彰显了企业社会责任，扩大了国家电网品牌的影响力。大力开展“三集五大”安全保障体系建设，修订、新建安全生产规章制度、标准 32 项，为“三集五大”体系建设提供了有力的安全保障与支持。截至 2012 年 12 月 31 日，该局连续安全运行 1373 天，未发生各类事故及设备障碍，圆满完成了党的十八大、凉山州建州 60 周年、9 次卫星发射等重大保电任务。

【科技与信息化工作】2012 年，该局组织完成了“西昌 220 千伏山越线综合防雷研究”、“西昌风电水电混合接入格局下电网供电能力和控制策略研究”、“线损精益化管理与降损决策支持系统研究与开发”等 9 项科技和群创项目，完成了“西昌小水电智能管理系统研究”、“间歇性混合新能源接入对西昌区域电网的影响研究”等 12 项科技和群创项目的申报。该局共有 15 项专利获得国家知识产权局法律授权，16 项专利申请获得受理，3 篇科技论文被国际期刊录用，“10 千伏配网设施防拆螺帽的研究与应用”和“电气设备检修围栏设置系统的研究与应用”两项成果获得省电力公司科技进步群创奖。

【市场服务】2012 年，国内经济持续低迷，导致供电企业售电量一度出现负增长。该局通过对产品供应商和市场调研，要求营销部转变营销服务方式，充分发扬“三千精神”，早上门、多上门、请上门服务电力客户。从 2012 年 9 月 13 日起，为“保供电、稳增长、助发展”，在全局范围内开展“百日攻坚”专项活动，提出了“奋战 90 天，冲刺 54 亿”的奋斗目标。由于举措有力，该局 2012 年新增了 315 千伏安以上用户 24 户，新增用电容量 7.71 万千伏安，新增并网电站 8 座（累计 99 座），并网电站装机容量 67.23 万千瓦（累计 298.21 万千瓦）。

【党的建设和精神文明建设】西昌电业局积极配合省电力公司工会、思想政治工作部、外联部，选树了以原线路运检中心共产党员殷显树为代表的先进典型，深入开展创先争优活动，充分发挥先进典型的示范激励作用。殷显树的先进事迹被新华社、中新社、《工人日报》、《四川工人日报》、《西南电力报》等媒体宣传报道，并在兰州军区、省电力公司、凉山州进行了事迹报告。央视报道喜德“8.31”特大洪涝灾害保电工作、马背上的供电所（里庄）等相关新闻被后，引起社会的高度关注，为国家电网公司、省电力公司和该局赢得了社会各界的广泛赞誉。

深入开展党风廉政建设和反腐倡廉惩防体系建设工作，2012 年，该局未发生违纪违法问题，未发生瞒案不报、压案不查或责任追究不到位的问题，未发生影响和损害企业利益的重大事件，没有发生违反《国有企业领导人员廉洁从业若干规定》的事件。发挥工会群团作用，深化民主管理，开展劳动竞赛，该局工会荣获国家电网公司 2011 年度工会工作先进集体，四川会理供电有限责任公司职工朱启能同志荣获全国五一劳动奖章；该局职工殷显树先后获省电力公司劳动模范、国家电网公司优秀共产党员称号。

2012 年 12 月 15 日，西昌电业局电力职工不畏严寒，冒雪巡线

（彭顺燕　摄）

【存在的主要问题】一是安全基础薄弱，安全生产风险较大。西昌电网网架结构不完善，与四川主网的联结薄弱。直供、控股、代管公司电网脆弱、设备陈旧。电网抵御冰灾、洪水、泥石流、大面积滑坡、雷击、大风等恶劣自然灾害的能力较弱，主动防范和控制风险的能力有待进一步增强。职工安全意识不强，安全管理基础薄弱，习惯性违章和不安全事件风险极高；电网遭受外力破坏频繁。二是管理基础薄弱，与省电力公司规范化、精益化的管理要求差距较大。几次抗灾抢险和电网建设工程充分暴露出生产管理基础薄弱。电网基础资料不健全，统计数据可信度

不高。农网管理落后，控股代管公司制度不健全，管理差距大。电网建设监督管理程序不清晰，过程控制粗放，没有正确处理好工期、安全、质量、造价之间的关系，施工队伍技术力量薄弱。工程竣工决算和档案移交滞后。三是电力市场面临复杂形势。工业经济结构将面临新一轮调整，短期内可能对用电市场产生负面影响。四是面临要求降低电价的压力巨大。五是维护稳定困难不少。随着人们思想观念的变化，维权意识逐渐增强，诉求呈多样化、多元化方向发展，增大了维稳工作难度。

【安宁供电局】安宁供电局始建于 2003 年 10 月 9 日。下设马道等 5 个供电所，供电面积 2485 平方公里，承担着 35 个乡（镇）、144 个行政村的电力供应与维护管理任务。有在职员工 176 人。拥有 10 千伏线路 35 条，全长 1772 公里。2012 年，完成售电量 12.42 亿千瓦时，同比下降 3.51%；线损率 14.88%，同比下降 0.1 百分点；电费回收 100%，应收电费余额为零。截至 2012 年 12 月 31 日连续安全生产 1018 天。

【喜德供电有限责任公司】喜德供电有限责任公司始建于 1964 年 3 月。下设光明、红莫、两河口等 3 个供电所，承担全县 2206 平方公里，24 个乡（镇）、170 个行政村的电力供应与维护管理任务。固定资产原值 5543 万元 (净值 2138 万元)。喜德供电公司有在职员工 215 人；拥有 35 千伏变电站 8 座，变电容量 5.365 万千伏安；线路 9 条，全长 132.44 公里；10 千伏线路 46 条，全长 729 公里。2012 年，该公司完成售电量 1.23 亿千瓦时，同比增长 0.7 %；线损率 13.1%，同比下降 3.47 百分点；电费回收 100%，应收电费余额为零。截至 2012 年 12 月 31 日连续安全生产 1373 天。

【四川越西供电有限责任公司】四川越西供电有限责任公司始建于 2007 年 12 月 28 日公司。下设城关、新民等 4 个供电所，承担全县 2257 平方公里，40 个乡（镇）、260 个行政村的电力供应与维护管理。固定资产原值 1.18 亿元。有在职员工 247 人；拥有 110 千伏变电站 2 座，变电容量 7 万千伏安，线路 3 条，全长 31.63 公里； 35 千伏变电站 4 座，变电容量 1.86 万千伏安，线路 10 条，全长 112.34 公里；10 千伏线路 44 条，全长 1167 公里。 2012 年，售电量完成 2.37 亿千瓦时，同比增长 35%；线损率 10.49%，同比增长 0.61 百分点；电费回收 100%，应收电费余额为零。截至 2012 年 12 月 31 日连续安全生产 1830 天。

【四川德昌供电有限责任公司】四川德昌供电有限责任公司始建于 2007 年 8 月 20 日。担负着德昌电网的送变电设备运行，维护管理和县境内的电网规划、建设和供用电管理工作。公司内共有 43 个并网电站（容量 9.585 万千瓦）和 102 台机组，组成辐射全县 23 个乡镇和 137 个行政村的县级地方输配电网。下设办公室、生技、安监、营销、调度、财务共 6 个职能部门。供区内有 6 个供电所，7 个供电营业网点（其中城区有 2 个供电营业网点，在政府的政务中心还有一个收费点），供电范围涉及全县 23 个乡镇 137 个行政村，现有供电客户 67168 户，其中城区客户 28354 户，农村客户 38814 户。固定资产原值 1.8784 亿元(净值 5637 万元)。有在职员工 149 人；径流式电站 2 个（狮子山电站和乐跃二级电站），总装机容量 8500 千瓦；供电线路北至西昌，南至米易，年供电量约 2 亿千瓦时。有 110 千伏变电站 1 座，容量 6 万千伏安；35 千伏变电站 8 座，容量 6.95 万千伏安；辖区共有 602 个台区，容量为 7.253 万千伏安；110 千伏输电线路 6 条 126.9 公里；35 千伏输电线路 8 条 192.24 公里；低压输配电线路(10 千伏和 0.4 千伏)约 6365 公里。

2012 年，完成售电量 2.86 亿千瓦时，同比增长 35.35%，与计划相比增幅为 3.36%；购电量 2.85 亿千瓦时，同比增长 43.03%，与计划相比增幅为 2.95%；线损率 9.53%，同比下降 3.87%，比计划下降 1.47 个百分点；电费回收率 100%。截至 2012 年 12 月 31 日连续安全生产 1957 天。

【四川会理供电有限责任公司】四川会理供电有限责任公司始建于 2007 年 4 月 26 日。下设城区、红旗、鹿厂、通安、黎溪、益门、太平 7 个供电所，承担全县 4527 平方公里，50 个乡（镇）、303 个行政村的电力供应与维护管理。固定资产原值 17201 万元(净值 8479 万元)。会理供电有限责任公司有在职员工 505 人；拥有 110 千伏变电站 4 座，线路 10 条，全长 66.11 公里，变电容量 30.15 万千伏安；35 千伏变电站 9 座，变电容量 12.68 万千伏安，线路 20 条，全长 321.36 公里；10 千伏线路 56 条，全长 3770 公里。2012 年，售电量完成 7.79 亿千瓦时，同比增长 8.5%；线损率 10.95%，同比下降 3.59 百分点；电费回收 100%，应收电费余额为零。截至 2012 年 12 月 31 日连续安全生产 1625 天。

【四川雷波供电有限责任公司】四川雷波供电有限责任公司始建于 2012 年 4 月 23 日。下设职能部门 5 个，无供电所，承担全县 2932 平方公里，49 个乡（镇）、281 个行政村的电力供应与维护管理。固定资产原值 1.13 亿元(净值 0.82 亿元)雷波供电公司有在职员工 171 人；拥有 110 千伏变电站 1 座，线路 2 条，全长 34.91 公里，变电容量 10 万千伏安；35 千伏变电站4座，变电容量3.51万千伏安，线路7条，全长111.56公里；10千伏线路24条，全长419公里。2012年，售电量完成2.36亿千瓦时(并表口径，以下同)，同比增长205%。线损率4.53%，电费回收100%，应收电费余额为零。截至2012年12月31日连续安全生产243天。

【四川宁南供电有限责任公司】四川宁南供电有限责任公司始建于2012年8月8日，下设5个供电所，承担全县1667平方公里，25个乡（镇）、124个行政村的电力供应与维护管理。固定资产原值1.5736亿元（净值1.308亿元）。宁南供电有限责任公司有在职员工188人；拥有110千伏变电站1座，变电容量4万千伏安，线路1条，全长63.4公里；35千伏变电站6座，变电容量8.07万千伏安，线路12条，全长162公里；10千伏线路38条，全长576公里。2012年8月至12月，售电量完成1.09千瓦时，同比下降9.8%；线损率12.43%，同比增长1.72%；电费回收100%，应收电费余额为零。截至2012年12月31日连续安全生产146天。

（叶久德）

内江电业局

【企业概况】内江电业局成立于1978年9月15日，是四川省电力公司直属的特二型国有供电企业，担负着内江市三县两区的电网建设运行、维护检修与电能营销等任务，供电面积5386平方公里，供电人口426万，营业户数124万户。下设东兴、隆昌、资中、威远四个直属供电局。

截至2012年底，该局拥有35千伏及以上变电站58座，主变压器93台，总容量331.22万千伏安，其中，220千伏变电站6座，主变12台，容量168万千伏安；110千伏变电站20座，主变33台，容量130.05万千伏安；35千伏变电站32座，主变48台，容量33.17万千伏安。共有35千伏及以上输电线路124条，其中，220千伏线路19条，567.421公里；110千伏线路50条，526.87公里；35千伏线路55条，546.5公里。城区配电线路共131条，线路长度454公里（电缆线路122.5公里，绝缘线路181.71公里，架空裸线149.79公里）；配变总台数1092台（其中配电室配变6台、柱上变压器875台、箱式变压器211台），总容量40.58万千伏安；开闭所6座，环网柜37台，分支箱147台，柱上开关180台。

2012年9月26日，四川省电力公司与内江市人民政府签署加快建设坚强智能电网，推进内江经济社会发展战略合作协议

（刘彬　摄）

在省电力公司2012年度业绩考核中，该局名列全省基层电业局第1名，较好地完成了省电力公司2012年下达的各项任务。该局同业对标在省电力公司基层电业局综合排名第6名，与2011年相比提升了3名，名列省电力公司2012年综合进步幅度最大单位第2名。其中，物资管理指标综合排名第1名，获得物资管理标杆单位称号；财务管理指标综合排名第8名，取得历史最好成绩。

【人力资源】截至2012年底，全局正式职工1123人，比2011年减少36人，农电职工1599人，社会化劳务派遣职工92人。人才当量密度0.9578，全员岗位培训率100%，供电企业综合劳动效率56.25，人才引进指数1.04，人事费用率8.96%。2012年，该局结合“三集五大”体系建设，统一规范了组织机构和岗位设置。开展了全局范围内的社会化劳务派遣人员清理工作，完善主业单位和集体企业的社会化劳务派遣用工管理。规范全局薪酬和福利保障管理，实现内江同城片区主业人员工资及奖金集中发放。完善绩效管理指标体系和考核体系，提高了绩效管理水平。稳健有序地推进主多分开、加强集体企业管理工作。以“三集五大”体系建设为契机，完善人员调配方案，实施全员竞聘、动态管理，盘活内部人才队伍。全年共有 305 人通过公开招聘、竞聘上岗方式走上新岗位。10 人通过公开竞聘走上中层领导岗位，5 名后备干部到各基层单位挂职锻炼。以需求侧分析为基础，加强员工培训，进一步提升员工素质，全年举办集中培训 136 期，培训 5441 人次，现场培训 7800 人次，反事故演习 1750 人次，开展了 3 个专业竞赛和调考工作。全局 72 人取得技师以上技能等级资格，40 人获得省电力公司内训师认证资格，13 人获得省电力公司优秀人才称号，2 人获内江市十大技师称号。

【“三集五大”体系建设】2012 年，在省电力公司统一领导下，内江电业局三月启动了“三集五大”体系建设工作，成立了相应的领导小组和 5 个专业工作组、13 个保障工作组，营造了上下联动、指令畅通、流程清晰、职责明确的“三集五大”体系建设平台。在“三集五大”体系建设过程中，该局坚持“集约化、扁平化、专业化”的主导方向和“效率优先、目标导向、实事求是、安全稳定”的基本原则，做到组织保障有力，宣传动员到位，方案制定精细、制度建设规范、方案执行得力，统筹协调、分工合作、稳妥推进，圆满完成了“方案制定、动员准备、新模式导入、磨合改进、总结验收”五个阶段的各项工作，并确保了全局安全生产和职工队伍稳定局面，在年底顺利通过省电力公司检查验收。

全局原有职能部门 15 个，二级机构 18 个，班组 164 个，通过“三集五大”体系建设，设置发展策划部等 11 个职能部室，设置市电力经济技术研究所、市检修公司、市客户服务中心、市信息通信公司、市物资供应公司 5 个地市业务支撑和实施机构，设置东兴、隆昌、资中、威远 4 个县级供电企业，全局设置班组 56 个，组织机构精简率 48.5%。改革前业务用工总数 1222，改革后 989 人，精简率 19.1%；改革前管理人员 309 人，改革后 252 人，精简率 18.4%。全局组织机构大幅减少，用工效率大幅提升，业务流程得以优化，管理模式得以创新，“三集五大”体系初具规模，“集约化、扁平化、专业化”效益初步显现。

【电网建设与发展】2012 年内江电业局加强电网建设，取得了较好成绩。一是主动配合省电力公司与内江市政府签订“加快建设坚强智能电网 推进内江经济社会发展”战略合作协议，积极向地方政府汇报电网建设外部环境存在的困难和问题，努力争取市委、市政府对该局电网建设的协调、支持力度，取得了积极的效果。二是完成了“内江电网十二五滚动规划”的修编工作。参与“内江新城”、“高桥新城”、“碑木组团”城市规划编制工作，落实了输电线路走廊。完成了隆昌 110 千伏桂花井输变电可研编制和威远 110 千伏新场、凉风凹选址工作。三是抢建了川威钒钛资源综合利用项目 110 千伏临时线路，协调建设了与其配套的川威 220 千伏智能输变电工程。配合市政建设完成了邱家嘴等一批旧城改造、新城建设项目的电力线路改迁工作。四是完成了 110 千伏靖民输变电、资铁配套 110 千伏输电工程可研工作。配合省设计院完成 220 千伏资铁站可研工作和取得地方政府有关支持函，取得国土厅土地预审意见，开展了压覆矿评估。开展 220 千伏高铁输电线路工程、110 千伏高桥输变电工程可研工作。内江富溪、界市、龙门 35 千伏输变电开展征地工作，完成施工图设计。开工建设 220 千伏永安、110 千伏威南、倒石桥输变电。

【经营管理】2012 年，该局加强了资产、成本、资金、存货等各项基础管理工作，全面完成了省电力公司下达的 2012 年度财务考核目标。在财务集约化现有成果的基础上，以“巩固完善、优化提升”为手段，以规范化、深化细化为重点，结合“三集五大”体系建设的要求，进一步充实完善“六统一、五集中”各项措施，着力提升财务管控能力和风险防范能力。为持续深化财务集约化管理，加强与“三集五大”体系建设协同衔接，积极做好财务保障工作。加强了对资金安全关键环节的实时监控。通过开展财务专项稽核、接受内外部各类检查等工作，进一步规范经营行为，堵塞管理漏洞，有效防范和化解风险。深入推进财务集约化资产管理信息化建设工作，夯实资产管理基础，巩固固定资产清理处置成果。

【安全生产】2012 年，该局按照国家电网公司和省电力公司统一部署，始终坚持“安全第一、预防为主、综合治理”的方针，全面强化全过程安全责任及现场风险管控措施落实，扎实开展“安全年”风险管控活动及各项专项行动，大力开展安全巡查，强化作业现场管控措施落实，全面防范人身伤亡和人员责任事故。据统计，全年累计巡查 214 次、出勤 428 人·次，共计处罚 122 人次。深入贯彻落实《电力安全事故应急处置和调查处理条例》，认真开展输电网、城市电网安全性评价和电网安全事故风险专项评估，深化事故隐患排查治理，积极推进安全管理标准化、安全装备现代化，全力促进安全水平提升。认真开展全面质量监督管理，推进资产全寿命管理深化运用，进一步提升电网本质安全。完善安全管理的制度化、规范化、标准化建设，确保了“三集五大”体系建设的安全稳定实施。充分利用应急指挥中心投运的契机，进一步加强应急建设，完善应急管理制度，积极开展应急演练，总结经验，不断完善应急预案，为成功应对了“7.21”抗洪救灾应急保电工作。为强化农电施工作业现场管控，确保农网施工作业安全，成立了农电安全巡查队，并利用GPS卫星定位系统对农网施工作业现场进行全过程督查。截至2012年底，内江电网累计安全运行2960天。取得省电力公司继电保护技能竞赛第八名的历史最好成绩，获省电力公司优秀组织奖。

【科技与信息化工作】2012年，该局共获得专利授权6项，发明专利受理18项，实用新型专利受理27项，外观专利受理1项，软件著作权3项，发表省级以上论文46篇（其中EI核心期刊论文1篇）。按照省电力公司“三集五大”体系建设安排，该局于2012年9月成立了四川省电力公司内江信息通信公司，信通公司建立后，将进一步加快信息通信专业融合，提高信息通信一体化运营水平，持续提升该局信息通信支撑能力。

2012年8月16日，内江电业局举行“学规程 强执行”主题安全讲评活动
（刘彬 摄）

【优质服务】该局获2012年四川省电力公司营销工作“大营销体系建设”和“优质服务”先进集体、2012年度优秀课题研究成果二等奖、省电力公司服务之星竞赛第9名。主要做法：一是主动接受监管，加强内部管理。主动接受省电力公司、电监会等上级监督，对发现的问题严肃处理限时整改，并积极主动对服务工作开展全面自查整改工作，提出整改措施、明确整改时限及责任单位。此外，还通过城市营业窗口规范化服务劳动竞赛等形式，常态化开展优质服务明查暗访和交叉检查活动，有针对性的开展优质服务活动。二是细化服务举措，提供差异化服务。关注弱势群体，常态化开展惠民活动，定期开展服务进社区活动，关爱留守儿童活动，针对不同客户群体采取差异化服务，并落实“为民服务十件实事”。三是努力提升员工素养，强化服务意识。组织开展内江电业局供电“服务之星”劳动技能竞赛，并推荐优胜者参加省电力公司第四届供电“服务之星”劳动技能竞赛并获十佳称号，持续提升窗口人员服务技能、服务意识。四是拓展缴费方式，构建10分钟缴费圈。在加强自有营业网点建设的基础上，先后开通了工商银行、中国银行、信用社等金融机构代收业务，积极拓展环球易付、恒基伟业、移动公司等便民电代收电费工作，全市收取电费网点已达到1037个，极大地满足了用电客户特别是农村用户就近缴纳电费的需求。

【党的建设和精神文明建设】2012年该局党委被省电力公司党委命名为“创先争优先进党委”。该局共产党员服务队被授予四川省“工人先锋号”光荣称号，新华社四川分社记者进行了实地采访报道，共产党员服务队队长杨方文获得“国家电网四川电力共产党员服务队十周年为民服务明星”称号。制定了《基层组织建设年工作实施方案》，使该局党建工作呈现了广大党员积极争当表率，基层党组织争树“电网先锋党组织”的良好局面，自主研讨课题《基层党组织建设年活动实践与探索》被省电力公司评为创新实践研究课题。以“志愿为民服务办实事、创先争优立新功”为主题，开展了“学雷锋、践承诺”志愿服务活动、为民服务十件实事活动，重点是开展“三全”保障应急攻坚、“三维”服务便民利民和“四爱”行动扶弱济困活动，活动主要以共产党员服务队和电力志愿服务者为主体，全面践行全心全意为人民服务宗旨，向社会和群众公开承诺并分别实施。该局将企业团员青年的思想教育工作融入到日常的团青工作中，以创新团青活动、贴近团青实际、激发团青活力、展示青年才华为目标，寓枯燥的思想教育于生动精彩的文化活动，开辟了团青工作塑造青年内置外形的新模式。以“五统一”的企业文化为指引，积极践行“诚信、责任、创新、奉献”的核心价值观，持续深化精神文明创建工作，在全局范围内倡导文明行为，弘扬雷锋精神，获省电力公司二季度、三季度“文明新风奖”表彰。

【存在的主要问题】一是安全生产风险依然存在。

电网建设任务繁重，点多、面广、线长，现场安全控制难度增大。外包施工队伍多且安全管理水平参差不齐，内部员工的实用性技能培训不够，安全意识和安全素质仍需强化，习惯性违章行为仍没有彻底遏制。电网相对薄弱，受恶劣天气、外力破坏等因素影响，发生大面积停电事故的风险依然存在。农村电网配电变压器容量不足及线路“卡脖子”现象严重，导致农村低电压用户依然存在。二是企业变革发展任重道远。目前该局的“三集五大”体系还只是一种简单化的专业集合，没有在流程上实现本质化的集约，流程尚需优化，在磨合阶段已经产生了一些问题。在下一步的建设中，还需要在职责细化、业务重组、流程优化和工作机制建设、安全管理方面做深入细致的工作。同时，还需进一步理顺农电管理关系，提高集体企业管理水平、人员素质及市场竞争力。三是电网建设外部环境有待改善。虽然该局制定了满足经济发展用电需求的“十二五”电网发展规划，但由于项目前期工作推进困难，电网建设因城市规划、征地、拆迁、赔偿、电磁辐射等引发的阻工现象频发，电网建设过程中的各类纠纷不断增多，严重影响电网建设工期，要实现“十二五”电网建设目标，任务繁重而艰巨。四是影响企业稳定的因素不断增多。目前我国正处于矛盾多发的转型期，再加上电力体制改革的深化，影响企业稳定的因素不断增多，化解风险的难度加大。业务外委、农电体制改革、居民维权意识增强等均可能引发不稳定因素，还需要多做思考谋划，采取有效措施切实维护好企业的和谐稳定。五是经营管理水平急需提高。随着人、财、物集约化管理不断深入，“五大”体系新模式运转，在转变管理理念、创新管理方式、理顺工作机制等方面还面临着新的课题，迫切需要在现有人、财、物资源基础上，提高管理的效率和效益。六是售电市场还需拓展。受欧债危机、节能减排和房地产宏观调控等因素的影响，支撑内江经济的水泥、钢铁行业及出口型企业用电量走低，该局2012年的售电量出现负增长，没有完成年初的预定目标。2013年，还需进一步关注、研究，做好售电市场分析，采取有效措施确保全年售电目标的完成

【东兴供电局】东兴供电局成立于1991年12月，位于内江市的新城区——西林新区。担负着东兴区29个乡镇，1181平方千米，87万人口的工农业生产及城乡人民生活的供电任务。共有全民员工101名，劳务员工8名，农电员工342名，大专及以上学历150名，具有中级及以上技术职称的共18名（高级职称4名），高级技师5名，技师20名。“三集五大”体系建设之前，该局设有五科一室，6个生产班组、11个供电所和3个农电检修队；“三集五大”体系建设后，管理科室由原来的五科一室精简到3个，即办公室、发展建设部、电力调度控制中心，设置业务实施机构安全运检部，下设变电检修班、配电运检班、变电运维班三个班组，原农电科、农电配网管理中心、物资部、后勤部、汽车班一并划入集体企业。全局辖35千伏至220千伏变电站14座（其中，220千伏站1座、110千伏站5座、35千伏站8座），总容量66.93万千伏安。

【隆昌供电局】隆昌供电局成立于1978年11月，共有全民员工116人，劳务员工11人，农电员工322人。高级职称1人，中级职称15人，初级职称43人，高级技师9人，技师30人，高级工37人，中级工6人，初级工1人。“三集五大”体系后该局配置职能部门5个（办公室、人力资源部、发展建设部、财务资产部、电力调度控制中心），业务支撑机构2个（安全运检部及县检修工区、县客户服务中心），生产班组5个（调控运行班、输配电运检班、变电运检班、市场拓展与智能用电班、营业班），代管班组1个（变电运维四班）。辖35千伏至220千伏变电站11座，其中220千伏站一座，110千伏站4座，35千伏站6座，变电总容量55.04万千伏安；辖35千伏～220千伏输电线路26条，280.9公里；

2012年5月14日，内江电业局党委以“志愿为民服务办实事、创先争优立新功”为主题，开展了“学雷锋、践承诺”志愿服务活动，密切了党员干部与群众的关系　　（刘彬　摄）

10 千伏配电线路 43 条，全长 1142 公里。

【资中供电局】资中供电局成立于 1987 年 3 月，位于资中县城南路，是内江电业局直属供电局，主要担负着资中县 1734 平方公里范围内的 19 个乡镇的供电任务，供电人口 130 余万。担负着资中县城区及农村 17 个乡镇 400 个行政村的工农业生产和人民生活用电的供电任务，供电面积 1734 平方公里（含趸售区），供电人口达 134 万（其中直供区人口 77 万）。共有全民员工 118 人，劳务员工 13 人，农电员工 262 人。初级职称 76 人，中级职称 10 人；高级技师 4 人，技师 25 人，高级工及以下 60 人。设有职能部室 5 个：办公室、人力资源部、发展建设部、财务资产部、电力调度控制中心。业务实施机构 2 个：安全运检部、县客户服务中心，下设输配电运检班、变电运检班、市场拓展班、营业班。辖区内共有 10 个变电站和 1 个微波站，其中：220 千伏变电站 1 个，110 千伏变电站 3 个，35 千伏变电站 6 个；变电总容量 53.31 万千伏安，其中：220 千伏变压器 2 台，27 万千伏，110 千伏变压器 5 台，20.15 万千伏，35 千伏变压器 8 台，6.16 万千伏，220 千伏开关 10 台，110 千伏开关 25 台，35 千伏开关 38 台，10 千伏开关 117 台。

【威远供电局】威远供电局成立于 1987 年元月，原属自贡电业局管辖，2002 年元月划归内江电业局管辖，地处川南深丘，幅员面积 1289 平方公里，辖 20 个镇，323 个村，人口 75 万，是四川省丘区十强县，西部百强县之一。全局主要担负着威远大部分地区和自贡、眉山以及内江市中区部份地区的供电任务。有在册全民员工 150 人，劳务员工 10 人，农电员工 383 人。设有一室三部两中心，7 个班组，11 个供电所，4 个检修队，12 个农村供电客户服务部，2 个县城供电营业窗口。拥有 35 千伏及以上变电站 14 座，主变容量 98.17 万千伏安。其中，220 千伏变电站 2 座，容量 57 万千伏安；110 千伏站 4 座，容量 32.15 万千伏安；35 千伏站 8 座，容量 9.02 万千伏安。220 千伏线路 3 条 59.37 公里，35 千伏及以上线路 25 条 263.91 公里，10 千伏线路 59 条 1581.27 公里，低压线路 1.8 万公里。

（邹　燕）

广元电业局

【企业概况】广元电业局成立于 1984 年，是国家电网四川省电力公司特二型供电企业，担负着广元市七县区 83 万电力客户供电任务，供电面积 1.63 万平方公里，供电人口 309 万，市场占有率 100%，依法负责广元电网的运营、管理、规划、建设。设 11 个职能部室，5 个业务支撑和实施机构，辖青川、旺苍、朝天、剑阁 4 个供电局，受四川省电力公司委托管理苍溪、旺苍、剑阁、元坝 4 个控股供电公司；拥有农村供电所 74 个，具有独立法人资格的集体企业 12 个。职工总数 3603 人，其中全民员工 743 人、劳务人员 151 人，农电人员 876 人，控股公司员工 1139 人，集体员工 115 人，离退休员工 579 人。拥有变电站（含控股代管公司）71 座/变电容量 476.245 万千伏安，35 千伏及以上输电线路 133 条/2630.87 公里，10 千伏及以下配电线路 1.4031 万公里，10 千伏配电变压器 1.4265 万台/变电容量 115.80 万千伏安，光纤长度 2432 公里。

2012 年 4 月 11 日，广元市政府和四川省电力公司签订《加快推进"十二五"电网建设 全力支持广元市经济发展战略合作协议》

（蒋勇　摄）

2012 年，该局完成售电量 42.4261 亿千瓦时，完成固定资产投资 16.73 亿元，固定资产原值 48.54

亿元。该局顺利通过"全国文明单位"复查，荣获"全国五一劳动奖状"，被广元市授予"5.12"抗震救灾和灾后重建纪念奖章。局团委被团省委和国家电网公司团委表彰为"五四红旗团委"。

【人力资源】广元电业局出台了《全员绩效管理实施细则》、《考勤管理制度》、《福利管理细则》等办法，完善绩效管理体系，强化工作计划管理和本部作风建设，加强收入分配和福利保障，统一规范全员绩效管理工作。调整理顺各类人员之间的收入分配关系，工资收入重点向关键岗位、优秀人才、生产一线员工倾斜，增强收入分配政策导向性，进一步发挥薪酬分配的激励作用，缩小了各层级岗位间收入分配差距。结合"三集五大"体系改革精神，加大中层领导干部交流管理力度，优化中层干部队伍，全年共交流提拔中层干部 110 人次，其中新提拔 13 人。健全后备干部选拔培养体系，后备干部选拔、培养、任用成效明显。举办两期履职能力培训班、4 期领导干部读书班和 3 期"三集五大"改革岗位适应性培训班，党政、经营、安全生产、岗位资格准入、特种作业、学历教育等培训班共计 70 期，全年培训员工 9300 余人次，送出参加上级单位组织的培训 800 余人次，人才当量密度 0.88。

【"三集五大"体系建设】按照省电力公司总体部署该局稳步实施"三集五大"体系建设，通过两期领导干部读书班和实地调研，积极开展改革政策宣讲和职工心理疏导，加强不稳定因素排查及信息沟通；多次召开信访稳定专题会，强化改革期间风险防控。突出"跨越全局、整体推进、优势互补、愿景激励"特点，按时完成机构设置和人员调整，整合资源实行剑阁、旺苍两县供电局和控股公司"班子搭接、合署办公"，整体推进控股、集体企业岗位设置，实现全局财务集约化、35 千伏输变电检修业务向上集约、35 千伏变电运维业务属地化、"大运行"体系业务整合，落实专职驾驶员转岗。"三集五大"体系建设实施后，管理层级压缩，机构设置更精简，该局本部职能部门从以前的 14 个减少至 11 个，检修公司和客户服务中心机构的数量从 7 个减少到 2 个，县级公司数量从 5 个减少到 4 个，总机构数由 129 个精简到 73 个，组织机构精简率达 43.41%；业务定员总数从 908 人减为 724 人，用工效率提升 20.26%。

【电网建设与发展】该局加快项目前期工作，做好电网"十二五"规划滚动修编，按周通报项目投资和重点工作进度，倒排工期实施节点管控。促成省电力公司与广元市政府签订《加快推进"十二五"电网建设，全力支持广元市经济发展战略合作协议》，成立县区电网建设协调小组，出台《关于支持电网建设的意见》文件，政企合力推进电网建设。推行电网基建管理新模式，加强基建管控培训，切实提高基建管理水平。2012年 该局建管的电网加固提高项目共计30个，全年共取得核准项目4个，开工220千伏朝天等110千伏及以上输变电项目6个，投产35千伏及以上变电站6座/变电容量26.52万千伏安、线路226.6公里；新建（改造）10千伏配电线路661公里、配电变压器675台/变电容量7.369万千伏安；新建（改造）低压线路3129 公里。累计完成加固提高项目投资21.39亿元。朝天、苍溪220千伏输变电工程落地，青川220千伏变电站站址确定，实现广元市220千伏电网全覆盖。

【经营管理】广元电业局努力应对国家节能减排及直购电政策对工业的影响，做好市场预测分析，重点跟踪大客户用电情况，大力开拓售电市场，落实丰水期富余电量消纳政策，助力启明星铝业恢复电解槽生产。全年新增客户 8.12 万户，新装增容 93 万千伏安，市场占有率为 100%。实行应收电费跟踪管理制度，完善供电所电费归集，通过签订电费欠费还款补充协议、定期催收的方式，有效防范启明星铝业电费风险。开展管理提升活动，加强诊断分析。修订线损考核办法，严格按月考核，狠抓管理降损增效。制定《同业对标考核管理办法》，实现对标指标与日常管理工作相融合，共总结典型经验 12 项。推进标准化建设，识别工作标准 547 个、管理标准 432 个、主要技术标准 315 个。开展依法治企综合专项检查和财务工作"回头看"，深入推进土地权属清理，严格预算监控和考核。规范公务开支，开展车辆清理整顿。加强委托审计闭环管理，积极开展工程审计和工程分包专项整治，坚持中层干部"离任必审"和期中审计相结合，强化经济行为约束，加大审计成果应用力度。外聘律师作为企业常年法律顾问，加强企业法律风险防控。

严格履行审计、资产评估、法律调查等程序，稳妥实施"主多分开"工作，由集体企业收购 2 户、对外转让 4 户、清算关闭 4 户，全面完成职工股权清退，彻底实现主多分开。积极推进农电体制改革，完成苍溪、旺苍供电公司民营资本退出，元坝供电公司地方国有产权整体无偿划转。稳步推进农村供电业务委托，完成三新电力服务公司筹建工作。开展集体企业清产核资，推进集体企业"两个平台"搭建，建立利华资产管理中心为资产平台，将广元电力开发总公司作为经营平台正式运作。按照集体企业重组整合及规范管理要求，突出核心业务，优化资源配置，已先行整合电力康达公司、驰骋汽修公司、电力加油站管理职能。

【安全生产】广元电业局扎实开展“安全年”活动，突出抓好责任落实、基础管理、风险管控和隐患整治。开展“学规程、强执行”活动，实行《安规》考试百分制，创新“安全日”活动到基层，建立安全周报制度，提高安全执行力。结合春秋安检查和“安全生产月”等活动，开展“两票”及安全工器具专项监督、人身安全大检查、输电网与城市电网安全性评价，深化隐患排查治理，完成74户煤矿、非煤矿山供用电安全隐患专项排查。组建协理员安全生产巡查组，结合“打非治违”开展生产现场安全巡查和反违章督察，强化基建安全监督管理，提高现场作业风险管控水平。建成投运应急指挥中心，修编应急预案和管理办法，开展应急电源接入情况排查，主动驰援“4.2”山火和“5.16”温州商城火灾，完成“5.11”防灾减灾演练，成功应对“7.20”暴雨洪灾，由应对防范减灾向科学防灾减灾转变，持续提升应急管理水平。加大电力设施保护、交通、消防和安保整治力度，优化电网运行方式，强化负荷预测和有序供电，全年安全生产形势保持平稳，累计实现连续安全生产1491天。

【科技与信息化工作】该局积极组织科技项目培训及专利知识专题讲座，努力提高全局科技创新意识，大力推进科技创新，年度申请专利5项，授权专利3项，发表中文核心期刊论文3篇，获得群创成果奖1项，科研项目投入108万元。强化信息系统应用与管控，严格执行《广元电业局信息网运行管理办法》，重新落实各单位信息分管领导和信息联络员，加强制度和队伍建设。继续开展二级单位域环境建设工作，批量完成对全局所有桌面计算机的策略化安全加固。加强桌面终端注册管理，内、外网桌面终端注册率、杀毒软件安装率均达到100%，控制了内网计算机非法外联，信息安全督查工作取得一定成效。通过部署入网规范管理系统，使桌面终端用户随时知晓自己电脑存在的安全问题并通过网页指导解决普通故障，减轻了信通公司维护人员的工作量。深化应用ERP等信息系统，加强信息系统实用化考核力度，努力提升信息系统综合应用指数排名。全年完成信息维护项目333万元、信息化建设项目103万元。

【优质服务】广元电业局实施95598光明服务工程，完成居民阶梯电价调整工作和农村电网改造投资2.97亿元、户表改造2.3019万户。全力配合政府开展三江新区、城北片区、万源新区、盘龙工业园区、石龙工业园区电力规划，5A景区配电网改造，支持西滨道改造等线路迁改。全面开展居民用电服务质量监管专项行动，推动重要和高危客户双电源建设，将保障性住房工程纳入“绿色通道”加强服务。合理安排电网运行方式，积极推行输配电线路带电作业，累计完成带电作业1008次。完成95598省级集中，投运营销稽查信息室，提高了稽查力度和稽查监控的规范性。不断开拓第三方“便民电”、移动、邮政等代收网点，新增自助缴费ATM机，营业网点增加至232处。大力开展“创先争优进社区 为民服务解难题”主题活动，办好为民服务10件实事，精心打造共产党员服务队“电力110”、“光明使者”形象，优质完成11.8万户表客户的故障排查、用电宣传、爱心服务及应急救援工作，全年完成“十八大”等重大会议、重大活动、节假日保电任务100次。选派11人对口帮扶阿坝州小金、金川供电公司，开展营销、安全生产专项培训，完成营销A8系统上线，现场校验安全工器具、处理设备缺陷，累计投入藏区电力帮扶资金110万元。

【党的建设和精神文明建设】该局以“基层党组织建设年”活动为载体，加强学习型党组织建设和基层组织建设，深化为民服务创先争优。严格执行党风廉政建设责任制，深入开展“学法规、守廉洁、保安全”等廉洁教育活动，加强反腐倡廉制度建设，不断健全“三化三有”特色惩防体系。成立协理员党风廉政巡视工作组，全年开展巡视6次，专题研究4次，纠正问题13个，形成巡视工作成果6个。改进协同监督模式，开展协同监督专题研究，有力提升协同

2012年11月6日，广元电业局将保障性住房工程纳入“绿色通道”加强服务。图为电力职工上门了解保障性住房用电需求

（邓仕兵 摄）

监督质效。推广品牌建设，开展企业文化知识宣贯培训，加强企业文化环境建设，打造剑阁、青川、原利州供电局办公楼企业文化走廊，实施局企业文化基地搬迁。推广班组建设信息化系统应用，推进班组建设管理，全年创建保持五星级班组 22 个。丰富离退休文体活动，切实提高离退休服务工作水平。开展“服务改革发展、真情关爱员工”活动，积极关注职工思想动态，严格履行重要事项民主程序，确保员工队伍和谐稳定。局长、党委副书记任崇清当选四川省第十二届人民代表大会代表。

【存在的主要问题】 安全生产方面：220 千伏网架结构未形成双环网，110 千伏电网仍存在单线单变，35 千伏电网结构薄弱，10 千伏配电网规划不合理，负荷转供能力不足，大面积停电风险依然存在。电网建设方面：电网建设项目前期审批复杂，施工协调难度大，征地拆迁、通道占用及补偿等方面引发的矛盾影响和制约工程建设进度。市委、市政府在新的工业园区用电、城市区域扩展、线路迁改、5A 景区打造、区县农业烤烟用电、未网改地区改造等方面对电网建设投资需求仍然居高不下。资产经营方面：启明星铝业电费回收风险大，其欠费问题已严重影响该局考核指标。人力资源方面：劳务人员辞职比例高，同工同酬的呼声高，人力资源体系的支撑力不足，高素质、高技能人才总量偏少，生产营销一线班组中坚力量薄弱，农电员工年龄结构老化，教育培训的针对性和有效性亟待加强。 (向　虹)

【青川供电局】青川供电局是广元电业局的直属供电局，成立于 1993 年 6 月。主要担负青川县境内 24 个乡镇、宝成铁路复线竹园段的供电任务。辖区供电面积 2100 平方公里，供电客户 64817 户。现有在册全民职工 36 人，多经分公司集体职工 20 人,供电所专职电工 164 人，离退休职工 22 人，共计 242 人。设办公室科、安全运维部、客户中心 3 个部门；输配电运检班、变电运维班、营业班 3 个班组；乔庄、黄坪、乐安、三锅石、姚渡、沙洲、骑马、板桥、木鱼、竹园 10 个供电所。有变电站 8 座 21.15 万千伏安，其中：110 千伏变电站 3 座,35 千伏变电站 5 座；管辖 35 千伏线路 6 条 120 公里,10 千伏线路 22 条 988.90 公里,配变 1384 台 15.38 万千伏安。

2012 年该局完成售电量 1.73 亿千瓦时，电费回收 100%；完成 110 千伏及以下线损率 13.58%，10 千伏及以下线损率 16.63%。截至 2012 年 12 月 31 日，该局连续安全生产 1552 天。按照《广元电业局“三集五大”体系建设组织领导实施方案》,完成了“三集五大”体系建设工作。

青川供电局开展了“春安”、“秋安”“迎峰渡夏”、“百日安全”“迎峰渡冬”等专项安全检查和防灾减灾突发性应急演练，对重点区域、重点线路、重点台区专题线损分析。通过精心组织、倒排工期,完成城网、农网工程投资共计 1883 万元。认真践行国家电网“你用电、我用心”的服务理念，真情服务于青川社会事业和工农业生产发展。通过建设企业服务文化，进一步提高优质服务水平。认真落实党风廉政建设责任制，重点抓位低权实人员廉洁自律。开展好党建工作的各项主题活动，及时解决和排除各种可能引发不稳定的因素，确保职工队伍稳定。2012 年,青川供电局获得广元电业局“文明单位”、“四好领导班子”、青川县“工会先进集体”等荣誉称号，18 人次受到广元电业局先进类表彰。 (杨洪彪)

【朝天供电局】朝天供电局是广元电业局直属供电企业，地处广元市朝天区，于 2001 年 1 月成立。主要担负朝天区 6 镇 19 乡及宝成铁路广元至略阳段电力供应任务，供电面积 1620 平方公里，供电人口 21 余万，用电客户约 5 万户。三集五大机构改革后，设办公室（人力资源部）、安全运检部、客户服务中心及 7 个供电所。现有全民职工 28 人，集体职工 1 人，农村电工 179 人，劳务职工 6 人。

2012 年售电量 3.94 亿千瓦时，电费回收结零。积极落实各项降损增效措施，110 千伏及以下线损率较同期下降 1.06 个百分点，10 千伏及以下线损较同期下降 2.76 个百分点。同时克服电网发展滞后，农网改造不彻底，地理环境恶劣等不利因素，狠抓安全生产，加强煤矿安全隐患治理，实现安全运行 3153 天，被广元电业局授予“2012 年度安全生产先进单位”荣誉称号。积极服务境内灾后重建重大项目，开展大宗客户差异化服务，完成了朝天区重点场所、重要用户、重大活动保电任务，保障了地区电力的可靠供应。成功创建 “五星班组”1 个，基层单位文明单位率 100%。2012 年，朝天供电局职工书屋被四川省电力工会授予“工会职工书屋示范点”荣誉称号。 (蒋　锐)

【剑阁供电局】剑阁供电局是广元电业局直属供电企业，成立于 2002 年 6 月 28 日，担负着剑阁新县城、剑门工业园区及新区、剑阁县 6 镇 7 乡、利州区百朝乡鹅掌村、青川县白家乡银溪村，以及四川剑阁供电有限责任公司趸售及宝成电气化铁路沙溪坝段、川煤集团广旺水泥有限责任公司、中国工程物理研究院第 1、第 3、第 4 所等重要客户的供电任务,供电面积 889 平方公里,供电人口 14.7 万。拥有直供客户 52940 户，其中城市客户 8141 户，农村客户 44799 户。在职人员 118 人。直供区内有 110 千伏变电站1座，用户110千伏变电站2座，35千伏变电站4座3.76万千伏安，10千伏开关站1座,35千伏线路79公里，10千伏线路641.85公里，配电变压器939台13.63万千伏安。2012年剑阁供电局完成“三集五大”体系建设工作，剑阁供电局、剑阁供电公司按照“集团化运作、集约化发展、精益化管理、标准化建设”的要求，实行了合署办公，实施了人力资源、财务、物资集约化管理，构建了“大规划、大建设、大运行、大检修、大营销”体系。该局牢固构筑安全生产责任体系、监督体系、保障体系和应急体系，截至2012年12月31日连续安全生产3839天。

2012年完成售电量1.62亿千瓦时，该局积极服务于剑门、拐枣工业园区及新区招商引资项目工程用电，剑阁新县城四个片区均实现分区双电源供电，保障了区域内的供电安全和质量。剑阁供电局党委成功晋位升级为A类基层党组织，创建5星级班组1个，保持5星级班组1个，创建4星级班组3个。开展了为民服务创先争优95598光明服务工程等活动，进一步完善了“川电留守学生之家”的后续工作。

（谭万芳）

【旺苍供电局】旺苍供电局是广元电业局下属供电企业，成立于1997年12月28日，下设东河、普济、五权、嘉川、龙凤、九龙、张华、三江、黄洋9个供电所，主要承担旺苍县8镇13乡220个行政村和磨岩社区的供电任务，供电面积1750平方公里，供电人口25万人。2012年，旺苍三家电网企业按照广元电业局“三集五大”体系建设统一部署，实施旺苍供电局与旺苍供电公司合署办公，17名主业人员调离供电局，组建新的领导班子和组织机构，并对现有人员重新进行岗位整合。

该局有35千伏输电线路95.04公里，10千伏配电线路790.69公里，10千伏农网配电线路1265.99公里，农村低压线路7820.17公里，城区配电变压器12台，农村配电变压器1265台。2012年完成售电量7.23亿千瓦时（含趸售电量1.97亿千瓦时），完成年度目标任务的94.94%，电费回收率100 %。全年安全生产形势平稳，无受考核事件发生，实现党风廉政建设“零”违规；精神文明建设、爱国卫生、档案管理、计划生育、维稳、普依法治企、平安单位建设等工作平稳推进。（吴红英）

【旺苍供电公司】旺苍供电公司始建于1957年，最初为国营旺苍县电厂,先后经历了企业合并、搬迁和股份制改造等，于1996年10月改制为四川省旺苍县电力有限公司，2000年12月由广元电业局代管，2007年12月由四川省电力公司控股，2009年12月18日正式更名为四川旺苍供电有限责任公司。2012年10月，旺苍供电公司正式成为省电力公司全资子公司。下设东凡、白水2个供电所，主要承担东河、白水、尚武、麻英、燕子、木门4镇2乡的供电任务，同时委托浩源公司对高阳、双汇、国华、英翠、万家等11个乡镇供电。拥有35千伏变电站5座、10千伏开关站1座、35千伏输电线路8条、10千伏配电线路24条，配电变压器总计480台，水电站1座。

2012年完成购电量1.03亿千瓦时（含自发电量135万千瓦时），同比增长10.41%；售电量0.9亿千瓦时，同比增长10.8%；线损率12.66%，同比下降2.39%；电费回收率100 %；安全生产形势平稳，无受考核事件发生，实现党风廉政建设“零”违规；无法律诉讼、新闻舆情责任性事件发生；精神文明建设、爱国卫生、档案管理、计划生育、维稳、普依法治企、平安单位建设等工作平稳推进。

2012年，旺苍三家电网企业按照广元电业局“三集五大”体系建设统一部署，实施旺苍供电局与旺苍供电公司合署办公，组建新的领导班子和组织机构，并对现有人员重新进行岗位整合。7月，按照《四川省发展和改革委员会关于调整四川电网居民生活用电阶梯电价的通知》（川发改价格〔2012〕560号）等文件精神，旺苍公司辖区内居民客户电价执行阶梯电价。（吴红英）

【四川剑阁供电有限责任公司】四川剑阁供电有限责任公司是由四川省电力公司控股、剑阁县人民政府参股的股份制公司，主要是以趸售电为主，该公司成立于2008年8月29日，注册资本7000万元，其中省电力公司控股51%，剑阁县人民政府占股49%，承担着47个乡镇418个行政村15.26万户的供电任务。在岗职工247人，大专以上学历101人，人才当量密度0.8615，高技能人才比例为73.83%，技师和高级技师占生产技能人员比例的19.46%。

拥有110千伏变电站2座14.3万千伏安，35千伏变电站8座5.68万千伏安，35千伏线路124.36公里，10千伏线路2391.91公里，低压线路14236.84公里,配电台区2217台13.43万千伏安，小水电站3座装机容量1200千瓦。

2012年完成农网、配网、灾后及亭子口电力工程复建共44个项目完成投资7640万元，新建及改造10千伏线路93.01公里、低压线路860.33公里、10千伏配变143台7290千伏安，完成户表改造10521户。2012年该公司售电量首次突破1.3亿，达到1.542亿千瓦时。截至2012年底连续安全生产1585天，实现安全、廉政、稳定零目标、优服零投诉。在“三集五大”体系建设中积极宣传，主动向县人民政府汇报，妥善处理县级地方国有电力资产，2012年6月

21 日县人民政府常务会决定将县级地方国有资产全部无偿划转国家电网公司，为“三集五大”体系建设迈出了关键的一步。该公司 9 个供电所和 8 座变电站均达到了三星级及以上，公司党委被四川省电力公司评为电网先锋党支部。（王　涛）

【四川苍溪供电有限责任公司】四川苍溪供电有限责任公司是由四川省电力公司控股并委托广元电业局管理的县级控股供电公司。公司董（监）事 8 人，现有正式员工 475 人，专职电工 80 人。下设职能部室 6 个，业务支撑实施机构 2 个，辖 9 个供电所、3 个水电站、2 个 110 千伏变电站和 11 个 35 千伏变电站。

2012 年实现售电量 3.76 亿千瓦时，同比增长 7.48%；综合线损率 11.98%；自发电量 1496 万千瓦时；连续安全生产 1491 天。

该公司完成总投资 4736 万元，用于农网加固提高、城市配网灾后重建等工程项目。新建、改造低压线路 1369.55 公里，新建、改造 10 千伏线路 60.83 公里，新安装 10 千伏配变 226 台 1.95 万千伏安，完成户表改造 39258 户，安装智能表 5.217 万只，完善了 40 台公变、15 台专变计量装置和用电信息采集装置。配合开展了东溪至张华 35 千伏输变电工程和 220 千伏苍溪变电站施工建设项目。实施了 35 千伏东青、歧坪、书房等变电站技改工程，开工了两河电站技改工程，完成了马蹄滩电站大坝安全鉴定工作。该公司客户服务中心保持了省电力公司“五星级班组”荣誉称号，五龙供电所、元坝供电所、三川供电所成功创建四星级供电所，运检中心被省电力公司评为“五星级班组”并授予“工人先锋号”荣誉称号。公司连续 11 年获省级“卫生单位、文明单位”，连续 3 年获省级“重合同守信用单位”称号。

（陈晓玲）

【四川元坝供电有限责任公司】四川元坝供电有限责任公司公司成立于 1981 年 4 月，1989 年划归元坝区管理，2003 年 7 月元坝区人民政府将公司交由四川省电力公司代管，命名为“广元电业局元坝供电公司”，同时保留原“广元市地方电力公司”，实行“两块牌子、一套班子”的管理模式，办公地点设广元市利州区北京路东段 248 号。2012 年 11 月 29 日，根据国务院国资委《关于广元市地方电力公司等 6 户四川地方供电企业国有产权无偿划转有关问题的批复》（国资产权〔2012〕600 号）文件精神，召开一届一次董事会和干部任免大会，原“广元市地方电力公司”和“广元电业局元坝供电公司”正式更名为“四川元坝供电有限责任公司，并在元坝区工商行政管理局进行登记注册。按照省电力公司“三集五大”体系建设要求，现设 5 个职能部室、1 个业务支撑实施机构及 11 个班组。在册职工 100 人（含退休 10 人）、农村专职电工 93 人，负责元坝区卫子镇、王家镇、虎跳镇等 24 个乡镇的供用电管理任务，供电营业户数共 5.048 万户。

供区现有 110 千伏变电站 1 座 4.0 万千伏安，35 千伏变电站 3 座 3.29 万千伏安，35 千伏输电线路 103.9 公里，10 千伏配电线路 1324 公里，10 千伏配电台区 1227 台 7.16 万千伏安，低压线路 8000 公里，总资产 7772 万元。2012 年，该公司购进电量 0.9063 亿千瓦时，销售电量 0.7530 亿千瓦时，综合线损 16.92%，实现安全运行 1974 天。完成农网加固提高项目 24 个，总投资 2500 万元，完成了 310 万元的亭子口库区电力规划复建和 18 个乡镇 76 个村 116 个烤烟集中点的电力建设施工任务。该公司先后被省总工会授予“四川省厂务公开民主管理先进单位”，广元市总工会“模范职工之家”复查合格单位。

（殷　江）

泸州电业局

【企业概况】泸州电业局成立于 1981 年 10 月，是隶属于四川省电力公司的特二型供电企业，担负着泸州市三县三区、合江县四川天华股份有限公司、贵州省赤天化股份有限公司及季节性趸售贵州省赤水市的供电任务，供电面积 9821 平方公里，供电市场占有率 100%，供电人口 412 万人。

泸州电业局下设十一个职能部门，直接管辖市电力经济技术研究所、检修公司、信息通信公司、客户服务中心、物资供应公司共 5 个业务支撑和实施机构，以及 1 个县级供电局（泸县供电局），代管省电力公司控股的泸县、纳溪、古蔺、叙永等四个供电有限责任公司。有员工 3661 人，其中：电业局在册人员 902 人，控股公司人员 2197 人，直管直供部分农电人员 510 人，主业岗位劳务人员 52 人；另有离退休人员 549 人。在册人员中，研究生学历 36 人、大学本科 518 人、大学专科 169 人；具有高级职称 56 人、中级职称 152 人、初级职称 287 人；具有高级技师 30 人、技师 211 人、高级工 240 人。泸州电业局固定资产 24.55 亿元，拥有 35 千伏及以上变电站 69 座，主变 118 台，总变电容量 368.92 万千伏安，其中：220 千伏变电站 6 座，主变压器 10 台，总变电容量 150 万千伏安；110 千伏变电站 24 座，主变压器 44 台，总变电容量 175.1 万千伏安；35 千伏变电站 38 座，主变压器 64 台，总变电容量 43.82 万千伏安。35 千伏及以上线路 161 条，2263 公里，其中 220 千伏输电线路 19 条，全长 506 公里；110 千伏输电线路 54 条，全长 912 公里；35 千伏输电线路 88 条，全长 845 公里。

2012 年，泸州电业局完成售电量达 41.34 亿千瓦时，同比增长 7.87%；最大负荷达 97.4 万千瓦，最大日电量 1940.9 万千瓦时；完成电网投资 3.52 亿元，投产 110 千伏及以上输电线路 67 公里、变电容量 45 万千伏安；电费回收双结零，综合线损率 7.05%。安全生产实现 3 个百日，成功晋升为特二型供电企业，未发生影响和损害企业形象的供电服务、廉政建设和信访稳定重大事件。截至 2012 年 12 月 31 日，实现连续安全生产 2364 天。

2012 年 12 月 17 日，泸州电业局顺利通过四川省电力公司“三集五大”体系建设验收　（张跃　摄）

该局围绕“2680”和年度工作目标，加快转变观念，致力改革创新，强化落实执行，开拓创新，攻坚克难，圆满完成各项任务。泸州电业局成功应对了 60 年不遇洪涝灾害，高质量完成了“三集五大”体系建设,确保了电网建设和各项工作快速推进、健康发展、持续赶超的良好态势。先后获“国家电网公司审计工作先进单位”“四川省电力公司创先争优先进党委”、“四川省电力公司安全生产先进单位”、“四川省电力公司企业管理创新工作先进单位 ”、“四川省电力公司教育培训工作先进单位”、“泸州市抗击‘7·23’特大洪涝灾害先进集体”、“四川省电力公司厂务公开民主管理示范单位”、“四川省五四红旗团委”等多项荣誉称号。

【人力资源】泸州电业局 2012 年全面完成“三集五大”体系建设，顺利完成新旧管理模式的平稳过渡和安全转换，并通过省电力公司初验收。积极稳妥解决历史遗留问题，平稳有序完成主多分开任务，推进集体企业重组整合，集体企业发展质量进一步提高。统筹推进人力资源优化配置，深化“三定三考”，规范薪酬福利管理,持续深化改进绩效考核体系。县级供电企业经营管理不断加强，泸县供电局获 “四川省电力公司一流县级供电企业”称号。和益公司顺利实施控股改制。该局共有优秀管理及技能技术人才 15 名。1 人荣获省电力公司“十佳服务之星”称号，参加省电力公司 220 千伏输电线路带电作业技能竞赛获得个人第一名、团体第二名的好成绩。

【“三集五大” 体系建设】2012 年，泸州电业局按照“集约化、扁平化、专业化”方向和“全员参与、全覆盖建设，强力支撑保障”的变革要求，超前谋划，统筹兼顾，积极稳妥地推进“三集五大”体系建设，实现了新旧模式顺利转换。在 2012 年年初，该局就将“三集五大”体系建设列入年度工作重点进行了总体部署。充分认识“三集五大”体系建设的必要性和迫切性，经历动员准备、方案编制、新模式导入、磨合改进四个阶段后，初步建立了整合人财物核心资源、优化五大核心业务的新型管理模式和运行机制，即将实现省电力公司“一年基本建成‘三集五大’体系”的既定目标。

“三集五大”体系建设后该局本部设办公室、发展策划部、人力资源部、财务资产部、运维检修部、营销部（农电工作部）、安全监察质量部、基建部（项目管理中心）、监察审计部（纪委办公室）、党群工作部（工会办公室）、电力调度控制中心共 11 个部门；二级单位设电力经济技术研究所、检修公司、信息通信公司、客户服务中心、物资供应公司共 5 个业务支撑和实施机构；并设置了 1 个县级供电局（泸县供电局）。全口径用工总量 1471 人，其中“三集五大”体系建设范围内 776 人，电业局本部 207 人，业务支撑和实施机构 507 人，县供电局 62 人。

【电网建设与发展】泸州电业局完成“十二五”规划

与地方发展规划对接，促成了泸州市政府与四川省电力公司战略合作协议签订。全年电网建设投资3.52 亿元，完成了 220 千伏林庄站增容改造、220 千伏震东站扩建、110 千伏南城站新建、110 千伏叙永后山站新建、110 千伏泸县永利站新建等一批重点输变电工程建设，投产 110 千伏及以上输电线路 67 公里、变电容量 45 万千伏安，主网构架不断优化。加大配网建设和技术改造力度，配网典型接线率、环网率、可转供率显著提升，城市配电网络“卡脖子”问题得到缓解。完成农网升级改造，直供区域“小方杆”、“纯铝线”彻底消除，“低电压”现象有效改善，农村电网健康水平逐步提高。累计推广应用智能电表 23.8 万只，直供区智能电表安装覆盖率达 59.5%，基本完成营销“三全”系统建设，智能电网基础不断巩固。

2012 年 7 月 9 日，泸州电业局深入开展“安全年”活动，严格落实各级安全生产责任制，安全生产“六大体系”建设初见成效。图为组织开展 2012 年事故案例分析讲演比赛现场　（古春　摄）

【经营管理】泸州电业局全面推进营销“五化”工程，大力巩固和开拓电力市场，售电量保持平稳较快增长，丰水期富余电量消纳取得实效。阶梯电价调整顺利实施。积极拓展第三方收费渠道，电费回收实现“双结零”。完成营销稽查监控体系建设，实现了营销业务及工作质量的全程实时监控。全面加强财务管控，强化综合计划和预算管理，促进财务与各专业业务高度协同；创新技术手段，开发资产盘点系统、电费资金电子对账系统，集成 OCR 发票识别系统与 ERP 系统，加强对关键风险点的在线监控和现场稽核，实现固定资产信息化、资金管理规范化，财务管控维度不断拓展。狠抓物资计划管理，建立供应商信息平台，实行定额库存管理模式，完成物资清仓利库，废旧物资集中处置，物资供应保障能力不断提升。深化各级小金库治理、工程领域突出问题和矛盾专项治理、依法从严治企专项检查、营销专项审计结果的运用,堵塞管理漏洞，防范风险。全面落实风险管控制度，深入开展工程建设、电力设施迁改等专项治理和效能监察。深化协同监督，围绕专项成本、工程分包、废旧物资管理等重点内容，强化专业管理的纵向监督和风险管控，监督制约机制持续完善。推进审计手段信息化和工作创新，审计监督力度和覆盖面不断加大,经营风险有效降低，被国网公司评为“审计工作先进单位”。强化线损指标与过程管理，线损逐年下降。全面完成省电力公司下达资产经营业绩目标，考核成绩在省电力公司系统排名第五，1 项典型经验入选省电力公司典型经验库。

【安全生产】泸州电业局深入开展“安全年”活动，严格落实各级安全生产责任制，安全生产“六大体系”建设初见成效。通过开展安全弱点公示、作业现场安全积分与星级评选、安全监督审计、安全生产“两个报告”编写等，安全基础不断巩固，作业现场安全管控能力全面提升。加强生产运行维护，开展输电线路抗冰差异化改造，推行设备状态检修，建成设备缺陷标准库、IDOP 智能停电、变电运行管理等系统，电网设备安全运行水平和信息化管理水平大幅提高。认真贯彻《电力安全事故应急处置和调查处理条例》规定。强化应急队伍建设和培训演练，圆满完成迎峰度夏、十八大保供电任务，成功应对“7·22”、“7·23”特大暴雨洪灾，零伤亡、短时间恢复灾区电力供应，受到各级党委政府和社会各界高度肯定。充分调动各方面的积极性，营造了企业主要负责人亲力亲为、党政工团齐抓共管、人人重视安全生产的浓厚氛围，安全生产持续稳定。

【科技与信息化工作】泸州电业局高度重视科技创新，2012 年该局申请专利 8 项，《输电线路用携带型接地线》获得专利授权，核心期刊发表论文 5 篇，《廉政建设“危险点”分析预控的形式和内容及其应用》、《基于网络 3D 虚拟现实的电力安全实训系统建设与实践》、《泸州电网实时可视化分析与预警系统的研发与应用》等 14 项成果分获省电力公司企业管理创新成果奖和科技进步奖。建设了信息系统项目和信息运维项目储备库，提高信息系统建设和运维水平。制定信息安全管理办法，加强对信息安全的监控，把信息安全纳入生产安全管理。与计算机用户签订信息安全承诺书，与计算机维护厂家签订保密协议，确保信息安全“零”目标。

【市场服务】该局牢固树立“你用电、我用心”服务理念，全面践行“四个服务”宗旨，创新营销服务手段，积极打造“国家电网”品牌形象。成功打造百子图A级智能化营业厅。多渠道丰富缴费方式，增设24小时自助缴费终端，与银行、移动公司探索代收电费业务，“便民电”收费网点突破150家，积极打造“十分钟缴费圈”。建立应急联动机制，深入实施95598光明服务工程，推出“亲情服务”。创新成立“电力片警”，共产党员服务队一对一挂点联系送服务进社区。优化业务办理和业扩报装流程，实行供电方案并联审批；推行服务窗口前移工作方式，入驻园区和重点建设项目，提供用电业务“一站式”服务；深化“电医生”工作队服务机制、服务标准；实施黑楼道亮化工程；开展家政电工延伸服务，各项惠民服务新举措深受好评，得到了政府和社会各界的良好反响和广泛赞誉。

【党的建设和精神文明建设】2012年泸州电业局党委被评为省电力公司创先争优先进党委。该局顺利召开第五次党代会，建立健全党建工作考评机制，通过开展“四好”领导班子创建、学习型党组织建设、基层党组织季度PK等，增强各级党组织的战斗力和凝聚力。严格落实党风廉政建设责任制，坚持“危险点”分析预控，协同监督机制持续完善，惩防体系不断深化，党风廉政建设和反腐败工作成效良好。认真践行“五统一”优秀企业文化，坚持以“魅力泸电”为主线的企业文化传播工程。规范标识推广应用；新闻宣传方式不断丰富，舆论引导和监控有效。队伍稳定，职工权益得到保障，群团、离退休等工作有效开展，企业和谐圆融。团青工作实现突破，获“四川省五四红旗团委”。打造具有鲜明特色文化的星级班组，开展“星”带“星”，新建省电力公司五星级班组6个、工人先锋号6个，8个供电所分别被命名为省电力公司五星级供电所、省级标准化供电所，罗汉供电所被命名为国网公司标准化示范供电所，班组活力进一步激发。落实“两项待遇”，全面做好信访、稳定工作，企业和谐氛围更加浓厚。

【存在的主要问题】泸州电业局存在一些突出问题：一是电网发展与区域经济社会发展需求相比，还相对滞后。电网发展不平衡，发展的质量和水平不高，对电网安全稳定运行和优质服务带来严峻挑战。二是保障“五大”体系变革后的协调高效运转任务艰巨，需要不断推进改革创新，进一步优化业务流程，健全工作机制。三是控股公司基础薄弱，实现快速发展、规范管理的目标任重道远。四是人员“又多又少”的矛盾依然突出，干部员工队伍整体素质还难以满足公司和电网发展公司的需要。这些问题制约了电网和公司发展方式的转变，亟需花大力气解决。

【泸县供电局】泸县供电局成立于1996年8月，是泸州电业局直供局，担负着对泸县玄滩、喻寺等七个乡镇工农业发展和城乡居民生活供电任务，供电范围515平方公里，供电人口37.03万人，用电客户8.8897万户。泸县供电局下设3个班组，5个部室（中心）、5个农村供电所。共有全民职工67人，供电所职工170人。管辖变电站5座，主变8台，总容量18.965万千伏安，其中：110千伏变电站2座，35千伏变电站3座，10千伏开关站1座。10千伏配电线路25条，长度706.72公里；配电变压器875台，配变总容量13.23万千伏安。2012年售电量完成1.7318亿千瓦时，同比增长1.54%；线损率8.96%；计划检修率、检修工程完成率、电容器可用率为100%；变电一类障碍、送电一类障碍实现零目标。2012年泸县供电局完成了35千伏喻寺、石桥、毗卢三座变电站的主变增容更换工作，完成毗卢变电站10千伏出线间隔调整；完成了10千伏洞龙线局部改造和洞龙、洞云线运行方式调整，避免了在迎峰度夏期间的拉闸限电；完成了喻雨线等7条线路高压无功补偿装置的加装，提高了电能质量。完成了毗中线改造、城控线的新建等电网改造项目，提高了

2012年8月1日，泸州电业局实施黑楼道亮化工程，开展家政电工延伸服务，惠民服务的新举措深受好评，得到了政府和社会各界的良好反响和广泛赞誉　　（张跃　摄）

电网运行的可靠性。全年不定期组织进行“电医生”活动，开展煤矿等高危企业的隐患排查治理工作；积极开展智能化电表安装工作，全年累计安装智能表3.0332万只，成功上线29118只，上线率为96%；积极开展了“为民服务创先争优大巡线”活动，对管辖范围内的10千伏线路进行交叉巡视，成立“保电助春耕党员突击队”活跃在田间地头；在“7.23”关键期间，党员突击队高效、高质量的完成抢险工作。泸县供电局玄滩集控站“五星级班组”复查成功；喻寺供电所国家电网公司标准化示范供电所复查成功，并被评为省电力公司“十佳班组”；玄滩、石桥、云龙供电所荣获省电力公司“标准化供电所”称号；云龙供电所荣获省电力公司“红旗供电所”。所有供电所达到电业局四星级及以上标准。截至2012年12月31日该局连续安全运行3565天。获泸州电业局“2012年度安全先进单位”、“农电安全生产先进单位”和“交通安全先进单位”等荣誉称号。

【纳溪供电公司】纳溪供电公司成立于2001年1月18日，是由四川省电力公司控股的县级供电企业，省电力公司持股比例为75.9%。纳溪供电公司固定资产1.07亿元。主要担负着纳溪城区及13个乡镇、江阳区4个乡镇的城乡居民生活用电以及火炬化工厂、银鸽纸业等大中型企业的供电任务，供电面积1335.6平方公里，供电客户14万户，年售电量3.5亿千瓦时。下设16个科队、1个发电厂、5个中心、11个供电所。共有员工601人，平均年龄41.5岁，具有高级职称1人、中级职称19人、初级职称126人；高级技师5人，技师40人，高级工101人，中级工及以下279人。纳溪供电公司拥有35千伏及以上变电站10座，其中220千伏一座、110千伏四座、35千伏五座，总变电容量45.13万千伏安；拥有110千伏线路10回115.29公里，35千伏线路6回85.68公里,10千伏线路35回1396.43公里；有水力发电厂2座，装机容量3950千瓦，年发电量约1600万千瓦时。2012年累计完成电网投资7288万元，新建35千伏变电站一座，新建/改造35千伏线路40.9公里，新建10千伏线路78公里。实现电费回收100%，售电量仍较去年增长10.81%，公司彻底扭转了公司自2008年以来连续亏损的状态。成功应对“4.29”、“5.12”、“5.29”、“7.23”大风、暴雨、洪灾等恶劣自然天气，圆满完成高（中）考、迎峰度夏、“十八大”期间的供电保障以及纳溪区大型庆典活动的保电任务。深化行风建设，认真落实居民用电服务质量监管各项要求，主动接受政府监管和社会监督，严肃查处违反“三个十条”行为，全面兑现各项承诺和服务标准。通过建立“纳电卫士”电力服务QQ网络平台、开展缅怀革命先烈、党员巡线、党员“三亮、三比、三无”评比以及政府“1+N全覆盖”帮扶等活动，有序推进“为民服务创先争优”。2012年，纳溪供电公司调度中心和客户服务中心顺利通过五星级班组的验收，护国供电所和江北供电所正等待四星级班组的考评。该公司已成功创建五星级班组3个、四星级班组2个、三星级班组3个。截至2012年12月31日，连续安全生产1628天，创该公司成立以来的最好纪录。2012年，纳溪供电公司先后获得省电力公司“电网先锋党支部”、“模范分工会”、“五四红旗团支部”；泸州电业局“先进集体”、“五好基层党组织标兵”、“抗冰保电先进集体”以及“泸州市最佳文明单位”、纳溪区“抗灾救灾工作先进集体”等光荣称号。

【泸县供电公司】泸县供电公司成立于2012年12月13日，是由四川省电力公司控股的县级供电企业，持股比例为60%，该公司固定资产0.48亿元，注册资本5000万元。主营电力发、输、配售电，兼营电力安装业务。泸县供电公司严格按《公司法》和本公司章程运作，设立了股东大会、董事会和监事会，实行董事会领导下的总经理负责制。网内拥有发电装机容量3万千瓦，全部为水力发电，年发电约1.2亿千瓦时，年供电能力6.1亿千瓦时。拥有35千伏线路22条，长度206公里；10千伏线路61条，长度1775公里。35千伏变电站10座，主变17台，总容量13.84万千伏安；35千伏开关站1座，10千伏开关站1座，配变2502台，配变总容量35.28万千伏安。承担着泸县县城及15个乡镇、龙马潭区4个乡镇部分区域供电任务，供电面积1250平方公里，供电人口86万，用电客户24.5万户。在册职工705人，退休职工215人；初级职称254人，中级职称63人，技师29人，高级工94人。

110千伏永利输变电工程正在紧张建设中，110千伏城北输变电工程已完成可研报告编制并上报省电力公司；35千伏百和输变电工程已完成相关准备工作，10千伏奇玉线宝藏支线被评为泸州电业局“2012年度优质农网工程”。公司2012年首次实现迎峰度夏持续高温天气“零”拉闸限电。专变用户预收电费100%。优化服务流程，主动上门服务，跟踪服务，贴心服务，认真解决客户困难，为高危重要客户进行隐患排查并提出整改建议。加强党的建设，开展“找差距、明目标、奋力追”创先争优主题活动，“变观念 促转型 两个融合快发展”为主题的企业转型大讨论以及“创廉洁岗位”主题教育活动；强化“三重一大”、“小金库”治理工作；组队参加泸州电业局供电“服务之星”大赛荣获团体第一名、个人第一名；

参加第七届泸州市职工职业基层大赛荣获维修电工一等奖。2012 年公司先后荣获“省级最佳文明单位”、“省级模范职工之家”、“省级构建劳动关系和谐企业”等殊荣。

【古蔺供电公司】古蔺供电公司是四川省电力公司与古蔺县政府合资组建的控股公司，于 2001 年 4 月 18 日正式挂牌成立，四川省电力公司持股 76.31%，古蔺县国有资产经营有限责任公司持股比例 23.69%，注册资本 2879 万元。公司实行董事会领导下的经理负责制。该公司担负着全县 26 个乡镇的供电任务，其中直供乡镇 21 个。供电面积 3182 平方公里，供电人口约 83 万人，供电总营业户数 11.01 万户，县以下趸售用户 7 户，供电市场占有率 90.2%。本部设有 7 个职能部门，下设 3 个营销服务中心、3 个专业车间、11 个供电所、24 个营业配电站、6 个发电厂，所辖 1 个集体企业。现有在册员工 411 人，平均年龄 42.1 岁。劳务派遣人员 121 人。其中：大专及以上学历 158 人（其中本科学历 22 人），高中（中专、技校）92 人，初中及以下 161 人；具备初级及以上职称 113 人，高级技师 1 人，技师 10 人，高级工 33 人，中级工 23 人。

2012 年，该公司完成了 110 千伏复陶输变电工程入规立项，县城电网建设改造工作项目批复，35 千伏金星输变电工程、10 千伏西区开关站的项目立项与审批前期工作。大力实施农网小方杆改造、低电压台区治理工作，全面完成了白岩滩电厂综合自动化改造。深入开展审计检查及审计专项检查整改落实“回头看”工作，工程建设领域突出问题和“小金库”专项治理。顺利完成了龙山、椒园、马啼等 14 个乡镇的接收工作，实现了电业局下达的体改工作目标。及时组建成立了供电所及运维服务机构，稳步推行“村电共建”模式，确保了新接收供区营销管理和供电服务工作的顺利跟进。大力开展迎峰度夏、度冬、防洪防汛、交通、消防大演练，成功应对和处置“7.22”特大洪灾考验，圆满完成、“十八大”、高（中）考等 27 项重大保电任务。营销 SG186 在各供电所全面上线，依托 SG186 系统，全面整改差错数据 3400 余条，完善各类基础档案 6 万余条次。顺利完成了智能电表试点推广任务。开展主动上门服务和“存电费，送礼品”、“你用电，我用心”等营销服务主题活动。定期召开客户座谈会和行风建设及优质服务工作会议，定期与不定期开展大客户走访。实行业扩报装“一站式”服务，不断优化业扩报装流程。加强电网调度和优化运行方式，高效完成“十八大”等重要保电任务，成功应对“7.22”特大洪灾，全面夺取了抗洪抢险保供电工作的胜利。公司领导班子认真领会党的十八大精神，深入贯彻落实科学发展观，深入开展创先争优活动。持续保持了市级最佳文明单位、市级卫生单位称号。存在的问题：一是古蔺县正处在工业化、城镇化加速发展的关键时期，用电需求高涨，而古蔺电网结构薄弱；二是农电体改工作面临接收的非直供区电力设施设备安全风险大、线损较高、优质服务信访投诉风险高等问题。

【叙永供电公司】叙永供电公司于 2005 年 12 月 14 日正式挂牌成立，是由四川省电力公司、叙永县国有资产经营有限公司共同出资组建的县级供电企业，其中省电力公司占注册资本的 64.8%，叙永国有资产经营有限公司占注册资本的 35.2%。叙永供电公司承担着叙永县 25 个乡镇中 13 个乡镇的供电任务。供电面积约 1257 平方公里，供电人口 30 万，用电客户 7.8 万户。叙永供电公司全民身份员工为 580 人，离退休职工 141 人，劳务人员 180 人。其中：大学本科以上学历 24 人，大专学历 172 人，中专 156 人，高中及以下 236 人。中级职称 9 人，初级职称 89 人，技师 24 人，高级工 87 人，中级工 156 人，初级工 64 人。设办公室、生技科等机关科室 10 个，下设 7 个供电所，13 个变电站、修试所、线路所、电费中心、客户中心、计量中心和汽车队等 6 个专业车间以及集体企业泸州北辰叙永分公司和委托代管的泸州叙永北辰发电公司共 27 个基层单位。拥有 35 千伏及以上变电站 13 座，主变 22 台，总容量 61.845 万千伏安。其中 220 千伏变电站 1 座，110 千伏变电站 4 座，35 千伏变电站 8 座。35 千伏及以上线路 25 条，其中：220 千伏线路 4 条，110 千伏线路 9 条，35 千伏线路 12 条，10 千伏线路 31 条。2012 年，该公司完成销售电量 3.2353 亿千瓦时，同比下滑 12.75%，购电量 3.6945 亿千瓦时，其中购大网电量 2.602 亿千瓦时，购小水电电量 1.0925 亿千瓦时。在工业用电下降，专线无损用户销售电量减少的情况下，综合线损率为 12.43%，同比下降了 0.54%。成立分片包干电费回收领导小组，落实电费客户经理责任制，确保了电费“双结零”。该公司结合国家乌蒙山片区区域发展和扶贫攻坚规划，修编了 2011—2020 年叙永县电网重点建设基础项目，完成了叙永县 2012、2013 年县城配网改造项目的可研编写与初设，配合泸州电业局完成 220 千伏震东站二期扩建工程和 110 千伏后山输变电工程建设，震东变电站增加一台 15 万千伏安主变，后山变电站预计 2013 年即可投入运行。110 千伏新区变电站有序推进，35 千伏普占变电站开工建设，110 千伏江门变电站和 35 千伏白腊变电站进入前期工作筹备阶段。严肃查处和整治管理性违章，行为性违章，装置性违章，共排查重大隐患 2 项，整改率 100%。截至 2012 年 12 月 31 日，叙永电网安全稳定运行 2574 天，安全生产持续保持稳定局面。叙永供电公司认真贯彻落实国家电网公司“十项承诺”、“三个十条”，积极争创“百佳客户满意窗口”和“百佳客户满意服务标兵”，组建“集成”服务队，主动上门对大客户、重要客户、重点工程项目和弱势群体现场办理各类用电业务。开通绿色通道，实现审理快、审查快、验收快、送电快的“五快”目标。220 千伏震东变电站成功创建为省电力公司五星级班组，1 人荣获省电力公司创先争优优秀共产党员，2 人荣获优秀共产党员，1 人荣获电业局“十佳员工”，1 人荣获电业局先进个人，2012 年公司通过了市级最佳文明单位检查验收，荣获了“四川省厂务公开民主管理先进单位”、“泸州市总工会创建劳动关系和谐企业”、“叙永县‘五五’普法先进集体”等称号。（冯玉立）

南充电业局

【企业概况】南充电业局成立于 1979 年 7 月 1 日，最初承担着南充及广安、巴中地区供电任务，经 1996 年南充—巴中、1998 年南充—广安两次分家后，现承担南充整个行政区域的供电任务，是四川省电力公司的特二型供电企业。

南充电网已形成以 500 千伏南充站为支撑的 220 千伏南部双环网，全网有 35 千伏及以上变电站 112 座，总容量 411.56 万千伏安。35 千伏及以上输电线路 191 条，总长度 2669.58 公里，固定资产原值 34 亿元。

2012 年，南充电业局在省电力公司的领导下，深入贯彻落实科学发展观，迎难而上抢抓机遇，坚定不移加快发展，各项工作不断进步。完成并表口径售电量 39.07 亿千瓦时，同比增 7.52%；电费回收与解交率实现 100%；日最大负荷 100.4 万千瓦，同比增长 18.82%；日最大电量 1867 万千瓦时，同比增长 10.47%。该局保持了“全国文明单位”荣誉，获得了国家电网公司“实现安全生产目标先进单位”、四川省“安全文化示范企业”、“安康杯示范单位”等荣誉称号，被省电力公司评为“安全生产先进单位”、“敬老模范单位”，被南充市评为“平安建设先进单位”。

【人力资源】南充电业局设有办公室、发展策划部、财务资产部、运维检修部、安全监察质量部、营销部（农电工作部）、基建部（项目管理中心）、电力调度控制中心、监察审计部（纪委办公室）、人力资源部、党群工作部（工会办公室）11 个职能部室；拥有检修公司、客户服务中心、信息通信公司、物资供应公司、电力经济技术研究所 5 个直属机构和仪陇、西充、高坪、龙蟠、南部、营山、蓬安、阆中 8 个县级供电公司拥有各类员工总数 6708 人（含县级供电公司），其中直属单位全民员工 634 人、集体所有制企业员工 172 人、农电员工 570 人、劳务人员 367 人，县级供电公司共 4965 人。

【“三集五大”体系建设】按照省电力公司“三集五大”体系建设的相关要求，充分结合自身实际，编制完成了“三集五大”体系建设机构设置和人员配置方案，组织完成了“五大”体系各专业建设实施方案和操作方案编制工作，高度重视企业改革过渡期间的稳定方案及风险管控，稳妥高效完成了机构设置、资产划转、业务移交等各阶段工作，建立起了核心业务新型组织架构，组建了检修公司、客户服务中

2012 年 9 月 12 日，南充电业局电力职工在南部县伏虎 35 千伏变电站，对 35 千伏母线构架作除锈处理

（南充电业局　提供）

心等 5 个业务支撑和实施机构，完成新旧管理模式的平稳过渡和安全转换，顺利通过省电力公司综合验收。“三集五大”体系建成后，精简机构 12 个，精简班组 39 个，精简率分别达 42.86%、55.7%，用工效率提升 27.5%。

【电网建设与发展】该局精心谋划南充电网发展远景，完成了“十二五”电网发展规划修编，在原有“十二五”规划目标基础上，新增 110 千伏及以上输变电工程项目 13 个。全面强化工程安全和质量管控，保证工程建设的安全和质量，110 千伏河舒输变电工程夺得省电力公司工程管理安全流动红旗。全力加快推进重点电网工程项目建设，开工建设了 220 千伏蓬安及其 110 千伏配套送出工程、220 千伏化工园、110 千伏大庙等输变电工程，建成投运了 110 千伏南门坝、火花、潆溪等输变电工程，全面完成了年度电网建设里程碑计划。加快实施农村地区电网建设，全力推动农网升级改造、加固提高项目实施，完成 13 个电气化乡镇、187 个电气化村的建设任务。

2012 年 9 月 20 日，南充电业局蓬安供电有限公司不断提高优质服务水平，图为客服中心工作人员正在为前来咨询业扩办理程序的大客户讲解供电报装流程以及办理程序　　（杨珊珊　摄）

【经营管理】南充电业局持续深化“每千瓦工程”，大力开展“百日攻坚”活动，售电量增速位居省电力公司前列。规范财务管理，构建并推行了“1+2+3”财务集约化管控机制，强化了财务管控向县级供电企业的延伸力度。加强物资及招投标管理，组建了设计院咨询服务中心，规范了招投标管理业务流程。充分发挥审计监督作用，全年完成审计项目 23 个，提出审计建议 62 条。大力开展效能监察工作，全年排查梳理问题共计 35 个，整改率达 100%。持续开展管理探索创新工作，《大运行体系下加强二次专业管理研究》荣获省电力公司 2012 年度优秀课题研究成果一等奖，财务信息化应用“六个一”工作法入选省电力公司同业对标典型经验库。

【安全生产】南充电业局深入开展了电网安全性评价等专项安全活动，持续加强隐患排查治理，大力开展输变电设备升级与改造，安全生产基础管理不断夯实。着力培育浓厚的安全文化，建成了安全警示教育基地，全员安全素质在文化熏陶中持续提升。该局狠抓反违章管理，强化安全巡查和通报力度，在局域网开辟了“反违章”曝光台，有力强化了现场作业安全管控。编制完成了 32 个专项应急预案，建成了电业局应急指挥分中心，加快了县级应急指挥中心建设，应急管理体系日趋完善。严格落实保供电工作要求，配合完成了备调中心“5·12”应急演练，圆满完成了重要节日和重大活动的保供电任务。

【科技与信息化工作】该局加强科技创新引导和管理，强化科技队伍建设，依托检修试验专业化队伍组建科技攻关团队，引导一线员工投身科技创新，针对生产中发现的实际问题，制定新工法、优化工作流程、改进生产设备，解决工器具处置困难的长期遗留缺陷、疑难故障分析等各类问题 16 项。突出科技项目抓手作用，深入开展高压开关柜智能视频分析技术研究项目，采用视频动态监测，实现状态过程记录、报警和辅助分析功能，切实提升科技向生产力的转化率。深入开展信息通信安全专项检查工作，圆满完成了信息通信应急演练，高效完成了“三集五大”信息系统自适应调整。

【优质服务】该局认真贯彻国家电网公司新“三个十条”，扎实开展居民用电服务质量监管专项行动，大力实施 95598 光明服务工程，客户满意度不断提升。推进智能电表及其配套设施推广应用，累计安装智能电表超过 46 万只，采集器 1.06 万台。积极拓展电费缴纳渠道，新增邮政报刊亭、ATM 自助终端、移动 POSS 代收等缴费方式，市区各类缴费网点增至 271 个，城区“十分钟缴费圈”基本形成。大力开展输变电设备状态评价工作，实现状态检修设备覆盖率 100%，全年完成带电作业 595 次，进一步降低了对外停电时间和次数。不断加强优质服务明查暗访工作力度，成立了营销稽查信息室，对营销核心业务实施在线监控，全年未发生影响和损害企业形象的重大服务事件，供电服务实现“零事故”目标。

【党的建设和精神文明建设】该局党委认真学习贯彻党的“十八大”精神，持续深化创先争优活动。一是开展创先争优目标承诺，选树了一批有一定影响力的先进典型。二是加强共产党员服务队建设，在阆中电力总公司建成南充局第二支共产党员服务队，南充电业局共产党员服务队获得省电力公司“五星级”班组及“工人先锋号”荣誉，南充电业局共产党员服务队队长荣获省电力公司“为民服务明星队员”和“优秀共产党员” 称号。三是积极开展志愿服务行动，深化“传递真情，电亮文明”、“组织帮村、党员帮户”等扶贫帮困志愿服务活动，对金鱼岭社区等地的帮扶工作取得新成效。四是深入开展企业文明创建活动，顺利通过“全国文明单位”复查验收。五是围绕企业“十二五”发展，不断拓宽形势任务教育的方式和内容，深入开展“讲文明树新风”活动，不断提升员工文明素质。

【存在的主要问题】一是各级电网基础薄弱，安全稳定运行压力较大。近年来虽然电网建设与投入力度不断加大，但局部电网依然薄弱，存在较大风险。220 千伏主网网架薄弱，北部 220 千伏骨干电网仍然为单环网运行；西充、南部、营山局部区域 110 千伏变电站布点不合理，仍然以 35 千伏单线单变的形式串接供电；10 千伏城市配网特别是各县城电网网络状况差，线径小，供电半径长，电能质量和供电可靠性不高；农村电网改造升级欠账较多，部分老旧输电线路和设备更新换代不及时，设备健康水平有待进一步提高。二是电力市场拓展形势严峻。从用电市场来看，由于国家继续严控“两高”和产能过剩行业发展，南充房地产业、高耗能行业发展受限，将制约工业与非普用电市场的发展势头；从 2012 年业扩报装情况来看，对电量增长贡献较大的大工业新增容量同比减少 1.66 万千伏安，晟达化工、都京纺织园等重点建设项目进展较慢，给 2013 年电力市场发展带来不利因素。三是服务压力巨大。在监管方面，政府、社会监督日趋严格，供电服务检查及各类专项检查趋于常态化，确保居民生活用电已上升到维护稳定、服务民生的高度。在政策方面，新的《四川省物业管理条例》出台，在居民供电设施的建设、产权移交和维护管理等环节给供电企业提出了新的要求。在需求方面，客户需求的不断升级，呈现多样化和个性化特征，同时客户维权意识日益提高，供电服务面临的投诉风险进一步增加。

【四川仪陇供电有限责任公司】四川仪陇供电有限责任公司是省电力公司全面控股的县级供电企业，供电区域包括仪陇及邻近的巴中、南部、阆中部分乡镇，共计 58 个乡镇，915 个行政村，供电面积达 1830 平方公里，用电人口约 113 万人，用电客户 30.9 万户。公司设有 8 部室 1 中心，下辖 16 个供电所。资产总额 8845 万元；拥有 10 座 35 千伏变电站，总容量 9.49 万千伏安，35 千伏线路 177.57 公里，10 千伏线路 3816 公里。

2012 年，该公司以科学发展观为指导，转变观念、强化执行、开拓创新，各项工作任务取得了较好成绩。全年完成供电量 3.65 亿千瓦时，同比增长 11.62%。完成售电量 3.31 亿千瓦时，同比增长 13.02%。综合线损率 9.26%，同比下降 1.2 个百分点。电费回收率 100%。截至 2012 年 12 月 31 日，实现连续安全生产 3653 天。在党风廉政建设、供电服务、信访稳定方面，没有发生影响和损害企业形象的重大事件，全面完成了南充电业局下达的各项考核指标。

【四川西充供电有限责任公司】四川西充供电有限责任公司始建于 1958 年，2005 年 3 月，西充县人民政府与四川省电力公司协商，签订了西充县电业总公司重组改制协议，同年 6 月正式注册成立了四川西充供电有限责任公司。公司固定资产 6481 万元，拥有 35 千伏变电站 8 座，容量 10.53 万千伏安，35 千伏线路 94.65 公里，10 千伏线路 1875.35 公里。供区面积 1108 平方公里，辖 44 个乡镇。用电客户 19 万余户，其中居民用户 16 万余户。公司下设 9 个科室、28 个班组。

2012 年，该公司围绕南充电业局年度工作目标，潜心谋划，真抓实干，较好地完成了全年目标任务。全年完成购电量 2.1316 亿千瓦时，同比增长 15.32%。销售电量 1.8843 亿千瓦时，同比增长 15.55%。综合线损 11.6%，比 2011 年同期下降 0.18 个百分点。日最大负荷 6 万千瓦，日最大电量 100 万千瓦时。电费回收率与解交率 100%。安全生产事故、党风廉政建设实现“0”目标，未发生有责任的投诉和媒体曝光事件。

【四川高坪供电有限责任公司】四川高坪供电有限责任公司是一家集发电、变电、供电和电力多种经营为一体的国有控股公司。公司前身为南充县电厂，属地方国有企业，于 1987 年 5 月成立。1999 年 5 月交由南充电业局代管，更名为南充电业局高坪供电局（公司）；2008 年 3 月，公司重组改制为四川高坪供电有限责任公司。担负着高坪、嘉陵、顺庆三区 40 个乡镇，488 个村，14 万多用户的供电任务，供区幅员面积 1093 平方公里。公司设 8 个职能科室，下辖 9 个供电所、8 个变电站和 1 个发电站。

拥有 8 座 35 千伏变电站，容量 7.315 万千伏安，35 千伏线路 114.36 公里，10 千伏线路 1424.65 公里；代维 110 千伏线路 76.44 公里，代维 35 千伏线路 55.14 公里。

2012 年，完成售电量 1.7203 亿千瓦时，同比增长 17.14%。完成线损率 13.6%，同比下降 2.2 个百分点。全年没有发生重特大电网、设备、火灾事故、负同等责任及以上的重特大交通事故，杜绝了人员责任的一般及以上设备、电网事故，所辖线路与设备运行稳定，继续保持了安全生产的平稳态势。在党风廉政建设、供电服务、企业稳定方面，没有发生影响和损害企业形象的重大事件，实现 0 目标。

【四川龙蟠供电有限责任公司】四川龙蟠供电有限责任公司是由原“南充县西阳寺水力发电站”发展起来的一个小型地方电力企业。1995 年经嘉陵区人民政府批准成立“南充市嘉陵区电力公司”，1996 年 11 月由南充电业局代管，成立南充电业局龙蟠供电公司。2008 年 9 月，公司重组改制为四川龙蟠供电有限责任公司。担负嘉陵区 13 个乡（镇），133 个行政村，3.4 万余户用电户，13 万居民的供电任务，供区幅员面积 212 平方公里。公司设有 6 个科室，8 个班组。

该公司资产总额 1125 万元，有水力发电站一座，总装机容量 500 千瓦，35 千伏变电站 2 座，总容量为 1.63 万千伏安, 35 千伏线路 45.1 公里，10 千伏线路 286.54 公里。

2012 年，完成售电量 0.19 亿千瓦时，同比增长 6.31%。全年没有发生重特大电网、设备、火灾事故、负同等责任及以上的重特大交通事故，杜绝了人员责任的一般及以上设备、电网事故。在党风廉政建设、供电服务、企业稳定方面，没有发生影响和损害企业形象的重大事件，实现了 0 目标。

【南部县盘龙电力有限责任公司】南部县盘龙电力有限责任公司前身是四川盘龙电力股份有限公司，始建于 1947 年，1996 年经四川省体改委批准，改制成立四川盘龙电力股份有限公司，2008 年 12 月正式由四川省电力公司代管，2012 年经国资委批复同意无偿划给四川省电力公司。有 35 千伏变电站 16 座，35 千伏线路 272.91 公里，10 千伏线路 3427 公里。供区面积 2229 平方公里，辖 71 个乡镇，1053 个行政村，用电客户 36.53 万户。公司设有 9 科室 3 中心。

2012 年，全年完成发购电量 5.75 亿千瓦时，销售电量 5.11 亿千瓦时。综合线损率 11.17%。在安全生产、党风廉政建设、供电服务、信访稳定方面，没有发生影响和损害企业形象的重大事件，实现了 0 目标。2012 年，荣获南充电业局交通先进单位、南充电业局消防先进单位、市级最佳文明单位等荣誉称号。

【营山县电力公司】营山县电力公司公司原系一家发供一体电力企业，其前身为营山县电厂，成立于 1952 年 10 月，1985 年 2 月改组为营山县电力公司。2008 年 11 月、2010 年 1 月，四川省电力公司与营山县人民政府分别签订了《代管协议》和《代管补充协议》， 2012 年经国资委批复同意无偿划给四川省电力公司。公司设有 19 个科室， 15 个供电所。固定资产原值 1.43 亿元，拥有 6 座发电站，装机容量 8220 千瓦；35 千伏变电站 15 座，容量 9.84 万千伏安；35 千伏线路 210 公里，10 千伏线路 1763.2 公里。

2012 年，该公司以“管理创新年”为主题，围绕“保持稳定、提升素质、创新管理”的工作思路，较好地完成了全年各项工作。全年完成发电量 0.28 亿千瓦时，供电量 2.39 亿千瓦时。综合线损率为 9.15%。全年没有发生重特大电网、设备、火灾事故、负同等责任及以上的重特大交通事故，实现了人身事故和恶性误操作事故 0 目标，杜绝了人员责任的一般及以上设备、电网事故。在党风廉政建设、供电服务、企业稳定方面，没有发生影响和损害企业形象的重大事件，实现了 0 目标。

【蓬安马电供电有限责任公司】蓬安马电供电有限责任公司成立于 2004 年，系四川马回电力股份有限公司和南充恒通电力有限责任公司共同投资组建的有限责任公司。2008 年 12 月，由蓬安县人民政府委托四川省电力公司代管，2012 年经国资委批复同意无偿划给四川省电力公司。

现有 110 千伏变电站 2 座，主变容量为 11 万千伏安，35 千伏变电站 5 座，主变容量为 4.95 万千伏安，110 千伏线路 39.15 公里，35 千伏线路 90.92 公里，10 千伏线路 1445.2 公里。供区涵盖蓬安县境内及顺庆区渔溪乡全部用户，供区人口约 73 万，供电客户 18.88 万户。公司设有 9 个职能部室，9 个供电所、8 个变电站、4 个专业所共 21 个生产单位。

2012 年，完成售电量 2.8 亿千瓦时。电费回收率 100%；综合线损率 9.86%。全年设备利用率和完好率达 98%以上。未发生重大电力生产事故及公司负有责任的农村触电伤亡事故。未发生影响公司形象和稳定的重大事件，截止到 12 月 31 日，连续实现安全生产 1845 天，实现了 18 个无考核事故安全周期。全面完成了党建工作和上级部门下达的精神文明及综合治理工作目标。

【阆中市电力总公司】阆中市电力总公司由原南充

三和热电有限公司和原阆中市电力公司合并而成，为中二型国有电力企业，2008年被四川省电力公司代管。2012年，经国资委批复同意无偿划给四川省电力公司。

该公司总资产1.83亿元，拥有6座小水电站，装机容量为7560千瓦；35千伏变电站12座，容量为15.07万千伏安；35千伏线路169公里，10千伏线路1954公里。供区面积1878平方公里，辖47个乡镇、3个街道办事处，用电户数26万。公司设9个职能部室，9个实施机构，13个供电所。

2012年，完成供电量4.09亿千瓦时。电费回收率100%。综合线损率7.16%。全年未发生重大电力生产事故及公司负有责任的农村触电伤亡事故，未发生影响公司形象和稳定的重大事件。公司先后获得国家电网公司先进集体；四川省国资委系统创先争优先进基层党组织；四川省电力公司电网先锋党支部、农网管理工程先进集体；南充电业局安全生产先进集体、班组建设先进单位；阆中市纳税先进企业、重点项目建设工作先进单位。（王　金）

四川省电力公司资阳公司

【企业概况】国家电网四川省电力公司资阳公司成立于2001年12月26日，是四川省电力公司下属大一型供电企业，以建设和运营资阳电网、保障全市电力安全和可靠供应为核心业务。供电面积7962平方公里，供电人口近500万。本部现设11个职能部门、6个业务支撑和实施机构，下辖1个直供直管供电局，并受省电力公司委托，管理4个控股公司。截至2012年底，用工总量3513人，其中直属大网用工748人，控股公司用工2765人。其中：具有研究生学历员工51人，具有本科学历员工724人，具有大专学历员工1125人。现有省电力公司优秀管理人才4名，优秀技术人才5名，优秀技能人才31人。资阳电网拥有500千伏变电站1座，变电容量150万千伏安；220千伏变电站6座，变电容量138万千伏安；110千伏变电站21座，变电容量119.2万千伏安；35千伏变电站37座，变电容量38.82万千伏安。有35千伏及以上输电线路111条，其中：220千伏线路14条，110千伏线路39条，35千伏线路58条，总长度1653.43公里。有10千伏城网配电线路118条，总长度591.96公里。

2012年4月10日，四川省电力公司大力支持资阳经济社会发展。图为资阳市市委书记李佳（前排左一）和公司总经理王抒祥（前排左二）研究资阳电力建设　　（曾德宏　摄）

2012年，资阳公司完成各类固定资产投资4.05亿元；完成并表口径售电量25.48亿千瓦时，同比增长0.37%；完成并表口径线损率8.0%，同比下降0.59个百分点；城市综合电压合格率99.82%，同比上升0.192个百分点；农村综合电压合格率99.89%，同比上升0.23个百分点；供电可靠率99.98%，同比上升0.19个百分点。电费回收与解交率均实现100%；截至2012年12月31日实现安全生产2864天。荣获省电流公司“安全生产先进单位”称号，“2012年度企业管理创新工作先进单位”称号，“四川省优秀志愿服务站”称号和“2012年资阳市内部审计先进集体”、“审计学会工作先进集体”、“2012年资阳市诚信计量示范单位”称号。

【人力资源】资阳公司修订并印发了《四川省电力公司资阳公司中层领导干部管理办法》。完成了9名试用期到期干部的试用期考核。开展干部交流任免57人次，其中，提拔任职10人（1人为副职提正职，9人为新提拔）。对公司本部（中心、集体企业）及所属各单位现任89名中层领导干部（不含6名协理员）进行了民主测评。配合省电力公司人董部完成了对1名处级后备干部的考察。推荐1名干部参加了省电力公司中青班学习。在公司本部（中心）和6个基层单位开展了中层后备干部推荐工作。组织推荐5人参加省电力公司优秀人才选拔，其中优秀经营者1人，优秀管理人才1人，优秀技术人才3人。继续开展干部专项培训，组织处级干部履职能力培训3人，组织中层领导干部履职能力培训26人。

制定印发《资阳公司劳动合同管理办法》。完成劳动合同到期的70名员工续订劳动合同及新参加工作员工劳动合同签订。编制2013年新进学生招聘计划，组织开展2013年大学生招聘工作。开展技能调考126人次，调考合格率97.62%。组织“三集五大”员工岗位适应性培训44期，培训总人次达到1012人次，培训考试达442人次，培训考试率达到100%。加大职业技能鉴定培训考核力度，2012年共有185人鉴定，其中高级工80人，技师95人，高级技师10人。开展公司两级优秀人才选拔活动，14人获得省电力公司优秀技能人才称号。开展了三次专业技术资格申报工作，共有114人申报了不同等级的技术资格，其中：50人申报认定（确认）初级专业技术资格，22人申报认定（确认）中级专业技术资格和执业资格；42人申报评定中高级专业技术资格。

2012年6月18日，资阳公司加强带电作业安全管理，有效提高供电可靠率。图为公司员工在城网带电作业现场（曾德宏　摄）

【“三集五大”体系建设】编制《资阳公司“三集五大”体系建设机构岗位设置及人员配置实施方案》，完成了“三集五大”体系组织机构调整工作。本部设立办公室等11个职能部门，地市公司设立电力经济技术研究所等6个业务支撑和实施机构。简阳供电局设立了办公室等4个职能部门，客户服务中心等2个业务实施机构。撤销资阳市区供电局，相关职能分别移交电力调度控制中心、检修公司、客户服务中心等。实施“三集五大”体系建设，组织机构精简率达31%。做好员工组聘上岗工作，配置率达86%，不存在超编配置人员、超编配备管理人员、超职数配备领导职数等情况，员工队伍稳定。基本形成预算集约调控，资金集中管理，风险在线监控的财务集约化管理体系。初步建立了“集中、统一、精益、高效”的物资供应和配送体系。实现了“规划一个本、计划一条线、管理一个口、信息一平台”的“大规划”体系。实现了建设管理“三化”、管理流程、技术规范、建设标准“三统一”的“大建设”体系。建成了一县一调，涵盖市、县两级调度、监控业务的“大运行”体系。初步实现输变电设备检修专业化和运维一体化的“大检修”体系生产业务管理模式。“大营销”体系专业模拟运行方案作为省电力公司试点，获得好评。

【电网建设与发展】该公司大力开展属地化协调，协助超高压建设管理公司按期完成资阳220千伏双环网重点工程建设。按期完成了220千伏普安、文峰站，220千伏天星－文峰、文峰—普安双回线路的投运工作。全年完成电网建设投资4.02亿元，新开工建设110千伏输变电工程2个，投运110千伏及以上变电站4座，新增容量40万千伏安；投运110千伏及以上线路8条，新增线路200公里。以500千伏资阳站为中心的220千伏双环网全面建成，资阳主网供电能力和供电可靠性大幅度提高。皂角（城北）110千伏变电站工程荣获国家电网输变电优质工程。加大农网建设投入，进行低电压台区、高低压线路等农网升级改造。全年共整治各类低电压台区1526个，解决低电压用户8.55万余户，完成了5.7万基小方杆的整治工作。

大胆尝试一体化协作工作模式，推进公司基建工作的有序开展。线路施工作业中，采用新技术一限力式智能机动搅磨，防治受力过大拉到杆塔，有效保障了安全生产。采取灌注桩方式进行线路基础施工，即保障了安全，又提高了效率，取得较好效果。强化基建安全管理，全年基建安全措施到位、管控到位，成效显著。安全质量培训工作常态化，全年举办安全质量培训班两期，参培150余人次，提高各级管理人员的安全质量水平。建成运行施工现场视频监控系统。及时发现和制止现场的不安全行为和不安全因素，切实提高了现场的安全管控水平。

【经营管理】资阳公司全面开展营销基础数据核查工作，保证了基础数据“三统一”。开展“百日攻坚”市场开拓专项活动，全力增供促销。扎实开展同网同价工作，在安岳实现城乡居民同网同价基础上，2012年9月实现了简阳城乡居民同网同价，全年累计减轻城乡居民电费负担4118万元。李家供电所顺利移交，各项工作平稳过渡、有序开展。简阳供电局成功创建为省一流县供电企业，实现了资阳公司“0”的突破。控股公司经营质效提升，连续实现盈利。财务管理专业获省电力公司同业对标标杆。《应急对讲系统》、《电力营销管理全面审计》管理创新项目分获省电力公司一等奖、四等奖。与省电力公司监察部、成都电业局合作研究的《市（县）供电企业“三重一大”决策及监督体系构建研究》获省电力公司课题研究一等奖。公司荣获“2012年度企业管理创新工作先进单位”称号。扎实开展依法从严规范治企，全面推进协同监督机制，切实开展效能监察，审计覆盖面达100%。公司被评为“2012年资阳市内部审计先进集体”和“审计学会工作先进集体”。统一农村配网建设标准，农网建设管理水平和工作效率不断提高。缩短倒闸操作时间课题进一步提炼和升华，得到了省电力公司的肯定。

【安全生产】2012年，资阳公司坚持“安全生产可控、能控，关键在于预控”的工作思路，以“巩固安全基础、强化过程管控、提升安全执行力”为核心，以防止人身伤害事故为重点，全面开展“安全年”活动。开展安全月、安全日、电网安全年、安全讲评、“两票”专项监督、安全工器具专项监督、安全规程制度调考等各类专项检查活动。电网安全风险防控机制初步建立，现场关键人员作业管控能力有了较大提高，现场安全技术措施、组织措施得到有效落实，全员遵章守纪意识进一步提升。建立了适应“五大”体系的安全监督体系，完善了应急管理体系，综合应急保障能力得到进一步提升。大力推进新型带电显示装置、在线监测技术等新科技应用，安全风险防控能力进一步增强。圆满完成“十八大”保电任务。开展带电作业1175次,其中配网917次，输电258次，完成省电力公司下达500次年度指标的235%。全年公司系统未发生七级及以上人身事件，未发生六级及以上电网、设备事件，获省电力公司“安全生产先进单位”称号。

【科技与信息化工作】该公司完成2012年科技项目实施、验收、结算管理工作及2013年科技储备项目的推荐评审工作。清理2008～2011年所有信息项目，规范完善补充项目立项、可研、招标、合同、技术文件、实施方案、验收材料、结算等资料并上报省电力公司。

应用高科技，提高设备监测手段，变电站双视系统在220千伏天星站投入试运行，并完成其他33个变电站视频监控系统接入。完成办公楼及变电站环境监控系统的维修，高清会议系统工程建设工作及软交换工程实施。

完成了《资阳公司2012年度网络与信息系统运行方式》、《网络信息系统突发事件处理应急预案》的编制。国家电网首台ASVG智能无功装置在110千伏鸡石湾站验收投运一年后通过四川电科院运行指标及性能参数鉴定。召开科技信息标准化工作综合会议，安排部署全年科技、信息、标准化工作。举办信息安全相关知识培训，增强全员信息安全意识，严禁发生违规外联、保密数据泄漏、重要数据丢失等情况。2012年获得软件著作权2个、形成论著2册、发表核心期刊论文6篇、受理发明和实用新型专利申请71项。

【市场服务】资阳公司创新服务方式，拓展电费缴费渠道，全力构建“10分钟缴费圈”，大力推进农村电费“取消走收”工作。全年电费回收实现“双结零”。李家供电所顺利移交，各项工作平稳过渡、有序开展。深入实施“95598光明服务工程”，客户满意度进一步提升，在资阳市“万人评风”活动中名列第一，在资阳市第二届公共服务业满意度测评活动中，再次获得全市第一。荣获“2012年资阳市诚信计量示范单位”称号。该公司两个营业窗口被评为“国家电网公司城乡供电营业规范化服务示范窗口”。客户服务中心获得“中央企业青年文明号”称号，行风建设经验被省纠风办作为典型经验在全省推广。

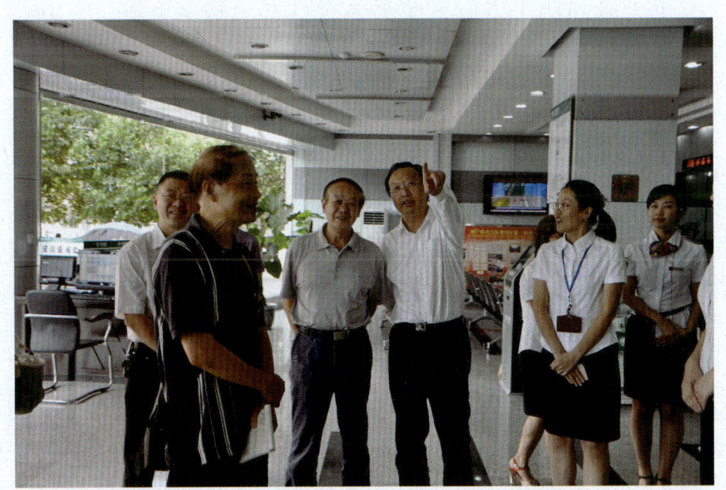

2012年8月21日，四川省电力公司聘请的行风监督员在资阳公司客户中心营业厅检查工作　（曾德宏　摄）

【党的建设和精神文明建设】资阳公司围绕企业中心工作，全面深化创先争优活动，科学提升党组织标准化建设。积极开展员工思想引导，促进了企业稳定发展。创新选人用人机制，实行后备干部民主推选。开展强化执行、提高效能，建设高效机关作风建设活动，塑造良好机关形象。扎实推进“五统一”企业文化建设，顺利通过省级文明单位复查验收。开展典型选树宣传，发挥示范引领作用，该公司员工陈再涛勇斗盗贼荣选为“拥警模范市民”，入选“感动资阳”人物。资阳公司纪委开设廉政账户，形成了“横向到边、纵向到底”的党风廉政建设责任体系，党风廉政建设连续十年保持“好”的格次。成功举办2012年职工运动会。班组创建工作取得实效，2012年新创建五星级班组12个，省电力公司“十佳班组”1个。深化“国家电网川电留守学生之家”品牌活动，引导广大青工努力践行国网公司核心价值观，获得“四川省优秀志愿服务站”称号。

该公司在三星级及以上班组(供电所)统一设置“图书柜”74个；简阳供电局及简阳公司图书室成功创建为省电力公司“职工书屋”。开展了“面对面、心贴心、实打实”服务职工在基层主题活动。开展职工书法、绘画、摄影、手工制作展示活动，参加了省电力公司职工书画大赛，公司选送的《雨后霁色》获省电力公司职工书画大赛美术类作品一等奖。在节假日组织职工开展了“全民健身”、篮球、钓鱼、爬山、长跑、拔河等喜闻乐见的文体活动，营造了健康向上、和谐稳定的企业氛围。

【存在的主要问题】资阳公司所属控股公司供区面积达到93.8%，供电人口456.59万，占资阳公司总供电人口90.58%。但控股公司电网基础薄弱，员工整体素质偏低，安全、稳定及优质服务管控风险较大。

一是控股公司电网基础薄弱。控股公司供区仍存在局部区域“卡脖子”的问题。如雁江凤岭片区房地产开发近两年竣工面积达200万平方米，2015年预测负荷达37MW，但该区域现无110千伏站；简阳石桥35千伏站负荷已达20MW，靠增容已无法解决。控股公司农村电网经多批项目建设后，电网结构有一定提升，但截至2012年底，其改造面还较低，现仅为60%左右，同时农村场镇改造率低。当前10千伏线路还存有大量三类线路和S7及以下高耗能配变和非标准化台区。

二是县城电网改造量大，资金缺口大。控股公司县城供区面积46平方公里，工业园区面积22.5平方公里。城网现有10千伏线路56条243公里，配变573台容量18.97万千伏安。线路绝缘化率仅37.72%；单辐射线路12条，占比21.4%，实现“手拉手”供电的线路44条，联络率仅78.5%，已联络线路负载率高，负荷转移能力低，存在假联络现象；S7及以下高能耗变压器46台，城网主干线大于5km的线路还有7条，线路负载率大于80%的线路15条；城市新区、工业园区在“十二五”末需新增10千伏线路180公里。

三是控股公司用工总量大，员工整体素质偏低。控股公司人员数量多，但整体素质偏低，存在结构性缺员，人力资源“又多又少”的问题。各类优秀人才匮乏，拥有省电力公司级优秀技术人才仅有2人，优秀技能人才11人，资阳公司级优秀技能人才10人。近年招聘大学生数量少，5年内4家控股公司平均每家单位招聘2.6人/年，既懂技术又懂管理的复合型人才缺乏，调度、带电作业、继电保护等专业岗位还有大量劳务人员。

【简阳供电局】简阳供电局成立于1973年，是直属国家电网四川省电力公司资阳公司管理的县级供电企业，系省级最佳文明单位；四川省电力公司县级供电企业“十佳文明单位”、省电力公司2011年度一流县级供电企业；资阳公司2012年度先进集体。该局共有员工316人，设有5个职能部门，4个生产营销一线班组，辖城郊、石盘、贾家、武庙、五指、坛罐6个供电所。供电面积2215平方公里（直供区面积459.02平方公里），变电总容量107.67万千伏安，用电客户7.96万户，历史最高负荷21.11万千瓦(其中直供区历史最高负荷8.8万千瓦)。截至2012年12月31日，已连续实现安全生产4248天。

2012年，该局售电量完成8.48亿千瓦时，直供电量完成3.91亿千瓦时；电费回收、解交率实现100%；预付电费占96.48%；35千伏专线及以下线损率2.58%，较计划降低0.72个百分点，同比降低0.24个百分点。城网综合电压合格率完成99.83%；城网供电可靠率完成99.934%，比年计划指标提高0.019个百分点。

该局“三集五大”体系建设工作顺利推进。2012年8月简阳调度中心接受简阳电网10个35千伏变电站及1个10千伏开关站的监控业务，实现了“调控合一”，完成了“大运行”体制改革。2012年9月20日，顺利完成“三集五大”体系建设竞聘上岗及职责移交。

2012年，简阳供电局农网建设投资共972万，完成农网升级改造工程，农村低电压台区得到有效整治，供电质量大大改善，得到了地方政府和客户好评。深入开展“安全年”活动，安全生产管控能力全面提升，全年未发生资阳公司考核事故，获得资阳公司农电安全生产先进单位奖，积极参与龙泉湖应急基地备用电源建设，全力配合做好了“5.12”演练。该局加强成本的控制，规范外部劳务费等费用的使用，进一步加强了资金的管理工作。积极运用审计成果整改存在的问题，建立健全内部控制与风险管理体系，有效促进和改善了企业经营管理。在核心期刊发表论文 3 篇。配网可视化管理系统及农网变压器漏电性能分析对推动工作起到了良好作用。

简阳供电局不断拓展收费方式，电超市已达 30 个，开通了农村信用社代收、POS 机收费，应用“10 分钟缴费圈”电子地图，建立空分小区电力服务站。全面推广应用智能电表，实现“四自”用户数达 1.06 万户。认真开展取消电费走收，缓解电费资金风险约 200 万元。坚持服务民生和重点工程项目，得到政府肯定，收获客户满意。健全员工培训机制，畅通人才成长渠道，获得资阳公司供电服务技能竞赛团体第一名、资阳公司农电营销技能调考第一名的好成绩。2 人被评为高级技师，20 人被评为技师，1 人被评为国家电网公司农电优秀管理人才，2 人被评为省电力公司“优秀技能人才”，2 人被评为资阳公司“优秀技能人才”。4 个供电所被评为省电力公司标准化供电所，2 个班组为省电力公司五星级班组，市场拓展及智能用电班被省电力公司授予工人先锋号称号。获资阳市 2011 年企业思想政治工作先进单位称号。

【四川雁江供电有限责任公司】四川雁江供电有限责任公司 2006 年 12 月由原地方电力改制重组成立，现有 8 个管理科室、12 个本部建制班组、15 个供电所和 2 座水力发电站。主要承担雁江区大部分城区和农村的供电任务，供区面积 1563.5 平方公里，占雁江区幅员面积的 95.8%。该公司劳动用工总量 812 人，其中正式职工 758 人，交流人员 2 人，农电工 28 人，劳务人员 24 人，平均年龄 41.2 岁；退休人员 191 人。现有高级技术人员 8 人，中级技术人员 65 人，初级技术人员 282 人；高级技师 8 人，技师 83 人,高级工 376 人,中级工及以下的 153 人；人才当量密度为 0.8604，人才密度为 0.9702，高技能人才比例为 0.8936。

该公司有 35 千伏无人值班变电站 9 座，主变总容量 9.275 万千伏安；配电台区 3376 台共 24.49 万伏安；35 千伏线路 13 条共 133 公里，10 千伏线路 72 条共 2160 公里，0.4 千伏线路 14200 公里；所属的南津驿、王二溪两座水力发电站总装机容量 2.4 万千瓦。开展了 2013 年城市配网项目、县城电网专项工程项目的规划、初设及报审工作，开展了 2013、2014 年农网改造升级工程项目规划、设计工作。修订了雁江区城市配网“十二五”规划，开展了 2013—2015 年配网项目投资计划编报。配合实施了 110 千伏侯家坪变电站新建工程，为城南工业集中发展区的发展提供了电源支撑。完成了小贤 I、II 线等城市配网项目 7 个，逐步满足城区居民的用电需求。2012 年农网改造升级工程正在有序推进，完成了 2013 年农网改造升级工程项目报批及预算编制、报审等工作。完成城东新区 10 千伏、35 千伏、110 千伏线路迁改，并及时组织实施了新区安置房加多宝四川凉茶项目、豪生国际酒店、绵阳中学资阳育才学校、区行政中心、字库山公园等项目的用电工程，确保了城东新区各重大项目的稳步推进。

全年发电量及均价、线损、利润等多项考核指标创历史最好水平。全面解除短期借款合同及所有担保责任，现金流得到充分保障。加强成本费用控制，消费性成本支出较上年同比减少 15.05%。实行物资集中统一调配，开展现场清仓利库，盘活工程积压材料 240 余万元。

开展“安全年”和“百日大战”活动，制定确保安全生产的 14 条措施，完成了包括防雷综合整治在内 71 项工作，通过“迎峰度夏”劳动竞赛，确保了安全生产平稳有序。投入农维费 986 万元，实施了小方杆、通道排障、变压器过载增容、低电压改造、漏保专项等整治工作。完成了自责“三线”隐患整改，督促推动了他责“三线”整治，整治率创历史新高。深化漏保安装运维管理，总漏保投运率超过 95%，中路漏保安装 1210 台，投运率 100%，户保安装投运率明显提高，提升了农网本质安全水平。安全优质地完成了施工作业、运维检修和应急抢险任务。截至 2012 年 12 月 31 日，连续安全生产 2079 天。

该公司积极引导各类技术性人才参与上级公司开展的科技创新研讨会，全年共完成了简易电杆运输助力车、手动绕线线架等 9 项职工科技创新项目的申报工作。

开展党员身边“三无”“亮身份、作表率、树形象”“党员奉献日”等活动和安全、降损、服务、建设、发电五个先锋流动红旗竞赛，党委满意率测评 100%。建成使用“党团之家”，在南电、王电开展“文化建设党支部”创建，有 A 级党支部 4 个（含公司党委），B 级党支部 8 个。该公司获省电力公司 2012 年度“电网先锋党支部”、“创建和谐劳动关系先进集体”等荣誉，顺利通过省级文明单位复查验收。

【四川简阳供电有限责任公司】简阳供电公司成立于 1965 年，原属地方供电企业。2006 年底重组改制为地方政府参股，省电力公司控股企业，并更名为四川简阳供电有限责任公司。现有员工427人，设置8个职能科室，16个供电所，11个生产营销班组。

该公司辖区内共有已投运35千伏变电站7座，总容量9.42万千伏安。供区覆盖45.7个乡镇，1850余平方公里，担负着简阳大部分地区的经济发展及33余万户电力客户的安全、优质供电任务。2012年完成售电量5.29亿千瓦时，同比上升8.79%；完成购电量5.82亿千瓦时，同比上升7.95%；综合线损率9.08%，同比下降0.7个百分点。简阳公司完成2010年农网升级改造、2011年灾后重建、营销户表等工程项目建设投资共1.4亿元。圆满完成了迎峰度夏、中高考、十八大、重大节假日等电力可靠保障。截至2012年12月31日，实现连续安全生产运行5323天。

【四川安岳供电有限责任公司】四川安岳供电有限责任公司前身是安岳电厂，建于1951年11月，之后更名为安岳县供电所、安岳县电力公司、内江电业局安岳供电局等。2006年12月由四川省电力公司和安岳县人民政府共同出资成立四川安岳供电有限责任公司。设六科二室一中心（行政办公室、党群办公室、财务科、安监科、生技科、营销科、农电科、后勤物资科、调度通信中心）和30个生产班组。承担全县除李家等十个乡镇外约2600平方公里，约158万人口的供电任务。截至2012年12月31日，该公司连续实现安全生产3155天。

2012年累计完成购电量5.149亿千瓦时（其中小水电98.67万千瓦时），同比增长6.90%；完成售电量4.69亿千瓦时，同比增长7.72%；综合线损率9.00%，同期比下降0.07个百分点；农村供电可靠率99.896%，与2011年同期比上升0.172个百分点；电压合格率99.72%，与2011年同期比下降0.03百分点。完成广惠变电站#2主变扩建增容工程，续建220千伏广惠变电站内的10千伏开闭所，龙台—石板110千伏线路工程，续建110千伏镇子输变新建工程，进行南山片区110千伏广阳线、广居线、广潼线、广龙线、阳安线迁改基础、组塔、架线工作。完成2011年农网改造升级工程计划总投资4650万元，共计67个项目，包括10千伏线路70公里、10千伏配变46台/3030千伏安、低压线路595公里。更换不合格电杆3374根。完成工业园区配网10千伏线路延伸2.5公里(双回)。

2012年度，该公司组织各类短期培训班10期，培训人数957人次；生产人员岗位准入培训率100%，全员培训率100%。组织进行了年度初、中级专业技术资格申报、认定（确认）工作。新增技师5名；新增高级职称1人，中级职称7人；新增本科学历5人，大专学历42人，在读本科74人，大专17人。人才当量密度提高到85.09%。安岳供电公司加强与政府、经信局、招商局、规划建设局的工作联系，及时掌握招商引资、重点项目建设的信息，提前做好跟踪与服务工作，全年共受理新装、增容客户12481户（其中10千伏用户82户、0.4千伏用户479户、0.22千伏用户11920户），报装容量10.351万千伏安。

该公司推动反腐倡廉建设融入安全稳定、优质服务和经营管理全过程。严格落实《廉政准则》和《若干规定》，深入治理党员领导干部廉洁自律方面的突出问题。认真治理平庸、懒散问题，严肃处理不作为、乱作为行为。全面推行“早发现、早提醒、早纠正”预警机制，对干部队伍存在的不良作风，做到教育提醒，及时纠正。开展了创建“四强”党组织、“四优”共产党员、党的基层组织建设年活动，建成资阳公司“电网先锋党支部”2个，获评资阳公司“四优”共产党员11名、“优秀党务工作者”1名。保持了省级最佳文明单位的光荣称号。

【四川乐至供电有限责任公司】四川乐至供电有限责任公司成立于2010年6月1日，由原乐至供电局（乐至供电公司）、乐至县星源电力有限公司改制而来。现有员工575人，设有9个职能管理部门及各乡镇供电所、输电线路班、操作班等17个基层生产班组。承担着乐至电网的规划、建设管理、运行维护和供电服务。有各类用电客户23万余户，供电人口87万人，供电营业区面积1425平方公里。辖220千伏变电站1座、110千伏变电站3座、35千伏变电站7座、10千伏开关站1座、配变2200台及各电压等级的线路3.33万公里，电网覆盖率达100%，村、社、户通电率100%。2012年，公司安全生产形势稳定，未发生人身、电网、设备事故，未发生交通、治安、火灾事故，实现安全生产3171天。

2012年，该公司牢固树立“依法治企、规范管理”的工作理念，坚持以科学发展观统领全局，大力发扬“创先争优”和“奋发有为”精神，狠抓安全生产和企业经营管理，加快电网建设，加强党风廉政及精神文明建设，努力提升优质服务水平。团结带领公司广大干部员工，开拓创新，攻坚破难，全面完成了资阳公司下达的各项安全及经济技术指标，安全形势稳定，经营成果丰硕，职工收入稳步增长，员工队伍稳定，电网建设实现新突破，未发生企业和个人违纪、违规、干部员工犯罪等事件，为乐至县的社会经济发展做出了较大贡献。

2012年，该公司完成购电量2.843亿千瓦时，同比增长6.39%。售电量2.701亿千瓦时，同比增长

9.05%；综合线损率 5.01%，同比下降 2.32 个百分点。生产设备完好率为 100%，城网供电可靠率为 99.90%，农网供电可靠率 99.73%。城网综合供电电压合格率为 99.60%，农网综合供电电压合格率为 99.32%。

全年完成各类电网投资 3.578 亿元，建成投运了 220 千伏文峰、110 千伏东山输变电工程；建成投运了 220 千伏天文Ⅰ、Ⅱ线和文安Ⅰ、Ⅱ线输电线路；完成了 10 千伏天童大道、10 千伏仙东线、10 千伏仙放线等工程；继续完成了皂西Ⅰ、Ⅱ线电网建设项目；全年累计完成 2011 年农网改造升级工程总投资 2150 万元，完成率 100%。

全年，未发生违反《党风廉政建设责任书》的责任目标考核事件和违法乱纪事件，无越级上访事件发生，职工队伍稳定。圆满完成了"春节"、"两会""国庆"等重要期间的保电任务和稳定工作；未发生影响和损害公司形象的党风廉政建设、优质服务等恶性事件，先后荣获公司荣获了四川省电力公司"电网先锋党支部"、四川省电力公司资阳公司"创先争优先进党组织"、四川省电力公司创建劳动关系和谐企业先进集体、资阳市"文明优质服务示范窗口"、资阳公司"2012 年度安全生产先进集体"等多项荣誉称号，继续保持了省级文明单位称号。

（廖文礼、夏云飞　等）

自贡电业局

【企业概况】自贡电业局成立于 1978 年，在原西南电管局和四川省电力局管理时期历经三次机构沿革的变化，先后并入了川南电业局、川南送变电工程处、自贡电力电容器厂、川南电力调度分局等 4 个单位。属四川省电力公司大Ⅰ型供电企业，担负着自贡市四区两县（其中趸售县 1 个）和内江市威远县部分区域的电能供应、电网建设和运行管理任务。现有电力客户 103.94 万户（含控股、代管公司）。本部设 11 个职能部室，下辖 13 个二级单位（包含 6 个"三集五大"体系建设业务支撑和实施机构、1 个县级供电局、6 个集体企业），控股荣县供电有限公司，代管富益电力公司。直供直管农村供电所 28 个，控股公司农村供电所 5 个，代管公司农村供电所 7 个。

该局资产净值 15.36 亿元。拥有 35 千伏及以上变电站 33 座，变电容量 238.52 万千伏安，其中：220 千伏变电站 5 座，变电容量 123 万千伏安；110 千伏变电站 14 座，变电容量 103.35 万千伏安；35 千伏变电站 14 座，变电容量 12.17 万千伏安。拥有 35 千伏及以上输电线路 82 条，长度 1158.687 公里。10 千伏配网在运线路 158 条，长度 3376 公里。供电可靠率 99.93%，综合电压合格率 99.836%。

【人力资源】截至 2012 年 12 月 31 日，自贡电业局国有长期职工与主业劳务人员人数合计 1403 人（其中，国有长期职工 1341 人，主业劳务人员 62 人），平均年龄 43.4 岁，国有长期职工中：研究生 37 人，大学本科 494 人，大学专科 458 人，中专、技校 198 人，高中及以下 154 人。具有技术等级的合计 887 人，其中高级 105 人、中级 298 人、初级 484 人。职工技能等级情况较好，高级工及以上技能等级人员占生产人员的 92%。

2012 年 12 月 18 日，国家电网四川省电力公司验收组，对自贡电业局"三集五大"体系建设工作进行了全面验收

（杨小兵　摄）

【"三集五大"体系建设】自贡电业局高质量推进"三集五大"体系建设工作。努力克服了超员人数多、员工分流比例高、城区供电局撤销数量大、队伍稳定压力大等困难，精心谋划"三集五大"操作、保障方

案，精密对接新旧业务模式，精益提升磨合改进，机构精简率达58.17%，用工效率提升达37.05%，实现了“三集五大”新模式的平稳过渡和完善提升，顺利通过省公司验收并获得高度肯定。深化物资集约化体制建设，组建物资供应公司，确保物资管理“九大关键业务”相互衔接。成立农电三新电力服务公司筹备组，稳妥推进农村供电业务委托及相关工作。对富益电力公司开展了法律尽职调查、清产核资和财务审计、资产评估等工作，为推进控股富益电力公司奠定了基础。

【电网建设与发展】自贡电业局完成“十二五”电网发展规划滚动修编及电网发展诊断分析，最大限度与地方规划发展相融合。完成了220千伏仙市变电站及其配套和110千伏新桥、沙坪输变电工程等前期工作，为2013年电网建设打下了良好的基础。全面完成电网建设里程碑计划，竣工投运了220千伏乐德、110千伏胜利和汇西输变电工程，完成了220千伏向义、王渡变电站改、扩建工程，开工建设了110千伏荣县城北、自贡南湖、富顺海棠输变电工程，电网结构不断优化。全年投产110千伏及以上变电容量68万千伏安，线路87.6公里，有效缓解电网输变电容量不足的状况。加大农网改造升级力度，新建、改造35千伏及以下线路1805.9公里，新增10千伏配变445台/5.119万千伏安，农村电网供电可靠性有力提升。完成了自贡地区2.5G主干光环网的建设，形成了以500千伏洪沟和220千伏向义、园湾、舒平变电站为核心的双设备、双环网地区光传输网络。

【经营管理】自贡电业局努力增供扩销，2012年完成售电量38.49亿千瓦时。完善服务市场全过程机制，“百日攻坚”活动取得实效。完成30万户居民阶梯电价调整工作，电价政策执行到位。全面加强电费风险防范和管理，实现电费回收“双结零”。持续深化SG186系统应用，开展营销基础数据质量整改工作。

该局加大企业规范管理力度，全年新建、修订各类规章制度60个。严格执行“三重一大”实施细则，完善权力运行制约机制。坚决落实“三公”管理和省公司依法从严治企规定，清理和规范公务用车、接待、会议、薪酬福利等方面存在的问题。严肃财经纪律，针对会计核算、资金管理等关键环节，积极开展财务稽查。扎实开展审计调查工作，健全约束机制。依法落实对工程、物资、专项资金使用等方面的监督管理，确保资金使用合法合规。深化惩防体系建设，加大协同监督力度，扎实开展效能监察，强化廉政风险防控。全面推行法律风险评估，有效防范和化解企业法律风险。坚持厂务公开民主管理，实现了全局各基层单位、班组、供电所事务公开。开展集体企业资产清理，完成自贡兴仪电气技术开发部清算等工作。拟定上报了集体企业重组整合实施方案，扎实开展重组整合前期相关工作。成立自贡裕鑫投资管理公司，搭建集体企业资本平台。建立集体企业“资金池”，与建行自贡分行签订《现金管理业务合作协议》、《集团式委托贷款合同》，出台了《自贡电业局集体企业资金集中管理办法》、《自贡电业局集体企业资金集中管理会计核算办法》等配套制度，资金运营效率有效提高。全力推进翔能铁塔设备制造厂迁（改、扩）建项目。

自贡电业局以“安全年”活动为主线，认真开展隐患排查治理和电网安全性评价，实施了28项涉及人身、电网、设备的专项检查，及时消除安全隐患，2012年12月4日24时，实现安全生产3000天
（张文明　摄）

供电所标准化建设初见成效，荣县成佳供电所被国家电网公司命名为“标准化示范供电所”，大山铺等6个供电所被省电力公司授予“标准化供电所”称号，该局直供区省级标准化供电所创建率达50%。扎实开展创一流工作，荣县供电局被省电力公司命名为2011年度一流县供电企业。全面开展藏区对口帮扶工作，向汶川、理县公司派出常驻援建人员11

人，培训送培人员25人，承担了理县110千伏城关变电站10千伏、35千伏接入工程，各类进藏援建人员累计18批/260人次，支援物资、项目折合900余万元，圆满完成对口帮扶年度目标任务。

【安全生产】该局以“安全年”活动为主线，认真开展隐患排查治理和电网安全性评价，实施了28项涉及人身、电网、设备的专项检查，及时消除安全隐患。狠抓电网老旧设备改造，2012年投入资金1.21亿元，实施大修、技改项目100余项。大力推进调度二次系统建设，提高电网智能化水平，加强电网调度管理和风险控制，确保了电网稳定运行。加强现场作业计划管理，严格各级管理人员到岗到位，强化作业现场安全管理和监督，深化反违章督查，严格安全生产责任追究，安全生产管控能力不断提升。扎实开展安全教育培训，员工安全意识和安全技能进一步提高。加强农电、基建安全管理，认真开展控股公司安全管理标准化评价工作。完善应急管理组织体系和应急预案体系，组织开展迎峰度夏等各类应急处置演练，圆满完成泸州抗洪抢险、喜德泥石流抢险任务，应急处置能力不断提高。

【科技与信息化工作】自贡电业局2012年申报各类专利25项，16项专利获得授权，2项科技成果获奖，科技工作取得长足进步。

【市场服务】自贡电业局跟踪服务昊华鸿鹤公司搬迁项目、小井沟水利工程、中昊晨光化工研究院等重大项目，切实满足地方发展电力需求。狠抓电力需求侧管理，认真制定并落实《自贡电网有序用电方案》。深入开展客户供电安全服务工作，制定了重要及高危客户救援应急预案103个，覆盖率达100%。加快城区“十分钟缴费圈”建设，建成各类代收充值网点310个，2012年新建115个；实施农村缴费点建设，新建代收充值网点61个。积极服务民生，开辟保障性住房用电“绿色通道”，保证用户产权故障报修优先供电，完成5187户企业居民“转改直”及接户线改造工作。出动保电人员2153人次，完成十八大、自贡灯会及两会、两考等47起重要保电任务。

【党的建设和精神文明建设】该局以“基层组织建设年”为载体，开展党支部“结对共建”、评级晋级和党员领导干部“三联系一沟通”、廉洁法制警示教育等活动，不断深化“三个建设”。开展“弘扬雷锋精神、深化为民服务创先争优”、“三亮三比三无”竞赛等活动，总结表彰为民服务创先争优先进典型。开展党员服务队“学雷锋、践承诺”和“为民办理十件实事”等活动。企业官方微博功能有效发挥，应用实践成果获得2012年中国电子政务最佳实践提名奖。落实信访稳定工作责任制，加强矛盾纠纷排查化解。工会组织“面对面、心贴心、实打实”服务职工在基层，团委组织“红线行动”关爱单身青工，落实离退休老同志“两项待遇”，企业和谐氛围更加浓厚。

【存在的主要问题】一是电网结构还不够坚强。自贡电网35千伏及以上系统均存在重载运行现象，无功补偿严重不足，导致电压偏低，网损较大；220千伏舒平变电站已运行20多年，设备老化严重，电网稳定运行风险依然较大。二是人才断层制约企业持续发展。该局现有40岁以下初始学历为本科及以上的人员，不足主业长期职工的10%；加之新进大学生补充力度不足、结构性缺员等问题，人才断层的状况凸现。三是集体企业发展还面临难点。集体企业小、散、弱格局突出，企业积累不多；在即将实施重组整合工作中，资产处置、职工薪酬体系和劳动关系的转换等问题还存在不少难点。

2012年8月中旬，自贡电网日用电量、负荷双创历史新高，自贡电业局通过优化电网规划、加快电网建设、狠抓老旧设备改造、提前做好风险预测分析，确保了自贡电网平稳迎峰度夏（曾林　摄）

【荣县供电局】荣县供电局地处荣县旭阳镇荣州路413号，担负着荣县、宜宾、威远部分地区1320.11平方公里的供电任务。有大宗工业用户70户，普非用户0.315万户，城镇生活照明4.54万户，城镇商业及其他1.38万户，农业生产0.033万户，农村居民用户数15.96万户，趸售1户。设3部1室、2个中心，6个主业班组，9个供电所，1个二级集体企业。现有全民职工124人，集体职工38人，供电所聘用人员293人。全民职工当中，平均年龄40.4岁，40周岁以下的职工75人占全民职工总数的53.7%，中专及以上文化程度的职工有93人占全民职工总数的85.8%，高级职称2人，中级职称26人，初级职称76人，高级技师11人，技师28人，高级工46人，其中既有专业技术资格又有技能等级的有67人。

该局有220千伏变电站1座，主变2台，主变容量30万千伏安；110千伏变电站2座，主变4台，容量15.3万千伏安；35千伏变电站6座。220千伏5条，345.12公里；110千伏线路5条，120.14公里；35千伏8条，112.46公里；10千伏28条，1532公里；10千伏配网线路长度2356.56公里，配变1516台。2012年4月建成投产220千伏乐德输变电工程，完成110千伏城北变电站的开工建设，35千伏墨林变电站前期工作正顺利进行。完成2010年及2011年农网改造升级工程，新建改造低压线路450余公里，有效缓解了农村低电压台区电能供应“卡脖子”问题。

2012年该局完成售电量6.07亿千瓦时，实现电费回收率100%，资金解交率100%，110千伏及以下综合线损率为7.07%，供电可靠率99.893%，电压合格率99.763%。该局以安全年活动为主线，认真组织开展了春季安全大检查、秋季安全大检查、两票专项监督、安全工器具专项检查、输电线路通道接地装置专项整治、变电站老式铜铝过渡线夹排查治理等一系列安全活动。坚持每月召开安全分析会，分析安全生产薄弱环节，通报处理情况，提出安全工作要求。坚持安全生产从严管理、从严考核，2012年局领导及各级管理人员深入班组和作业现场4000多人次，发现并处理问题46起，考核82人次。积极开展电力设施保护、交通、消防安全工作，全年未发生有人员责任的一般及以上电网、设备、交通、火灾事故。截至2012年12月31日，连续安全生产3027天。

严格执行优质服务和行风建设的要求，贯彻落实国家电网公司新的“三个十条”，深入开展用户受电工程“三指定”专项治理，杜绝“三指定”行为，认真执行“首问负责制”、“客户经理制”，积极为市、县重点、民生工程、大客户工程服务。针对2011年迎峰度夏暴露出的低压线、下户线问题及智能表更换后对下户线带来的压力，已按计划实施了整治。圆满完成“十八大”、“两考”及春节、国庆等节假日和重大活动期间的保电任务，优质服务和行风建设工作取得实效。

2012年，该局以基层组织建设年活动为载体，加强党组织建设，认真开展各类学习和组织生活。完成了44名农电工党员的组织关系转接工作，及时改选了党总支和支部的委员。 顺利通过“省公司一流供电企业”验收，完成市级文明单位复查，成佳供电所营业窗口通过了市级文明窗口检查。

【四川荣县供电有限责任公司】荣县供电有限责任公司地处荣县旭阳镇光明路311号，前身是荣县地方电力公司，为荣县县属地方国营企业，于1997年由自贡电业局代管。2005年6月17日，四川省电力公司、荣县人民政府签订了“荣县电力体制改革协议”，并于2006年5月25日挂牌成立了由四川省电力公司、荣县国有资产经营投资有限责任公司共同投资组建四川荣县供电有限责任公司。四川省电力公司以75%的股份对公司实行绝对控股。设有五科一室（生技科、营销科、农电科、财供科、安监科、办公室）、五个供电所。在册员工89人，平均年龄43.7岁。其中在岗人数79人（平均年龄41.89岁），离岗休息10人,在岗人员29岁及以下7人、30岁至34岁8人、35岁至39岁12人、40岁至44岁22人、45岁至49岁22人、50岁至55岁8人。在岗专业技术人员：高级1人，中级4人，初级33人。在岗技能人员：技师1人，高级工11人，中级工7人。在岗人员学历结构：大学本科19人、大专43人、中专4人、中技2人、高中3人、初中7人、小学1人。农电员工185人。自贡市汇能人力资源有限责任公司劳务派遣人员1人。

该公司承担着荣县西北地区839平方公里32万人民生产生活的供电，日最高负荷为2.22万千瓦时，日平均负荷为1.16万千瓦时，售电量为1.13亿千瓦时。有35千伏变电站2座，变电容量1.89万千伏安。有35千伏线路16.97公里，10千伏线路747.83公里及低压配电线路4794公里,配电变压器1129台/11.08万千伏安。

2012年农网改造升级工程进展顺利，完成10千伏线路58.7公里、低压线路713.7公里。

全年完成售电量1.06亿千瓦时，与上年同期相比净增长470万千瓦时，增长率为4.65%。完成购电量12010万千瓦时，较2011年同期相比净增长380万千瓦时，增长率为3.27%。当年电费回收率为100%，综合线损率为11.98%，供电可靠率RS3为99.90%，电压合格率：95.76%。全年未发生人身伤亡事故，未发生恶性误操作事故，未发生有人员责任的供电事件，未发生火灾事故，变电事故为零。

进一步理顺安全工作界面和职责，安全工作机制更加健全。扎实开展“安全年”活动，及时组织电网设备隐患排查治理，确保了电网安全稳定运行。加强应急管理，组织开展应急预案编制学习，并进行了演练。截至2012年12月31日公司安全运行超过了2412天。

完成了新桥临时变电站10千伏出线的改接投运工作，新增了两台看门狗开关，对10千伏线路和35千伏保桥线的定值进行了整定，提高了新桥临时变电站运行可靠性，缩小了故障停电范围，缩短了故障停电时间。认真落实新“三个十条”，不断规范服务行为。创新服务模式，建立了6个电费缴费代收网点，切实方便客户。加强对供电服务质量的监管，不定期开展明察暗访，组织开展行风监督员暨大客户代表巡视，主动接受各级监督，切实整改提高。

该公司认真开展基层党组织建设活动，促进党建工作规范化。深入开展创先争优活动，充分挖掘、宣传身边的为民服务创先争优典范，积极运用身边的人和事来教育、引导员工。加强人才队伍的培养、选拔、考核工作，畅通员工的成才通道。积极防范廉政风险，严格执行“三重一大”决策制度，对重点岗位人员进行廉洁从业教育，大力开展效能监察和协同监督，坚持从严依法治企。落实维稳工作，加大舆情防控，经常开展基层调研，加大厂务公开和服务基层员工的力度，及时化解不稳定因素，确保了主多分开工作稳妥实施。加强班组建设和标准化供电所创建工作，有3个供电所获得自贡电业局命名的标准化供电所称号，获得自贡电业局2012年“特别贡献奖”。

【富益电力公司】富益电力公司承担着120万人，1350余平方公里的供电任务。有员工646人(不含农村专职电工374人)，上岗员工577人，高级专业技术人员8人，中级专业技术人员45人，技师33人。总资产4.87亿元。有110千伏枢纽变电所1座，主变2台，容量8万千伏安，110千伏输电线路1条13.126公里；35千伏降压变电所11座，容量14.2万千伏安(增容后)其中公用变电站8座，容量10.35万千伏安；35千伏线路20条172.8公里；6千伏升10千伏变电所2座，主变4台，容量1.63万千伏安；10千伏线路61条，1425公里；低压线路11977公里。所属的黄葛灏水电站装机容量4×3500千瓦，黄泥滩水电站装机容量3×6900千瓦，设计年发电量合计1.7亿千瓦时。2012年，富益电力公司实现发电量2.1379亿千瓦时，售电量4.41亿千瓦时,电费回收率100%。

2012年,共送培员工78人参加电力行业职业技能鉴定，中干履职培训3人，班组长33人，内训师3人，供电营业所长21人。组织77名员工参加初中级职称评审，完成机电运行准入培训81人，机电检修准入培训31人，变电运行准入培训48人，省电力公司其它专业培训约80人。

2012年8月35千伏代寺变电站全面竣工投产。基本完成了35千伏怀德、安溪输变电工程建设。开展了110千伏海棠输变电工程的实施准备工作，办理完成了工程的征地工作。完成2012年农网改造升级工程10千伏及以下项目72%的工程量，实现投资7780万元。投入300万元加大低电压整治力度，全面完成2011和2012年所有低电压整治项目。完成设备大修项目18个，完成设备改造项目25个。加强对设备运行维护工作的监督和考核，完善了设备隐患排查治理闭环管理机制。配合县城规划建设，做好电力线路的迁改工作。认真开展电网负荷分析，及时调整运行方式，尽可能减少电网瓶颈压力，确保迎峰度夏、重要节日及活动期间电网安全稳定运行。

成立了公司重组改制领导小组，制定清产核资方案，依法推进公司改革重组。全面推行预算化管理，在工程建设、物资招投标管理、财务管理等方面，建立健全了相关制度。深入开展治理“庸、懒、散”活动，制定有效措施，切实转变工作作风。对各类档案资料进行收集和整理，完善管理制度、档案管理人员的职责和档案管理人员网络体系。完成了农电机构改革，对供电营业所机构、岗位设置、岗位工资进行了调整。

建立健全了安全管理制度19项，明确了安全生产责任，完善了安全管理体系。制定了各类标准化作业范本，推进生产作业标准化。强化安全生产责任制和责任追究制的落实，每月公司安委会定期召开安全分析会。积极开展“安康杯”劳动竞赛等主题活动。投入安措资金25万元，对各单位配备了安全工器具、消防设备和急救药品。加强电网安全运行分析，加强线路巡视维护通道管理，加大安全隐患排查治理力度，认真落实变电站防小动物整治工作。加强承包工程的安全管理，确定承发包双方的安全管理责任。荣获四川省“安康杯”竞赛优胜单位荣誉称号。

完善了用电业务管理办法，对用电业务流程不断简化，加大办理时限考核。制定了供电营业窗口服务管理办法，加大对窗口人员的培训力度。增加收费网点,委托县信用联社代收电费，缓解用户缴费排队困难。“7195598”服务热线全年解答和受理用电客户诉求2028条。用电信息短信服务平台为用电客户发送免费停电信息243840条。开通了“富顺在线”专用服务网页，及时发布各类用电信息、政策法规和业务办理流程。开展“三分类三升级”活动和盐都先锋行动，加强党组织和党员队伍建设，落实目标责任制，全年共发展党员7名,转正党员15名，培养入党积极分子31名。完成信访调查回复28件，办理党代表、人大代表、政协委员提案建议 18 件。开展“法制进企业”活动，扎实推进公司普法教育和依法治理工作。巩固了市级文明单位成果。

（黄　衍）

广安电业局

【企业概况】广安电业局成立于 1998 年 4 月，是四川省电力公司的国有大一型企业。主要从事电力供应销售、电器仪器仪表修校业务，兼营电气材料销售、电站开发、电力职业技术培训等业务。主要供电区域为广安市及重庆合川市部分地区，供电面积 6344 平方公里，供电户数 65.26 万户。广安电网以 500 千伏黄岩站为系统主供电源，通过 500 千伏南黄一、二线连接南充电网，黄万一、二线连接重庆电网，黄达线连接达川电网。220 千伏网络形成了黄岩站 220 千伏系统、代市站、广安电厂、建丰站、铜堡站的双环网结构。220 千伏充丰一、二线连接南充电网，经 220 千伏黄渠一、二线连接达川电网。110 千伏网络以 220 千伏代市站、建丰站、铜堡站、范家湾站以及 110 千伏龙女站为基础形成了相对独立的 5 大供电片区，并实现了片区之间的互供，为华蓥市、广安城南、邻水县、武胜县提供了可靠的电力供应。该局固定资产原值 21.99 亿元，2012 年实现售电量 30.11 亿千瓦时。

广安市委、市政府十分重视电力建设。图为 2012 年 12 月中旬，广安市委书记王建军与四川省电力公司总经理王抒祥（左）亲切会谈

（谢疏涛　摄）

广安电业局先后获得过全国文明单位、全国创建模范职工之家先进集体、四川省最佳文明单位、国家电网公司农电管理先进单位、四川省电力公司十佳文明单位、四川省电力公司创建红旗党委表扬单位、四川省电力公司一流企业、四川省电力公司同业对标进步幅度最大单位、广安市突出贡献企业、广安市安全生产先进单位、广安市诚信经营示范单位、广安市纳税大户等一系列荣誉。

【人力资源】2012 年 9 月，该局实施“三集五大”改革后，设立 11 个职能部门和 5 大业务支撑和实施机构，以及华蓥、邻水 2 个供电局，受省电力公司委托直接管理武胜和邻水供电有限责任公司。全局共有员工 1963 人，平均年龄 38.6 岁。其中：控股公司员工 992 人（占 51.23%），长期员工 449 人（占 22.62%），农电员工 328 人（占 16.57%），劳务人员 123 人（占 6.39%），通用工种 71 人（占 3%）。获得高级职称 45 人（占 1.9%），中级职称 140 人（占 5.89%），初级职称 599 人（占 27.63%）；高级技师 19 人（占 0.19%），技师 223 人（占 7.23%），高级工及以下 1163 人（占 48.03%）。取得研究生学历的 31 人（占 0.74%），本科学历 689 人（占 14.8%），大学专科 573 人（占 32.69%），中专和技校 338 人（占 10.42%），高中及以下 332 人（占 41.35%）。按照员工类别区分：企业经营者 8 人，中层管理人员 77 人，一般管理和技术人员 315 人，生产技能人员 1571 人。

【“三集五大”体系建设】广安电业局深化“三集”管理，有效整合“五大”业务，顺利完成了调研摸底、宣传动员、方案编报、模拟导入、新模式导入、新模式运行、磨合改进、自评估整改、检查验收等阶段的任务。改革过程中，制定了加强安全生产、强化优质服务、严守财经纪律、关注员工思想、严密监控舆情等十五条工作规定，确保了改革平稳有序推进，实现了安全事故、服务事故、稳定和廉政事故“三个不发生”。改革后，全局的纵向管控能力明显增强，核心业务新型组织架构初步建立，机构精简 50%，劳动用工率提升 13.7%。在省电力公司组织的预验收中，广安局的建设成果获得一致好评。

深入推进主业与多经分离以及集体企业重组整合，于6月底顺利实现主多分开目标，8月下旬完成了全局所有职工股权的清退。集体企业平台搭建后，不断规范其经营管理，建立完善集体企业管理体系和运行机制，落实监督责任，实现健康发展。

【电网建设与发展】通过努力促成了广安市委、市政府与省电力公司2012年的三次会谈，共商广安电网发展大计。市政府召开“十二五”电网发展专题会议，并于3月初印发《加快“十二五”广安电网建设的意见》，广安市规划、国土、环保、经委等部门共同参与电网规划评审，各方共同支持电网发展逐步形成共识，电网发展的外部环境进一步改善。该局编制了广安地区“十二五”电网发展规划滚动修编建议稿，新桥220千伏变电站扩建、拱桥110千伏输变电工程等项目得到省电力公司认可并入库。启动了广安、邻水、华蓥、武胜城区配网规划编制工作。完成了武胜220千伏新建等7项工程的项目核准，开展了新桥220千伏扩建等4项工程的前期工作。顺利完成哈密至重庆800千伏特高压直流、雅安至武汉1000千伏特高压交流工程（广安段）前期协调任务。

2012年6月7日，广安电业局员工在变电站检查设施设备情况，以确保迎峰度夏期间电网安全　　（谢疏涛　摄）

按照电网发展里程碑计划，有序开展电网建设。该局实行周计划、周小结、月分析、月考核制度，保证了设计、监理、施工、业主无缝衔接，促成基建工程高效推进，投产率达100%，并列省电力公司系统第一名。全年共开工建设武胜220千伏等12项35千伏及以上输变电工程新建项目，开工变电容量达26万千伏安，线路84公里。竣工投产了新桥220千伏输变电工程等8个项目，累计投产线路69公里、变电容量24.15万千伏安。加强城市及农村配网改造，完成大修技改资金7467万元，城网改造资金1102万元，农网资金1.53亿元。

【经营管理】该局克服了宏观经济不景气带来的影响，细分市场，度电必争，增加供应。加强检修计划管理，减小停电次数和电量损失。积极与红狮、川铁等水泥企业达成购售电关系，稳定存量市场。积极落实省政府消纳富余电量的要求，促成华油、诚信化工等企业生产能力快速提升，累计增加电量近1个亿。全局的日供电量和最大电力分别创1216万千瓦时和63万千瓦的历史新高，售电量增长率位居全省前五，增供扩销成效明显。

【综合管理】广安电业局加强干部作风和素质能力建设，全面实施领导干部360度测评，出台、完善《中层干部定点联系制度》，中层管理人员的考评实现组织定性和自我定量评价相结合。公开竞聘选拔提职11名中层干部。全面开展队伍素质提升年活动，加强人才培养和引进，25人保持国家电网公司和省电力公司优秀人才称号。引进高学历人才，新进全日制研究生学历的员工11人，超过建局前14年的总和，人才引进指数达到1.05，人才当量密度提高到0.92。组织各类岗位素质提升培训班56期、累计1770人次，开展岗位适应性培训29次。深化五星班组和优秀班组长评选活动，班组长人才比例提高到0.96，9个基层班组荣获省电力公司工人先锋号。坚持以考促学、以赛代练，共举办各类考试69次，专业竞赛9次，在省电力公司带电作业竞赛中荣获团体三等奖，在农电安全知识调考中获得第二名，2人入围国家电网“十大”专业领军人才候选人名单。

该局建立并实施协同监督机制，加强岗位竞聘、物资采购、基建工程等重点领域和专业的督查。分片分组全面开展农网升级改造工程和营销专项费用自查自纠工作，及时处理相关问题，规避风险。开展公务用车、公务接待、职务消费清理检查，“三公”费用同比下降9.3%。接受国家电网公司依法治企专项检查、省电力公司对前任局长任期经济责任审计、省电力公司预算执行情况调查、财务专项检查和市国税局资产损失税前扣除核查，实施5大类20多项专项审计及5项效能监察，审计纠正违规金额305.63万元、提出审计建议81条；开展效能监察，提出整改建议9条；各类建议全部得到落实。

广安电业局扎实开展管理提升活动和同业对标工作，制定对标考核暂行办法，通过开展诊断评估、查找问题、堵塞漏洞、健全机制等工作，使同业对标综合排名达到省电力公司系统第十名，综合进步幅度排名第一名；人力资源管理专业位于省电力公司第二名，被授予省电力公司标杆单位；典型经验实现零的突破，班组文化建设和基建工程分包队伍全过程动态评价两个单项同时入围省电力公司典型经验库，全局管理提升工作初见成效。

广安电业局深入推进土地权属、资产清查等活动，强化分月预算与现金流量管控。深化各类工程的全过程财务管理，及时办理竣工决算，增加固定资产原值，为企业类型实现升档进位奠定了坚实基础。工程财务管理作为先进典型在国家电网公司专业会上交流发言。健全物资计划管理机制，不断优化计划报送流程，物资计划准确率提升 3.5 个百分点。通过不懈努力，全局综合业绩考核获得全省第八名的好成绩。

【安全生产】该局以“安全年”活动为契机，完善领导干部和管理人员到岗到位制度，建立局领导、管理人员、一线员工责任落实机制，保证了安全责任的有效落实。局领导进行现场安全监督 284 人次，各级管理人员执行安全巡视标准化工作卡 818 份，督导整改问题 176 项，查处违章违规 7 起。执行施工作业现场“计划管控”制度，提前发布危险点，使安全生产可控在控。2012 年完成带电作业 135 次，电气设备预试 228 项，大修技改工程 213 项。加强安全性评价和重点设备运行维护工作，圆满完成了“十八大”等重要保电任务。强化基建安全管理，健全工程分包管理机制，推行施工单位资质评审、会审及“黑名单”制度，有效防范基建安全事故。深化应急管理，开展“5.12”大面积停电应急演练，成功应对 7.5 洪灾等突发事件。完善政警民企联动的电力设施防外力破坏工作机制，破坏电力设施案件同比减少 17%。

针对跨越华蓥山脉的输电线路，开展防冰冻灾害的应急分析，提前改造加固线路，电网抗灾能力得到提升。专题研究分析印度大停电事故原因及启示，认真梳理电网安全运行薄弱环节，及时发布风险分析评估与预警预控管理规定，有效规避电网运行安全风险。地县两级调度全年下达操作指令票 1491 份，下达调度指令 7202 条，各项操作指挥工作精准无误，未发生四级及以上电网安全事件，电网运行安全稳定。

【优质服务】该局配合广安市筹备“小平同志诞辰 110 周年纪念活动”。全面落实省委、省电力公司援藏计划，选派 5 名优秀员工对口帮扶藏区。践行民生责任各项行动，支持社会公益事业，建立“川电留守学生之家”、“志愿服务行动”等扶贫助困活动常态机制，局团委获得四川省创先争优“五四”红旗团委荣誉，广安电业局被授予全市“爱心企业”称号。

深入实施供电服务提升工程，开展优质服务问卷调查，全年走访政府部门和客户 610 人次，征求意见和建议 47 条，改进工作 21 项，连续 5 年获得全市纠风工作先进单位称号。深化居民银电联网缴费，与银行等机构联合开设便民服务网点 7 个，倾力打造 10 分钟缴费圈。完善政府、企业、客户三方联动机制，整改高危及重要用户安全隐患 11 项。95598 服务热线共受理用电业务 2 万多件，客户满意率达 99.98%。

【党的建设和精神文明建设】广安电业局深入推进创先争优、为民服务活动，选树先进典范，该局党委被评为省电力公司创先争优先进党委，6 人获得省电力公司优秀共产党员（党务工作者）称号，创先争优专题片等多个节目在广安电视台黄金时段播出，党员服务队被确定为全市为民服务满意窗口。深化思想政治工作创新实践，两项课题入选省电力公司 2012 年思想政治工作创新实践成果，《立足班组提升员工思想政治教育有效性实践》获省电力公司思想政治工作创新实践优秀成果奖和调研课题三

窗明几净的广安电业局 95598 信息服务部，为千万家电力用户提供优质服务

（谢琉涛　摄）

等奖。制定《党支部标准化工作手册》，对 29 个基层党组织实施界定评级。深化电网先锋党支部创建，武胜公司获得省电力公司电网先锋党支部。完善党风廉政建设"一岗双责"实施体系和廉政风险防控机制，促进了党风廉政建设纵深发展。不断加大明察暗访和查案办案力度，全年受理信访投诉案 5 件，自查重点内容 69 项，共涉及 6 个电力迁改工程项目，累计合同金额 578 万元。强化事前廉洁教育，落实五项谈话和述廉测评制度，组织任前廉政谈话 17 人次，340 人分批次参观廉洁教育基地，140 余人撰写廉洁心得，收到了良好的教育效果，在省电力公司党风廉政建设考核中获得"优秀"等级。

2012 年 5 月 1 日，广安局生产经营综合办公大楼正式投运，该局在新楼建设企业文化基地，全方位展示文化成果。抓好文化传播，开展"企业文化进班组"实践活动，代市精神、螺丝精神等一大批从班组提炼的文化广泛实践，受到省委常委李登菊高度赞扬。加强与主流媒体的沟通合作，2012 年全年在省部级以上主流媒体刊发报道 240 余篇（幅）。自主开发舆情监测系统，及时掌握舆情全貌和细节，未发生影响企业形象的负面舆情事件。

【华蓥供电局】华蓥供电局成立于 1991 年 6 月，位于华蓥市明光路 411 号，原隶属于南充电业局管辖。1998 年成立广安电业局后，归属广安电业局。担负着华蓥市及岳池县部分地区的供电任务，供电面积 550 平方公里，直供 17 个乡镇（街道办事处）、用电人口 46 万人，用户数约 10.2 万余户，村通电率 100%，户通电率 100%。设有 4 个职能部门（办公室、发展建设部、安全运检部、县级客户服务中心），3 个生产班组，6 个供电所，共有职工为 205 人，其中长期员工 39 人，主业劳务员工 19 人（主业劳务 9 人，通用工种 10 人），农电员工 147 人。现有 220 千伏变电站 1 座,110 千伏变电站 3 座，35 千伏变电站 4 座，主变压器 14 台，变电总容量为 42.64 万千伏安。35 千伏及以上输电线路 225 公里，10 千伏配电线路 673 公里。共有配电变压器 1063 台，总容量 13.83 万千伏安。2012 年完成售电量 6.94 亿千瓦时，同比增长 3.48%。

【邻水供电局】邻水供电局供电范围为邻水县县城部分区域和高滩、坛同、子中、华云、甘坝等 5 个乡镇，供电面积 800 平方公里，包括 105 个村，345 个社， 4.64 万余户，用电人口 20 万人，村通电率 100%，户通电率 100%。下设 4 个部门（办公室、安全运检部、发展建设部、县级客户服务中心）、3 个班组（配电运检班、营业班、市场拓展与智能用电班），3 个供电所（高滩供电所、坛同供电所、鼎屏供电所）。有职工 141 人，其中全民职工 37 人，中专毕业及以上文化程度 126 人，中级职称和技师 18 人，各类专业技术人员 40 人，人才密度 81.35%，高级技能人才比例 54.13%。

2012 年最大负荷达 13.5 万千瓦，完成全口径售电量 7.83 亿千瓦时。现有 10 千伏配电线路 299.05 公里，配变容量 7.835 万千伏安。截至 2012 年 12 月 31 日，邻水供电局未发生有人员责任的一类障碍及以上电网、设备事故，实现了连续安全生产 5079 天，达到 28 个安全长周期纪录。邻水供电局成立以来先后获得省级文明单位,省电力公司一流供电县级企业、安全生产先进集体、红旗供电所；市级和谐劳动单位、诚信经营示范单位、先进单位、模范职工之家、标杆班组，优秀班组等称号。

【武胜供电公司】四川武胜供电有限责任公司是由四川省电力公司控股的电力企业，供电范围为武胜县行政区域以及岳池县、合川市、蓬溪县等部分行政区域，供电面积 960 平方公里，包括 515 个村，31 个乡镇，5113 个社，22 万余户，用电人口 116 万。村通电率 100%，户通电率 100%，该公司下设有 10 个业务职能管理部门，下辖 10 个供电所、4 座 110 千伏变电站、7 座 35 千伏变电站，总变电容量 35.82 万千伏安；现有 110 千伏线路 6 条，总长 109.28 公里；35 千伏线路 12 条，总长 139.43 公里；10 千伏线路 71 条，总长 1408 公里，配变容量 2.41 万千伏安。2012 年最大负荷达 8.5 万千瓦，完成全口径售电量 2.64 亿千瓦时。该公司有在册员工 487 人，退休员工 181 人。在册员工中，具有研究生学历的 1 人，大学本科 188 人，大学专科 161 人，中专及中技 96 人，高中及以下 39 人；具有中级专业技术资格 16 人，初级专业技术资格 185 人；技师技能等级的 31 人，高级工 279 人，中级工 94 人，初级工 8 人。人才当量密度 0.89，高级技能人才比例 0.9225。截至 2012 年 12 月 31 日，实现连续安全生产 2557 天，连续五年荣获四川工业企业最大纳税 500 强、四川工业企业最佳效益 500 强、先后获得省电力公司电网先锋党支部、市级最佳文明单位、省级文明单位等称号。

【邻水供电公司】邻水供电公司供电营业面积 1691 平方公里，辖 41 个乡镇 456 个行政村，用电人口 93 万人，用电户 23.71 万户，分别占全县幅员面积、总人口、总户数的 88.12%、89.1%和 83.64%。村、户通电率 100%。邻水供电公司设有 12 个职能部门，班组 18 个。截至 2012 年，员工总数 503 人，其中，中专及以上文化程度 395 人，中级职称和技师 56 人，人才密度 0.8817，高级技能人才比例 62.62 %。

邻水公司电网内有变电站 9 座，其中 110 千伏变电站 1 座/主变容量 4 万千伏安，35 千伏变电站 8 座/容量 7.59 万千伏安；110 千伏线路 1 条/20.19 公里、35 千伏线路 11 条/116.144 公里、10 千伏线路 39 条/1410.02 公里。2012 年最大负荷 9.82 万千瓦，完成售电量 4.06 亿千瓦时。该公司已连续安全生产 2555 天,先后荣获了省电力公司“劳动关系和谐单位”、省电力公司“财务管理先进单位”、广安市“最佳文明单位”、广安市“劳动关系和谐单位”、广安电业局“红旗党委”、邻水县“文明行业”等荣誉称号。

（罗　宁）

四川省电力公司遂宁公司

【企业概况】四川省电力公司遂宁公司是省电力公司直属的大一型供电企业，主要负责遂宁市范围内的电网规划、输变电设施的建设、运行、维护、管理、电力供应和电力生产并对遂宁市的安全用电、节约用电提供指导和技术服务。截至 2012 年底，该公司供电营业面积 5325 平方公里覆盖全市两区三县（包括趸售区）。受省电力公司委托，遂宁公司管理三家县级供电公司：四川明珠集团有限责任公司、四川蓬溪供电有限责任公司、四川大英供电有限责任公司。

2012年，完成考核口径售电量24.79亿千瓦时，同比增长4.59%；综合线损率（并表口径）5.53%，同比下降0.01%；电费回收及资金解交率100%；实现27个安全长周期，顺利完成省电力公司下达的各项考核指标。

国家电网四川电力遂宁公司 220 千伏万林变电站

（遂宁公司　提供）

遂宁电网拥有 500 千伏变电站 1 座，主变容量 150 万千伏安，500 千伏线路 82 公里；220 千伏变电站 4 座，主变容量 126 万千伏安，220 千伏线路 13 条，总长 344.91 公里；110 千伏变电站 21 座，变电容量 125.25 万千伏安（其中，电铁牵引站 3 座，变电容量 7.25 万千伏安，用户站 1 座，变电容量 5 万千伏安），110 千伏线路 38 条，总长 574.15 公里。遂宁地区现有发电装机 21.98 万千瓦，年发电量约 11 亿千瓦时。

2012 年遂宁公司未发生人身重伤及以上事故；未发生重大电网、设备事故；未发生恶性误操作、误调度事故；未发生水电厂垮坝事故；未发生本企业负同等及以上责任的重大交通、火灾事故；未发生有人为责任的一般电网、设备事故；未发生负主要责任且有重大影响的供电不安全事件。截至 2012 年 12 月 31 日，连续安全运行 2320 天，实现了自公司成立以来连续 27 个百日安全长周期。

【人力资源】遂宁公司领导班子职数为 8 人，由总经理兼党委副书记陈强、党委书记兼副总经理骆国富、生产副总经理张剑廷、经营副总经理陈继辉、副总经理陈华祥、工会主席冯应贵、总工程师李江、总会计师李忠林组成。

2012 年遂宁公司人力资源工作坚持以科学发展观为指导，树立“服务于公司发展战略、服务于企业生产经营、服务于员工成长”的理念，以建设统一坚强智能电网和“一强三优”现代化公司为契机，大力实施人才强企战略，为企业的改革与发展提供人才支持和智力保障。遂宁公司按照省电力公司教育培训要求并结合本单位安全生产情况，坚持以企业发展战略和能力建设为核心，以岗位履职能力建设为重点，不断提高生产技能人员技能操作水平。

2012 年，遂宁公司生产技术技能人员岗位准入培训 291 人次。其中农电营销 111 人次、农电配网 63 人次、发电运行、发电检修 117 人次。公司自开展岗位准入培训以来，共培训员工2112人次，实现生产技能人员100%持证上岗。出台了《人才当量密度提升管理办法》，仅2012年秋季入学就有1221人，其中研究生48人，本科751人，专科422人。

【“三集五大”体系建设】遂宁公司“三集五大”体系建设在省电力公司的领导下，完成了方案制定、动员准备、新模式导入、磨合改进和自验收等阶段工作，进入平稳运行状态。在推进“三集五大”体系建设过程中，做到了领导有力、步步扎实、协同推进、平稳有序，主要开展了以下六个方面的工作。

一是认真做好前期工作准备。省电力公司地市“三集五大”体系建设工作启动后，遂宁公司高度重视、积极行动，首先在公司中层及以上干部中统一思想认识，利用中心组学习、月度例会、专题会等形式，认真组织学习省公司文件及会议精神，深刻领会省公司“三集五大”体系建设实施方案和操作方案的相关精神和内容。

二是积极开展内部调研，并结合实际与省电力公司专业指导方案进行差异对比分析，认真开展遂宁公司操作方案的编制工作。经过省电力公司专业部门“三上三下”的修改指导，完成了13个操作方案的最终修编定稿工作，并通过省电力公司转段审查，为“三集五大”体系建设的开展奠定了基础。

三是全力做好动员准备工作。向所有员工发放了“三集五大”体系建设宣传手册，并通过内部网站，及时宣传公司“三集五大”体系建设进展情况，增进了员工对“三集五大”体系建设的理解。制定了《遂宁公司“三集五大”体系建设突发群体事件应急处置预案》，为建立健全“三集五大”体系建设安全稳定防控机制奠定了基础。

四是在前期充分准备的基础上，遂宁公司认真开展了新模式导入工作。按省电力公司批复及时完成了机构搭建及人员调整。有序推进业务、资产、设备和安全责任移交。在8月模拟运行的基础上，及时启动新模式试运行，各主要业务均按新流程开展逐步上线运行工作。组织开展了电网安全和优质服务检查，开展纪检监察、审计监督、新闻宣传和思想动态跟踪等相关工作，确保“三集五大”新模式的顺利推进。

五是做好磨合改进工作，针对磨合改进阶段的重点工作，查漏补缺，制定整改措施。调整优化业务流程，进一步理顺管理层级和业务边界，加快电网设施设备升级改造，逐步实现新业务模式的全覆盖。针对“三集五大”新业务内容，积极开展全员素质培训，提升员工适应新模式、新业务的综合素质和业务能力，共培训340人次。

六是根据省电力公司验收标准，遂宁公司组织各专业和保障部门认真开展了自验收和自评估工作，直至达到省公司验收标准。

【电网建设与发展】2012年，该公司完成了遂宁电网“十二五”规划滚动修编。促成市政府出台完善电网建设机制，着手解决明星供区内的网架结构问题，与明星公司建立良好的沟通协作机制。加强与省电力公司和市委、市政府的对接汇报，梳理、研究、解决遂宁电网历史遗留问题。

2012年，遂宁公司完成固定资产投资2.97亿元，其中农网投资1.95亿元。电网基建新开工项目5个，投产项目5个，电网建设任务完成率100%。新开工110千伏及以上线路65.3公里，变电容量27.6万千伏安、投运线路51.4公里，“9.10”灾后恢复重建有序推进。

遂宁电网已形成了以500千伏为主供电源、220千伏为电网支撑、110千伏为输电主体的供电网络。电网规划、项目前期、基本建设、运行管理和电网整合齐头并进，电网发展迈出了新步伐。

【经营管理】该公司引入精益管理理念，开展“标准+精益”管理提升活动。以省电力公司下达的2012年15项业绩指标的分解、落实为主线，加强诊断分析，强化落实执行，以KPI指标为导向，实行指标对业务的拉动和全程闭环管理。注重培育、固化典型经验，两次在省电缆公司例会上作交流发言。2012年，遂宁公司同业对标综合业绩考核排名跃升至省电力公司系统的12位，同业对标综合评价排名第16位。坚持定期经济活动分析制度，加强经营形势研判，落实降损增效各项措施。狠抓增供扩销，确保售电量持续增长。强化电费管理，实现电费回收“双结零”。加强用电检查工作，全年开展高危及重要客户用电检查179次。拓宽收费渠道，购电缴费比例达95.91%，提升9.61个百分点。实现营销业务、用电计量、电费审核和95598热线业务“四集中”，提前完成公司营销稽查监控中心建设。强化财务集约化深化应用，银行账户监控率和资金归集率100%。完成公司前任总经理离任审计、国网公司依法治企等专项检查，深入开展工程建设、“三指定”、公务用车等自查自纠，充分运用审计成果举一反三，延伸业务前端落实整改，有效防范管理风险。加大营业窗口明察暗访力度，优质服务承诺兑现率100%。

【安全生产】遂宁公司扎实开展“安全年”各项活动，全面排查治理人身、设备、电网等方面的安全风险隐患。加大一线调研和巡查工作频次，公司领导和中层干部深入现场巡查3000余人次，巡查大队集中、交叉巡查31次，全年违章行为同比下降26%。创新安全分析会形式，每月确定一个主题，开进基层单位，分析解决实际问题。采取全程摄像、安监员垂直管理、员工安全星级管理等多道安监防线，规范作业人员行为，确保施工作业安全。固化完善“日报告”、“周安排”、“月考核”及节点计划“看板”制度，提高安全管理水平。加快完善应急体系，建成公司应急指挥中心，开展各类应急演练10余次，成功应对“9.10”特大雷暴雨灾害，圆满完成十八大及各重大事项的保电任务。强化防洪、交通、消防、电力设施保护、综治、信息等领域安全管理，安全保障能力稳步提升，全面实现了安全工作“零”目标。

【科技和信息化工作】该公司按照“三集五大”人员岗位定员表，及时调整 OA 系统用户、协同办公系统用户各 171 个，新增 OA 系统用户 36 个，新增协同办公系统用户 35 个，新开通门户系统用户 35 个，完成协同办公与门户系统集成用户 43 个，新增办公室网络接入点 36 个。并收集新增员工门户账号，统一进行协同办公系统在门户系统中的集成。

以迎接省电力公司信息安全检查、保障“十八大”信息安全为契机，大力提高公司信息安全工作。保证公司内、外网桌面注册率 100%、防病毒软件安装率 100%，对 126 台个人终端进行了 IP 与 MAC 地址绑定，对移动存储介质、各应用系统弱口令进行了逐个清查，利用桌面管理系统策略对终端设备进行实时监控，从各个方面消除安全隐患，确保公司信息网络设备与信息系统安全稳定运行。

该公司加强通信网络建设和通信设备维护，对公司所管辖的 3 座 220 千伏、12 座 110 千伏变电站及县调机房的通信设备、设施，定期进行巡视与检查，圆满完成了通信设备的维护和检修工作，保障了地调和省调、县调通信之间通信时时畅通；建立了大石培训中心的光通信站，保障了培训中心正常业务的开展；完成公司本部及各基层单位高清视频会议系统接入与调试工作；制定公司本部及各基层单位电话号码统一规划调整方案并实施完成公司本部及大英公司电话调整；完成公司变电站电缆与光缆同沟整治、220kV 变电站通信机房及电源室整治等专项整治工作，及时消除通信系统隐患，确保通信系统安全稳定运行；完成公司应急指挥中心、调度控制中心各应用系统接入；做好国家电网公司通信一级干线 35 千伏仁和中继站电源实时在线监控建设工作和通信电源失电发电机供电的试验工作，保障其安全稳定运行。对调度台进行大修，完成新增 6 个工控机、调度台的安装调试。

【党的建设和精神文明建设】遂宁公司深入贯彻十八大精神，全面深化为民服务创先争优活动。推广“党委中心组讲学”机制，扎实开展基层党组织建设年活动。全面启动“为民服务十件实事”，国家电网四川电力（遂宁）共产党员服务队荣获遂宁市“优秀工人先锋号”。13 人参加省公司财务调考，获优胜单位。71 人次对口援藏帮扶丹巴公司。与眉山公司结成友好合作单位。扎实推进“五防三控”廉政风险防控机制建设，组织开展“廉规考试”、举办预防职务犯罪知识讲座及警示教育。加快优秀人才梯队建设，创新选人用人机制，全年提拔干部 13 人、交流干部 5 人，聘任主任助理 7 人，上挂下派培养锻炼 11 人。整合主业与控股公司员工队伍，突破员工一体化管理瓶颈。制定出台《公司关于提升人才当量密度的实施意见》，人才当量密度持续改善，同比增长 7.7 个百分点。深入开展“五统一”企业文化进班组活动，创建“五星级”班组 9 个，“四星级”班组 39 个。发挥工会群团作用，3 名员工被评为遂宁市首席技术标兵，2 个基层工会被评为市精品工会，射洪复兴“川电留守学生之家”荣获四川省“留守学生（儿童）关爱行动”优秀阵地。三县公司优质服务行风建设持续在当地名列第一。

国家电网四川电力遂宁公司共产党员服务队获遂宁市“优秀工人先锋号”荣誉称号。图为电力职工把服务工作做到秋收现场，为群众修理设备（遂宁公司　提供）

【存在的主要问题】一是安全发展的基础不牢。事后管理转为事前控制、事故处理转为隐患管理、结果管控转向预警管理的深度还需进一步加强；资产全寿命周期管控未实现全覆盖和闭环；安全风险预控机制有待完善，安全科技应用力度不够；安全文化氛围不浓。二是电网不强、不协调，安全可靠、优质供电存在很大隐患。特别是明星供区网架结构薄弱，部分电力设施老化、抵御恶劣天气、大负荷影响的能力不够，整体网架结构存在安全隐患。三是公司发展速度、质量和效益不协调、不均衡，投入多产出少，整体价值最大、综合效益最优有待进一步加强。县公司的局部利益与公司的整体利益、短期利益与长期利益的关系还有待进一步理顺。四是结合工作实际，推进科技创新的力度不够；在“三集五大”体系初步成形后，各领域实施精益优化提升，系统推进公司精益转型的观念不强。五是用人效率不高。单位之间人员结构失衡，员工“又多又少”的矛盾突出。

【四川明珠集团有限责任公司】四川明珠集团有限责任公司组建于1996年，2005年2月由四川省电力公司控股。公司以水力发电、电网运营为主，兼营水电工程设计、安装、检修，以及变压器制造、销售和建筑施工等多种产业。拥有四川明珠水利电力股份有限公司和金华水电有限责任公司两家控股子公司，在岗职工1948人。拥有水力发电机组12台，装机容量8.17万千瓦。供区内有35千伏及以上变电站18座（不含用户站），其中省电力公司投资建设的220千伏1座、110千伏2座、35千伏3座；公司自建的110千伏2座、35千伏10座；主变总容量70.14万千伏安。供区内有输电线路389.195公里，其中220千伏4条127.57公里，110千伏9条107.17公里，35千伏24条154.45公里。电力用户33.18万户，供区通电率100%，供电可靠率99.6%。2012年，公司发电量完成5.5亿千瓦时，同比增长6.94%，再创历史新高。售电量突破11亿千瓦时大关，完成11.43亿千瓦时。

该公司用工总量为3103人，包括农电工20人。按员工现状分类为：在岗职工1950人（包括20名农电工），内退1153人。在岗职工中有硕士毕业生4人，本科263人，专科696人，职高、中技、中专毕业生667人，普高毕业生186人，初中及以下134人；高级技师14人、技师346人，高级工328人，中级工179人，初级工17人，副高级职称31人，中级141人，初级842人。在岗职工平均年龄为38.4岁。

明珠公司与政府相关部门建立常态协调机制，及时落实110千伏桃花山变电站前期用地问题，着力推进110千伏城西变电站前期工作。110千伏金华输变电工程、蟠龙变电站扩建工程有序推进。35千伏联盟、洋溪输变电工程成功投运，瞿河、仁和、太乙、老鹤输变电工程进展顺利。及时启动2012年农网改造升级工程，成功实施35千伏南城线改造和灾后重建等项目，全年完成电网投资2.07亿元，完成年度目标的103.5%，系统供电可靠性不断提升。

该公司以“安全年”活动为主线，开展“两票”专项监督、人身安全大检查等20余项专项活动，推进安全管理标准化评价，全员安全意识有效提升。建立应急指挥中心，完善应急体系建设，成功筹办遂宁公司迎峰度夏联合反事故演习，圆满完成党的十八大期间保电工作，全年处置各类应急抢修210起。在射洪县30个乡镇全部建立三级管电组织。规范开展班组安全日活动，蹲点督导外包工程施工安全管理，加大集体企业帮扶和监管力度；加强交通、消防、信息、电力设施等领域安全管理，确保了公司安全生产稳定局面。

明珠公司推行状态检修和联合检修，完成电厂年检预试和电网春、秋检工作。利用红外测温装置，监测重负荷设备运行，保证了设备安全可靠。抓住涪江来水充沛有利时机，加强电站梯级调度，优化系统运行方式，抓好前池清污和尾水清淤工作，确保了机组安全高效运行，发电效益再创历史新高。深化农网电压在线监测系统应用，49个监测点实现实时在线监测功能，提升了农电“两率”管理水平。积极开展管理创新，建成投运GIS电网地理信息系统，先后获省电力公司、遂宁公司管理创新成果二等奖和一等奖。

按照“五大”体系要求，在公司本部规范设置八部两中心，调整职能职责，各项工作与遂宁公司逐步实现对接。核定各单位绩效总额，增强绩效考核刚性。认真落实现金流和预算、主业和集体企业财务资源双控机制，调整贷款结构，合理调度资金，全年归还贷款本金1300万元，财务管理不断加强。建立专门应急物资仓库，推进物资信息化管理，加强非招标物资采购管理。广泛宣传动员，细化创建方案，落实对标找差，创一流工作取得阶段性成效。开展工程建设、“三指定”等自查自纠，顺利通过国家电网公司依法治企专项检查。依法合规推进主多分开工作，按期完成星辰公司清算关闭任务。

2012年，开展“线损管理年”活动，针对异常线损台区、线路，查原因、定措施、抓整改，系统综合线损率5.52%，同比下降0.96个百分点，10千伏及以下综合线损率同比下降1.44个百分点，全年仅降损一项节约电量1097万千瓦时。推进“百日攻坚”专项行动，主动为天亿纺织、金川生物等用电项目和川中建材、华有炭素等重要客户排忧解难，遏制了售电量下滑势头。推进优质服务品质提升行动，率先安装自助缴费终端机，成功投运自动抄表核算系统，提升了供电服务水平。

在“9·10”特大雷暴雨灾害中，射洪电网遭受重创，26个乡镇、15.9万用户受到影响。灾情发生后，公司第一时间全面启动应急抢险预案，启用应急指挥中心，13支抗洪救灾抢险队迅速奔赴一线，经1000多名干部员工6昼夜连续奋战，因灾停电线路、变电站、台区和用户全部恢复供电，圆满完成了省公司下达的抢险救灾任务，被县委、县政府授予抗洪救灾先进集体。

该公司打造党员活动室，推进党支部标准化建设。开展晋位升级，深化基层组织建设年活动。全面落实党风廉政建设责任制，党建管理水平不断提升。公司党委被省电力公司授予“电网先锋党支部”称号；共产党员服务队荣获遂宁市“优秀工人先锋号”。开展“五统一”企业文化进班组活动，建成五星级班组1个、四星级班组16个，建立职工书屋，开展全员读书活动，成功举办职工运动会和承办遂宁公司迎新春晚会，复兴川电留守学生之家荣获四川省“留守学生（儿童）关爱行动”优秀阵地，拍摄了《捍卫光明》等5部专题片，彰显了国家电网品牌形象。开展“感恩在行动、奉献在岗位”系列活动。创新选人用人机制，完成后备干部选拔；开展供电所副所长和团委书记岗位竞聘；全年提拔干部17人、交流干部19人。

【四川大英供电有限责任公司】四川大英供电有限责任公司成立于1998年3月，最初由绵阳电业局代管，2005年12月31日正式改制成立四川大英供电有限责任公司，由四川省电力公司控股，遂宁公司管理，省电力公司占63.7%的股权，大英县顺兴资产经营有限公司占6.3%的股权。公司承担全县11个乡镇、300个行政村的供电任务，用电户数16万户，供电人口57万。内设5部一室两中心和6个供电所，全县城乡普通电力客户16万余户，全部实现“户户通电”和城乡同网同价。农村电网改造率达100%，城区电网绝缘化率达70%。

大英公司现有正式员工252人，平均年龄40.5岁，大专及以上学历176人；高级职称2人，中级职称32人，初级职称145人；高级工11人，中级工21人，技师20人；农电员工91人，劳务工27人；大专及以上学历占23%，人才密度90.16%，高技能人才比例71.56%。

该公司严格按照省电力公司统一部署，以安全、稳定为工作基调，深化“三集”管理，整合“五大”业务，完善业务支撑体系，纵向管控能力显著增强，完成新旧管理模式的平稳过渡，各项业务实现无缝对接，强化集体企业监督管理和业务指导，主多分开全面完成并通过验收。

2012年完成电网投资2435万元，开工建设35千伏天保输配电工程，新建和改造10千伏线路149公里，低压线路108公里；完成第一期智能管理系统建设；完成了35千伏河边变电站、玉峰变电站II#主变和110千伏蓬莱站II#主变的更换工作；完成了10千伏莱镇线配网改造工程；完成了10千伏青景线的投运和10千伏青镇、青英线的负荷改接工作，解决了滨江路和大英纺织工业片区的负荷增长问题；完成了2012年公司迎峰度夏城网配变改造工程，共新增和改造公变18台，增加配变容量0.35万千伏安；安装智能化联络和分段开关9台，更换智能控制器10台，有效提高了城区配网的稳定性；110全法温家坪变电站顺利投运，新增变电容量8.0万千伏安，城网和农网供电可靠性分别达99.9%和99.78%，基本解决了供电瓶颈问题。

2012年，该公司完成供电量3.77亿千瓦时，同比增长7.47 %；售电量3.51亿千瓦时，同比增长8.7%；完成综合线损6.79%，同比下降1.05个百分点；资产负债率16.59%；可控成本3142万元，增长5.92%；固定资产总额1.8亿元；电费回收率100%，顺利完成了遂宁公司下达的各项考核指标。

严格执行施工“日报告”制度，以干部和管理人员到岗到位为重点，狠抓各项安全措施和要求的执行落实；强化现场安全管控，大力推进设备状态检修；完成城区“三线”整治工作，完成了城区10千伏负荷改接和农网160个台区“低电压”治理工作；加快应急体系建设，开展各类应急演练10余次，成功应对两次特大洪灾，圆满完成十八大、国庆等重大会议、重大社会活动、重大突发事件保电任务；建成遂宁公司首家电力警务室。截至2012年12月31日，连续安全生产2567天，实现了连续七年的安全运行。

该公司深入推进SG186和ERP系统应用，采用新技术、新设备提高线损管理的科技含量和计量精度。积极打造“智能电网”，全面推行远程管理方式，先后在42条10千伏配网线路安装84台智能真空开关，为加强管理提供了坚强的技术保障。完善了科技创新管理办法，科技创新体系初步建立，两项成果顺过市级科技成果鉴定，两项国家实用新型专利取证。供电企业基层“安监员垂直管理”荣获中电联创新管理成果二等奖。ERP、协同办公、自助缴费和台区智能监测系统正式上线运行。公司荣获遂宁公司“创新成果三等奖”，并成功创建四川省科普示范企业。

大英公司深入推进民生保障工程建设，主动对接县重点招商引资项目用电，积极服务农博会等全县重点工程项目落地，对重大项目、保障房、民生项目开辟绿色服务通道，实现“零投诉”。开展第三方客户满意度测评，不断完善缴费方式，增设缴费网点、建成24小时自助缴费系统。抗洪保电得到了县委政府的通报表彰，企业形象进一步提升。党员服务队报修服务 2559 人次，完成各种保电任务 30 余起。整合抢修资源，缩短了故障抢修时间。精心组织远程抄表项目建设，累计完成远程抄表 1.5 万余户。开展明察暗访和高危客户供电安全大检查 5 次，行风建设在 2012 年全县民主评议中再次名列第一名。

推进反腐倡廉建设，组织开展了“廉规考试”，健全协同监督机制，监督综合效能不断提升；深化创先争优活动，公司党委荣获遂宁公司党委“先进党组织”。公司团委分别荣获四川省和遂宁公司“五四红旗团支部”。在工程建设、安全生产、经营管理、抗洪抢险、应急保电中，涌现出一大批先进集体和个人，1人当选市第六届人大代表、2人当选县第四届政协委员、5人当选镇乡第四届人大代表，建立了公司与政府良好的互信合作关系。建成五星级班组1个，四星级班组11个。深入开展“企业文化落地”工程，完成了机关企业文化展览活动室、廊道文化建设、支部活动室和回马供电所企业文化落地建设。扎实开展“精益思想”主题读书活动，逐步推进精益管理，成功创建为省电力公司一流县供电企业。

国家电网公司“你用电 我用心”农村用电安全强基固本工作成功试点，已取得阶段性成果。先后促成政府出台了一系列政策性支撑文件，成立了农村用电安全共建工作领导机构和农村三级用电管理组织，组建了六支“农电义务绝缘检测小分队”，建成 3 个新农村电力服务亭，指导全县 300 个行政村相继成立了村委会管电小组，与村委会分别签订了“村企互助”安全用电协议，基本形成了齐抓共管的格局。

【四川蓬溪供电有限责任公司】四川蓬溪供电有限责任公司成立于 2005 年 12 月 31 日，由四川省电力公司控股。有在册职工 568 人（含劳务工 17 人、农电工 92 人、退养 26 人）；具有高级职称 1 人，中级职称 55 人（3 人退养），初级职称 302 人；高级技师 2 人，技师 85 人，高级工 44 人、中级工 155 人、初级工 31 人。公司经营范围：电网投资、建设、运营、管理、水力发电、供电、电网设计、安装、检修和维护、劳务派遣。2012 年底，拥有 110 千伏变电站 3 座，主变 4 台，变电总容量 13.15 万千伏安；35 千伏变电站 8 座，主变 12 台，变电总容量 5.88 万千伏安；110 千伏线路 7 条（含电铁），总长 151.9 公里；35 千伏线路 10 条，总长 150 公里；10 千伏线路 60 条 1516.50 公里；低压线路 6351.19 公里，配电变压器 2510 台，容量 25.0.9 万千伏安。水电站 3 座，总装机容量 0.85 万千瓦，年发电 5800 万千瓦时。未发生党风廉政建设、队伍稳定和优质服务方面影响和损害公司形象的重大事件。

蓬溪公司科学谋划电网规划与建设工作，完善电网结构，提高设备科技水平和供电能力，一批电网规划项目得以批准实施。投资 1.2 亿元、总容量为 30 万千伏安的 220 千伏蓬溪输变电工程已于 2012 年 11 月正式破土动工；投资 8000 多万元的 110 千伏金桥变电站正式获得省电力公司和省发改委立项批准；35 千伏蓬南站和大石变电站技改工程顺利实施；35 千伏文井新建变电站正在加紧施工；精心组织实施农网改造升级工程，投资 2145 万元的 2012 年农网升级改造工程正在有序推进；投入 220 万元完成了城区和部分农村线路改造；投入 100 万元完成了城区 8 条 10 千伏线路共 13 台智能开关安装投运工作；在农村 4 条 10 千伏线路安装智能开关，实现了配网线路“多分段、适度联络”；采用无线通讯技术，实时远程监控开关设备，逐步构建“智能化配网”，提高电网智能化水平和安全供电可靠性。

该公司深入开展“抓机制、强基础、控风险”电网安全年活动，全面排查治理电网结构、运行控制、设备运维等方面的隐患，夯实安全管理基础。坚持安全分析会、安全网例会制度，深入分析安全隐患和薄弱环节，研究制定安全整改措施。强化施工日报管理，坚持安全、农电、营销三线督查制，认真查处和纠正不安全行为。加强全程摄像管理，首创“日巡查、周通报、月考核”安全巡查监督工作机制，开展典型案例分析，现场影像资料回放剖析制度。彻底改变了坐在会议室读文件、听汇报的开会方式，将安全分析会开到基层、开到问题现场，由安全管理专家和技术人员“会诊”设备缺陷和安全管理短板，收效明显。强化交通安全、消防内保、电力设施保护和信息系统安全，公司安全管控能力显著增强，截至 2012 年 12 月 31 日，实现安全生产 2560 天，被遂宁市人民政府表彰命名为“市级安全文化建设示范企业”、“安全生产先进单位”。

蓬溪公司强化生产技术管理，全面做好大修技改和年检预试，顺利完成了红江电厂机组大小修、2012 年年检预试、35 千伏赤风线、赤文线、红江电厂 35 千伏刀闸更换和高洞庙电站 2#发电机等技改项目。强化生产计划管理，及时制定月度生产计划，加强停电计划管理。认真做好规程规范的修编应用，完成红江电厂、赤城、鸣凤、蓬南站运行规程修编。不断推进“SG186”生产管理系统的应用，发变电运行记录、工作计划及工作票办理业务已在系统中全面应用。开展输配电线路整治、变电设备带电检测和状态分析评价。实施通讯设备的更新换代，完成了光纤二期完善工程，建成了大石、三凤、蓬南、天桥站的光纤通道。合理安排电网运行方式，完成了春节、高考、国庆和十八大等重要保电工作。

蓬溪公司加大综合计划和全面预算管理，优化财务核心业务流程，资金预算管控覆盖率达100%。探索管理创新，完成了《基于县级控股公司强企战略的优秀人才选拔机制》、《拓展电费缴纳方式，化解电费回收风险》等3个管理创新课题。持续推进依法治企、“小金库”、业扩工程“三指定”和工程建设领域突出问题专项治理。强化运营监督、严格“三重一大”决策制度，认真开展清产理财工作，加强财务监管和成本控制，精打细算严控非生产性和一般性费用支出。统筹资金运作，经营环境持续改善。依法合规推进主多分开工作，按期完成了多经企业的清算关闭任务。

2012年，蓬溪公司完成发电量5909.15万千瓦时，同比增长5.35%；售电量2.32亿千瓦时，同比增长17.76%；综合线损率6.88%，同比下降1.01个百分点。该公司引入营销精益管理理念，开展基础数据专项清理，全面应用“营销数据质量管理考评系统”，强化SG186数据纠偏。加强营销内稽外查力度，重点对工业用电、分类用电电价进行清理，规范用电秩序。严格线损管理，开展分压、分线、分台区线损统计考核，定期召开线损分析会。全面推广购电制度，城镇预购率达50%，农村预购率达90%以上。开展明察暗访、行风监督员暨大客户代表巡视和第三方满意度测评。拓展多种缴费模式，在中心城区开通了两台24小时运行的自助缴费终端，在县城人口密集区相继建成了5个第三方代收点。公司优质服务工作在行风监督员既大客户代表测评中满意率达100%，在全县公用服务行业效能监察综合测评中名列第一。公司被评为2012年度“全县工业经济和招商服务工作先进集体”。

2012年9月10日，蓬溪境内遭遇特大雷暴雨，明月高洞庙电站被淹、红江电厂渠道被冲毁堵塞，10千伏及以上线路22条次和506台配电变压器被迫停运，全县2.79万用户因此停电，电网遭受有史以来规模最大、影响最广、形势最严峻的考验。蓬溪公司采取非常措施、坚持特事特办，争分夺秒开展抢险保电工作。公司员工表现出了“特别能吃苦、特别能战斗”的奉献精神，检试所、泰源分公司、明月、红江供电所、红江发电厂组织有序，处置得力，以最短时间、最快速度夺取了抢险保电全面胜利，赢得了党委政府和社会各界的肯定。

蓬溪公司认真宣贯党的“十八大”精神，积极开展“四好班子”、“学习型党组织”、“电网先锋党支部”创建活动，深入开展“基层组织建设年”活动，大力推进党支部标准化建设。加强党风廉政建设和效能监察工作，扎实推进“五防三控”廉政风险防控机制建设，确保了全年廉政目标的顺利实现。加大国网品牌传播力度，规范品牌标识应用。完成企业文化落地方案，有效将国网文化融入到班组管理和经营管理工作中。在各类媒体用稿864件。保持了“省级最佳文明单位”荣誉称号。全面启动“为民服务十件实事”，深入开展城乡文明结对共建活动，大石供电所顺利通过“市级文明示范窗口”验收。

选拔命名了公司第二批“双优”人才，年内有232名职工参加成人高校学历教育。加强干部监督管理，全年交流轮换干部15人次，班组建设成效明显，客户服务班通过了省公司五星级班组考评，6个班组保持了四星级荣誉称号，8个班组自评符合四星级考评标准，所有班组均达三星以上目标，三星覆盖率100%。

切实发挥工会参与民主管理、民主监督职能，坚持将重要事项提交职代会审议。开展“面对面 心贴心 实打实服务在基层”活动，深入基层走访慰问困难职工，强化厂务公开，巩固和谐劳动关系成果，公司工会荣获遂宁市“精品工会”荣誉称号，赤城营业厅通过了全国“巾帼文明岗”验收，公司团委被团省委表彰为“五四红旗团支部”。

（陈泽宇、陈云伟）

巴中电业局

【企业概况】1993 年 7 月 5 日，经国务院批准从原达县地区划出通江县、南江县、巴中县、平昌县，设立巴中地区，巴中一并撤县建市,巴中县更名为巴中市(县级)。10 月 28 日，巴中地区正式挂牌成立，下辖巴中市、通江县、南江县、平昌县。地区行署及党、政、军驻地于巴州镇，巴州镇为全区政治、经济、文化中心。2000 年 12 月，撤销巴中地区设立巴中市，原巴中市(县级),设立为巴州区至今。巴中地处川陕两省交界的大巴山系米仓山南麓。距成都 400 公里，辖 4 县（区），188 个乡（镇）、2354 个村，总人口 400 余万，幅员面积 1.23 万平方公里。

巴中电业局是四川省电力公司的分公司，国有大一型企业，1998年8月26日正式挂牌成立，承担着巴中通江、南江、平昌等三县一区188个乡镇的供电任务，供电面积（含趸售区）1.17万平方公里，供区覆盖率95.12%，供电户数97万户，市场占有率99.02%。截至2012年12月31日，电网资产累计达22.45亿元。该局本部共有在岗正式职工289人，职工平均年龄35．5岁；4个控股公司共有在册职工3852人，职工平均年龄42.28岁。2012年，荣获省公司“安全生产先进单位”、“教育培训先进集体”、“财务调考优胜单位”、“创先争优先进党委”、“离退休工作先进集体”和“敬老模范单位”。创建四川省和巴中市“青年文明号”各1个。安全生产持续向好，干部职工队伍稳定。

2012 年 8 月 23 日，四川省电力公司党委书记刘勤（右二）在巴中经济开发区指导电网建设工作　　（伏顺德　摄）

2012 年，完成售电量 16.04 亿千瓦时，同比增长 14.60%；综合线损率 4.41%，同比下降 0.06 个百分点；电费回收率、解交率均为 100%，预收电费比例 97.96%；综合供电电压合格率 99.774 %；城市供电可靠率 99.9299%。

【人力资源】该局现设 11 个职能部门，5 个业务支撑和实施机构，4 个直属供电所，4 个省公司控股的县级供电公司。该局加强干部履职能力建设，积极组织送培和集体培训。通过两次调整，干部队伍结构得到进一步优化，整体综合素质大幅提升，激发了企业活力。加强内控激励机制建设，深入实施差异化培训考核、职称评定、技能鉴定、劳动竞赛，加大优秀人才和“双千人才工程”选拔推荐，员工素质结构改善显著。使 277 名员工在学历、职称或技能等级上实现提升，3037 人取得岗位资格准入证书，特种作业岗位人员 100%持证上岗，人才当量密度同比提升 0.03。

【“三集五大”体系建设】巴中电业局按照省公司的部署，将“三集五大”体系建设作为全年工作的“重头戏”，强化组织领导，注重宣贯引导，加强专业协作与配合。通过扎实有效、稳妥有序开展通信和自动化机房建设、EMS 系统建设、调控大厅搬迁、UPS 电源系统投运、通信平台搭建及业务割接等各阶段工作，有力支撑“三集五大”体系建设顺利推进，于 9 月底全面完成了新、旧模式对接，并以 95.338 分顺利通过了省公司验收。“三集五大”体系建设后，管理层级和管理链条进一步压缩，工作职责和业务流程更加清晰，人力资源存量得到盘活，实现组织机构再次精简 20%，用工效率提升 28.7%。

【电网建设与发展】巴中电业局结合《秦巴山片区区域发展与扶贫攻坚规划（2011～2020）》和巴中经济社会发展，开展了电网规划编制研究，滚动修编了巴中“十二五”电网规划，启动了《兴文新区配电网规划》编制。该局加强全方位沟通，排解施工阻挠，强力推进电网建设，2012 年完成电网建设投资 10.35 亿元，新开工 35 千伏及以上项目 14 个，竣工投产 26 个。完成大修项目 139 个，技改项目 16 个，分别完成投资3342.2万元和2127万元。农网项目完成126个，完成投资8472万元，电网建设取得突破性进展。

【经营管理】该局抓增供扩销重点，优化经济运行方式，合理统筹停电时间，强化电网配套改造，扎实开展“百日攻坚”促增长活动，主动跟踪城镇化、工业园区、高速公路建设等重点项目，及时跟进大客户，深层次挖掘市场潜力，积极搞好供电服务，缩短报装接电时间，拓展电量增长空间，做到“度电必争”。2012年新增业务52202笔(含居民一户一表)，业扩报装申请容量49万千伏安，同比增长25.25%，投运容量39.92万千伏安，同比增长25.38%。在全省电量弱势增长情况下，该局仍然保持了电量、收入“两位数”增长。强力推进营销领域反违章，加大用电检查和营销稽查力度，严堵电量跑冒滴漏，严查偷漏电，杜绝“三电”问题，全年追补电量99.6万千瓦时，挽回电费损失69.1万元。持续开展“三节约”活动，全年可控成本较2011年下降15.04%。

巴中电业局认真开展“六五”全员普法，员工普法学习率达99.8%；扎实开展“规范管理年”活动，从综合、安全、生技等12个方面，强力推进规范管理；拓宽审计领域，创新审计工作，探索新形势下以风险为导向的审计，加强了审计监督和专项审计，充分利用审计成果增收节支25.93万元；以“三集五大”体系建设为契机完善制度体系，废止制度19个、修订49个、新建36个，以制度化建设促进规范化管理；加强“三公”经费管理和监督，认真执行管控流程和规定，严格控制经费使用范围和支付额度。控股公司物资管理ERP正式上线，推进了控股公司物资集约化管理。

【安全生产】巴中电业局加强电网安全稳定分析计算，合理分配网络负荷，确保了电网安全稳定运行。开展通道专项治理、输变电设备专项检查，以及断路器、线路杆塔防汛、防雷等专项隐患治理，消除缺陷261项，提高了设备健康水平。开展配网带电作业，完成50次带电作业任务，输变电设备状态评价综合报告通过省公司专家组审查。该局建立与“三集五大”相适应的安全工作体系，强化安全风险全过程防控，防范了事故发生。围绕“安全年”活动主线，全面排查治理电网风险隐患，扎实开展电网安全年活动，将安全管理范围延伸到所有用电客户。深入开展人身安全大检查、“打非治违”、“两票”和安全工器具等专项监督检查，有效控制作业现场安全风险。稳步提高农电安全生产“三控”能力。修订完善了22个专项应急预案、20个现场处置方案，组织开展了迎峰度夏暨防洪度汛联合应急演练，全面提升了应急综合保障能力。发布安全预警短信45条528人次，查处违章99例218人次，处罚金额67920元。首次组织对控股公司5个水电站进行了年度及汛后安全检查评估，督促完成隐患排查整治。荣获全省农电员工安全知识调考第一名，连续三年荣获省公司“安全生产先进单位”称号，安全工作持续向好，实现了“八个不发生”目标，截至2012年12月31日，该局连续安全生产运行3469天。

【科技和信息化工作】强化档案管理，数字化档案项目成功建成并投入使用。“财务调考优胜单位”，“资金计划管理系统”入围省公司管理创新成果100案例。加强标准化培训和宣贯，严格执行省公司标准体系，开通标准化信息系统。以建设一流县级供电企业为手段，创建省公司标准化供电所5个。创建“四星级班组”51个，6个“五星级班组”验收合格。2个项目获得国家实用新型专利，1个项目获四川省科技进步三等奖，1个项目获省公司“群众创新奖”。

【市场服务】巴中电业局为巴中·西部国际商贸城、达芙妮、建丰林业等重点招商引资项目，以及高速公路、铁路、市区亮化等市政民生工程做好服务。主动配合市政建设和项目落地，完成110千伏线路2条8.95公里，35千伏线路1条6.95公里，10千伏及以下线路4条4.5公里的搬迁，电缆下地8.45公里。圆满完成“十八大”、“王坪烈士陵园开园”、全市重大项目集中开工仪式等重大活动保电20余次。为廉租房等保障性住房提供可靠电力供应保障，改善困难群众生活条件。积极争取新增同网同价政策补

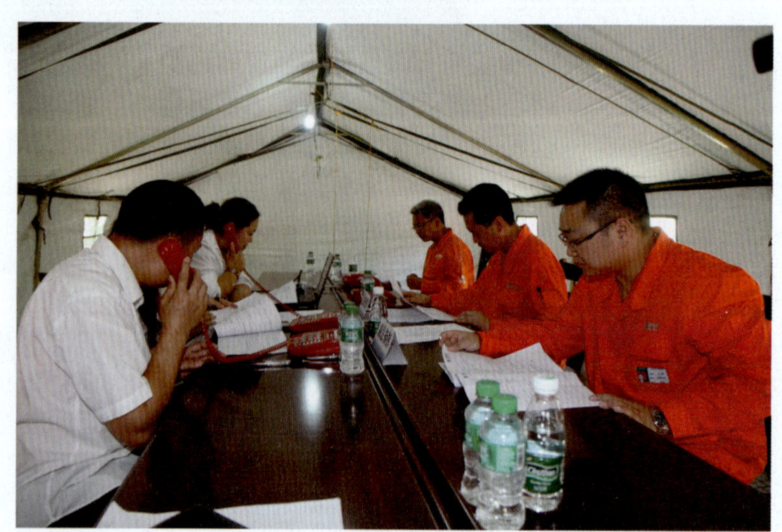

2012年11月30日，巴中电业局组织开展了迎峰度夏暨防洪度汛联合应急演练，全面提升了应急综合保障能力。图为应急演练临时指挥部现场　（伏顺德　摄）

贴3126万元，惠及全市400万人民，受到市委、市政府及社会各界肯定。

该局拓宽服务渠道，以客户满意为导向，大力开展“温情”服务、特困户服务、“三亮”等主题活动，扎实践行“你用电、我用心”的服务理念。95598服务电话接通率超过全省平均水平5个百分点。开通电力服务微博，共收到咨询信息450条，投诉信息74条，举报信息2条，及时化解客户误解和矛盾。开展节假日祝福短信送客户、供用电信息短信温馨提示，发送短信10万余条。采取ATM自助缴费、移动pos机、环球易付、移动电费代收等方式，拓宽缴费渠道，现有直供收费网点增加至51个。率先在省电力公司系统成立了9个共产党员“心连心”服务站，成为全省唯一设立“心连心”服务站的电业局。

【党的建设和精神文明建设】2012年巴中电业局召开了第二次党代会，完善了“两委”组织架构，结合“三集五大”改革，对直属党支部进行了同步调整。加强入党积极分子培养，全年新发展党员39名。打造通江王坪“红区第一村”等特色帮扶项目,建成“国家电网川电留守学生之家”示范点—李先念红军小学，大力深化党员、青年志愿服务行动，全局共注册各类志愿者2224名。以“三化三有”惩防体系建设为重点，开创“套餐式”廉政教育，多举措深化协同监督。深入探索集体企业廉政风险防控，狠抓监督检查。严格信访办案，责任追究落到实处。重点开展电力工程迁改、车辆清理整顿、重要决策部署落实、“三指定”专项治理等领域效能监察，成效明显。加强行风建设，形成内外监督合力，党风廉政建设责任目标任务全面完成。2012年，该局获省电力公司创先争优先进党委，巴州公司获省电力公司“电网先锋党支部”，5名职工获省电力公司党委“创先争优优秀共产党员”，2人获省电力公司党委“创先争优优秀党务工作者”，1名党员获省电力公司“为民服务明星队员”荣誉称号，局团委获省电力公司团委“团青宣传工作先进单位”。

2012年12月26日，巴中电业局通过打造通江王坪“红区第一村”等特色帮扶项目帮扶老区。图为慰问老红军刘洪才（伏顺德 摄）

该局开展“五统一”企业文化和形势任务教育巡回宣讲5场次。启动了“电亮王坪”示范传播工程，在市级及以上主流媒体上稿7844篇，同比增长33.8%。开展“五统一”企业文化进控股公司主题实践活动，重点推进廉政、安全、感恩、责任文化实践落地。加强社会责任管理，形成的《国家电网履行社会责任的箩箕背案例》已上报国家电网公司，《国家电网社会责任在老区的探索和实践》已上报省电力公司。以98分通过了省级“最佳文明单位”复验，被市文明办推荐为模范单位，三个季度获得省电力公司“文明新风奖”，《文明创建促发展》专题片获第八届“中电传媒杯”优秀电视片展评三等奖，创建四川省和巴中市“青年文明号”各1个。

【四川巴州供电有限责任公司】四川巴州供电有限责任公司（简称巴州公司）是四川省电力公司控股的中型县级供电企业，全国五四红旗团委、四川省文明单位、省电力公司党委命名的“创先争优示范党支部”、巴中市十年创辉煌先进单位、巴中电业局红旗党委、巴州区文明行业和“服务地方贡献奖”获奖单位。供电区域涵盖巴州区全部行政区域，供电人口143万，营业客户35.3万户，其中城区客户7.12万户、农村客户28.18万户，客户通电率100%。

2012年，巴州公司完成自发上网电量4637万千瓦时，完成供电量5.2亿千瓦时，完成售电量4.84亿千瓦时，实现综合线损率9.68%。该公司连续安全生产迄今超过3600天，实现连续十个年头的历史突破，全年未出现影响社会稳定的重大供电服务事件，未发生职工越级上访等影响企业稳定的事件。

该公司设15个职能部门，下设二级机构24个。现有在册员工1300人，其中上岗1113人，停薪留职117人，人才当量密度0.728，人均劳动生产率77150元。

坚持以“规范管理年”为统领，坚持依法治企方针，主动跟进“三集五大”管理，在规范内控管理、深化管理接轨上取得了重大进展。成功创建了化成、渔溪供电所两个省公司“标准化供电所”，配网中心顺利通过省公司“五星级班组”复查验收，清江供电所、检修试验中心变电综合检修班“五星级班组”创建，玉山供电所等 9 个“四星级班组”创建均验收达标。该公司实施了 110 千伏城南变电站升压改造工程，新建了中兴、梁永、平梁等三座 35 千伏变电站，对鼎山、曾口、化成、城西、雪山等五座 35 千伏变电站进行了综合自动化改造，启动实施了雪山、花从等两座35千伏变电站扩建，协助电业局实施了110千伏杨家坝变电站新建工程，通过推进变电站建设，巴州主网供电能力比上年增加 11.53 万千伏安，增幅达 65%。2012 年配网建设与改造工程项目及大修工程项目已完成 70%。新建城网 10 千伏线路 76 公里，新增配变 45 台。改造农网高压线路 110 公里、低压线路 402 公里，新增和更换变压器 103 台，改造户表 7846 户。 加大电费依法回收力度，强化电费回收考核奖惩，抓好预存电费的宣传、收取和管理，推行银行电费代收，安装自助缴费机和营业厅联网报警系统，降低了电费现金风险。

该公司将创先争优活动贯穿、融汇于生产经营中心工作和重点任务，深化学习型党组织创建，公司党委被评为省公司“电网先锋党支部”。强化廉洁意识教育，认真开展工程建设管理、供电所管理专项效能监察。创建了省电力公司“职工书屋”示范点，引导职工养成“爱读书、读好书”的良好习惯。

【四川平昌供电有限责任公司】四川平昌供电有限责任公司属国家电网四川省电力公司的控股供电公司。1998 年 12 月县政府与巴中电业局签订代管协议，2003 年 7 月由巴中电业局实质性代管，2006 年 3 月正式由省电力公司控股管理。公司注册资金2500 万元，省电力公司持有股份 55%，平昌县人民政府持有股份 45%。设 13 个管理职能部门、18 个生产单位（供电所 12 个）、代管巴中电业局直管直供的供电所 2 个。2012 年末公司在册员工 774 人，其中在岗员工 669 人。资产总额 1.03 亿元，资产负债率 59.7%。

2012 年该公司完成购电量 3.2806 亿千瓦时，同比增长 9.22%；完成售电量 2.9206 亿千瓦时，同比增长 12.41%；综合线损 10.98%，同比下降 2.52 个百分点； 电费回收率 100%。未发生影响和损害企业形象的重大事件，未发生影响企业稳定的事件。

以省电力公司“电网安全年”活动和电业局“安全年”活动为引导，全面加强安全管控。层层签订“安全责任书”，确保安全职责不挂空档，不留漏洞；组织全员安全学习、培训，每月开展《安规》抽考，以考促学，开展“学规程、强执行”主题安全讲评活动，切实提高各级干部、员工安全责任意识和安全技能素质；强化基建、检修和抢修等施工作业现场安全管理，加大违章查处力度，全年安全巡查 650 余次，查处违章行为 120 余起。加大安全经费投入和隐患排查整治，整治各类隐患 144 处，清理线路通道 6904.58 千米，整治低压变台 118 处。

积极响应县委、县政府的战略决策，高起点、高标准完成了金宝新区电网规划，修编完善了平昌电网“十二五”发展规划，并着力抓好规划、立项和审批工作。2012 年主网在建项目总投资 2.45 亿元，完成投资 9200 万元，其中 110 千伏驷马、笔山输变电工程开工建设；新建 35 千伏兰草、得胜输变电工程 2 个；“四站五线”完工投运，新增主变容量 1.99 万千伏安。新建 35 千伏线路 78 公里。县城配网项目计划投资 921 万元，完成投资 210 万元。2012 年农网改造升级工程总投资 3608 万元，涉及岳家镇茶店等 17 个村(居委会)，4 条 10 千伏配套送出线路，已完成主体工程的 85%；完成城区及农村线路迁改工程投资 4008.79 万元。投资 291 万元，完成了磴子电站灾后重建。

平昌供电公司面对两路建设用电负荷下降，工业用电量回落，下半年售电量增速大幅度放缓的严峻形势，坚持“稳存量、促增量、挖潜力”，开展了“度电必争”和市场开拓“百日攻坚”活动，使售电量稳定增长，全年新增客户 2587 户，新增容量 6.4915 万千伏安，售电量同比增长 12.4%。修订线损管理办法，严格线损分析、考核奖惩和说清楚制度，加强线损分压、分线、分台区管理，综合线损同比下降 2.33 个百分点。严厉查处窃电和违约用电，查处窃电 181 起。加大电费回收力度，制定了《预购电费管理办法》，预购电费比例从年初的 1.3%提升到 17.8%。

该公司开展优质服务大讨论活动，排查、整改突出问题 11 个。加强营销人员新“三个十条”及业务技能学习培训。大力推进营业窗口标准化建设。修订了《业扩管理办法》，规范业扩报装，加强流程监管，提高了业务办理质量和服务效率。提高抢修、报修速度和质量，规范客户中心、95598 运行管理。建立完善优质服务、行风建设目标管理及考核奖惩体系，对内加大优质服务明察暗访和违规、违纪行为的惩处力度，对外开展行风监督员定期联系活动，主动接受社会和客户监督，有效促进了行业作风的转变。

大力开展创先争优各项主题活动，选树先进典型，充分发挥典型示范和带动作用；加强党员教育，组织党员参观通江烈士陵园和刘伯坚纪念馆，缅怀先烈，重温誓词，进行革命传统教育。积极推进标准化党支部建设，从党支部工作业务、标准化软件制作等方面对党支部书记和组织委员进行了集中培训，完成标准化党支部建设 1 个。推进领导班子作风建设，建立了领导干部联系基层制度，树立了良好的亲民、勤政形象。开展领导干部述职述廉、民主评议，建立协同监督机制，完善惩防体系，党风廉政建设和反腐败工作得到有力落实，保证了下部员工廉政安全。大力实施企业文化落地工程，扎实开展“爱心廉洁文化”、“亲情安全文化”示范基地建设，开展文体活动，成立了钓鱼、象棋、羽毛球等兴趣小组，适时开展活动，丰富职工文化生活；组织参加了电力系统和全县篮球运动会，充分展示了电力人勇于拼搏、积极向上的精神面貌。该公司先后获得省工商局“守合同重信用企业”，中共四川省委、四川省监察厅、四川省人力资源和社会保障厅联合表彰的 2012 年度“四川省先进基层纪检监察组织”等称号。

【四川通江供电有限责任公司】四川通江供电有限责任公司（简称通江公司）原为地方电力企业，集发输配售及建管于一体，1998 年由巴中电业局代管，2003 年 3 月由巴中电业局实质性代管，2006 年 2 月由四川省电力公司（出资比例 55%）与通江县人民政府（出资比例 45%）出资重组为四川通江供电有限责任公司。供电面积 4116 平方公里，覆盖全县行政区域。下辖九浴溪电站、电力调度中心、变电运行所、调整试验所、城网配网中心、农网配网中心、线路工区，设 13 个管理部门和 19 个供电管理所。

该公司拥有 220 千伏变电站 1 座，变电容量 15 万千伏安。110 千伏变电站 3 座，变压器 4 台、变电容量 15.1 万千伏安，110 千伏线路 5 条 130 公里；35 千伏变电站 16 座（烟溪 35 千伏变电站在建），变压器 21 台、变电容量 11.09 万千伏安，35 千伏线路 17 条 310 公里；10 千伏线路 64 条 4451 公里，配电变压器 2789 台容量 22.312 万千伏安；0.4 千伏及以下线路 33956 公里。九浴溪水电站 1 座，装机容量 9800 千瓦。资产总额 1.188 亿元。2012 年完成自发上网电量 2191.38 万千瓦时，同比下降 22.78%；完成售电量 2.5482 亿千瓦时，同比增长 26.82%；综合线损率 12.55%，同比下降 2.71 个百分点。未发生影响和损害企业形象的事故（件），干部职工队伍稳定。

通江公司制订《外（分）包工程安全管理制度》，规范工程建设分包安全管理。修订《安全生产奖惩实施细则》、《反“三违”工作实施细则及处罚办法》，将农电纠察大队合并到安全巡查大队，扎实推进“三个专项”监督，强化安全监督体系。 严格执行领导干部和管理人员到岗到位，全年共督察和巡查 428 次，查出安全隐患 186 项，落实整改 178 项，其余 8 项正在整改。

通江公司坚持电网规划服务地方经济发展、服务地方建设。滚动修编“十二五”电网发展规划，使电网发展规划融入到地方经济社会发展总体规划中。2012 年完成主网建设投资 1.19 亿元。110 千伏平溪输变电新建工程如期完工，新增容量 4 万千伏安，新建 110 千伏线路 33.3 公里。新建 35 千伏千佛崖输变电工程，新增容量 2 万千伏安，新建 35 千伏线路 4.772 公里。完成 35 千伏广纳、至城、铁溪、平溪、民胜站技改扩建。完成 35 千伏永铁线 31.1 公里新建工程。在建 35 千伏烟溪输变电工程，新增容量 1 万千伏安、新建 35 千伏线路 13.2 公里，截至 2012 年 12 月 31 日，已完成总工量的 60%。在建 110 千伏平溪站至 35 千伏平溪站 35 千伏线路 12.5 公里，截至 2012 年 12 月 31 日，已完成总工量的 30%。35 千伏涪阳、洪口变电站、九浴溪电站新增主变三台，增容 1.21 万千伏安。

2012 年农网改造升级项目涉及 20 个乡、37 个村、6 个居委会，新建及改造 10 千伏线路 73 公里，新建及改造 0.4/0.22 千伏线路 219 公里，新增及更换变压器 92 台、总容量 1.27 万千伏安，改造户表 1.5577 万户。

严厉打击“三电”和窃电行为，加强表计周期校检，严堵电量“跑冒滴漏”，全年查处窃电及违约用电 72 万千瓦时，补收电费 46 万元。加大低电压台区和隐患整治、电力廊道清理，减少线路跳闸造成的电量损失。2012 年完成综合线损率 12.55 %，同比下降 2.71 个百分点，较年计划下降 1.45 个百分点，供电所首次全面完成公司线损计划。全面规范业务费用收取，加大预存电费宣传，预存电费同比增加 91.5 万元。为重要客户、大客户业扩报装开辟绿色通道，确保新装客户早投产、早用电，做到度电必争，全年新增客户 3604 户、新增变压器容量 1.85 万千伏安。通江公司开展上门服务、特困户服务、进社区服务等惠民服务活动。聘请行风监督员，及时发现问题及时整改。开通“电力服务微博”，拓宽与广大客户的交流渠道。利用网络短信平台，催收电费、发布停电信息。强化高危及重要客户侧隐患治理业务指导。开展“为民服务创先争优——大走访、大宣传、大服务”主题活动，密切供用电双方友好关系。加强与地方政府有关部门的衔接与协调，及时掌握重点工程项目情况，了解项目用电需求，开辟用电绿色通道，缩短接电周期。在王坪烈士陵园、工业园区、居民聚居点、风貌打造、诺水河风景区、石牛咀新区等县重点建设项目的供电服务中，得到地方党委政府及社会各界的肯定。圆满完成

2012 年度节假日、重要场所、重大政治活动等保电任务。

大力开展“三位一体”教育培训，651 人获得岗位准入资格，14 人通过职业技能鉴定，75 人获得大专及以上学历。积极参加省电力公司、巴中电业局组织的各类技能竞赛和技术比武练兵活动，共 355 名员工参加培训，合格率 100%；公司开展各类培训 5021 人次，全员培训率 100%。人才当量密度 0.756，同比增长 4.45%，高技能人才比例 0.69%，同比增长 11.9%。

制定为民服务创先争优活动实施方案，开展学习型党组织创建和标准化党支部建设工作。全年共发展党员 6 名，2 名预备党员转正。配合巴中电业局建成国家电网巴中革命老区“心连心”服务站。在城网配网检修中心推行责任文化进班组试点活动。配合局团委成功启动李先念红军小学“川电留守学生之家”春苗行动。完善扶贫帮困对象。组建职工书屋和图书角，丰富职工文化生活。成立钓鱼、羽毛球、足球等协会及兴趣小组，每名职工至少加入一个协会或一个兴趣小组，丰富职工业余生活。被通江县国家税务局授予“税企和谐文化建设基地”。城北供电营业厅被巴中市推荐为“四川省青年文明号”创建集体。

【四川南江供电有限责任公司】四川南江供电有限责任公司（简称南江公司）成立于 1982 年。2006 年 3 月，南江县人民政府与四川省电力公司共同组建了“四川南江供电有限责任公司”，成为四川省电力公司的控股公司。公司现注册资本为 2000 万元，其中省电力公司股本 1100 万元，占股份的 55%，南江县人民政府股本 900 万元，占股份的 45%。现有资产总额 5869 万元。南江公司先后荣获四川省“卫生先进单位”、四川省电力公司“五四”红旗团支部、“全国模范职工之家”、“省级文明单位”、巴中电业局“先进单位”、南江县委县政府“综合目标先进单位”等荣誉称号，其下属单位城西供电所荣获省公司“十佳文明供电所”。设 11 个职能部门、11 个二级单位。有 7 个供电所、2 个水电站、1 个城区配网中心、1 个输变电运行检修中心。在册职工 904 人（不含退休人员），其中在岗职工 794 人，内退职工 110 人，职工平均年龄 43.4 岁。供电面积约 2030 平方公里，占全县总面积 60%；含 38 个乡镇、335 个村、1638 个社，用电客户 12.13 万户，供电人口 45.86 万；供电量占全县的 85%。除该公司供区外，南江县境内尚有 13 个独立的小水电供区，与南江供电公司形成趸售关系。

该公司有变电站 20 座，总容量 56.94 万千伏安。其中 220 千伏变电站 1 座，容量 30 万千伏安；110 千伏变电站 3 座，容量 15.15 万千伏安；35 千伏变电站 16 座，容量 11.78 万千伏安；35 千伏及以上线路共计 621.75 公里，其中 220 千伏线路 52.5 公里，110 千伏线路 4 条 137.5 公里，35 千伏线路 31 条 431.75 公里，10 千伏线路 54 条 1558.97 公里；配电变压器 1632 台总容量 12.62 万千伏安；水电站 2 座，装机总容量 203.5 千瓦。2012 年，完成自发电量 474.6 万千瓦时，占年计划 100%，同比下降 10.86%；购电量 3.93 亿千瓦时，占年计划的 100%，同比增长 5.23%，其中购主网电量 3.39 亿千瓦时，占年计划的 100%，同比增长 5.63%；完成供购电量 3.97 亿千瓦时，占年计划的 100%，同比增长 5.01%；完成售电量 3.7,91 亿千瓦时，占年计划的 100%，同比增长 9.93%；综合线损率 4.63% ,比年计划下降 4.37 个百分点，同比下降 4.27 个百分点；电费回收率、解交率均为 100％。

南江公司加强员工培训管理，各类岗位培训达 2202 人次，全员培训率 98.53%，完成员工抽调考 4276 人次。107 名员工在学历、职称和技能等级上实现了提升，48 人取得岗位资格准入证，人才当量密度提高到 0.8634，其中 2 名员工获“四川省电力公司优秀技能人才”称号。

南江公司以“百日安全”隐患排查治理活动为载体，搭建安全管理平台，筑牢电网安全基础。完成 4 个 35 千伏变电站扩建，7 个变电站部分设备大修，5 条 35 千伏及以上输电线路大修和防雷整治，电网供电可靠性大幅提升。推进农网小方杆治理工作，整治小方杆 5411 根，治理“低电压”台区 97 个，配网障碍率大幅降低，未发生一起供电责任触电事故。

该公司积极开展电网规划编制研究，根据《秦巴山片区区域发展与扶贫攻坚规划（2011～2020）》要求，结合南江经济社会发展，滚动修编了南江“十二五”电网规划，完成 35 千伏林家坝、大河变电站扩建和洛坪变电站改造工程。积极协助电业局加快 220 千伏流坝、110 千伏寨坡及 5 座 35 千伏新建输变电施工进程。投资 4283 万元的城、农网改造工程和 1476 万元的智能卡表改造工程已按时间节点全面完成。

深入推进“你用电，我用心”农村用电安全强基固本工程，全面清理“三级漏保”的安装、投运。充分利用 95598 客户服务热线和电力服务微博，及时发布供电信息，接受客户咨询，有效化解客户的误解和矛盾。加大南江县城 7281 只智能卡表的安装，增设自助交费终端 4 台，拓展客户缴费方式。全面贯彻落实新“三个十条”，深入营业窗口开展明察暗访 18 次，通报整改各类问题 90 余条次。提前介入南江体育馆、影剧院、西福嘉和小区建设，制定供电方案，培育新的电量增长点。抓住海螺水泥、红塔新区、工业园区、黄金新城、高速公路建设等重点项目，做到“度电必争”，全年受理专变客户（含小区新装）101 户，受理容量 3.74 万千伏安，新投运专变 81 台，新投运容量 2.888 万千伏安。将预存电费纳入月度考核，年末预存电费用户 4.5 万户，预存电费余额达 1119.46 万元。

该公司以开展“规范管理年”活动为统领，梳理修订企业规章制度 15 个，进一步明确了机关部门与基层单位的管理权限和职能职责。成立了城区配网中心，将原设计队人员充实到生产部门，整合了人力资源，优化业务流程。提高工作效率与质量，强化班组建设，成功创建 9 个“四星级班组”，1 个“五星级班组”验收合格，实现了 3 年来五星级班组零的突破。加大供电所标准化建设力度，城西、长赤、下两三个供电所被巴中电业局命名为“规范化管理达标供电所”，城西、长赤供电所并被命名为“四川省电力公司标准化供电所”。

南江公司深入开展创先争优活动，成立了共产党员突击队、青年突击队，充分发挥示范带动作用。加强入党积极分子培养，全年发展党员 7 名；全面落实党政主要领导“一岗双责”，深化行业作风和党风廉政建设，开展全员“学法规、守廉洁、保安全”主题教育活动及廉规考试，切实增强干部员工廉洁自律意识。2012 年先后获得四川省电力公司党委“创先争优示范党支部”、四川省委、省政府办公厅“关爱留守学生之家先进集体”。四川省委、省政府“劳动关系和谐企业先进集体”。

（刘柄宏）

四川省电力公司甘孜公司

【企业概况】四川省电力公司甘孜公司成立于 2006 年 1 月，是隶属于省电力公司的以输电和售电为主的分公司，位于康定南郊炉城南路 57 号。2011 年 11 月，省电力公司与甘孜州政府签订了组建四川甘孜州电力有限责任公司的框架协议。2012 年 3 月 12 日，省电力公司与甘孜州电力开发有限责任公司举行了出资协议签字仪式，共同组建四川甘孜州电力有限责任公司。2012 年 3 月 20 日，四川甘孜州电力有限责任公司正式挂牌成立，按照一套人马、两块牌子的原则，甘孜公司现有人员整体无偿支援州公司，州公司与甘孜公司的管理融合正逐步推进。

2012 年，甘孜公司完成并表口径售电量 5.06 亿千瓦时，电费回收率、解交率 100%。完成全州电网投资 20.13 亿元，其中 220 千伏及以上电网投资 13.21 亿元，110 千伏及以下电网投资 6.93 亿元；建成 35 千伏及以上变电容量 71.26 万千伏安、线路 1004.99 公里。完成并表口径线损率 11.98%。资产总额 18.32 亿元，同比增长 11.74 亿元。全面完成了省电力公司下达的各项考核指标，全年未发生受考核的安全生产、优质服务、队伍稳定和党风廉政事件。截至 2012 年 12 月 31 日实现连续安全生产 2536 天。

2012 年 2 月 13 日凌晨 4 时 58 分，甘谷地 500 千伏开关站投运，铸强甘孜水电送出“大动脉”　　（杜小飞　摄）

【人力资源】甘孜公司用工总数 160 人，其中全民员工 115 人，主业岗位劳务人员 45 人。全民员工中经营者 8 人，中层管理人员 25 人，一般管理、专业技术 35 人，生产技能人员 92 人。设 11 个职能部门和 3 个业务支撑和实施机构，11 个职能部门分别是办公室、发展策划部、人力资源部、财务资产部、运维检修部、营销部（农电工作部）、安全监察质量部、基建部（项目管理中心）、监察审计部(纪委办公室)、党群工作部（工会办公室）、电力调度控制中心。3个业务支撑和实施机构分别是州检修公司、州客户服务中心、州物资供应公司，其中运维检修部与州检修公司合署办公，营销部（农电工作部）与州客户服务中心合署办公。

甘孜公司纳入管理的16个县公司，有2个控股公司，14个代管公司。2个控股公司分别是四川九龙供电有限责任公司、四川丹巴供电有限责任公司，14个代管公司分别是甘孜藏族自治州电力有限责任公司、四川石渠供电有限责任公司、四川理塘供电有限责任公司、四川巴塘供电有限责任公司、四川得荣供电有限责任公司、四川乡城供电有限责任公司、四川甘孜供电有限责任公司、四川炉霍供电有限责任公司、四川雅江供电有限责任公司、四川稻城供电有限责任公司、四川新龙供电有限责任公司、四川色达供电有限责任公司、四川白玉供电有限责任公司和四川道孚供电有限责任公司。共有各类用工1874人，平均年龄41.52岁，其中：长期职工1648人、劳务用工226人；有高级职称5人，占0.3%，中级职称33人，占2%,助理级职称168人,占10.19%；从技能等级上统计，有技师63人，占3.82%,高级技师1人,占0.06%，高级工604人，占36.65%,中级工及以下263人,占15.96%；从学历结构统计，有大学本科16人，占0.97%,大学专科345人，占20.93%,中专239人,占14.5%，高中学历及以下1048人,占63.59%；无职称无技能等级511人,占31%。

【结对帮扶】甘孜公司按照省电力公司的要求，充分发挥主导作用，按照“四步走”的整体安排，成立公司帮扶工作领导小组，制定详细的帮扶工作规划、实施方案，建立帮扶工作周报等制度，完善了定期与帮扶单位的联系协商机制。组织支援人员开展摸清各县公司家底工作，解决在电网、营销、生产、人员等方面现实问题。帮扶人员到位后，认真开展了缺陷整治、反窃电、人员培训及设备命名编号等基础管理工作，消除了大量影响安全的缺陷。在11家帮扶单位的指导下，建立各类制度504项，举办各类培训班421期，开展检修、技改工作36次，完成对稻城、石渠、甘孜、巴塘5座35千伏变电站主变增容改造工作，增加变电容量3.03万千伏安，完成26个变电站、10个水电站的预试定检工作，累计援助各县公司价值2400万元以上的电能表计、导线、变压器、车辆和办公用品等物资，结对帮扶工作取得阶段性成果。

【电网建设与发展】2012年，甘孜公司完成了川藏联网方案设计、500千伏巴塘输变电工程选址及可研工作；配合拟定了甘孜特高压在理塘、新都桥的布点；依据修编方案，对甘孜电网“十二五”规划进行了修编完善。在省电力公司电网建设“一号工程”—“新甘石”联网工程中，当好“战斗员、宣传员、协调员、服务员”，以高标准、高质量完成了“新甘石”联网配套工程建设，成功实现工程“零阻工、零盗窃、零斗殴”“三个0”目标，使18个月的工期在6个月全面完成，成就了电力建设史上的一段壮举和奇迹。建成投运了220千伏榆林变电站，为康定县提供了第二电源保障支撑。大力推进无电地区电力建设和农网改造升级工程，建成稻城桑堆、雅江呷拉等35千伏输变电工程，解决了巴塘、雅江、石渠、甘孜、炉霍、稻城6县冬春季节严重缺电问题。积极筹备启动甘孜州“电力天路”工程建设，按照2012年里程碑计划，开工建设了220千伏雅江、茨巫，110千伏康定新城、雅江、稻城、九龙、乡城等输变电工程。配合甘孜州委州府开展“幸福工程”，编制远村点亮行动计划，并纳入“电力天路”工程。

【经营管理】2012年，甘孜公司完成并表口径售电量3.06亿千瓦时，电费回收率、解交率100%。该公司加强流动资产余额控制，完成流动资产周转率63.55次，同比增加34.55次，资产效率进一步提升。开展市场规模与质量“双优化”行动，加强留存电量实施和引导，2012年累计向甘眉工业园区售电16

2012年9月17日，“新甘石”联网工程电通海拔4200米石渠县城，5条10千伏、3条35千伏输电线路点亮藏北高原，国家电网正式向藏北供电　（杨林　摄）

亿千瓦时。大力推行预付电费工作，累计预收电费比例达 90%。推进营销专项工程，完成第一次电价调整工作，各县公司亏损额度明显减少。对各县公司高危及重要客户进行了重新甄选，组织开展高危、重要客户隐患排查治理和反窃电专项活动，组织用电检查 263 次，查处窃电及违约用电 468 起，仅甘孜县公司就追补电费 16.37 万元。

【安全生产】甘孜公司扎实开展“安全年”活动，组织开展安全生产大讨论、安全生产月等系列活动，开展防人身事故大检查，基建、生产、农电作业安全风险管控等 11 个专项活动，有序推进春、秋季安全大检查，深入开展隐患排查治理，全面排查、整治各类缺陷和隐患 865 项，风险管控能力得到提升。该公司切实加强对县公司安全生产基础管理，统一安排专项资金，为 15 个县公司配置安全工器具。开展县公司设备预试定检工作，建立设备台账基础资料，开展电网主接线图绘制和设备双重编号命名工作。组建了该公司第一支检修队伍，开展对甘孜、炉霍等五个县设备整治和检修工作。首次开展了县公司层面的日常运行、维护、检修工作，改变了县公司以事故抢修为主的运行检修维护模式。完成对 110 千伏康定塔公、35 千伏炉霍城关等 9 个变电站主变压器增容更换工作，新增变压器总容量 9.045 万千伏安，解决了炉霍、石渠等 8 县公司冬季主设备严重过载问题。着力开展设备首检、信息升级、监测、防汛、发热、防雷等工作，提高了设备健康水平。完成了对 220 千伏幸福变电站、110 千伏沈村变电站的首检工作。开展调度业务联系技能培训。新甘石工程投运后，加强对石渠、甘孜电网的调度管理，保证了电网安全稳定运行。开展安全用电和电力设施保护宣传、咨询活动，共发放各类宣传资料 6000 多份。组建应急指挥中心，强化应急物资储备和应急队伍建设，健全突发事件应急机制。开展迎峰度夏联合反事故演习，全程参与州政府举行的“5.12”防灾救灾演练，成功应对色达、石渠等汛期突发灾害。

【科技与信息化工作】2012 年甘孜公司科技工作再创新高，科技论文和专著较往年有了较大的提升，圆满完成了省电力公司下达的各项考核指标。该公司完成了“新甘石输变电线路投运后甘孜北部电网安全稳定运行研究及防雷措施综合研究”工作，该项目将重点提出“新甘石”投运后甘孜北部电网安全、稳定经济运行方案及新甘石输电线路防雷及接地故障的应急解决方案，为甘孜北部电网安全稳定运行保驾护航。

2012 年公司信息化建设取得了重大突破，在省电力公司大力支持下按时保质完成了泸定运检中心、康定县、甘孜县、石渠县公司的信息机房及综合布线工作。同时，根据甘孜公司发展规划，着手编制综合数据网工程完善方案、高清视频会议系统完善方案。随着公司对信息化建设投入不断加大，整体信息化水平大幅提高，信息化在生产、经营和管理工作发挥了突出作用，有力地促进了该公司管理水平和工作效率的持续提升。

【市场服务】该公司完成 8 家县公司的 8 个营业厅装修，改善了工作条件。稳步推进智能电表推广应用及配套工程项目，新装智能电表 6300 只。圆满完成了“新甘石”工程启动仪式、通电仪式，中国广播艺术团慰问演出、“十八大”、州“两会”等重要保电任务。

【党的建设和精神文明建设】甘孜公司扎实开展基层党组织建设年活动，实现了 B 级和 C 级党支部晋位升级；对县公司党组织及党员信息进行了调查摸底，成立了各基层党组织并开展了县公司组织关系转接工作；党员发展工作有序开展，全年共发展党员 11 名，10 名党员按期转正，培养入党积极分子 22 名；积极开展支部标准化建设和电网先锋党支部创建活动，本部党支部被评为省公司“电网先锋党支部”和“先进基层党组织”。

积极开展“四好班子”创建，召开“坚持科学发展深入学习贯彻党的十八大和省第十次党代会精神”为主题的民主生活会，公司领导班子民主决策、科学决策能力和战斗合力得到进一步增强。通过集中

2012 年 7 月 16 日，国家广电总局慰问团《欢歌踏舞》拉开了慰问“新甘石”联网工程建设者的序曲　（杨林　摄）

学习讨论、专题讲座、领导讲学等方式，认真开展了中心组学习，提升了干部队伍政治理论素质。完成对 17 个县公司的干部考核和后备干部的民主推荐、调整任命。首次以公开竞聘方式提拔了 10 名中层管理人员，提高了选人用人公信度。采用民主测评和绩效考核等手段，全面评价了本部中层管理人员和部分县公司负责人的工作业绩。

坚持每季度开展员工思想动态分析，不定期进行员工思想"暗访"，以调查问卷的形式进行了思想动态调查，确切掌握了员工思想动态。及时梳理问题，通过个别访谈、召开座谈会等形式，有针对性地开展员工思想引导和疏导。扎实开展信访稳定工作，严格落实各项责任制，圆满处理了九龙公司员工工龄买断诉求等问题，维护了十八大、体制改革等敏感时期的队伍稳定。结合实际，从企业文化、公司发展等方面印发了《2012 年形势任务教育读本》，开展了"仰望星空、脚踏实地"青工大讨论、领导宣讲形势任务、十八大专题学习等活动，增强了职工对当前形势任务的认识，为完成公司"43160"年度目标任务坚实了思想基础。

【存在的主要问题】一是公司电网建设安全压力大，电网调度运行、维护检修、设备管理等工作任务将异常繁重。二是干部员工安全意识淡漠、安全生产执行力较弱，人身伤亡事故、设备事故、外力破坏事故、误操作、误调度等事故发生风险大。三是州内各县公司电力网架薄弱，随着各县域电网逐步并入四川主网，各县公司驾驭电网运行的能力亟待提高，公司安全生产的责任很重，压力大。四是甘孜州内无电地区电力建设规模持续增大，川藏联网工程、特高压工程启动建设，在大规模、高强度的电网建设管理任务面前，公司建设管理、运行维护、检修、应急抢险和保障电网安全稳定运行等任务十分繁重，管理能力需要进一步提高。

（张显兴）

责任编辑：魏秀云　程彦韬

映秀湾水力发电总厂

【企业概况】四川省电力公司映秀湾水力发电总厂（简称映电总厂），位于四川省西北部阿坝藏族羌族自治州汶川县映秀镇，地处少数民族地区，距成都65公里，距都江堰市16公里。整个生产厂区分布于岷江及其支流数十公里区域内，总厂由映秀湾水电站、渔子溪水电站（一级）和耿达水电站（二级）共同组成，是四川省电力系统大二型骨干水电厂之一。映秀湾水电站位于岷江上游干流，渔子溪和耿达水电站位于岷江上游右岸支流渔子溪河。3个电站均系低闸隧洞引水径流式发电站，除耿达电站是半地下式厂房外，映秀湾电站和渔子溪电站均为地下式厂房，共有机组11台，主设备29台，总装机容量为45.5万千瓦。

2012年，是映电总厂全面恢复重建工作的决胜之年、收官之年，也是由灾后重建向发展振兴全面转型的启动之年。全厂11台机组在“8.13”泥石流灾害发生的22个月后全部恢复发电；总厂集控中心成功投运，实现了对映、渔、耿三站的远程集中控制；提前98天完成了省电力公司下达的年度发电量计划；总厂“科学重建、创新发展”灾后重建成果发布会隆重举行，历时四年的灾后重建取得全面胜利，发电能力达到震前水平。该厂有在职职工905人，截至2012年12月31日安全生产长周期达5242天，安全生产形势和职工队伍保持稳定。

2012年12月4日，映秀湾水力发电总厂召开科学重建创新发展成果发布会
（映电总厂 提供）

【人力资源】映电总厂围绕“一强三优”现代公司战略目标和省电力公司“三集五大”体系建设工作部署，结合主多分开工作，按照“大运行”、“大检修”的需要优化总厂资源配置，职能部门从12个精简至7个，实施机构从6个精简至5个，初步形成总厂管理集中高效、人财物资源集约共享、发电业务集成贯通的企业运营模式。

2012年，映电总厂圆满完成各项培训计划，全员培训率98.72%。外送培训达1090人次，厂内举办了中干及管理人员的现代管理管理知识培训、2012年警示教育活动、心理管理能力（EAP）培训、“三集五大”转岗人员培训和全员适应性培训等。人才当量密度从年初的0.9162达到0.9371，圆满完成省电力公司下达的0.9304的目标。

2012年初映电总厂完成离退休人员档案的数据化管理，实现了信息保密、信息维护、信息统计查询、信息输出和信息维护五大功能。2012年，该厂荣获省电力公司2010至2012年度离退休工作先进单位。

【经济技术指标】映电总厂2012年累计完成发电量20.7876亿千瓦时(其中映站5.6301亿千瓦时，渔站7.9082亿千瓦时，耿站7.2491亿千瓦时)，完成上网电量20.5181亿千瓦时。发生综合厂用电量2691.07万千瓦时，综合厂用电率1.29%。2012年共发生机组非计划停运两台次，非计划停运时间17.97小时。非计划停运次数和时间均在省电力公司考核指标范围以内。

【设备维护与检修】2012年，随着生产管理系统上线使用，映电总厂设备维护消缺管理工作系统化、流程化和专业化，逐渐形成闭环管理，全厂共发生缺陷334项（比2011年减少106项），消除326项，设备缺陷消缺率达到97.6%。同时，总厂三站主设备完好率 100%，保护投入和动作正确率均为 100%，全年无重大设备事故和故障，未发生机组非计划停运，未发生恶性误操作和人身伤亡事故，生产性人身轻伤≤0.1%，发供电设备事故率≤0.2 次/台·年，圆满完成了省公司下达的电能质量及无功指标，以及电压运行曲线，确保了系统的安全稳定运行。2012 年总厂完成了映站 1G、渔站 2G 机组恢复，全厂 11 台机组灾后全部恢复并网发电；同时映站 3G、渔站 1G 和耿站 1G 机组正常大修顺利完成，机组一次性启动成功，检修质量极大提高。在整个设备检修及恢复生产过程，保护系统、自动化设备投运率 100%，正确动作率 100%，人员伤亡和质量事故 0% 。

【**安全生产**】2012 年，映电总厂全力开展 “安全年”活动，抓实、抓好“安全生产、建设质量、队伍稳定、依法治企、品牌建设”五个方面的工作，2012 年全年恢复重建和生产管理未发生八级及以上的人身、设备、电网、信息事件，安全长周期截止到 12 月 31 日达 5242 天，职工队伍保持稳定。

该厂高度重视“安全年”活动，注重宣传策划，强化事前防控。每年初基层各单位安全第一责任人和总厂厂长签订了“安全生产管理目标责任书”。“三集五大” 体系实施以来，严格要求安全生产管理责任落实到岗到位，每季度评选“反违章之星、反违章先进班组、反违章先进单位”，强化“问责制”，运用问责、考核等措施来督促责任制的落实到位。映电总厂制定应急管理标准，形成应急预案体系，总体应急预案、专项应急预案、现场处置方案，组建了现场救援队伍，在都江堰集控中心设立应急指挥中心、映秀生产区设立了应急指挥分中心。

2012 年 10 月 22 日，映秀湾水力发电总厂映秀湾电站 3 号机组发电机转子成功吊出 （罗成　摄）

【**发电运行**】2012 年 7 月 8 日，随着渔子溪电站 2 号机组的并网发电，映电总厂 11 台机组全部恢复发电。映电总厂集控中心也于 2012 年 8 月 2 日 10:40 投入厂内试运行，8 月 26 日 9 时 43 分申请省调同意进入为期三个月的试运行，12 月 12 日 09:20 集控中心投入正式运行，映电总厂进入三站远方集中控制运行模式。

2012 年，映电总厂针对机组运行的实时状况，集控中心和电站现场运行人员加强对运行设备的监控、维护、保养，形成了对运行设备的常态管理，使发供电设备始终处于稳定可靠运行状态。同时，持续做好生产现场的 TPM 管理工作，及时解决机组运行中出现的缺陷、问题，保证设备长期处于良好状态。

【**科技与信息化工作**】2012 年映电总厂 “水电站检修标准化管理研究”和“全面可视化管理在水电厂的应用研究” 2 项课题研究列入省电力公司下达的年度计划，并获得省电力公司二、三等奖；管理创新项目“映秀湾水力发电总厂智能化建设方案”项目作为国家电网公司管理咨询项目进行了设计方案的编制，已通过省电力公司的可行性论证，形成项目结题报告，映电总厂向智能化水电厂建设迈出了重要的一步。

映电总厂信息化工作全面实现生产现场和办公区域信息网络全覆盖，完成机房主供电源与辅助电源分离整治工作，OA 邮件服务器的安全部署；按照“三集五大”机构设置完成人员相关业务及网络点位的调整、内网计算机端口绑定、有序管理无线网络、ERP 系统和信息运维综合监管系统（IMS）上线、外网流量控制系统与外网办公计算机保密终端自动检测系统的推广部署、开展“安全年”信息专项活动等工作。

【**党的建设和精神文明建设**】映电总厂党委坚持“融入中心、服务大局、凝心聚力、促进和谐”的基本思路，坚持和完善党委中心组学习制度，构建 “五学”新机制。扎实开展党的基层组织建设年活动，特别是在灾后重建、品牌建设、“三集五大”体系建设、主多分开、维护稳定等企业重点工作中不断深化创先争优活动。加强组织建设，调整优化党支部设置，将原 10 个党支部调整为 1 个党总支部、13 个党支部。开展党员政治生日“三个一”活动，推进企业文化建设；开展“三个一”国家电网企业文化学习培训月竞赛活动，和“国网企业文化在映电总厂落地及精品工程”课题调研，制作完成反映灾后重建的长篇纪实报告文学、专题片、多媒体宣传片等，将总厂四年重建经验及成果加以总结并公开发布。力推进员工帮助计划项目，帮助员工释放心理压力，提升心理资本和幸福感，助力企业发展战略转型。扎实开展品牌传播和舆情防控，全年未发生影响总厂形象的负面新闻事件。积极履行社会责任，坚持开展“村企共建”、结对帮扶活动，致力“藏区”发展，借助“川电留守学生之家”的平台，深入开展青年志愿服务行动，提升了企业社会形象。

2012年，该厂工会结合“三集五大”、“主多分开”等重点任务，提前布置，组织职工代表，到基层单位巡视督察厂务公开实施情况，帮助指导各基层单位完善事务公开的程序和形式，维护职工权益，加强民主管理。2012年，职工队伍始终保持了和谐稳定，该厂发电部获省电力公司工会“创建和谐劳动关系先进集体”光荣称号。

【存在的主要问题】一是自然灾害诱发的危险因素多：2008年汶川地震后三站沿线地质结构不稳定，暴雨、洪水、飞石、山体滑坡等次生灾害直接威胁人身安全和设施安全，沿线行车交通安全风险大，河床行洪能力变化也使汛期防洪压力远高于原设计水平，恢复重建和电力生产始终面临着较大风险。二是企业改革发展任重道远：映电总厂发展空间长期受发电容量和电站规模的限制。企业现有体制机制与建设坚强智能电网的战略目标还不相适应，要全面提升企业实力和发展质量，映电总厂在战略创新、管理创新、技术创新、文化创新等方面都还需要付出艰苦而长期的努力。

（黄　丽）

四川省电力公司检修公司

【企业概况】为贯彻落实国家电网公司“三集五大”体系建设重大战略决策，2012年5月28日，四川省电力公司（以下简称省公司）在原超（特）高压运行检修公司基础上，组建了四川省电力公司检修公司（以下简称检修公司）。业务范围涵盖交流和直流、超高压和特高压所有的省内骨干电网，负责全省21个市州超特高压输变电设备的生产运行、检修、大修、抢修、带电作业等工作的组织实施，负责检修资源的统一调剂，积极应对突发事故，确保全省超特高压电网安全稳定运行。

直流场清灰作业现场　　　　（李帅印　摄）

2012年，该公司本部设置办公室、运维检修部、安全监察质量部、财务资产部、人力资源部、党群工作部（工会办公室）、监察审计部7个部门，下辖变电运检中心、输电运检中心，西昌、自贡、南充、绵阳、乐山5个检修分部和德阳换流站。截止2012年底，检修公司管辖变电站36座，变电容量5250万千伏安，±500千伏换流站1座，容量357.12万千伏安；500千伏交流输电线路118条，长度9706.849公里；±500千伏直流输电线路1条、±800千伏直流输电线路2条，长度分别为240公里、187公里、484.034公里；接地极线路3条，长度178.147公里，极址3座。共管理资产324亿元。

【人力资源】截至2012年底，检修公司用工总量1747人，其中：全民员工1194人，占68%，主业生产岗位劳务派遣员工297人，占17%，其他用工256人，占15%；管理人员共计206人，占12%。主业岗位人员1491人，其中生产人员1285人，占74%。研究生及以上学历人员共计100人，占6.7%；大学本科学历人员共计723人，占48.5%；大专学历人员共485人，占32.5%；大专以下学历人员共183人，占12.3%。取得专业技术资格人员 893 人，占公司主业岗位员工总数的 60%，其中高级职称 47 人，占 3%；中级职称 192 人，占 13%；初级职称及以下 654 人，占 44%。

2012 年，检修公司人力资源管理工作按照专业化、一体化管理的要求，从组织机构设置、岗位设置、人员选聘、绩效管理、薪酬管理、全员组聘上岗、员工培训管理等方面建立了统一、规范、高效的人力资源体系，以适应生产专业化管理的需要。稳步推进“三集五大”体系建设工作，顺利完成了机构调整、岗位岗级设置和员工组聘上岗等工作，机构精简率 25%，用工效率提升 21.98%，管理人员与生产人员之比达 1∶7.4，用工精简节约，成效显著，管理效率在省公司系统处于领先水平。

干部队伍建设有效推进，制定了检修公司基层单位“四好”班子考评办法，为检修公司干部管理提供了制度保障。加大干部交流力度，进一步激发了干部活力与潜力；严格干部选拔任用程序和标准，全年调整交流中层干部 27 人，其中：新提拔 9 人，副提正 5 人，平级交流 13 人，中层干部队伍结构得到进一步优化。

薪酬绩效管理扎实推进，建立了季度预分配，年度总结算的工资总额预算分配体系。建立绩效指标库，量化指标考核体系，全面落实绩效经理人制度，及时有效实施绩效考核，实现了检修公司绩效管理全员覆盖。

福利保障机制全面建立，明确了各层级、各部门管理职责，建立了规范、标准的管理流程和决策程序，通过福利费用年度预算及计划管控机制，有效降低了经营风险，依法治企得到进一步加强。

教育培训工作成效显著，编写了初、中、高（I、II、III）三级，涵盖 13 个专业的生产岗位培训规范和考核标准。组织实施了“中层管理者职业化管理”专题培训、“企业内训师（进阶）培训”、“新员工入职培训”和“班组管理培训”等 11 个大类 69 个教育培训项目计划。全年共计培训 3939 人次，其中自主办班 3325 人次，外送培训 614 人次。全年投入培训经费 306 万元，检修公司主业生产岗位员工持证上岗率 100%；人才当量密度由 2011 年底的 0.999 提升到 1.0199。

【经营管理】2012年，检修公司将标准化作为一体化管理的落地载体，以省公司标准体系为支撑，全面提升管理效率，有效保障“大检修”体系建设和运行。对原有工作标准、管理标准、技术标准进行全方位、系统性清理，完成111个工作标准新编，修编115个，协助省公司完成28个管理标准编写。为保证技术、管理、工作标准间达到相互协调一致，有序衔接，检修公司将同业对标体系与标准体系有机融合，约束和促进了标准的有效执行。

2012年，检修公司企业管理创新和调研课题工作取得新突破。管理创新成果连续两年荣获省公司一等奖，《“一体化”管理模式下的四川超特高压“大检修”体系建设实践》被推荐为国网公司管理创新成果。获得优秀课题研究成果一等奖2项，二等奖1项，三等奖2项，四等奖1项，被省公司评为2012年课题研究先进单位。

2012年，检修公司始终坚持以“五集中、六统一”为主线，按照“深化应用、提升功能、实施管控、精益高效”的目标要求，把握“规范化、深化细化”两个重点，深入推进财务集约化管理体系，深化应用财务信息化系统。6月，撤销了西昌检修分部财务机构，对南充分部等7家会计主体进行压缩，压缩率100%，构建“统一、集中、高效、精益”的财务组织体系，为检修公司“大检修”体系建设提供了财务支撑平台；撤销了西昌检修分部银行账户，资金收支业务统一由检修公司本部财务部门负责管理，实现资金集中管理，提高了资金的使用效率，降低了资金预算执行偏差率。

全面梳理业务流程，重新对业务流程实施优化和流程再造，统一了员工报销流程3个、资金支付流程5个、工程管理流程4个，预算管理流程3个。以建设符合新模式的制度体系为目标，进一步完善各项管理措施，优化业务流程和工作标准，共修订制度10项，新建制度1项，废止制度5项，重点规范了会计核算、资金管理、资产管理、预算管理的相关内容。加快财务信息化建设，12月，检修公司员工报销系统正式上线运行，大大提升了财务管理现代化水平。同时依托财务信息化平台，前移财务稽核监控关口，本年度财务稽核事项覆盖率达到100%，所属单位稽核覆盖率达到100%，切实发挥了财务的监督实效。

强化综合计划管理，建立项目形象进度表。在省公司下达项目计划后随即进行分解，明确每个项目的主管部门和实施单位，并牵头组织各部门和各单位根据项目性质制定项目实施形象进度表，从而确保了项目有序推进。

建立月度平衡会制度，实现计划、对标管理高效协同。月度平衡会以公司同业对标、下达项目、重点工作、督办等事项为重点，将指标管理和专业管理相结合，对指标完成情况进行动态通报、分析和预警，联合专业部门开展关键事件分析，明确事件技术原因及责任原因。同时，检查各部门、各单位执行公司综合计划的情况，深入分析执行过程中存在的问题，并提出解决措施，对执行不到位的单位提出考核意见。

建立预控成本项目管理办法，规范项目计划管理。针对无省公司和检修公司文件批准的、急需实施的成本项目制定了预控成本项目管理办法，规范了预控成本项目的立项、内控、合同、支付等一系列流程，明确了各部门和各单位的职责，确保了抗冰改造、龙王主变更换、换流站设备大修等一系列成本项目的顺利实施。

【安全生产】2012 年，检修公司以安全质效提升为目标，强化安全管理，不断夯实安全基础，稳步提升大电网管控能力，安全生产创历史最好水平，圆满完成了安全生产各项重点工作任务，确保了四川超特高压电网安全。该公司被评为“国家电网公司2012 年度先进集体”、“四川省电力公司 2012 年度安全生产先进单位”，检修公司总经理、党委副书记贺兴容获得省公司“勤廉兼优好干部”的荣誉称号，副总经理栗璐荣获省公司 2012 年度“安全生产标兵”荣誉称号。

电网抗冰急　　（丁娇　摄）

电力设施保护工作再上新台阶。搭建了省级大电网电力设施保护平台，探索出了电力设施保护的有效途径，实现了政府资源与企业力量的“一体化”协调联动，促成了四川省综治委在全省范围内开展了“保护超特高压平安乡镇（街道）”创建活动，在国网公司系统率先成功搭建了与政府联动的省级大电网电力设施保护平台。

全面做好抗冰改造工作。参与制定了《四川电网输电线路抗冰改造指导意见》，参与完成了 500 千伏线路的抗冰改造方案的制定和评审。在长达 8 个月的改造过程中，克服了工期紧、任务重、协调难度大、电网风险大、外部环境复杂等重重困难，在保证安全的基础上，圆满完成了 12 项 500 千伏线路抗冰改造工程、17 条线路的改造任务，有效提升了电网的抗冰能力。

积极做好生产准备，确保±800 千伏锦苏直流线路顺利投运。收集汇总直流线路规程制度和技术标准，结合实际情况编制了±800 千伏锦苏线运行规程和缺陷评定标准。

积极开展带电作业，努力提高线路运行可靠性。在 2012 年 9 月开展的±500 千伏德宝直流线路带电作业中，首次实现带电更换±500 千伏直流线路间隔棒，开拓了直流输电工程带电作业的新领域。

稳步推进无人直升机巡线系统建设，促进线路运维模式变革。成立了飞巡班组，编制了无人直升机班组职责等一系列机组岗位职责，制定了无人直升机巡检各项标准化制度，建立了无人机的日常维护体系、工器具管理和野外作业人员的生活保障体系，完成了以“Z-5”为飞行平台与相应的巡检测试设备的搭建工作，并首次进行了全机系统现场 500 千伏电磁环境下的电磁兼容测试试验及改进。在海拔 2500 米的西昌大箐梁子 500 千伏月普一二线，现场验证了高原地区无人直升机的飞行巡检能力。

有序推进集控主站建设。成功实现了监控主站对成德地区 8 座变电站的集中监盘工作，推动了 500 千伏变电运行生产组织模式的革命性变革，同时完成所有已投运变电站的信息核对、缺陷处理等，全面做好与省调的监控业务移交准备工作。

不断完善现有电网运行风险预警方法。以电网运行方式为重要依据，设备状态（缺陷）为重要参考，辅助天气、作业现场、地质等各类风险因素，客观评估电网风险，减少主观因素，量化风险值。全面科学开展综合风险预警，全年共发布电网风险预警 81 次，雷暴雨气象预警 39 次，山火气象预警 21 次，其他重大保电预警 5 次，提出电网运行薄弱点，为各单位平衡检修力量、优化人员配置、确定重点维护设备、分析电网风险及落实防范措施提供依据。

完善缺陷报送制度和流程，强化缺陷管理。2012 年，共发现设备缺陷 476 项，消除 469 项，消缺率为 98.52%。其中危急缺陷：发现 17 项，消除 17 项，消缺率为 100%。严重缺陷：发现 85 项，消除 84 项，消缺率为 98.81%。一般缺陷发现 374 项，消除 368 项，消缺率为 98.4%。

12 月 10 日，检修公司顺利实现连续安全生产 1000 天。检修公司坚持以隐患排查治理为抓手，不断强化锦苏、复奉、德宝等跨区域输电通道运维管理，切实增强对复杂大电网的驾驭和管控能力，确保跨区电网的安全稳定。截止到 12 月 31 日，四川超特高压电网全年输送电量达 1003.95 亿千瓦时，首次突破千亿大关，最大限度保障了清洁水电的可靠消纳，为四川水电外送和调节丰余枯缺矛盾以及全省社会经济跨域发展做出了重要贡献。

【科技与信息化工作】检修公司高度重视科技成果的应用，以“推进科技创新运用、提升电网的运行管理水平”为根本出发点，大力推进科技项目实用化进程。2012 年，检修公司“超（特）高压带电作业技术及装备研发重点实验室”成为省公司重点实验室；变电站智能机器人巡检项目成功在 500 千伏尖山变电站试点实施；无人直升机巡线平台的成功应用开创了线路运维工作的新纪元；“500 千伏架空输电线路运行检修监控系统研究”、“四川电网‘输电线路状态监测中心’试点工程”项目顺利通过国家电网公司验收。2012 年，检修公司申请发明专利 1 项、实用新型专利 3 项、软件著作权 1 项，获得授权专利 5 项；发表核心期刊论文 7 篇，其中 EI 收录 3 篇；获得“四川电力科技进步奖”3 项，其中三等奖 2 项、群创奖 1 项。

龙王站 2 号主变大修誓师大会　　（杨柳柳　摄）

按照“统一规划、分期建设、逐步实施”的思路，全面开展所属二级机构信息机房综合改造和标准化整治工作，完成了检修公司信息安全基线检查与维护，增强了信息安全设备配置规范性，强化了检修公司自身的安全状态监测，提升了检修公司信息安全综合防护能力。

【党的建设和精神文明建设】2012 年，在省公司党委的正确领导下，检修公司党委认真贯彻落实科学发展观，紧紧围绕“三集五大”体系建设和超特高压电网安全稳定运行的工作大局，充分发挥政治核心作用，深入开展创先争优活动，全面加强“三个建设”，团结和带领广大党员、干部和员工拼搏进取，攻坚克难，为圆满完成年度目标任务提供了坚强的政治保证。

2012 年，检修公司党委荣获省公司“创先争优先进党委”荣誉称号。检修公司建成“四川省文明单位”，并被评为国网公司“先进集体”。

深入开展“创先争优”系列活动。制定 2012 年检修公司创先争优活动推进方案，完成了公开承诺、定点联系、领导点评等规定环节工作。开展“三亮三比三无”活动，结合“三集五大”体系建设，开展“安全生产做贡献，‘五大’建设当先锋”的主题活动，激励党员立足岗位创先争优。建立党员身边“三无”组织网络体系，全面实现了党员身边“无违章、无违纪、无事故”的目标。举办“我身边的为民服务、创先争优典范”征文演讲比赛，营造了“比、学、赶、帮、超”的良好氛围，检修公司选手获得省公司“我身边的为民服务、创先争优典范”演讲比赛一等奖。在省公司系统首次举办全体党员参加的“先锋杯”党员技术（技能）比武，掀起了检修公司“全员大培训、岗位大练兵、技能大比武、素质大提升”热潮。

积极发挥典型引领作用。创建检修公司和中心（分部）两级先进典型后备库，提升典型引领作用。在党员的激励和带领下，检修公司广大员工顽强拼搏，攻坚克难，夺取了抗冰抢险的最后胜利，圆满完成了 500 千伏抗冰改造等急难险重任务。德阳换流站党总支部等 3 个党总支部荣获省公司电网先锋党支部称号，3 名党员被评为省公司优秀共产党员，1 人被评为省公司优秀党务工作者。检修公司党委表彰先进党支部 2 个，示范党小组标兵 2 个，优秀共产党员 19 人，优秀党务工作者 2 人。

党建工作持续加强。建立健全基层党组织，紧紧围绕“三集五大”体系建设，检修公司党委同步调整和健全党的基层组织，新成立党总支部 3 个，完成了检修公司所属各党总支部的选举工作。目前，检修公司共有党总支部 10 个，党支部 21 个，党小组78个。修订检修公司党组织建设管理标准，规范检修公司党组织设置，将党小组建在班组上，有力地促进了班组建设。深入开展“基层组织建设年”活动，完成了对基层党支部的分类定级工作，使各支部明确了自身定位和建设目标，检修公司5个党支部由B级晋升为A级，4个党支部由C级晋升为B级，较好地实现了支部建设的“五个提升”。大力创建学习型党组织，认真落实“三会一课”制度，举办“学习型党组织讲坛”8期，开展“微型党课”活动，激发党员和员工学习党务知识、钻研业务技能的热情，促进知识向能力的转化，营造了浓厚的学习氛围。

企业文化建设稳步推进。检修公司党委大力宣贯国家电网公司“五统一”企业文化，确保了国家电网公司统一的企业文化理念内化于心、外化于形。举办企业文化专题讲座2期，增强员工的文化自觉和文化自信；举办了“保电网安全，迎十八大召开”主题演讲比赛，热情讴歌在平凡岗位上的先进典型；开展了“迎十八大召开，展公司风采”员工摄影作品展，展现了检修公司专业化改革四年来的艰辛历程和取得的辉煌成绩；开展了“安全生产做贡献，‘五大’建设当先锋”主题活动；制订了变电站品牌标识及软文化环境设计方案，营造变电站统一和谐的企业文化氛围；完成了省公司企业文化创新实践课题《以“文”化人，实现“软实力”与“硬实力”珠联璧合》。

精神文明建设工作稳步推进。深入开展省级文明单位创建活动，检修公司荣获“省级文明单位”称号。通过不断开展员工思想教育、爱心帮扶、文体活动，增强了员工的团队精神、奉献精神和道德情操。

党风廉政建设工作深入推进。主动预防，创新廉洁教育手段，实施全员廉洁教育，创新建立廉洁教育和法规制度在线学习、考试系统，举办廉规知识竞赛；经常性地开展反腐倡廉警示教育参观；定期开展预防职务犯罪专题讲座；自编自演的廉洁小品《送礼》在省公司及公司演出中获好评；制作动画短片解读《中国共产党党员领导干部廉洁从政若干准则》并推荐至国网公司参加优秀作品评选；开展重要节假日发送廉洁短信等，全年开展各类廉洁教育活动15次，共计教育6074人次。逐级签订责任书187份，对各单位开展了党风廉政建设责任制落实情况的半年检查和年终考评。深化巩固协同监督机制建设，突出监督联席会议平台作用，全年排查整改问题51项，切实化解非招标管理、车辆管理等环节的经营和廉洁风险；完善协同监督评价考核机制，促进纵向监督和过程管控；检修公司总经理就协同监督工作接受《西南电力报》专访。在非招标监督过程中推行流程标准制、监督报告制、季度分析评价制，撰写现场监督报告，形成现场监督报告单407份，有效化解廉政风险。围绕清产理财等实施效能监察，取得明显效益，获国网公司效能监察项目二等奖、省公司一等奖。干部、员工无违纪违法犯罪，未发生影响和损害企业形象的重大事件。检修公司党风廉政建设工作被省公司考核为“优秀”。公司总经理、党委副书记贺兴容被授予省公司系统2011-2012年度“勤廉兼优好干部”称号。

大力开展宣传报道工作，新闻宣传工作效果明显。重点对“三集五大”体系建设、“抗冰改造”、“冲刺跨越1000天”、“喜迎‘十八大’”等检修公司重要工作和重大活动进行了精心策划和宣传报道，年内在省公司及以上媒体上稿550篇（条），充分展示了检修公司员工勇于拼搏、甘于奉献的精神面貌，为公司发展营造了良好的舆论氛围。

工会工作扎实推进，职工综合素质和班组管理水平提升明显。2012年，检修公司劳动竞赛和班组建设硕果累累。检修公司在省公司组织的继电保护专业知识及技能竞赛中获得团体一等奖、个人第1、2、9、10名的好成绩；在变电设备状态检修竞赛中获得团体二等奖、个人专项一等奖1名、二等奖1名、三等奖2名；绵阳、自贡两个检修分部在华中电网500千伏输电线路劳动竞赛中分别获得银奖和专项治理优胜奖；共12个班组在省公司的检查中荣获“五星级班组”称号，其中，绵阳检修分部富乐变电站被评为省公司“十佳班组”。

2012年，检修公司认真总结华中劳动竞赛的参赛经验，组织制定了劳动竞赛迎检工作标准，将迎检工作与日常工作相结合，把竞赛标准落实到日常工作中，提升了检修公司输电线路和变电设备管理水平，规范了日常运行维护工作。

加强班组星级评定工作。培养和打造了25个“四星级班组”，其中14个班组被命名为班组建设“标杆班组”。针对评定中发现的问题，跟踪督促整改和规范，使这批班组逐步向五星级班组靠拢。修订班组管理办法和定点联系班组工作规定。明确检修公司、分部（中心）、班组的三级职责，确定了班组建设的推进方案，强化检修公司领导及职能部门对班组建设工作的指导。组织开展班组长综合管理能力培训，提高检修公司整体班组管理水平。

检修公司团委坚持“党建带团建”。结合“三集五大”体系建设完善团组织建设，将团组织建设纳入基层组织建设的整体格局，指导各团支部开展换届选举工作，夯实团建基础。加强制度和标准建设，制定了《共青团工作考评办法》、《共青团工作联系办法》、《团青宣传工作管理办法》、《青年志愿者管理办法》。开展以“缅怀五四精神，弘扬爱国情怀”为主题的一系列主题团日活动。检修公司网站开设“青工 Q&A（Question and Answer）”信息交流平台，建立了 QQ 讨论群，深入开展“仰望星空与脚踏实地”主题大讨论，加强青年思想引导。大力开展青工综合素质提升培训，结合检修公司发展要求和青年员工专业素质水平设置培训内容，确保培训效果，促进青年成长成才。积极开展“岗、号、手”活动，充分发挥青年员工的生力军作用。

【存在的主要问题】一是电网管控难度巨大。目前，检修公司电网已发展成为联接西北、华中、华东电网的重要枢纽，呈现特高压、交直流混联运行，大水电、远距离、大直流集中送出的显著特征，防范大面积停电将是电网安全发展的核心问题。检修公司电网运维管理不仅面临着自然环境恶劣、外力破坏机率增大等困难，而且一直困扰的基建遗留缺陷较多、部分设备老化严重、部分区段线路规划设计标准偏低等问题亟需大力解决，加之部分员工技能水平、安全意识与电网安全发展要求不相适应，检修公司对跨大区、超特高压交直流混联大电网驾驭能力不足，特高压电网的运行、维护技术储备和人才储备十分缺乏，并将长时间面临因川西断面送出负荷受限而影响四川水电送出、局部节点故障可能导致特高压电网失去稳定、大电网对安控系统的依赖度较高等难题，保证超特高压电网安全稳定运行压力巨大。

二是管理水平不能完全适应改革发展的新形势。完善健全的管理体系和标准，行之有效的配套保障机制，强有力的执行考核体系是检修公司各项管理理念、要求迅速落地的有力保证。近年来，检修公司一直不断强化一体化管理理念，一些工作中也不同程度实现了一体化管理，但总体来说尚未形成一体化的管理体系和标准，与之配套的工作体制机制还不完善，检修公司与一体化精益管理的高标准要求依然有较大差距。各部门之间、各专业之间的配合协作仍不够默契，一些部门和单位的主动工作意识和执行意识不强，仍然存在“自转”的思维习惯和行为方式，存在提出要求多，考核落实少的情况，导致政出多门、推诿扯皮的问题。

三是工作作风与建设一流省级检修公司的要求存在差距。“三集五大”体系的建成，对集约化、扁平化、专业化管理的要求更高更严，要以有限的人员、有限的精力、有限的财力和物力管理好、运维好四川超特高压电网这一庞大的电力网络，关键是要建立优化高效、职责清晰的工作流程，形成求真务实、真抓实干的工作作风。

【所属运检中心建设】检修公司下辖变电运检中心、输电运检中心，西昌、自贡、南充、绵阳、乐山 5 个检修分部和德阳换流站，原雅安中心机构撤销，其变电、输电业务整合至变电运检中心和输电运检中心。

【变电运检中心】变电运检中心于 2012 年 6 月 19 日，在原成都中心变电业务进行整合的基础上成立。截至 2012 年底，中心用工总量 280 人，设置有中心本部和变电运维、电气试验、二次检修、开关检修、变压器检修等五类共计 16 个班组，现辖有尖山、彭祖、桃乡、资阳、蜀州、丹景、谭家湾、什邡、龙王 9 座 500 千伏变电站，主变压器 18 台，变电容量 17000 千伏安。同时承担乐山分部、雅安中心管辖的 7 座变电站的 500 千伏设备，以及德阳换流站交流一、二次部分检修、预试工作。

2012 年，变电运检中心积极推进安全质效提升，全面完成年度目标任务。4 月，中心对出现缺陷情况的 35 千伏平高开关开展全面深入的排查工作，并在 1 个月内完成了 31 台平高开关的更换工作。5 月和 11 月，圆满完成龙王站 1、2 号主变本体更换建管及 220 千伏相关设备更换、年检、预试等大型检修工作。5 月，圆满完成德阳换流站年检。成功投运什邡变电站及丹景、谭家湾站多条 500 千伏线路间隔。实现了龙王站安全运行 5000 天和原成都中心安全运行三周年。

2012 年，中心科技创新工作实现突破，“尖山 1 号智能机器人巡检系统”成功投运。开展了以现场实战模拟培训为主的多专业集中培训，在短时间内促进了中心班组员工技术技能水平的提高。在省公司 2012 年继电保护专业知识及技能竞赛中，代表公司参赛的中心继保一、二班的员工程浪、杨琪、胡晶晶一举荣获团体冠军，个人冠、亚军和第十名的优异成绩；在省公司变电设备状态检修竞赛中，电气试验二班的员工岳小斌获得了个人第一名。充分展现了变电运检中心专业化检修平台的专业技术实力。

【输电运检中心】输电运检中心成立于 2012 年 6 月 19 日。设置有中心本部和线路运维一、二、三、四班、线路检修一、二班及带电作业一班共 7 个班组。截至 2012 年底，中心用工总量 111 人，负责对所辖的 27 条 500 千伏线路，总长 1385.747 公里，3221 基铁塔的专业巡视、通道清理、维护性检修、综合分析评价及缺陷处理等工作，同时承担全川境内500千伏及以上的交、直流输电线路的带电作业、无人机巡视、应急处置及A、B、E类检修等任务。

作为在“三集五大”改革中新组建的一个专业化中心，输电运检中心充分发挥专业化优势。9月13日，输电检修中心首次在±500千伏德宝直流11号塔极Ⅱ相对小号侧第一个间隔棒进行带电更换，顺利完成了川内首次超高压直流输电线路带电检修，填补了川内±500千伏直流线路带电作业的空白。

大力推进高科技手段在生产实际中的应用。自2012年8月以来，针对不同区域成功进行多次应用型试飞，11月，在西昌500千伏月普一、二线成功进行了高原试飞，标志着无人机巡线项目已逐步进入应用实施阶段；初步形成一支专业化的电力无人直升机机组，编制了无人直升机各机组成员岗位职责；创新无人直升机巡线各项标准化制度，制定了无人直升机巡线班组的各岗位工作标准。与相关协作单位共同完成了远程智能巡线系统前期试点研发应用工作。

无人机高原试飞（郭明 摄）

【**西昌检修分部**】西昌检修分部成立于2012年6月19日，在原西昌中心基础上组建。分部主要负责攀枝花市、凉山州境内的500千伏交流超高压、±800千伏特高压直流输变电设备的日常运维、检修、大修、抢修等工作。截至2012年12月31日，共管辖8座500千伏变电站，变电容量1200万千伏安；500千伏交流线路20条、长度1564.1935公里；管理±800千伏特高压直流锦苏线229.832公里；接地极线路1条，长度74.147公里；极址1座。

分部现设管理专责17人，共有19个班组，拥有职工358人（含劳务人员67人）。研究生学历人员共计1人，占2%；大学本科学历人员共计119人，占33%；大专学历人员共155人，占43%；大专以下学历人员共83人，占22%。其中高级技师33人、技师110人、高级工108人；高级职称3人、中级职称50人、初级职称124人。

3月15日至10月31日，圆满完成了500千伏月普一二线、二普一二线等9条线路的抗冰改造任务，全面提高了电网抵御自然灾害的能力。完成了10条500千伏交流输电线路、±800千伏特高压直流锦苏线、接地极线路的前期介入、验收和投运工作。11月，在分部所辖12条易覆冰线路途经的高海拔、高寒地区设立了13个固定观冰点，采取流动和定点观冰方式，派驻人员进行全方位观测现场温度、湿度、风速、覆冰和设备运行情况。

积极推进“平安乡镇”创建活动，与地方各级政府建立沟通平台，营造良好的外部环境。

5月26日至7月1日，在3个月内成功完成了木里、甘泉、橄榄三个变电站的验收投运工作。6月7日至10日，完成了500千伏菩提变电站VGIS5041开关解体大修工作。6月31日，完成了石棉变电站500千伏九石一线5013开关CTIA相升高座法兰处SF6气体渗漏缺陷处理工作。12月15日，完成了500千伏石棉站的3号主变首检工作。不断强化缺陷闭环管理，截至12月31日，分部危急、严重缺陷消除率100%，故障查找率100%、一般缺陷消除率94%。遗留缺陷均属需配合停电处理缺陷，大大提升了电网设备健康水平。

【**自贡检修分部**】截至2012年底，分部现有员工210人。设置有中心本部及10个班组。管辖3座500千伏变电站(洪沟500千伏变电站、叙府500千伏变电站、泸州500千伏变电站)，现有6台主变压器，变电容量合计达500万千伏安；管辖500千伏输电线路23条、±800千伏特高压直流线路2条，共计2185公里。

1月，顺利完成500千伏普洪三线改接恢复和500千伏沐叙线的新投验收工作。3月起分部抽调骨干力量，经过严格培训，组成了由5个走线组、5个登塔组、5个地面组、2个测量组、1个资料组构成的验收团队，顺利完成±800千伏特高压直流锦苏线川1、川2、川云6标段的验收工作。4月，顺利召开了“保护超特高压平安乡镇（街道）”创建活动川南各地市联络会，进一步完善了与各级地方政府的协调、联动机制。顺利开启了运维操作队的试运行工作，并同步完成运维操作站的框架搭建和建章立制工作。7月1日，正式实施“无人值班、少人值守、集中监盘”运维模式，为顺利开展好下一步运维工作打下了坚实的基础。8月6日，举行落实公司年中工作会精神暨分部“安全生产十大标兵”表彰大会。9月，分部协调变电运行人员、变电检修一次、二次人员组建“内江站筹备小组”进驻500千伏内江变电站，开展内江站生产准备工作。10月，顺利迎接了华中500千伏输电线路劳动竞赛检查，并于12月14日，“2010-2011年度华中电网500千伏输电线路劳动竞赛总结表彰大会”上荣获“专项治理优胜奖”。

【南充检修分部】为适应公司“三集五大”体系建设，南充中心于2012年6月19日更名为南充检修分部。分部成立9个班组，变电一次班、变电二次班、电气试验班、二次检修班、线路运检一班、线路运检二班、线路运检三班、变电运维班、达州站。截至2012年底，分部用工总量141人。现辖有南充、黄岩、达州、遂宁4座500千伏变电站，有主变8台，总容量为600万千伏安；500千伏线路12条，总长713.085公里。

四川省电力公司总工程师刘勇检查指导变电站智能机器人巡检系统　（杨倩雯　摄）

2012年，南充检修分部通过强化现场安全管控，安全基础不断夯实。4月顺利完成了南遂线OPGW光纤更换，实现了分部线路专业第一次A类检修。6月安全、有序、高效完成南充站1号主变A相高压套管更换工作；7月快速有力处置了“7·13”黄达线155#大面积山体滑坡；8月完成黄岩变电站220千伏黄星一二线扩建投产；12月南大梁高速公路穿越巴南线、南谭二线导地线更换等技改工作顺利实施，实现了由传统的消缺检修向预防性的状态检修转变。

加强防雷技术分析，及时采取防雷综合措施，对分部内202基铁塔开展了接地网改造，完成了260基塔头避雷针、185套可控针、38组避雷器安装工作。加强应急管理，成功处置了30余起地质灾害及山火突发事件。

深入推进“保护超特高压平安乡镇（街道）”创建活动，在分部所辖的四市105个乡镇全面推进了工作联系机制，将防山火、防地质灾害、防洪纳入到了政府的“平安乡镇”创建体系之中。防山火综合整治工作取得实效，已完成32个点位的整治，安装防火警示牌（桩）152个。2012年，获得公司“电力设施保护先进单位”等多项荣誉。

12月，积极推进变电站“无人值班，少人值守，集中监控”工作模式，在公司率先完成监控系统保护信号告警等级变更及规范命名整改工作，为公司监控信号规范工作提供了借鉴样板。

大力开展班组标准化建设工作，2012年，500千伏遂宁变电站变电检修班创建为四星级班组，线路运检二班获五星级班组称号。

【绵阳检修分部】2012年，随着公司“三集五大”体系建设的深入推进，绵阳检修分部（原绵阳中心）于2012年6月19日正式成立。同期，绵阳检修分部党支部升级为绵阳检修分部党总支，下设变电、线路两个二级党支部。分部主要负责绵阳、广元、阿坝州全境以及德阳、遂宁部分地区500千伏输变电设备运维工作。截至2012年底，分部用工总量212人。下设12个班组（站），所辖500千伏变电站5座，变电总容量750万千伏安。管辖输电线路14条（包括德宝直流和直流接地极线路），线路总长1312.133公里。

2012年，绵阳检修分部以安全生产为抓手，层层落实安全生产责任，圆满完成了公司下达的各项安全生产任务，同业对标指标累计综合排名第一。独立承担分部所辖变电站的各项大修、技改、消缺、新站验收等工作，其中顺利完成了茂县站3个220千伏开关液压机构大修工作，填补了分部此类作业的空白。5月8日500千伏茂县变电站迎来了安全生产2000天的历史性突破；同年，经过半年的前期筹备以及验收工作，四川首座500千伏内桥型输变电工程—500千伏平武输变电工程于6月28日正式投入系统运行；10月，川内首座500千伏智能站筹备小组组建，500千伏路平站筹备工作正式启动。扎实开展线路标准化作业，整治地网205基杆塔，完成79基杆塔可控避雷针和80基杆塔塔头防绕击侧针安装；科技应用78基杆塔，开展试验检测61基杆塔。在2010-2011年度华中电网500千伏输电线路劳动竞赛中喜获银奖。

在安全生产工作稳步开展的同时，分部还先后成功承办公司2012年变电专业分析会、2012年输电线路专业工作会、公司首届驾驶员技术（技能）练兵比武竞赛活动等大型会议和活动，获得公司一致认可。2012年500千伏富乐变电站荣获“四川省电力公司十佳班组”；绵阳检修分部党总支荣获“四川省电力公司电网先锋党支部”；绵阳检修分部荣获“四川省电力公司检修公司安全生产先进单位”荣誉称号。

【德阳换流站】2012年，德阳换流站设备状态检修管理、隐患排查治理工作取得新成效。通过3500余张状态检修分析表及时发现并处理交流滤波器开关灭弧室严重漏气等重大缺陷；通过隐患排查，全年处理重大隐患26项、一般隐患40项，成功防止因跳闸而引起直流极闭锁事故，实现设备“零缺陷”动态管理目标。

5月26日至6月4日，完成年度检修工作，完成常规项目21项，特殊项目22项，技改项目5项，缺陷处理47项，隐患治理项目32项，完成312个操作任务、共操作3588项，办理工作票49张，其中一种票26张、二种票23张，工作票及操作票合格率为100%；

9月23日，德阳换流站实现安全运行1000天；截至2012年12月31日，年累计送电34.52亿千瓦时、受电82.63亿千瓦时，累计输送电约302.02亿千瓦时，完成操作16148项，连续三年万项操作无差错。全年未发生违章现象，安全生产综合指标在全国23个换流站中排名第四。

在公司“大检修”模式下，德阳换流站创新管理模式，成立了运维检修、安监培训、综合业务三个管理团队。团队将月度工作计划进行分解，形成周工作计划，下放到班组，责任到个人，做好了工作闭环，有力地提升了换流站运维管理水平。2012年换流站荣获2012年度特殊贡献奖、中共四川省电力公司委员会“电网先锋党支部”、青工综合素质提升大赛团体组织奖等荣誉称号。

【雅安中心】雅安中心成立于2008年8月1日，是四川超高压运检体制改革成立的第一个中心。现有500千伏雅安变电站、500千伏康定变电站、500千伏甘谷地开关站、变电检修班、电气试验班、线路运检一班、线路运检二班、驾驶班8个班组。管辖500千伏变电站（开关站）3座，变电总容量为250万千伏安；管辖500千伏线路14条，总计1509公里。

2月14日，500千伏甘谷地开关站投入系统运行，四川第五大水电送出通道更加稳固。3月，邀请雅安市检察院做党风廉政警示教育讲座，组织参观省公司翠月湖廉政教育基地，筑牢广大干部员工的思想防线。4月，召开雅安市七县一区“保护超特高压平安乡镇（街道）”创建活动专题会议，并与中心管辖地区各乡镇签订了安全协议书。

6月19日，雅安中心撤销，其业务整合至变电运检中心和输电运检中心。

（陈岩、余小闯）

责任编辑：魏秀云

四川省电力公司建设管理中心

【企业概况】四川省电力公司建设管理中心（以下简称建管中心）前身为四川电力超高压建设管理公司，成立于1988年3月。为加强四川省电力公司电网建设管理，2005年10月，四川省电力公司将四川电力建设(集团)公司更名为四川电力建设管理公司；2008年2月，按照省公司超高压建管体制改革要求，更名为四川电力超高压建设管理公司，并明确了四川电力超高压建设管理公司为四川省电力公司的全资子公司，按照与四川省电力公司签定的建设管理委托合同约定，行使500千伏及以上工程项目的建设管理职能。2012年，根据国家电网公司“三集五大”体系建设实施方案，四川电力超高压建设管理公司改制为四川省电力公司建设管理中心。

【组织机构及人力资源】截至2012年底，建管中心本部设置计划前期部、工程管理部、安全质量部等3个职能部门，此外，根据建管中心负责建管工程建设项目分布情况，设置成都、川北、川西、川南、攀西、甘孜6个项目管理处和特高压交流、特高压直流2个建设项目部。

【工程建设项目】2012年，前期工作计划全面完成。全年计划上报核准6项，全部完成；国家发改委分三次核准了溪浙±800千伏和一批500千伏输变电工程，共计18项；全年环保验收20项（东资线、乐山东因房屋拆迁未完成，计划调减），水保验收13项，均全部完成。投资计划超额完成：全年计划投资82.2593亿元，实际完成120.2亿元，完成省公司下达计划的137%。里程碑计划全面完成：新开工11个输变电工程，线路1828公里，变电容量1056万千伏安，溪左送出工程、溪浙特高压、直流工程正有序抢建；投产“新甘石”等24个输变电工程（不含锦苏直流），线路2610公里，变电容量1425万千伏安，投产规模再创新高；锦屏送出工程、加固提高项目完成阶段性工作目标。达标投产、创优计划全面完成：完成达标投产项目43个，达标投产率100%；国网优质工程26个，优质工程率达到96.3%；220千伏新甘线获得国网公司质量管理流动红旗。预结算全面完成：全年预结算73个工程子项，全部完成；结算比概算下降了3.44%，工程造价控制良好。

【安全质量管理】稳步提升工程建设质量，探索建立质量管理长效机制。按照省公司关于“质量管理提升年”活动的要求开展质量管理工作，从制度上建立了创流动红旗、创更高级别优质工程的激励约束机制。牵头组织编制并报基建部审查通过了《四川省电力公司输变电工程施工标准化工艺设计》(变电站部分)；建管中心组织编印了《输变电工程亮点集锦》。在招标文件中明确创流动红旗、创优质工程的具体要求并载入合同、共同遵守。制定下发了《电网建设项目可研、设计质量通病治理管理规定》，要求设计单位在项目可研、初设、施设三个阶段逐一对应核实解决问题。将施工图会检从业主项目部上移至职能部门组织，聘请专家审查，对重大、抢建工程专门安排审查施工设计，从源头上把好工程建设质量关。提前开展建设管理策划，将安全质量、文明施工、环保要求贯彻在工程建设的各个阶段。坚持“试点先行、样板开路、整体推进”，引领提升新开工项目建设质量。220千伏新甘线被国网公司授予“华中区域线路工程质量管理流动红旗”，质量管理的成效已经显现，为下一步创建优质精品工程奠定了坚实基础。

奋战新甘石（刘皖　摄）

【工程管理】提炼工程建设管理经验，凝结了“新甘石”联网精神。“新甘石”联网工程是四川省电力公司的“一号工程”，政企互动、协调工作最为有力，是政企共建电网的典范。四川省电力公司总经理王抒祥、甘孜州委书记州长亲自担任企业、地方政府电网建设领导小组组长，分管领导靠前指挥，省公司基建副总工任前线指挥长；参建单位主要领导挂帅，分管领导进驻现场督战，后备干部担任项目部负责人，选择较强的合格分包队伍。仅用了短短的六个月，提前一年建成投运，实现了“零阻工、零盗窃、零伤亡”，将“不可能”变为了现实，使甘孜州北部用电“一步跨千年”，创造了四川电网建设新的速度奇迹，凝结了“新甘石”联网精神，形成了“新甘石”抢建工程建设管理模式，具有特定的推广价值。得到四川省委书记刘奇葆、国家电网公司总经理刘振亚、四川省电力公司总经理王抒祥等各级领导的充分肯定和高度赞扬。合理考核参建单位，取得了明显的管理成效。建管中心将《设计、施工、监理单位的考核实施细则》载入主体合同或签定补充协议，工程过程中考核共计 53 次，考核扣减合同金额 270.58 万元；竣工考核 61 次，考核扣减金额 53.83 万元，对实现工程管控目标、完成全年繁重的电网建设任务起到了保证作用。

2012 年 8 月 11 日，220 千伏新甘线（刘皖　摄）

【创新管理】一是积极主动营造良好的电网建设外部环境，组织拍摄了《电网与电磁环境》电磁辐射科普宣传片，即将通过电视台等媒体向社会宣传，《电网电磁环境对周边的影响》荣获四川省电力公司年度优秀课题研究一等奖，展现了负责任央企的良好形象。二是研究制定的《电网建设项目可研、设计质量通病治理管理规定》，对提升工程建设质量、把握工程建设进度起到非常重要的促进作用。三是牵头编制了《变电工程施工标准化工艺设计手册》，图文并茂，直观性、可操作性强，旨在进一步规范变电工程工艺设计，提升施工工艺和建管水平，全面提升变电站工程的整体质量，为持续创优质精品工程奠定基础。四是开展了“新形势下电网建设管理机制研究”，获得四川省电力公司企业管理创新二等奖。在四川省电力公司组织的标准化知识竞赛中，建管中心获得团体第一名。500 千伏绵广线首次荣获“全国建设项目档案管理示范工程”的殊荣。

【内部管理】一是实施规范化、标准化、精细化管理，深入开展依法治企工作。近几年建管中心电网建设任务一年比一年重，建管中心坚持依法从严治企，严格执行“三重一大”决策机制，全面完成人、财、物集约化管理任务，严肃财经纪律，强化财务预算管理，从严控制“三公”费用，顺利通过了国网公司开展的依法治企专项检查。“新甘石”联网工程效能监察荣获省公司优秀效能监察项目一等奖。严格落实审计决定，及时运用财务专项检查、效能监察、财务收支审计和工程审计的成果，从制度建设、标准建设、工作业务流程优化上进一步完善闭环，保证工作规范有序，有效防范经营管理风险。二是努力建设高素质管理团队，优化配置人力资源，始终不渝地坚持人才强企战略，加强干部员工“做、说、写”能力和综合素质的培养。将新进学生优先安排到基建一线，注重锻炼动手能力、积累现场工作经验；把近几年补充的几十名管理人员安排在合适的岗位，创造机会多岗位历练。坚持思想品德好、工作业绩突出、群众公认的原则选拔任用中层及后备干部，出台了《中层干部年度测评办法》、《中层后备干部公开选拔暂行办法》、《中层干部助理管理办法（试行）》等文件，加强干部队伍梯队建设，合理储备后备干部。2012 年，经过公开选聘、组织考核，中层副职提拔为正职的有 4 人，提拔副职 7 人，储存后备干部 4 人。当前，建管中心干部员工队伍初步形成了梯次格局，为进一步打造高素质管理团队奠定了良好基础。

【党的建设和精神文明建设】一是完善基层党组织建设。建管中心本部和每个项目管理处都建立了党支部，形成创先争优的有效载体。甘孜项目管理处党支部荣获省国资委党委“先进基层党组织”、四川省电力公司“电网先锋党支部”，4人获得“优秀共产党员”称号。二是工会组织实现了全覆盖。2012年，建管中心成立了9个分工会并明确了负责人。坚持厂务公开，实施民主管理，重大改革、涉及员工切身利益的重要文件出台严格按民主程序办理。积极参加四川省电力公司“当好主力军，建功新甘石”主题劳动竞赛，荣获四川省电力公司“工人先锋号”、“新甘石”联网工程建设先进集体”，省公司表彰的建设标兵有5名。三是团青工作取得了新成绩。荣获团省委四川省“优秀青年突出队”、“青年岗位能手”、“优秀共青团员”称号。四是加强企业文化建设。加强外联内宣，将“新甘石”联网工程作为建管中心促进文化落地、提升品牌形象的重要载体，主要策划承担了“新甘石”联网工程的出征及开工仪式、竣工仪式，取得良好宣传效果，提升了建管中心在工程建设管理领域的影响力和知名度。五是认真落实好离退休老同志的政治和生活待遇。关心离退休老领导、老同志的身体、生活和学习，真心实意为他们办实事、做好事、解难事，圆满解决离退休活动场所改善、社区电梯维修、医疗门诊费用等问题。及时宣传国网公司、省公司改革、发展、稳定的各项政策措施和建管中心当前工作的动态，认真听取他们对工作的意见建议，促进建管中心各项工作和谐稳定推进。六是健全风险防控机制，切实开展党风廉政建设。强化“干事、干净”的廉洁理念，通过组织党委中心组学习，党政主要负责人讲廉政党课，邀请专家作预防职务犯罪专题讲座，参观廉洁教育基地，编印廉洁教育手册，送廉洁教育进项目。突出廉政建设工作重点，深化协同监督机制建设，定期分析研究、查找管理和工作中的薄弱环节，拾漏补缺，及时完善管理制度、工作流程和内控机制，有效防范重点岗位、人事任免、非招标采购、合同签订等方面的风险。全年实现了领导干部无违纪、职工无犯罪的工作目标，党风廉政建设取得了实效。

（吴　迪）

四川电力送变电建设公司

【企业概况】国家电网四川电力送变电建设公司（简称四川送变电公司）创建于 1958 年 5 月，系国家电网四川省电力公司下属的全资子公司，国家电力工程施工总承包壹级资质及国家一级承装类、一级承修类、一级承试类企业，质量管理体系 GB/T19001-2008 idt ISO9001:2008、环境管理体系 GB/T24001-2004idt ISO14001:2004 与职业健康安全管理体系 GB/T28001-2001 认证企业。主营输变电工程施工安装、调试及运检。经过五十多年的不懈奋斗，四川送变电公司已成长为拥有坚强的电网建设和运检维护能力、丰富的人才储备、统一的企业文化以及现代管理模式的综合型企业。

半个世纪来，四川送变电公司先后在国内外建成各种电压等级的输电线路 2 万余公里，变电站 230 余座。参加并完成了国家“西电东送”、“川电外送”、特高压示范工程、青藏交直流联网、“新甘石”联网工程等重点工程建设，在 500 千伏、750 千伏、1000 千伏、±400 千伏、±500 千伏、±660 千伏、±800 千伏等工程建设中屡创佳绩，多次荣获国家建筑工程鲁班奖，国家优质工程金奖等奖项。四川送变电公司先后被评为全国文明单位、国家电网抗灾救灾恢复重建功勋集体、四川省先进企业、四川省最佳文明单位、四川省电力公司抗震救灾恢复重建杰出贡献先进集体。

四川送变电公司在电网建设、抗冰保电、抗震救灾以及灾后重建等急难险重任务中做出了巨大贡献，充分体现了国家电网“诚信、责任、创新、奉献”的企业核心价值观，全面展示了“特别负责任、特别能吃苦、特别能战斗、特别能奉献”的形象，被誉为川送铁军。

【人力资源】2012 年，四川送变电公司积极稳妥推进“三集五大”体系建设，顺利通过省公司“三集五大”体系建设迎检验收。依法合规开展“主多分开”工作，规范办理股权清退和转让手续，安全有序交接电网工程。按要求稳妥推进原集体企业清算整合工作，妥善安置集体企业人员，实现员工队伍和谐稳定。建立了精简高效、职责明晰的组织机构和岗位体系，四川送变电公司职能部门由 15 个精简为 9 个，专业机构由 12 个精简为 9 个；中层管理人员精简率为 21%，管理人员精简率为 37%，用工效率提升了 10%，队伍素质得到进一步加强。

人才培养不断加强。2012 年，四川送变电公司承办和外送培训 500 余人次，新增高级职称 10 人、

“8·31”喜德抢险胜利完成，四川送变电公司抢险将士庆祝抢险工作提前完成　　（梁石　摄）

中级职称 9 人、初级职称 71 人、高级技师 2 人、技师 8 人、高级工 6 人，新增硕士研究生学历 4 人、本科学历 28 人、大专学历 62 人；提拔任用干部 9 名，交流干部 14 名。

【工程建设项目】2012 年，四川送变电公司承担 110 千伏及以上输变电工程项目共 72 个，累计建成投运输电线路 12 条，全长 715.43 公里，新建（扩建）220 千伏及以上变电站 10 座，变电容量 369 万千伏安，达标投产率 100%。四川送变电公司实现了目前国家电网所有电压等级工程的施工全覆盖，从事高压、超高压和特高压中 110 千伏到 1000 千伏各个电压等级的输变电工程施工，同时高质量地完成了±800 千伏裕隆换流站土建 B 包和安装 C 包任务，并中标了±800 千伏双龙换流站安装 B 包，结束了长期做 C 包的历史，奠定了开拓特高压换流站 A 包市场的基础。

2012 年，是四川送变电公司电网建设史上最为辉煌的一年。全体参战员工鏖战 6 个月，完成了甘孜州藏区一号民生工程—“新甘石”联网工程，从根本上提高了藏区人民的生活水平，得到了省委省政府和省电力公司的高度评价；四川送变电公司员工同时战斗在锦屏一级电站、二级电站等送出工程经过的 6 个无人区，克服了不可想象的生存困难，经历了山火、山洪和泥石流的生死考验，在无人区写下了电网建设的不朽传奇。四川送变电公司采用直升机运输、分体式张牵设备、滚扎直螺纹钢筋接头等新技术，强化了工程技术与工程实际的结合度，安全、优质地完成了±800 千伏锦苏线、500 千伏锦裕线、喜德抢险、布坡抗冰改造等工程；1000 千伏淮上线、±800 千伏溪浙线、双龙换流站等特高压工程按照国网公司要求有序推进，实现了工程本体质量和工艺水平整体提升。2012 年，四川送变电公司施工的 1000 千伏淮上线获得国网公司线路工程质量管理流动红旗，220 千伏新甘线获得国网华中区域线路工程质量管理流动红旗；宁东—山东±660 千伏直流输电示范工程不仅获得中国电力优质工程奖（行优），还获得了 2012 年度国家优质工程金奖。500 千伏石雅Ⅲ、Ⅳ回线路、500 千伏遂宁变、220 千伏天全变等 13 个输变电工程，获得了国网公司优质工程奖。

四川送变电公司“新甘石”运维人员在雪地中巡查线路 （江宗武 摄）

【安全生产】2012 年，四川送变电公司坚持“安全第一、预防为主、综合治理”的安全方针，认真贯彻落实各项安全生产要求，扎实开展“电网安全年”活动，把“以人为本”贯穿于施工全过程，不断加强安全管控。采取承载能力分析；建立健全高海拔和山区生命保障体系，强化安全的人本管理；实行机械设备挂牌作业、人员持证上岗；强化安全交通法律法规的宣贯和执行，把违章纳入二级单位的年度绩效考核；加大安全投入等有力措施，保证了四川送变电公司全年安全态势平稳，实现了年度安全目标。四川送变电公司评为省公司 2012 年度安全生产先进单位，送电工程第四分公司评为省公司生产安全先进集体，应急抢修一分中心变电检修班评为生产安全先进班组，安全监察质量部评为省公司安全监督先进集体、人力资源部评为省公司安全教育培训先进集体，裕隆换流站获得国网公司变电工程安全管理流动红旗称号。

【资产经营】2012 年，四川送变电公司进一步强化了财务预算管理。通过制定资金管理、银行账户授权等办法，加大了资金管控力度，实现了资金归集率、银行账户监控率达到 100%。进一步完善了公司合同管理制度，明确了合同签订权限，规范了合同审查会签流程，较好地规避了公司经营法律风险。进一步加强了劳务分包工程结算和管理，在劳务分包结算工作中更加注重分包合同的实质性内容，更加注重工程过程资料的真实性和时效性。同时，积极开展分包商履约能力评价，掌握分包队伍人力资源状况，为竞价比选确定分包队伍提供科学依据。规范劳务分包工程进度款支付流程和手续，保证工程进度款支付到分包商的基本核算账户，较好地约束了分包商的欠薪行为。积极开展审计监督工作，完成了国网公司依法治企和职务消费专项综合检查工作，完成了集体企业清产核资和原总经理任期经济责任审计及工程项目管理专项审计等工作。积极开展土地房产、公务用车等专项治理，对存在的问题进行了有效整改。

【科技与信息化工作】2012 年，四川送变电公司重视科技创新工作，加大对科技研发的投入，相续开展了多项重大科技项目。4 月，申报成立了超特高压线路施工技术及施工器具攻关团队并入选省公司成立的 4 个攻关团队。

2012 年，四川送变电公司申请专利 10 项（自平衡调幅抱杆、改进的辅助抱杆固定底座、组合式货运索道支架、一种重力式地锚 、导地线液压连接操作平台等），获得四川省电力公司授权指标 3 项，实际申报数获得四川省电力公司系统前三个季度发明专利授权量排名第二，专利申请量排名第六。另外，四川送变电公司参与编著了国网公司典型施工方法（第二辑）、国网公司典型施工方法演示 DV（第一辑）、《电力营销工作与管理技术》、《电气设备检修及试验》、《节能管理与节电实用技术》等专著，在省公司科技创新指标排名均居前列。

四川送变电公司在 500 千伏锦裕线采用直升飞机运输无人区材料及工器具　　（赵攀　摄）

【党的建设和精神文明建设】2012 年，四川送变电公司以工程的安全、质量和劳务分包管理等为载体，全面开展“创先争优劳动竞赛”活动，深化“三亮三比三无”活动，加强基层党组织建设年工作，在“新甘石”、锦屏送出工程成立项目党总支部，把党组织的作用发挥到施工一线。四川送变电公司党委、送电一分公司党支部被省国资委表彰为“四川藏区电网‘新甘石’联网工程建设先进基层党组织”，送电一分公司和建筑二分公司党支部获得省公司先进基层党组织。先后有 12 人获得了省国资委、省公司优秀共产党员、优秀党务工作者等称号。企业文化和品牌标识建设进一步加强，精神文明成果继续得到巩固，积极组织开展“道德讲堂”活动，组建了公司网络文明志愿者，员工思想道德建设和凝聚力不断增强。群团组织的作用得到了充分发挥，送电二分公司获“全国工人先锋号”；送电一分公司获“四川省五一劳动奖状”；四川送变电公司 220 千伏“新甘石”Ⅲ标段项目部和甘孜 220 千伏变电站项目部获“四川省工人先锋号”；220 千伏新甘线Ⅱ标段项目部获“四川省重点工程劳动竞赛先进集体”；4 个项目获“新甘石联网工程先进集体”；公司职工刘志伟获得“全国五一劳动奖章”；张兴友获“四川省五一劳动奖章”；3 名职工获“省公司劳动模范”；3 名职工获“省重点工程劳动竞赛优秀建设者”；11 名职工获“新甘石联网工程先进标兵”。

【所属子公司】四川送变电公司下设 6 个送电专业分公司、2 个建筑安装专业分公司、应急抢修中心。

【存在的主要问题】一是电力建设市场竞争激烈。目前，新开工的 500 千伏及以上的输变电工程必须由国家电网公司统一招投标，这意味着国家电网公司的输变电建设市场将真正实现全面开放，即使是四川的工程，四川送变电公司的地理优势也不再有以前那样明显，省内市场的竞争将更加激烈，送变电公司获得输变电工程项目的难度空前增大。与此同时，工程费用将进一步紧缩，索赔也会变得更加艰辛。

二是继续加强作风建设。电力体制改革，赋予了四川送变电公司电网基本建设、电网运行维护和电网应急抢险三大职能，职能的转变意味着四川送变电公司广大干部员工的思想观念、管理理念和企业的经营模式等都要根据职能的转变而转变，而事实上，四川送变电公司相当一部分干部员工在思想上还没有做好准备，依然用旧的眼光看待事物，依然用原来的思维想问题，做事情原则性较差，规则意识不强，经验主义严重，不能很好地履行电力体制改革赋予我们的“三大职能”。

三是电网运维压力大。2012 年，四川送变电公司全面进入藏区电网运维领域，由于电网生产和基建在管理上有着本质的区别，藏区电网运维压力大，一方面部分从工程施工转入运维工作的员工需要及时更新管理知识，学习新的规章制度，另一方面四川藏区气候变化异常，海拔高、气温低，电网运维线路跨度大、地形复杂等恶劣条件，增加了运维难度。

（王　超）

四川电力工程建设监理有限责任公司

【企业概况】四川电力工程建设监理有限责任公司（以下简称监理公司）成立于1995年4月，是四川省电力公司（以下简称省公司）的全资子公司，随着“三集五大”体系建设的深入开展，2012年，监理公司机构并入省公司四川电力经济技术研究院。监理公司主要从事输变电、火力发电、水利水电、房屋建筑和市政公用工程监理及设备监造、电网系统大修技改业务，拥有电力工程、水利水电工程、房屋建筑工程和市政公用工程四项甲级监理资质和设备监造乙级监理资质，通过了ISO9001:2000质量管理体系、ISO14001:2004环境管理体系、GB/T28001-2001职业健康安全管理体系三项认证，现为四川省建设监理协会常务理事、中国电力企业联合会理事单位。监理公司连续5年被评为四川省优秀监理企业、中国电力建设企协AAA级信用企业，现已成为中国建设施工管理协会“最具成长力50强企业”。监理公司监理的工程先后获得了国家工程建设最高奖项--“国家优质工程金奖”、“国家优质工程银奖”等多项大奖，为省级文明单位。

【人力资源】监理公司一贯推行人才强企战略，通过规范人才管理，加大人才引进力度，建立人才培养体系，完善人才激励机制，培养了一支高素质的专业技术监理队伍和高效精干的经营管理队伍。2012 年，公司有职工 1440 人，各类持证人员 1883 人·次，其中：全国注册监理工程师 68 人·次，全国注册造价师、建造师、安全师、咨询师、招标师等 96 人·次，总监注册师 127 人·次，省、行业注册监理师 442 人·次，质量师、评标专家及各类注册监理员 1150 人·次。

【生产经营】2012 年，监理公司直管监理工程项目 256 个，竣工投运项目 81 个。其中，直管项目竣工投运变电容量 1105 万千伏安，输电线路长度 1334.771 公里，发电项目装机容量 308 万千瓦，房建工程建筑面积 399400 平方米。监理公司全年实现营业收入 23793 万元，完成年计划指标 174.95%，较上年增长 19.3%。实现利润总额 1195 万元，较上年增长 138%。监理公司作为“三集五大”“大建设”体系的重要组成部分，以“安全年”、“监理工作质量提升年”和“人力资源发展年”活动为抓手，大力强化工程安全质量管控，取得了明显成效。2012 年，监理公司被省公司评为“安全生产特殊贡献单位”，“新甘石”联网工程监理项目部被省公司评为“安全生产先进集体”。工程创优方面，1 个工程获得国家优质工程银奖、3 个工程获得中国电力优质工程奖、24 个工程获得国网公司优质工程命名，工程创优通过率达到 93%。创流动红旗方面，获得国家电网公司“华中区域线路工程项目管理流动红旗”1 个，获得省公司“项目管理流动红旗”2 个、“安全管理流动红旗”3 个、“质量管理流动红旗”2 个。

2012 年 6 月 26 日，省公司总经理王抒祥、监理公司总经理孟义到新甘石慰问（监理公司　提供）

【科技与信息化工作】2012 年，监理公司强化信息网络建设，按照省公司要求，完成了信息内、外网网络标准化改造，实现了与省公司的互联互通，为监理公司信息化办公提供了有力的基础保障；加强信息安全建设，制定了《信息安全管理办法》，全面启用桌面管控和安全移动存储介质管理系统，并实行计算机 IP 实名管理和双网隔离，有效保证了监理公司的信息安全；完善内、外网网站建设工作，搭建信息沟通桥梁，通过企业门户加强企业品牌形象宣传；全面推进国网公司 SG186 工程相应信息化功能模块的深化应用；搭建信息管理平台，使工程管理数据管理信息化、直观化，提升了管理效率；全面启用高清视频会议系统，有效保障与省公司的信息沟通。

【党风廉政建设】2012 年，紧紧围绕监理公司工作目标，以落实党风廉政建设责任制为抓手，完善监督机制、注重建章立制、加强廉洁教育，全面完成了党风廉政建设各项工作任务。一是强化党风廉政暨惩防体系建设任务的分工落实，健全和明确了党政“一把手”负总责、分管领导分工协作、党政齐抓共管的领导体制和工作机制，严格履行党风廉政建设工作职责；二是加强党风廉政建设制度的完善，制定和完善了一系列管理办法，增强依法治企、依规办事的意识；三是认真开展效能监察，对灾后重建项目监理履行签证职能情况和成本管理开展效能监察，对存在的问题和不足进行了整改，健全了管理制度和流程，取得了良好的效果；四是建立协同监督机制，完善惩治和预防腐败体系，增强了监督实效；五是强化对监理部、监理处的管理，通过签订廉政建设责任书，开展“十不准”执行情况监督检查和“小金库”专项治理回头看，有力促进了党风廉政建设责任制的落实。2012 年，在省公司党风廉政建设考核中，监理公司被评为“优秀”。

【精神文明建设】监理公司以科学发展观为指导，大力倡导“努力超越，追求卓越”的国网企业精神，在市场竞争中锐意进取，围绕国网“两个转变”和“四化”战略，坚持“两手抓，两手都要硬”开展精神文明创建活动，做到抓班子、带队伍、强管理、严作风、树形象，形成了一个政治素质好、经营业绩好、团结协作好、作风形象好的“四好”班子。2012 年，监理公司的领导班子成员带头以身作者深入现场，各党支部充分发挥战斗堡垒作用，党员自觉发挥先锋模范作用，员工士气昂扬，充满活力，有力地保障了企业经营与文明创建整体工作均衡快速发展，被授予“文明单位”。

2012年3月1日，监理公司举行出征“新甘石”联网工程宣誓大会，公司总经理孟义授予项目部“青年突击队”队旗
（监理公司　提供）

（胥运生）

教育与医疗单位

责任编辑：魏秀云

四川省电力公司技术技能培训中心

【单位概况】四川省电力公司技术技能培训中心、四川电力职业技术学院（以下简称培训中心）实行“一套人马，两块牌子”的运行模式，是融公司员工培训、职业技能鉴定、学历教育和科研咨询服务“四大板块”为一体的教育培训机构。四川省电力公司技术技能培训中心主要承担四川省电力公司（以下简称省公司）基层单位专业技术人员和生产技能人员的培训任务，并负责公司系统员工远程教育培训；四川电力职业技术学院是一所专科层次全日制普通高等学校，是国家电网公司系统唯一一所国家示范性高职院校。

培训中心设有草堂、罗家碾、温江、青峰岭教学电厂四个校区，占地面积827亩，固定资产总值4.05亿元，建筑面积24.1万平方米；2012年，培训中心培训、考核和职业技能鉴定量达20000人次以上，全日制高职在校学生2438人，成人学历教育在读学员2438人。

2012年6月13日，举行藏区免费职业教育班毕业典礼
（培训中心　提供）

培训中心始终坚持“服务省公司发展战略、服务企业生产经营、服务员工成长成才”这条主线，全面提升教育培训能力，努力提高教育培训质量，2012年，培训中心党委被省公司党委评为创先争优先进党委，并获得全国职工培训教育示范点和全国示范职业技能鉴定站称号。

【人力资源】截至2012年12月31日，培训中心国长期职工460人，其中教师217人。离退休职工384人，聘请企业长期兼职教师15人，研究生以上学历教师比例超过27%，享受政府津贴专家1人，教授4人，副教授98人。

培训中心职工中有395人取得了专业技术职务资格，占培训中心职工总人数的85.9%。

按专业技术职务结构分析，其中有高级专业技术职务资格的为141人，占专业技术职务数的35.7%；具有中级专业技术职务资格的为182人，占专业技术职务数的46.1%；取得初级专业技术职务资格的为72人，占专业技术职务数的18.2%。

按年龄结构分析，35岁及以下人员97人，占专业技术职务数的24.6%；36岁-40岁人员49人，占专业技术职务数的12.4%；41岁-45岁人员83人，占专业技术职务数的21.0%；46岁-50岁人员87人，占专业技术职务数的22.0%；51岁-54岁人员31人，占专业技术职务数的7.8%；55岁及以上人员48人，占专业技术职务数的12.2%。

按学历结构分析，其中取得研究生学历人员115人，占专业技术职务数的29.1%；取得大学本科学历214人，占专业技术职务数的54.2%；专科及以下学历人员66人，占专业技术职务数的16.7%。

【技术装备】培训中心按照培训“集约化、专业化、现代化”的指导思想在2011年底建成带电作业基地、110千伏实训智能变电站、变电检修大厅以及包含电力营销、继电保护、电网运行等专业实训室在内的综合实训大楼，整个综合性实训基地完全涵盖了电网企业“带电作业及输配电线路运行与检修、电网运行、变电检修、继电保护、电力营销、电网调度自动化、电力通信、农网配电营销”8大专业34个职种的培训功能，2012年，完成了信息系统仿真培训中心二期、调度自动化、变电检修实训基地220千伏和500千伏电压等级扩建工程等实训基地二期建设任务。

【教育培训】培训中心以服务省公司“12751”发展目标和“三集五大”改革为统领，按照“五五三”（五新：适应新形势，迎接新挑战，增添新举措，寻求新突破，做出新贡献；五力：完善硬实力，提升软实力，增强执行力，夯实竞争力，扩大影响力；三个提升：提升教育培训能力、提升教育培训质量、提升服务管理水平。）的工作思路，努力拼搏，真抓实干，圆满完成各项教育培训任务。2012年，培训中心被国网公司遴选为国网技术学院三个分院之一，承担国网公司新进员工及高技能人才的培训任务；成为国网公司输配电带电作业实训基地，并顺利通过国网公司组织的实训基地复审。原挂靠在省公司人力资源部的四川省电力行业职业技能鉴定中心和四川电力国家职业技能鉴定所移交到培训中心，由培训中心负责省公司系统和四川电力行业职业技能鉴定相关工作的管理和组织实施。极大地拓展了培训中心的培训工作领域，进一步提升和强化了培训中心的培训职责、功能和定位。成为国网公司两大培训基地。

2012年，完成各类培训和鉴定班366个，各类培训、职业技能鉴定和考核总人次达到59512人次，其中培训为20702人次，生产人员培训考核、特种作业培训考核、进网作业电工培训和职业技能鉴定为38792人次，培训规模与2011年相比实现翻番，为省公司提升人才当量密度，实施人才强企战略做出了积极贡献。

实训大楼　　（培训中心　提供）

一是圆满完成国网公司培训任务。培训中心按照"统一培训标准、统一工作流程、统一培训计划、统一培训课程、统一考核评价"的要求，建立了标准化的培训管理模式和全方位的考核评估体系，加大技能培训力度，提升培训质量，圆满完成国家电网公司新员工两批次、477人次，28962人天的培训任务，在对学员进行的培训满意度网上测评中，培训中心总体培训满意度为99.27%，在国网技术学院三个分院中排名第一。

二是创新培训模式。按照"五高三制"（五高：高定位、高标准、高水平、高质量、高要求；三制：导师制、课题制、淘汰制）要求，开展了"双千人才"等高端人才的培养；在班组长培训中增加了企业文化内容，建立涵盖"一基四维"培训体系（"一基"指培训体系设计立足于落实省公司文化战略，"四维"指培训内容设计涵盖理念层、制度层和执行层和形象层四个维度）和"1+3"培训模式（"1"指的是课堂培训，"3"包括：班组活动竞赛、专题研讨、户外拓展）的班组长培训模型；充分利用实训基地的先进设备和多媒体教学手段，开展特高压、继电保护、智能变电站仿真培训和带电作业实时监控培训。

三是深入推进"521"人才援建藏区计划。完成甘孜、阿坝公司电力营销、变电检修等专业送教上门培训6期，举办甘孜、阿坝公司及木里县公司送出培训4期，共计培训2046人天，超额完成年度任务并取得良好的培训效果，尤其是举办的"新甘石"工程变电运行人员生产准备培训，为"新甘石"工程顺利投运培养合格人才做出了贡献，受到省公司领导的高度肯定。首届藏区免费教育中专班50名学生顺利毕业，为藏区电力培养了优秀的生产技能后备人才；采取"1+2"模式（即一年中职，两年高职）培养藏区免费教育高职学生，来自甘孜、阿坝和凉山州木里县共28个县的101名学生于2012年10月入学。

四是创新技能鉴定工作。首次开展职鉴统考，采取理论统考的方式代替随班理论考核；拓展鉴定工种，增加职鉴覆盖面，开展了电力电缆工、电力调度员、变电一、二次安装工等小工种的鉴定；利用网络技术，自主开发了职鉴信息系统，建成了考试实时监控系统，提升了鉴定效能；采取"统一管理、统一培训、统一考试、统一办证"的管理模式，完成电工进网作业许可证考试。通过了人社部组织的职鉴质量管理体系评估，成为全国示范职业技能鉴定站。

【"三集五大"建设】2012年，按照"精简机构、压缩层级、优化流程、防范风险、保持稳定"的总体思路，积极推进"三集五大"体系建设。一是扎实开展宣传引导，统一思想，凝聚人心，营造良好的改革氛围。二是成立了"三集五大"体系建设组织机构，精心编制培训中心《"三集五大"机构设置及人员配置操作方案》。三是完成新模式导入，开展中期评估，持续磨合改进，实现机构和人员精简。四是做好维稳工作，关注员工诉求，强化职工参与民主管理，培训中心《“三集五大”体系建设职工满意度调查》满意率达 96.8%。五是顺利完成主多分开和集体企业搭建工作，培训中心原多经企业腾兴公司由省公司集体企业科锐得公司收购，成为科锐得公司子公司，培训中心受科锐得公司委托，负责腾兴公司的经营管理。

【师资队伍建设】进一步加强了双师素质教师队伍建设，推进教师能力转型。2012 年，有 67 名教师被认定为“双师型教师”，2 人取得教授职称，2 人被评为省公司优秀人才，8 人取得副教授等高级职称，41 人取得技师职业技能等级。开展了教师技能竞赛、组织企业培训师（高级）培训，切实提升教师能力和水平，并按照新老搭配原则构建“1+1”授课团队，组织上挂教师与培训中心教师签订了《结对互学协议》，促进专业师资队伍的迅速成长，人才队伍结构不断优化。

实训基地现场讲解、培训　　　（培训中心　提供）

【安全工作】2012 年，开展“安全年”活动，全面排查治理安全风险隐患，安全工作取得明显成效。一是深化安全教育，编制了 22 个工种的《电力安全工作规程》考试题库，开展了对教职员工的安全知识宣贯、培训，进行了安规考试。二是建立了全方位、全过程、多支点、多层面的安全管理体系，健全了三级安全保障体系和安全监督体系，成立了安全监察室，对培训和生产安全进行专项监督检查，进一步完善了安全规章制度，确保几十个工种培训有标准、操作有规范。三是加强现场培训安全监督，编制了《反违章督查手册》，开展标准化作业，提供安全器材保障，进行现场标准化监督，实现培训中不发生安全事故的目标。

【科技成果】2012 年，培训中心荣获省公司管理创新先进单位和课题研究先进单位。培训中心成功申报了 4 项软件著作权，实现软件著作权申报“零突破”，《“十二五”期间四川省电力公司人才当量密度提升计划》荣获 2012 年度四川省电力公司优秀调研成果一等奖，《省级电网企业软课题管控体系建设》荣获 2012 年度四川省电力公司企业管理创新成果一等奖。

【党的建设和精神文明建设】一是深入贯彻落实党的十七届六中全会、十八大精神和公司“三会”精神，着力突出特色，深入开展创先争优和学习型党组织创建活动。二是充分发挥党支部的战斗堡垒作用和共产党员的先锋模范作用，组织“521 人才援藏共产党员支教队”， 支教队员克服高原反应和道路崎岖等困难，多次深入藏区开展“送培上门”。三是组织开展了“五廉四进”、“学法规守廉洁保安全”、保持党的纯洁性等反腐倡廉主题教育活动，大力开展廉洁文化建设，细化、分解和落实防控责任，认真开展廉政风险识别、评估和防控工作。四是成功承办了省公司、省国资委组织召开的“新甘石”联网工程表彰大会和“新甘石”工程先进事迹报告会、中国广播艺术团慰问“新甘石”工程建设者大型演出等重大活动。五是积极参加了“新甘石”联网工程志愿服务工作，组织“电博士”进社区，志愿者挺进邛崃羌族新村开展志愿服务的“电力三下乡”活动，丰富校园文化建设内涵。

【存在的主要问题】一是培训支撑能力存在不足。随着国网技术学院成都分院和国网公司输配电带电作业实训基地相继在培训中心挂牌成立，培训中心今后每年将承担国网公司新进员工和高技能人才培训任务 11 万人天以上。预计培训中心 2013 年培训任务将在 2012 年已经翻番的基础上再翻番，这对培训中心的培训开发、培训师资、实训条件、食宿条件等培训支撑能力是一个严峻的挑战。尤其是师资力量尚不能满足发展的需要，缺乏带电作业、特高压仿真、智能电网、调度自动化等专业的高层次、高水平培训教师，现有教师对生产现场、生产流程还不熟悉，有些特种作业资质还没有取得，培训的针对性、实效性还有待进一步提高。

二是培训安全风险压力大。随着实训基地建成和迅速投入使用，实训现场已经与企业生产现场一致，但实训现场的安全管理制度还未健全，省公司生产现场的安全制度和规程也不能直接使用，缺乏生产现场管理经验和生产实践经验丰富的培训教师，培训过程中安全风险日益突出。主要体现在“三多”：专业多、设备涉及的厂家多，型号多，培训涉及电网各专业，实训设备涵盖了国内主要厂家的各种型号产品。“三个不熟悉”：培训教师与培训学员之间不熟悉，学员与学员之间不熟悉，学员对培训设备不熟悉。“频率高”：实训设备设施和安全工器具使用操作频繁，设备的安全检定周期缩短。“监护难度大”：培训现场培训师要同时监护多名学员操作，难度大。

（陶晋川、李静）

四川省电力公司管理培训中心

【单位概况】四川省电力公司管理培训中心（党校）（以下简称管理培训中心）是四川省电力公司于2010年利用公司系统现有教学资源和办学优势而举办的企业内部非盈利性职业教育培训机构，现为四川省电力公司分公司性质的二级单位，属公司层面的教育培训机构，同时加挂中共四川省电力公司委员会牌子，是四川省电力公司“智桥大学”建设“两中心一基地六分部”的两个中心之一，下设6个学院。管理培训中心以企业管理培训为主，主要针对公司管理的领导干部、后备干部、基层单位科级管理人员、公司本部管理人员、新进高校大学生以及其他人员等实施专业培训，同时承担系统内的会议接待任务，设有综合管理部、培训管理部、人力资源部、后勤保障部和会议服务中心五个职能部门。现有职工106人，班子成员职数为5人。

676名新进高校毕业生达到培训预期目标

（管理培训中心　提供）

管理培训中心位于风景秀丽的世界文化遗产地都江堰市内，东临岷江河，西傍青城山，坐拥翠月湖，地理位置优越，距青城山、都江堰景区约10公里。距双流国际机场50分钟车程，交通十分便利。管理培训中心园区为国家AAA级旅游区，环境优美，占地约710亩，总建筑面积5.21万平方米。园区以大门中轴线为界，分为欧式风格的南部会议区和川西民居风格的北部培训区，拥有客房387间，会议室25个（其中1000人大会场1个、60人以上分组讨论会场9个），餐厅1个（800餐位）。除此之外，管理培训中心还有3651平米室内体育馆（网球场、篮球场、羽毛球场、乒乓球场）等配套康体设施。近年来，中心先后承办了国网公司2012年农电工作会、后勤工作会议以及四川省人大主任培训会等重要会议，常年承办四川公司大型会议和干部培训，服务流程和内部管理规范。2011年，被列为国网公司总部及分部会议定点接待场所。

【人力资源】2012年初，管理培训中心有职工109人，其中包括领导5人。年度末职工人数106人，其中包括领导5人。当年录用硕士毕业生2人，离退休4人，省公司挂职锻炼2人。

职工队伍现状：经营者5人，其中硕士研究生3人，大学本科2人；高级职称4人，中级职称1人。管理人员23人，其中大专及以上学历22人，占96%；有专业技术职称的18人，占78%。专业技术人员44人，其中大专以上学历37人，占84%；有专业技术职称的30人占68%。服务类人员34人；其中大专以上学历15人，占44%；有高级以上技能等级15人，占44%。

2012年，新接受大学生2人，其中硕士研究生2人。人才当量密度0.89；人才密度97.17%。人才引进指数1.2，平均年龄40岁。

人员培训情况：2012年，服务中心内部组织专项培训16班次，264人次；各部门外送培训共23班次，121人次，合计教育经费11.1549万元，中层及以上管理人员培训费7.738万元，40人次；专业技术管理人员培训费用3.0934万元，71人次；一般工作技能培训费 3235 元，10人次。另外送公司组织的专项培训47班次，73人次。根据“三集五大”体系建设需要，组织4期相关知识培训，113人次。全面完成了2012年教育培训计划。

【**技术装备**】信息发布系统2套，大屏显示系统2套，扩声系统13套，中控系统3套，信息查询系统1套，会议系统3套，多媒体显示系统3套，会议录播及监控系统1套。数字化校园1套（含：教学策划、教学管理、后勤保障功能），同声传译1套，数字网络扩声系统1套，演出音响1套，舞台灯光1套，公广系统1套，音频矩阵系统1套，信息采集与后期制作1套，LED 大屏显示系统1套。

【**业务工作开展情况**】2012年，管理培训中心在四川省电力公司的正确领导下，以科学发展观为指导，按照“强化责任抓执行，文化引领促发展”的工作主线，圆满完成年度工作目标，实现营业收入3939.79万元；全年完成各类培训班88个，培训学员48591人天，管理人员培训任务完成率100%，综合服务满意率100%，领导力开发研究项目完成率100%，新增培训开发任务三个项目，超额完成省公司下达的核心业务指标；完成接待国网公司2012年农电工作会、后勤工作会议、四川省人大主任培训会以及省公司年度工作会、领导干部读书班等各类会议共90余个，50431人天；全面完成省公司下达的年度考核指标。

管理培训中心“三集五大”体系建设工作顺利通过公司验收
（管理培训中心　提供）

一、培训管理实现新突破。围绕省公司的发展大局，立足人才强企战略，以构建企业大学为目标，大力开展管理人员教育培训工作，圆满完成了公司系统管理干部履职能力三年轮训。精心甄选外部师资，有效整合内部培训资源，建立内训师资源库，教师资源逐步丰厚并相对稳定。定期举行学员论坛，青干班植入红色文化课程，注重培训过程与电网和企业实际的紧密结合，强调学以致用、以学促用，推行项目负责制的班级管理模式，实现教学组织从“生活服务型”向“教学组织型”的本质转变，培训策划和组织实施能力得到全面提升，培训工作获得省公司2012年度教育培训先进单位荣誉称号。积极开展课题研发，形成了以《四川省电力公司领导学习管理体系建设方案》和《基于网络学习模式的四川省电力公司领导学习力实践研究报告》为代表的一批研究成果，为公司管理人员培训和构建企业大学提供较好的理论支撑。2012年，由管理培训中心承担的《领导学习力建设与网络学习研究》和《浅谈管理培训中心星级服务品牌的塑造》两项课题分别荣获省公司课题研究成果一等奖、四等奖，标志着中心课题研究能力实现了全新突破。

二、优质服务内涵持续深化。以全面符合国网公司一类会议接待标准为出发点，着力优化会议接待流程、提升优质服务品质，制定印发了《一类会议接待标准》，并坚持以标准指导工作和规范行为。充分发挥质量监督保障作用，不断深化《优质服务首问负责制》，实现服务便捷和快速响应。加大责任事件闭环管理，不断推进服务创新和质量创新，将管理培训中心一批素质高、责任心强的员工打造成一支专业化、规范化的 VIP 接待团队，以确保符合公司系统会议接待要求。

三、基础设施建设有序推进。把握管理培训中心作为国网公司定点会议场所的功能定位，完成了翠华楼园区二期的培训教师用房、绿云楼会议室改造、丹桂园房间升级改造等30项基建工程，逐步实现住宿、餐饮和会场相互间的功能配套。加快园林景观建设步伐，相继实施了盆景园景观改造、翠月湖绿化整治等环境整治工程，园区景观品质显著提升。加快推进数字化校园和多媒体查询系统建设，积极开发软件，为建设一个高效便捷的信息化服务平台奠定了良好基础。经过一年的建设，管理培训中心资源有效整合，整体功能协调匹配，价值作用日益凸显。

四、企业管理水平明显提升。充分运用“作风建设年”和“基础管理年”成果，扎实开展管理提升活动。深化人力资源管理，劳动生产率年均增长32.42%。全面推进“三全员”工作，优化企业收入分配机制。加强综合计划管理，严格全过程成本控制。深化 ERP 系统物资管理模块的应用水平，物资计划管理水平明显提升。严格落实“三重一大”集体决策制度，建立健全与企业运营管理相适应的制度体系，进一步提高企业法治化管理水平。坚持实施重大决策涉法论证，认真开展协同监督工作，全年共提出重点监督工作6项，发现并解决问题19个，为企业健康发展提供了保障。强化非招标活动效能监察，有效实现管理、经济和廉洁的三重效益。开展工程建设、车辆清理等专项治理，规范公务用车、会议接待等费用管理，消费性支出项目管控进一步加强。充分发挥纪检、审计、法律监督和财务内控机制效能，防范了企业经营风险。

五、党的建设和精神文明建设。2012年，管理培训中心党委在省公司党委的正确领导下，坚持将服务企业中心工作和发展大局作为党建工作的立足点和出发点，不断规范和深化党的建设，党的凝聚力和战斗力不断增强，党支部的战斗堡垒作用和党员先锋模范作用日益凸显。一是以为民服务创先争优为重点，将创先争优融入到管理培训中心的安全生产、优质服务等工作中，成效显著。二是以创建“四好班子”为重要抓手，以建设学习型领导班子为关键，坚持领导干部带头学习交流、理论调研，认真学习贯彻上级各项决策部署。定期召开领导班子民主生活会，深入开展批评与自我批评，不断优化成员分工，班子建设得到进一步加强。三是以支部建设和党员管理为切入点，深入开展“基层组织建设年”活动，根据“三集五大”体系建设及时进行支部调整，实现了支部的规范管理和支部活动有效开展。不断深化党员示范岗建设和“电网先锋党支部”创建活动。2012年，管理培训中心的1个党支部被评为了“电网先锋党支部”， 1名党员获得了“优秀共产党员”称号，2名党员获得了“优秀党务工作者”称号。四是修编《2012年廉洁从业风险防控辨识手册》，干部员工廉洁自律意识进一步增强。切实做好廉洁教育基地的运行维护、接待和讲解工作，有效发挥基地作为廉洁文化学习场所和廉洁交流平台的作用，“干事、干净”廉洁文化理念进一步强化。2012年，管理培训中心在落实党风廉政建设暨惩防体系建设专项考评中被评为“优秀”，取得了在省公司所属基层单位排名第八的好成绩。五是积极开展迎春联欢会、第二十七届运动会、“4.15职工维权咨询日”、“我爱企业”摄影比赛等多项活动，企业文化凝聚力和向心力日益凸显。支持工会组织履职，积极推进民主管理。完成了管理培训中心团委组建和团干部的公开选拔，为青年建功立业搭建了良好平台。立足岗位成才，大力开展劳动竞赛，管理培训中心女职工获得了省总工会女工委颁发的“四川省女职工‘我学、我练、我能’劳动竞赛示范岗”的殊荣。认真落实离退休“两个待遇”，确保离退休老同志改革成果共享，离退休工作荣获省公司2010—2012年度的先进集体荣誉称号。加强企业稳定维护工作，及时排查化解不稳定因素，关怀关心关爱员工，促进企业和谐健康发展。

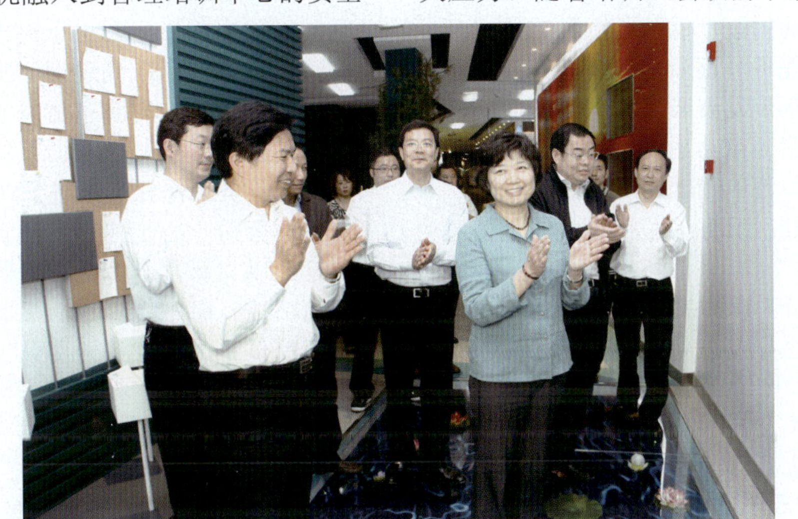

国家电网公司监察局局长殷琼对公司廉洁教育基地的运维及讲解工作表示肯定　（管理培训中心　提供）

六、存在的主要问题。一是安全工作面临较大压力。随着培训、会议的不断增多，接送授课老师和参会来宾频繁，出车频率高，目前管理培训中心车辆数量不足，且均是超期服役车辆，交通安全令人担忧。同时，由于外请老师和参会代表往来频繁，对管理培训中心的发展历程缺乏足够认知，容易导致方方面面的舆情风险。二是满足国家电网一类会议标准仍存在较大差距。在硬件设施上，还未达到接待国家电网公司一类会议的要求，主要是住宿容量不足。另外“三集五大”体系建设后，员工按照新流程、新标准开展工作的岗位适应能力尚有差距，在满足国家电网公司一类会议接待要求、服务水平上亟需进一步提升。三是人才队伍素质提升缺乏有效途径。目前，管理培训中心用于承担培训策划、课题研究等高端培训人才匮乏。由于省公司在新进高校毕业生引进中，非电专业所占比例较少，在引进培训管理人才方面较为困难，人员结构难以支撑管理培训中心培训管理和科学研发的要求。加之企业所处地域环境和薪资待遇缺乏吸引力等原因，引进人才难度很大，管理培训中心人才当量密度提升缺乏有效途径，这些问题都将制约管理培训中心的快速发展。

（刘　阳）

四川电力医院

【单位概况】四川电力医院（以下简称医院）一直践行“紧贴中心、融入中心、服务中心”的工作思路，不断探索医院的发展定位目标。医院于2002年5月，挂牌“华西医大附一院网络协作医院”，2011年9月，加挂“四川电力健康管理中心”牌子，2012年9月成功挂牌由卫生部颁发的“骨质疏松症诊疗技术协作基地”。自“5.12”地震以来，四川自然灾害频发，医院肩负着大量医疗保障任务和服务工作，参与了玉树抗震、巴中抗洪、道孚救火、古蔺抗冰、理塘抗雪等抗灾现场的医疗保障，顺利完成“新甘石”生命医疗保障任务。逐步从建院初期仅承担单纯基础医疗工作，逐步发展成为以“服务四川省电力公司中心工作，服务电力系统员工身心健康”为宗旨，集基础医疗、健康管理、应急医疗保障、职业卫生管理、电力社区服务、医疗绿色通道搭建为一体的综合性医院。

2012年，医院员工172人，其中在职员工91人，离退休人员81人；医疗点三处：医院本部位于崔家店北一路，门诊部位于东风路二段21号，医务室位于省公司本部大楼内。

拥有体检车两台，移动式高压氧仓车一台，德国西门子 800MA 数字减影 X 线机、日本佳能数字 X 射线 DR 系统，多台进口彩色多普勒超声诊断系统和生化检测仪器等先进的医疗设备，新购双源 CT 将于新院区搬迁后安装。

【安全生产保持平稳】医院的安全生产，关系到每位病患的生命安全。2012 年，医院始终以高度的责任心，谨慎的工作态度，扎实的工作作风，将安全生产责任制和安全管控机制的落实贯穿于医院的各项工作，切实做到安全可控、能控、在控，医院连续 7 年无一例医疗事故发生。

【医疗保障取得卓越成效】2012 年，医院的应急医疗保障已进入常态化管理，与省人民医院建立了应急医疗培训的合作关系，组织开展了“抗冰救灾”等专项应急演练，全方位充实、完善了医护人员的急救知识。在执行“新甘石”医疗保障任务的同时，在医务人员极其紧张的情况下，圆满完成四川省电力公司“5.11”、“5.12”应急演练和重要会议、活动的医疗保障服务。

“新甘石”联网工程的提前投运，既是四川电网建设的骄傲，更是四川电力医院人的光荣。医院以确保参建人员“上得去、站得稳、干得好”为目标，以组织保障、医疗技术、科研投入、思想政治“四个支撑”为基础，在四川省电力公司的坚强领导下，成立了新甘石联网工程医疗保障领导小组，沿工程全线 1015 公里，建立起一条由 19 个一级医疗站、5 个二级医疗站、1 个三级医疗站组成的三级医疗保障体系，确保了工程 1.3 万余名参建员工的生命安全，为工程顺利开展系上了“安全带”，为“新甘石”联网工程提前投运做出了突出的贡献。在整个医疗保障过程中，医院涌现出一大批爱岗敬业，甘于奉献的先进典型，得到了省总工会、省国资委和省公司的高度肯定和表彰。

【医疗服务工作扎实推进】2012 年，医院围绕四川省电力公司中心工作，不断调整医疗服务的深度和外延。以“新甘石”生命保障为契机，创新建立集事前防控、事中保障、事后救治于一体的高原病防治医疗体系，组建科研团队深入高原电网建设一线采集样本，探索建立四川省电力公司系统高原病防治医疗标准，为有效的开展高原电网建设医疗保障积累了宝贵的实战经验。

将健康管理作为医院服务系统员工的中心工作，2012 年，为四川电力系统内人员健康体检 1 万多人次，对发现的健康隐患均及时给予咨询意见，使病患得到了有效的诊治。根据电力系统员工健康现状，开展 了“电力职工代谢综合征的干预与早期肾功能不全的发展”科研项目，取得了阶段性成果。不断拓展与上级医疗机构的合作方式，与华西医院、省人民医院等在医、教、研等各个层面加强合作关系，搭建绿色通道，使电力系统员工在转诊、送检、会诊等过程中更加畅通无阻。2011 年 8 月与华西医院签订了心脏介入双向转诊协议以来，成功转送、救治多名电力系统病员，为四川电力系统员工开展心脏介入手术开辟了一条更为便利的通道。

四川省电力公司工业卫生站与四川省疾控中心职业与辐射卫生所合作开展了《变电站职业危害监测及调查》、《电缆沟职业危害因素检测与调查》项目，对 4 座 500 千伏变电站、2 座 220 千伏变电站现场进行了全面检测，共检测工频电场作业点 1248 个、工频磁场作业点 936 个，通过对变电站运检作业人员进行监测分析，形成了《变电站工频电磁场分布情况及对作业人员影响的报告》。为省公司及各基层单位职业卫生管理工作提供了强有力的技术支持，为电力员工远离职业危害起到了良好的作用。

【新院区改造工作有序推进】省公司领导高度重视医院的搬迁改造工作，总经理王抒祥、书记刘勤等多位省公司领导亲临现场指导工作，提出“医院新院区改造要注重安全、质量、环保，凸显医院特色”的指导意见。

2012 年 10 月 22 日，成都电业局搬迁后，医院全面改造工作正式启动。为保证施工进度，理顺工作流程，医院成立了搬迁改造领导小组和搬迁改造监督领导小组，定期组织召开搬迁改造工作专项会议，集体讨论、决议搬迁改造工作中的重大事项，目前各项改造工程顺利进行，无安全事故发生。

【党建和廉政建设有序开展】2012 年，医院深入开展创先争优活动，开展党员专题培训和党的基本知识测试，成立了“新甘石”联网工程医疗保障组党支部，建立“全院一盘棋”的前后方联动机制，为“新甘石”医疗保障任务的圆满完成奠定了坚实的思想政治基础。制定了《四川电力医院重要岗位人员管理办法（试行）》等多项管理制度，加大对中层干部的管理与考核力度，把党风廉政建设纳入医院工作、发展和经营的总目标中，开展设备物资管理效能监察，对医院非招标物资采购活动进行了全过程监督，确保党风廉政“0”目标。

【存在的困难和问题】

一、医院人力资源面临的问题：根据省公司“三集五大”体系建设要求，医院人员编制为 210 人，2012 年，用工总量为 172 人，其中在职职工 91 人，劳务派遣职工 81 人，缺员 38 人。新进人员呈负增长，不能满足临床工作的需求，也不利于医疗技术人才的培养与储备。

二、新院区改造面临的困难：由于医院改造的特殊要求，施工交叉范围广，内外协调难度大。医院搬迁涉及系统外卫生部门、规划及街道管理等部门的各项审批等，需协调的上级部门众多，办理相关手续时难度较大，希望省公司能给予指导和帮助。

（邵振军）

省公司层面集体企业

责任编辑：魏秀云

四川科锐得实业集团有限公司

【企业概况】四川科锐得实业集团有限公司（以下简称科锐得公司）是在国家电网公司大力推进“三集五大”改革，实施主多分开的大背景下，由四川省电力公司（以下简称省公司）主办的省公司层面集体企业资本平台，四川格瑞德资产管理公司（以下简称格瑞德公司）于2010年12月投资设立的省公司层面集体企业经营平台，格瑞德公司与科锐得公司实行“一套人马，两块牌子”模式管理运作。

在各级领导的关心、支持和帮助下，科锐得公司成立两年多来，根据省公司集体资产监督管理委员会关于集体企业发展的总体部署，通过兼并重组、收购整合，迅速成长壮大。截至2012年底，科锐得公司已发展成为拥有10个全资子公司、4个分公司、1个控股公司、3个参股公司和1个代管公司的多元化经营集团。

【人力资源】2012年，按照省公司对集体企业人力资源管理的总体要求，初步建立起科锐得公司人力资源管理制度的框架体系。规范劳动用工，强化人员入口管理，大力推进人员招聘核准制度，有效杜绝了盲目用工和私自用工的问题。强化业绩考核，对企业负责人实行与业绩挂钩的年薪制，初步建立了激励和约束相配合的企业和企业负责人业绩考核体系，有力地促进了科锐得公司年度目标的完成。首次以科锐得公司为单位，经国网公司和省公司特许，进入了省公司主业系统职业鉴定和职称评审，为科锐得公司员工的职业发展奠定了良好基础。建立健全科锐得公司范围内的劳动用工管理和员工动态管理制度，强化了劳动合同管理和人员引进标准。完善科锐得公司本部组织架构，通过选调和公开招聘，适时引进管理及专业技术人员，合理配置人力资源，实现了劳动组织规范化、科学化和一体化管理。认真探索研究并拟定涵盖员工管理、薪酬福利、绩效考核、职业生涯发展等人力资源管理系列办法和制度，为科锐得公司下一步实施规范管理打下了良好基础。

科锐得公司本部设办公室、人力资源部、财务资产部、投资管理部、市场经营部、工程管理部、安全监察质量部（省公司安全质量巡查大队）、党群工作部、监察审计部九个职能管理部门。截至2012年底，科锐得集团公司员工总数达到4400余名。

【安全生产】2012年，科锐得公司以“安全年”为主线，紧紧围绕安全生产总目标，认真贯彻“安全第一，预防为主，综合治理”的方针，全面落实各级安全生产责任。加强现场作业计划管理，严格各级管理人员到岗到位，强化作业现场安全管理和监督，深化反违章督查，严格安全生产责任追究，安全生产管控能力不断提升。扎实开展安全教育培训，进一步完善应急管理组织体系和应急预案体系，积极参与省政府“5.11”和省公司“5.12”应急演练，指导所属相关企业及项目部开展地质灾害、火灾事故、防洪防汛等应急演练，员工安全意识和安全技能进一步提高。科锐得公司成立以来，保持了安全生产持续稳定的良好局面。

2012年2月20日，四川省电力公司总经理、党委副书记王抒祥到科锐得公司本部调研指导工作（科锐得公司　提供）

科锐得公司重安全，抓质量，强管理，积极参与电网工程建设和服务，所有建设项目总评优良。其中，蜀能公司承建的220千伏新甘线提前完成并获得国网公司国网华中区域质量管理流动红旗；220千伏西昌南变、播河线、洪苍线分别获得省公司输变电工程流动红旗；500千伏乐乐线、石雅线、沐川开关站，220千伏桑枣变、九岭变工程分别获得国网公司优质工程命名。在2012年省公司电网建设一号工程“新甘石”联网工程建设中，蜀能公司、通信公司、自动化公司、文化传播公司等参建单位克服自然环境恶劣、协调关系复杂、技术难度大、施工工期紧等诸多困难，发扬“特别能吃苦、特别能战斗、特别能奉献”的精神，积极参与工程建设、后勤保障和宣传报道，确保工程提前竣工并顺利投运，受到各方高度评价。科锐得公司对工程建设的顺利开展做出了巨大贡献，同时也带动了科锐得公司各项目施工管理水平的整体提升。

【资产经营】2012年，科锐得公司整合收购并设立了7家子公司、4家分公司。科锐得公司以“实现系统资金配置最优、资金成本最低、资金运作效益最大化”为目标，建立了统一的“资金池”，对各全资、控股子公司资金进行了集团化的归集及运作，并制定了“资金池”归集存款余额管理方案和“资金池”内部资金拆借管理方案，进一步优化了科锐得公司的资金结构，促进了科锐得公司对资金的集中管控与有效调配，提高了内源融资效率和资金使用效率。集团资金归集额已初具规模。在资金集中管控的基础上，实行预算全过程管理，对各单位年度生产经营预算统一组织编制、审批、下达、执行、控制、调整及监督，增强了对科锐得公司资金资源的调配和控制能力，促进了财务预算与生产经营的有机结合。

2012年2月7日，四川省电力公司党委书记、副总经理刘勤到科锐得公司本部调研指导工作（科锐得公司 提供）

截至2012年末，科锐得公司（不含电力实业总公司）营业总收入完成24.62亿元，利润总额完成3.29亿元，经济增加值完成9051万元，资本保值增值率完成153%，净资产收益率完成51%，资金归集率超过80%，各项指标均超额完成省公司下达的目标。

【科技与信息化工作】科锐得公司依托省公司信息网络平台，建设了科锐得公司的协同办公、电子邮件和内部门户网站系统并严格遵守省公司的信息安全要求，加强对内、外终端的管理，内、外网终端均为双网双机并按要求安装防病毒软件及桌面终端管控系统。科锐得公司本部设立了高清视频会议系统，实现与省公司的信息互通。科锐得公司重视科技创新工作，2012年取得实用新型专利授权5项；软件著作权5项。

【党的建设和精神文明建设】科锐得公司严格落实责任，持续加强党风廉政建设。加强廉政教育，以理论武装头脑，以案例警示行为，不断强化法纪意识、责任意识、廉洁从业意识，提高拒腐防变能力。建立完善相关规章管理制度，严格执行“三重一大”决策原则和程序，狠抓党风廉政建设责任制落实，实现员工违法违纪“零”目标，被省公司考核评定为“好”。

科锐得公司结合实际深入开展创先争优活动，为科锐得公司发展提供了坚强的思想动力和政治保证。在“新甘石”联网工程建设中，文化传播公司、蜀能公司获省公司“新甘石联网工程建设先进集体”荣誉称号，科锐得公司副总经理、文化传播公司总经理王文周被四川省国资委授予“四川藏区电网‘新甘石’联网工程建设优秀共产党员”荣誉称号，通信公司刘劲松获省公司“新甘石联网工程建设标兵”荣誉称号。

科锐得公司按照国网公司及省公司对集体企业规范管理的总体要求，不断建立完善相关的规章制度，建立起企业文化建设发展需要的制度支撑机制。积极推进“科锐得”品牌建设，着力培育“科锐得”品牌意识，将企业经营理念、企业价值观与管理制度、管理模式有效融合，深植到管理的各个环节，强实力、建精品，树口碑、立标杆，切实增强社会责任感，努力提升行业认知度和社会影响力，确保了科锐得公司的良好形象和健康发展。

【存在的主要问题】一是规范管理水平需要进一步提升。科锐得公司成立时间短，对省公司直属单位、多经企业和集体企业整合进度快，旗下收购整合的企业多且各自历史渊源不同，管理关系复杂，管理基础相对薄弱，需要从各方面加强监督、检查和指导。二是安全稳定局面需要进一步巩固。人员安全责任意识、安全规章执行和措施落实、分包队伍管控、安全管理人员不足等造成诸多隐患。科锐得公司产业板块多，业务领域广，人员身份复杂，劳动用工法律风险较大，员工稳定面临考验。三是资金周转问题影响科锐得公司经营。科锐得公司尚处在起步阶段和快速扩张期，由于收购整合、业务启动、业务运转、资质提升等需要大量资金，加之受国家信贷紧缩政策影响项目结算周期较长等多因素影响带来的资金紧缺问题将是制约科锐得公司发展和壮大的瓶颈问题。四是党风廉政风险需要进一步防范。下属各公司由于情况各不相同，管理基础相对薄弱，责任意识需进一步提高，内控制度需进一步完善，廉洁从业教育和监督制约工作需进一步加强，在党风廉政建设方面需进一步强化风险防控，依法从严治企还有很长的路要走。

2012年8月8日，四川省电力公司副总经理兼工会主席胡柏初慰问蜀能公司新甘石工程建设者　　（蜀能公司　提供）

【所属分公司】

1. 四川科锐得实业集团有限公司营销服务分公司

四川科锐得实业集团有限公司营销服务分公司（以下简称营销服务分公司）于2012年9月由省公司批复设立，是公司承接主业外委业务的重要平台，主要承接省公司在“三集五大”改革中分离出来的非核心业务和劳务外包业务。2012年，营销服务分公司已完成省公司应急培训中心业务外包、95598整体业务外委、省公司安监巡查大队业务外包、电能计量业务外包等项目的承接。

2. 四川科锐得实业集团有限公司建设分公司

四川科锐得实业集团有限公司建设分公司于2012年7月成立，主要从事电力工程、送变电工程及通信自动化工程管理、设计咨询、施工、安装调试、监理；电力自动化设备、信息系统软硬件产品设计、研发、销售并提供技术服务；机电设备及配件、办公设备销售等业务。2012年，主要承接了省公司建设管理中心十三项辅助管理业务，在优质完成主业外委业务的同时还积极开拓外委工程建设管理业务。

3. 四川蜀能电力有限公司成都蜀达分公司

四川蜀能电力有限公司成都蜀达分公司（以下简称蜀达分公司）于2012年6月成立，经营范围包括：一般经营项目、电力生产、机电设备安装工程、送变电工程、销售建筑材料、建筑机械及设备租赁、项目投资、国内劳务派遣、停车场服务、物业管理。2012年，蜀达分公司承建的水晶～南坝220千伏、新都桥～甘孜220千伏、攀枝花II～马店河220千伏、锦屏二级电站～裕隆换流站500千伏四个线路工程顺利投运，洪江～苍溪220千伏线路工程完成本体施工并获得省公司220千伏输电线路工程项目管理流动红旗称号。

4. 四川蜀能电力有限公司电网运维分公司

四川蜀能电力有限公司电网运维分公司（以下简称运维分公司）于2012年12月由省公司批复设立，主要承接省检修公司根据国网公司和省公司有关规定的可外委业务，主要包括变电、线路设备运检相关业务。

【所属子公司】

1. 四川科锐得文化传播有限公司

四川科锐得文化传播有限公司（以下简称文化传播公司）是科锐得公司全资注入的有限责任公司，成立于2011年4月，注册资金1200万，具备装饰装修三级资质。主要从事电力系统广告宣传、会议展览、装帧设计、品牌推广、媒体代理、多媒体事业开发、展厅设计制作等多元化发展的传媒公司。设置办公室、营销部、创作部、制作部、新媒体部、采编部、审计监察部、财务部8个部门，岗位配备人员均为资深广告从业人员。

文化传播公司首要任务是围绕省公司工作重点做好宣传报道，2012年主要围绕“十八大”、省公司“新甘石”联网工程、“5.12”应急演练、“三集五大”、抗冰改造、优质服务等重点工作，通过自办媒体宣传报道，向社会展示了国家电网良好品牌形象，鼓舞省公司系统员工士气。同时，VI设计制作，广告发布，展厅建设等各项业务拓宽设计理念，加强现场执行力，各项工作顺利高质量完成。在常规工作基础上，文化传播公司还探索开展艺术传播，编辑制作电视专题片《责任》、《使命》，编撰《点亮藏区·“新甘石”电网联网工程艺术传播丛书》丛书共五册，联合中国广播艺术团赴甘孜“吉祥之光”大型慰问演出，拍摄制作音乐电视片《光芒》并加强推广。

2012 年，文化传播公司荣获四川省电力公司“新甘石”联网工程先进集体称号。

2. 四川蜀能电力有限公司

四川蜀能电力有限公司（以下简称蜀能公司）成立于 1994 年，原为四川电力送变电建设公司多经企业，2012 年 5 月由科锐得公司全资收购，现注册资本金 7107 万元。蜀能公司具有送变电专业承包一级资质和电力设施一级承装（修、试）类许可资格，是工程建设施工组织质量管理体系（GB/T19001-2008 idtISO9001: 2008+GB/T 50430-2007）、职业健康安全管理体系（GB/T28001-2001）、环境管理体系（ISO14001:2004 GB/T24001-2004）认证企业。主营业务范围涵盖电力生产、机电设备安装工程、送变电工程、销售建筑原材料、建筑机械及设备租赁、项目投资、国内劳务派遣、物业管理等。拥有种类齐全、配套完整的输变电工程施工技术装备及现代化的飞艇作业技术装备，机械化施工能力达到较高水平。

2012 年 5 月 11 日，蜀能公司飞艇作业处参加四川省电力公司“5·12”应急演练 （蜀能公司 提供）

蜀能公司本部设技术质量部、安全监察部、市场投资部、财务部、物资设备部、人力资源部、总经理工作部等 7 个部门，下设成都蜀达分公司、电网运维分公司、送电和建安系统各项目部及机械作业班，全资设立有四川蜀信劳务有限公司 1 家子公司。

2012 年，蜀能公司共承担 110—500 千伏工程建设项目 46 个，其中变电站项目 29 个，线路项目 17 个；年内竣工投运项目 15 个；完成营业收入 5.1 亿元；全年实现安全生产“0”事故目标。蜀能公司成功组织飞艇作业处参加省公司“5.12”四川电网大面积停电应急演练；220 千伏新甘线提前完成并获得国网公司国网华中区域质量管理流动红旗；220 千伏西昌南变、揺河线、洪苍线分别获得省公司输变电工程流动红旗；500 千伏乐乐线、石雅线、沐川开关站，220 千伏桑枣变、九岭变工程分别获得国网公司优质工程命名；500 千伏锦裕线、220 千伏文峰变、攀马线代表省公司工程项目迎接了国网公司的交叉互查受好评；220 千伏西昌南变被省公司作为标准工艺应用示范工地予以推广。

蜀能公司先后获得了四川省质量信得过企业、四川省建筑企业综合实力 200 强、四川省建筑企业最佳效益 50 强、省明星企业、中国 AAA 级诚信建设企业、“抗灾救灾”先进集体、“新甘石”联网工程建设先进集体、2012 年“全国优秀施工企业”等荣誉称号，在行业内树立了良好的企业品牌形象。

3. 四川科锐得电力信息自动化技术有限责任公司

四川科锐得电力信息自动化技术有限责任公司（以下简称自动化公司）为科锐得公司全资子公司，于 2011 年 2 月成立，注册资本 1000 万元。主营业务范围为电力信息自动化开发、电力自动化系统工程、继电保护系统工程、计算机网络系统工程、信息系统工程设计、施工并提供技术咨询技术服务、工程项目管理等。已取得了建筑企业电子工程专业承包三级资质，软件著作权 5 项，实用新型专利 5 项。

自动化公司设财务部、综合部、计划合同部、工程部、技术部、生产部、检验部、运行维护部 8 个职能部门，2012 年末用工总量 114 人。

2012 年完成的主要工程项目有：调度数据专网二平面二期工程（包含 1 个地调、20 个 500 千伏变电站）、二次安防二期工程 70 个站、厂站调度数据专网 62 个项目、调度数据专网二次安全防护 37 个项目、电能量采集装置 43 个项目、发电计划申报系统 28 个项目、继电保护信息子站 14 个项目、电网时间同步系统 24 个项目、安控系统 17 个项目、PMU 项目 8 个、远动接入项目 30 个（含 AGC、AVC）以及省公司翠月湖培训中心大屏系统改造工程、地调调度数据专网大修工程等。

4. 四川科锐得电力通信技术有限公司

四川科锐得电力通信技术有限公司（以下简称通信公司）成立于 2011 年 1 月，为科锐得公司全资子公司，前身为原省公司通信自动化中心下属四川电力通信工程有限公司和四川电通通信公司两家多经企业。主要经营范围包括：通信系统工程、计算机网络系统工程、视频监控及安防系统工程、信息运行工程及维护、综合布线系统工程、移动通信系统工程的管理、设计、技术咨询、设备供货、施工、安装调试、运行维护（维修）委托科研及技术服务；电力通信系统、计算机网络系统、视频监控及安防系统集成、产品设计、研发、销售、安装调试和运行维护（维修）服务；电力系统软件开发、销售、维护服务；电力二次设备及其测试设备、计算机及配件、通信设备、网络设备、电力器材、电子产品的批发、零售和代购代销；物业管理、园林绿化。公司具备省建设厅建筑业企业通信工程施工总承包三级资质和省公安厅安防施工二级资质，是目前省内电力通信行业规模最大、实力最雄厚的电力通信施工企业。

2012 年 8 月 17 日，四川省电力公司副总经理王平出席科锐得公司“学规程、强执行”主题安全讲评活动（科锐得公司　提供）

通信公司承担了省公司所有 220 千伏及以上通信网络即四川省省网的建设任务，同时承担信息运行维护、视频监控等项目任务。自成立以来主要业绩有：完成了±500 千伏德宝直流安控系统通信通道安装调试工程、向家坝—上海±800kV 特高压直流输电示范工程配套光通信系统工程、金沙江下游梯级成都区调中心光传输工程、省公司新办公大楼机房建设与搬迁、“新甘石藏区联网工程”等多项重点工程，为四川省电力通信事业跨越式发展做出了卓越贡献。

5. 四川环网物资有限责任公司

四川环网物资有限责任公司（以下简称环网公司）成立于 2004 年 1 月，原由四川电力物资公司在四川电网建设跨越式发展、电力物资配送服务较滞后的形势下出资组建。2012 年 11 月由科锐得公司全资收购，注册资本 800 万元，专业致力于四川电网建设电力物资的运输、仓储、装卸、配送、信息处理、现场服务等一体化物流服务，运输综合配送范围覆盖四川全境，具有交通运输管理部门颁发的道路运输经营许可证。

2012 年，环网公司参与省公司电力新（扩）建工程项目普货运输招标投标工作，共计中标 199 个工程电力物资综合配送业务，配送里程约 65 万公里，配送物资 20 万吨，装卸物资量 30 万吨，现场服务达 9000 人次。

环网公司秉承“服务至上、安全第一、准确迅捷”的服务理念，以严格的组织管理机制和高度的主人翁责任感，科学安排，为四川电网建设及其他行业提供高效、经济的物流服务。

6. 四川通源电力科技有限公司

四川通源电力科技有限公司（以下简称通源公司）于 2010 年 12 月注册成立，2012 年 10 月，由科锐得公司全资收购。目前注册资本 2700 万元，业务涉及电力高压、系统、电测、发电厂动力、材料、环保（化学）、信息等各类专业试验及调试。已取得“电力工程调试单位能力资格甲级证书”及“承装（修试）电力设施二级承试类”许可证书，可承担 750 千伏以下送变电工程调试业务；并取得中国质量认证中心颁发的质量管理、环境管理、职业健康安全管理体系认证证书。

通源公司设置有综合部、财务部、市场部、电网技术工程部、后勤部、物业服务部、车辆管理部 7 个部门，用工总量 293 人。

2012年完成了新甘石、威远钢铁厂220千伏智能站等工程项目的调试及特殊试验，以及受托完成了入网设备物资抽检、巡检等工作。通源公司成立以来，已完成大量试验及调试项目，包括眉山Ⅱ500千伏变电站调试及特殊试验、色尔古500千伏变电站特殊试验、德阳500千伏变电站特殊试验、绵阳东及泰兴两座220千伏智能变电站调试及特殊试验、新甘石电网联网工程调试等200多项工程。

7.四川腾兴电力科技有限责任公司

四川腾兴电力科技有限责任公司（以下简称腾兴公司）是2007年7月成立的民营股份制公司，注册资本244.2万元。2012年6月，由科锐得公司全资收购，作为省公司层面的劳务派遣机构和承接技术技能培训中心外委业务机构。腾兴公司具有物业管理、装饰装修、出版物经营许可资质。经营范围为商务服务业、国内劳务派遣、职业技能培训、物业管理、商品批发零售、租赁业、工程咨询、建筑装修装饰工程、园林绿化工程、工程设计等。

2012年5月25日，四川省电力公司副总经理张伟出席蜀能公司股权转让协议签字仪式（科锐得公司 提供）

腾兴公司主营业务为劳务派遣，派遣员工主要分布在省公司检修公司、技术技能培训中心、阿坝公司、四川电力医院、监理公司、进出口公司等单位。除主营劳务派遣业务外，还加强对技术技能培训中心外委业务的承接和对外咨询培训业务的开展。2012年，腾兴公司党支部荣获青羊区创先争优先进基层党组织称号。

8.四川翠月湖园林工程有限责任公司

四川翠月湖园林工程有限责任公司（以下简称园林公司）前身为都江堰翠月湖园林工程有限责任公司，成立于2003年3月，为原四川电力疗养院下属多经企业。2012年6月，由科锐得公司全资收购，现注册资本200万元。

园林公司始终坚持以市场为导向的多元化发展战略，经过十年不懈努力，已成为具备城市园林绿化企业三级资质，经营范围覆盖园林、景观、绿化工程的设计、施工及管理；酒店管理；种植、销售、租赁：花卉、盆景；物业管理；室内外装饰装修；销售建辅建材；零售：预包装食品等多种业务的新型集体企业。

园林公司立足服务主业，以园林绿化工程为主营业务，2012年先后承接了省公司管理培训中心原翠月潭绿化整治工程、罗马长廊绿化整治工程、翠华楼园区（二期）绿化工程、盆景园维修工程、林区步行道维修工程、湖区曲桥维修工程、四川电力应急培训中心景观改造工程、四川电力医院绿化及道路改造工程、五洲花园绿化养护等13个项目，工程质量获得建设单位一致好评。

9.成都科锐得节能服务有限公司

成都科锐得节能服务有限公司（以下简称节能公司）于2012年12月由省 公司批复设立，注册资金2000万元，为科锐得公司全资子公司。节能公司作为科锐得公司搭建的节能服务平台，开展客户能源审计、节能咨询和节能服务工作，为企业提供能源托管服务；负责具体实施节能服务项目，包括合同能源管理、方案设计、施工管理、安全管理、质量管理、物资管理、档案管理等。

10.四川金沙阳光房地产开发有限责任公司

四川金沙阳光房地产开发有限责任公司（以下简称金沙阳光公司）成立于2005年3月，于2012年12月由科锐得公司全资收购，注册资本2895万元，为三级资质房地产开发企业，可承担15万平方米以下的住宅小区，以及与以其投资能力相当的工业、商业、公共建筑、基础设施项目的开发建设，并可在全省范围内承担房地产开发业务。

金沙阳光公司总部由办公室、财务部、计划发展部三个部门组成。下属成都西部金沙鹭岛房地产开发有限责任公司、成都惠能房地产开发有限公司、都江堰金沙阳光房地产开发有限公司3个全资子公司。

2012年，金沙阳光公司完成或启动了“泓坊河畔”、“泓坊河畔商业项目”、“金沙·鹭岛（一期）”、“金沙·鹭岛（二期）”、“金沙·鹭岛（三期）”、“太阳岛·润月湾”等项目。

金沙阳光公司及其开发项目曾获“最佳人居环境奖”、“居住空间创新先锋楼盘”奖、“综合整治先进单位”奖、“安全生产先进单位”奖，“2010年度建筑规划人居精典奖”、四川省建设施工“天府杯”、“优化设计奖”，并被授予“AAA级诚信企业”称号。

【控股公司】四川西星电力科技咨询有限公司（以下简称西星公司）前身为西南电力科技咨询开发公司，成立于1986年1月。2007年1月改制并更名为四川西星电力科技咨询有限公司。2011年3月，由科锐得公司控股60%股权成为科锐得公司的控股公司。

西星公司主要经营工程咨询、工程设计、工程招标代理业务，具有工程咨询单位甲级资格资质、工程招标代理机构乙级资格资质、中电联造价咨询甲级资格资质。2012年，完成招标代理项目1495个标段，各类工程咨询项目50个，实现营业收入5326万元。

【代管公司】四川电力实业总公司（以下简称电力实业公司），成立于1984年7月，注册资金2400万元。成立之初系经西南电业管理局批准成立西南电力实业股份有限公司，后更名为西南电力实业总公司，1992年11月经四川省电力工业局批准更名为四川电力实业总公司。主营业务范围为机电设备安装工程；送变电工程；电力工程；水利水电工程；工程设计；计算机服务业、软件业；项目投资；建筑智能化等。现具有省安全技术防范工程设计、安装、维修、营运一级；承装承修承试二级；机电安装总承包二级；送变电专业承包二级；机电设备安装专业承包二级；建筑智能化承包二级；水利水电施工总承包三级；市政公用工程总承包三级；电力工程总承包三级；环保工程专业承包三级；电子工程专业承包三级；城市及道路照明工程专业承包三级等资质，为通过“三个体系”认证和符合GB/T50430-2007《工程建设施工企业质量管理规范》的企业。

电力实业公司设有11个职能部、室，3个分公司1个建设中心，2个全资子公司，控（参）股了9家公司，并在川内下设有多个项目管理部，现有职工370余人。

电力实业公司重点发展电力建设、信息技术、建筑智能化、水利水电、房地产开发等产业，努力打造一个以电力产业为核心，相关上下产业链上所涉及领域的多产业并举的现代化企业。2012年完成和参与了一汽大众110千伏新建输变电工程，绵阳220千伏线路工程，攀钢集团220千伏变电站工程，龙泉驿成都（国家级）经济技术开发区电力建设等一系列工程项目。同时自主研发的EP－2004M型数字网络遥视报警系统，已广泛应用于各行各业。

电力实业公司成立以来均实现了资产的保值增值目标，实现了安全生产“零”事故目标，承建项目优质率100%，用户满意率100%，受到了各级部门及业主方的一致好评。并先后荣获中国AAA级信用企业，四川“先进安装企业”，成都市、区“纳税先进企业”、“社会治安综合治理、安全生产工作模范单位”等多项荣誉称号。

（胡　兵）

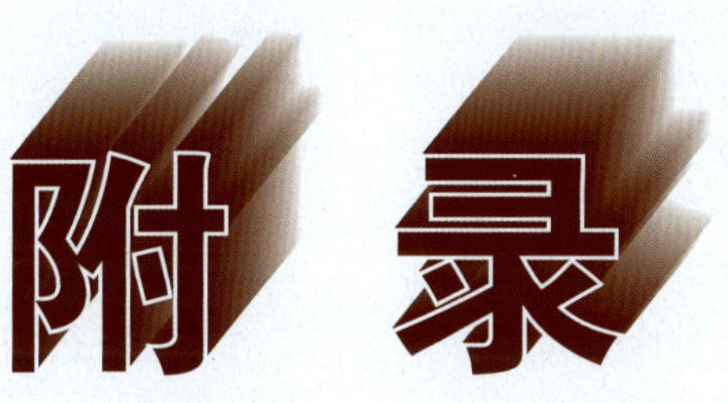

责任编辑:程彦韬

附录一

新颁规章制度

四川省电力公司职工教育经费财务管理办法

（2012年8月20日川电财务〔2012〕113号文公布）

第一章 总 则

第一条 为加强公司系统职工教育经费财务管理，发挥职工教育经费集约化管理优势，提高公司职工教育经费使用效益与效率，提升企业全员业务素质能力，根据《关于企业职工教育经费提取与使用管理的意见》（财建〔2006〕317号）、《国家电网公司财务集约化管理实施方案（试行）》（国家电网财〔2009〕1032号）等有关规定，结合公司实际和管理需要，特制定本办法。

第二条 本办法所称“职工教育经费”是指企业按照规定在成本中提取的职工教育经费以及工程项目概算中允许生产准备费计列的职工进场培训费。

第三条 本办法主要规定公司系统职工教育经费的管理职责、经费来源和管理、经费开支对象及范围、经费列支项目与标准、经费监督与考核。

第四条 职工教育经费财务管理应遵循以下原则：

（一）集中与分散管理结合原则。对各单位部分职工教育经费进行集中管理，用于国家电网公司和省公司统一安排培训项目所需经费。

（二）预算管理原则。职工教育经费纳入年度预算管理，应按照公司预算管理办法的相关规定开展预算项目全过程管理。

（三）开支规范原则。职工教育经费应按照规定的开支对象、开支范围和费用项目支出标准进行管理与使用。

（四）严格结算原则。职工教育经费支出应根据实际项目支出结算资料，经相关部门审核后据实结算。

第五条 本办法适用于公司本部及所属各单位。

第二章 管理职责

第六条 省公司职工教育经费管理职责：

（一）人力资源部负责制订公司年度培训总体目标和任务，编制、审核公司集中安排培训项目及计划，组织协调项目的实施，审核培训项目结算费用，考核评价项目的执行情况。

（二）财务资产部负责职工教育经费预算的汇总编制与平衡，规范预算项目与支出标准，拟订年度经费集中额度和实施方案，审核与拨付培训项目结算费用。

（三）审计部负责对职工教育经费资金使用情况进行审计监督。

（四）公司各职能部门负责编制本部门和本专业培训项目计划，参与培训项目的组织管理，参与审核本部门培训项目费用结算。其中，运维检修部负责编制拟订年度完工投运-4-工程项目职工进场培训专项计划。

（五）各培训机构负责根据年度培训项目计划安排，做好培训项目的组织实施，严格管理与使用培训经费，及时办理培训项目费用结算。

第七条 各单位职工教育经费管理职责：

（一）人力资源部门负责制订本单位培训总体目标和任务，编制与审核本单位培训项目计划，组织协调项目的实施，审核培训项目结算费用与员工培训经费，考核评价项目的执行情况。

（二）财务部门负责本单位职工教育经费预算的汇总编制与平衡，规范预算项目与支出标准，审核培训项目结算费用。

（三）审计部门负责对职工教育经费资金使用情况进行审计监督。

（四）各职能部门负责编制本部门培训项目计划，参与培训项目的组织管理，参与审核本部门培训项目结算费用。其中，运维检修部门负责拟订年度完工投运工程项目职工进场培训专项计划。

第三章　经费来源与管理

第八条　职工教育经费的来源包括企业按照规定在成本中提取的职工教育经费，工程项目概算中允许生产准备费计列的职工进场培训费。

（一）各单位按工资总额的 2.5%在本单位成本中提取的职工教育经费，由公司统一划定比例分别管理使用。其中：

1. 公司集中管理经费原则上按各单位提取数的 60%测算下达，由各单位按下达额度上缴。上市公司暂不纳入集中管理经费单位范围，其员工参加集中教育培训项目发生的培训费用据实与培训机构进行结算。映秀湾水力发电总厂、四川电力送变电建设公司、四川省电力工业调整试验所、四川电力物资公司、四川电力工程建设监理有限责任公司、四川电力医院、四川电力进出口公司集中上划比例暂按 40%执行。

2. 各单位提取数的 40%由本单位自行安排使用。

（二）工程项目概算中允许生产准备费计列的职工进场培训费，由运维检修部根据年度基建投资计划，编制拟订完工投运工程项目职工进场培训专项计划，由公司统筹管理与使用。

（三）工会经费中用于职工教育培训的支出，按工会规定使用，一并纳入职工教育经费统计与分析管理。

第九条　集中经费预算管理程序：

（一）公司各职能部门根据本部门和本专业年度教育培训重点内容和要求提出集中安排培训项目需求。其中，运维检修部提出年度完工投运工程项目职工进场培训专项计划。

（二）人力资源部在编制与审核各职能部门年度培训项目需求基础上，提出公司年度集中培训项目计划。

（三）财务资产部根据公司年度集中培训项目经费来源，结合集中安排培训项目费用列支范围与标准，平衡编制公司年度集中经费预算，经公司教育委员会审议，公司总经理办公会审批后执行。

（四）年中预算调整项目，由人力资源部编制单列经费项目，经财务资产部平衡调整后，公司总经理办公会审批后执行。

第十条　集中经费资金管理流程：

（一）集中经费资金来源。公司按年下达各单位集中经费预算，由各单位按下达预算上缴省公司。其中：分公司单位根据集中经费预算下达额度，年末通过内部往来结转省公司。子公司单位集中经费由省公司所属培训机构根据各单位集中经费预算额度，分别开具培训票据，各单位按发票金额通过银行转账划转至省公司。

（二）集中经费资金结算。公司所属培训机构在完成培训任务后，应根据培训项目实际支出情况，做好培训项目结算资料收集并按季编制项目费用结算表，经项目承办部门、人力资源部、财务资产部审核后，从集中经费中支付。

第十一条　基层单位职工教育经费预算管理程序：

（一）各职能部门根据本部门年度教育培训重点内容和要求提出本部门培训项目需求。

（二）人力资源部门在编制与审核各部门年度培训项目需求基础上，提出本单位培训项目计划。

（三）财务部门根据年度培训项目经费来源，结合培训项目费用列支范围与标准，平衡编制本单位年度经费预算，经决策机构审批后执行。

第十二条　基层单位经费资金管理流程：

（一）经费资金来源管理。各单位按年度工资预算和规定比例在成本中计提职工教育经费，并严格按照集中经费预算额度及时办理集中资金的上划工作。

（二）经费资金结算管理。培训机构在完成培训任务后，应及时做好培训项目结算资料收集，经项目承办部门、人力资源部门、财务部门审核后，从职工教育经费中支付。

第四章　经费开支内容和范围

第十三条　公司系统职工教育经费开支内容主要包括职工岗位培训、继续教育、职业技能培训与鉴定、职业资格认证、在岗学历教育、国际合作培训等。

第十四条　按照财政部《企业职工教育经费提取与使用管理的意见》（财建〔2006〕317 号）有关规定，公司系统职工教育经费开支范围包括：

（1）上岗和转岗培训；

（2）各类岗位适应性培训；

（3）职业技术等级培训、高级技能人才培训；

（4）各类人才专项培养；

（5）员工继续教育；

（6）特种作业人员培训；

（7）企业组织的职工外送培训；

（8）职工参加的职业技能鉴定、职业资格认证等经费支出；

（9）开发和购买培训教材、培训课件及考试题库，购置教学设备与设施（不包括符合固定资产标准的设备购置）；

（10）职工岗位自学成才奖励费用；

（11）职工教育培训管理费用；

（12）优秀人才选拔考核费用；

（13）技术比武、技能竞赛与调考培训；

（14）经单位批准并按国家和省、市规定到本单位之外接受培训的职工发生的与培训相关的支出；

（15）完工投运工程项目职工进场培训；

（16）上缴上级管理机构集中组织的培训项目经费；

（17）有关职工教育的其他支出。

第十五条　下列费用项目不包括在职工教育经费以内，应按有关规定列支：

（一）专职教职员工的工资和各项劳保、福利、奖金等，以及按规定发给学员脱产学习的工资，不包括在职工教育经费以内，由本人所在单位按规定开支。

（二）企业高层管理人员的境外培训和考察，其一次性单项支出较高的费用，不在职工教育培训经费开支。

第五章　经费列支项目与标准

第十六条　省公司统一安排培训项目列支费用包括教师酬金、学员费用、军训费用、培训教材及耗材费等。具体支出标准如下：

（一）教师酬金用于教师讲课、改卷、监考、出题、考评等工作内容的合理报酬。其中：

1. 兼职内训师授课酬金标准为 300-800 元/人·天；开展技术、管理类讲座、论文及课题答辩酬金标准为 1200-2000 元/人·天。

2. 外聘教师酬金按下述范围限额（含税）进行控制：国际、国内知名学者不超过 25000 元/人·天；教授及以上职称专家不超过 15000 元/人·天；其他教师不超过 8000 元/人·天。一般管理、技术和技能人员培训班聘请的外聘教师原则上不超过 12000 元/人·天。

3. 对于需开展军训的培训项目，聘请教练标准为不超过 400 元/人·天。

（二）学员培训费用用于学员培训中发生的资料费、文具费、培训场地水电费及清洁费、交通费用、学员活动费，具体标准为 45 元 / 人·天。

（三）对于需开展军训的培训项目，学员军训服装费标准为 110 元/人。对于培训时间 15 天及以上的经营管理人员-10-培训班需开展晨练的，学员服装费标准为不超过 400 元 / 人。

（四）生产技能人员轮训、优秀人才选拔和技能竞赛调考项目耗材费用标准为 50 元/人·天。

结合社会物价水平变动情况，公司按年对经费列支项目支出标准进行修订，各单位可参照细化制订本单位教育培训费用项目支出标准。

第六章　监督与考核

第十七条　各单位应建立健全本单位职工教育培训经费财务管理实施细则，细化制定开支项目和支出标准。

（一）财务部门应定期将职工教育培训经费财务收支情况向职工代表大会公开，接受职工代表的质询和全体职工的监督。

（二）审计部门应定期开展职工教育经费专项审计，对违规使用资金的部门或个人应根据相关规定严肃处理，并按违纪金额纳入企业负责人年度绩效考核。

第七章　附　则

第十八条　本办法由省公司财务资产部负责解释。

第十九条　本办法自发布之日起执行，原《四川省电力公司职工教育经费管理暂行办法》（川电财〔2005〕147 号）同时废止。

四川省电力公司
四川电网运行安全风险分析评估与预警预控管理规定

（2012 年 8 月 24 日川电调控〔2012〕27 号文公布）

第一章　总　则

第一条　为适应国务院 599 号令《电力安全事故应急处置和调查处理条例》的颁布实施、以及公司“五大”体系建设的新形势，采取有效措施规避四川电网运行安全风险，努力实现公司系统不发生五级及以上电网事故的安全目标，结合公司实际情况，制定本规定。

第二条　本规定旨在加强电网运行安全风险的防控，建立健全电网运行风险分析、预警通告和联动预控闭环工作机制，发挥电网运行安全保证体系、安全监督体系和安全责任体系的共同作用，形成专业配合并各负其责的电网运行风险协同防控工作机制。

第三条　编制依据

（一）国务院《电网调度管理条例》

（二）国务院《电力安全事故应急处置和调查处理条例》

（三）原国家经贸委《电力系统安全稳定导则》

（四）国家电网公司安全事故调查规程（以下简称“国网事故调规”）

（五）国家电网公司安全风险管理体系实施指导意见

（六）国家电网公司安全风险管理工作基本规范

（七）国家电网公司安全生产事故隐患排查治理管理办法

（八）国家电网公司电网安全稳定管理工作规定

（九）国家电网公司安全稳定计算技术规范

（十）国家电网公司电网调度安全风险辨识防范手册

（十一）四川省电力公司“五大”体系建设方案

第四条　本规定的电网运行风险分析评估是基于电网年度运行方式、月度及周运行方式、特殊运行方式、日前运行方式和实时运行方式，通过电网潮流稳定仿真分析，全面评估电网设备发生不同故障的危害程度，实现电网运行安全风险的超前分析、分级预警、分类控制和闭环动态管理。

第五条　本规定适用于公司系统各单位。各相关单位及部门应做好电网风险评估和预警相关信息保密工作，不得随意扩大传播范围或向无关人员透露电网风险及薄弱环节。

第六条　各电业局（公司）可依据本规定制定本地区电网运行安全风险分析评估与预警预控管理实施细则。

第二章　职责分工

第七条　电力调控中心

（一）根据国家法律法规及上级规定，拟定公司电网运行安全风险分析评估与预警预控管理制度。

（二）各级调控中心负责开展调度管辖电网运行安全风险辨识、分析评估和风险预警预控的闭环动态管理工作；负责组织落实和执行上级调度要求的风险预控措施。

（三）针对调度管辖电网运行方式，超前开展电网潮流稳定仿真分析，及时发布电网运行风险预警信息，并制定电网预控措施，提出整改治理建议。

（四）督促公司系统相关部门和单位、以及并网发电厂、直调大用户落实电网运行风险预控措施，协调解决存在的问题。

（五）及时向本单位领导汇报电网运行中存在的重大安全风险、采取的预控措施和整改建议。

（六）对电网风险预警工作定期进行总结分析，提出深化改进措施。

第八条　运维检修管理部门

负责指导、督促电网一、二次设备运维检修单位落实电网运行风险预控措施，检查措施落实情况，协调解决相关问题。

第九条　基建管理部门

负责通知、指导、督促项目管理单位落实电网运行风险预控措施，检查措施落实情况，协调解决相关问题。

第十条　营销管理部门

负责指导、督促公司系统相关单位、大用户、高危及重要客户落实电网运行风险预控措施，检查措施落实情况，协调解决相关问题。

第十一条　科技信通管理部门

负责指导、督促通信系统运维单位落实电网运行风险预控措施，检查措施落实情况，协调解决相关问题。

第十二条　安全监察管理部门

负责监督、检查、考核所属各单位对电网运行风险预控要求的落实情况，协调解决相关问题。

第十三条　各地市电业局（公司）

（一）负责组织开展所辖地区电网运行安全风险预警和预控管理工作，建立健全地区电网运行安全风险评估、预警通告和联动预控工作机制（包括重要及高危用户）。

（二）负责组织所属单位落实省级电网运行安全风险的预控措施，包括设备监控、运行方式调整、负荷控制、应急预案、以及电网一、二次设备巡视和运维、通告并指导重要及高危用户做好风险防控措施等。

第十四条　省检修公司

负责组织落实省级电网和地区电网运行风险的预控措施。重点是所管辖一、二次设备巡视和运维。

第十五条　省信通公司

负责组织落实省级电网运行风险的预控措施。

重点是所管辖的承载电网继电保护及安全自动控制装置、调度自动化、调度电话等业务通信系统的通道方式安排、设备巡视和运维。

第十六条 并网发电厂

负责落实电网运行风险的预控措施。包括机网协调预控要求、应急预案、以及所管辖一、二次设备巡视和运维等。

第十七条 直调大用户

负责落实电网运行风险的预控措施。包括负荷控制、保电应急措施等，并做好自身的风险防范措施。

第三章 风险预警分级

第十八条 根据电网设备故障对电网安全稳定运行的危害程度，将四川电网运行安全风险预警分为一级至四级风险，一级为最高级别。

第十九条 本规定依据《电力系统安全稳定导则》，将电网运行风险评估的预想故障分为三类：

第一类 线路、主变、发电机 N-1 故障，直流单极闭锁故障等，保护及开关正确动作。

第二类 母线 N-1 故障、同塔架设双回线故障、直流双极闭锁故障等，保护及开关正确动作。

第三类 重要断面 N-2 故障、同一通道走廊的多回线路故障、失去大容量电厂等，保护及开关正确动作。

第二十条 一级风险预警

电网正常和检修（含非计划、特殊）方式下，符合下列条件之一者，列为一级风险，发布一级（红色）电网运行风险预警。一般情况下电网运行方式安排，应规避一级风险。特殊情况无法规避时，应履行相应报批备案手续，并发布一级风险预警。

（一）电网发生第一类故障，可能达到国网事故调规规定的一般电网事故及以上等级标准；或者可能导致特高压电网解列或影响特高压运行；或者可能造成省间电网稳定破坏。

（二）电网发生第二类故障，电网安控装置正确动作，互联电网保持稳定运行，但可能达到国网事故调规规定的较大电网事故及以上等级标准。如果安控装置拒动或误动，可能达到国网事故调规规定的重大电网事故及以上等级标准。

（三）电网发生第三类故障，无电网安控装置，可能造成省间电网稳定破坏，且省间联络线无解列措施或解列后仍不能各自保持稳定运行；或者可能达到国网事故调规规定的重大电网事故及以上等级标准。

（四）其他认定为需要发布一级风险的特殊情况。

第二十一条 二级风险预警

电网正常和检修（含非计划、特殊）方式下，符合下列条件之一者，定为二级风险，发布二级（橙色）风险预警：

（一）电网发生第一、二类故障，可能造成网内 2 个及-8-以上 500 千伏变电站全停或解列。

（二）电网发生第二类故障，电网安控装置正确动作，省间电网保持稳定运行，但可能达到国网事故调规规定的一般电网事故等级；或者可能造成网内 1 个及以上 500 千伏变电站与主网解列，且影响特高压运行。

（三）电网发生第三类故障，电网安控装置正确动作，省间电网保持稳定运行，但可能达到国网事故调规规定的较大电网事故及以上等级标准。如果安控装置拒动或误动，可能造成省间电网稳定破坏，且省间联络线无解列措施或解列后仍不能各自保持稳定运行；或者可能达到国网事故调规规定的重大电网事故及以上等级标准。

（四）其他认定为需要发布二级风险的特殊情况。

第二十二条 三级风险预警

电网正常和检修（含非计划、特殊）方式下，符合下列条件之一者，定为三级风险，发布三级（黄色）风险预警：

（一）电网发生第一、二类故障，可能造成省会城市电网负荷减供 5%-10%，且影响其重要保电用户可靠供电。

（二）电网发生第一、二类故障，造成网内 1 个 500 千伏变电站全停或解列。

（三）500 千伏电网发生线路、主变、发电机组、母线 N-1 故障，造成同一输电断面两回及以上线路同时停运，且严重削弱 500 千伏网架；或者严重影响 500 千伏电网、特高压输电能-9-力和地区电网供电能力。

（四）电网发生第一、二类故障，可能造成 3 个及以上 220 千伏变电站全停，或 5 个及以上 220 千伏及以上电压等级且装机总容量超过 100 万千瓦的并网电厂全停。

（五）电网发生第三类故障，可能达到国网事故调规规定的一般事故标准的；或者可能造成省内电网稳定破坏，且无解列措施或采取解列（切机）后仍不能维持主网稳定。

（六）其他认定为需要发布三级风险的特殊情况。

第二十三条 四级风险预警 220 千伏及以下电网正常和检修（含非计划、特殊）方式下，符合下列条件之一者，定为四级风险，发布四级（蓝色）风险预警：

（一）电网发生第一、二类故障，可能达到国网事故调规规定的五级电网事件标准。

（二）电网发生第一、二类故障，可能影响重要及高危用户可靠供电。

（三）其他认定为需要发布四级风险的特殊情况。

第四章 年度电网运行安全风险分析与预警预控

第二十四条 基础运行方式：分别对应于夏季、冬季不同网络结构，典型高峰、低谷不同负荷水平的电网正常运行方式（含正常检修方式）。

第二十五条 年度风险分析内容

（一）全网和分区电力平衡；

（二）电网潮流计算分析；

（三）电网稳定计算分析（含电压稳定）；

（四）短路电流计算分析；

（五）联网方式下小干扰稳定分析；

（六）无功功率分层分区平衡和电压水平分析；

（七）电网调峰能力分析。

第二十六条 年度运行风险预警与发布

（一）各级调控中心应提出年度电网运行存在的安全风险，需要采取的预控措施；提出电网安全自动控制装置配置方案；提出电网设备运维检修、技术改造、建设时序、设计和规划等方面建议；提出负荷控制和有序用电等要求。

（二）省级电网年度运行安全风险、以及需要采取的措施、建议应分层次向调控中心领导及各专业处、省公司分管领导及相关部门（单位）、省公司总经理办公会汇报，经审

批后发布执行。地区电网应参照执行。

（三）对于年度正常运行方式，电网存在的一、二、三、四级安全风险，各级调控中心应于每年 1 月份向所属相关单位发布电网年度运行风险预警通知。

（四）公司系统相关部门、单位及各发电厂应积极组织落实电网年度运行安全风险预控措施，制定专项落实方案，-11-并纳入电网建设、技术改造、设备运维和检修等工作年度计划，明确责任部门和完成时间，并将落实情况及发现问题及时反馈调控中心。

（五）各级调控中心应对年度运行安全风险预警预控措施的落实情况进行跟踪督促，加强组织协调和各部门间的配合，实现闭环管理。

第五章 月度及周运行方式安全风险分析及预警预控

第二十七条 基础运行方式：月度及周计划正常检修网络结构和预测高峰、低谷负荷水平的电网运行方式。

第二十八条 月度及周运行风险分析内容

（一）全网和分区电力平衡，必要时进行无功功率局部平衡分析；

（二）针对各种检修方式，提前开展电网潮流计算分析、稳定计算分析，并对设备停电计划提出意见，以减低电网运行风险；

（三）继电保护定值适应性校验。

第二十九条 月度及周运行风险预警与发布

（一）各级调控中心系统方式专业应提出电网月度检修方式存在的安全风险及要求，并在电网月度调度计划文件中发布。

（二）对于检修方式下的运行设备故障，可能达到一、二、三、四级安全风险，各级调控中心应结合周运行方式安排，提前编制《电网运行风险预警通知书》，经审批后下达相关单位执行。相关单位应将落实情况及时反馈调控中心。

第六章 特殊运行方式安全风险分析与预警预控

第三十条 基础运行方式：基建、改造等工作引起的各施工阶段的电网接线方式，采用相应的大负荷方式。

第三十一条 风险分析内容

（一）对受基建、改造工程影响的局部电网进行电力平衡分析，必要时进行无功功率局部平衡分析。

（二）针对施工过程不同的网络结构，进行电网潮流计算分析、稳定计算分析，并对基建、改造工程时序提出意见，以减低电网运行风险。

（三）继电保护定值适应性校验。

第三十二条 特殊方式运行风险预警与发布

（一）各级调控中心系统方式专业应提出电网特殊运行方式下存在的安全风险。对于施工阶段电网接线方式变化大，存在一、二、三、四级安全风险的电网特殊运行方式，调度计划专业应牵头制定

电网特殊运行方式任务书，会同相关专业制定风险预控措施，经运维检修、安监、基建等相关部门会签，领导批准后发布相关单位执行。

（二）各电业局（公司）、设备运维单位、建设管理单位、发电厂应严格落实相应的风险预控措施，并将落实情况及时反馈调控中心。

第七章　日前运行方式安全风险分析与预警预控

第三十三条　基础运行方式：分别对应次日计划检修、非计划检修网络结构和次日发电计划的电网运行方式。

第三十四条　风险分析内容

（一）进行全网、分区电力平衡和调峰能力分析，并满足电网运行备用容量的要求。

（二）在基础运行方式下，调度计划专业对 96 点日前发用电计划进行潮流计算和静态安全分析，分析内容包含但不限于计划接线方式下和元件 N－1 情况下的元件、断面潮流越限分析、母线电压越限分析。

（三）对于断面潮流越限、母线电压越限情况，调度计划专业应优先调整日发电计划、调整地区负荷等方式消除越限，直至安全越限情况解除。必要时提交系统方式专业校核。

（四）继电保护定值适应性校验。

第三十五条　风险预警与发布

(一)调控中心每日下午组织召开班前会，相关专业对调度控制人员进行技术、安全交底，调控人员应针对电网运行风险制定事故处理预案。

（二）调控中心每日班前会应组织核查相关专业及单位对次日电网运行风险预警预控措施的落实情况。

第八章　电网实时运行方式风险分析与预警预控

第三十六条　基础运行方式：以实时电网运行方式为基础，考虑未来八小时内负荷的变化趋势，对应已经安排的计划检修和已知的非计划检修网络结构的运行方式。

第三十七条　风险分析内容

（一）当电网实际负荷与预测负荷出现较大偏差，或大机组发生非计划停运，进行全网和地区电网电力平衡和调峰、调频能力分析。

（二）当值调度员应严密监视重要断面功率和电压、频率，利用 EMS 在线综合告警功能，及时发现并消除断面潮流越限、母线电压越限情况。

（三）当值调度员应利用 EMS 在线安全计算分析功能，对预想故障或操作进行在线安全计算分析，查找电网薄弱点，做好事故处理预案。

第三十八条　风险发布与防范风险

（一）对于实时预警信息，当值调度员应立即指挥调整运行方式最大限度地消除预警。对于电网存在一、二、三、四级运行风险的情况，当值调度员应及时汇报领导和相关专业，通知相关单位做好预防措施。

（二）对于实时预警信息，调度员应清楚掌握这些事件对电网造成的影响，本值调度员之间加强联系，及时沟通信息，并应做好事故预想，通知相关地调、发电厂。交接班时向下一值调度员交待清楚。

第九章　电网运行安全风险预警通知管理

第三十九条　为便于公司系统相关部门和基层单位及时掌握电网运行中的薄弱环节，有针对性地制定并落实风险防范措施，实行电网安全风险预警通知制度。

第四十条　各级调控中心应依据本规定，在分析评估其调度管辖设备故障对电网安全稳定运行影响的基础上，编制电网运行风险预警通知书或者电网特殊方式任务书。

第四十一条　风险预警通知的内容

（一）风险预警通知应包括事由、时段、风险分析、风险级别（颜色）、预控措施等内容。特殊方式任务书还应包括特殊运行方式安排，必要时进行局部地区电力电量平衡。

（二）预控措施应包括电网稳定控制要求、需要编制的事故处理预案、以及加强相关一、二次设备运行监视、检修维护，并做好事故抢修准备等内容。

第四十二条　风险预警通知发布

（一）电网年度运行风险预警通知省公司每年 1 月份以文件形式向相关单位发布省级电网

年度运行风险预警通知，相关部门和单位主要负责人应组织-16-落实年度风险预控措施。各地市电业局（公司）应参照执行，各地区电网年度运行风险预警通知应抄报省公司。

（二）电网特殊方式任务书省级电网特殊方式任务书由调控中心负责编制，经运维

检修、安监、基建等相关部门会签，公司领导

批准后发布相关单位执行，相关单位分管领导应组织落实风险预控措施。各地市电业局（公司）应参照执行。

（三）电网一、二、三、四级风险预警通知书

1. 省级电网一、二级风险和特殊情况下三级风险预警通知书，由四川电力调控中心负责编制，经公司运维检修、安监等相关部门会签，省公司领导签批后发布相关单位执行，相关单位主要负责人应组织落实风险预控措施。

2. 一般情况省级电网三级风险和特殊情况下四级风险预警通知书，由四川电力调控中心负责人签发，发布相关单位执行，相关单位负责人应组织落实风险预控措施。

3. 对于一般情况省级电网检修方式下四级风险预警，在设备检修申请书中发布，相关单位组织落实。

4. 各地区电网应参照执行。

第四十三条　电网风险预警通知书或特殊方式任务书，原则上应在相关运行方式调整前 3 个工作日内发布至公司系统相关单位。风险预警通知书应通过技术支持系统逐步实行

信息化流转。

第四十四条　预控措施的落实与监督考核

（一）各相关单位应根据风险预警通知书要求，编制风险预控方案，制定详细措施，将责任落实到具体部门、班组、岗位。预控措施未完全落实前，不应安排相应工作。

（二）公司系统调控、安监、生技、基建、营销、科信等职能管理部门应建立健全风险控制措施落实情况的监督检查机制，加强对风险控制措施执行情况的监督、检查和考核。

第十章　附　则

第四十五条　本规定由四川电力调控中心负责解释。

第四十六条　本规定自发布之日起执行。

四川省电力公司基层企业同业对标工作考核办法

（2012 年 8 月 6 日川电发展〔2012〕247 号文公布）

第一章　总　则

第一条　为实现建设“一强三优”现代公司目标，促进“三抓一创”工作落实和同业对标工作开展，确保同业对标工作取得成效，根据《国家电网公司同业对标工作管理办法》(国家电网发展〔2012〕751 号)，制定本办法。

第二条　本办法适用于公司所属各电业局（公司）、省公司检修公司。其余企业（单位）根据同业对标工作的推进进程和指标体系的建立完备情况，逐步纳入评价考核，具体纳入时间由省公司决定。

第三条　同业对标是实现“一强三优”目标和落实“三抓一创”工作思路的主要载体和手段，各单位应结合自身实际，建立开展工作的管理内控体系和常态机制，认真做好管理评价和指标评价，将评价结果同企业内部绩效考核挂钩。

第四条　同业对标工作考核实行归口与分级管理相结合的原则。各单位同业对标归口管理部门负责对下级单位同业对标工作的考核，各职能部门在各自职能范围内做好配合协助工作。

省公司同业对标归口管理部门为发展策划部，负责对公司系统同业对标工作的考核，各职能部门在各自职能范围内做好配合协助工作。

第二章　考核内容

第五条　同业对标工作的考核内容实行指标与管理、结果与过程相结合。同业对标工作的考核内容，业绩指标与管理指标并重，由省公司依据发布的指标评价方案统一进行综合评价。在综合评价中，既要体现各单位经营发展的实际成果，客观反映各单位“一强三优”目标实现程度，也要以“三集五大”体系建设为核心，体现各单位管理的执行力和努力程度，客观反映“三集五大”体系管理水平。

第六条　指标评价要遵循突出“安全、质量、效益”和抓管理工作重点的原则，依据省公司制定的“电业局（公司）同业对标指标体系”，按照树状结构对指标分别设置不同权重进行分层评价和综合评价。指标评价包括单项指标评价、专业指标评价和综合指标评价。

第七条　指标权重设置遵循以下原则：

（一）可控而又与“安全、质量、效益”相关的指标加大权重；

（二）在过程管理中反映工作难点和重点的指标加大权重；

（三）对易受地区差异和自然环境等外部因素影响和必须纳入评价而又可控性差或受人员主观影响较大的指标降低权重。

第八条　指标评价应当通过数学统计描述和实

施计算机软件管理，确保评价结果的客观性、公正性和透明性。采用以下方法：

（一）对同业对标指标数据采用统计学方法进行数据分析描述，依据数据的分布特点，分别采用正态分布和四分位数的方法，确定各单项指标最优值、区段分位点以及各单位

单项指标评价、专业指标评价和综合指标评价的得分；

（二）在按指标权重汇总各单项、各专业指标评价的基础上，进行综合评价和排序。

第九条　同业对标工作管理评价是对各单位同业对标工作中的专业管理模式、管理体系、管理标准等方面的对标比较和综合评价，是对企业开展同业对标工作状况和企业管理质量的评价。同业对标工作管理评价遵循立足过程、注重实效、持续改进的工作原则，应当包括以下内容：

（一）在开展同业对标工作中企业管理平台的搭建情况；

（二）所建立企业管理体系与对应指标业务管理模式的适应性、有效性、科学性，技术水平和管理手段的先进性和执行力情况；

（三）与对应专业管理及指标的标准、规章制度、业务流程的建立和执行情况；

（四）内部同业对标工作控制体系的建立和运转情况；

（五）对国家电网公司、省公司有关同业对标工作文件的贯彻执行情况；

（六）同业对标指标数据采集、统计、报送的真实性、唯一性、有效性和及时性、准确性情况；

（七）专业管理部门参与同业对标工作情况；

（八）企业抓同业对标持续改进核心工作的推动落实情况。

第十条　同业对标工作管理评价应当遵循全面、规范、动态闭环、立足过程、注重实效和与日常业务相结合的评价原则，重在对企业管理质量与效果的评价。

第十一条　同业对标工作管理评价可采取企业管理整体评价和专业管理单项评价相结合、定期评价和不定期评价相结合、外部评价与自我评价相结合的方式。评价的重点是管理的有效性和执行力情况，评价方法以自我评价为主。

第十二条　在下列情况下，省公司应当组织人员对企业进行现场评价：

（一）企业对全面加强企业管理停留在表面，或企业自己不开展同业对标工作管理评价，不符合省公司对同业对标工作的统一要求；

（二）企业某一管理问题重复发生，导致某些专业指标呈恶化趋势或停滞不前的；

（三）省公司认为应当进行现场评价的其它情形。

第十三条　开展管理评价应当执行以下信息制度：

（一）同业对标季度、半年和年度分析制度。各单位应在每季度、半年和年度分别形成《季度同业对标分析报告》、《上半年-6-同业对标分析报告》、《年度同业对标分析报告》，具体反映本企业的同业对标找差、分析、消差情况。

（二）同业对标分析报告报送制度。基层单位的《季度同业对标分析报告》、《上半年同业对标分析报告》、《年度同业对标分析报告》应于指标排序数据发布后 20 日内以正式文件形式向省公司报送。

（三）分析报告定期发布制度。省公司分别在一、三季度次月的 10 日前，发布公司系统上一个季度《季度指标柱状图分析报告》；每年的 1 月、7 月底以前，发布《半（年）度指标综合评价分析报告》。各单位应充分利用同业对标信息资料，注重从弱项及退步指标查找管理缺陷，善于从指标的差异性发现指标背后深层次的管理原因。

（四）同业对标通报制度。省公司建立和完善同业对标监管体系，对工作开展不力的单位和存在的问题进行不定期通报。

第十四条　同业对标工作归口管理部门在管理评价中承担以下职责：

（一）在同业对标工作领导小组的领导下，负责组织本层面同业对标管理评价的综合分析；

（二）负责对同业对标工作的开展状况进行动态监测、督促检查，并根据掌握情况据实提出考核意见。

（三）制定、修改同业对标指标体系，并在各牵头部门提出意见的基础上，编制同业对标的工作计划和目标规划，落实同业对标指标分解工作；

（四）对基层企业进行同业对标指标评价并发布评价报告。

第十五条　专业管理职能部门在管理评价中承担以下职责：

（一）负责建立本业务范围的专业管理标准、制度和工作流程；

（二）负责对本专业的同业对标指标进行分析找差，并在企业的配套措施作用下，采取专业管理手段和方法提升专业指标水平；

（三）负责对本层面和所管辖的业务范围所实施的专业管理措施进行有效性评价、对专业管理水

平进行诊断和指导；

（四）负责对本专业领域内的典型经验进行确认和推广。

第三章 考核和奖惩

第十六条 省公司对同业对标工作实行半年度评价，年度考核，并遵循下列程序落实：

（一）同业对标归口管理部门按规定程序、发布的指标体系和评价方案，开展对各单位的评价排序，形成半年度及年度《同业对标指标评价报告》；

（二）由同业对标归口管理部门将《年度同业对标指标评价报告》和提出的奖惩方案提交公司同业对标工作领导小组讨论确认，并提交公司办公会议审定；

（三）同业对标归口管理部门根据公司办公会议审定结果和决议事项，正式发布《年度同业对标指标评价报告》，-8-行文通报年度同业对标考核结果，兑现奖惩。

第十七条 同业对标的考核结果同基层企业年度工资总额和企业负责人年薪挂钩，由省公司有关部门根据《四川省电力公司企业及企业负责人年度绩效考核暂行办法》（川电人资〔2010〕136 号）进行兑现。

第十八条 同业对标考核奖项设置及奖励遵循以下规定：

（ ）按照“努力超越，追求卓越”的企业精神要求，省公司设立进行横向比较的 “专业标杆”，“业绩标杆”、“管理标杆”，“综合标杆”三个层次的标杆称号和“典型经验”奖：“专业标杆”是“管理对标”板块各专业评价结果得分前两名的单位。其评选范围是《四川省电力公司同业对标指标体系(2012 版)》中“人力资源管理”、“财务管理”、“物资管理”、“规划管理”、“运行管理”、“营销管理”、“检修管理”、“建设管理”、“配套保障管理”和“其它”等十个板块。若某一专业的横向排序前两名单位（即：“A”段单位）并列数量超过 4 个，则该专业当年不设标杆。业绩标杆”和“管理标杆”分别是“业绩对标”和“管理对标”板块综合得分前五名且进入“A”段的单位。若“业绩对标”或“管理对标”的横向排序前五名单位（即：“A”段单位）并列数量超过 8 个，则当年不设“业绩标杆”或“管理标杆”。“综合标杆”是按权重汇总“业绩对标”和“管理对标”评价得分前五名并进入“A”段的单位。按照同业对标工作“持续改进”的核心内涵，设立纵向比较的“综合进步幅度奖” 、“业绩进步幅度奖”、“管理进步幅度奖”，其奖励线的划分，视当年评价结果而定，原则是奖励未进入综合排序前 5 名，但改善进步又最明显的前 2 名企业。在标杆单位的确定中，对于当年发生有人员责任的变电（输电）特别重大事故及重大事故、电力生产人身死亡事故、国网公司考核的安全事故、公司认定的造成重大社会影响的事件、重大内外部监督检查事件和指标真实性存在严重问题的单位，取消其评选综合标杆、业绩（管理）标杆及相应专业标杆的资格。其相应标杆按排名顺序自动补位的方式补足规定数量。综合进步幅度最大单位也按排名顺序自动补位。

（二）对获得“综合标杆”的单位，根据《四川省电力公司企业及企业负责人年度绩效考核暂行办法》，依照综合排名次序分别按照 10 分、8 分、6 分、4 分、2 分进行加分奖励。同时，根据考核结果，按照公司表彰奖励管理办法相关规定，对进入前 5 名的单位分别按照主业定员给予一次性奖励，奖励基数由省公司视当年同业对标专项奖励分配情况确定。对获得“综合进步幅度奖”的单位，根据《四川省电力公司企业及企业负责人年度绩效考核暂行办法》分别按照 2 分、1 分进行加分奖励。同时给予该单位一定金额的一次性奖励，具体奖励金额由省公司视当年同业对标专项奖励分配情况确定。对某一单位既进入“综合标杆奖”，同时又进入“综合-10-进步幅度奖”受奖范围的，只奖励前者，二者不重复受奖。

（三）对于获得“业绩标杆”、“管理标杆”和“专业标杆”的单位，公司给予一定金额的一次性奖励，具体奖励金额由省公司视当年同业对标专项奖励分配情况确定。

（四）凡编写的典型经验入选国网公司典型经验库的，每篇奖励 5 万元。凡编写的典型经验入选省公司典型经验库的每篇奖励 0.5 万元。

第十九条 同业对标考核处罚遵循以下规定：

（一）凡是在省公司年度对标指标综合评价排序中名列后 3 名的单位，如果既无法律上“不可抗力”的理由或事实存在，又在综合评价中未达总分的 65%的，根据《四川省电力公司企业及企业负责人年度绩效考核暂行办法》按照奖罚对等的原则进行经济处罚，倒数第一名扣 10 分，倒数第二名扣 8 分，倒数第三名扣 6 分。同时根据考核结果，对名列后 3 名的单位分别按主业定员一次性给予处罚。

（二）对连续两年综合排序在后 3 位且综合评价未达总分的 65%的，按照上述对等原则落实 1.5 倍的经济处罚。

第二十条 同业对标管理工作中，出现下列情况应对整体综合评价排序做出处理：

（一）所报指标不真实（含由各种原因引起的

漏报、错报、瞒报），或指标异常波动又不能说明其原因的，该板块指标评价除直接进入“D”段按“0”分计外，省公司将累计统计的“统计和对标工作质量指标”继续纳入同业对标评价。

（二）上报指标超过时限，除综合评价中每次扣 0.5 分外，将累计统计的“统计和对标工作质量指标”继续纳入同业对标评价。

（三）企业因内部管理原因或基础管理混乱而导致日常正常的业务专业信息报送和同业对标指标数据报送互相矛盾、逻辑关系混乱的，在综合评价中按每次每个指标扣 0.5 分计。

（四）在开展同业对标指标找差、消差分析中，按制度规定未报送季度、上半年和年度同业对标分析报告的，在综合评价中按每次扣 4 分计。报送不及时，在综合评价中按每次扣 1.5 分计。

（五）对于在上一年度管理对标指标评价中得分第一名的供电企业，若未能在省公司规定的时间前全面总结提炼本专业管理的工作方法和流程，形成专业管理典型经验并上报，在当年度综合评价中按每次扣 5 分计。

（六）企业因开展同业对标工作不力受到省公司通报批评的，在综合评价中按每次扣 5 分计。

第四章　附　则

第二十一条　本办法由省公司同业对标工作归口管理部门负责解释。

第二十二条　本办法从印发之日起实施，原考核办法（川电发展〔2011〕573 号）同时作废。

四川省电力公司职工技术创新优秀成果评选奖励办法

（2012 年 9 月 13 日川电工〔2012〕38 号文公布）

第一章　总　则

第一条　为做好公司职工技术创新优秀成果的评选奖励工作，根据公司有关规定，参照国家电网公司《职工技术优秀成果评选奖励实施细则》（国家电网工会〔2011〕502 号），制定本办法。

第二条　公司职工技术创新优秀成果，是指职工在日常生产、建设、经营活动中，应用先进技术、管理方法，改进生产设备、工器具、检修施工工艺，优化工作流程，提高工作效率，提升管理水平等方面的成果。已列入公司及以上正式科技计划项目、公司组织专业技术人员攻关取得的或已推荐公司科学技术进步奖、群众性科技创新、QC 成果不在评选范围。

第三条　公司职工技术创新成果的奖励对象，是指在职工技术创新活动中获得公司职工技术创新优秀成果奖的集体和个人，集体指各类班组或小组等，个人指公司系统在岗职工。

第二章　评选名额及条件

第四条　公司职工技术创新优秀成果每届评选一、二、三等奖三个等级。申报公司职工技术创新优秀成果，必须具备下列条件之一：

（一）发明创造具有先进性、实用性，并产生重要影响的；

（二）在创新技术、设计和改进工艺等方面取得显著成效的；

（三）研究开发的新产品、新工具具有国内先进水平，并取得显著成效的；

（四）对现有设备进行技术改造取得显著成效的；

（五）创新操作法，使劳动生产率、服务质量显著提高或在节能降耗等方面取得显著成绩的；

（六）创新技术，在职业安全与卫生和环境保护等方面起到显著作用的。

（七）管理技术创新，运用或改进管理方法、工具和手段等，取得明显的经济效益。

（八）符合本办法第二条规定的其他具有技术创新性的特点的成果。

第五条　公司职工技术创新优秀成果申报者应当具备下列条件之一：

（一）在成果的总体技术方案中作出重要贡献；

（二）在关键技术和疑难问题的解决中起到重要作用；

（三）在成果转化和推广应用过程中做出创造性贡献。主要完成人的创造性贡献应当具体、属实、相对独立，并与成果创新点对应。对同一授奖的集体申报者按照贡献大小排序。

第三章　评选程序

第六条　评选过程坚持自下而上、民主推荐、好中选优的原则。按个人申报、单位推荐、公司评定三步进行。

第七条　已推荐过或曾获得过公司及以上职工技术创新优秀成果奖励的，如果在此后的工作中获得新的实质性改进，并符合本办法有关规定条件的，可以按照规定的程序重新推荐。

第八条　推荐公司职工技术创新优秀成果由所在单位（或实施单位）证明技术成果的实施效果，并按照有关要求填写统一格式的推荐书和成果报告，提供必要的证明、评价材料等附件。推荐书和成果报告及有关材料应当完整、真实、可靠。

第九条　职工技术创新优秀成果评审工作，采取集中评议与召开发布会相结合的方法进行。

（一）评委集中对推荐成果进行评议，推荐出一定数量的优秀成果参加发布会。

（二）公司召开成果发布会，申报人现场发布成果、评委现场打分评定成果获奖等级。

第四章　表彰奖励

第十条　公司对职工技术创新优秀成果予以表彰奖励，授予“四川省电力公司职工技术创新优秀成果一、二、三等奖”荣誉称号，并颁发证书。

对特别优秀的成果，由公司工会推荐参加全国、四川省和国家电网公司职工技术创新成果评比。

第十一条　公司职工技术创新优秀成果奖实行限额。每一成果受奖人数不超过 7 人，其中，主创人不超过 2 人，但经济效益巨大、技术成效特别显著、符合授予一等奖或二等奖等特殊情况，可以申请适当增加 2-5 人受奖人数，主创人可以适当增加 1-3 人，经技术创新活动领导小组办公室审核后，由技术创新活动领导小组审定。

第十二条　剽窃、侵夺他人技术成果，或以不正当手段骗取职工技术创新优秀成果奖的，撤销其奖励。

第五章　其　他

第十三条　本办法由公司职工技术创新活动领导小组办公室负责解释。

第十四条　本办法自发布之日起施行。

四川省电力公司输变电工程劳务分包商资信管理办法

（2012 年 8 月 1 日川电基建〔2012〕305 号文公布）

第一章　总　则

第一条　为规范和加强输变电工程劳务分包商资信管理，进一步提高工程安全质量和工艺管理水平，建设坚强四川电网，特制定本办法。

第二条　本规定适用于公司所属各单位。四川省电力公司系统各单位对 110 千伏及以上输变电工程劳务分包管理应当遵守本办法的规定。110 千伏以下输变电工程参照执行。

第三条　对输变电工程劳务分包商（以下简称分包商）的资信评价结论，应当作为省公司输变电工程劳务分包招标项目选择潜在投标人或投标人资格预审的重要依据。

第四条　省公司每年至少组织一次或结合各项检查工作开展情况不定期进行评价工作，评价信息在公司系统内部发布。

第二章　机构与职责

第五条　省公司基建部是四川省电力公司输变电工程劳务分包商资信归口管理部门，其主要职责包括：

（一）负责牵头拟订分包商资信管理的规章制度，建立和完善评价规则和流程；

（二）指导并检查公司所属各单位分包商的评价工作；

（三）组织对公司系统分包商资信进行评价；

（四）负责汇总、统计公司所属各单位分包商资信评价资料；

（五）负责向国网公司报送分包商的资信评价信息，由国网公司统一发布合格分包商名册。

第六条　项目建设管理单位、施工企业的归口管理部门负责本单位输变电工程分包商资信评价，其主要职责包括：

（一）组织对本单位输变电工程分包商的资信评价工作；

（二）负责按时向省公司基建部报送 110 千伏及以上项目分包商评价信息。

第三章　评价原则及评价内容

第七条　分包商资信评价工作应遵循实事求是、科学合理和公平、公正、公开原则。

第八条　四川省电力公司主要针对分包商的经营证照、资质、工程安全、质量、进度、合同履行、资源配置、教育培训情况等对分包商进行资信综合评价。

第九条　分包商资质要求应满足以下条件：

（一）劳务分包企业必须具备国家有关主管部

门颁发的建筑业企业资质，参与 330 千伏及以上输变电工程安装施工（指变电构支架组立和一次、二次等电气设备安装，线路工程的杆塔组立、架线和附件安装，下同）的劳务分包单位，应具有电力工程施工总承包或送变电工程专业承包二级及以上资质。

（二）输变电工程安装施工劳务分包单位需取得国家电监会颁发的承装类承装（修、试）电力设施许可证，具体要求按照《承装（修、试）电力设施许可证管理办法》和国家电监会及其派出机构的规定执行。

第十条　评价范围为一个评价期内在建及竣工移交生产一年以内所有输变电工程的分包商。

第四章　评价方法和程序

第十一条　分包商资信评价工作以工程项目部评价、项目建设管理单位综合评价、省公司最终评价相结合的方式，以保证评价信息客观全面。

第十二条　以分包商合同履约情况作为评价的基础。由工程项目部（含业主项目部、施工项目部、监理项目部）、项目建设管理单位、公司基建部、公司人资部、公司经法部等按照《四川省电力公司分包商资信评价考核评分表》（见附件 1），对评价范围内所有项目的分包商资信进行量化评价。评价结论分三级：较差（70 分以下）、一般（70-85 分之间）、优良（85 分以上）。

第十三条　由项目建设管理单位、施工企业主管部门分别对本单位分包商管理水平和服务情况进行综合评价，负责完成评价范围内所有项目的分包商资信评价考核评分情况进行汇总统计，取各项目评价得分的算术平均值作为本年度该分包商资信评价的综合评价得分，并填写《四川省电力公司工程分包商资信综合评价表》（见附件 2）报四川省电力公司基建部。分包商评价单元为该分包商所在的企业，即对分包商所代表的企业进行评价，不对企业所属分公司（工程处）或所授权的代表为单位进行评价。当分包商在一个项目建设管理单位承担的项目中有两个及以上项目评定为较差时，则其在该单位资信评价认定为较差。当两个及以上项目建设管理单位评定该分包商较差时，则该分包商在本年度的最终资信评价为较差。

第十四条　四川省电力公司将分包商承建项目所涉及的综合评价得分进行汇总，取其算术平均值作为本年度该分包商的最终评价得分，作为资信评价的最终依据。

第十五条　分包商在一个评价期内有下列情形之一的，该分包商资信评价直接认定为较差：

（一）进场作业核心人员变动未经批准。

（二）安全检查发现重大安全隐患。

（三）其他履约不良情况。

第十六条　分包商在一个评价期内有下列情形之一的，将直接解除分包合同：

（一）因分包商原因造成人身死亡事故、电网事故。

（二）发生群体性打架斗殴、寻衅滋事事件。

（三）发生群体上访不稳定事件。

（四）提供的资料存在重大偏差或有欺骗行为。

（五）违反国家法律法规和公司分包规定。

（六）分包商严重违约可能导致合同不能继续履行的其他行为。

以上解除劳务分包合同情形，应当纳入劳务分包合同和招标文件的规定。

第十七条　四川省电力公司每年三月完成上年度分包商的资信评价工作，每年八月完成下半年度分包商资信评价工作，并及时向国网公司上报资信评价结果。

第五章　评价效力

第十八条　分包商评价结论是四川省电力公司系统工程承包商选择输变电工程分包商的重要依据。本章规定的内容应当纳入劳务分包合同和招标文件的规定。正在履行劳务分包合同的劳务分包商应当书面承诺愿意遵守本章的规定。

第十九条　在一个评价期内，省公司所属单位评价分包商资信有一个项目较差，即应向其提出资信警示意见。项目建设管理、监理、施工单位要及时将考核评价为“较差”等级的分包单位上报省公司，在全省范围内进行通报，对直接解除分包合同的分包单位和评价较差”等级的分包单位名单将上报国网公司，在国网系统范围内进行通报。

第二十条　在一个评价期内，最终评价为较差的分包单位，由公司基建部提出初步意见，经公司领导批准后，将不纳入合格分包商名册，限制其在四川省电力公司 110 千伏及以上电网工程的投标和劳务分包资格。

第二十一条　对直接解除分包合同的分包单位、授权代理人或项目负责人，除追究相应的违约责任外，三年内禁止其在公司系统内承担任何施工任务。

第二十二条　对施工能力强、履约情况好、合作诚信度高的分包单位可考虑评价为“优良”等级。“优良”等级分包单位可免予下年度合格分包商资质审查。

第六章　附　则

第二十三条　四川省电力公司各级监察、审计部门对分包商资信评价管理过程实施监督。

第二十四条　安全、质量事故按照《国家电网公司安全事故调查规程》、《国家电网公司基建质量管理规定》、《国家电网公司基建安全管理规定》等相关规定进行认定。

第二十五条　各电业局（公司）参照本办法制定 110 千伏以下电网工程的分包商合同履约资信评价实施细则。

第二十六条　本规定由四川省电力公司基建部负责解释。

第二十七条　本规定自发布之日起实施。原《四川省电力公司输变电工程劳务分包商资信管理办法（试行）》（川电基建〔2008〕34 号）同时作废。

四川省电力公司并网统调电厂上网电量结算管理办法（试行）

（2012 年 6 月 15 日川电交易〔2012〕20 号文公布）

第一章　总　则

第一条　为规范四川省电力公司并网统调电厂上网电量结算工作，提高结算工作的科学性、合理性、高效性，按照“分工合理、职责明确、引入监督、高效快捷”的原则，根据《电网调度管理条例》及并网运行监管有关规定，制定本办法。

第二条　本办法适用于四川电网并网统调电厂上网电量结算。各电业局（公司）范围内非统调电厂上网电量的结算可参照执行。

第二章　机构与职责

第三条　四川电网电力交易中心（以下简称“电力交易中心”）负责并网统调电厂电量结算工作的归口管理。

第四条　公司营销部负责提供并网统调电厂关口设置的变化与调整情况、提供抄见电量、留存电量、大用户和发电企业直接交易的计划和实际结算电量。

第五条　四川电力调度控制中心（以下简称“调控中心”）负责提供按《华中区域并网发电厂辅助服务管理实施细则》和《华中区域发电厂并网运行管理实施细则》（以下简称“两个细则”）对并网统调电厂进行考核的结果，负责确保并网统调电厂上网电量日计划和计划调整的入库数据的正确性。

第六条　公司财务资产部负责根据电力交易中心提供的《四川电网电力市场上网电量月考核结算单》（以下简称《结算单》）据实核算并支付购电费。

第七条　公司运营监控中心负责对上网电量结算工作进行监督。

第三章　结算原则

第八条　原则上应按日核对电量结算有关数据，每月进行电量结算，必要时进行年终清算。

第九条　电量结算以交易合同、交易计划及实施结果、留存电量等为依据。“两个细则”考核的结果列入《结算单》。

第十条　结算电量包括合同电量、外送电量、发电权交易电量、大用户与发电企业直接交易电量、留存电量等各类交易品种的结算电量。

第十一条　相关部门对各自提供数据的及时性和准确性负责。

第十二条　电力交易中心应妥善保管《结算单》及相关资料，按期存档。

第四章　结算流程

第十三条　公司营销部于每月底前将本月并网统调电厂抄见电量、留存电量、大用户与发电企业直接交易的计划和实际结算电量提交电力交易中心。

第十四条　调控中心于每月底前将应在本月结算的并网统调电厂“两个细则”考核结果提交电力交易中心。

第十五条　电力交易中心应在每月 7 日前完成上网电量与分类电量的计算和整理工作，制作预结算单。

第十六条　对于发电企业对上网电量结算所提出的异议，按照谁的工作范围谁解决的原则由相关部门进行处理，并将处理结果提交给电力交易中心和运营监控中心。

第十七条 电力交易中心应在每月12日前形成正式的《结算单》并交付运营监控中心和财务资产部。

第十八条 运营监控中心应对每日和每月的统调电厂上网电量及结算情况进行监督，并将监督结果在运营监控报告中进行体现。

第十九条 公司财务资产部收到《结算单》后，应按照购售电合同的规定与发电企业进行电费结算。

第二十条 电力交易中心出具的正式《结算单》原则上不予修改，若确有修改需要，相关部门或发电企业应及时向电力交易中心提出书面说明。

第五章 附 则

第二十一条 本办法由四川电网电力交易中心负责解释。

第二十二条 本办法自颁布之日起执行。

四川省电力公司信息化建设管理实施细则（试行）

（2012年6月11日川电科技〔2012〕54号文公布）

第一章 总 则

第一条 为规范四川省电力公司（以下简称“公司”）信息化建设管理工作，实现公司信息发展规划、计划与项目建设的有效衔接，确保公司信息发展规划目标和任务的完成，依据《国家电网公司信息化项目建设管理办法》，特制定本办法。

第二条 公司信息化建设必须贯彻落实“统一领导、统一规划、统一标准和统一建设”的四统一原则，确保建成一体化企业级信息系统。

第三条 本办法对信息化发展规划、信息化项目储备、信息化项目计划、信息化项目建设、信息化项目验收及后评估的全过程做出具体规定。

第四条 本办法所称的相关术语解释信息化发展规划：指三至五年中期规划；信息化计划：指信息化年度项目建设计划；信息化项目：指一体化企业级信息集成平台、业务应用系统、信息化保障体系的研究、咨询、建设、改造等项目；“一体化平台”：包含信息网络、数据（容灾）中心、集成服务和信息展现等内容；“业务应用”：包含人力资源管理、财务管理、物资管理、规划管理、项目管理、运行管理、生产管理、营销管理、协同办公和综合管理等业务应用及相关的集成和分析决策系统；“信息化保障体系”：包含安全防护、标准规范、信息管控、信息运行、技术研究和人才队伍等内容。

第五条 本办法适用于公司本部及所属各单位，控股、代管公司参照执行。

第二章 组织管理

第六条 公司信息化领导小组对公司信息化建设实行统一领导，负责贯彻落实国家电网公司信息化建设工作方针政策，审议公司信息化发展战略和规划，研究信息化建设中的重大事项和问题。

第七条 公司信息化职能管理部门是信息化建设工作的归口管理部门，负责公司信息化建设的日常管理工作，其主要职责是：

（一）负责按照国家法律、法规、规章和国家电网公司有关规定，拟定公司信息化建设的规章制度和标准；

（二）负责提出公司信息化发展规划和年度计划建议并组织实施；

（三）负责全面管理并推进公司信息化建设，协调和处理信息化建设中的重大问题；

（四）负责对公司信息化项目建设全过程进行指导、监督、检查和考核。

第八条 公司各业务部门在信息化建设中的主要职责是：

（一）负责梳理和制定本专业业务应用的需求及建设目标；

（二）负责并协同公司信息化职能管理部门推进业务应用建设。

第九条 公司发展策划部负责公司信息化项目的投资计划下达。

第十条 公司财务资产部负责信息化项目资金筹措，资金拨付，负责组织工程决算、办理资产入账。

第十一条 公司物资部（招投标管理中心）负责非国网集采的信息化建设项目物资的供应管理。

第十二条 公司审计部负责对信息化项目建设工作全过程进行审计监督。

第十三条 公司经济法律部负责对公司信息化项目提供法律意见，审核信息化项目建设全过程管理的合同和规章制度，提供招标法律保障，对信息化项目实施情况进行法律监督，牵头处理重大合同纠纷案件。

第十四条　公司纪检监察部负责对信息化项目建设各环节实施过程监督；负责受理信息化建设工作中的投诉举报，对违纪违规问题提出处理意见。

第十五条　公司所属各单位的信息化领导小组对本单位信息化建设工作实行统一领导，负责研究确定本单位信息化建设需求，推动本单位信息化项目实施，日常管理工作由本单位信息化职能管理部门负责。

第十六条　公司所属各单位信息化职能管理部门是本单位信息化建设工作的归口管理部门。跨部门的业务应用建设，由信息化职能管理部门牵头、相关业务部门配合开展工作；非跨部门的业务应用建设工作，由业务部门牵头，信息化职能管理部门配合，在统一技术路线下开展工作。

第十七条　公司所属各单位的发展策划、财务、物资、审计、经济法律、纪检监察等职能部门的职责分工，参照第九到第十四条规定执行。

第三章　信息化发展规划管理

第十八条　信息化发展规划是公司发展规划的重要组成部分。发展策划部是公司发展规划的归口管理部门；信息化职能管理部门是信息化发展规划的专业管理部门；电力经济技术研究院负责具体编制信息化发展规划。各业务部门配合编制信息化发展规划中业务应用部分。

第十九条　各业务部门根据需要，在公司信息化发展规划指导下，可编制业务应用信息发展专题规划。

第二十条　公司信息化职能管理部门要适时组织进行信息发展规划适应性评估和滚动修订工作，确保信息发展规划持续适应公司发展的实际需要。

第二十一条　信息化发展规划总体上由公司信息化职能管理部门负责组织实施，业务部门配合。

第四章　信息化项目储备管理

第二十二条　信息化项目储备管理是全面推行信息化项目管理和统筹安排信息化项目计划的重要基础，公司信息化项目储备库纳入公司项目库统一管理。

第二十三条　公司信息化项目储备库实行动态管理。各单位信息化职能管理部门负责申报本单位信息化项目；公司信息化职能管理部门负责维护信息化项目储备库，并对各单位定期报送的信息化项目进行审核、评价，并反馈入库、出库情况。

第二十四条　公司信息化项目要严格遵循国家电网公司统一组织制定的企业信息化架构及信息标准。对不采用企业信息化架构及信息标准的项目，不予立项，不得开工建设。

第二十五条　公司各单位应超前筹划信息化项目储备工作。具备下列条件之一者，可考虑纳入公司信息化项目储备库：

（一）公司信息化发展规划确定的项目任务；

（二）国家电网公司委托公司试点或统一组织推广的项目；

（三）分年度实施项目的下　年度任务；

（四）已经立项，因资金调减未实施的项目；

（五）其他重要项目。

第二十六条　信息化项目按投资规模分为重要项目和一般项目两类：

（一）投资金额为 200 万元及以上的信息化项目，或公司统一推广信息化项目为重要项目；

（二）非公司统一推广且投资金额为 200 万元以下的信息化项目为一般项目。

第二十七条　信息化项目纳入储备库须履行以下程序：

（一）重要项目和投资金额为 120 万元及以上的一般项目，必须编制可行性研究报告（见附件二：信息化项目可行性研究报告）；　般项目，应编制项目说明书（见附件三：信息化项目说明书）。已经通过评审的跨年度信息化项目，不再逐年编制可研或项目说明书。各单位应同步提交本单位的信息化储备项目入库计划建议表（见附件四：信息化储备项目入库计划建议表）。

（二）公司信息化职能管理部门会同相关业务部门完成重要信息化储备项目的可行性研究报告审查；对于一般信息化储备项目，公司信息化职能管理部门组织召开专题评审会议或内部评审会议进行审查。审查通过后的信息化项目列入公司信息化项目储备库。

第二十八条　信息化项目可研报告和项目说明书原则由具备相应资质的研究设计单位负责编制，也可根据具体情况，由项目建设单位负责编制。

第二十九　条信息化储备项目要严格控制费用标准，降低项目投资，既保证质量又避免浪费，注重资金效率和社会综合效益。

第三十条　信息化储备项目原则上根据项目性质及作用，从技术、经济两方面进行评分排序，按分值从高到低依次进入信息化项目储备库，以便统筹安排年度预算和信息化项目计划。

第三十一条　公司信息化项目储备库要根据需

求进行适时调整、滚动更新，并履行相应的评分排序、审查程序。储备项目列入年度信息化项目计划后，要及时出库（分年度实施项目除外）。

第三十二条 各单位、各部门信息化项目实行定期报送制度。各单位、各部门分别于每年 5 月 1 日、8 月 1 日前将信息化项目及相关资料报送公司信息化职能管理部门，审查通过后进入信息化项目储备库。

第三十三条 公司信息化职能管理部门每年 5 月、8 月各组织一次入库项目评价，并发布评价结果，作为下年度综合计划安排的依据，没有进入储备库的信息化项目不得安排项目计划。

第三十四条 年度综合计划下达的项目应在一周内从信息化项目储备库中出库。

第五章 信息化项目计划管理

第三十五条 公司信息化职能管理部门要遵循“规划指导计划”原则，按照规划确定的年度目标和任务，开展信息化项目计划的编制工作，通过信息化项目计划实施信息化发展规划，推动公司信息化建设。

第三十六条 信息化项目计划是公司综合计划的一部分，纳入公司综合计划统一管理。信息化项目计划实行公司统一管理，各单位分级负责，计划管理部门与信息化职能管理部门各司其职、共同管理的制度。

第三十七条 各单位在申报项目时不得出现重复申请、多渠道重复立项的情况，不得将没有直接联系的若干独立项目合并为一个项目，也不得将一个独立项目分解成多个项目。

第三十八条 项目计划建议每年 10 月，公司信息化职能管理部门根据国家电网公司信息化项目计划编制指南，从项目储备库中按级别顺序抽取信息化项目，经综合平衡后，形成公司下年度信息化项目计划建议。

第三十九条 项目计划审定公司下年度信息化项目计划建议报公司信息化建设领导小组审定后，形成信

息化项目计划，并由公司发展策划部上报国家电网公司。

第四十条 项目计划下达每年的信息化项目计划纳入公司年度综合计划，根据公司相关规定下达各单位，并在 ERP 和 IRS 系统中完成项目创建。

第四十一条 项目计划调整信息化项目计划下达后，原则上不作调整。如因不可抗力、国家政策调整或公司决策调整等因素影响必须调整的，应由项目建设单位（部门）向公司信息化职能管理部门提出项目计划变更申请书（见附件五：项目计划变更申报表），并按公司综合计划调整要求履行必要的审批程序。

第四十二条 项目计划执行与控制

（一）信息化项目计划下达后，各单位必须严格执行，认真组织实施，把计划的分解落实、跟踪分析、过程控制和考核考评作为信息化建设管理的重要内容，严格执行“月统计、季分析、年考核”制度，确保信息化项目计划顺利完成。

（二）信息化项目的实施要严格遵循评审通过的设计方案进行，要符合相关工程规范。

（三）加强信息化项目计划执行的严肃性和约束力，各单位应严格按照下达计划的内容、资金及时间安排组织项目实施，禁止无计划或超计划开展工作。

（四）各单位在信息化项目计划下达两个星期内，完成本单位信息化项目里程碑计划编制（见附件六：信息化项目里程碑计划表），并报公司信息化职能管理部门。

（五）各单位每月应完成当月信息化项目计划执行情况报表填报（见附件七：信息化项目计划执行情况报表），并于每月 25 日前报公司信息化职能管理部门。在每季末，应同时上报本季度信息化项目计划执行情况分析报告，报告重点分析本季度信息化项目计划执行过程中存在的问题及原因，并提出解决办法；在 12 月 25 日前，向公司信息化职能管理部门报送年度项目完成情况总结报告。

第六章 信息化项目建设管理

第四十三条 各单位在信息化项目计划下达一个月内，完成项目实施技术方案和费用预算编制，并上报公司信息化职能管理部门，经审查通过后方可实施。

第四十四条 项目审查意见下达后，项目建设单位（部门）应组织编写完成设备、工程招标技术规范书，同时在 ERP 系统提报采购申请。

第四十五条 在项目方案、设备、主要材料等施工条件具备后，项目建设单位（部门）向本单位信息化职能管理部门报送信息化项目开工报告（见附件八：信息化项目开工报告），经审查批准后组织项目实施。

第四十六条 信息化项目建设要坚持标准化建设原则，按照统一功能规范、统一技术标准、统一

开发平台、统一产品选型的要求，组织开展项目建设。

第四十七条　信息化项目原则上实行招投标制。凡是进入国家电网公司信息集中采购目录的设备和软件，必须按国家电网公司要求进行集中采购，不得自行采购；在国家电网公司框架采购范围之外确需采购的软硬件设备，按照公司物资管理相关规定执行。国家电网公司统一组织推广的应用系统建设项目实施费用依据国家电网公司相关文件执行。

第四十八条　对于业务应用相关的信息化项目，由相关业务部门和信息化职能管理部门共同配合招投标管理部门，开展招投标工作。其余信息化项目，由信息化职能管理部门配合招投标管理部门，开展招投标工作。

第四十九条　各单位对信息化项目合同的订立、履行和合同管理要严格遵守公司合同管理有关规定，切实执行公司统一合同文本，定期跟踪合同履行情况。各单位依据国家电网公司信息化有关框架协议签订的采购合同需报公司信息化职能管理部门备案。

第五十条　信息化项目建设应建立项目组织机构，建立和执行信息化项目建设协调会议制度。信息化职能管理部门和各业务部门要按照职责分工，制定信息化项目建设质量、投资和进度目标，并对信息化项目建设期间各项控制目标的实现情况进行检查和落实。

第五十一条　项目建设单位（部门）应加强对项目管理、协调和进度跟踪，公司信息化职能管理部门可根据需要组织开展公司信息化项目的阶段检查，对于检查发现的问题，项目建设单位（部门）要积极研究和提出整改措施，确保项目按计划实施。

第五十二条　公司信息化职能管理部门组织推动信息化项目的风险管控工作，对重要信息化项目实行全程跟踪制度，以及时发现问题和解决问题。各单位应加强对信息化项目的风险识别、风险分析并采取有效措施规避项目风险，各单位信息化项目建设中面临的重大风险应即时上报。

第五十三条　信息化项目建设要严格执行有关信息安全及保密管理规定。坚持信息安全是信息化项目有机组成部分的原则，按照信息安全措施与信息化项目同步规划、同步建设和同步投入运行的要求，切实落实信息化项目中安全措施建设工作。信息安全技术督查部门应参与信息化项目的立项、设计、建设过程中与信息安全相关的内容的审核与督查。

第五十四条　信息化项目建设要统筹考虑系统的运行维护，信息运行维护部门应参与信息化项目的立项、设计、建设的全过程，并审核与运行安全相关的内容，安排人员全过程参与项目建设，掌握项目技术内容，为后续运行维护提前做好准备工作。建设完成后，应遵循“主业化、集中化、专业化”的原则，由信息运行维护部门统一负责系统的运行维护工作。

第五十五条　信息化项目建设完成后，由项目建设单位（部门）向本单位信息化职能管理部门提交竣工报告（见附件九：信息化项目竣工报告）和试运行申请（见附件十：信息化项目试运行申请表），并严格按照《国家电网公司信息系统上下线管理办法》的要求，开展上线试运行。

第七章　信息化项目验收和后评估

第五十六条　信息化项目原则上应经过三个月的试运行，方可向信息化职能管理部门提出验收申请，项目建设单位（部门）应填写项目验收申请表（见附件十一：信息化项目验收申请表），并向信息化职能管理部门提供齐全的项目建设资料。

第五十七条　信息化项目验收条件

（一）项目已完成试运行，或业务系统按照《国家电网公司信息系统上下线管理办法》的规定办理上线审批手续。

（二）项目建设单位（部门）已报送项目验收申请表。

（三）项目合同及签订依据、技术协议和保密协议齐全。

（四）项目相关管理和技术文档初审合格。

（五）操作及运行维护人员的培训工作已全部完成。

（六）ERP 和 IRS 系统内项目相关操作已完成。

（七）项目验收资料齐全（见附件十二：验收资料一览表）。

第五十八条　对于重要项目，由项目建设单位（部门）向公司信息化职能管理部门提出验收申请，公司信息化职能管理部门收到验收申请 15 日内完成报送材料的审查。对于审查合格的项目，公司信息化职能管理部门统一组织验收，也可根据具体情况委托地市供电单位或公司直属单位组织验收；需国家电网公司验收的信息化项目，由公司信息化职能管理部门向国家电网公司上报正式申请，根据国家电网公司批复意见组织验收。

第五十九条　一般项目由本单位信息化职能管理部门组织验收。根据公司档案管理相关规定，项目验收资料应准备纸质及电子版本，电子版本在验收通过后一周内报公司信息化职能管理部门备案。公司信息化职能管理部门可根据需要组织对一般项目进行验收。

第六十条 信息化项目验收需成立专家组，开展验收和资料审查，在完成验收后给出相应的验收意见（见附件十三：验收意见）。

第六十一条 项目验收完成一个月内，项目建设单位（部门）应及时办理项目结算、决算工作，项目有关验收资料要及时向本单位档案管理部门归档。

第六十二条 信息化项目验收完成三个月内，项目建设单位（部门）要负责向运行维护单位进行移交，移交内容包括信息资产、开发过程中形成的应用软件代码、使用维护的相关技术文档等（见附件十四:信息化项目移交表）。

第六十三条 对于重大项目，在上线运行一至三年后，公司信息化职能管理部门应组织有关专家对项目立项决策的科学性、组织管理有效性、项目成果的功能符合度及实用化水平，项目的综合效益和影响，以及后续的推广应用及改进等进行客观分析，并做出综合评价。形成项目后评估报告（见附件十五:信息化项目后评估报告），为公司今后的信息化建设工作积累经验。

第八章 附 则

第六十四条 本办法由四川省电力公司信息化职能管理部门负责解释。

第六十五条 本办法自印发之日起执行，原《四川省电力公司信息化项目储备库管理办法（试行）》（川电科技〔2010〕55号））废止。

第六十六条 信息系统运行维护过程产生的成本项目参照本办法执行。

四川省电力公司藏区对口帮扶监督考核实施细则（试行）

（2012年8月6日川电农电〔2012〕103号文公布）

第一章 总 则

第一条 根据《四川省电力公司关于加快四川藏区供电企业发展的指导意见》文件精神，为保障藏区对口帮扶工作开展取得切实成效，结合四川藏区实际，制定本监督考核实施细则。

第二条 本细则所称的对口帮扶监督考核，是指公司通过责任制的形式对藏区供电企业发展计划执行情况、质量效果和帮扶工作开展情况进行考核，以激励对口指导部门、派援单位切实开展帮扶工作的一种管理方式。

第三条 藏区对口帮扶监督考核坚持实事求是、客观公正的原则。公司加快藏区供电企业发展工作领导小组（以下简称领导小组）对藏区对口帮扶工作成效的考评结果纳入被考核对象的年度业绩考核。

第二章 考核范围和方式

第四条 公司领导小组对下列单位（部门）对口帮扶工作进行监督考核：

（一）派援单位：指承担对口帮扶任务的公司所属相关电业局（公司）；

（二）对口指导部门：指承担对口指导任务的公司本部相关职能部门。

第五条 监督考核以通过对藏区对口帮扶年度目标任务完成情况、受援单位年度生产经营主要指标完成情况和对口帮扶日常工作情况等开展评分的方式进行。评分满分为 100 分，其中，对口帮扶年度目标任务完成情况 50 分、受援单位年度生产经营主要指标完成情况 30 分、对口帮扶日常工作情况 20 分。

第三章 考核内容和方法

第六条 藏区对口帮扶监督考核的内容按照公司加快藏区供电企业发展计划和藏区对口帮扶统筹协调机制建设的要求确定。

（一）对口帮扶年度目标任务完成情况即派援单位结合受援单位实际，按照对口帮扶方案，编制年度帮扶工作计划，并以年度计划为依据，以定量为主、定性为辅提出的涉及受援单位安全、生产、调度、发展、营销、财务、农电、物资和“三个建设”等专业领域的对口帮扶年度目标任务。对口帮扶年度目标任务由派援单位征求受援单位及其所在地州公司和对口指导部门意见后，以正式文件上报公司领导小组办公室，作为考核依据。

（二）受援单位年度生产经营主要指标完成情况即由受援单位所在地州（市）公司（电业局）结合受援单位实际，参照公司供电企业年度业绩指标考核体系，确定的受援单位年度生产经营主要考核指标的完成情况。

（三）对口帮扶日常工作情况具体指派援单位和对口指导部门落实公司领导小组办公室确定的对口帮扶信息报送、重大事项督办、沟通联系、协调配合等方面日常工作要求的执行情况。

第七条　藏区对口帮扶监督考核按年进行，对以上考核内容按以下方法考评：

（一）对年度目标任务完成情况的考评对口帮扶年度目标任务的完成情况由派援单位申报，经公司领导小组办公室组织公司相关专业职能部门及受援单位所在地州（市）公司（电业局）提出考评意见后进行评分。

评分标准原则上按每一专业领域年度目标任务未全面完成或未完成扣 2-10 分确定，扣完总分 50 分为止。

（二）对受援单位年度生产经营主要指标完成情况的考评受援单位年度生产经营主要考核指标的完成情况由受援单位所在地州（市）公司（电业局）通过制定考核办法以百分制进行考评，考评结果报公司领导小组办公室运用，按实际得分乘以 30%计入。

（三）对日常工作情况的考评对口帮扶日常工作情况由公司领导小组办公室结合实-5-际工作开展和受援单位及其所在地州（市）公司（电业局）反映情况进行评分。评分标准原则上按发生工作信息（含月度工作情况、相关报表、总结、分析等）报送不及时、重大事项办理未按时限要求完成、沟通联系或协调配合不到位遭遇投诉反映等情况每次扣 1-3 分确定，扣完总分 20 分为止。

第八条　藏区对口帮扶监督考核评分以受援县公司为单位进行，派援单位与对口指导部门捆绑，评分结果一致。考核体现承担帮扶责任的区别，承担两个帮扶单位的派援单位和对口指导部门的考评得分按算术平均值乘以 1.4 的系数确定。

第九条　藏区对口帮扶监督考核由公司领导小组办公室根据对口帮扶工作开展情况提出考评建议（应包括扣分原因、考评分等），报请公司领导小组审定后形成最终考评结果，并按照公司相关规定纳入公司对派援单位负责人的年度业绩考核和对对口指导部门的年度绩效考核。

第十条　当受援单位发生公司供电企业及企业负责人年度业绩考核指标体系中规定的考核事件时，除纳入其所在地州公司及负责人年度业绩考核外，对派援单位和对口指导部门酌情进行考核。

第四章　考核程序

第十一条　对口帮扶年度目标任务和受援单位年度生产经营考核指标分别由派援单位和受援单位所在地州（市）公司（电业局）于考核年度的当年 3 月底前报公司领导小组办公室备案。

第十二条　考核年度的次年 1 月 15 日前，派援单位和受援单位所在地州（市）公司（电业局）应将对口帮扶年度目标任务完成情况申报文件及受援单位年度生产经营指标考核结果上报公司领导小组办公室。公司领导小组办公室于 1 月 25 日之前组织考评并形成藏区对口帮扶监督考评建议提交领导小组。结合公司每年年薪考核工作进度的要求，对口帮扶考核结果上报和考评建议提出的时间需要调整时，由公司领导小组办公室另行通知。

第十三条　公司领导小组审核藏区对口帮扶监督考评建议后形成藏区对口帮扶监督考评结果并行文公布，纳入派援单位和对口指导部门年度业绩考核。

第五章　考核管理

第十四条　藏区对口帮扶监督考核日常管理工作由公司领导小组办公室负责，考评结果由领导小组审定。

第十五条　被考核单位（部门）要加强对考核工作的组织领导，保证考核工作的落实，明确工作责任制，保证考核内容的真实、可靠。对弄虚作假的，将根据《公司法》和公司有关规定追究企业主要负责人及有关责任人的责任。

第十六条　对口帮扶年度目标任务经正式上报后，原则上不予调整。对于因藏区重大环境变化及自然灾害等不可抗力因素对目标任务实施造成重大影响的，经公司认定后，在考核时可以据实予以调整。

第六章　附　则

第十七条　其他规定与本实施细则不一致的，以本实施细则为准。

第十八条　本实施细则由公司领导小组办公室负责解释。

第十九条　本实施细则自发文之日起执行。

四川省电力公司科技进步奖励办法

（2012年3月16日川电人资〔2012〕33号文公布）

第一章 总 则

第一条 为奖励在推动四川省电力公司（以下简称“公司”）科学技术进步活动中做出重要贡献的单位（集体）和个人，充分发挥广大科学技术人员的积极性和创造性，促进公司科技进步，提高公司综合实力，根据《国家电网公司科学技术进步奖励办法》和《国家电网公司科学技术进步奖励办法实施细则》以及《四川省科学技术进步奖励条例》的有关规定，结合公司的实际情况，制定本办法。

第二条 本办法适用于公司所属各单位的科学技术进步奖的推荐、评审、授奖等各项活动。

第三条 四川省电力公司科学技术进步奖（以下简称“科技进步奖”）贯彻尊重知识、尊重人才、促进电力科技进步的方针，坚持精神奖励与物质奖励相结合的原则。

第四条 科技进步奖评审工作坚持“公平、公开、公正”的原则。

第五条 公司设立科技进步奖评审委员会（以下简称“评委会”）。评委会是科技进步奖的最高权威评审机构。

第六条 公司科技管理部门负责科技进步奖的日常管理工作。

第七条 评委会下设三个专家评审组，根据当年申报项目的情况，公司科技管理部门提出专家评审组的评审专业分工及评审专家组成，报公司批准后，以正式文件公布。

第二章 奖励设置与授奖条件

第八条 科技奖励分为三个类型：四川省电力公司科技进步奖（以下简称“科技进步奖”）、四川省电力公司群众性创新成果奖（以下简称“群众性创新成果奖”）和对知识产权完成者奖励。

（一）科技进步奖的奖励等级设为特等奖、一等奖、二等奖和三等奖；

（二）群众性创新成果奖只设立一个奖励等级；

（三）知识产权奖励范围包括专利、软件著作权、论文和科技论著。

第九条 科技奖励授予在电网规划、设计、建设、运行、技术改造和安全等方面的科学研究、技术开发和推广应用先进科学技术成果工作中，为推动电网科技进步和创新指标做出突出贡献的单位（集体）和个人：

（一）在科学技术研究和技术开发项目中，具有重大科学技术创新，创造显著经济效益与社会效益的；在重大工程建设和技术改造中，取得显著经济效益与社会效益的；应用推广先进科学技术成果并具有新的创新，取得显著经济效益的；

（二）在科学理论研究、标准、计量、科技情报信息、应用软件等项目研究中，具有显著的科学贡献和创新，并经过实践检验，取得显著经济效益和社会效益的；

（三）在组织实施重大工程类项目中，保障工程达到国内领先水平并接近国际先进水平的。重大工程类项目的科技进步奖仅授予单位（集体）；

（四）群众性创新奖授予在群众性创新活动中取得的优秀成果的单位和个人；

（五）科技活动取得的其他成果：职务专利授权、软件著作权、论文、科技专著。

第三章 推 荐

第十条 科技进步奖由公司系统各单位组织推荐。

第十一条 推荐科技进步奖，应填写统一格式的推荐书，并提供真实、可靠评价材料。

第四章 评审和授予

第十二条 公司的科技进步奖每年评审一次。

第十三条 科技进步奖实行符合性审查、网评、初评和终评四级评审制。

第十四条 科技进步奖的评审实行异议期制。获奖项目名单和奖励等级在发布奖励通知前须进行公示，公司科技管理部门将按收到的“异议”进行调查和核实，并向评委会提出处理的建议。

第十五条 科技进步奖由公司发布奖励决定，颁发奖励证书和奖金。

第十六条 科技进步奖的奖励金额按《四川省电力公司表彰奖励工作管理暂行办法》（川电人资〔2011〕94号）规定的年度奖励总额控制，实行年度预算制度。

第十七条 获得科技进步奖的奖金应按主要完成人员贡献大小合理分配，不得搞平均主义。

第五章 罚 则

第十八条 剽窃、侵占他人（单位）科学技术成果的，或以其他不正当手段骗取奖励的，由公司科技管理部门核实报公司核准后撤销奖励，并追回奖金。

第十九条 推荐的单位（集体）和个人提供虚假数据、材料，协助他人骗取奖励的，由公司通报批评；情节严重的，对负有直接责任的主管人员和其他直接责任人员，提请其所在单位依照有关规定给予纪律处分。

第二十条 参与科技进步奖评审活动的有关工作人员在评审活动中弄虚作假、徇私舞弊的，提请其所在单位依照有关规定给予纪律处分。

第六章 附 则

第二十一条 获得科技进步奖二等奖及以上的奖励项目（按照上级要求正式通过鉴定、评审或验收的），可由公司组织推荐参加国家电网科技进步奖和四川省科技进步奖的评选。

第二十二条 本办法由公司科技管理部门负责解释，并根据本办法制定具体实施细则。

第二十三条 本办法自发布之日起实施，原《四川省电力科技进步奖励办法》（川电人资〔2008〕154号发布）同时废止。

四川省电力公司科技进步奖励办法实施细则

（2012年3月16日川电人资〔2012〕33号文公布）

第一章 总 则

第一条 为了做好四川省电力公司（以下简称公司）科学技术进步奖的评审和奖励工作，保证公司科学技术进步奖（以下简称“科技进步奖”）的评审质量，根据《四川省电力公司科学技术进步奖励办法》（以下简称“奖励办法”），特制定本实施细则。

第二条 本实施细则适用于科技进步奖的推荐、符合性审查、网评、初评、终评、授奖等各项活动。

第三条 科技进步奖贯彻尊重知识、尊重人才的方针，鼓励创新，鼓励攀登科学技术高峰，促进电力科学研究、技术开发、先进技术推广应用和科技成果的商品化、产业化，提高公司科技实力和综合实力，确保公司技术创新和科技进步发展战略的实施。

第四条 科技进步奖的推荐、评审和授予，坚持“公开、公平、公正”原则，不受任何组织或者个人的干涉，评审专家不代表所在单位或部门的意见，也无向所在单位或部门汇报情况的义务。

第五条 科技进步奖是授予在电力科学应用技术研究和-8-技术开发中，在推广应用先进科学技术成果和科学技术成果转化，以及在科学理论研究、群众性创新等活动中做出重要贡献的单位（集体）和个人。在科学技术研究和技术开发项目中，仅从事辅助服务的工作人员不得作为科技进步奖的候选人。

第六条 科技进步奖是公司授予单位（集体）或个人的荣誉，其《获奖证书》不作为科技成果权属关系的直接依据。

第七条 科技进步奖评审委员会是科技进步奖的最高评审机构，并负责科技进步奖的宏观指导。

第八条 公司科技管理部门负责科技进步奖的评审组织和日常管理工作。

第二章 奖励范围和评审标准

第九条 电力科学应用技术研究和技术开发是指在规划、设计、建设、安全生产、技术改造、环境保护、重大装备研制活动中，完成具有重大市场价值的产品、技术、工艺、材料、设计及其应用推广，包括：

（一）在技术规范、信息化和科技情报等应用研究与开发项目中，取得具有较大技术创新和有较大经济效益与社会效益的项目。

（二）在电力科技成果的产业化、商品化转化过程和推广应用先进科学技术成果的工作中，有技术创新，并取得重大经济效益与社会效益的项目。

（三）在电力行业发展战略、发展规划、体制改革、重大技术经济政策、行业管理和企业管理方面提出的并经实践检验产生明显效益的创造性的方法、方案与手段或有重要参考价值。

（四）所奖励的职务专利是指已经获得专利授权、第一申请人须是四川省电力公司及所属单位、无专利权属纠纷、发明人或设计人纠纷的有效专利。奖励的论文、公开出版的专著和软件著作权人，必须是四川省电力公司及所属单位员工，并且四川省电力公司或所属单位署名第一。

第十条 凡符合下列条件之一者，可以作为科技进步奖的候选人：

（一）在设计项目的总体技术方案中做出重要贡献；

（二）在关键技术和疑难问题的解决中做出重大技术创新；

（三）在成果转化和推广应用过程中做出创造性贡献；

（四）在高新技术产业化方面做出重要贡献。

第十一条 科技进步奖的奖励对象主要是指在项目研制、开发、投产、科技成果转化、应用和推广工作中做出直接突出贡献的科技人员，对项目的完成起到组织、管理和协调作用的单位。各级业务管理部门一般不得作为科技进步奖的候选单位。

第十二条 科技进步奖授奖人数和授奖单位数实行限额。

（一）科技成果奖的特等奖每项获奖单位不超过8个，且人数不超过15人；一等奖每项获奖单位不超过6个，且人数不超过13人；二等奖每项获奖单位不超过4个，且人数不超过11人；三等奖每项获奖单位不超过3个，且人数不超过7人。

（二） 群众性创新成果的每项获奖单位不超过2个，人数不超过5人。

（三）知识产权奖励对完成人奖励按产权证明所提供资料为准。

第十三条 公司科技成果奖授奖等级根据候选项目进行综合评定，评定标准如下：

（一）技术开发项目

关键技术有重大创新且拥有自主知识产权，技术难度大，总体技术水平和主要技术经济指标达到或接近国际同类技术或产品的先进水平，主要技术创新点获得相应的专利授权，市场竞争力强，创造了较大的经济效益，对促进电力科技进步和产业结构优化升级有重大意义的，可以评为一等奖；关键技术有较大创新，技术难度较大，总体技术水平和主要技术经济指标达到国内同类技术或产品的先进水平，市场竞争力较强，创造了一定的经济效益，对促进电力科技进步和产业结构调整有较大意义的，可以评为二等奖；关键技术有一定创新，有一定技术难度，总体技术水平和主要技术经济指标接近国内同类技术或产品的先进水平，市场竞争力较强，有一定的经济效益，对促进电力科技进步和产业结构调整有一定意义的，可以评为三等奖。

（二）新技术集成项目

采用的新技术和完成的相应系统集成，总体技术水平和主要技术经济指标达到或接近国际同类技术的先进水平，实用化程度高，取得重大经济效益，有很大的推广应用前景，对促进电力科技进步有重大作用的，可以评为一等奖；采用的新技术和完成的相应系统集成，总体技术水平和主要技术经济指标达到国内同类技术的先进水平，实用化程度较高，取得较大经济效益，有较大的推广应用前景，对促进电力科技进步有较大作用的，可以评为二等奖；采用的新技术和完成的相应系统集成，总体技术水平和主要技术经济指标接近国内同类技术的先进水平，满足实用化要求，取得一定的经济效益，有一定的推广应用前景，对促进电力科技进步有一定作用的，可以评为三等奖。

（三）先进技术推广应用项目

技术水平达到了国内外同类技术的先进水平，推广应用过程有较大技术难度，或推广应用面占公司系统可推广应用-12-面的比例高，取得显著经济或社会效益的，可以评为一等奖；技术水平达到国内同类技术的先进水平，推广应用过程有一定技术难度，或推广应用面占公司系统可推广应用面的比例较高，取得重大经济或社会效益的，可以评为二等奖；技术水平接近国内同类技术的先进水平，推广应用过程有一定技术难度，或推广应用面占公司系统可推广应用面有一定的比例，取得较大经济或社会效益的，可以评为三等奖。每年先进技术推广应用类获奖项目应占获奖项目总数的一定比例。

（四）社会公益项目

科技创新程度很高或技术难度很大，总体技术水平达到或接近国际、国内同类技术的先进水平，实用化程度高或具有很大的推广应用前景，取得或具有重大经济或社会效益，对促进电力科技进步或社会和谐发展有重大作用的，可以评为一等奖；科技创新程度较高或技术难度较大，总体技术水平达到国内同类技术的先进水平，实用化程度较高或具有较大的推广应用前景，取得或具有较大经济或社会效益，对促进电力科技进步或社会和谐发展有较大作用的，可以评为二等奖；有一定的科技创新程度或技术难度，总体技术水平接近

国内同类技术的先进水平，满足实用化要求或具有较大的推广应用前景，取得或具有较大的经济或社会效益，对促进电力科技进步或社会和谐发展有一定作用的，可以评为三等奖。

（五）重大工程项目

团结协作、联合攻关，在关键技术、系统集成和系统管理等方面有重大创新，工程复杂、技术难度大，总体技术水平、主要技术经济指标接近国际同类工程项目的先进水平，取得了重大的经济或社会效益，对解决同类工程项目的热点、难点和关键技术问题有很好的示范作用，对推动本领域的科技发展有重大意义的，可以评为一等奖；团结协作、联合攻关，在关键技术、系统集成和系统管理等方面有较大创新，工程复杂、技术难度较大，总体技术水平、主要技术经济指标接近国际同类工程项目的水平，取得了较大的经济或社会效益，对解决同类工程项目的热点、难点和关键技术问题有示范作用，对推动本领域的科技发展具有意义的，可以评为二等奖；团结协作、联合攻关，在关键技术、系统集成和系统管理等方面有创新，工程复杂、有一定的技术难度，总体技术水平、主要技术经济指标达到国内同类工程项目的先进水平，取得了经济或社会效益，对解决同类工程项目的热点、难点和关键技术问题有一定的示范作用，对推动本领域的科技发展具有意义的，可以评为三等奖。

（六）经济技术与管理项目

技术创新程度很高或研究难度很大，技术理论水平达到或接近国内外先进水平，实用化程度高，具有较大的推广应用前景，取得或具有重大的社会效益、经济效益以及安全效益，对促进电力科技进步或社会和谐有重要作用的，可以评-14-为一等奖；技术创新程度高或研究难度大，技术理论水平接近国内外先进水平，实用化程度高，具有较大的推广应用前景，取得或具有较好的社会效益、经济效益以及安全效益，对促进

电力科技进步或社会和谐有较大作用的，可以评为二等奖；具有一定的技术创新和研究难度，技术理论水平达到或接近国内先进水平，实用化程度较高，具有良好的推广应用前景，取得或具有一定的社会效益、经济效益以及安全效益，对促进电力科技进步或社会和谐起一定作用的，可以评为三等奖。

第十四条 对推广类成果、标准的评审除按照前述评定标准评审外，还应分别满足如下要求：

（一）对于推广类成果的评审，主要是评选出在公司系统中应用的首台首套的新技术、新装置，技术和装置须具有新的技术创新并取得显著经济或安全效益，并公司中有广泛的推广应用前景。对首台首套新技术、新装置的奖励数量不少于当年奖励的项目的百分之十；

（二）对于标准的评审，必须突出标准中所进行的研究试验及取得的技术创新，而将标准作为研究试验的实现成果；同时，标准必须发布一年以上，并且在电力规划、设计、建设、运行、技术改造、制造等领域得到应用并发挥了重要作用。

第十五条 达到各类奖项一等奖的标准，且对于技术创-15-新性特别突出、经济效益或者社会效益特别显著、对推动产业科技进步有深远意义、对于经济建设和社会发展有重要影响的项目，可以评为特等奖。

第十六条 群众性创新成果奖：鼓励广大员工开展群众性创新活动，设立群众性创新成果奖。

第十七条 对职务专利、软件著作权、核心期刊发表的论文、专著等的奖励，按相关标准执行。

（一）职务专利成果的第一申请人必须是四川省电力公司及其所属单位，评审年度专利已获正式授权，无专利权属纠纷、发明人或设计人纠纷；

（二）软件著作权的第一申请人必须是四川省电力公司及其所属单位，评审年度已获正式登记证书，无软件著作权属纠纷；

（三）科技论文要求四川省电力公司及所属单位员工为第一作者（作者单位标明为四川省电力公司以及其所属单位），且在考核年度内在中文核心期刊（北京大学出版社）首次发表的电力技术类、信息类、管理类论文；

（四）科技专著要求四川省电力公司及所属单位员工为第一作者，且在考核年度内在国内外首次正式出版、具有 ISBN 国际标准图书号，在学术上处于国内先进或以上水平，对推动电力科学发展有重大意义，或者对于经济建设和社会发展有重要影响。

第三章 评审机构

第十八条 评委会的组成，由公司聘请公司具有电力行业学术理论与生产建设丰富实践经验、学风正派、秉公办事的各有关技术专业的高级技术职称的领导和专家 15－19 人组成。评委会设主任委员 1 名，副主任委员 2 名及常务秘书 1 名，主任委员由公司分管科技工作的领导担任。

第十九条 评委会的主要职责是：

（一）审定专业评审组（初评）的评审结果；

（二）对科技进步奖励工作进行指导；

（三）研究、解决科技进步奖评审工作中出现的其他重大问题。

第二十条 评委会下设三个专业评审组，奖励办公室根据当年科技进步奖推荐项目的具体情况，

确定评审分组，选择相应专业的专家，作为专家评审组成员人选建议，专业评审组设正、副组长各 1 名(可以是评委会的成员)，成员由 5—7 名同行高级技术职称专家组成，并以正式文件公布。

第二十一条 专家评审组主要职责是：

（一）负责科技进步奖的初审工作；

（二）向评委会提出获奖项目及其奖励等级的建议；

（三）对科技进步奖评审工作中出现的问题进行处理。

第二十二条 评委会成员、专业评审组成员和相关的工作人员应当对候选者所完成项目的技术内容及评审情况严格保守秘密。

第四章 推 荐

第二十三条 推荐单位为：公司本部各部门、公司所属各单位。

第二十四条 推荐科技进步奖的候选项目除符合第十三条的要求外，应当具备以下条件：

（一）技术创新性突出：在技术上有重要的创新，特别是在高新技术领域进行自主创新，形成了产业的主导技术和名牌产品，或者应用高新技术对传统产业进行装备和改造，通过技术创新，提升传统产业；技术难度较大，解决了公司发展中的热点、难点和关键技术问题；总体技术水平和主要技术经济指标接近国内电力行业的先进水平；

（二）经济效益或者社会效益显著：所开发的项目经过一年以上较大规模的实施应用，产生了很大的经济效益和社会效益，实现了技术创新的市场价值或者社会价值，为公司发展和电力生产安全优质做出了很大贡献；

（三）推动科技进步作用明显：项目的转化程度高，具有较强的示范、带动和扩散能力，提高了公司的整体技术水平、竞争能力和系统创新能力，促进了产业结构的调整、优化、升级，对公司的发展具有很大推进作用。

第二十五条 推荐科技进步奖应填报统一格式的科技进-18-步奖申报书（见四川省电力公司《科技成果管理标准》），并提供必要的证明或者评价材料。推荐书及有关材料应当完整、真实、可靠。

第二十六条 科技进步奖推荐的基本程序如下：

（一）一个单位独立完成的科技成果，由成果完成单位负责推荐；

（二）几个单位共同完成的科技成果，由科技成果的第一完成单位按其隶属关系逐级推荐；

（三）公司系统内单位和系统外单位合作研究的成果，由系统内单位按隶属关系逐级推荐。

第二十七条 推荐单位申报科技进步奖的候选人、候选单位，应当征得候选人和候选单位的同意，并在推荐书的相应位置签字或盖章。

第二十八条 推荐项目主要完成单位、主要完成人的排序原则上应与技术评价证明（科技成果鉴定证书、成果评审证明、项目验收报告、行业准入证明、新产品证书等）排序一致。如有特殊变动应详细说明原因，并出具相应情况的证明材料。排名在前三位的完成人，其投入该项技术研发工作中的工作量应占本人同期工作总量的 50%以上（完成人参与多个项目的工作总量不能超过 100%）。

第二十九条 重大项目推荐时，应注明其中的某子项已推荐或获得何种等级奖励。对重大项目评审时，应剔除单独获奖的子项后，加以综合评定。单独推荐或获奖的子项不再分享总项目的荣誉和奖金。

第三十条 某一重大项目，其局部关键技术或关键装备系非完成者研究或制造，则该项目推荐时，应在推荐书中写明有关技术内容。

第三十一条 已推荐过，并经评审获奖或未获奖（包括题目不同、内容相似）的项目，原则上不能再次推荐。如果在以后的研究开发活动中获得新的实质性进展，并符合奖励办法及本细则有关规定条件的，可以按照规定的程序重新推荐，并需提交详细的情况说明。

第三十二条 凡存在知识产权以及有关完成单位、完成人员等方面争议的，在争议未解决前不得推荐参加科技进步奖评审。

第三十三条 奖励办公室和各推荐单位应对所推荐项目进行以下主要方面的审查：

（一）按照本实施细则的有关条款要求对申报项目进行形式审查，包括奖励范围、推荐条件、推荐程序、推荐渠道等是否符合要求；

（二）申报项目的资料及其附件是否齐全、合格，装订打印是否符合要求；

（三）申报项目的技术内容和效益计算是否真实，是否存在产权争议；

（四）主要完成单位、主要完成人资格及排序是否符合规定，是否存在异议。主要完成人的创造性贡献应当具体、属实、相对独立，并与项目创新点对应。各推荐单位应在审查的基础上，根据项目的创新性、技术水平和推广应用情况等，择优推荐，并客观地写明推荐意见和推荐等级。

第三十四条 各推荐单位推荐项目时需填报科技进步奖推荐项目清单，知识产权奖励由各单位填报授奖名单。

第三十五条 推荐科技进步一等奖和二等奖的项目，需提供科技成果查新报告；推荐项目需提交四川省科技厅、国家电网公司科技部或公司科技部组织的鉴定、评审或验收报告；推荐的群众性创新项目，可由项目第一推荐单位组织同行专家评审认定；知识产权奖励由各单位（部门）提交奖励名单。

第三十六条 公司部门和各单位的副职（即指厂、局级）及以上领导干部，若确实参加过该项目的直接的研究、开发、应用或推广技术工作的，本人应填写《科技进步奖领导干部贡献证明表》，如实说明本人所做的直接创造性贡献、并经本单位主管领导签字，份数与《申报书》相同，并附在该《申报书》的后面一同上报。

第五章 评 审

第三十七条 推荐单位应当在规定的时间内（一般安排在每年 1 月 6 日至 1 月 30 日）向公司科技管理部门提交推荐书及相关材料。公司科技管理部门负责对推荐材料进行符合性审查。对不符合规定的推荐材料，可以要求推荐单位在规定的时间内补正，逾期不补正或者经补正仍不合格的，不提交评审；对符合性审查不合格的推荐材料，由公司科技管理部门在评审完成后通知推荐单位取回。

第三十八条 科技进步奖项目的评审工作实行符合性审查、网评、初评、终评的工作程序。评审程序如下：

（一）符合性审查：由公司科技管理部门对推荐科技进步奖的项目进行资料的符合性审查，并将符合性审查合格的参评项目提交专业评审组初评；

（二）网络评审：在初评前，组织专家对每个项目进行评审和打分，为初评打下基础；

（三）初评：专业评审组对预审合格的参评项目以会议形式进行评审，并向科技进步奖评委会提出获奖项目及其奖励等级的建议，同时，向评委会提出评审意见；

（四）终审：根据专业评审组提出的建议奖励项目，由评委会主任委员主持会议，专业评审组组长介绍项目的技术及应用情况和建议奖励的意见，评委会对专业评审组的评审意见进行审定，投票表决确定获奖项目及其奖励等级。

第三十九条 评委会复评裁定对获奖项目的异议。

第四十条 评委会有权否决专业评审组的评审结果。

第四十一条 公司科技管理部门根据评委会的评定和异议复评情况在推荐书中填写评审意见和异议处理情况。

第四十二条 评委会和专业评审组的专家评审会议应当有三分之二以上（含三分之二）委员参加，会议表决或投票结果有效。

第四十三条 科技进步奖评审实行回避制度，评审委员中有属申报项目的主要完成人员之一的，在讨论和表决该项目意见时应自觉或请其回避，其回避人员不计入到会表决的总人数中。

第六章 异议及其处理

第四十四条 科技进步奖的评审工作实行异议制度。经评委会审定的科技进步奖评审结果在公司网站上公示，任何单位或者个人对科技进步奖候选人、候选单位及其项目持有异议的，应当在公示之日起 7 日内向公司科技管理部门提出；逾期或无正当理由的，不予受理。

第四十五条 提出异议的单位或者个人应当提供书面异议材料，并提供必要的证明文件。提出异议的单位、个人应当表明真实身份。个人提出异议的，应当在异议材料上签署真实姓名，提供工作单位、联-23-系电话和通信地址。以单位名义提出异议的，应当加盖本单位公章，提供联系人、联系电话和通信地址。匿名书面异议不予受理。异议者姓名需要保密的，应在异议材料中注明。

第四十六条 推荐单位及项目的完成人和完成单位对评审等级的意见，不属于异议范围。

第四十七条 公司科技管理部门在接到异议材料后，应当对异议内容进行审查，并将调查、核实的情况报送公司审核。公司科技管理部门认为必要时，可以组织评审组专家或其他专家进行调查，提出处理意见，提请评委会复评裁定，并将裁定意见通知异议方和推荐单位。

第四十八条 异议自科技进步奖评审结果公示之日起 60 日内处理完毕的，可以提交本年度复评；一年内处理完毕的，可以提交下一年度评审；一年后处理完毕的，可以重新推荐。

第七章 授 奖

第四十九条 经评委会终审的获奖项目及其奖励等级的决议（包括对本年度异议的复评裁定）报公司批准后发布奖励决定。

第五十条 科技进步奖由公司向获奖单位和获奖个人颁发证书。

第五十一条 科技进步奖由公司按照获奖项目颁发奖金，各等级奖励金额分别为：特等奖 10 万元，一等奖 5 万元，二等奖 2.5 万元，三等奖 1 万元。

第五十二条 群众性创新成果奖的奖励金额为 3000 元。

第五十三条 公司职务专利发明的奖励金额为：发明专利每项奖励 5000 元，实用新型专利每件奖励 1000 元。

第五十四条 软件著作权每项奖励 3000 元。

第五十五条 核心期刊发表论文每篇奖励 500 元；文章被 SCI、EI、ISTP、ISR 四大检索系统收录每篇奖励 2000 元（不同时计算）。

第五十六条 取得 ISBN 国际标准书号的科技专著，每项奖励 3000 元。

第八章 附 则

第五十七条 四川省电力公司科技进步奖推荐书按照四川省电力公司《科技成果管理标准》执行。

第五十八条 科技进步奖评审会议费用、评审专家咨询费用、证书制作等相关工作费用列入公司管理费用，按照公司预算管理办法及相关规章制度执行。

第五十九条 本细则由公司科技管理部门负责解释。

第六十条 本细则自发布之日起实施，原《四川省电力公司科学技术进步奖励办法实施细则》（川电人资〔2008〕154 号发布）同时废止。

四川省电力公司电网生产经营业务外包管理办法(试行)

（2012 年 4 月 16 日川电人资〔2012〕53 号文公布）

第一章 总 则

第一条 为合理利用社会资源，有效控制公司用工总量，降低人工成本，加快解决主业混岗问题，防范用工风险，加强电网生产经营业务外包（以下简称“业务外包”）规范管理，满足电网高速发展对人力资源的需求，特制定本办法。

第二条 业务外包是指将电网企业生产经营非核心业务以书面合同方式发包给独立的、具备资质的法人单位完成。

第三条 业务外包管理的基本原则：

(一)优化配置企业运营资源与社会资源相结合的原则；

(二)试点先行，稳妥推进，分类指导的原则；

(三)择优选用，合同约定，安全高效的原则；

(四)管理过程精细化、业务流程标准化的原则；

(五)超员单位以自身完成工作为主、业务外包为辅的原则。

第二章 业务外包形式

第四条 业务外包采取专业承包、劳务分包两种形式。专业承包是指承包方具备相应的承包资质、机具设备，并独立完成业务，发包方负责业务指导和考核监督；劳务分包是-3-指承包方组织人员完成工作任务，发包方提供相应的场所、机具设备、工器具、办公用品等，并负责业务的质量监督和过程管理。

第三章 业务外包范围

第五条 根据生产经营业务分类和重要情况，以下生产与营销业务应由各单位自行组织完成，原则上不得外包：

(一)电力调度及监控。

(二)在运电网设备的试验、调试及与状态监（检）测相关的业务；设备的操作、许可、改变运行状态的相关工作；电网带电作业工作。

(三)生产计划管理、技术监督、与电网安全运行直接相关的电网设备管理核心业务、不适合开展外包的业务。

(四)用电检查、电费核算与账务、电能计量装置的检定检测、电能信息采集与监控、业扩报装等电力营销核心业务。

(五)信息系统涉密部分运行维护等业务。

(六)有可能造成企业核心机密泄露并给企业带来巨大经济损失和企业声誉造成重大损害的业务。

第六条 在本单位人力资源不能满足业务需要时，原则上属于社会化程度高且技术含量低的业务、专业化程度很高且维持该业务需投入很高成本的业务、对年龄有特殊要求的业务、劳动密集型及人员流动频繁的业务、非电专业技术升级换代频繁的业务可以外包。

（一）营销类：营业厅前台业务受理、95598呼叫中心远程座席、计量装置检定辅助工作、计量装置仓储配送、表计批量改装轮换、抄表催费、电动汽车充电设施运维、账单寄送、第三方收费、客户满意度调查、效能管理市场宣传推广等。

（二）生产类：电力设施大修和技改、变电站设施维护保养工作、输电线路运维及抢修、城市配网运维等。

（三）工程类：工程财务审计、工程造价咨询等。

（四）物资类：物资配送、物资仓储、合同履行服务等。

（五）信息类：自动化系统日常运行、软件支撑平台运维、硬件及网络设备检修维护、机房及辅助设施检修维护；信息机房环境日常运行、信息机房设施检修维护、工作站（外设）检修维护、信息系统运行维护、信息系统集成、信息系统推广、信息系统应用培训等。

（六）农电类：抄表收费、营业厅服务、农网运行维护、农网大修技改和建设等。

（七）后勤类：保卫、交通、物业、食堂、宾馆、会议服务等。

第四章　业务承包商的确定与管理

第七条　业务承包商应具备工商行政管理部门核发的法人营业执照，具备相应业务范围的安全生产许可证，具有所承包业务相应的经营许可范围与良好的财务状况和商业信誉。

第八条　业务承包商的确定应按照国家电网公司和四川省电力公司的招投标管理有关规定执行。

第九条　根据工作需要以及相关规章制度的规定，业务承包商可通过以下方式确定：

（一）招标；

（二）询价；

（三）竞争性谈判；

（四）单一来源采购；

（五）符合法律规定的其他方式。

公司所属全资、控股公司承担非本单位所辖的生产营销业务，公司系统集体企业、代管供电企业承担生产营销业务，应根据公平竞争原则，与潜在承包商公平竞争。

第十条　各单位要依据国家、行业有关法律法规要求，加强对业务承包商资质的审查，择优选择承包商，依法签订合同及安全、服务协议。要对承包商承包的业务进行严格审批，严禁其将生产业务转包，未经同意不得再次分包。

第十一条　各单位应严禁承包商将知悉的本公司保密事项泄露于第三者，契约期间或契约解除后如有违反，不论过失或故意均应承担违约责任。承包商应将保密的重要性告知相关工作人员，确保落实。

第十二条　各单位要严格审查并监督承包商落实施工安全、组织、技术措施和工作方案，加强现场组织协调和监督检查，推行现场标准化作业，确保作业安全、质量优良。

第十三条　各单位应开展对业务承包商现场使用的施工机械、工器具和安全防护用品进行检查，严禁不合格施工机械、工器具和安全防护用品在作业现场使用。

第十四条　各单位要有计划地对承包商开展电力安全生产知识培训，指导、督促承包商提高安全技术能力，督促业务承包商加强对作业人员安全教育培训，促进业务承包商作业人员安全意识与安全技能的不断提高。监督承包商加强安全管理，并提供相关人员证书和安全管理制度，包括但不限于：安全管理人员安全培训证、特殊工种上岗证、安全组织体系表、安全生产规章制度、安全应急预案。

第十五条　各单位在劳务外包中应加强承包商管理，确保承包商与劳务人员签订劳动合同，妥善办理劳动社会保险等相关手续，应要求承包商加强对劳务人员管理，遵守工作单位的操作规程、规章制度和劳动纪律，按要求提交劳务人员的有关证明材料，合理安排劳务人员，未经同意，不得随意增减劳务人员，不得浪费、转移或挪用单位提供的施工材料，造成单位生产成本上升。

第十六条　各单位相关业务部门，应定期组织开展对业务承包商队伍状况、装备配置、企业管理、安全业绩的评估，建立承包商信息管理，做好承包商考核评价记录，督促承包商不断提高业务能力。

第五章　管理职责与分工

第十七条　公司业务外包执行分级审核批准制度。各层级人员应当在授权范围内进行审批，不得超越权限审批。各单位重大业务外包应结合按照公司“三重一大”的有关规定，提交总经理办公会审批。

第十八条 公司职能部门管理职责：

（一）生产技术部、营销部、基建部、农电部、电力调度中心、物资部、科技信息部、产业部等专业部门是公司各专业业务外包的归口管理部门，负责外包单位的业务资质审查，负责制订公司系统生产经营业务外包管理标准、工作流程及实施细则，负责统一规范、审核、批准各单位生产经营业务外包范围，负责监督、检查、考核业务外包实施情况。

（二）财务资产部负责公司系统业务外包的资金预算与管理，负责业务外包费用结算的监督管理工作。

（三）安全监察部负责制订业务外包安全管理规定，负责外包单位的安全资质审查，对业务外包安全管理的监督、检查、评价与考核。

（四）审计部负责业务外包的财务审计监督，审查外包业务承包人确定方式。

（五）经济法律部负责对业务外包制度的合法性进行审查，审查外包业务承包人确定方式，制定业务外包合同范本，防范业务外包法律风险，确保符合国家有关法律法规。

（六）人力资源部负责制订公司业务外包管理办法，参与会审、批准各单位生产营销业务外包范围，负责劳务分包中人员入口管理和培训归口管理，负责业务外包人工成本标准制定，牵头负责对各单位外包业务的考核。

（七）物资部（招投标管理中心）负责业务外包的招标管理。

（八）纪监部负责业务外包纪监监督，审查外包业务承包人确定方式。

第十九条 各单位职能部门（中心）管理职责：

(一)生产技术部、营销部、基建部、农电部、电力调度中心、科技信息部等是本单位各专业业务外包的具体管理部门，负责所辖业务外包项目的汇总、审核、上报，负责外包单位资质审查，参与重大业务外包合同谈判与合同承办，组织生产营销业务外包的验收与质量考核，负责本专业业务外包的过程监督管理和考核评价。

(二)安全监察部是业务外包工作的安全监督管理主体，负责外包单位的安全资质审查，监督外包单位的安全培训，负责审查与外包单位的安全协议，负责作业现场的安全监察和安全评价。

(三)财务资产部负责业务外包的资金管理，审查、支付业务外包款项。

(四)审计部负责业务外包的财务审计监督。

(五)人力资源部按照公司劳动用工管理办法的规定，负责劳务分包方式业务外包的用工标准核定以及日常管理，牵头负责本单位业务外包考核工作。

(六)分管法律事务的部门负责业务外包合同的审核和外包业务法律保障和监督。

(七)纪监部负责业务外包纪监监督，审查外包业务承包人确定方式。

(八)各专业车间（中心）负责业务外包的具体实施，包括设备停电计划申请、业务外包工作方案的审核、业务外包现场日常业务管理指导、设备验收等，劳务分包方式的外包用工人员的具体工作分派及工作监督、考核等日常管理工作。

第六章　业务外包的报批程序

第二十条 各单位根据本企业实际情况，按照本办法和相关业务的外包实施细则规定，制定具体业务外包实施方案，按照业务类别上报公司相关业务归口管理部门。

第二十一条 公司相关业务归口管理部门对基层单位具体业务外包实施方案进行初审，在初审基础上召集相关职能部门对基层单位上报方案进行会审，形成审查意见报公司分管领导批准后批复。

第七章　检查与考核

第二十二条 公司相关业务归口管理部门牵头，定期对业务外包进行检查、指导，每年组织一次对业务外包管理工作的检查与考核，不断改进业务外包管理，促进公司系统业务外包管理水平不断提高。

第二十三条 业务承包商违反业务外包合同约定，应依据合同约定要求其承担违约责任直至解除合同。

第二十四条 业务承包商违反安全规程造成人员责任事故的，根据事故调查结果及业务外包合同约定处理，性质严重的，要追究相应经济、法律责任。

第八章　附　则

第二十五条 本规定由公司人力资源部负责解释。

第二十六条 本规定自发布之日起执行。

四川省电力公司内部审计重要情况专报管理办法

（2012 年 6 月 24川电审计〔2012〕 34 号公布）

第一条　为加大四川省电力公司（以下简称“公司”）依法从严治企力度，加强内部审计重要情况专报管理，促进审计成果运用，防范经营风险，根据《国家电网公司内部审计重要情况专报管理办法》和《国家电网公司 重大审计事项报告制度》等有关规定，制定本办法。

第二条　本办法所称内部审计重要情况（以下简称“内审要情”）是指公司组织的内部审计中发现的重大问题和重要情况，以及被审计单位贯彻落实公司决策的好经验和新成绩。

第三条　内审要情专报涉及国家秘密和公司商业秘密的，要按照国家有关法律法规和公司规定，加强保密管理，避免发生失泄密事件。

第四条　内审要情专报由公司审计部门负责人签发报送公司领导。

第五条　内审要情专报的范围主要包括：

（一）违反公司决策部署、重大政策措施和管理制度要求，造成严重后果和较大负面影响的问题。

（二）经营管理中存在的突出矛盾、重大风险，以及需要向公司本部反映的具有典型性、 倾向性和普遍性的重要情况和问题。

（三）违反财经纪律，性质比较严重，造成直接经济损失、国有资产流失金额较大的问题；或限于审计手段不足而无法处理、彻查， 需要公司领导批示给公司有关部门或单位进行调查处理的问题或线索。

（四）历史遗留问题长期没有得到解决，可能造成经济损失、存在较大风险或产生重大负面影响的问题。

（五）涉及薪酬福利、职工住房、 关联交易等比较敏感，可能对公司形象造成负面影响的问题。

（六）对内外部审计检查出的问题不认真整改的情况。

（七）认真贯彻公司决策部署，在发展、经营、管理等方面取得突出业绩和好经验等。

（八）落实审计意见建议、利用审计结果取得的重大成效。

（九）需要公司领导了解和掌握的其他重要情况。

第六条　内审要情专报反映审计发现的重大问题或重要线索的，应按事项、发展过程叙述，分析问题造成的影响和后果，对主要责任人的姓名和职务、责任单位、发生时间和关键情节等应着重描述清楚，并明确提出进一步调查处理的建议。对典型性问题，应侧重写明问题产生的机制等方面的原因，在分析中结合审计证据，以严密的逻辑推理指明问题的危害性和发展趋势。对倾向性问题，应侧重写明问题的渐进变化情况，分析查找体制、 政策和监管上的原因。对普遍性问题，应侧重写明审计中发现的共性问题，充分揭示其成因、造成的后果和存在的风险。

第七条　内审要情专报要注重时效性，尽力取得和反映最新状况的数据；应言简意赅、条理清晰、逻辑严密。字数一般应在 1500 字以内。

第八条　内审要情专报的格式（ 见附件），主要包括：

（一）基本事实，包括发生的时间、事项、金额、责任单位和人员等。

（二）重要情况，包括审计发现的重大问题，造成的损失，存在的风险，产生的原因等；或被审计单位取得的突出业绩和好经验等。

（三）审计建议。

第九条　公司本部派出的审计组在审计或调查中发现的内审要情，必须及时向公司审计部报告。

第十条　各单位组织的审计或调查中发现的内审要情，向本单位主要负责人报告， 同时抄报公司审计部。

第十一条　公司领导对内审要情专报做出批示的，有关部门和单位要及时进行调查处理；审计部门应跟踪进展情况和处理结果，督促有关问题得到解决。

第十二条　公司对上报的内审要情质量进行考核。对经过核实调查处理，促进有关问题得到解决，或挽回经济损失，取得较好成效的，给予表扬或奖励。对不按规定上报内审要情的，进行通报批评；造成严重后果的，按公司有关规定追究相关人员的责任。

第十三条　公司各单位接受政府审计发现的重大违纪违规问题，应按《国家电网公司重大审计事项报告制度》（国家电网审〔2010〕1565 号）规定向省公司报告。

第十四条　本办法由公司审计部负责解释。

第十五条　本办法自发布之日起施行。

四川省电力公司协同监督工作评价考核办法（试行）

（2012年10月22日川电委办〔2012〕29号文公布）

第一章 总 则

第一条 为进一步推动公司协同监督工作，加强协同监督工作评价考核，根据国家电网公司党组《关于建立协同监督机

制进一步完善惩治和预防腐败体系的工作意见》和《四川省电力公司协同监督实施办法》，制定本办法。

第二条 通过评价考核，督促职能部门依照协同监督责任分工严格履行监督职责，保障协同监督机制常态运行、功能发挥、不断完善，形成过程监控、结果考核的闭环管理体系。

第三条 协同监督工作评价考核在公司监督工作委员会统一领导下，由监督工作委员会办公室负责制度建设、考核汇总、结果通报等事项。

第四条 协同监督工作评价考核坚持以下原则：

（一）客观公正原则。正确评价职能部门协同监督工作履责情况和基层单位协同监督机制运转情况，保证评价工作客观公正。

（二）持续改进原则。及时发现协同监督机制运行不顺畅、履行职责不到位、责任追究不到位等有关问题，通过明晰监督责任、强化过程管控，持续改进协同监督工作，推动协同监督机制纵向贯通、横向协同、覆盖全面。

（三）质效并重原则。既要关注监督任务完成情况和职责履行情况，更要注重监督工作实效，达到完善制度流程、消除管理漏洞、提升管理水平的效果。

第五条 本办法适用于公司本部、所属各单位。

第二章 评价考核方式、内容及标准

第六条 协同监督工作评价考核对象分公司本部职能部门和基层单位两个层面实施。程序包括：职能部门提出监督考核建议、监督工作委员会办公室汇总并提出初步考核意见、监督工作委员会审定、绩效考核兑现、考核结果通报等。

第七条 对公司本部职能部门的评价考核，通过听取情况汇报、提交协同监督情况报告等方式，每季度考核一次，由公司监督工作委员会办公室汇总情况并提出初步考核意见，经公司监督工作委员会审定后予以考核通报。

第八条 对基层单位的评价考核，通过现场检查、查看资料等方式，每半年考核一次，公司监督工作委员会办公室结合职能部门监督反馈信息，提出初步考核意见，经公司监督工作委员会审定后予以考核通报。年度考核得分为上、下半年考核得分之和的平均值。

第九条 职能部门完成监督目标、履行纵向监督职责、监督信息报告、开展专项监督等情况，依照《四川省电力公司本- 3 -部职能部门协同监督工作评价考核表》的内容和标准予以考核。

第十条 基层单位领导体制和工作机制运行、纵向监督职责履行、联席会议制度执行等情况，依照《四川省电力公司基层单位协同监督工作评价考核表》的内容和标准予以考核。

第三章 结果应用

第十一条 职能部门因履行职责不到位、执行制度不严格等受到监督工作委员会考核的，纳入次月绩效考核，本部绩效考核办公室根据考核结果扣其月度绩效分0.25-1.5分。考核结果作为评选先进部室的重要依据。

第十二条 基层单位协同监督机制建设运行情况考评结果，纳入当年年度党风廉政建设责任制考核。涉及追究领导班子和领导人员责任的，依照《四川省电力公司党风廉政建设责任制实施细则》等有关规定执行。

第四章 附 则

第十三条 本办法由公司监察部（纪委办公室）负责解释。

第十四条 本办法自印发之日起实施。基层单位结合实际建立完善评价考核细则规定，并纳入绩效管理。

四川省电力公司110千伏业扩报装管理办法（试行）

（2012年10月15川电营销〔2012〕292号文公布）

第一章 总 则

第一条 根据公司“大营销”实施方案，结合《国家电网公司业扩报装工作规范（试行）》、《国家电网公司业扩供电方案编制导则》，制定本办法。

第二条 本办法适用省公司直供直管110千伏客户业扩报装工作。

第二章 职责分工

第三条 省公司各部门职责

发展策划部：负责组织110千伏接入系统方案审查，参与110千伏供电方案审查。

运维检修部：参与110千伏接入系统方案和供电方案审查。

营销部：负责组织110千伏供电方案审查并批复供电方案，参与110千伏接入系统方案审查。

基建部：参与110千伏接入系统方案和供电方案审查。

电力调控中心：参与110千伏接入系统方案和供电方案审查。

第四条 省公司供电服务中心职责

参与110千伏接入系统方案和供电方案审查，负责拟定110千伏供电方案并报省公司营销部批复；负责组织各电业局（公司）营销部（客户服务中心）和相关部门开展110千伏业-3-扩现场勘查、设计审查、中间检查、竣工检验、送电方案审查等工作并答复客户供电方案、设计审查意见、中间检查意见、竣工检验意见等；负责110千伏业扩供用电合同签订、投运手续会签。

第五条 省公司电力技术经济研究院职责

负责拟定110千伏接入系统方案；参与接入系统方案审查、设计审查。

第六条 各电业局(公司)各部门职责

发展策划部：参与110千伏接入系统方案审查。

运维检修部：参与110千伏业扩工程设计审查、中间检查、竣工检验、送电方案审查、送电和投运手续会签工作。

营销部（客户服务中心）：负责受理110千伏业扩用电申请、设计审查申请、中间检查和竣工检验申请，并完成相关资料的收集；负责收取高可靠性接电费用和临时接电费用；负责110千伏电能计量装置和用电信息采集装置的安装；负责客户档案的归档工作；负责牵头组织成立启动验收委员会（简称启委会）。参与110千伏业扩现场勘查、接入系统方案和供电方案审查、设计审查、中间检查、竣工检验、送电方案审查和送电工作；参与110千伏业扩投运手续会签工作。

基建部：参与110千伏业扩工程设计审查、中间检查、竣工检验、送电方案审查、送电和投运手续会签工作。

电力调度控制中心（简称地调）：参与调度管辖范围内110千伏业扩设计审查、中间检查、竣工验收和投运手续会签工作；负责与调度管辖客户签订调度协议；负责对调度管辖范围内110千伏业扩的新设备投运、运行等实施调度管理。

第三章 业务受理及现场勘查

第七条 各供电单位受理客户用电申请时，应主动向客户提供业扩报装办理告知书，告知办理用电需提供的资料、办理的基本流程、相关的收费项目和标准，引导并协助客户填写用电申请书。办理用电需提供的资料。申请人申请用电，应当如实提交有关材料和反映真实情况，并对其申请材料实质内容的真实性负责。供电单位不得要求申请人提交与其申请无关的技术资料和其他材料。供电单位对申请人提出的用电申请，应当根据下列情况分别作出处理：

（一）申请事项不属于用电申请的，应当即时作出不予受理的决定，并告知申请人向有关部门提出；

（二）申请材料存在可以当场更正的错误的，应当允许申请人当场更正；

（三）申请材料不齐全或者不符合规定形式的，应当当场或者在五日内一次告知申请人需要补正的全部内容，逾期不告知的，自收到申请材料之日起即为受理；

（四）申请事项属于用电，申请材料齐全、符合规定形式，或者申请人按照要求提交全部补正申请材料的，应当受理申请。供电单位受理或者不予受理申请，应当出具加盖印章和注明日期的书面凭证。

第八条 各供电单位受理客户用电申请后，初步判定供电电压等级，对110千伏及以上新装增容业务，应在2个工作日内将用电申请资料传至省公司供电服务中心。供电服务中心在3个工作日内会同电业局（公司）营销部（客户服务中心）和-5-相关部门、省公司经研院等到客户用电现场进行勘查，现场勘查的主要内容包括：核对客户的用电需求、确定客户用电容量、用电性质及负荷特性，初步确定供电电源（单电源或多电源）、上一电压等级的电源位置、供电电压、供电线路、计量方案、计费方案等。

第四章　供电方案确定及答复

第九条　现场勘查工作完成后，根据收集资料由省经研院在 5 个工作日内完成单电源接入系统方案，在 10 个工作日内完成双电源接入系统方案。

第十条　接入系统方案完成以后，省公司发展策划部在个工作日内组织接入系统方案审查，省公司营销部组织供电方案审查并在 1 个工作日内向省公司供电服务中心批复供电方案。供电服务中心收到批复供电方案后在 1 个工作日内答复客户供电方案（《供电方案通知书》详见附件 2）。

第十一条　自受理之日起，单电源客户供电方案答复不超过 15 个工作日，双电源客户不超过 30 个工作日。在规定时限范围内确定供电方案的，应当报经本单位营销工作分管领导批准，并主动向客户告知原因，说明正当理由。

第十二条　客户接入系统方案包括：供电电压等级、供电容量、接入系统容量、供电电源位置、供电电源数（单电源或多电源）、供电回路和路径、供电线路敷设、进线方式、主接线、运行方式、继电保护方式、调度自动化信息（含设备集中监控信息）组织方式、调度通信。

供电方案包括：接入系统方案、无功补偿、谐波检测、电能计量装置及接线方式、安装位置、产权及维护责任分界点、计量装置所计量的用电类别等。对重要客户的供电方案批复中，还应当载明客户应当自备非电保安措施的要求。

第五章　业扩工程设计审核

第十三条　110 千伏业扩工程设计审查由省供电服务中心组织电业局（公司）营销部（客户服务中心）和相关部门共同开展。审查后，由省公司供电服务中心答复客户审查意见（《客户设计审查意见书》详见附件 3）。

第十四条　电业局（公司）营销部（客户服务中心）负责受理 110 千伏业扩工程设计审查申请，收集所需的设计图纸资料，并在 2 个工作日内报送省公司供电服务中心。受理客户送审的受电工程图纸资料时，应审核报送资料并查验设计单位资质。对于资料欠缺或不完整的，应告知客户需要补充完善的相关资料。业扩工程设计文件审核工作应依照供电方案和国家相关标准开展。受电工程设计图纸送审资料清单详见附件 4。设计图纸审核重点：主要电气设备技术参数、主接线方式、运行方式、线缆规格应满足供电方案要求；高压电气设备、继电保护、通信、自动装置、接地装置、无功补偿的设置应符合有关规程；进线电缆型号截面、总开关容量应满足电网安全及客户用电的要求；电能计量的配置应符合《电能计量装置技术管理规程》相关技术标准。对重要电力客户，自备应急电源及非电性质保安措施还应满足有关规程、规定的要求。对有非线性阻抗用电设备（高次谐波、冲击性负荷、波动负荷、非对称性负荷等）的客户，还应审核谐波负序治理装置及预留空间、电能质量监测装置是否满足有关规程、规定要求。

第十五条　业扩工程设计审核时限，自受理申请之日起，不超过 15 个工作日。未在规定时限内完成的，应及时向客户做好沟通解释工作。

第六章　设备调度命名编号及继电保护整定值核算

第十六条　业扩工程设计审查合格后，由电业局（公司）营销部（客户服务中心）协助客户按《四川电力系统调控管理规程》和电业局《电力系统调控管理规程》的要求报送相关资料，开展设备调度命名编号及继电保护整定计算工作和并网前继电保护专项检查；电业局（公司）电力调控中心在竣工检验前，按《四川电力系统调控管理规程》和电业局《电力系统调控管理规程》的要求向客户以书面方式下达业扩工程设备调度命名编号以及继电保护整定定值，并抄送电业局（公司）客户服务中心。

第十七条　申请设备调度命名编号及继电保护整定值核算应提交以下资料：供电方案答复通知单；审查合格的客户内、外部受电工程设计图纸资料；设备调度命名编号申请表、保护整定计算申请表。

第七章　业扩工程中间检查

第十八条　省公司供电服务中心组织 110 千伏业扩工程中间检查工作。受理客户中间检查申请后，在 5 个工作日内组织电业局（公司）营销部（客户服务中心）和相关部门开展中间检查。发现缺陷的，应一次性书面通知客户整改。复验合格后方可继续施工。

第十九条　中间检查时，应重点查验施工企业、试验单位-8-是否符合相关资质要求。对检查中发现的问题，应以《受电工程中间检查结果通知单》（详见附件 5）一次性通知客户整改。

客户整改完成后,应报请供电企业复验。复验合格后方可继续施工。

第八章　收费管理

第二十条　省公司供电服务中心负责 110 千伏高可靠性供电费、临时接电费等业务费用的核算和告知，电业局（公司）营销部（客户服务中心）负责相关费用收取。

第二十一条　省公司供电服务中心应严格按照各级价格主管部门批准的项目、标准和客户容量计算客户业务费用并书面通知客户缴费。

第二十二条　电业局（公司）营销部（客户服务中心）负责 110 千伏临时接电费的退费工作，在其临时用电结束、拆表销户并结清所有电费后，客户服务中心应及时为客户办理退费手续。

第九章　供用电合同及调度协议签订

第二十三条　业扩工程竣工检验前,由电业局（公司）营销部（客户服务中心）协助客户向电力调控中心提供签订调度协议所需信息资料，电力调控中心在10个工作日内与具备电力调度受令资格的客户代表洽谈并协商签订 110 千伏客户受电工程调度协议。

第二十四条　调度协议签订完成后，电业局（公司）电力调控中心应在 5 个工作日内将协议传送至省公司供电服务中心作为供用电合同附件。

第二十五条　110 千伏供用电合同由省公司供电服务中心负责签订。合同续签由电业局（公司）营销部（客户服务中心）负责完成。

第二十六条　业扩工程竣工检验前，省公司供电服务中心合同承办人员应收集客户相关信息，在客户缴清相关费用后方可签订供用电合同。

第十章　业扩工程竣工检验

第二十七条　110 千伏竣工检验由省公司供电服务中心组织电业局（公司）营销部（客户服务中心）和相关部门开展。竣工检验前，电业局（公司）营销部（客户服务中心）协助客户提交检验申请和相关资料，资料清单详见附件 6。

第二十八条　竣工检验时，应按照国家、电力行业标准、规程和客户竣工报验资料，对受电工程进行全面检验。发现缺陷的，应以书面形式一次性通知客户，要求客户按照规定整改，并经复验合格后方可接电。

第二十九条　竣工检验范围应包括：工程施工工艺、设备选型及相关技术文件，工程设备安装调试等有关文件、资料和质量检查报告、实验报告，安全措施。

第三十条　检验重点项目应包括：线路架设或电缆敷设；高、低压盘（柜）及二次接线检验；继电保护装置及其定值；配电室建设及接地检验；变压器及断路器等主要电气设备试验；站用电及直流系统检验；安全自动装置及监控系统检验；应急电源系统；中间检查记录；电力设备入网交接试验记录；运行规章制度及入网工作人员资质检验；安全措施检验等。

第三十一条　对检查中发现的问题，省公司供电服务中心应以《受电工程缺陷整改通知单》（详见附件 7）书面通知客户整改。客户整改完成后,应进行复检验。竣工检验合格后，应根据现场情况最终核定计费方案和计量方案，记录资产的产权归属信息，形成《客户受电工程竣工检验单》（详见附件 8），及时告知客户做好接电前的准备工作要求。

第十一章　装表与送电

第三十二条　供用电合同签订后，电业局（公司）客户服务中心负责根据调控中心的要求收集客户资料；110 千伏业扩工程启动投产按所在电业局《地区电力系统调度控制管理规程》中新设备投运相关规定执行。

第三十三条　省公司供电服务中心组织电业局（公司）营销部（客户服务中心）牵头组织成立启动验收委员会（简称启委会），相关部门进行参与；启委会负责审查批准送电方案。

第三十四条　竣工检验完成后，省公司供电服务中心应及时通知并协助客户办理新设备投运手续，新设备投运手续由本办法第二章规定的部门和单位参与会签。新设备投运手续完成以后，省公司供电服务中心及时通知电业局（公司）营销部（客户服务中心）进行计量表计和用电信息采集装置安装。

第三十五条 110千伏送电组织工作由省公司供电服务中心负责，电业局（公司）营销部（客户服务中心）和相关部门参与，电力调控中心负责新设备启动投产的调度操作。正式送电前，应完成送电条件审核，并对全部电气设备做外观检查，并对二次回路进行联动试验。

第三十六条 送电条件包括：送电方案已审定，业扩工程已验收合格，《供用电合同》、《并网调度协议》已签订，新设备投运申请书已审核会签完毕，业务相关费用已结清，电能计量装置已安装检验合格，客户电气人员具备上岗资质、客户安全措施已齐备等。

第三十七条 送电后，电业局（公司）客户服务中心应检查电能计量装置运行是否正常，并会同客户现场抄录电能表示数，记录送电时间、变压器启用时间及相关情况，并填写《送电工作确认单》由客户签字确认后存档。

第三十八条 送电时限应满足以下要求：业扩工程检验合格并办结相关手续之日起不超过7个工作日。

第十二章 资料归档

第三十九条 送电工作完成后，供电服务中心应在7个工作日内向电业局（公司）客户服务中心完成资料移交工作。电业局（公司）客户服务中心档案管理人员应及时收集、整理并核对归档信息和报装资料，建立客户信息档案和纸质档案。

第四十条 客户档案应当包括以下资料：

（一）用电申请书；

（二）用电设备登记表；

（三）供电方案通知书及答复资料；

（四）设计资料审查意见；

（五）客户工程设计施工委托材料；

（七）电气设备安装工程竣工验收报告；

（八）电气缺陷通知和整改；

（九）供用电合同和各类协议；

（十）用电工作票；

（十一）客户户务档案；

（十二）在客户办理用电申请活动中形成的其他资料。

第十三章 附 则

第四十条 本办法由四川省电力公司营销部负责解释。

第四十一条 本办法自发布之日起施行。

四川省电力公司220千伏业扩报装管理办法(试行)

（2012年10月15日川电营销〔2012〕292号文公布）

第一章 总 则

第一条 根据公司“大营销”实施方案，结合《国家电网公司业扩报装工作规范（试行）》、《国家电网公司业扩供电方案编制导则》，制定本办法。

第二条 本办法适用省公司直供直管220千伏客户业扩报装工作。

第二章 职责分工

第三条 省公司各部门职责职责发展策划部：负责组织220千伏接入系统方案审查；参与220千伏业扩供电方案审查。

运维检修部：参与220千伏接入系统方案和供电方案审查、设计审查、竣工检验、送电方案审查和投运手续的会签工作。

营销部：负责组织220千伏供电方案审查并批复供电方案；负责组织220千伏业扩工程设计审查、竣工检验、组织成立启动验收委员会(简称启委会)、送电和投运手续的会签工作；参与220千伏业扩接入系统方案审查。

基建部：参与220千伏接入系统方案和供电方案审查、设计审查、竣工检验、送电方案审查和投运手续的会签工作。

电力调度控制中心（简称省调）：参与220千伏接入系统方案和供电方案审查；参与调度管辖范围内220千伏业扩工程设计审查；负责与调度管辖的客户签订调度协议；负责按照《四川电力系统调度控制管理规程》，对调度管辖范围内220千伏业扩的新设备投运、运行等实施调度管理。

第四条 省公司供电服务中心职责

负责受理220千伏业扩用电申请、设计审查申请、中间检查和竣工检验申请，并会同电业局（公司）营销部（客户服务中心）完成相关资料的收集；负责组织电业局（公司）营销部（客户服务中心）和相关部门、省经研院等开展220千伏业扩现场勘查和中间检查工作；负责编制供电方案并报省公司营销部批复；负责答复客户供电方案、设计审查意见、中间检查意见、竣工检验意见等；负责 220 千伏业扩供用电合同签订工作；协助省公司营销部开展 220 千伏业扩设计审查、竣工检验、送电方案审查和送电等工作；参与投运手续会签。

第五条　省公司电力技术经济研究院职责

负责拟定 220 千伏业扩接入系统方案；参加接入系统方案审查、设计审查。

第六条　电业局(公司)部门职责发展策划部：参与 220 千伏接入系统方案审查。

运维检修部：参与 220 千伏业扩工程设计审查、中间检查、竣工检验、送电方案审查、投运手续会签、送电工作。

营销部（客户服务中心）：负责受理 220 千伏业扩用电申请；负责业务费用收取、计量表计和用电信息采集装置安装和供用电合同续签工作；负责 220 千伏客户档案的归档工作。参与 220 千伏业扩现场查勘、设计审查、中间检查、竣工检验、送电方案审查、投运手续会签、送电等工作；协助省供电服务中心收集用电申请、设计审查、中间检查、竣工检验等资料。

基建部：参与 220 千伏业扩设计审查、中间检查、竣工检验、送电方案审查、投运手续会签、送电工作。

电力调度控制中心（简称地调）：参与调度管辖范围内 220 千伏业扩设计审查、竣工检验和投运手续会签工作；负责与调度管辖的客户签订调度协议；负责按各地区电力系统调度控制管理规程，对调度管辖范围内 220 千伏业扩的新设备投运、运行等实施调度管理。

第三章　业务受理及现场勘查

第七条　各供电单位受理客户用电申请时，应主动向客户提供业扩报装办理告知书，告知办理用电需提供的资料、办理的基本流程、相关的收费项目和标准，引导并协助客户填写用电申请书。办理用电需提供的资料详见附件 1。申请人申请用电，应当如实提交有关材料和反映真实情况，并对其申请材料实质内容的真实性负责。供电单位不得要求申请人提交与其申请无关的技术资料和其他材料。供电单位对申请人提出的用电申请，应当根据下列情况分别作出处理：

（一）申请事项不属于用电申请的，应当即时作出不予受理的决定，并告知申请人向有关部门提出；

（二）申请材料存在可以当场更正的错误的，应当允许申请人当场更正；

（三）申请材料不齐全或者不符合规定形式的，应当当场或者在五日内一次告知申请人需要补正的全部内容，逾期不告知的，自收到申请材料之日起即为受理；

（四）申请事项属于用电，申请材料齐全、符合规定形式，或者申请人按照要求提交全部补正申请材料的，应当受理申请。供电单位受理或者不予受理申请，应当出具加盖印章和注明日期的书面凭证。

第八条　各供电单位收到客户用电申请后，初步判定供电电压等级，对 110 千伏及以上新装增容业务，应在 2 个工作日内将用电申请资料传至省公司供电服务中心。供电服务中心在 3 个工作日内会同电业局（公司）相关部门和客户服务中心、省公司经研院等到客户用电现场进行勘查。现场勘查的主要内容包括：核对客户的用电需求、确定客户用电容量、用电性质及负荷特性，初步确定供电电源（单电源或多电源）、上一电压等级的电源位置、供电电压、供电线路、计量方案、计费方案等。

第四章　供电方案确定及答复

第九条　现场勘查工作完成后，根据收集资料由省经研院在 5 个工作日内完成单电源接入系统方案，在 10 个工作日内完成双电源接入系统方案。

第十条　接入系统方案完成以后，省公司发展策划部在 3 个工作日内组织接入系统方案审查，省公司营销部组织供电方案审查并在 2 个工作日内向供电服务中心批复供电方案。省公司供电服务中心收到批复供电方案后在 1 个工作日内答复客户供电方案（《供电方案通知书》详见附件 2）。

第十一条　自受理之日起，单电源客户供电方案答复不超过 15 个工作日，双电源客户不超过 30 个工作日，若不能如期确定供电方案时，应主动向客户说明原因。

第十二条　客户接入系统方案包括：供电电压等级、供电容量、接入系统容量、供电电源位置、供电电源数（单电源或多电源）、供电回路和路径、供电线路敷设、进线方式、主接线、运行方式、继电保护方式、调度自动化信息（含设备集中监控信息）组织方式、调度通信。供电方案包括：接入系统方案、无功补偿、谐波检测、电能计量装置及接线方式、安装位置、产权及维护责任分界点、计量装置所计量的用电类别等。

第五章　业扩工程设计审查

第十三条　省公司供电服务中心负责受理 220 千伏客户业扩工程设计审查申请，省公司供电服务中心和电业局（公司）营销部（客户服务中心）收集所需的设计图纸资料。省公司供电服务中心收到 220 千伏设计审查申请后，由省公司营销部在 7 个工作日内组织省公司相关部门和单位进行审查，省供电服务中心协助省公司营销部开展审查组织工作。审查后，由省公司供电服务中心答复客户审查意见（《客户设计审查意见书》详见附件 3）。

第十四条　受理客户送审的受电工程图纸资料时，应审核报送资料并查验设计单位资质。对于资料欠缺或不完整的，应告知客户需要补充完善的相关资料。受电工程设计文件审核工作应依照供电方案和国家相关标准开展。受电工程设计图纸送审资料清单详见附件 4。设计图纸审核重点：主要电气设备技术参数、主接线方式、运行方式、线缆规格应满足供电方案要求；高压电气设备、继电保护、通信、自动装置、接地装置、无功补偿的设置应符合-28-有关规程；进线电缆型号截面、总开关容量应满足电网安全及客户用电的要求；电能计量的配置应符合《电能计量装置技术管理规程》相关技术标准。对重要电力客户，自备应急电源及非电性质保安措施还应满足有关规程、规定的要求。对有非线性阻抗用电设备（高次谐波、冲击性负荷、波动负荷、非对称性负荷等）的客户，还应审核谐波负序治理装置及预留空间、电能质量监测装置是否满足有关规程、规定要求。

第十五条　客户工程设计审核时限，自受理申请之日起，不超过 15 个工作日。未在规定时限内完成的，应及时向客户做好沟通解释工作。

第六章　设备调度命名编号及继电保护整定值核算

第十六条　业扩工程设计审查合格后，省公司供电服务中心协助客户按《四川电力系统调控管理规程》的要求报送相关资料，开展设备调度命名编号及继电保护整定计算工作和并网前继电保护专项检查；客户所属电力调控中心在竣工检验前，按《四川电力系统调控管理规程》向客户以书面方式下达业扩工程设备调度命名编号以及继电保护整定定值，并抄送省供电服务中心。

第十七条　申请设备调度命名编号及继电保护整定值核算应提交以下资料：供电方案答复通知单；审查合格的客户内、外部受电工程设计图纸资料；设备调度命名编号申请表、保护整定计算申请表。

第七章　业扩工程中间检查

第十八条　省公司供电服务中心组织 220 千伏客户工程的中间检查工作。在受理客户中间检查申请后，在 5 个工作日内组织电业局（公司）营销部（客户服务中心）及相关部门、单位开展中间检查。发现缺陷的，应一次性书面通知客户整改。复验合格后方可继续施工。

第十九条　中间检查时，应重点查验施工企业、试验单位是否符合相关资质要求。对检查中发现的问题，应以《受电工程中间检查结果通知单》（详见附件 5）一次性通知客户整改。客户整改完成后，应报请供电企业复验。复验合格后方可继续施工。

第八章　收费管理

第二十条　省公司供电服务中心负责 220 千伏高可靠性供电费、临时接电费等业务费用的核算和告知，电业局（公司）客户服务中心负责相关费用收取。

第二十一条　省公司供电服务中心应严格按照各级价格主管部门批准的项目、标准和客户容量计算客户业务费用，经审核后书面通知客户缴费。

第二十二条　电业局（公司）客户服务中心负责临时接电费的退费工作，在其临时用电结束、拆表销户并结清所有电费后，客户服务中心应及时为客户办理退费手续。

第九章　供用电合同与调度协议的签订

第二十三条　业扩工程竣工检验前，由省公司供电服务中心协助客户向所属的电力调控中心提供签订调度协议所需信息资料，客户所属调控中心在 10 个工作日内与具备电力调度受令资格的客户代表洽谈并协商签订 220 千伏客户受电工程调度协议。

第二十四条　调度协议签订完成后，客户所属电力调控中心在 5 个工作日内将协议传送至省公司供电服务中心作为供用电合同附件。

第二十五条　220 千伏供用电合同由省公司供电服务中心负责签订。合同续签由电业局（公司）营销部（客户服务中心）负责完成。

第二十六条　业扩工程竣工检验前，省公司供电服务中心合同承办人员应收集客户相关信息，在客户缴清相关费用后方可签订供用电合同。

第二十七条　220 千伏供用电合同拟订后，由省公司供电服务中心报省公司营销部，省公司经济法律部、发展策划部部、运维检修部、电力调控中心参与合同会签。

第十章　业扩工程竣工检验

第二十八条　220 千伏竣工检验由省公司营销部组织省公司相关部门开展，省供电服务中心协助省公司营销部开展检验组织工作。竣工检验前，省公司供电服务中心和电业局（公司）营销部（客户服务中心）应协助客户提交相关资料，资料清单详见附件 6。

第二十九条　竣工检验时，应按照国家、电力行业标准、规程和客户竣工报验资料，对受电工程进行全面检验。发现缺陷的，应以书面形式一次性通知客户。复验合格后方可接电。

第三十条　竣工检验范围应包括：工程施工工艺、设备选型及相关技术文件，工程设备安装调试等有关文件、资料和质量检查报告、实验报告，安全措施。

第三十一条　检验重点项目应包括：线路架设或电缆敷设；高、低压盘（柜）及二次接线检验；继电保护装置及其定值；配电室建设及接地检验；变压器及断路器等主要电气设备试验；站用电及直流系统检验；安全自动装置及监控系统检验；应急电源系统；中间检查记录；电力设备入网交接试验记录；运行规章制度及入网工作人员资质检验；安全措施检验等。

第三十二条　对检查中发现的问题，供电服务中心应以《受电工程缺陷整改通知单》（详见附件 7）书面通知客户整改。客户整改完成后，应进行复检验。竣工检验合格后，应根据现场情况最终核定计费方案和计量方案，记录资产的产权归属信息，形成《客户受电工程竣工检验单》（详见附件 8），及时告知客户做好接电前的准备工作要求。

第十一章　装表与送电

第三十三条　供用电合同签订后，省公司供电服务中心负责根据调控中心的要求收集客户资料；220 千伏业扩工程启动投产应按相应的电力系统调度控制管理规程中新设备投运相关规定执行。

第三十四条　营销部牵头组织成立启动验收委员会（简称启委会）。省调调度管辖的客户站，由省公司营销部牵头组织启委会，省公司相关部门、电业局（公司）营销部（客户服务中心）和相关部门参与；地调调度管辖的客户站，由省公司营销部委托省公司供电服务中心组织成立启委会，电业局（公司）营销部（客户服务中心）、相关部门参与；启委会审查批准新设备启动投产方案。

第三十五条　竣工检验完成后，省公司供电服务中心应及时通知并协助客户办理新设备投运手续，新设备投运手续由本办法第二章规定的部门和单位参与会签。新设备投运手续完成以后，省公司供电服务中心及时通知电业局（公司）营销部（客户服务中心）进行计量表计和用电信息采集装置安装。

第三十六条　省调调度管辖客户站的送电组织工作由省公司营销部负责，省公司相关部门、电业局（公司）营销部（客户服务中心）和相关部门参与，省调负责新设备启动投产的调度操作。地调调度管辖客户站的送电组织工作由省公司营销部负责，委托省公司供电服务中心实施，电业局（公司）营销部（客户服务中心）和相关部门参与，地调负责新设备启动投产的调度操作。正式送电前，应完成送电条件审核，并对全部电气设备做外观检查，并对二次回路进行联动试验。

第三十七条　送电条件包括：送电方案已审定，业扩工程已验收合格，《供用电合同》、《并网调度协议》已签订，新设备投运申请书已审核会签完毕，业务相关费用已结清，电能计量装置已安装检验合格，客户电气人员具备上岗资质、客户安全措施已齐备等。

第三十八条　送电后，电业局（公司）客户服务中心应检查电能计量装置运行是否正常，并会同客户现场抄录电能表示数，记录送电时间、变压器启用时间及相关情况，并填写《送电工作确认单》由客户签字确认后存档。

第三十九条　送电时限应满足以下要求：业扩工程检验合格并办结相关手续之日起不超过 7 个工作日。

第十二章　资料归档

第四十条　送电工作完成后，省公司供电服务中心应在 7-33-个工作日内向电业局（公司）客户服务中心完成资料移交工作。电业局（公司）客户服务中心档案管理人员应及时收集、整理并核对归档信息和报装资料，建立客户信息档案和纸质档案。

第四十一条 客户档案应当包括以下资料：

（一）用电申请书；

（二）用电设备登记表；

（三）供电方案通知书及答复资料；

（四）设计资料审查意见；

（五）客户工程设计施工委托材料；

（七）电气设备安装工程竣工验收报告；

（八）电气缺陷通知和整改；

（九）供用电合同和各类协议；

（十）用电工作票；

（十一）客户户务档案；

（十二）在客户办理用电申请活动中形成的其他资料。

第十三章 附 则

第四十二条 本办法由四川省电力公司营销部负责解释。

第四十三条 本办法自发布之日起施行。

四川省电力公司生产业务外包管理实施细则

（2012年9月28日川电运检〔2012〕44号文公布）

第一章 总 则

第一条 为适应 国家电网公司“三集五大”体系建设，充分利用公司内外部资源，加强电网生产业务外包（以下简称“业务外包”）工作全过程管理，规范开展业务外包，落实电网安全生产各项规定和要求，确保电网设备安全稳定运行，根据《国家电网公司生产业务外包管理规定》，结合公司实际，特制定本实施细则。

第二条 本实施细则所称的“生产业务”，指为保证电网设备安全运行和优质、可靠供电，对电网设备及附属设施进行的生产技改、运维、试验、检修、抢修等工作。“生产业务项目”（以下简称“项目”）是指对应以上工作，在一定时间和一定预算内，按要求所要完成的单项生产任务或多项生产任务之和。

第三条 本实施细则所称的“业务外包”，指由业务发包方（以下简称“发包单位”）将承担的生产业务整体或部分以合同方式发包给满足条件的业务承包商（以下简称“承包单位”），承包单位按照合同约定独立或配合完成有关生产业务的行为。

第四条 国家电网公司系统内部法人单位之间按委托合同开展的生产业务不属于本实施细则规定的业务外包范畴。

第五条 纳入生产实施管理流程的生产业务外包管理按本实施细则执行。纳入基建实施管理流程的生产业务外包管理按照国家电网公司有关基建工程安全管理规定执行。

第六条 项目可整体外包，也可选择性地分项外包。分项外包一般分为专业分包和劳务分包。本实施细则将承包商和分包商统称为“承包单位”。

第七条 业务外包工作，应按照“谁资产、谁管理，谁运维、谁组织”的原则明确管理主体；按照“谁管理、谁负责，谁组织、谁负责，谁实施、谁负责”的原则落实安全生产责任；按照“公平、公开、公正、择优”的原则确定承包单位；按照“统一管理、规范流程、有序实施、严格考评”的原则开展管理工作。

第八条 本实施细则适用于四川省电力公司生产业务外包管理工作。

第二章 管理职责

第九条 生产管理部门职责

（一）省公司运维检修部是省公司业务外包工作的归口管理部门。负责落实国家电网公司关于业务外包的各项工作要求，制定省公司业务外包管理实施细则，界定省公司系统内常规及一般业务范围，明确业务外包工作流程；审批业务外包计划，上报跨区电网业务外包计划；监督、检查省检修公司、各电业局（公司）、业务外包工作实施情况，定期开展对各电业局（公司）业务外包工作的考核评价。负责省公司输变配电一次设备及设施相关业务外包工作的专业管理；参与省公司运维资产业务承包单位的业务资质审查。

（二）各电业局（公司）运维检修部（检修公司）是电业局（公司）业务外包工作的具体管理和实施部门（单位）。负责电业局（公司）生产业务外包工作的组织协调和检查指导；组织辖区内承包单位的考核评价，并上报考评结果；拟定与承包单位签订的“生产业务承包合同”（除生产业务内容外，还包括实施项目所需的物资、设计、监理、施工等需单独签订的合同）和“安全协议”；审核承包单位业务外包工作施工方案；审批承包单位的分包计划及分包申请；监督承包单位安全、技术、组织措施的落实。负责本地区输变配电一次设备及设施相关业务外包工作的专业管理；参与本地区运维资产业务承包单位的业务资质审查。

第十条 安全监察部门职责

（一）省公司安全监察质量部（保卫部）负责落实国家电网公司关于业务外包安全监管的各项工作要求；负责监督、检查电业局（公司）业务外包安全监管工作情况；参与电业局（公司）业务外包工作的考核评价和省公司运维资产承包单位的资质审查。

（二）各电业局（公司）安全监察部门是业务外包工作安全监管工作的具体实施部门。负责指导、监督承包单位的安全培训；审查需与承包单位签订的安全协议；实施业务外包作业现场安全监管。参与辖区内承包单位的资质审查。

第十一条 物资（招投标）部门职责

省公司物资部（招投标管理中心）负责落实总部关于业务外包招标管理的各项工作要求；组织开展省公司运维资产业务外包的招标工作，受委托开展总部运维资产业务外包的招标工作；组织省公司运维资产承包单位的资质审查。

第十二条 调度部门职责

（一）四川电力调度控制中心负责省公司继电保护、调度自动化系统和设备相关业务外包工作的专业管理；参与调度管辖范围相关继电保护、调度自动化系统和设备业务承包单位的资质审查；参与对各电业局（公司）业务外包工作的监督检查和考核评价。

（二）各电业局（公司）调度部门负责本地区继电保护、调度自动化系统和设备相关业务外包工作的专业管理；参与本地区相关继电保护、调度自动化系统和设备业务承包单位的资质审查；参与对业务外包工作现场的监督检查和考核评价。

第十三条 科技信通部门职责

（一）省公司科技信通部（智能电网办公室）负责省公司信息网络、通信系统和设备相关业务外包工作的专业管理；参与信息网络、通信系统和设备业务承包单位的资质审查；参与对各电业局（公司）业务外包工作的监督检查和考核评价。

（二）各电业局（公司）科技信通职能管理部门负责本地区信息网络、通信系统和设备相关业务外包工作的专业管理；参与本地区信息网络、通信系统和设备业务承包单位的资质审查；参-6-与对业务外包工作现场的监督检查和考核评价。

第十四条 其他相关部门按照专业分工，参与业务外包承包单位的资质审查，负责承包单位劳动用工管理评价、业务外包工作的定额管理、预算管理、招标法律保障、招标投诉受理、合同管理、违纪违规行为查处、项目审计等工作。

第三章 业务外包范围

第十五条 生产业务按照与电网安全运行的关联度、业务外包管控难度以及内外部资源业务承接能力等因素考虑，分为核心业务、常规业务和一般业务。省公司其他关于生产业务外包范围的规定与本实施细则不一致的，以本实施细则为准。

第十六条 核心业务是指与电网安全运行直接相关、属于电网设备管理核心环节的生产业务。核心业务范围由国家电网公司运维检修部发布并滚动修订（详见附录1），核心业务涉及的业务内容为强制性要求，不得外包。各单位如确需将核心业务外包，需专题上报省公司运维检修部，省公司运维检修部审核后上报国家电网公司，经批准后方可实施。

核心业务界定原则：

1. 与电气设备状态评价相关的管理工作；

2. 与电气设备安全运行直接相关的运维工作；

3. 生产计划安排、技术监督等属于管理职能的工作；

4. 设备台账、运行、修试记录等核心生产业务数据维护；

5. 属于企业核心能力、企业核心技术秘密的工作；

6. 政府和监管机构明确规定不允许外包的工作。

第十七条 常规业务是指与电网安全运行密切相关，属于电网设备管理重要环节的生产业务。常规业务可开展业务外包，但须严格控制，外包业务范围应仅限于特殊项目，如：电气设备解体等特殊检修中需要厂商技术服务、专业检修单位进行的特殊工作、政府或监管机构指定相关专业机构开展的工作等。常规业务范围由省公司运维检修部根据实际情况，在不突破国家电网公司下发的核心业务范围基础上发布并滚动修订，明确规定可开展业务外包的项目（详见附录2）。

常规业务界定原则：

1. 受人力、技术、装备或时间等因素的制约，部分本单位无法自行实施完成的电网生产常规业务；

2. 电气设备解体等特殊检修中需要厂商技术服务、专业检修单位进行的特殊工作。

第十八条 一般业务宜开展业务外包。除核心业务、常规业务范围外的生产业务均属于一般业务。一般业务参见见附录 3，其涉及的业务内容为公司指导性意见。

一般业务界定原则：

1. 辅助设备的维护或厂方服务；

2. 技术含量低且劳动密集型的工作；

3. 社会化程度高、不直接接触电气设备的辅助性工作；

4. 政府或监管机构指定相关专业机构开展的工作。

第四章　业务外包管理要求

第十九条　业务外包项目立项的要求

（一）业务外包项目应根据《四川省电力公司生产技术改造工作管理办法》、《四川省电力公司生产设备大修工作管理办法》和《国家电网公司电网检修运维和运营管理成本标准》（试行）规定要求分别立项实施。其中列入生产技改和设备大修计划的外包项目按规定履行审批手续，列入运维成本的整体外包项目由省公司进行审批。

（二）超出本实施细则的可外包范围的项目，应报省公司运维检修部审批后方可立项。

（三）将生产业务拆分进行分项分包的项目，其拆分应符合省公司相关规定要求。

第二十条　业务外包项目发包的要求

（一）业务外包项目符合招标条件的应进行招标，并遵守《四川省电力公司招标采购活动管理办法》等有关规定；对于应急抢修、因功能配套性需委托原单位设计、维修等特殊业务外包项目以及法律法规规定的其他情形，可进行竞争性谈判或单一来源采购，并按照公司有关规定程序规范实施。业务外包中所需物资采购管理按照公司有关规定执行。

（二）相关管理部门应加强招标文件审核，并参与业务外包-9-项目涉及的物资、设计、监理、施工等招标工作。

（三）集体企业应和社会企业按本实施细则规定同等要求参与业务外包活动。

第二十一条　承包单位资质审查的要求

（一）在年度业务外包项目计划确定后，物资（招投标）部门应组织生产管理部门、安全监察部门和相关职能部门对承包单位的资质进行审查，确保承包单位具备所承包业务外包项目专业和规模施工要求的资质、资格和施工能力。

（二）对承包单位的资质审查按照《四川省电力公司生产业务外包监督评价实施细则》进行，资质审查分为业务资质、安全资质、企业资质、企业信誉、管理评价五类。其中业务资质、管理评价的审查由生产管理部门负责，安全资质审查由安全监察部门负责，劳动用工管理评价由人力资源部门负责，企业资质、企业信誉的审查由物资（招投标）部门牵头，生产、财务、监察、审计、法律等部门配合。

（三）需要招标的业务外包项目的承包单位资质审查按规定在评标时进行。不需要招标的业务外包项目的承包单位资质审查由物资（招投标）部门组织定期进行。

（四）对承包单位的资质审查不得自行降低标准，不得简化审查手续，不得逾期办理。

（五）承包单位如发生资质变更（资质降级和经营范围缩小的），在资质变更当日起 24 小时内应通知相应管理部门，各管理部门应重新对其进行资质审查、备案。如资质变化影响生产业务实施的，应及时通知相关单位和部门。

第二十二条　业务外包项目实施的要求：

（一）业务外包项目确定承包单位后，发包单位应与承包单位签订“生产业务承包合同”和“安全协议”。安全协议作为业务合同的附件，随业务合同同步履行，严禁无合同和安全协议进行施工。安全协议应当载明承包单位接受发包单位管理制度的约束。

（二）业务外包项目不得转包。承包单位承担整个生产业务外包项目的，仅可进行一次专业分包或劳务分包；承包单位承担外包生产业务中的专业任务时，不得再进行专业分包，仅可进行一次劳务分包。承包单位的分包计划应经发包单位审查后方可实施。

（三）发包单位或监理单位（如有监理单位）应通过文件审查、签证和巡视等监督手段，实施业务外包项目的安全、质量、进度、费用全过程管理或监理。

（四）业务外包合同中规定的安全、质量、进度、费用等目标和关键条款不得随意更改。如有重大违约情况发包单位应及时按有关规定上报上级管理部门。

第二十三条　业务外包项目安全管理的要求

（一）发包单位应通过资质审查、合同约束、教育培训、动态评价等制度，做好承包单位的安全监督工作，严禁以包代管、以罚代管。

（二）发包单位应督促承包单位履行自身应尽的责任和义务，对外包合同确定的目标进行跟踪和动态管理，及时预测和分析合同执行过程中的风险和偏差，提前采取预控措施。

（三）发包单位应督促监理单位审查承包单位的施工组织设计、重大技术方案、重大项目、重要工序、危险性作业、特殊作业的安全技术措施并监督实施，动态核查进场承包单位的人员配备、施工机具配备、技术管理等施工能力，发现问题及时提出整改要求并实施闭环管理。

（四）承包单位对外包合同范围内的施工安全负总责，依据业务外包合同及安全协议负责承包范围的安全生产工作，并应服从发包单位、监理单位的现场管理，在施工过程中，应当严格遵守有关安全规章、规程，不得违章指挥或违章作业。

第二十四条 业务外包项目质量管理的要求

（一）业务外包项目的质量管理应遵循国家、行业、发包单位的相关要求，承包单位对外包合同范围内的施工质量负总责，监理单位应认真履行监理合同规定的职责对业务外包项目进行质量控制，发包单位应严格业务外包项目的三级验收，确保外包业务的质量。

（二）发包方应督促承包单位认真查勘检修工作现场，编制完整的检修方案，制订详细的安全技术措施，按照相关工艺标准开展工作，确保质量。

（三）监理单位负责审查承包单位的施工组织设计、重大技术方案、重要工序、危险性作业、特殊作业的安全技术措施及现场等所涉及的安全文明施工和环境保护措施并监督实施，必要时实行旁站监理和跟踪控制，发现问题及时督促整改，情节严重时下达停工令并及时向发包单位汇报。

（四）发包单位应根据有关规范要求，严格开展业务外包的工程验收工作。工程验收实行闭环管理，验收中发现的缺陷应由承包单位在规定时间内完成整改，监理单位负责督促承包单位的整改，并将整改情况书面反馈给发包单位，发包单位根据反馈情况组织复验,直至验收合格。

第二十五条 业务外包项目进度管理的要求

（一）业务外包项目的进度应严格按照合同约定进行，如遇不可抗力因素，承包单位应及时制定应对措施，并与修订后的进度计划一并报发包单位审核。

（二）发包单位应密切跟踪业务外包项目的进展情况，及时评估可能的违约风险，并指导承包单位采取防范措施。

第二十六条 业务外包项目费用管理的要求

（一）业务外包项目的费用应以自营项目成本为基础，考虑承包方应获取的人工成本、合理利润、税金等进行测算确定，并作为招标价格的依据。外包费用应纳入预算管理，并做好与《国家电网公司电网检修运维和运营管理成本标准》（试行）中确定的外包费用衔接。

（二）发包单位应密切跟踪业务外包项目的费用发生情况，及时评估可能的经营风险，并指导承包单位采取防范措施。业务-13-外包项目的费用发生应严格按照合同约定进行，如遇不可抗力因素，承包单位应及时制定应对措施，并与修订后的费用预算一并报发包单位审核。

（三）发包单位审计部门应对业务外包项目费用结算进行审计监督。

第五章 业务外包项目实施流程

第二十七条 业务外包项目计划编制流程

（一）发包单位应每年编制下一年度业务外包需求计划（见附录 4），于每年 10 月 15 日前上报省公司运维检修部审核。需求计划应包括需要外包的常规业务、批量外包的一般业务和超出本实施细则的可外包范围的项目，并明确具体的外包的详细内容和外包金额。需扩大常规业务外包范围时，需专题报省公司运维检修部批准。

（二）省公司运维检修部于每年 11 月底前下达年度业务外包项目计划给发包单位。

第二十八条 业务外包招标流程按国家电网公司有关招投标管理办法执行。

（一）需总部集中招标的业务外包项目，经总部运维检修部或省公司运维检修部审核通过后，提交总部招投标管理中心或委托的省公司招投标管理中心组织进行集中招标，在确定中标单位后下达中标通知，由发包单位组织实施。

（二）其他需招标的业务外包项目，由各发包单位上报招标申请，经省公司运维检修部审核通过后，提交省公司招投标管理中心组织进行集中招标，在确定中标单位后下达中标通知，由发包单位组织实施。

（三）不需要招标的外包项目，由发包单位实施部门按照上级下达的项目计划提出生产业务外包申请，由发包单位生产管理部门按照《四川省电力公司非物资非招标采购管理办法》要求采用竞争性谈判、单一来源采购或符合法律规定的其他方式确定承包单位。

第二十九条 业务外包项目的作业流程

（一）业务外包项目确定后，发包单位应与确定的承包单位、监理单位依法签订生产业务承包合同、监理合同（如需要）和安全协议，严禁无合同和安全协议进行施工。安全协议应符合《国家电网公司电力建设工程分包安全协议范本》要求。

（二）承包单位应在开工前制定业务外包项目的“三措”（组织措施、技术措施、安全措施）、现场标准化作业指导书、危险点预控方案等，明确具体安全措施和施工进度，提出对施工条件与安全管理界面的意见，交监理单位审查后，报发包单位审核。

（三）业务外包项目如需进行分包，承包单位应在开工前提交专业分包和劳务分包计划申请交监理单位审查后报发包单位审核。

（四）开工前发包单位必须对承包单位进行全面的安全、技术交底，交底应有完整的交底资料和交底记录，并经双方交底人员和监理单位人员签字。

（五）承包单位施工作业人员必须服从发包单位相关管理部门的现场管理，在施工过程中，应当严格遵守有关安全规章、规程，不得违章指挥或违章作业。

（六）监理单位通过文件审查、签证、旁站和巡视等监理手段，实施业务外包的安全、质量、进度、资金控制监理；动态核查进场承包单位和分包单位的人员配备、施工机具配备、技术管理等施工能力，发现问题及时提出整改要求并实施闭环管理。

（七）发包单位应严格业务外包项目的三级验收，业务外包工作结束后，应由承包单位负责组织自验收，发包单位运维部门组织预验收，最后由发包单位生产管理部门组织进行竣工验收（部分简单工作可合并进行二级验收）。验收中发现的问题应及时整改，实现闭环管理，确保零缺陷移交生产。

（八）发包单位验收合格后，承包单位方可开展项目结算。

（九）发包单位于单项外包业务工作结束后的15日内完成对该项目的管理评价工作。

（十）每年12月15日前，各电业局（公司）应编制年度业务外包工作总结上报省公司运维检修部。

第六章　考核评价与责任追究

第三十条　省公司运维检修部将各电业局（公司）的业务外包管理工作纳入生产管理考核评价，对发现的业务外包管理问题按规定进行量化扣分。

第三十一条　公司系统施工、监理企业的业务外包管理工作同时纳入公司开展的施工、监理企业资信评价工作。

第三十二条　发包单位应将本实施细则的相关要求在合同中予以明确，及时掌握业务外包项目开展情况，对违反合同约定的承包单位及时全面追究违约责任。

第三十三条　承包单位遵守本实施细则的情况将与业务外包项目招标挂钩，对发生转包、违规分包或其他严重违反本实施细则的承包单位，发包单位应及时上报上级管理部门。具体办法在有关招投标管理制度、招标文件和合同中进行明确。

第三十四条　业务外包现场发生安全事故，必须按照国家和国家电网公司关于事故报告的有关规定和程序及时逐级上报，严禁迟报、瞒报安全事故。

第三十五条　业务外包安全事故的调查处理，按照国家有关法律法规和公司事故调查处理有关规章制度执行。公司将依据安全生产奖惩有关规章制度，严肃追究责任单位和人员的责任。

第七章　附　则

第三十六条　本实施细则由四川省电力公司运维检修部负责解释。

第三十七条　本实施细则已经2012年9月17日省公司总经理办公会审议通过，并自印发之日起施行。

四川省电力公司本部全员绩效管理实施细则（试行）

（2012年12月4日川电人事〔2012〕207号文公布）

第一章　总　则

第一条　为适应公司“三集五大”体系建设，建立科学、规范的全员绩效管理体系，进一步完善激励约束机制，提高员工工作积极性，保障和促进“一强三优”现代公司建设，根据《国家电网公司全员绩效管理暂行办法》（国家电网人资〔2012〕836号）精神，结合本部实际情况，制定本实施细则。

第二条　本部全员绩效管理以公司战略为导向，通过对战略目标和年度重点工作的层层分解，按照规范的程序和方法对各部门和全体在岗员工进行考核评价，考核结果与员工的物质利益和职业发展挂钩。

第三条　本部绩效管理坚持以下原则：

（一）以人为本，强化激励；

（二）客观公正，公平公开；
（三）量化考核，科学评价；
（四）深化应用，持续改进。

第二章　职责分工

第四条　本部绩效管理领导小组是绩效管理工作的领导- 3 -机构，组长由分管本部绩效管理工作的公司领导担任，成员部门为办公室、发展策划部、财务资产部、经济法律部、人事董事部、人力资源部、机关工作部、思想政治工作部（直属党委办公室）、监察部（纪委办公室）。当管理职能调整或考核内容变动时，由本部绩效考核领导小组研究后适时调整。领导小组主要负责绩效管理工作的组织领导、监督检查、重要制度审定以及重大事项裁决等工作。

第五条　本部绩效管理领导小组下设办公室，主任由人事董事部主要负责人担任，成员部门与领导小组一致。绩效管理领导小组办公室主要负责拟定本部绩效管理相关制度，组织实施本部绩效管理，汇总审核本部季度、年度绩效评价结果，受理本部绩效申诉等日常管理工作。

第六条　本部各部门负责提出本专业考核指标、考核评价标准、考核目标值建议，跟踪分析指标完成情况，实施本部门员工绩效管理等工作。各部门应确定一名兼职绩效管理员，配合绩效管理领导小组办公室开展绩效管理相关工作。

第七条　全面实施绩效经理人制度。公司领导是总经理助理、副总师和部门主要负责人的绩效经理人，部门主要负责人是部门副职和分管处长的绩效经理人，处长是分管专责的绩效经理人。绩效经理人负责与员工确定绩效目标、签订绩效合约、实施绩效评价、进行沟通反馈和制定改进工作计划等。

第八条　部门绩效由公司领导班子进行考核，部门主要负责人与所在部门一并考核；部门员工由部门主要负责人（绩效经理人）进行考核。

第三章　考核内容

第九条　部门考核内容包括目标任务指标、综合评价、减项指标三部分。

（一）目标任务指标（80 分），由关键业绩指标和重点工作任务指标构成，采用目标比较法进行考核。

1、关键业绩指标是对企业发展战略、国家电网公司下达关键业绩指标的分解，包括企业负责人年度业绩考核指标，“三集五大”部门必考指标及其他专业指标。指标总数原则上不超过 8 个，每项指标权重不少于 6 分。

2、重点工作任务指标，根据公司年度重点工作任务、部门工作职责和公司领导交办任务等确定。

（二）综合评价（20 分），评价内容包括劳动纪律、工作态度、工作能力、创新精神等。

（三）减项指标（最高扣减 20 分），包括安全生产、党风廉政、队伍稳定、保密工作、舆论宣传、依法治企等项目，每发生一起，扣减相应分值。

第十条　员工考核内容包括目标任务指标和综合评价两部分。

（一）目标任务指标（80 分）考核内容包括关键业绩指标和重点工作任务指标。员工关键业绩指标根据本部门关键业绩指标细化分解，重点工作任务指标根据部门年度重点任务及岗位职责确定。

（二）综合评价（20 分），评价内容包括劳动纪律、工作态度、工作能力、创新精神等四个方面。

第四章　绩效管理流程

第十一条　绩效计划与合约

本部部门、员工的绩效计划主要以签订绩效合约的形式确定。绩效合约一式两份，其中受约人执一份，本部绩效管理领导小组办公室备案一份。

（一）编制绩效计划。每年 10 月上旬，本部各部门启动下一年度的绩效计划编制工作，拟定下一年度绩效计划，提出关键业绩指标和重点工作任务建议，报本部绩效管理领导小组办公室。

（二）分解考核指标。每年 2 月下旬，本部绩效管理领导小组审定各部门关键业绩指标及考核目标值、年度重点工作任务，各部门将省公司下达的考核指标和工作任务分解到员工。

（三）签订绩效合约。每年 2 月底前，本部绩效管理领导小组办公室组织全体员工与直接上级签订《年度重点工作任务计划书》及《年度绩效合约》，确保全员覆盖。《年度绩效合约》中的关键业绩指标目标值应分解到各季度。在公司总体目标任务发生变化或不可抗力等情况下，经本部绩效管理领导小组研究，可对各部门可对年度绩效目标进行必要调整。员工岗位变动或主要工作职责调整时，绩效合约应重新签订。

第十二条　绩效监控

（一）设置公司本部部门绩效考核看板，按月提供指标偏差分析结果，同时将各部门绩效指标完成情况进行分析排序并公布。

（二）各部门按季度总结本部门关键绩效指标

完成情况、分析存在的问题、提出改进建议，并形成分析报告，报本部绩效管理领导小组办公室。

（三）各部门按月将员工绩效指标完成情况进行排序并在部门内公布。

第十三条 绩效辅导

本部绩效管理领导小组办公室须及时了解各部门工作动态，协调、指导和监督各项业绩指标和工作任务的全面完成。各级绩效经理人根据员工绩效完成情况，定期进行绩效辅导，指导员工制定绩效改进计划并督导执行。

第十四条 实施年度总结备案。年度绩效考核结束后，本部绩效管理领导小组办公室要对本部全年度绩效考核情况进行汇总备案，及时向省公司绩效管理委员会上报本部年度绩效管理工作自评分析报告和员工等级评价情况。

第十五条 绩效考核与评价

（一）考核方式

1、本部绩效考核采取月度监控、季度考核、年度考核相结合的方式进行。月度监控和考核应在次月前 5 个工作日内完成；季度考核应在下一季度前 10 个工作日内完成；年度考核应在次年 1 月 20 日前完成。

2、月度重点考核员工行为规范，并对工作效能责任追究事项及时处理；季度考核按照《季度绩效合约》对关键业绩指标和重点工作任务进行考核；年度考核按照《年度绩效合约》对关键业绩指标和重点工作任务进行考核。

（二）绩效评价

1.部门和员工年度绩效考核结果，按得分顺序划分为 A、B、C、D 四个等级。原则上，A 级占比 25%、B 级 40%，C 级 30%，D 级 5%以内。年度考核结果为 A 级的部门，员工 A 级占比可提高 5%。对在以往考核周期内发生，在本考核周期发现或认定的事件，应进行追溯考核。

2.考核期内有下列情况之一者直接纳入 D 档：

（1）无正当理由拒不接受领导安排的工作，经直接领导和上一级领导教育，仍不改正的；

（2）累计发生三次未能按要求完成本职岗位任务或领导交办任务（事先向领导讲明原因，同意调整的除外），给工作造成直接影响的；

（3）本职工作范围内，因个人主观原因，或虽属客观原因但未能及时向领导汇报、处理，贻误工作，给企业经济效益造成重大损失的，或严重损害公司形象的；

（4）因工作失误、失职等原因被投诉，经核查属实的；

（5）对安全生产事故负有直接责任，受到行政警告及以上处分的；

（6）累计旷工 3 天及以上的；

（7）违反党风廉政建设责任制和廉政准则等有关规定，受到责任追究的；

（8）因违反廉洁从业和作风建设相关规定受到纪律处分处分甚至法律处罚的；

（9）违反《中华人民共和国治安处罚法》受到公安机关治安处罚，情节严重的；

（10）因员工诚信问题给企业造成重大负面影响的，以及经本部绩效管理领导小组认定的其他情况。

3．下派人员在下派期间绩效等级暂定 B 级，下派结束后由干部管理部门进行综合评定。抽调到其他单位工作的人员，由部门向工作单位了解情况后评定绩效等级。

4.建立员工年度绩效等级积分制度。员工按照年度绩效等级进行累积计分，A 级计 2 分，B 级计 1.5 分，C 级计 1 分，D 级计 0.5 分。员工违反国家法律法规和公司规定，发生特别重大安全与质量责任事故、重大违纪违法案件等，根据有关规定进行专项考核，当年绩效等级积分计零分。

第十六条 绩效沟通与改善

（一）绩效经理人应在绩效管理各个环节与被考核者进行有效沟通。绩效计划与合约环节重点沟通绩效目标设定，绩效监控与辅导环节注重纠正工作偏差，绩效评价与考核环节注重对绩效结果产生原因进行分析，绩效改进环节注重制定改进计划。

（二）绩效沟通面谈须填写绩效面谈记录，双方确认签字后，由各部门保存，本部绩效管理领导小组办公室定期检查。绩效沟通与面谈每个考核周期至少进行一次。

第十七条 绩效申诉

部门或员工对考核结果有异议，应先与考核者进行沟通，不能达成共识，可向本部绩效管理领导小组办公室提出申诉；本部绩效管理领导小组办公室对绩效申诉应及时受理，进行复核并仲裁答复。

第五章 考核结果运用

第十八条 绩效考核结果与薪酬分配挂钩

（一）本部用于绩效考核的资金不低于工资总额的 50%，奖金基数由绩效管理领导小组办公室根据全年工资计划合理确定。绩效薪金采取按月考核、季度预发、年终结算的方式均衡发放。出现考核事项，按规定扣减或停发责任部门、责任人员绩效薪金。

（二）各部门应以员工绩效等级或绩效得分为主

要依据，合理确定奖金分配方案，并向工作任务重、工作质量高、工作贡献大的员工倾斜。

（三）对做出特别贡献、取得重大成果的部门和员工，由绩效管理领导小组办公室提出建议，经绩效管理领导小组批准后给予绩效专项奖励。

（四）连续3年绩效考核等级为A级的员工，可给予一次性特别奖励。奖励标准原则上不超过公司劳模奖励金额。

第十九条 绩效考核结果与岗位调整挂钩

（一）绩效考核的结果作为中层管理人员交流、提拔、降职等的重要依据之一。

（二）在岗位层次较高的缺员岗位竞聘时，年度绩效考核为A级、B级的员工优先考虑。

（三）连续2年年度考核为D级的员工，作降职、降低岗位层次等处理，经待岗培训或调整工作岗位后，仍不能胜任工作的，按照公司《员工行为奖惩办法》执行。

第二十条 绩效考核结果与教育培训挂钩

（一）连续3年绩效等级为A级的员工，优先推荐参加国网公司优秀员工培训班。

（二）优先安排年度绩效考核为A级、B级的员工参加各级各类奖励性培训。

（三）连续两年考核为D级的员工，必须参加待岗培训和各种技能、业务等基本知识培训和考核，其培训和考核有关问题按公司相关规定执行。

第二十一条 绩效考核结果与职业发展挂钩

（一）上年度绩效等级为A级或近3年累计绩效等级积分达到5分及以上的员工，优先推荐参加各级各类优秀人才选拔。

（二）对于年度综合考核为A、B级，且素质好、有创新能力的优秀员工，通过岗位轮换、重点培养等方式，从综合素质和能力上进行全面提升，优先予以提拔使用。

（三）对于年度综合考核为C、D级的员工，通过提高员工完成业绩所需的能力来提高绩效，并制定相应的行动计划。

第二十二条 员工绩效考核结果与评优评先挂钩。

年度绩效等级为C、D级或近3年累计绩效等级积分低于4分的员工，不得参与各级各类评优评先。

第六章 绩效基础管理

第二十三条 各部门须按照公司“三集五大”体系岗位工资标准，建立岗位工作责任制。

第二十四条 建立健全员工绩效信息档案，如实记录保存各类绩效合约、指标完成情况、绩效改进情况和考核评价结果等资料。

第二十五条 按照公司工作部署，开展绩效管理智能化信息管理平台的建设和运用，统一规范绩效管理流程，提高绩效管理效率，在ERP-HR绩效管理系统中上报部门、员工绩效考核指标和重点工作任务的完成情况及阶段分析，为各级领导和专业部门的决策提供依据。

第七章 附 则

第二十六条 为强化责任落实，提高管理水平，本部可针对重要工作单独制定考核办法，并与相关部门绩效考核挂钩。

第二十七条 本办法由人事董事部负责解释。

第二十八条 本办法从发文之日起实施，《四川省电力公司本部绩效考核办法》(川电本部〔2009〕2号)、《关于对〈四川省电力公司本部绩效考核办法〉部分条款修订的通知》(川电机关〔2010〕1号)、《四川省电力公司本部绩效考核办法改进意见》(川电机关〔2011〕11号)同时废止。

四川省电力公司
企业法律顾问管理办法

（2012年11月29日川电经法〔2012〕24号文公布）

第一章 总 则

第一条 为进一步建立健全公司法律风险防范机制，规范公司企业法律顾问履职行为，保障企业法律顾问依法执业，促进企业依法经营和维护公司的合法权益，根据《企业国有资产监督管理暂行条例》、《国有企业法律顾问管理办法》等法律法规和国家电网公司有关规章制度的规定，结合公司实际，制订本办法。

第二条 本办法适用于公司本部和公司所属各单位。

第三条 本办法所称企业法律顾问，是指取得企业法律顾问执业资格，以自己的法律专业知识和专业技能从事预防、管理、参谋和决策、监督等企业法治管理，并对企业法定代表人（负责人）或经理负责的内部专业人员。

第四条 公司法制机构负责企业法律顾问管理工作，并对公司所属各单位的企业法律顾问管理进行指导和监督。

第五条 公司及所属各单位应当建立健全企业法律顾问制度，完善普法依法治企、法律风险防范法制工作的激励和约束机制。

第二章 企业法制机构的设置和职责

第六条 本办法所称的企业法制机构，是指企业设置的承担企业法治管理工作的职能部门，是企业法律顾问的执业机构。

第七条 公司经济法律部（产业部）归口负责公司法律管理工作。公司所属各单位按照国家电网公司省、市、县机构岗位设置及人员编制相关文件规定，将企业法制工作职责明确纳入总经理（局长、厂长）办公室管理。

第八条 公司所属各单位应按照国家电网公司省、市、县机构岗位设置及人员编制相关文件规定，设置专职法律工作管理岗位，在编制允许范围内配备 1-3 名企业法律顾问，在县级供电企业设置 1 名专（兼）职法律专责。各单位在企业法律顾问和法律专责工作岗位层级设置及岗位归级时，应结合企业法律顾问和法律专责工作岗位的工作责任、知识技能、工作强- 2 -度和工作环境等因素，充分体现向企业关键管理岗位和优秀紧缺人才的政策倾斜。

第九条 企业法制机构的主要职责：

（一）正确执行国家法律、法规，对企业重大经营决策进行法律论证和提出法律意见，参与法制建设；

（二）管理、审核企业重要规章制度，组织开展重大经济法律问题研究，按照规定进行法律监督；

（三）管理、审核企业合同和企业章程等法律文书；

（四）参与企业分立、合并、破产、解散、投融资、担保、租赁、产权转让及改制、重组，公司上市等重大经济活动；

（五）对招投标或非招标活动进行法律保障；

（六）管理、监督企业经营执照的使用，办理工商登记以及商标、专利、商业秘密保护、公证、鉴证等有关法律事务，并负责企业商标、专利、商业秘密等知识产权保护工作；

（七）负责企业的诉讼和仲裁、行政复议、听证等非诉活动的承办和管理；

（八）负责企业外聘律师管理，并对其工作进行监督和评价；

（九）协调、指导、监督下属单位法制工作；

（十）负责或者配合企业有关部门对职工进行法制宣传教育；

（十一）办理企业负责人交办的其它法律事务。

第十条 法制机构应当加强与企业财务、审计、监察、工会等部门的协调、配合和沟通，建立健全企业内部各项监督机制。

第十一条 法制机构应当对重大法律事项和疑难法律纠纷组织企业法律顾问进行集体研究，保证工作质量。

第十二条 公司及所属各单位应当支持企业法制机构及企业法律顾问依法履行职责，为开展法制工作提供必要的组织、制度和物质等保障。

第三章 企业法律顾问的资格和职责

第十三条 企业法律顾问执业资格须通过全国企业法律顾问执业资格统一考试，取得企业法律顾问执业资格，经企业聘任从事企业法制工作的人员。

第十四条 企业法律顾问与企业为从属关系，可独立的以自己的法律知识依法执行职务，受国家法律保护。企业法律顾问进行业务活动，应坚持以事实为依据、以法律为准绳的原则，在维护国家利益和公众利益的前提下，依法保护企业合法权益和正当利益。

第十五条 企业法律顾问的任职条件：

（一）拥护和执行党的基本路线、方针、政策，秉公尽责，严守法纪；

（二）了解和熟悉企业经营管理相关业务，具备一定企业经营管理知识；

（三）通过执业资格统一考试，取得企业法律顾问执业资格证书。

第十六条 企业法律顾问的主要职责：

（一）认真执行国家法律、法规，开展重大法律政策问题研究，对企业重大经济活动和重大经营决策提出法律意见，按照规定开展法律监督；

（二）草拟、审查、修改合同，并参与重大合同的谈判和提供法律意见；

（三）参与起草、审核企业重要规章制度及法律文书；

（四）参与企业分立、合并、破产、解散、投融资、担保、租赁、产权转让及改制、重组，公司上市等重大经济活动提供法律支持；

（五）保障招投标或非招标活动；

（六）代理企业参加诉讼与非诉讼活动，依法维护企业合法权益；

（七）为企业生产经营提供法律咨询和法律服

务，参与立法活动；

（八）办理工商登记以及商标、专利、商业秘密保护、公证、鉴证等有关法律事务；

（九）办理企业负责人交办的其它法律工作任务。

第十七条　企业法律顾问在企业法制工作中应当遵循以下工作原则：

（一）坚持社会主义法制的原则；

（二）维护本企业合法权益原则；

（三）为本企业服务原则；

（四）以事前防范法律风险和事中法律控制为主、事后法律补救为辅原则；

第十八条　公司建立企业法律顾问专业技术等级制度。

企业法律顾问分为企业一级法律顾问、企业二级法律顾问和企业三级法律顾问。企业法律顾问专业技术等级的评定按《国有企业法律顾问职业岗位等级资格评审管理暂行办法》和国家电网公司技术职称的有关规定执行。

第四章　企业法律顾问的权利和义务

第十九条　公司及所属各单位应当建立科学、规范的企业法律顾问工作制度和工作流程，规定企业法律顾问开展企业法制工作的权限、程序和工作时限等内容，确保企业法律顾问顺利开展工作。

第二十条　企业法律顾问在开展工作中享有下列权利：

（一）根据工作需要，有列席企业有关会议的权利；

（二）对损害企业合法权益、损害出资人合法权益和违反法律法规的行为，有劝阻、纠正和提出意见和建议的权利；

（三）根据工作需要查阅企业有关档案、文件、资料，数据和询问企业有关人员的权利；

（四）办理企业法律事务时，有依法向有关单位或个人调查、收集证据的权利；

（五）法律、法规、规章和企业授予的其他权利。

第二十一条　企业法律顾问在开展工作中应当履行下列义务：

（一）遵守国家法律法规和有关规定以及企业规章制度，恪守职业道德和执业纪律；

（二）依法履行企业法律顾问职责；

（三）对所提出的法律意见、起草的法律文书以及办理的其他法律事务的合法性负责；

（四）保守国家秘密和企业商业秘密；

（五）法律、法规、规章和企业规定的应当履行的其他义务。

第二十二条　公司所属各单位应当建立企业法律顾问业务培训制度，提高企业法律顾问的业务素质和执业水平。

第二十三条　公司及所属各单位在重大事项决策中，应当充分听取并考虑企业法律顾问的法律意见和法律风险方案。法律顾问发表或出具的意见应当以书面形式存档备查。

第五章　企业法律顾问注册备案管理

第二十四条　企业法律顾问实行注册备案制度，未经注册者，不得以企业法律顾问身份执行业务。

第二十五条　企业法律顾问应在国有资产监督管理机构进行注册，由公司法制工作部门负责统一组织系统内企业法律顾问注册备案的办理工作。

第二十六条　申请注册应具备以下条件：

（一）取得企业法律顾问执业资格证书；

（二）经所在单位聘用从事企业法律顾问工作；

（三）遵纪守法，具有良好的职业道德；

（四）身体健康，能坚持在企业法律顾问岗位工作。

取得企业法律顾问执业资格五年后第一次申请注册者，须经注册管理机关进行有关业务知识考核合格。

第二十七条　申请注册时应提交企业法律顾问资格证书，并填写《企业法律顾问注册备案登记表》。

第二十八条　注册备案程序。公司所属各单位申请注册人员将填写完备的《企业法律顾问注册备案登记表》一式两份、本人企业法律顾问资格证，由申请注册人员所在单位收集后统一上报公司。经公司审查合格，按规定负责向注册机构申请办理注册备案登记。

第二十九条　企业法律顾问注册备案按照国家主管机关的规定办理，对未按照规定履行职责的，公司有权向国家主管机关建议不予注册。

第三十条　企业法律顾问执业继续教育工作由国家主管机关组织培训，公司负责组织本系统法律顾问参加，各单位应当给予支持。

第六章　企业法律顾问执业评价与考核

第三十一条　企业法律顾问执业评价与考核管

理，由公司法制管理部门负责对各单位的企业法律顾问实施评价和考核工作。

第三十二条 评价考核工作原则：

(一)坚持科学导向，以人为本，引导企业法律顾问树立正确的政绩观，努力推动企业法律顾的顺利开展。

(二)坚持实事求是，结合实际，充分调动企业法律顾问积极性、主动性和创造性。

(三)坚持发扬民主，公开透明，简便易行，规范评价考核工作，增强考核评价结果的公正性和权威性。

第三十三条 评价考核内容：主要包括工作业绩，重大经营决策、合同和规章制度审查率，案件办理避免或减少损失、经济法律研究及法律风险防范控制等。评价考核内容的具体评价考核标准和细则由公司另行制定。

第三十四条 评价考核的方法：按照简便易行、讲究实效、科学合理的要求，采取日常检查与定期检查评价相结合，努力提高评价考核工作的客观、公正。

第三十五条 企业法律顾问执业评价考核结果作为企业法律顾问年终绩效考核、评先选模、职称评定的参考依据。

第七章 奖励和处罚

第三十六条 公司和所属各单位应当对在促进企业依法经营，避免或者挽回企业重大经济损失，实现国有资产保值增值等方面作出重大贡献的企业法律事务机构和企业法律顾问给予表彰和奖励。

第三十七条 企业法律顾问玩忽职守、滥用职权、谋取私利，给企业造成较大损失的，应当依法追究其法律责任，并可同时依照有关规定，由其所在企业报请管理机关暂停执业或者吊销企业法律顾问执业资格证书；有犯罪嫌疑的，依法移送司法机关处理。

第三十八条 企业有关负责人对企业法律顾问依法履行职责打击报复的，由公司予以通报批评或者警告；情节严重的，依法给予纪律处分；有犯罪嫌疑的，依法移送司法机关处理。

第八章 附 则

第三十九条 暂时未取得企业法律顾问执业资格的法律专职岗位上人员，可以按照单位内部规定履行法律专责岗位职责，但应当尽快取得企业法律顾问执业资格。公司对尚未取得企业法律顾问执业资格但被配置到企业法律专责岗位从事经济法律工作的人员管理，参照本办法的规定。

第四十条 本办法由省公司经济法律部负责解释。

第四十一条 本办法经2012年 11月21日省公司总经理办公会审议通过，自印发之日起实施。

四川省电力公司重大财务事项报告制度

（2012年12月28日川电财务〔2012〕187号文公布）

第一条 为加强四川省电力公司（以下简称“公司”）重大财务事项报告管理，保证公司及时掌握和统筹管理各单位重大财务事项，根据《国家电网公司重大财务事项报告制度》的规定，结合公司实际制定本制度。

第二条 本细则适用于公司本部、分公司及各级子公司（以下简称“各单位”）。

第三条 单位主要负责人是本单位重大财务事项报告的第一责任人，各单位财务部门是重大财务事项报告的责任部门，各责任部门应确定一名联络人具体负责信息的收集、整理、上报工作。

第四条 本制度所称重大财务事项包括但不限于以下事项：

（一）各单位接受地（市）级及以上财政、税务、审计等政府部门开展的与财务相关的检查。

（二）各单位发生的重大财务风险事项：

1. 100万元以上的资产损失事项；

2. 挪用、侵占企业资金事项；

3. 因诉讼、仲裁单次涉案金额在50万元以上，或一个年度内涉案金额累计达到100万元以上；

4. 依法承担违约责任或赔偿责任，涉及金额在50万元以上；

5. 被行政机关或司法机关处以罚款或罚金、没收所得超过 10 万元或一个年度内累计达到 50 万元以上；

6. 主要资产、银行账户被查封、扣押、冻结或被抵押、质押（不含符合公司担保管理规定的资产抵押或质押）；

7. 主要债务人出现资不抵债或进入破产程序，而各单位对相应的债权未提足坏账准备；

8. 由于内外部环境变化，预计导致经营亏损或资金供应链出现问题的情况；

9. 与财务管理相关，被新闻、网络等媒体报道，可能给公司品牌形象造成损害、影响公司声誉的事项；

10. 地方政府新颁布的行政法规、部门规章、规范性文件、政策可能对公司经济效益产生重大影响的事项；

11. 其他重大财务风险事项。

（三）各单位在以下方面发生违反国家或公司相关规定的重大事项：资金及银行账户管理、存货管理、资产处置、租入与租出资产、赠与或受赠资产、废旧物资管理、对外投资、产权管理、委托理财、融资贷款、提供担保、关联交易、债权债务重组、电价政策执行、变更会计政策或会计估计、预算执行、六项费用（公务出国、公务用车、公务接待、会议费、薪酬及社保支出、职工福利费）支出等。

（四）其他公司认定需要上报的重大财务事项。

第五条　报告分为临时报送和定期报送

（一）临时报送

各单位在重大财务事项符合下列任一时点时，在 24 小时内上报重大信息。

1. 即将提交单位相关决策机构进行审议时；

2. 有关各方就重大财务事项开展协商或谈判时；

3. 相关人员获悉重大财务事项时。

（二）定期报送

各单位应于每季度结束后的次月 5 日前向公司本部报送《重大财务事项情况统计表》，反映本单位重大财务事项可能发生、发生过程、发生结果、采取措施等情况。

第六条　报告方式采取先以电子文档方式报送公司财务资产部，正式报告需经分管领导、单位主要负责人审核同意，并加盖公章后上报。如时间紧急，可以电话形式先行报告。重大财务事项属于涉密内容的，按照公司保密相关规定报送。

第七条　各单位应紧密跟踪重大财务事项进程，及时上报事项发展情况及最终结果。

（一）对各单位接受有关政府部门专项检查的事项，公司规定报送程序的，按规定执行并抄送公司财务资产部；无规定的，各单位先向财务资产部报送检查部门、检查事项等基本情况，检查过程中原则上每周上报一次检查进展情况，检查结束时上报检查结果。

（二）对处理周期较长的其他重大财务事项，每两周上报一次进展情况。

第八条　重大财务事项报告内容主要包括重大事项发生的时间、地点、信息来源、事件起因和性质、基本过程、损害情况、已造成的后果、影响范围、事件发展趋势、处置情况、拟采取的措施以及下一步工作建议等信息。

第九条　各单位发生重大财务事项时必须按照规定时间及时上报，不得迟报、漏报或隐瞒不报。发生迟报、漏报或隐瞒不报的，视情节和造成后果的严重程度，追溯有关单位和责任人责任。

第十条　各单位必须保证重大财务事项报告内容的真实、准确、完整，并为报告的虚假记载、误导性陈述承担责任。公司发现报告的内容出现错误、遗漏或误导时，各单位应按要求立即做出书面或口头解释。

第十一条　公司将通过定期通报、不定期抽查等方式督导各单位重大财务事项报告工作，通报及抽查结果作为各单位业绩考核的重要依据。

第十二条　本制度由公司财务资产部负责解释。

第十三条　本制度自印发之日起施行。

附录二

统计资料

四川省发电设备装机容量分年度统计

表 22　　（1949—2012 年）

年份	发电设备容量(万千瓦)					水、火电比重（%）	
	合计	年增长率(%)	占全国比重（%）	水　电	火　电	水　电	火　电
1949	4.57		2.47	0.18	4.39	3.90	96.10
1950	4.66	1.97	2.50	0.24	4.42	5.20	94.80
1951	5.36	15.20	2.85	0.39	4.97	7.30	92.70
1952	6.60	23.13	3.36	0.57	6.03	8.60	91.40
1953	7.80	18.18	3.32	0.57	7.23	7.30	92.70
1954	10.00	28.21	3.85	0.57	9.43	5.70	94.30
1955	10.80	8.08	3.60	0.76	10.04	7.00	93.00
1956	13.60	25.93	3.50	3.30	10.30	24.30	75.70
1957	18.60	36.76	4.01	7.11	11.49	38.20	61.80
1958	32.29	73.60	5.14	11.88	20.41	36.80	63.20
1959	42.76	32.42	4.48	13.21	29.55	30.90	69.10
1960	66.44	55.38	5.57	15.88	50.56	23.90	76.10
1961	72.07	8.47	5.61	15.90	56.17	22.06	77.94
1962	73.71	2.28	5.65	17.09	56.62	23.19	76.81
1963	75.35	2.22	5.65	17.89	57.46	23.74	76.26
1964	76.66	1.74	5.45	19.52	57.14	25.46	74.54
1965	83.47	8.88	5.54	22.39	61.08	26.80	73.20
1966	98.47	17.97	5.79	23.33	75.14	23.70	76.30
1967	104.67	6.30	5.82	23.33	81.34	22.29	77.71
1968	117.17	11.94	6.11	23.33	93.84	19.91	80.09
1969	128.77	9.90	6.12	24.33	104.44	18.90	81.10
1970	152.40	18.35	6.41	26.40	126.00	17.30	82.70
1971	185.70	21.85	7.56	60.40	125.30	32.50	67.50
1972	218.60	17.72	7.64	81.50	137.10	37.30	62.70
1973	246.90	12.95	7.50	102.00	144.90	41.30	58.70
1974	265.60	7.57	7.16	107.20	158.40	40.40	59.60
1975	289.02	5.87	6.66	127.20	161.82	44.01	55.99
1976	303.96	5.17	6.45	141.03	162.93	46.40	53.60
1977	333.99	9.88	6.49	159.96	174.03	47.89	52.11
1978	361.41	8.21	6.33	177.08	184.33	49.00	51.00

续表 22

年份	发电设备容量(万千瓦)					水、火电比重(%)	
	合计	年增长率(%)	占全国比重(%)	水 电	火 电	水 电	火 电
1979	379.32	4.96	6.02	188.84	190.48	49.78	50.22
1980	396.81	4.61	6.02	200.16	196.65	50.44	49.56
1981	406.20	2.37	5.88	208.30	197.90	51.28	48.72
1982	415.85	2.38	5.75	215.03	200.82	51.71	48.29
1983	444.29	6.84	5.81	231.95	212.34	52.21	47.79
1984	451.00	1.51	5.63	238.45	212.55	52.87	47.13
1985	462.63	2.58	5.31	244.90	217.73	52.94	47.06
1986	504.86	9.13	5.38	264.31	240.55	52.35	47.65
1987	560.59	11.04	5.45	289.81	270.78	51.70	48.30
1988	604.81	7.89	5.24	305.42	299.39	50.50	49.50
1989	657.56	8.72	5.19	320.18	337.38	48.70	51.30
1990	748.97	13.90	5.43	342.74	406.23	45.76	54.24
1991	869.08	16.04	5.74	370.99	498.09	42.69	57.31
1992	956.53	10.06	5.74	408.88	574.65	42.75	57.25
1993	1052.71	10.06	5.76	455.89	596.82	43.31	56.69
1994	1137.59	8.06	5.69	505.43	632.16	44.43	55.57
1995	1215.16	6.82	5.59	559.04	656.12	46.01	53.99
1996	1356.94	11.67	5.74	642.42	714.52	47.34	52.66
1997	1110.74	-18.14	4.37	608.24	502.50	54.76	45.24
1998	1284.09	15.60	4.62	770.59	513.50	60.01	39.99
1999	1600.89	24.67	5.35	1034.37	566.52	64.61	35.39
2000	1709.84	6.81	5.05	1100.83	609.01	64.38	35.62
2001	1790.85	4.74	5.29	1153.15	637.70	64.40	35.60
2002	1799.66	0.50	5.09	1185.46	614.20	65.87	34.13
2003	1841.44	2.32	4.79	1231.10	610.40	66.86	33.14
2004	2028.32	10.15	4.60	1338.29	690.03	65.98	34.02
2005	2245.55	10.71	4.42	1495.96	749.60	66.62	33.38
2006	2717.74	21.03	4.37	1765.27	952.46	64.95	35.05
2007	3185.80	17.22	4.47	1985.67	1188.98	62.32	37.32
2008	3560.17	9.87	4.49	2223.67	1274.10	63.53	36.47
2009	3912.59	11.78	4.48	2676.09	1234.10	68.40	31.60
2010	4327.25	10.46	4.48	3069.64	1257.61	70.49	29.06
2011	4787.47	10.63	4.51	3342.29	1439.62	69.81	30.15
2012	5458.84	14.02		3964.21	1493.02	72.62	27.35

四川省电力工业主管机构变更情况
（1950—2012 年）

表 23

时　间	机　构　名　称	管辖范围
1950年3月到8月	先后建立重庆区电业管理局、川西水电公司、川南人民行政公署工业厅电业管理局、西康省水利电力厅	各行政区内的电力企业
1951年2月	西南军政委员会工业部电业管理局（重庆）	云南、贵州、四川三省电力企业
1952年11月	燃料工业部工西南电业管理局	云南、贵州、四川三省电力企业
1955年7月	电力工业部西南电业管理局	云南、贵州、四川三省电力企业
1956年	电力工业部重庆电业管理局	云南、贵州、四川三省电力企业
1957年9月	电力工业部成都电业管理局（由重庆迁成都更名）	云南、贵州、四川三省电力企业
1958年3月	水利电力部四川省电业管理局	四川全省电力企业
1958年8月	四川省水利电力厅	四川全省电力企业
1964年	四川省水利电力厅电业管理局	四川全省电力企业
1965年9月	水利电力部四川省电业管理局	四川全省电力企业
	水利电力部西南电力建设局	西南地区电力建设企业
	水利电力部西南电力修造总厂	西南地区电力修造企业
1971年9月	水利电力部四川省电力局（撤销建设局、修造总厂）	四川全省电力企业
1978年	实行四川电网以省电力局为主的管理体制	四川全省电力企业
1979年2月	电力工业部四川省电力工业局	四川全省电力企业
1981年5月	电力工业部西南电业管理局（保留四川省电力工业局名称）	云南、贵州、四川三省电力企业
1982年3月	水利电力部西南电力管理局	云南、贵州、四川三省电力企业
1983年7月	停止使用四川省电力工业局名称	云南、贵州、四川三省电力企业
1988年4月	能源部四川省电力工业局	四川全省电力企业
1993年3月	能源部四川省电力公司成立，与四川省电力工业局一套班子，两块牌子	四川全省电力企业
1998年3月	国家电力公司四川省电力工业局（与国家电力公司四川省电力公司两块牌子，一套班子）	四川全省电力企业
2000年2月	国家电力公司四川省电力公司（撤销四川省电力工业局）	四川全省电力企业
2002年12月	国家电网公司四川省电力公司	四川全省国有供电企业和映秀湾水力发电总厂
2003年12月	国家电网公司四川省电力公司	四川全省国有供电企业和映秀湾水力发电总厂

续表 23

时　间	机　构　名　称	管辖范围
2004年12月	国家电网公司四川省电力公司	四川全省国有供电企业和映秀湾水力发电总厂
2005年12月	国家电网公司四川省电力公司	四川全省国有供电企业和映秀湾水力发电总厂
2006年12月	国家电网公司四川省电力公司	四川全省国有供电企业和映秀湾水力发电总厂
2007年12月	国家电网公司四川省电力公司	四川全省国有供电企业和映秀湾水力发电总厂
2008年12月	国家电网公司四川省电力公司	四川全省国有供电企业和映秀湾水力发电总厂
2009年12月	国家电网公司四川省电力公司	四川全省国有供电企业和映秀湾水力发电总厂
2010年12月	国家电网公司四川省电力公司	四川全省国有供电企业和映秀湾水力发电总厂
2011年12月	国家电网公司四川省电力公司	四川全省国有供电企业和映秀湾水力发电总厂
2012年12月	国家电网公司四川省电力公司	四川全省国有供电企业和映秀湾水力发电总厂

四川省年发电量分年度统计
（1949—2012 年）

表 24

年份	总发电量（亿千瓦时）	年增长率（%）	占全国比重（%）	水　电（亿千瓦时）	火　电（亿千瓦时）
1949	1.47		3.41	0.19	1.28
1950	1.25	-14.97	2.75	0.09	1.16
1951	1.47		3.41	0.19	1.28
1952	1.25	-14.97	2.75	0.09	1.16
1953	2.05	64.00	3.57	0.23	1.82
1954	2.49	21.46	3.43	0.28	2.21
1955	3.16	26.91	3.44	0.38	2.78
1956	3.87	22.47	3.52	0.54	3.33
1957	4.50	16.28	3.67	0.55	3.95
1958	6.09	35.33	3.67	0.70	5.39
1959	6.78	11.33	3.51	1.88	4.90
1960	10.73	58.26	3.90	3.22	7.51
1961	24.20	-9.84	5.04	3.57	20.63
1962	20.08	-17.07	4.38	5.07	15.01
1963	19.28	-3.98	3.94	6.61	12.67
1964	22.98	18.72	4.09	7.74	15.15
1965	28.94	26.43	4.28	8.26	20.68
1966	39.05	34.93	4.73	8.28	30.77
1967	39.09	0.10	5.05	9.80	29.29
1968	26.81	-31.41	3.75	9.99	16.82
1969	37.19	38.72	3.96	12.85	24.34

续表 24

年份	总发电量（亿千瓦时）	年增长率（%）	占全国比重（%）	水　　电（亿千瓦时）	火　　电（亿千瓦时）
1970	54.09	45.44	4.67	13.14	40.95
1971	77.39	43.08	5.59	16.57	60.82
1972	84.02	8.57	5.51	25.42	58.60
1973	88.39	5.20	5.30	36.52	51.87
1974	86.32	−2.34	5.51	44.25	42.07
1975	107.94	25.05	5.51	51.55	56.39
1976	102.76	−4.08	5.06	45.68	57.08
1977	118.84	15.65	5.32	53.85	65.02
1978	139.30	17.22	5.43	54.78	84.52
1979	156.39	12.27	5.55	64.17	92.22
1980	163.72	4.69	5.45	73.53	90.14
1981	164.08	0.22	5.31	76.61	87.47
1982	171.96	4.80	5.25	82.37	89.59
1983	187.81	9.22	5.34	90.79	97.02
1984	199.86	6.42	5.30	98.10	101.76
1985	221.42	10.79	5.39	109.45	111.97
1986	236.99	7.03	5.27	111.99	125.00
1987	262.87	10.92	5.29	116.04	146.83
1988	294.02	11.85	5.39	131.52	162.50
1989	326.95	11.20	5.59	146.84	180.11
1990	345.65	5.72	5.56	148.54	197.11
1991	379.58	9.82	5.6	155.06	224.52
1992	419.4	10.49	5.56	168.3	251.1
1993	470.87	12.27	5.63	195.86	275.01
1994	525.18	11.53	5.66	209.54	315.64
1995	575.94	9.97	5.72	245.34	330.6
1996	618	7.3	5.78	268	349.2
1997	491.96	-20.39	4.38	245.12	246.84
1998	475.75	-3.29	4.11	252.88	222.87
1999	492.16	3.45	3.99	303.52	188.64
2000	556.38	13.05	3.75	369.05	187.33
2001	636.47	14.39	4.28	428.38	208.08
2002	735.1	15.17	4.48	456.31	278.79
2003	827.83	12.61	4.33	500	327.82
2004	935.29	12.98	4.28	589.02	346.27
2005	1018.76	10.89	4.12	653.64	365.42
2006	1120.38	9.97	4.07	684.45	435.93
2007	1226.31	9.45	3.76	755.39	450.92

续表 24

年份	总发电量（亿千瓦时）	年增长率（%）	占全国比重（%）	水 电（亿千瓦时）	火 电（亿千瓦时）
2008	1235.88	7.80	3.66	835.51	400.37
2009	1487.47	20.36	4.14	981.37	505.26
2010	1704.37	14.58	4.03	1139.82	564.55
2011	1857.05	8.98	3.93	1260.68	596.20
2012	2129.49	14.67		1545.20	583.89

四川省电力公司售电量分年度统计
（1949—2012 年）

表 25

年 份	售电量（亿千瓦时）	年增长率（%）	备 注
1949	0.67	-	
1950	0.58	-13.43	
1951	1.04	79.31	
1952	1.30	25.00	
1953	1.71	31.54	
1954	2.51	46.78	
1955	3.01	19.92	
1956	4.07	35.22	
1957	4.74	16.46	
1958	7.60	60.34	
1959	11.72	54.21	
1960	18.02	53.75	
1961	16.13	-10.49	
1962	13.76	-14.69	
1963	13.43	-2.40	
1964	16.03	19.36	
1965	20.38	27.14	
1966	26.62	30.62	
1967	23.63	-11.23	
1968	16.79	-28.95	
1969	26.88	60.10	
1970	37.24	28.54	
1971	56.97	52.98	
1972	61.48	7.92	
1973	65.06	5.82	
1974	63.32	-2.67	
1975	79.61	25.73	
1976	78.89	-0.90	
1977	93.16	18.09	

续表 25

年 份	售电量(亿千瓦时)	年增长率(%)	备　　注
1978	108.90	16.90	
1979	122.65	12.63	
1980	127.57	4.01	
1981	127.11	-0.36	
1982	136.73	7.57	
1983	147.14	7.61	
1984	157.69	7.17	
1985	169.76	7.65	
1986	176.20	3.79	
1987	184.75	4.85	
1988	201.11	8.86	
1989	219.85	9.32	
1990	231.54	5.32	
1991	248.23	7.21	
1992	266.58	7.39	
1993	299.20	12.24	
1994	331.65	10.85	
1995	361.88	9.12	
1996	387.76	7.15	
1997	324.00	-16.44	
1998	310.00	-4.32	
1999	289.20	-6.71	
2000	337.66	16.75	
2001	378.69	14.26	
2002	476.34	21.03	
2003	539.33	13.22	
2004	616.36	14.27	
2005	708.00	11.49	
2006	795.22	12.32	
2007	912.80	14.78	
2008	871.55	4.65	
2009	969.80	11.27	
2010	1206.16	24.37	
2011	1526.28	16.38	
2012	1543.85	1.15	

注：本表 2007—2010 年为母公司口径统计数据，2011-2012 年为并表口径统计数据

四川省电力公司（原四川省电力工业局）所属发电厂发电装机容量统计（1949—2012 年）

表 26

年份	发电设备容量(万千瓦)					水、火电比重（%）	
	合计	年增长率(%)	占全国比重(%)	水电	火电	水电	火电
1949	2.76		62.56	0.06	2.7	2.17	97.83
1950	2.82	2.17	60.52	0.12	2.7	4.26	95.74
1951	3.47	23.05	64.74	0.27	3.2	7.78	92.22
1952	4.03	16.14	61.06	0.43	3.6	10.67	89.33
1953	4.03	0	51.67	0.43	3.6	10.7	89.33
1954	6.73	67	67.3	0.73	6	10.85	89.15
1955	7.28	8.17	67.41	0.73	6.55	10.03	89.97
1956	9.43	29.53	69.34	2.68	6.75	28.42	71.58
1957	14.34	52.07	77.1	6.5	7.84	45.33	54.67
1958	24.77	72.73	76.71	10.03	14.74	40.49	59.51
1959	32.04	29.35	74.93	11.45	20.59	35.74	64.26
1960	50.93	58.96	76.66	13.49	37.44	26.49	73.51
1961	55.08	8.15	76.43	13.49	41.59	24.5	75.5
1962	55.95	1.58	75.91	14.36	41.59	25.67	74.33
1963	56.25	0.54	74.65	14.36	41.89	25.53	74.47
1964	56.98	1.3	74.33	15.24	41.74	26.75	73.25
1965	61.73	8.33	73.95	15.24	46.49	24.69	75.07
1966	73.14	18.48	74.28	15.85	57.29	21.67	78.33
1967	79.06	8.1	75.53	15.97	63.09	20.2	79.8
1968	80.87	2.29	69	15.97	64.9	19.75	80.25
1969	95.47	18.05	74.15	15.97	79.5	16.73	83.27
1970	117.97	23.57	77.41	15.97	102	13.54	86.46
1971	143.27	21.46	72.07	35.22	108.05	24.59	75.41
1972	178.52	24.6	79.17	65.47	113.05	36.68	63.32
1973	194.02	8.68	76.29	80.97	113.05	41.73	58.27
1974	219.77	13.27	80.5	86.22	133.55	39.23	60.77
1975	228.17	3.82	78.95	89.97	138.2	39.43	60.57
1976	227.42	-0.33	74.82	89.97	137.45	39.56	60.44
1977	259.92	14.29	77.84	109.97	149.95	42.31	57.69
1978	278.04	6.97	76.92	119.24	158.8	42.89	57.11
1979	283.33	1.92	74.47	119.23	164.1	42.08	57.92
1980	288.2	1.72	72.63	119.1	169.1	41.33	58.67
1981	288.15	-0.02	70.94	119.1	169.05	41.33	58.67
1982	287.4	-0.26	69.11	118.35	169.05	41.18	58.82
1983	309.4	7.65	69.64	130.35	179.05	42.13	57.87
1984	309.4	0	68.6	130.35	179.05	42.13	57.87
1985	312.9	1.13	67.64	130.35	182.55	41.66	58.34
1986	340.6	8.85	67.47	138.35	202.25	40.62	59.38

续表 26

年份	发电设备容量(万千瓦)					水、火电比重（%）	
	合计	年增长率(%)	占全国比重(%)	水　电	火　电	水　电	火　电
1987	373.3	9.6	66.59	146.35	226.95	39.2	60.8
1988	393.3	5.36	65.03	146.35	246.95	37.21	62.79
1989	411.45	4.61	62.57	146.35	265.1	35.57	64.43
1990	464.49	12.89	62.02	146.39	318.1	31.52	68.48
1991	502.4	8.16	57.81	146.3	356.1	29.12	70.88
1992	498.2	-0.84	52.08	161.3	336.9	32.38	67.62
1993	557.05	11.81	52.92	190.35	366.7	34.17	65.82
1994	611.86	9.84	53.79	219.51	392.35	35.88	64.12
1995	647.15	5.77	53.26	234.65	412.5	32.26	63.74
1996	702.65	8.58	51.78	259.2	443.45	36.89	63.11
1997	635.26	_9.59	57.19	281.51	353.75	44.31	55.69
1998	654.81	3.08	51	301.08	353.75	45.98	54.02
1999	696.67	6.39	49.32	299.17	397.5	42.49	57.06
2000	687.98	-1.73	40.24	264.58	432.4	38.46	61.54
2001	725.28	5.42	40.5	295.78	429.5	40.78	59.22
2002	705.18	-2.77	39.18	286.78	418.4	40.66	59.34
2003	45.5	-93.55	2.47	45.5	0	100	0
2004	45.5	0	2.24	45.5	0	100	0
2005	45.5	0	2.02	45.5	0	100	0
2006	45.5	0	1.67	45.5	0	100	0
2007	45.5	0	1.42	45.5	0	100	0
2008	45.5	0	1.30	45.5	0	100	0
2009	45.5	0	1.19	45.5	0	100	0
2010	45.5	0	0.05	45.5	0	100	0
2011	45.5	0	0.04	45.5	0	100	0
2012	45.5	0		45.5	0	100	0

四川省电力公司（原四川省电力工业局）所属电厂年发电量统计（1949—2012 年）

表 27

年　份	总发电量（亿千瓦时）	年增长率（%）	占全省比重(%)	水　电（亿千瓦时）	火　电（亿千瓦时）
1949		1.15	78.23	0.14	10.1
1950	0.85	-26.09	68	0.05	0.8
1951	1.3	52.94	63.41	0.19	1.11
1952	1.59	22.31	63.86	0.22	1.37
1953	2	25.79	63.29	0.31	1.69
1954	2.81	40.5	72.61	0.44	2.37
1955	3.55	26.33	78.89	0.35	3.2
1956	4.73	33.24	77.69	0.5	4.23

续表 27

年 份	总发电量（亿千瓦时）	年增长率（%）	占全省比重(%)	水 电（亿千瓦时）	火 电（亿千瓦时）
1957	5.43	14.8	80.09	1.64	3.79
1958	8.81	62.25	82.11	3.04	5.77
1959	14.25	61.75	80.74	3.49	10.76
1960	22.05	54.74	82.15	3.66	18.39
1961	20.11	-8.8	83.1	2.87	17.24
1962	16.66	-17.16	82.97	4.35	12.31
1963	16.08	-3.48	83.4	5.81	10.27
1964	19.06	18.53	82.94	6.73	12.33
1965	24.23	27.12	83.72	6.78	17.45
1966	32.01	32.11	81.97	5.72	26.29
1967	29.56	-7.65	75.62	6.79	22.77
1968	19.69	-33.4	73.44	6.84	12.85
1969	30.56	55.21	82.17	5.39	25.17
1970	44.89	46.89	82.99	8.11	36.78
1971	64.24	43.11	83.01	9.15	55.09
1972	69.27	7.83	82.44	17.17	52.1
1973	71.87	3.75	81.31	27.38	44.49
1974	69.48	-3.33	80.49	34.71	34.77
1975	89.08	28.21	82.53	40.49	48.59
1976	82.34	-7.57	80.13	33.67	48.67
1977	98.05	19.08	82.51	40.45	57.6
1978	115.41	17.71	82.85	40.29	75.12
1979	128.87	11.66	82.4	47.28	81.59
1980	133.48	3.58	81.53	52.2	81.28
1981	133.05	-0.32	81.09	53.34	79.71
1982	136.95	2.93	79.64	53.95	83
1983	147.69	7.84	78.64	57.69	90
1984	155.36	5.19	77.73	61.48	93.88
1985	169.48	9.09	76.54	67.17	102.31
1987	196.96	10.61	74.93	65.45	131.51
1986	178.06	5.06	75.13	65.6	112.46
1989	232.84	6.59	70.91	73.54	159.3
1988	217.51	10.43	73.98	70.6	146.91
1990	240.17	3.59	69.48	71.34	168.83
1991	252.08	4.99	66.41	69.2	182.88
1992	247.08	1.98	58.91	68.81	178.26
1993	271.45	9.87	57.65	81.04	109.41
1994	293.46	8.17	55.91	87.83	205.63
1995	326.7	11.26	56.72	107.99	218.71
1997	295.22	-14.52	60.01	108.55	186.67

续表 27

年 份	总发电量（亿千瓦时）	年增长率（%）	占全省比重(%)	水 电（亿千瓦时）	火 电（亿千瓦时）
1996	343.36	5.1	55.56	110.27	233.09
1998	272.2	-7.80	57.21	109.44	162.76
1999	237.8	-12.64	48.32	107.48	130.32
2000	224.03	-5.79	40.27	97.35	126.68
2001	237.6	6.06	37.33	95.24	142.36
2002	294.16	23.8	40.02	93.28	200.68
2003	21.7	-92.62	2.6	21.7	0
2004	22.84	5.25	2.44	22.84	0
2005	23.72	3.85	2.33	23.72	0
2006	21.66	-9.69	1.93	21.66	0
2007	20.08	-7.29	1.64	20.08	0
2008	4.27	-78.74	0.35	4.27	0
2009	6.71	57.14	0.46	6.71	0
2010	5.78	—13.86	0.34	5.78	0
2011	4.73	—18.17	0.25	4.73	0
2012	20.79	339.53		20.79	0

2012 年四川省各发电厂（站）发电能力（全口径）

表 28　　单位：千瓦

指标名称	期初	本月新增容量	本月减少容量	本月止累计新增	本月止累计减少	期末
合　　计	47475455	1488500	311000	7487643	374737	54588361
其中：清洁能源	33438915	1215000	162500	6451343	232137	39658121
可再生能源	33438915	1215000	162500	6451343	232137	39658121
新能源	78000	62000		62000		140000
水电	33422915	1215000	162500	6451343	232137	39642121
其中：抽水蓄能						
火电	14036540	273500	148500	1036300	142600	14930240
其中：燃煤机组	13481650	189000	148500	850000	120500	14211150
其中：煤矸石	300000					300000
煤层气	15000					15000
燃油机组						
燃气机组	288490			3800		292290
余热余压余气	204400	22500		120500	22100	302800
垃圾	62000	62000		62000		124000
生物质燃烧						
核电						
风电	16000					16000
太阳能						
其中：光伏发电						
光热发电						

续表 28

指标名称	期初	本月新增容量	本月减少容量	本月止累计新增	本月止累计减少	期末
生物质能						
地热						
潮汐						
其他						
一、6000KW 以上	43483870	1353500	194200	7236700	162200	50558370
水电	29670380	1215000	140200	6352700	75200	35947880
火电	13797490	138500	54000	884000	87000	14594490
其中：燃煤机组	13278000	54000	54000	715000	80000	13913000
其中：煤矸石	300000					300000
煤层气	15000					15000
燃油机组						
燃气机组	288490					288490
余热余压余气	171000	22500		107000	7000	271000
垃圾	60000	62000		62000		122000
生物质燃料						
核电						
风电	16000					16000
太阳能						
其中：光伏发电						
光热发电						
生物质能						
地热						
潮汐						
其他						
A、按调度关系	43483870	1353500	194200	7236700	162200	50558370
1、统一调度	37919800	1228000	128100	6776000	34600	44661200
水电	25745600	1166000	128100	6114000	34600	31825000
火电	12158200	62000		662000		12820200
其中：燃煤发电	13278000	54000	54000	715000	80000	13913000
其中：煤矸石	300000					300000
煤层气	15000					15000
燃油发电						
燃气发电	288490					288490
余热余压余气	171000	22500		107000	7000	271000
垃圾发电	60000	62000		62000		122000
生物质						
核电						
风电	16000					16000
太阳能						
其中：光伏发电						

续表 28

指标名称	期初	本月新增容量	本月减少容量	本月止累计新增	本月止累计减少	期末
生物质能						
地热						
潮汐						
其他						
(1)国调		650000		4050000		4050000
水电		650000		4050000		4050000
向家坝水电站		650000		2250000		2250000
官地水电站				1800000		1800000
火电						
核电						
风电						
其他						
(2)网调						
水电						
火电						
核电						
风电						
其他						
(3)省调	37919800	578000	128100	2726000	34600	40611200
水电	25745600	516000	128100	2064000	34600	27775000
交财湾水电站				102000		102000
国电龚嘴电站	760000	10000		10000		770000
白水河水电站	27500		4000		1500	26000
巴蜀龙潭水电站	25000		100		100	24900
汇溪电站				75000		75000
沙溪电厂				87000		87000
红旗电站		44000		66000		66000
虎头寺电站		20000		60000		60000
凤仪电厂				84000		84000
毛尔盖电站	140000			286000		426000
龙溪沟电站				18000		18000
上松电站				16000		16000
下松电站				12000		12000
三娅河电站		24000		24000		24000
九架棚电站				16000		16000
220 千伏丰岩堡电站		92000		92000		92000
脚基坪电站（220 千伏）				72000		72000
茶布朗电站				240000		240000
华山沟电站				72000		72000
仙女堡电站				76000		76000

续表 28

指标名称	期初	本月新增容量	本月减少容量	本月止累计新增	本月止累计减少	期末
110 千伏三岔河水电站				42000		42000
110 千伏叶塘水电站				24000		24000
杵坝电站	50000		30000		30000	20000
泸定电站	090000			230000		920000
围海水电站	54000		3000		3000	51000
乐山火谷电厂				40000		40000
康定驷马桥电站		24000		24000		24000
泗尔电厂（110 千伏）		26000		36000		36000
布西水电站		240000		260000		260000
火电	12158200	62000		662000		12820200
民强电厂		50000		50000		50000
高县戎州（福溪）电厂	600000			600000		1200000
达州佳境环保再生资阳有限公司		12000		12000		12000
核电						
风电	16000					16000
其他						
2. 非统一调度	5564070	125500	66100	460700	127600	5897170
水电	3924780	49000	12100	238700	40600	4122880
火电	1639290	76500	54000	222000	87000	1774290
其中：燃煤发电	1428000	54000	54000	115000	80000	1463000
其中：煤矸石	30000					30000
煤层气						
燃油发电						
燃气发电	40290					40290
余热余压余气	171000	22500		107000	7000	271000
垃圾发电						
生物质						
核电						
风电						
太阳能						
生物质能						
地热						
潮汐						
其他						
B、按性质分	43483870	1353500	194200	7236700	162200	50558370
公用	41354680	1277000	134100	7009700	105200	48259180
水电	29560480	1215000	134100	6347700	75200	35832980
火电	11778200	62000		662000	30000	12410200
其中：燃煤发电	11470000			600000	30000	12040000
其中：煤矸石	270000					270000

续表 28

指标名称	期初	本月新增容量	本月减少容量	本月止累计新增	本月止累计减少	期末
煤层气	15000					15000
燃油发电						
燃气发电	248200					248200
余热余压余气						
垃圾发电	60000	62000		62000		122000
生物质						
核电						
风电	16000					16000
太阳能						
其中：光伏发电						
光热发电						
生物质能						
地热						
潮汐						
其他						
自备	2129190	76500	60100	227000	57000	2299190
水电	109900		6100	5000		114900
火电	2019290	76500	54000	222000	57000	2184290
其中：燃煤发电	1808000	54000	54000	115000	50000	1873000
其中：煤矸石	30000					30000
煤层气						
燃油发电						
燃气发电	40290					40290
余热余压余气	171000	22500		107000	7000	271000
垃圾发电						
生物质						
核电						
风电						
太阳能						
其中：光伏发电						
光热发电						
生物质能						
地热						
潮汐						
其他						
按管理关系	43483870	1353500	194200	7236700	162200	50558370
国网公司电厂	755000					755000
中国华能集团公司	2200000		7500			2200000
中国国电集团公司	8681500	10000		10000		8691500
中国电力投资集团公司	600000			600000		1200000

续表 28

指标名称	期初	本月新增容量	本月减少容量	本月止累计新增	本月止累计减少	期末
其他	23656370	1323500	186700	6336700	162200	29830870
中国大唐集团公司	405000	20000		60000		465000
中国华电集团公司	7186000			230000		7416000
光热发电						
二、6000KW 以下	3991585	135000	116800	250943	212537	4029991
水电	3752535		22300	98643	156937	3694241
火电	239050	135000	94500	152300	55600	335750
其中：燃煤机组	203650	135000	94500	135000	40500	298150
其中：煤矸石	203650	135000	94500	135000	40500	298150
煤层气	203650	135000	94500	135000	40500	298150
燃油机组						
燃气机组				3800		3800
余热余压余气	33400			13500	15100	31800
垃圾	2000					2000
生物质						
核电						
风电						
太阳能						
其中：太阳能光伏发电						
太阳能光热发电						
生物质能						
地热						
潮汐						
其他						

2012 年四川省全社会分类用电统计（全口径）

表 29

	用户个数	用户用电装接容量	用电量(万千瓦时)			
	（个）	（千瓦）	本月	上年同月	累计	上年累计
全社会用电总计	19357072	180451743	1558970	1438143	18306952	17514395
A、全行业用电合计	1440066	80978603	1315154	1225930	15415789	14808236
第一产业	129134	2613052	8914	9777	112008	115108
第二产业	327265	54713773	1123396	1068101	13246286	12860581
第三产业	983667	23651778	182844	148052	2057494	1832547
B、城乡居民生活用电合计	17917006	99473140	243817	212213	2891164	2706159
城镇居民	6046902	46992455	142633	119713	1669599	1603049
乡村居民	11870104	52480685	101183	92500	1221565	1103110
全行业用电分类	1440066	80978603	1315154	1225930	15415789	14808236
一、农、林、牧、渔业	129134	2613052	8914	9777	112008	115108
1. 农业	38388	586642	3222	3803	32419	31134

续表 29

	用户个数	用户用电装接容量	用电量(万千瓦时)			
	(个)	(千瓦)	本月	上年同月	累计	上年累计
2. 林业	2041	33300	239	181	2482	2157
3. 畜牧业	7999	190439	1248	1012	13749	11430
4. 渔业	6318	90284	322	412	4709	4872
5. 农、林、牧、渔服务业	74388	1712387	3884	4369	58649	65515
其中：排灌	59144	1222051	2453	2972	41354	47488
二、工业	294883	50021005	1087267	1035354	12868593	12452211
轻工业	171671	8775979	107619	131256	1332578	1325193
重工业	123212	41245026	979647	904098	11536015	11127018
（一）采矿业	18388	4812794	100175	78631	1022883	881184
1. 煤炭开采和洗选业	6522	882300	19663	21251	283753	265788
2. 石油和天然气开采业	2084	523560	19742	4902	98748	71212
3. 黑色金属矿采选业	566	1892899	21970	16340	233583	167297
4. 有色金属矿采选业	1020	438995	15665	13171	170766	173195
5. 非金属矿采选业	5192	809042	15100	15280	151710	125982
6. 其他采矿业	3004	265998	8034	7687	84322	77710
（二） 制造业	266175	38850108	759033	753159	9123643	9172661
1. 食品、饮料和烟草制造业	127210	3336753	24014	26942	315086	303677
其中:农副食品加工业	66074	1183720	4251	6182	72506	65795
2. 纺织业	4886	738007	13426	14523	161879	156874
3. 服装鞋帽、皮革羽绒及其制品业	3463	359880	4019	4875	55392	52084
4. 木材加工及制品和家具制品业	12936	886914	12623	12803	150673	120587
其中:轻工业	3201	159428	1654	2805	36769	28055
5. 造纸及纸制品业	3753	899576	14477	19269	206816	228078
6. 印刷业和记录媒介的复制	2895	198829	1536	2070	27772	24714
7. 文体用品制造业	1278	37205	577	490	5707	5777
8. 石油加工、炼焦及核燃料加工业	716	839902	5870	11397	124187	126008
9. 化学原料及化学制品制造业	20339	5666981	110720	120011	1578413	1696962
其中:轻工业	370	85222	881	547	11444	53019
其中:氯碱	114	978247	25882	33890	357977	422951
电石	52	176015	17329	12681	169416	152864
黄磷	122	694083	5799	14593	119005	170626
其中:肥料制造	1771	961682	15401	16013	233869	245961
10. 医药制造业	1913	557112	6566	5987	87658	82636
11. 化学纤维制造业	423	322773	6956	4271	70095	60983
12. 橡胶和塑料制品业	4534	745974	14445	12024	153702	140168
其中:轻工业	1463	196390	3855	3347	42554	33639

续表 29

	用户个数	用户用电装接容量	用电量(万千瓦时)			
	(个)	(千瓦)	本月	上年同月	累计	上年累计
13. 非金属矿物制品业	35777	5360297	138415	127192	1457680	1591075
其中:轻工业	5571	208660	6530	5253	51323	63840
其中:水泥制造	3137	1575523	64994	64063	682860	743173
14. 黑色金属冶炼及压延加工业	2804	6893968	175875	173178	2204194	2150630
其中：铁合金冶炼	204	442379	32954	36717	486620	417503
15. 有色金属冶炼及压延加工业	1183	3359568	140520	119974	1546919	1561446
其中：铝冶炼	70	1764160	113563	77025	952392	1087898
16. 金属制品业	12898	1669383	25295	18421	271296	204779
其中:轻工业	881	84073	5289	1270	62345	11706
17. 通用及专用设备制造业	9311	2258445	16840	20510	201218	238447
其中：轻工业	2258	201378	763	2077	12101	24392
18. 交通运输、电气、电子设备制造业	5761	3509860	38262	29791	417998	328592
其中：轻工业	1023	317525	8333	7736	92785	90804
其中:交通运输设备制造业	1235	702914	8497	6088	84277	58998
19. 工艺品及其他制造业	10138	942128	7400	28201	75545	87468
20. 废弃资源和废旧材料回收加工业	3957	266553	1196	1231	11412	11677
(三)电力、燃气及水的生产和供应业	10320	6358103	228059	203564	2722068	2398367
1. 电力、热力的生产和供应业	1528	5528650	212450	191175	2555941	2251677
其中:电厂生产全部耗用电量	588	2439394	32518	40360	857122	649540
线路损失电量	118	6232	165198	143626	1621645	1556804
抽水蓄能抽水耗用电量	59	375567	11	255	692	650
2. 燃气生产和供应业	2354	225850	5531	3437	52854	39220
3. 水的生产和供应业	6438	603603	10078	8952	113273	107469
其中:轻工业	945	131040	1342	1594	17306	17449
三、建筑业	32382	4692768	36129	32746	377693	408370
四、交通运输、仓储和邮政业	15721	3277389	30954	24974	322758	294914
1. 交通运输业	6210	2894894	28276	22511	293271	265950
其中:城市公共交通	481	389822	2365	684	14009	7499
管道运输业	176	9439	76	173	878	2433
电气化铁路	153	977243	7848	8843	107844	97889
2. 仓储业	6434	284551	1617	1436	17564	16396
3. 邮政业	3077	97944	1061	1027	11922	12568

续表 29

	用户个数	用户用电装接容量	用电量(万千瓦时)			
	(个)	(千瓦)	本月	上年同月	累计	上年累计
五、信息传输、计算机服务和软件业	52800	926435	10972	9855	131494	117130
1. 电信和其他信息传输服务业	47034	805910	9519	8243	111410	98297
2. 计算机服务和软件业	5766	120525	1453	1612	20085	18833
六、商业、住宿和餐饮业	722397	8129164	57585	47460	694753	616856
1. 批发和零售业	599005	6377856	40207	33547	492331	436318
2. 住宿和餐饮业	123392	1751308	17379	13913	202422	180538
七、金融、房地产、商务及居民服务业	78878	4278956	32846	25047	360874	313516
1. 金融业	11066	458815	4198	2805	44452	38751
2. 房地产业	19565	2603578	21062	15499	225412	191423
3. 租赁和商务服务业、居民服务和其他服务业	48247	1216563	7587	6743	91010	83341
八、公共事业及管理组织	113871	7039834	50486	40717	547615	490131
1. 科学研究、技术服务和地质勘查业	3847	1978624	6515	5596	72422	67738
其中:地质勘查业	211	13255	529	150	5434	1665
2. 水利、环境和公共设施管理业	29330	1115938	13671	11407	137427	131143
其中：水利管理业	1514	97434	1282	867	12561	8473
其中：公共照明业	11066	337878	2737	2400	26028	27462
3. 教育、文化、体育和娱乐业	38005	1834560	13452	11343	139886	125589
其中：教育	12949	758596	7879	6918	78728	69249
4. 卫生、社会保障和社会福利业	12976	751023	7577	5697	90433	73507
5. 公共管理和社会组织、国际组织	29713	1359689	9271	6673	107446	92154

四川省及省电力公司公用变电容量分年度统计
（1949—2012 年）

表 30　　　　单位：万千伏安

年份	合计		500 千伏		220 千伏		110 千伏		35 千伏	
	全省	电力公司	全省	电力公司	全省	电力公司	全省	电力公司	全省	电力公司
1949	2.02	–	–	–	–	–	–	–	1.9	–
1950	2.55	–	–	–	–	–	–	–	2.43	
1951	2.55	–	–	–	–	–	–	–	2.43	–
1952	3.43	–	–	–	–	–	–	–	2.99	–
1953	4.03	–	–	–	–	–	–	–	3.51	–
1954	9.87	–	–	–	–	–	–	–	9.32	–
1955	20.06	–	–	–	–	–	9.45	–	11.15	–
1956	29.01	–	–	–	–	–	9.45	–	10.56	–

续表 30

年份	合计		500 千伏		220 千伏		110 千伏		35 千伏	
	全省	电力公司	全省	电力公司	全省	电力公司	全省	电力公司	全省	电力公司
1957	38.87	–	–	–	–	–	12.6	–	26.27	–
1958	60.33	–	–	–	–	–	17.75	–	42.58	–
1959	89	–	–	–	–	–	36.25	–	52.75	–
1960	167.5	–	–	–	–	–	77.85	–	89.65	–
1961	180.86	–	–	–	–	–	84.25	–	96.61	
1962	173.57	–	–	–	–	–	87.8	–	85.77	–
1963	–	74.05	–	–	–	–	–	46.5	–	27.55
1964	–	78.42	–	–	–	–	–	49.66	–	28.77
1965	–	90.98	–	–	–	–	–	58.3	–	32.68
1966	–	109.74	–	–	–	–	–	68.92	–	40.82
1967	–	126.34	–	–	–	–	–	80.67	–	45.67
1968	–	131.12	–	–	–	–	–	85.17	–	48.95
1969	–	143.52	–	–	–	–	–	90.82	–	52.7
1970	–	181.2	–	–	–	–	–	119.12	–	62.08
1971	–	210.54	–	–	–	–	–	140.92	–	69.62
1972	–	246.35	–	–	–	24	–	148.07	–	74.28
1973	–	270.26	–	–	–	33	–	160.12	–	77.14
1974	–	306.98	–	–	–	54	–	173.42	–	79.56
1975	–	352.5	–	–	–	75	–	190.41	–	87.09
1976	–	360.63	–	–	–	75	–	195.01	–	90.62
1997	–	388	–	–	–	84	–	206.66	–	97.34
1978	–	467.63	–	–	–	129	–	229.51	–	109.12
1979	–	509.39	–	–	–	144	–	246.36	–	119.03
1980	–	587.04	–	–	–	186	–	277.82	–	123.22
1981	–	631.62	–	–	–	201	–	306.02	–	124.6
1982	–	656.67	–	–	–	219	–	309.42	–	128.25
1983	–	677.44	–	–	–	219	–	322.2	–	136.24
1984	–	737.54	–	–	–	243	–	355.3	–	139.24
1985	–	768.86	–	–	–	264	–	362.8	–	141.77
1986	–	830.77	–	–	–	294	–	368.95	–	149.82
1987	–	941.31	–	–	–	354	–	426.17	–	161.14
1988	–	1019.34	–	–	–	378	–	467.6	–	173.74
1989	–	1123.25	–	–	–	402	–	544.8	–	176.45
1990	–	1248.67	–	–	–	492	–	577.6	–	179.07
1991	–	1350.69	–	–	–	552	–	614.14	–	184.55
1992	–	–	–	–	–	–	–	–	–	–
1993	–	–	–	–	–	–	–	–	–	–
1994	–	–	–	–	–	–	–	–	–	–

续表 30

年份	合计		500 千伏		220 千伏		110 千伏		35 千伏	
	全省	电力公司	全省	电力公司	全省	电力公司	全省	电力公司	全省	电力公司
1995	2296.92	1884.4	-	-	731.6	731.6	1058.56	925.18	506.76	227.61
1996	2535.28	2084.22	-	-	821.6	821.6	1170.31	1025.78	543.37	236.84
1997	2002.73	1630.01	-	-	627	615	933.86	818.24	441.87	196.73
1998	2355.8	1943.85	150	150	714	702	1016.82	881.48	474.99	210.37
1999	2839.82	2227.56	225	225	814.5	795	1265.5	990.68	534.82	216.68
2000	3147.99	2448.38	225	225	904.5	904.5	1406.4	1079.71	650	239.17
2001	3658.13	2847.18	225	225	1048.5	1029	1653	1291.03	731.63	302.15
2002	4071.52	3238.57	300	300	1168.5	1168.5	1867.33	1503.36	735.69	286.61
2003	4282.61	3418.17	300	300	1240.5	1240.5	1969.51	1588.63	772.64	289.54
2004	4828.06	3606.24	375	375	1278	1278	2259.32	1652	915.74	301.24
2005	5497.14	4013.84	600	600	1398	1398	2495.33	1733.5	1003.82	282.34
2006	5949.29	4463.81	675	675	1599	1599	2657.98	1898.6	1017.31	291.21
2007	7588.15	6392.63	1925	1925	2007	1998	2806.02	2163.55	850.13	306.08
2008	8746.9	7357.83	2350	2275	2340	2316	3147.65	2454.25	909.25	312.58
2009	9820.76	8615.56	2750	2750	2916	2868	3308.63	2673.2	846.13	324.36
2010	11934.89	10386.11	3575.00	3575.00	3700.75	3448.75	3763.73	3023.98	895.41	338.39
2011	13809.38	12432.28	4525.00	4525.00	4225.75	4144.75	4168.91	3414.33	889.72	348.20
2012	16125.3	15767.97	5250	5250	5045.75	5035.75	4863.13	4665.62	966.42	816.6

四川省及省电力公司公用输电线路分年度统计

（1949—2012 年）

表 31　　　　单位：公里(回路长度)

年份	合计		500 千伏		220 千伏		110 千伏		35 千伏	
	全省	电力公司	全省	电力公司	全省	电力公司	全省	电力公司	全省	电力公司
1949	259.66	-	-	-	-	-	-	-	202.09	-
1950	264.17	-	-	-	-	-	-	-	212.4	-
1951	276.36	-	-	-	-	-	-	-	219.51	-
1952	325.4	-	-	-	-	-	-	-	267.7	-
1953	442.6	-	-	-	-	-	-	-	385.1	-
1954	481.9	-	-	-	-	-	-	-	448.4	-
1955	690	-	-	-	-	-	88.6	-	566.3	-
1956	784.54	-	-	-	-	-	88.6	-	695.54	-
1957	862.32	-	-	-	-	-	89.24	-	773.12	-
1958	1204.2	-	-	-	-	-	303.03	-	1001.2	-
1959	1897.06	-	-	-	-	-	564.2	-	1332.86	-

续表 31

年份	合计		500 千伏		220 千伏		110 千伏		35 千伏	
	全省	电力公司	全省	电力公司	全省	电力公司	全省	电力公司	全省	电力公司
1960	2208.04	–	–	–	–	–	771.37	–	1436.67	–
1961	2254.21	–	–	–	–	–	771.67	–	1477.54	–
1962	2290.01	–	–	–	–		803.97	–	1486.04	–
1963	–	1506.9	–	–	–	–	–	659.77	–	847.13
1964	–	1630.01	–	–	–	–	–	671.07	–	958.94
1965	–	1986.05	–	–	–	–	–	758.77	–	1227.28
1966	–	2972.08	–	–	–	–	–	1377.36	–	1594.72
1967	–	3468.42	–	–	–	–	–	1696.71	–	1771.71
1968	–	3919.46	–	–	–	–	–	1984.5	–	1934.96
1969	–	4398.53	–	–	–	126	–	2189.64	–	2052.89
1970	–	5168.88	–	–	–	184.5	–	2791.02	–	2193.36
1971	–	5639.38	–	–	–	184.5	–	2977.46	–	2477.42
1972	–	6395.81	–	–	–	618.42	–	3220.31	–	2557.08
1973	–	6918.29	–	–	–	790.42	–	3426.45	–	2701.42
1974	–	7522.05	–	–	–	1010.72	–	3564.54	–	2946.79
1975	–	8007.7	–	–	–	1097.77	–	3813.02	–	3096.91
1976	–	8344	–	–	–	1318	–	3723	–	3303
1977	–	8792	–	–	–	1320	–	3892	–	3580
1978	–	9275.9	–	–	–	1525.5	–	4067.7	–	3682.7
1979	–	9539.25	–	–	–	1516.47	–	4220.34	–	3802.44
1980	–	10100	–	–	–	1874	–	4330	–	3896
1981	–	10724	–	–	–	2096	–	4619	–	4009
1982	–	10999	–	–	–	2196	–	4669	–	4134
1983	–	11328	–	–	–	2199	–	4913	–	4216
1984	–	12404	–	–	–	2804	–	5360	–	4240
1985	–	12989	–	–	–	3207	–	5407	–	4375
1986	–	13391	–	–	–	3468	–	5458	–	4465
1987	–	13827	–	–	–	3610	–	5691	–	4526
1988	–	14231	–	–	–	3695	–	5909	–	4627
1989	–	14579.8	–	–	–	3791	–	6125.8	–	4663
1990	–	15159.97	–	–	–	4043	–	6389.8	–	4727.17
1991	–	15851	–	–	–	4458	–	6603	–	4790

续表 31

年份	合计		500 千伏		220 千伏		110 千伏		35 千伏	
	全省	电力公司	全省	电力公司	全省	电力公司	全省	电力公司	全省	电力公司
1992	–	16325.8	–	–	–	4810	–	664950	–	4866.3
1993	34790.2	17027.3	–	–	5064.1	4795	9287	7362.8	20439.1	4869.5
1994	37504.4	17585.5	–	–	5252.5	4983.4	10157.1	7611.6	22094.9	4990.5
1995	40250.7	18776.8	70.1	70.1	5619.1	5341	11239.8	8215.3	23321.1	5150.4
1996	42586.5	19183.2	147.7	147.7	5812.9	5530.8	12144.4	8264.9	24481.6	5239.9
1997	34418	15379.5	71	71	4687	4586	9658	6586	20002	4137
1998	38438	18305	924	924	5920	5819	10588	7198	20898	4346
1999	41563	20792	1389	1389	6348	6248	12410	8324	21416	4549
2000	45812	23034	1956	1956	6805	6495	13535	9152	23522	5130
2001	47817	23666	1787	1787	7023	6923	14164	9360	24843	5427
2002	49081	24926	1862	1862	7547	7538	14500.6	10108	25171.3	5716.9
2003	53525.5	26139	2287	2287	8343	7626	15842.9	10349	27052.2	5877
2004	56101.9	26678	2604.5	2604	8231.8	7704	17416.8	10422.76	27848.8	5947
2005	58781.1	27671	2986	2986	8938.5	8119	18227.9	10542	28629.2	6025
2006	54540.11	29073.67	3508.53	3508.53	9899.91	8580.91	16949.09	10833.72	24182.57	6150.51
2007	63327	34332.26	5538.84	5545.51	11920.4	10176.2	18895.82	12151.56	26965.35	6465.66
2008	65243.67	33947.27	5514.17	4045.81	12404.9	10392.3	21040.67	12583.14	26283.88	6925.95
2009	61781.88	36065.6	6880.19	6880.19	12495.3	10915.6	19459.21	13159.01	22947.14	6707.29
2010	66674	39785	8016	8016	13607	11404	20891	13554	23895	6546
2011	72711	44675	9190	9123	15196	12962	24388	15107	23673	7218
2012	77733.54	65176.06	9967.61	9702.32	17271.89	15186.23	24958.21	21938.5	24712.57	18349.01

2012 年四川电网负荷特性表

表 32

	计算单位	本月	上年同月	本月止	上年同月止	本月止发生日期
最高发电负荷	万千瓦	2335	2139	3156	2771	2012-08-03
最高用电负荷	万千瓦	2397	2185	2397	2310	2012-08-13
平均用电负荷率	%	82.50	82.00	84.40	84.90	
日最大峰谷差率	%	34.00	32.90	46.90	43.30	
峰谷差率最大日的最大用电负荷	万千瓦	2397	2172	2397	2172	
最大日用电量	万千瓦时	47067	42737	48103	48102	2012-08-13

续表 32

	计算单位	本月	上年同月	本月止	上年同月止	本月止发生日期
日均用电量	万千瓦时	43921	40731	37612	37834	
累计最大负荷利用小时数	小时	568	578	5743	5978	
拉电条次	条次					
其中：110 千伏及以上	条次					
拉、限电损失电量	万千瓦时					
其中：拉电损失电量	万千瓦时					
移峰损失电量	万千瓦时					
0：00—3：00	万千瓦	1804.72	1681.12	1643.87	1608.08	2012-12-25
4：00—7：00	万千瓦	1592.89	1567.40	1634.25	1697.92	
8：00—11：00	万千瓦	1716.02	1998.26	2084.60	2188.16	
12：00—15：00	万千瓦	2233.69	2112.76	2176.35	2195.38	
16：00—19：00	万千瓦	2239.38	2287.92	2333.68	2324.33	
20：00—23：00	万千瓦	2182.65	2177.02	2028.73	1857.25	

2011年四川电网20千伏及以上变电站情况统计

表33

指标名称	电厂升压变电站容量(千伏安)	公用变电站				企业自备变电站	
		普通变电站		换流站			
		变电站	容量	换流站	换流变容量	变电站	容量
		(个)	(千伏安)	(个)	(千瓦)	(个)	(千伏安)
电网总计	38450350	1958	161252965	3	19999200	355	13336590
特高压				2	16428000		
500千伏	6308000	36	52500000	1	3571200		
220千伏	26386500	173	50457500			15	4253040
110千伏	5091200	672	48631300			127	6102950
35千伏	664650	1077	9664165			213	2980600
一、国家电网公司	423100	1685	157679650	3	19999200		
特高压				2	16428000		
500千伏		36	52500000	1	3571200		
220千伏		172	50357500				
110千伏	213000	623	46656200				
35千伏	210100	854	8165950				
（一）总部				3	19999200		
（三）省电力公司	423100	1685	157679650				
二、其他	38027250	273	3573315			355	13336590
500千伏	6308000						
220千伏	26386500	1	100000			15	4253040
110千伏	4878200	49	1975100			127	6102950
35千伏	454550	223	1498215			213	2980600
阿坝黑水	180000						
雅安石棉	100000						
阿坝	120000						
雅安	90000						
乐山马边	50000						
四川九寨沟	94500						
阿坝州	4691650	7	102650			11	905900
巴中	92500						
成都	1738500	18	308700			53	1344460
达州	1677500	55	774800			6	159600
德阳	31600	6	93900			22	863630
甘孜	1262600	65	438385				
广安	2540000						
广元	867050	1	5500			23	913760
乐山	5082600	21	565050			50	2418180
泸州	1480000					13	169465
眉山	909500	1	1600			28	1130730

续表 33

指标名称	电厂升压变电站容量(千伏安)	公用变电站				企业自备变电站	
		普通变电站		换流站			
		变电站	容量	换流站	换流变容量	变电站	容量
		(个)	(千伏安)	(个)	(千瓦)	(个)	(千伏安)
绵阳	1032100	25	362200			38	913930
内江	1305300						
南充	718400						
攀枝花						85	3958195
西昌	2474300	72	789030				
雅安	3402150						
宜宾	3735000						
资阳						9	144600
自贡						17	414140
小沟头水电站(兴源公司)	90000						
舟坝水电厂	150000						
九寨公司黑河塘水电站		1	100000				
雅安石棉	173000						
汶川	63000						
广宁水电站		1	31500				
乐山马拟水电站	20000						
二滩水电开发有限公司	3840000						
雅安	16000						
（二）代管	52600	142	1699535				
（三）地方电力公司		124	1599680				
（四）用户	372350	5	142600			352	13323910
（五）电厂	37602300	2	131500			3	12680

2011年四川电网20千伏及以上线路情况统计

表34

指标名称	合计		架空线									电缆	
	条数	长度	条数	杆路长度	回路长度(公里)			其中:直流线路		其中：紧凑型（公里）	其中：大截面（公里）	条数	长度
	（条）	（公里）	（条）	（公里）	合计	其中:供农电用	其中：同塔双（多）回	条数（条）	长度(公里)			（条）	（公里）
电网总计	4992	77733.542	4973	76400.830	76825.630	5135.796	9417.061	6	1088.550	156.658	926.469	425	907.912
特高压	4	823.264	4	823.264	823.264			4	823.260		670.011		
500千伏	120	9967.611	120	9967.611	9967.611		5304.034	2	265.290	156.658	256.458		
220千伏	597	17271.893	597	16900.268	17036.193	19.838	2528.105					44	235.700
110千伏	1888	24958.206	1886	24205.757	24391.051	1006.761	1355.329					207	567.155
35千伏	2383	24712.568	2366	24503.930	24607.511	4109.197	229.593					174	105.057
一、国家电网公司	3983	66264.618	3973	65119.635	65533.767	4722.708	9120.231	6	1088.550	156.658	926.469	368	730.851
特高压	4	823.264	4	823.264	823.264			4	823.260		670.011		
500千伏	120	9967.611	120	9967.611	9967.611		5304.034	2	265.290	156.658	256.458		
220千伏	529	15186.229	529	14901.849	15034.567	19.838	2440.323					38	151.662
110千伏	1567	21938.504	1567	21250.154	21429.174	948.215	1150.781					186	509.330
35千伏	1763	18349.010	1753	18176.757	18279.151	3754.655	225.093					144	69.859
（一）总部	6	1088.557	6	1088.557	1088.557			6	1088.550		907.293		
（三）省电力公司	3977	65176.061	3967	64031.078	64445.210	4722.708	9120.231			156.658	19.176	368	730.851
二、其他	1009	11468.924	1000	11281.195	11291.863	413.088	296.830					57	177.061
220千伏	68	2085.664	68	1998.419	2001.626		87.782					6	84.038
110千伏	321	3019.702	319	2955.603	2961.877	58.546	204.548					21	57.825
35千伏	620	6363.558	613	6327.173	6328.360	354.542	4.500					30	35.198
雅安石棉	1	8.500	1	8.500	8.500								
乐山沙湾	3	83.313	3	82.179	83.313		3.000						
阿坝	2	171.004	2	171.004	171.004		2.095						
雅安	1	6.676	1	3.338	3.338		3.338					1	3.338

续表 34

指标名称	合计		架空线									电缆	
	条数（条）	长度（公里）	条数（条）	杆路长度（公里）	回路长度(公里) 合计	其中:供农电用	其中：同塔双（多）回	其中:直流线路 条数（条）	其中:直流线路 长度(公里)	其中：紧凑型（公里）	其中：大截面（公里）	条数（条）	长度（公里）
乐山	1	22.174	1	21.850	22.174		1.000						
乐山夹江	2		2				18.971						
松潘县	2		2				52.000						
乐山马边	1		1										
乐山	1	13.830	1	13.830	13.830								
四川九寨沟	1	13.722	1	13.722	13.722								
阿坝州	36	823.077	36	822.497	822.617		75.262					3	0.460
巴中	3	27.085	3	27.085	27.085								
成都	68	498.558	59	438.384	439.134							34	59.424
达州	98	1096.818	98	1096.801	1096.818		2.000						
德阳	41	161.953	41	161.953	161.953								
甘孜	38	1877.937	38	1877.837	1877.937	139.891	10.658						
广安	3	38.990	3	38.990	38.990								
广元	19	167.330	19	167.330	167.330	57.440	13.676						
乐山	88	640.610	88	632.920	632.920	187.966	23.849					11	7.690
泸州	7	61.990	7	61.990	61.990	24.740							
眉山	30	334.712	30	331.613	331.613	3.051						1	3.099
绵阳	101	1400.849	101	1396.839	1400.849		22.290						
南充	4	67.915	4	63.115	63.115							1	4.800
攀枝花	37	206.527	37	206.527	206.527								
西昌	372	2518.563	372	2518.483	2518.563		66.619						
雅安	15	466.186	15	466.186	466.186								
宜宾	1	25.000	1	25.000	25.000								

续表 34

指标名称	合计		架空线									电缆	
	条数	长度	条数	杆路长度	回路长度(公里)			其中:直流线路		其中：紧凑型	其中：大截面（公里）	条数	长度
	（条）	（公里）	（条）	（公里）	合计	其中:供农电用	其中：同塔双（多）回	条数（条）	长度(公里)	（公里）		（条）	（公里）
自贡	12	77.995	12	77.995	77.995								
四川和协电力有限公司	1	15.600	1	1.400	1.500							1	14.100
永乐水电站	1	4.510	1	4.510	4.510								
凉山州大桥水电开发公司	2	165.600	2	82.800	82.800							2	82.800
大电公司杨村电站	2	20.370	2	20.370	20.370								
乐山市黄丹水电厂	2	42.100	2	42.100	42.100								
吉日波水电站	1	13.690	1	13.690	13.690								
小沟头水电站(兴源公司)	1	40.300	1	39.300	39.300							1	1.000
姜射坝水电站	1	39.000	1	39.000	39.000								
舟坝水电厂	1	3.970	1	3.970	3.970								
九寨公司黑河塘水电站	2	216.471	2	214.398	216.471		2.072						
雅安石棉	1	25.170	1	25.170	25.170								
广宁水电站	1	40.000	1	38.160	40.000								
乐山马拟水电站	1		1										
泸州黄埔电力有限公司	1	7.180	1	7.180	7.180								
雅安	1	4.139	1	4.139	4.139								
凉山彝州	1	16.520	1	16.520	16.520								
阿坝茂县	1	2.990	1	2.520	2.640							2	0.350
（二）代管	232	3313.514	232	3311.764	3311.864	319.845	23.849					5	1.650
（三）地方电力公司	306	2730.697	306	2730.680	2730.697	42.000	9.020						
（四）用户	293	1905.789	284	1747.958	1749.628	35.803	72.870					48	156.161
（五）电厂	178	3518.924	178	3490.793	3499.674	15.440	191.091					4	19.250

2012年四川电网供电综合情况（全口径）

表35

单位：万千瓦时

	全部供电部分						其中：电力企业部分							
	供电量		净用电量		供电最高负荷		供电量		售电量		线损电量		线损率	
	本月	累计	本月	累计	本月	累计	本月	累计	本月	累计	本月	累计	本月	累计
总 计	1514081	17379840	1351138	15632581			1500112	17170647	1337169	15423388	162943	1611271	10.86	9.38
一、跨省（区）电网	0	0	0	0			0	0	0	0	0.00	0.00		
网损														
二、电网合计	1514081	17379840	1351138	15632581			1500112	17170647	1337169	15423388	162943.49	1611271.04	10.86	9.38
1. 主网	43966	492923					43966	492923			43966.00	492923.00	2.93	2.87
2. 国网地区合计	1470115	16886917	1351138	15632581	2397.00	2397.00	1456146	16677724	1337169	15423388	118977	1118348	8.17	6.71
达州市	49704	576461	47035	552805	118.80	119.10	49704	576461	47035	552805	2668.86	23655.97	5.37	4.10
南充市	49431	484024	40795	434000	79.00	86.00	49431	449182	40795	399158	8635.55	50024.10	17.47	11.14
成都市	361776	4069731	328415	3774975	732.00	752.48	359561	4044556	326200	3749800	33360.57	294755.52	9.28	7.29
绵阳市	66950	710576	56480	655363	129.30	129.30	66950	710585	56480	655372	10470.16	55213.18	15.64	7.77
德阳市	83915	980686	75145	918682	141.79	157.06	83306	974644	74536	912640	8770.35	62004.27	10.53	6.36
广元市	45451	466780	39371	431595	76	76	45239	463402	39159	428217	6080	35185	13.44	7.59
乐山市	157552	1915747	148814	1823730	213	215	156381	1895073	147643	1803056	8738	92017	5.59	4.86
自贡市	36101	457119	32466	421188	56	81	35068	433651	31433	397720	3635	35931	10.37	8.29
宜宾市	39527	488497	36311	465767	95	105	38515	444118	35299	421388	3216	22730	8.35	5.12

续表 35

	全部供电部分						其中：电力企业部分							
	供电量		净用电量		供电最高负荷		供电量		售电量		线损电量		线损率	
	本月	累计	本月	累计	本月	累计	本月	累计	本月	累计	本月	累计	本月	累计
内江市	49241	497621	45425	468092	78	78	46671	486574	42855	457045	3816	29529	8.18	6.07
泸州市	41011	463210	35959	424427	72	97	40260	456463	35208	417680	5052	38783	12.55	8.50
攀枝花市	93950	1152537	93025	1114692	131	157	93950	1152537	93025	1114692	925	37845	0.98	3.28
凉山州	73126	830363	66553	761035	79	86	73126	830363	66553	761035	6573	69328	8.99	8.35
巴中市	17972	181269	17428	161362	39	39	17972	181269	17428	161362	544	19907	3.03	10.98
广安市	28860	254316	26903	237660	59	60	25285	237011	23328	220355	1957	16656	7.74	7.03
眉山市	82444	909232	76914	870531	117	126	81623	893087	76093	854386	5530	38701	6.78	4.33
资阳市	24917	281723	22770	258947	46	54	24917	281723	22770	258947	2147	22776	8.62	8.08
遂宁市	29657	321267	27077	296617	39	49	29657	321267	27077	296617	2580	24650	8.70	7.67
阿坝州	71943	785115	70037	747763	92	92	71943	785115	70037	747763	1906	37352	2.65	4.76
甘孜州	11327	98018	9621	78861	16	11	11327	98018	9621	78861	1706	19157	15.06	19.54
雅安市	55260	800202	54593	734489	104	140	55260	800202	54593	734489	667	65713	1.21	8.21